商事合同审查与风险防范

刘晓明 / 著

法律出版社 | LAW PRESS
北京

图书在版编目(CIP)数据

商事合同审查与风险防范 / 刘晓明著. -- 北京 :
法律出版社, 2024
ISBN 978 - 7 - 5197 - 8017 - 3

Ⅰ. ①商… Ⅱ. ①刘… Ⅲ. ①商务 - 经济合同 - 合同
法 - 研究 - 中国 Ⅳ. ①D923.64

中国国家版本馆 CIP 数据核字(2023)第 108257 号

商事合同审查与风险防范
SHANGSHI HETONG SHENCHA YU
FENGXIAN FANGFAN

刘晓明 著

策划编辑 李沂蔚
责任编辑 李沂蔚
装帧设计 鲍龙卉

出版发行 法律出版社
编辑统筹 法律应用出版分社
责任校对 王 丰
责任印制 刘晓伟
经　　销 新华书店

开本 710 毫米 × 1000 毫米 1/16
印张 33.75 **字数** 558 千
版本 2024 年 1 月第 1 版
印次 2024 年 1 月第 1 次印刷
印刷 天津嘉恒印务有限公司

地址:北京市丰台区莲花池西里 7 号(100073)
网址:www.lawpress.com.cn
投稿邮箱:info@lawpress.com.cn
举报盗版邮箱:jbwq@lawpress.com.cn

销售电话:010 - 83938349
客服电话:010 - 83938350
咨询电话:010 - 63939796

书号:ISBN 978 - 7 - 5197 - 8017 - 3
定价:128.00 元
凡购买本社图书,如有印装错误,我社负责退换。电话:010 - 83938349

前　言

“哪里有贸易，哪里就有风险。”商事活动是一种营利性活动，经济利益总是争分夺秒、瞬息万变，因此，效率与防范风险共同成为《民法典》中商事主体所追求的目标。《民法典》施行后，之前有关商事合同的法律、司法解释很多都被吸收合并，同时《最高人民法院关于适用〈中华人民共和国民法典〉合同编通则若干问题的解释》(以下简称《民法典合同编通则解释》)的发布，也将对今后司法实践产生重要影响。依据《民法典》与《民法典合同编通则解释》，结合新的社会热点案件，本书将探讨商事合同审判中最新的理论与实务。

“哪里有贸易，哪里就有法律。”①我国在调整民商事法律关系的现行法律体制上采取了民商合一的立法模式，既没有涵盖全部商事法律规范的商法典，也没有明确商事关系一般规则的商事通则，但民商调整规则的共性化使得具有营利性特征的商事关系的特殊性被湮没，因此，于实务之中产生了制定专门调整商事关系法律的需求。由于这种需求(具有普遍指导性意义的商事通则的制定)还未得以满足，作为“摸着石头过河”的实务工作者，我们只能以案例为基础，以经验为依托，为商事合同的实务操作铺垫道路，寻求出口，以期加快推动商事通则制定步伐的加快，同业工作者也可予以参考。

商事活动是一种营利性活动，经济利益总是瞬息万变，因此，效率成为商事主体所追求的目标之一，但是，效率的提高会导致风险的增加，因此商事主体通过合同确定约束双方的权利义务，达到降低交易风险的目的。简言之，商事活动的核心在于效率与安全，在于风险的认知与防范。商业风险的控制由商业从业者去衡量，法律风险的防范则由法律人去把握，以期用可知的法律风险去降低未知的商业风险，这也是本书的核心内容所在。

本书体系完整，纵横交错，由总及分。总论(第一章)中对于商事合同和法律

---

① [法]孟德斯鸠:《论法的精神》(下)，张雁深译，商务印书馆1997年版，第14页。

风险进行了一般性的理论介绍，对于基本的概念进行划分与定性；分论共分十五章，包含买卖合同实践及其法律风险(第二章)、借款合同实践中的法律风险及其防范(第三章)、租赁合同实践中的法律风险及其防范(第四章)、融资租赁合同实践中的法律风险及其防范(第五章)、承揽合同实践中的法律风险及其防范(第六章)、建设工程合同实践中的法律风险及其防范(第七章)、运输合同实践中的法律风险及其防范(第八章)、技术合同实践中的法律风险及其防范(第九章)、保管合同实践中的法律风险及其防范(第十章)、仓储合同实践中的法律风险及其防范(第十一章)、保证合同实践中的法律风险及其防范(第十二章)、委托合同实践中的法律风险及其防范(第十三章)、行纪合同实践中的法律风险及其防范(第十四章)、中介合同实践中的法律风险及其防范(第十五章)、合伙合同实践中的法律风险及其防范(第十六章)。每章中第一部分对各商事合同进行了基本的概述，并在理解的基础上辅之以具体案例评析，逐步把握各商事合同的基本特性。知其之特性，方能知其之风险，为防范打好认知基础。每章中第二部分对风险及防范方法做了规律性总结，各商事合同风险的高发区块不尽相同，因此，作者在此结合了第一部分的合同特性分点解析，提示读者风险所在的重点区块，并对应案例加深读者的记忆点。

本书针对专业人士，立足实务视角，未尽之处，望各位读者批评指正。

目　　录

第一章
商事合同交易及其法律风险概述

第一节　商事合同概述

一、商事合同的界定

商事合同，是指商事主体相互之间或者商事主体与非商事主体之间设立、变更、终止商事权利义务关系的协议。商事合同在不同的国家有不同的立法体例。在民商分立的国家，商法典对商事合同设有特殊的规定，具体表现在两个方面：一是就商事合同的种类予以特殊规定；二是就商事合同的内容设立特别规则。而在民商合一的国家，商事合同被统一规定在债法中或规定在专门的合同法中，民事合同与商事合同没有截然分开。在大多数情况下，有关商事交易的特殊规则为这种统一的立法所吸收或者在统一的立法之外另行制定特别法规则。在我国，关于商事合同的立法，在《合同法》（已失效）制定之前，立法实践是将商事合同与民事合同相区别的。民事合同由《民法通则》（已失效）予以规范；商事合同则由《经济合同法》《技术合同法》《涉外经济合同法》等商法规范予以调整。在《合同法》颁布以后，立法上不再区分商事合同与民事合同，而是共同适用《合同法》，商事合同被纳入了统一的《合同法》中，并在体例上属于民法范畴。统一由《合同法》进行规制的模式，其优点是法律适用得以简化，便于司法适用。但由于规则的统一提高了非商事主体的商事义务，或者降低了商事主体应承担的较高的商事注意义务，使得对尚未取得商人资格的人的要求提高到如同商人一样，或者将对商人的要求降低到如同未取得商人资格的人的要求一样。所以，这种统一不加区别的规制，有不利于建立良好的商事交易秩序的一面，其缺陷是客观存在的。有学者对此问题进行了深入分析，并从民事合同的过度商化和商事合同制度的商法化不足两个角度阐述我国现行规定不区分民事合同与商事合同的弊端。①

在我国现行的法律制度下，对民事合同与商事合同不作区分，我国合同法统一对其调整，似乎讨论商事合同意义不大。但近几年，"商事通则"作为一种立法模式的选择问题正在被越来越多的学者研究讨论。抛开制定"大而全"的"商法典"的方式，转而选择对蕴含在商事活动中不同于民事活动的商法独特的一般规则予以统率规定的"商事通则"的方式正在被学者所接受。② 而商行为在实践中大多是通过商事合同的方式来体现，故探讨商事合同的界定仍具有重大的理论和实务意义。

以下从比较法的视角简要介绍一些重要的国际公约和国家立法中关于商事合同的界定。

(一)《国际商事合同通则》

《国际商事合同通则》(以下简称《商事通则》)虽然旨在为商事合同制定一般规则，但对于"商事合同"这一基础性概念却没有规定任何明确的定义，只是规定《商事通则》的适用依赖于当事人是否具有"商人"身份，或者交易是否具有商业性质，但是并未对何为商人或商业性质规定明确的定义。商事合同这样的表述目的更多的在于，在《商事通则》的适用性问题上将所谓的"消费者合同"排除在外。根据《商事通则》中的定义，消费者指的是并非出于职业和行业需要而订立合同的当事人。《商事通则》提供的模式的优势在于，抛开传统商法典或是定义商人或是定义商行为的方法，转而对那些不能完全适用商人规则，需要特殊保护的主体进行定义，除此之外适用商人规则。虽然这样的方法在体系上难达完美，但在司法实践中却更为方便。

(二)《美国统一商法典》

根据《美国统一商法典》(以下简称《统一商法典》)第 2 – 104 条的定义，"商人"是指经营某种货物的人，或者其职业表明他对交易所涉及的惯例或者货物具有专门知识或者技能的人，或者他因雇用其职业表明具有专门知识或技能的代理人、经纪人或其他中间人而被视为具有此种专门知识或者技能的人。"商人之

---

① 参见樊涛:《我国商事合同制度的解析与重构》，载《理论导刊》2008 年第 6 期。

② 参见吕来明、郝春峥:《商事合同制度适用初探——兼谈"商事通则"中商行为一般规则的建立》，载《中国商法年刊》2007 年。

间”是指在任何的双方当事人均可被视为具有商人的知识或技能的交易中。《统一商法典》的“买卖编”假定某一特定领域内的专业人员之间的交易要求特殊和有明确的规则，这些规则不得适用于偶然的或无经验的买方或卖方，并且明确规定哪些必要时可适用于商人之间和可对商人适用的规则。这样一来，在“买卖编”中的一部分规则（涉及商人或商人之间的规则）对于商行为一般规则的构建具有启示意义，而那些规制商人之间的规则，实际上就是商事合同的特殊规则。

（三）英国法

英国法中有大量的判例存在，对于商事合同的特殊规则主要是通过判例的形式表现出来。20 世纪以来，英国法首先将合同区分为商业合同和非商业合同，将商业合同定义为“双方当事人为了营业而签订的合同”。[①] 而后随着消费者运动的发展，又区分了消费者合同和非消费者合同，以上区分主要是出于现实的考虑，即对不同的合同需要适用不同的规则。《1979 年货物买卖法》和《1977 年不公平合同条款法》是和“商事合同”这一概念关系最为密切的两部成文法典，在这两部法典中，虽然都没有就商事合同规定明确的定义，但是对于“消费者合同”，两者都规定了明确的定义。[②] 从条文来看，对于“作为消费者进行交易”和“不是作为消费者进行交易”的情形作出了特殊的规定。

以上是从比较法的方面进行介绍。关于我国立法应该如何就商事合同进行界定，有学者指出，商事合同主要是为商人之间订立的合同而设定，而对于商人的界定，既然目的是为专业人士确定义务，那么规模就不应成为判断商人的唯一标准，其所具有的专业知识和技能才是区别于非商人的核心问题。因此，对商人的定义可考虑或接近于对商业领域专业人士或是业内人士的定义。当然，宽泛的界定将导致法官的工作量增大，出于现实考虑可能仍然需要一些具体的标准，例如，登记对于确定商人资格的意义、习惯性营业的要求、营利性的要求、以自己名义的要求等，但是在这些标准之外，专业知识和技能至少也应该成为一条补充的标准，这一点对于确定行业惯例也有意义。社会分工的精细化使行业的封闭性越来越

---

① 参见何宝玉：《英国合同法》，中国政法大学出版社 1999 年版，第 49 页。

② 《1977 年不公平合同条款法》第 25 条规定：“消费者合同”（不包括通过拍卖或者竞争性投标而进行买卖的合同），在其中，(a)合同的一方当事人是在经营业务的过程中进行交易的，而另一方当事人（消费者）并不是在经营业务的过程中或者为了经营业务的目的而进行交易的；(b)在本法第 15 条第 2 款(a)项提及的合同中，货物是通常供应给私人使用或消费的。《1979 年货物买卖法》第 61 条规定同上。

强，是否能够适用行业惯例也需要根据是否具备这方面的专业知识和技能来判断，因为对于“门外汉”的商人来讲，他/她可能与消费者一样处于弱势地位。①

另外，需要注意的是，商人之间从事业务活动所签订的合同都属于商事合同。若双方都不属于商人，则订立的合同不是商事合同。那么，商人与非商人之间订立的合同是否属于商事合同，根据非商人方目的的不同，有学者对其作出了区分。我们认为值得赞同，具体如下：

1. 非商人一方出于使用、消费的目的而订立的合同，原则上不应属于“商法通则”中规定的商事合同，而应作为民事合同或称为消费者合同予以调整。虽然此种合同中一方是商人，并且签订该合同本身就是其营利性经营活动，但对于非商人一方来讲，在法律地位上属于消费者权益保护法中的“消费者”。把这种合同作为消费者合同予以对待，才能落实消费者权益保护法的内容。

2. 非商人一方出于投资获利的目的而订立的合同，应属于“商事通则”中规定的商事合同，首先适用此种交易的专门法，同时适用商事通则中有关商行为的一般规则。因为，此种合同中一方当事人虽然不是商人，但订立此种合同的目的是投资获利，也就是说，此种合同的内容决定了其本身就是商业性的目的，例如，股票、债券交易合同等，非商人一方当事人在法律地位上不是消费者，而是“投资者”。尽管其可能不是职业的投资人，但非商人“投资者”与商人一方的目的（商业目的）是同质的。对其权利的保护不宜适用消费者权益保护制度，而应当从其商业目标考虑，作为商事合同予以调整。需要说明的是，有些合同从标的难以判断其是消费性目的还是投资性目的，例如，房地产买卖合同，应推定为消费性合同。

3. 非商人一方为了分散风险、获得保障而签订合同，如保险合同、储蓄合同等。非商人一方既不是消费者，也不是通常意义上的投资者。此种合同一般有专门法加以规定，专门法没有规定的，在制度适用上，可参照适用商行为一般规则的规定。

二、商事合同的特点

相对于民事合同而言，我们认为商事合同主要有以下特点。

（一）合同主体更加注重交易效率与安全

商事合同双方当事人主要以营利为目的，为满足营利需求，商事合同必须重

① 参见樊涛：《我国商事合同制度的解析与重构》，载《理论导刊》2008 年第 6 期。

视效益、安全。相反地，合同双方若为民事主体时，非以营利为目的，则该合同重在交易的公平性。民事合同强调以维护个案的公平而在一定程度上牺牲市场交易的秩序与效率，而商事合同却不惜牺牲个案的公正追求市场经济的秩序与效率。对于消费者合同，合同一方的消费者，由于其与生产者、经营者等商主体间信息不对称，消费者属于社会的弱势群体，为体现对弱者之保护、对强者之抑制，必须借助特殊法律规范，来保护自由市场经济体制中消费者群体。因此，受不同法律价值、市场需求的指引，形成了商事合同、民事合同以及消费者合同这三种截然不同的交易模型。

（二）缔约者负有更高的注意义务

民事主体的抽象模型是一个享有完全民事行为能力，但没有任何职业经验的普通人。基于这一点，各国民法均给予民事主体应有的尊重和关怀，在从事民事活动时民事主体仅负一般注意义务或者善良人的注意义务，给予民事主体权利以充分的保护。民事合同是以个人自由和利益为价值取向，其过多地强调了意思自治而忽视了交易安全。商法对商人的假设是“强有力的智者”，商人被视为为了达到其营利目的而进行最合理行动的人。因此，各国商法均对商人科以更高的注意义务和职责，即商人应负谨慎责任。与商法均视商人为“智者”“强者”相比较，近现代民法一直将民事主体视为“普通人”，既非“智者”也非“弱者”，因此，立法必须区别对待民事主体与商主体，如果漠视二者之间的差异，必将会引发法律规则的混乱。①

（三）商事合同一般为有偿合同、要式合同、双务合同

商事合同属于有偿合同，而很多民事合同属于无偿合同。有偿合同与无偿合同是根据当事人取得权利或附加义务是否偿付代价为标准。商事交易追求利润，故商事合同一般为有偿合同。商事合同一般是要式合同，民事合同一般为非要式合同。从我国《民法典》的规定来看，要求采用书面形式的合同大多为商事合同。如金融借款合同、融资租赁合同、建设工程合同、技术开发合同、技术转让合同等就属于这种类型。民事合同在《民法典》中一般没有形式要求，而是遵循合同自由原则，由当事人自己决定，形式相对灵活。商事合同一般是双务合同，即一方享有的权利正是对方所承受的义务，反之亦然。而民事合同则可能为双务合同或单务合同。

---

① 参见樊涛：《我国商事合同制度的解析与重构》，载《理论导刊》2008 年第 6 期。

（四）商事合同一般采用严格责任作为归责原则

归责是一个责任判断和责任归结的过程，必须遵循一定的原则。具体到商事合同上，原则上采用严格责任的归责原则，即在违约发生以后，确定违约一方的责任时，主要考虑是否存在违约行为，而不考虑违约方主观心理状态。换言之，确定责任不考虑过错问题。我国《民法典》第577条规定："当事人一方不履行合同义务或者履行合同义务不符合约定的，应当承担继续履行、采取补救措施或者赔偿损失等违约责任。"这一规定就是合同严格责任的法律依据。作为商人，其目的是最大限度地追求经济利益，法律也是着重保护交易的安全，所以对于商事合同和有偿的民事合同适用严格责任，而对于无偿的民事合同，原则上只有一方当事人有过错才承担责任。

三、商事合同的分类

有学者指出，现代商事合同所约定的商事活动应尽可能地作宽泛的理解，所有的资本经营行为都应涵盖在内，不仅包括提供或交换商品或服务的一般贸易交易，还包括其他类型的经济交易，如投资或特许协议、专业服务合同以及各种技术贸易等。大体来说，商事合同可以分为以下几类：(1)经济合同，是商事主体为实现一定经济目的，明确相互间权利义务而订立的合同；(2)技术合同，是商事主体间为了技术开发、技术转让、技术咨询和技术服务而订立的协议；(3)涉外经济合同，是具有涉外因素的合同。①

《民法典》规定的有名合同中，比较典型的商事合同有：买卖合同，借款合同，租赁合同，融资租赁合同，承揽合同，建设工程合同，供用电、水、气、热力合同，运输合同，技术合同，仓储合同，委托合同，行纪合同，中介合同。

第二节　合同风险概述

一、风险、法律风险、合同风险

在法律学科里，我们很难找到什么是法律风险的相关解释。实践中也难有科

---

① 参见黄晓林编著：《商法总论》，齐鲁书社2004年版，第254页。

学权威的解释。尽管没有明确界定或清晰地思考过“法律风险”的概念，但我们仍然在实践中大量地、经常性地使用“法律风险”一词。即使是这样，我们也认为，概念是认识事物的工具，对合同风险的认识首先应从其概念分析出发。

“风险”一词源于意大利词的“risco”和法语的“risqué”，产生于早期的航海贸易和保险业中。是指在某一特定环境下，在某一特定时间段内，某种损失发生的可能性。风险是由风险因素、风险事故和风险损失等要素组成的。换言之，在某一个特定时间段里，人们所期望达到的目标与实际出现的结果之间产生的距离称为风险。在商业活动中，风险种类多样，有投资风险、财务风险、营销风险、外汇风险、道德风险、法律风险等。在这些风险中，有来自合同当事人外部的，如缔约一方违反合同以及他人扣留财产的行为，有来自签约当事人的，如公司工作人员侵害公司财产、公司决策失误等，还包括国家政策、经济因素、政治原因、自然环境等宏观因素影响。

关于法律风险，我们认为是指相关主体故意或过失未按照法律规定或合同约定有效行使权利、履行义务，而面临承担责任和损失的可能性。当主体违反了法律，或者主体的行为不符合法律规范，或者主体缺乏防范意识，都会产生法律风险。简单地说，法律风险是法律方面的风险，是风险的一种，也是最为重要的一种风险。之所以说是最为重要的一种风险，是因为法律风险存在于社会主体的活动中和发生在客观环境状况下。而人们的活动，在法律的社会规则下，所有活动在一定意义上都是法律行为，所有风险在一定意义上都是法律风险，所有责任在一定意义上都是法律风险发生的后果。

合同是平等主体之间设立、变更、终止权利义务关系的协议。尤其在商业活动中，商家通过合同来确定各方的权利义务，并以此保障交易正常进行，降低交易的不确定性和实现交易的目的。但是，合同在避免交易行为不确定性的同时，也会由于约定的缺陷而为当事人埋下新的法律风险。所以，从合同法律风险存在的阶段来讲，合同法律风险是指合同当事人在合同订立、生效、履行、变更和转让、终止及违约责任的确定过程中发生损失的可能性。这种损失的可能性从合同协商订立，到合同履行直至合同终止，始终如影随形，相依相伴。

合同法律风险虽然属于风险的一种，但其与一般风险相比较，具有其本身的特殊性。这种特殊性表现为以下几点。

（一）可认知性

即使风险使人们追求某种目标或实现某种结果具有了不确定性，更多的人也不太喜欢这种不确定性,但对风险的认识和解决问题的方法,使我们有了面对风险的信心。尤其合同是法律认可的双方当事人意思自治的结果,其风险与一般的自然风险、商业风险不同,具有可认知性。自然风险体现的是不可抗力,商业风险是商业社会商人固有的市场风险,而合同这种可认知性主要体现在合同风险发生原因具有法定性,也可以说是具有约定性。如一方违反法律规定、合同约定,不行使法律赋予的权利或合同约定的权利等,这些原因都是由法律规定或者合同等约定的。

合同法律风险产生于法律对合同行为的评价,而法律的规定是明确而稳定的,这就给我们进行合同行为时的预测提供了可能。我们可以根据法律的规定来预测人们相互间将怎样行为以及行为的后果,从而对自己的行为作出合理的安排。这种特性使合同法律风险在行为之初就可以被认知,行为确定后,我们就可通过管理等活动对合同法律风险进行防范。

(二)专业性

由于法律是专业性的,合同法律风险也就具有专业性。首先,认知合同法律风险须有专业的能力。判断某种合同行为是否具有法律风险,以及法律风险大小,都依赖于对法律本身的把握程度以及法律的实践经验。这种认知能力并不是每个人都具备的。其次,合同法律风险的解决方案更具有专业性。合同法律风险一旦形成,就需要采取积极的方式予以解决。而解决方案是否合理、实施步骤是否有序,都对合同法律风险的化解、解决具有决定性影响。

(三)损失性

合同法律风险一旦转化为现实的合同危机,都会给行为人造成损失。从法律角度来说,合同法律风险大多数是损失性风险,这种损失性风险又都是商业性的,要么导致行为人费用增加,要么使行为人失去商机或商业优势,严重的导致企业失去竞争能力,从市场中消失。

(四)不可投保性

在商业活动中,避免风险方式就是购买保险将风险转嫁给保险公司。但是,合同法律风险却不具备可投保性,不可能通过保险的方式来避免。从合同法律风险的成因我们可以看出,它不是一种纯风险,即只有损失而不能获利,因为很多时候商事行为人的合同行为是可以获得丰厚的利润的。另外,合同法律风险的发生有时是行为人故意或过失造成的,与法律责任有很紧密的联系,保险公司是不能为这种风险设保的。

只要有合同,就存在合同风险,且此风险从合同订立之前的协商阶段一直延续到合同履行完毕之后。那么,合同交易中的法律风险的根源何在呢?笔者认为,其根源在于合同背后的利益因素的不确定性。具体而言,合同的背后是合同主体的具体利益,合同只是作为当事人实现其利益的手段,订立合同本身不是目的,而影响当事人合同利益的因素存在不确定性,这种不确定性就导致了合同交易中法律风险的产生。有学者指出,不确定因素,是合同中各种可变因素的总和。具体而言,这些因素有以下几个方面。

1. 来自合同当事人的可变因素

合同当事人的可变因素,主要是合同权利人、合同义务人的资格、能力和人员等三项变化。这些变化,对合同权利人构成利益需要方面的障碍,对合同义务人则构成履行能力障碍。如合同主体不适格带来的合同风险。

相关案例分析 1

【案情简介】

北京某餐饮公司系一家高档酒楼经营者。孙某某谎称其为供应酒水、饮料的个体工商户孙某荣,并出示了其伪造的经营者为孙某荣的个体工商户营业执照复印件、卫生许可证复印件及孙某荣的身份证复印件。2006 年 4 月 16 日,孙某某(当时用名为孙某荣)与餐饮公司签订协议书,约定其向餐饮公司供应烟草、酒水、饮料,并保证其向餐饮公司供应的酒水、饮料为符合国家有关法律规定的产品,如孙某某提供的货物为假冒伪劣产品,餐饮公司有权不向孙某某支付货款,并有权要求孙某某按假一赔十的额度支付赔偿金。合同签订后,孙某某累计向餐饮公司供应了价值 359,589 元的酒水、饮料、香烟等货物,餐饮公司均按约定向孙某某支付了货款。2006 年 11 月 19 日,在餐饮公司消费的客人提出一瓶茅台酒为假酒,经查该茅台酒为孙某某所提供。餐饮公司遂对孙某某供应的所有高档白酒进行鉴定,确认孙某某供应的价值 53,865 元的白酒为假酒。按照假一赔十的标准计算,孙某某应向餐饮公司支付赔偿金 538,650 元。另外,孙某某向餐饮公司销售的货物,除假酒外已全部售出。

【法院判决】

一审法院经审理，查清事实后判决认定，孙某某在没有取得卫生许可证、烟草专卖许可证和个体工商户营业执照的情况下，与餐饮公司签订买卖合同并向餐饮公司销售烟草、酒类及饮料，违反了法律的强制性规定，双方签订的合同属于无效合同，孙某某向餐饮公司销售上述货物的行为属于无效行为。在过错上，孙某某在未获得有关行政许可的情况下，即与餐饮公司签订合同并向餐饮公司销售食品及烟草；餐饮公司作为对外销售食品及烟草的单位，未对进货来源尽到审查义务，双方当事人均有过错，对于合同无效应承担同等责任。由于孙某某向餐饮公司销售的货物，餐饮公司除假酒外已全部售出，除假酒外不能返还的财产，餐饮公司应当比照送货单所记载的单价，向孙某某折价补偿。一审法院依照《食品卫生法》（已失效）第 27 条第 1 款，《烟草专卖法》第 15 条、第 16 条，《合同法》（已失效）第 52 条第 5 项、第 56 条、第 58 条，《民法通则》（已失效）第 58 条第 5 项的规定，判决：第一，餐饮公司与孙某某（当时用名为孙某荣）所签订的协议书无效；第二，餐饮公司与孙某某之间买卖烟草制品的行为无效；第三，餐饮公司于判决生效后 10 日内折价补偿孙某某 31,923 元；第四，驳回餐饮公司的诉讼请求。如果未按本判决指定的期限履行给付金钱义务，应当依照《民事诉讼法》第 229 条（现行《民事诉讼法》第 260 条）的规定，加倍支付迟延履行期间的债务利息。

一审判决后，餐饮公司不服判决，提起上诉。二审法院最终判决：维持原判，驳回上诉。

【案例评析】

处理本案的关键是认定孙某某与餐饮公司签订的合同是否有效。

根据当时《食品卫生法》第 27 条第 1 款的规定，食品生产经营企业和食品摊贩，必须先取得卫生行政部门发放的卫生许可证方可向工商行政管理部门申请登记。未取得卫生许可证的，不得从事食品生产经营活动。该法第 54 条规定，食品是指各种供人食用或者饮用的成品和原料以及按照传统既是食品又是药品的物品，但是不包括以治疗为目的的物品。《烟草专卖法》第 16 条规定，经营烟草制品零售业务的企业或者个人，由县级人民政府工商行政管理部门根据上一级烟草专卖行政主管部门的委托，审查批准发给烟草专卖零售许可证。已经设立县级烟草专卖行政主管部门的地方，也可以由县级烟草专卖行政主管部门审查批准发给烟草专卖零售许可证。《食品卫生法》和《烟草专卖法》的上述规定，均属法律的强制性规定，有关当事人必须遵守。

本案中,孙某某在未办理卫生许可证、烟草专卖许可证和个体工商户营业执照的情况下,与餐饮公司签订买卖合同并向餐饮公司销售烟草、酒水,违反了当时的《食品卫生法》及《烟草专卖法》中关于销售资质的强制性规定,因此,双方所签合同因违反我国法律的强制性规定而应认定无效。合同一旦被确认无效,就将产生溯及力,使合同从订立之时起就不具有法律约束力,故合同中关于"假一赔十"条款亦应为无效,餐饮公司依据此条款向孙某某主张赔偿损失的诉讼请求,亦不应予以支持,故对于餐饮公司关于合同效力及上述条款有效的意见,法院不予采信。对于双方责任认定上,餐饮公司作为餐饮服务企业,其应当对提供其烟草酒水的供货商的销售资质进行严格审查,以确保商品的安全及品质,作为烟草酒水的供应商,孙某某亦应明知其所应具备的相应资质,对于合同无效,双方当事人均存在过错,因此,一审法院对孙某某及餐饮公司对合同无效应承担同等责任的认定并无不当。

至于孙某某提供假酒问题,当事人可向有关机关举报,作另案处理。值得注意的是,《民法典合同编通则解释》第 24 条第三款规定了有关人民法院发出司法建议的情形,即合同不成立、无效、被撤销或者确定不发生效力,当事人的行为涉嫌违法且未经处理,可能导致一方或者双方通过违法行为获得不当利益的,人民法院应当向有关行政管理部门发出司法建议;涉嫌犯罪的,应当将案件线索移送刑事侦查机关。

【风险提示】

当事人基于意思自治的原理,或许能在合同中充分约定合同终止时损失风险的防范、弥补条款,如"假一赔十"条款、违约金条款等。这些风险防范条款在合同有效的前提下,是可行的。但因合同主体不适格导致合同无效或者约定的条款无效时,当事人不仅签约目的无法实现,合同中用来规避、防范、弥补合同风险的条款也随之失去意义(合同结算、清理条款除外)。该类情况常有发生。为此,在签订合同时需要认识到哪些行业是有特别资质要求的,哪些是法律特别强制规定的,是否涉及国家利益、社会公共利益以及法律明确违反强制性规定而为无效的规定。同时,提高对假冒产品的风险防范意识和综合运用多种识别手段。

2. 来自利益相关人的可变因素

利益相关人的可变因素,主要是指合同订立时,设定的第三人、担保人在合同履行过程中发生变化,如因合同以外的第三人的原因导致合同当事人一方不能履约的情形。

相关案例分析2

【案情简介】

2003年3月20日,利达公司与广告公司签订了《广告发布业务合同》,约定:广告公司于2003年4月1日至30日为利达公司在中央电视台1套播出5秒广告,利达公司支付33万元。合同签订后,利达公司依照约定支付款项。因为中央电视台节目调整致使4月25日、27日、29日漏播广告。中央电视台已经作出书面解释。广告公司认为依照约定第9条"若因中央电视台原因造成播出异常,则按照中央电视台具体规定执行。则进行广告补播或者退广告款"。利达公司要求广告公司退还广告费33万元,支付违约金6.6万元,赔偿交通费并承担诉讼费。据此,双方发生争执。

【法院判决】

原审法院经查明认为,利达公司与广告公司签订的《广告发布业务合同》系双方当事人的真实意思表示,且不违反国家法律、法规的强制性规定,合法有效。利达公司依约履行了付款义务,但广告公司在未取得利达公司同意的情况下,于2003年4月25日、27日、29日未按约定播出,已构成违约。广告公司应该按照合同约定退还利达公司未履行部分的广告费并支付违约金。因违约金既具有补偿性,又具有惩罚性,合同中约定的违约金数额足以弥补利达公司实际发生的损失,故利达公司再要求广告公司赔偿其交通费的诉讼请求,于法无据,不予支持。判决:被告公司退还原告公司广告费28,600元;被告广告公司支付原告利达公司违约金66,000元。驳回原告利达公司的其他诉讼请求。

利达公司不服原审法院判决提起上诉,请求上诉法院撤销原审法院判决第二项并依法改判。法院判决如下:(1)维持一审法院民事判决第一项、第三项。(2)撤销一审法院民事判决第二项。

【案例评析】

本案是合同当事人一方由于合同以外的第三人的原因导致不能履约,其是否承担违约责任的纠纷。按照《民法典》第593条的规定,当事人一方因第三人的原因造成违约的,应当向对方承担违约责任。当事人一方和第三人之间的纠纷,依照法律规定或者按照约定解决。此为当事人为自己一方的第三人原因负违约责任制度。有疑问的是,如果当事人不能及时履行合同是由于第三人意志以外的原因所致,当事人是否还要向合同对方承担违约责任呢?《民法典》并没有对此规定,本案就属于此类情况。本案中,广告公司未能完全按照广告合同的约定为利达公司播放广告,但其未能按时播放广告是由于第三人电视台不能控制的原因导致的,那么,广告公司是否还要基于《民法典》第593条的规定向利达公司承担违约责任,两级法院作出了不同的判决。由于中央电视台未能在4月25日、27日、29日播出利达公司的广告构成不可抗力(时逢北京"非典"疫情暴发时期,对正常履行合同造成影响),按照我们前面的分析,第三人电视台的行为构成不可抗力,该不可抗力事件直接导致广告公司无法履行对利达公司的合同,因此,广告公司无须对利达公司承担违约责任。可以这样解决:(1)广告补播;(2)退回广告款。现在只能退款。故二审法院维持一审法院有关退款的判决是正确的。

【风险提示】

合同一经成立,只有当事人实际履行,才有可能实现当事人的预期目的。不过实践中合同履行的主体不限于当事人,履行主体也可以是订立合同当事人之外的第三人。即便在债权人同意债务人由第三人履行的情况下,当第三人不履行债务或者履行不符合约定的时候,债务人仍然要对债权人负责,承担违约责任。所以,在合同履行过程中,存在第三人代为履行合同的情况时,合同当事人存在的风险是履行方面的风险,即第三人能否正确、及时、全面地履行合同。对此,要注意考察第三人的资信情况,尤其是债务人要对第三人采取必要约束手段或激励措施,如可在债务人委托第三人的合同中增加第三人不对债权人履行债务时的违约责任以及提示可能面临的损失范围。

3. 来自客观外界的可变因素

客观外界的可变因素,主要是指不可抗力因素。不可抗力作为不能预见、不能避免并不能克服的客观情况,包括国家宏观政策变化,如物价调整、利率升降等;自然与社会灾难事件,如洪水等。①

相关案例分析3

【案情简介】

2001年7月3日,某市遭受特大暴风雨袭击,多处电线线路挂断。该市电力公司在暴风雨稍减后,即派出抢修队伍抢修线路。因暴风雨造成该市华丰设备厂(以下简称华丰厂)停电6小时,造成生产损失7万元。电力公司在抢修华丰厂的

---

① 参见王建平主编:《合同法实施中的陷阱与风险防范》,四川人民出版社1999年版,第8页。

线路时,因抢修人员操作疏忽,接错电线,造成短路,致使华丰厂 2 台设备被损,造成损失 13 万元。华丰厂要求电力公司赔偿损失 20 万元,电力公司拒绝赔偿而形成纠纷。华丰厂以电力公司为被告诉至该市某区人民法院。

【法院判决】

该市法院认定:因暴风雨而造成华丰厂损失 7 万元,应由华丰厂自担;电力公司依法应对华丰厂的 13 万元损失承担损害赔偿责任。

【案例评析】

我国《民法典》第 651 条、第 652 条、第 653 条对供电人的义务和责任作了明确的规定。《民法典》第 651 条规定了供电人保质量安全供电的义务,"供电人应当按照国家规定的供电质量标准和约定安全供电"。《民法典》第 652 条规定了中断供电的通知义务,"供电人因供电设施计划检修、临时检修、依法限电或者用电人违法用电等原因,需要中断供电时,应当按照国家有关规定事先通知用电人;未事先通知用电人中断供电,造成用电人损失的,应当承担损害赔偿责任"。《民法典》第 653 条规定了及时抢修的义务,"因自然灾害等原因断电,供电方应当按照国家有关规定及时抢修;未及时抢修,造成用电人损失的,应当承担损害赔偿责任"。因自然灾害等原因而断电,如地震、洪水、风雪引起供电设施损毁而造成的断电,属于供电方主观意志不能预见、不能避免、不能克服的意外情况,供电人既无故意也无过失,因此,不能承担赔偿因断电给用电方造成损失的责任。但是,在不可抗力造成断电之后,供电方应当按照国家有关规定及时抢修。这是供电方在特殊情况下必须履行的法定义务。由于供电方未履行该义务,给用电方造成损失的,应当承担赔偿责任。供电方妥当地履行了抢修义务,这是构成其免责的必要条件。

本案争议的焦点在于电力公司与华丰厂系供电合同关系,涉及电力公司是否尽到及时抢修义务,并因其过错而给华丰厂造成损失的赔偿问题。(1)特大暴风雨造成电线被刮断,致使华丰厂停电 6 小时,造成损失 7 万元。该损失的造成当属不可抗力所致,《民法典》第 590 条规定,因不可抗力不能履行合同的行为可以免除违约责任。(2)电力公司在抢修线路时,因抢修人员的过错,而给华丰厂造成损失 13 万元,根据《民法典》第 1165 条第 1 款"行为人因过错侵害他人民事权益造成损害的,应当承担侵权责任"之规定,电力公司应当就这 13 万元对华丰厂进行赔偿。

【风险提示】

特大暴风雨造成电线被刮断损失当属不可抗力所致,《民法典》第 590 条规定,因不可抗力不能履行合同的,根据不可抗力的影响,部分或全部免除违约责任。

需要注意的是,合同风险有放大效应,若防范措施不及时、不得力,致使可以避免的风险未能避免,甚至扩大,使得可能发生的风险变成已发生的损害。合同风险的放大是因合同当事人的过错造成,将加大合同利益的实现成本和救济成本,故我国《民法典》规定了相应的制度来限制合同风险的放大,比如,《民法典》第7条规定的诚实信用原则、第591条规定的一方违约后,对方当事人有防止损失扩大的义务等,作为合同当事人应注意到合同风险的放大效应,加强合同的管理和风险预防,做一个谨慎的交易主体,使合同交易中的法律风险“防患于未然、消患于无形”,促进商事交易的安全和迅捷。

二、法律风险的类型

合同交易中的法律风险,按照不同的标准有不同的分类。有学者总结合同风险的主要类型,其认为合同风险主要包括:(1)合同主体不合格带来的合同风险。包括合同主体不具备相应民事行为能力、合同主体不具备法律规定的特别资质要求、合同主体超越权限订立合同等。(2)合同内容违反有关法律、法规规定的合同风险。包括合同的标的违法、合同内容损害公共利益、合同条款违反法律的强制性规定等。(3)合同条款不完备、不明确、不具体的合同风险。包括合同主要条款的缺失、合同权利义务表述不清、文字表达有歧义等。(4)合同履行过程中的风险。包括合同主体变更的风险、对方当事人违约或预期违约的风险、情势变更的合同风险等。①

这样的分类具有一定的概括性,但是糅合了不同的分类标准,前三类是按照产生法律风险的原因进行分类,而第四类却是以产生风险的时间为标准,故其分类方式有失科学性。我们按照法律风险产生的原因的不同,将法律风险分为以下几方面。

(一)违法行为所导致的法律风险

由于行为人实施了违反法律规定的行为,给其造成不应有的损失,其结果肯定得不到法律的保护,如签订了无效的合同导致财产无法返还等。

---

① 参见洪彬、李少璧主编:《常用合同法律风险分析与防范》,暨南大学出版社2004年版,第12页。

相关案例分析

【案情简介】

2018年9月,原告张某与被告A公司签订了居间协议,该协议约定的居间事项是由张某为A公司居间介绍签订汤山G81地块建设工程施工合同。2018年,第三人B公司与第三人C公司签订施工合同,由B公司将某地块项目土建及水电安装工程发包给C公司施工。2018年9月,第三人C公司制作某地块项目土建安装工程内部承包招标文件,招标范围为土方、土建及水电安装。2018年9月25日,C公司市场经营部向被告A公司发出中标通知书载明A公司中标,A公司后将工程转包给郑某。2019年4月11日,A公司与C公司签订解除协议,主要内容为:解除承包协议,C公司认可该工程目前是由郑某实际施工,郑某已完成的工程量、相应工程款结算由C公司负责清算。后A公司一直未支付张某居间费。张某基于与A公司签订了居间协议及A公司已中标的事实,请求法院判令A公司支付居间费。

【法院判决】

法院以施工合同违反法律强制性规定无效为由,确定A公司与张某间的居间协议无效,最终法院驳回原告张某的诉讼请求。

【案例评析】

该案中,B公司将某地块项目土建及水电安装工程发包给C公司施工。C公司承接上述工程后,制作G81地块项目土建安装工程内部承包招标文件,将自B公司处承包的土方、土建及水电安装施工交由他人施工,违反了《中华人民共和国建筑法》第二十九条:"施工总承包的,建筑工程主体结构的施工必须由总承包单位自行完成"的法律法规的强制性规定。而张某与A公司签订的居间协议约定的居间事项是由张某为A公司与C公司促成签订上述违反法律法规的强制性规定的合同。根据法律规定,违反法律、行政法规的强制性规定,合同无效。

【风险提示】

当事人订立、履行合同,应当遵守法律法规,不得扰乱社会秩序,损害社会公共利益。居间合同约定的后续事项系促成签订、违反法律法规强制性规定的无效建设工程施工合同的,该居间合同因扰乱建筑市场秩序,损害社会公共利益,应属无效合同,居间方据此主张居间费用的,人民法院不予支持。

(二)合同管理中不规范行为所导致的法律风险

商事合同当事人在实现合同目的的过程中,通常需要管理合同。管理若不能科学化和规范化，则会导致很多不规范的合同行为发生，并潜伏了太多的合同法律风险。如签订合同前未对相对人作资信调查，合同履行中未保留相关的证据等。

(三)法律不确定性所导致的法律风险

一般情况下，法律是确定的，这也正是人们能够基于法律的确定指引而对自己的行为预先进行评价。但是，在成文法律中，所有的法律条文都是由语言组成。而我们的语言又是多元化的，在不同的语境中有不同的含义。在此种情况之下，由于语言的模糊性所带来的法律风险，就需要我们准确地理解合同条款。此外，在合同履行中人的因素也会导致法律的不确定性。但是，我们并不能因此就得出因为法律是不确定的，所以合同法律风险也是不可知的结论。因为《民法典》合同编有一个最主要的特点，就是当事人意思自治。法谚有云："合同就是当事人间的法律。"这就为我们通过合同约定的确定性来减少法律本身的不确定性，避免法律的不确定性所带来的法律风险提供了广阔的空间。

相关案例分析

【案情简介】

1994 年 5 月，A 粉丝厂以 B 实业总公司违约为由，向人民法院起诉称，A 粉丝厂因生产绿豆粉丝，急需原料绿豆，遂派业务员丁某与 B 实业总公司业务经理于某口头商定，B 实业总公司向 A 粉丝厂出售一等绿豆 2 万斤，每斤价格 0.58 元，合同订立后 10 日内到被告仓库验货付款。合同订立后，A 粉丝厂经理及业务员丁某携款到 B 实业总公司处验货，双方对货物质量均无异议，但在结算时，B 实业总公司却要求 A 粉丝厂按照每斤 0.65 元的价格付款，A 粉丝厂坚持要求按每斤 0.58 元的价格付款，不同意按照 0.65 元付款，B 实业总公司便拒绝交货，双方发生争议。

【法院判决】

经人民法院查实，原告和被告对当时双方协商的绿豆的数量、验货付款方式、验货日期均说法一致，但对于绿豆的单价，当时双方是否协商一致，现在各方各执一词，并且都拿不出证据，双方当事人在协商绿豆价格时有没有第三人在场，法院也收集不到这方面的相关证据。经委托有关物价机关进行检验证明，被告出售给原告的绿豆为一等品，市场价为每斤 0.62 ~ 0.65 元。经法院调解，原告和被告自愿达成协议。

【案例评析】

本案的争议在于口头合同的性质问题。此案发生在《民法典》颁布以前，法院内部对这一问题存在不同观点。第一种观点认为，该口头合同属于无效合同；第二种观点认为，该口头合同虽然未以书面形式订立，违反了《经济合同法》（现已失效）的规定，但双方当事人已经就合同的主要条款达成协议；第三种观点认为，本口头购销合同既非无效，也非有效，而是未成立，因为当事人双方未就合同的主要条款达成协议。我们认为第三种观点较为合理。在合同法中，尽管合同的成立与合同的生效常常是密切联系在一起的，但合同成立与合同生效却是两个性质不同的概念。

【风险提示】

在商事交易中，对影响合同成立的主要条款，如标的、数量、质量、价款或者报酬以及履行的期限、方式、地点等一定要约定清楚，达成一致。在买卖合同中若没有货物的价款约定，如同“有白纸没黑字”一样，无所适从。而没有任何书面协议的“君子协议”，更是无从验证，为现代商事交易所不提倡。

（四）合同签订前隐藏的法律风险

这类法律风险往往表现为合同对方的主体资格和履约能力方面。因为合同签订前没有对合同对方作必要的调查和了解，与主体资格有瑕疵的当事人或代理人签署合同，最后导致合同无效或合同效力待定；或与履约能力有欠缺的当事人或代理人签署合同，最后导致合同无法履行。在实践中的突出表现就是合同欺诈行为。有学者对合同欺诈行为进行分类，其归纳了 11 类合同欺诈行为，其中在合同签订前的欺诈行为，主要包括以下 7 类：(1)俏货引诱。如利用紧缺畅销商品，诱人签订购销合同，骗取预付款或定金。(2)移花接木。如让对方看到别人的货物，一旦签约骗取对方货款或定金后便再无踪影。(3)假冒身份。如私刻公章，伪造企业名称，然后与人签订合同。(4)设置圈套。如隐瞒履约能力或资信水平，事先精心设计并诱人签订根本无法履行的合同，骗取定金和原料等。(5)设托订约。如由第三人充当“托儿”，与合同一方恶意串通，为该方当事人进行欺诈创造条件。(6)诱使签约。如有的企业为遏制竞争对手，以伪装签约的方式，使潜在的竞争对手丧失商机。(7)炒作煽动。如围绕子虚乌有的事炒作传播，编织奇艳故事，引人签约上当。①

---

① 参见黄金华编著：《企业签约的法律风险及防范》，中国法制出版社 2007 年版，第 3 页。

相关案例分析

【案情简介】

2005年12月25日，深圳某报社发布了一则广告，广告内容是A旅行社推出的寒假海南旅游套餐。其中，广告中注明的景点包括万泉河、五指山。广告内容令深圳的李某某心动。12月28日，李某某来到A旅行社咨询海南旅游的相关事宜。旅行社向其提供了该旅行社编辑印发的海南旅游宣传单和报刊上刊登的广告内容，并推荐她参加深圳至海南双飞五日游。旅行社一再向李某某保证，此次旅游景点以宣传单和广告内容为准。当日，李某某决定参加A旅行社组织的海南双飞五日游，并与旅行社签订了旅行社提供的格式旅游合同，合同中注明了旅游景点包括万泉河、五指山，约定于2006年1月6日出发。李某某支付了约定的金额旅游费用3200元。

但实际的旅游经历却让李某某大吃一惊，她发现，广告的内容和合同中注明要游览的景点万泉河、五指山，居然是"遥望五指山、远眺万泉河"。返回深圳后，李某某就旅行社的行为向A旅行社提出了赔偿请求，但旅行社却辩称，"遥望万泉河、远眺五指山"就是对合同约定的"万泉河、五指山"游览项目的旅行，拒绝进行赔偿。双方就此发生争议。李某某无奈之下，于2006年1月24日将A旅行社告上了法庭。

【法院判决】

深圳市宝龙区人民法院经审理认为，被告深圳市A旅行社在广告宣传中描述的内容与实际游览的景观不符，被告A旅行社的行为构成违约。被告A旅行社明知正确的履行行为应当为原告李某某提供"万泉河、五指山"的主要景点或代表性景点的游览，但却故意以"遥望五指山、远眺万泉河"来履行旅游合同。可见，被告A旅行社的行为是一种欺诈行为。

鉴于此，深圳市宝龙区人民法院根据《合同法》（已失效）第61条、第62条、第107条、第113条，《消费者权益保护法》第49条之规定，于2006年2月12日作出如下判决：被告深圳市A旅行社赔偿原告李某某6400元。本案诉讼费用由被告深圳市A旅行社承担。

【案例评析】

本案争议的焦点在于如何理解旅游服务合同约定的景点，即旅游景点是身临其境式的，还是遥望远眺式的。这取决于合同是如何约定的。在本案中，李某某与旅行社签订了旅行社提供的格式旅游服务合同，合同中注明了旅游景点包括万泉河、五指山。但是旅行社认为,这两个旅游项目的履行方式或履行标准没有明确、细致地加以约定,辩称在履行过程中,"遥望五指山、远眺万泉河"构成了适当、正确地履行,自己并不违约。不过本案原告李某某却认为,要进入五指山,来到万泉河,才能算达到了合同目的,才算是适当履行合同。要判断A旅行社和李某某孰是孰非,首先要判定合同中的相关内容是什么,即具体内容到底是提供旅客"走进五指山、来到万泉河"的旅游服务,还是"遥望五指山、远眺万泉河"的旅游服务。显然,合同中注明了旅游景点包括万泉河、五指山,在通常理解下,某个旅游景点的游览应当是进入景区并游览其主要景点或有代表性的景点,而绝非"遥望和远眺"。因此,本案中李某某与A旅行社签订的旅游合同的通常理解是李某某的理解。

在本案中,被告A旅行社明知自己提供的旅游服务中没有"五指山、万泉河"两个旅游项目,但却采取虚假广告的方式发出错误信息,诱使原告李某某向旅行社作出订立旅游合同的意思表示,旅行社的行为构成欺诈。

本案中,从一定意义上来说,旅行社更多的是一种狡辩,而非合同约定不明确以及约定不明确时的理解问题。旅行社对李某某提供的服务有欺诈行为,根据《民法典》合同编以及《消费者权益保护法》的相关规定,李某某可以要求旅行社双倍赔偿其支付的旅游费用。所以,被告A旅行社对旅游合同中约定的"五指山、万泉河"游览项目的履行构成违约,应当承担违约责任。

【风险提示】

因合同条款的理解发生纠纷主要在于:合同是合意的结果,合意是一方意思表示与另一方接受的结果。而意思表示在传达相对人后,相对人的了解与表意人的预期并不总是一致的。于是,双方常因合同条款的理解发生歧义,产生纠纷。另外,合同约定难以尽善尽美,当事人常常对某些具体的权利义务没有约定,这也是纠纷产生的原因之一。

对于商家的欺诈,消费者往往防不胜防。许多案例表明,并非消费者没有一定的风险防范意识,而是商家与消费者之间少了沟通的渠道和次数,信息不对称,以致消费者对商家的诚信缺乏信心。为此,在提供服务类合同中,提醒消费者遇到类似事件,在需要和可能的情况下,要选择与有诚信、有品牌的商家建立合同关系。在建立合同关系之前多做了解,订立合同时,内容要约定清楚,切莫轻易让自己的诚信被别人不当利用和不尊重。

（五）合同订立时存在的法律风险

这类法律风险往往发生在合同的内容与形式方面。在合同内容方面，主要表现为两方面：（1）合同内容无效或可撤销。《民法典》规定合同无效事由的主要情形有：①无民事行为能力人实施的；②违反法律、行政法规的强制性规定的；③违背公序良俗的；④行为人与相对人恶意串通，损害他人合法权益的；⑤行为人与相对人以虚假的意思表示实施的。《民法典》规定合同可撤销的主要情形有：①重大误解；②欺诈；③胁迫；④显失公平。（2）合同条款的不完备或不具体。合同条款不完备包括合同基本条款缺失和合同其他条款的遗漏。合同条款的不完备或不具体是指合同的条款约定的权利、义务不够具体明确，这些不具体明确可能造成合同履行的困难和争议的发生。在合同形式方面，主要表现在合同形式不齐备而使得合同隐藏法律风险，比如，合同约定产品质量标准单独制作合同附件，但签约时合同未附质量标准附件。

相关案例分析

【案情简介】

2004年2月14日，上海市A装潢设计公司（以下简称设计公司）与B财产保险有限公司上海市普陀支公司（以下简称普陀保险公司）签订企业财产保险合同。保险合同约定基本险的标的为存货和固定资产；附加险为水管爆炸意外损失险，保险标的物为基本险全部财产。2004年11月6日，B财产险公司上海分公司发文，通知下属各单位，原水管爆裂意外损失险更改为水管爆裂险。水管爆裂意外损失险是指水管爆裂及其附属设施发生意外，造成保险财产的水淹损失。水管爆裂险是因水管爆裂造成的保险财产水淹损失。2005年1月29日，设计公司又与普陀保险公司续签了企业财产保险合同，企业财产保险综合保险标的为存货和固定资产；附加水管爆裂险。普陀保险公司在签发给设计公司的保险单上，未将财产保险附加水管爆裂险条款粘贴在保险单背后，也未作具体的说明。

2005年6月10日，设计公司搬迁至上海市崂山西路1015号地下室。2005年7月22日，上海市崂山西路1015号泵房地下蓄水池因堆积了大量泥沙，蓄水池水管浮球活塞被卡死，使自动上下水管失灵，自动开启水池打漏管不能自动关闭，导致大量水流进地下室，设计公司租用的办公室和仓库遭水淹，投保财产受损。随后设计公司将投保财产受损情况通知了普陀保险公司。2005年7月24日，普陀保险公司派人现场勘察。同年8月1日,设计公司要求普陀保险公司赔偿460,202元人民币的经济损失,12月22日,普陀保险公司以事故不属于水管爆裂险责任为由,向设计公司发出了拒赔通知。

【法院判决】

上海市普陀区人民法院经审理认为,普陀保险公司签发保险单,设计公司支付保险费,双方保险关系成立。设计公司与普陀保险公司前后签订的两份保险单,从时间、保险标的的一致性方面,可以证明设计公司希望自己的财产得到连续的、相同范围的保险,并且前后两份保险单中附加险的保险费率是一样的。普陀保险公司明知设计公司投保的附加保险责任范围已经变更、缩小,却不履行明确说明义务。另外,普陀保险公司于2005年1月29日,签发的保险单中的附加险并非新设险种,而是原险种在名称、范围上的部分变更。以上事实足以使设计公司认为,其投保的前后两份附加险的保险责任范围是一致的。普陀保险公司对后一份附加险增加了免责条款,在设计公司投保时为就此免责条款进行说明,违反了《保险法》的有关规定,该免责条款不生效,普陀保险公司应当赔偿设计公司的经济损失。由于设计公司微机室评估其投保财产,因此,设计公司的经济损失应当根据实际情况由普陀保险公司酌情予以赔偿。依据上述认定,上海市普陀区人民法院判决,普陀保险公司在判决生效之日起10日内赔偿设计公司经济损失人民币20万元。

【案例评析】

这是一起在保险合同订立时,保险公司不遵守诚实信用原则以及不履行先告知义务而发生的保险合同纠纷案件。本案的核心是在普陀保险公司与设计公司签订保险合同时有没有向设计公司履行告知义务,即普陀保险公司的免责条款要向设计公司明确说明,否则免责的条款不发生效力。本案中,2005年1月29日,设计公司又与普陀保险公司续签了企业财产保险合同,但普陀保险公司在签发给设计公司的保险单上,未将财产保险附加水管爆裂险条款粘贴在保险单背后,也未作具体的说明。法院在查明,普陀保险公司在后一份保单中将附件的“水管爆裂意外损失险”改成了“水管爆裂险”。这一改变,免除了普陀保险公司因水管附属设备发生意外而造成水淹损失的赔偿责任,对这一改变了的免责条款,普陀保险公司在续签合同时没有告诉设计公司,未向其作出明确的说明,使设计公司误认为后一份保险单的内容和前一份相同。法院在认定合同有效的基础上,认定因免责条款未向普陀保险公司明确说明,违反了《保险法》第17条保险人告知、说明的义务①的规定。因此,判决被告普陀保险公司应当负保险赔偿责任。法院的判决是有法律依据的。

另外,普陀保险公司不履行告知义务也不符合《保险法》第5条“保险活动当事人行使权利、履行义务应当遵循诚实信用原则”之规定。

【风险提示】

就保险合同订立来说,最大的风险也是经常发生的风险在于:保险合同双方当事人是否严格遵守诚实信用原则。对保险人即保险公司来说,如果在保险合同中存在免责条款,当保险公司未将免责条款对投保人进行解释、说明时,该条款对投保人来说,是没有任何法律效力的。但是,没有法律效力的仅仅是没有作出明确说明的免责条款部分,对保险合同中其他的内容仍然有效。对投保人来讲,在订立保险合同时承担如实告知的义务,即应当将有关保险标的的重要情况如实向保险人作出陈述。所以,诚实信用原则在保险合同订立阶段对风险的发生、防范具有十分重要的作用。

(六)合同履行过程中的法律风险

签订完备、规范的合同条款是防范合同风险的主要手段,但是合同条款完备并不能完全排除法律风险产生的可能性。合同履行过程中还可能产生很多不确定因素,进而导致履行过程中的法律风险。合同履行过程中的法律风险主要有以下几点。

1. 合同主体的变更

如债权债务转让导致的合同主体变更,合同主体不同,其履约能力、信誉等情况不一样,故有可能导致合同的无法适当履行。

2. 情势变更

根据《民法典合同编通则解释》第32条,情势变更是指合同成立后,因政策调整或者市场供求关系异常变动等原因导致价格发生当事人在订立合同时无法预见的、不属于商业风险的涨跌,继续履行合同对于当事人一方明显不公平的,合同

① 《保险法》第17条规定:“订立保险合同,采用保险人提供的格式条款的,保险人向投保人提供的投保单应当附格式条款,保险人应当向投保人说明合同的内容。对保险合同中免除保险人责任的条款,保险人在订立合同时应当在投保单、保险单或者其他保险凭证上作出足以引起投保人注意的提示,并对该条款的内容以书面或者口头形式向投保人作出明确说明;未作提示或者明确说明的,该条款不产生效力。”

的基础条件发生了民法典第五百三十三条第一款规定的“重大变化”。但是,合同涉及市场属性活跃、长期以来价格波动较大的大宗商品以及股票、期货等风险投资型金融产品的除外。

合同的基础条件发生了《民法典》第五百三十三条第一款规定的重大变化,当事人请求变更合同的,人民法院不得解除合同;当事人一方请求变更合同,对方请求解除合同的,或者当事人一方请求解除合同,对方请求变更合同的,人民法院应当结合案件的实际情况,根据公平原则判决变更或者解除合同。

人民法院依据《民法典》第五百三十三条的规定判决变更或者解除合同的,应当综合考虑合同基础条件发生重大变化的时间、当事人重新协商的情况以及因合同变更或者解除给当事人造成的损失等因素,在判项中明确合同变更或者解除的时间。并且当事人事先约定排除民法典第五百三十三条适用的,人民法院应当认定该约定无效。

3. 一方违约

若一方违约后,相对方可以追究违约方的违约责任,故订立合理的违约责任条款可以有效地防范对方违约的风险。

相关案例分析 1

【案情简介】

A 房地产发展有限公司(以下简称 A 公司)开发了一个商品房项目,现准备向外出售。售房前办理了有关土地出让手续,缴纳了土地出让金,取得了土地使用权证。A 公司具有开发经营房地产的资格,持有房地产开发资质证书,并办理了商品房预售许可证。被上诉人许某某等 16 户于 1997 年 8 月至 1999 年 8 月 31 日交付房屋,并统一办理产权登记手续。合同还约定,“所有商场外墙及公共场所之产权皆属 A 公司”。合同均办理了公证手续。各购房户依约交付了定金人民币 50,000 元,阎某某、纪某某两购房户依合同约定交付了部分房款,其他购房户均交付了购房款。

A 公司于 1998 年 12 月至 1999 年 11 月分别将房屋交给各购房户使用,但所交房屋面积均不同程度地小于合同约定面积。A 公司在签订合同及交付房屋时,也未向购房户声明合同约定的面积中包括公共面积。

许某某等 16 户购房户以 A 公司所交房屋面积不足且未按约定办理房屋产权手续为由,于 2000 年 7 月诉至人民法院,要求被告 A 公司重新安置合同约定的房屋,并赔偿损失及承担违约责任。

【法院判决】

人民法院经审理认为,A公司在广告中宣称发售23平方米独立商铺产权,在合同中约定商铺建筑面积23平方米,并约定"所有商场外墙及公共场所之产权皆属A公司"。A公司在签订合同及交付房屋时,从未向购房户声明内含公共面积,也未按铺面面积和公共面积的不同价格出售,而是以统一的商铺定价出售,足以认定A公司的真实意思表示是出售独立商铺面积23平方米。本案中双方当事人所签订的合同真实、合法、有效,应维持合同中约定的面积不变。A公司应付足够商铺建筑面积23平方米的房屋,对短缺面积承担违约责任,并应依约为购房户办理产权证和依照有关法律给购房户开具税务放票。A公司提出的"所有商场外墙及公共场所之产权皆属A公司"是笔误,未给购房户造成损害后果,不应负赔偿责任的主张,不能成立,不予支持。许某某等16户购房户提出的受A公司广告误导、欺诈及干扰经营造成损失要求赔偿,属其他法律关系,应另行起诉。判决如下:(1)A公司对缺少面积的房价款应返还给购房户。(2)A公司双倍返还缺少面积的定金给购房户。(3)A公司应支付购房户违约金,违约金根据双方约定的不同违约金罚则分别计算。(4)A公司对缺少面积的付出金额按每天0.1%计算,自房屋交付使用时起至1999年10月31日止。(5)以上4项A公司应给付购房户缺少面积的房价款、定金、违约金和赔偿金,于判决生效之日起20日内一次付清。(6)双方签订的合同继续履行。(7)驳回许某某等16户购房户的其他诉讼请求。

A公司不服一审判决,向二审人民法院提起上诉。二审人民法院经审理认为,A公司与许某某等16户购房户所签订的A新都商品房购买合同系双方当事人真实意思表示,内容合法,应认定为有效,继续履行。A公司没有按照合同约定交付购房户建筑面积23平方米的房屋,除应将小于合同约定的面积所收之房款返还给购房户外,还应双倍返还购房户合同未履行部分的定金,并应承担相应的违约责任。A公司应当按照合同约定为购房户办理产权证,并开具税务发票。一审判决对于A公司违约责任及承担未履行部分定金返还责任的认定适用法律正确,应予维持,但购房户损失的认定依据不足。据此,根据《民事诉讼法》第153条第1款第2项之规定,判决如下:(1)维持一审人民法院(2001)晋法民初字第7号民事判决第1项、第2项、第3项、第5项、第6项、第7项;(2)撤销人民法院(2001)晋法民初字第7号民事判决第4项。

【案例评析】

在本案中,A公司在签订合同时注明销售面积为23平方米,实际向每户购房者交付房屋的面积平均缺少6~7平方米，其行为应当认定为违约行为，应依法承担相应的违约责任。《民法典》第577条规定："当事人一方不履行合同义务或者履行合同义务不符合约定的，应当承担继续履行、采取补救措施或者赔偿损失等违约责任。"在本案中，A公司和购房者签订合同后，购房户即依约定向A公司交纳了定金及购房款，从履行情况看，买方没有违约之处，而卖方A公司在签订合同时注明销售面积为23平方米，而实际向每户购房者交付房屋的面积平均缺少6~7平方米，应认定A公司存在违约行为。

《民法典合同编通则解释》第68条第2款规定，当事人一方已经部分履行合同，对方接受并主张按照未履行部分所占比例适用定金罚则的，人民法院应予支持。对方主张按照合同整体适用定金罚则的，人民法院不予支持，但是部分未履行致使不能实现合同目的的除外。在本案中，A公司存在违约行为，应当双倍返还购房合同中未履行部分的定金；针对A公司的违约行为，A公司应退还不足面积部分的房款，并承担相应的违约责任，不宜再加处赔偿金。法律规定违约金不足以补偿损失的，要加罚赔偿金。这种损失应限于基于违约而发生的实际损失。针对买房的违约行为，违约方应退还不足面积部分的房款，并承担相应的违约责任，这样处理足可以处罚其违约行为，因而不宜再加处赔偿金。

【风险提示】

与商品房现售相比，商品房预售的风险要大一些。因为商品房预售往往是房地产开发商出于筹集资金的需要，由买受人先支付定金或者房价款给开发商，而商品房正在建设中，以预先出售的方式给买受人。买受人没有诸多现楼的参照、比较和选择。虽然对房地产开发商的预售行为实行行政许可证制度，但买受人（预购人）的合法权益和法律风险不会因此消除。风险也主要集中在预售合同效力风险、预售楼款的使用风险、工程质量风险、迟延交付房屋风险、面积缩水风险等方面。防范的主要方式为了解开发商的背景、声誉，签订详细的合同，通过合同约定定金条款、加大违约条款的责任承担、约定有利于购买人计算损失的方法等风险防控措施，以避免预售房的这把"双刃剑"触碰自己。

相关案例分析2

【案情简介】

被告李某为原告A公司直播平台游戏主播，被告B公司为李某的经纪公司。三方签订合作协议，约定李某在直播平台独家进行游戏直播和游戏解说。该协议违约条款中约定，协议有效期内，B 公司或李某未经 A 公司同意，擅自终止本协议或在直播竞品平台上进行相同或类似合作，或将已在 A 直播上发布的直播视频授权给任何第三方使用的，构成根本性违约，B 公司应向 A 公司直播平台支付如下赔偿金：(1)开展直播合作期间 A 公司向李某支付的全部费用；(2)5000 万元人民币；(3)A 公司为李某投入的培训费和推广资源费。主播李某对此向 A 公司承担连带责任。合同约定的合作期限为一年，从 2018 年 3 月 1 日至 2019 年 2 月 28 日。

2018 年 6 月 1 日，B 公司向 A 公司发出主播催款单，催讨欠付主播李某的两个月合作费用。截至 2018 年 6 月 4 日，A 公司为李某直播累计支付 2017 年 2 月至 2018 年 3 月的合作费用 111 万余元。

2018 年 6 月 27 日，李某发布微博称其将带领所在直播团队至其他直播平台进行直播，并公布了直播时间及房间号。2018 年 6 月 29 日，李某因 A 公司不支付合作费用，遂在其他竞争直播平台进行首播。B 公司也于官方微信公众号上发布李某在斗鱼直播平台的直播间链接。

2018 年 8 月 24 日，A 公司向法院提起诉讼，请求判令两被告继续履行合作协议、立即停止在其他平台的直播活动并支付相应违约金。一审审理中，A 公司调整诉讼请求为判令两被告支付原告违约金 300 万元。B 公司不同意 A 公司请求，并提出反诉请求：1. 判令确认 A 公司、B 公司、李某三方于 2018 年 2 月 28 日签订的合作协议于 2018 年 6 月 28 日解除；2. 判令 A 公司向 B 公司支付 2018 年 4 月至 2018 年 6 月之间的合作费用；3. 判令 A 公司支付律师费。

【法院判决】

法院判决：一、B 公司于判决生效之日起十日内支付 A 公司违约金 2600,000 元；二、李某对 B 公司上述付款义务承担连带清偿责任；三、A 公司于判决生效之日起十日内支付 B 公司 2018 年 4 月至 2018 年 6 月的合作费用 186,640.10 元；四、驳回 B 公司其他反诉请求。二审维持原判。

【案例评析】

本案违约金的调整应当考虑网络直播平台的特点以及签订合同时对 A 公司成本及收益的预见性。本案中，考虑主播在游戏直播行业中享有很高的人气和知名度的实际情况，结合其收益情况、合同剩余履行期间、双方违约及各自过错大小、A 公司能够量化的损失、A 公司已对约定违约金作出的减让、A 公司平台的现状等情形，根据公平与诚实信用原则以及直播平台与主播个人的利益平衡，酌情将违约金调整为 260 万元。

【风险提示】

网络主播违反约定的排他性合作条款,未经直播平台同意在其他平台从事类似业务的,应当依法承担违约责任。网络主播主张合同约定的违约金明显过高请求予以减少的,在实际损失难以确定的情形下,人民法院可以根据网络直播行业特点,以网络主播从平台中获取的实际收益为参考基础,结合平台前期投入、平台流量、主播个体商业价值等因素合理酌定。

(七)合同终止时的法律风险

所谓合同终止,是指因一定事由的产生或出现而使合同中的权利义务归于消灭。按照我国《民法典》的规定,合同权利义务的终止的法律原因主要有以下几种情况:(1)合同解除;(2)债务已经履行;(3)债务相互抵销;(4)债务人依法将标的物提存;(5)债权人免除债务;(6)债权债务同归于一人;(7)其他情形。我国《民法典》第580条第2款规定,具有以下情形之一:(一)法律上或者事实上不能履行;(二)债务的标的不适于强制履行或者履行费用过高;(三)债权人在合理期限内未请求履行,致使不能实现合同目的的,人民法院或者仲裁机构可以根据当事人的请求终止合同权利义务关系,但是不影响违约责任的承担。此款规定赋予了违约方在特殊情况下请求解除合同的权利,有利于破解"合同僵局",平衡当事人双方利益。合同权利义务终止后,双方当事人仍要履行后合同权利义务。后合同义务是指合同关系消灭后,缔约双方当事人依诚实信用原则依法负有的某种作为或不作为义务。《民法典》第558条规定:"债权债务终止后,当事人应当遵循诚实信用原则,根据交易习惯履行通知、协助、保密、旧物回收等义务。"因此,即使合同权利义务终止,合同当事人仍可能因为后合同义务的不履行而产生法律上的风险。

相关案例分析1

【案情简介】

A公司将其开发的商业用房分割出售给150余家业主,剩余的其他建筑面积自有。冯某与A公司签订了商铺买卖合同,以368184元的价格购买了广场第二层编号为2B050的商铺,建筑面积22.50平方米,但A公司一直未办理过户登记,已构成实质违约。

此后,商场在经营过程中整体出现重大亏损,故A公司将该商场重新规划,另作他用，且已与其他100多个商铺买受人协商解除合同并给予补偿。冯某作为"钉子户"拒绝解除合同，导致施工不能继续，A公司6万平方米的商场只得空置。A公司作为违约方起诉至法院请求解除合同。

【法院判决】

法院认为，如果让A公司继续履行合同，则A公司必须以其6万余平方米的建筑面积来为冯某的22.50平方米商铺提供服务，支付的履行费用过高；而在6万余平方米已失去经商环境和氛围的建筑中经营22.50平方米的商铺，事实上也达不到冯某要求继续履行合同的目的。法院衡平双方当事人利益，判决解除商铺买卖合同。

【案例评析】

该案中冯某的行为已经符合严重的债权滥用特征，理由在于：冯某虽然还享有请求过户的债权，但在其他大多数商铺已经被A公司收回改造的情况下，继续履行该义务将造成商场整体的经营困境，属于履行费用成本过高，不适合继续履行。即使冯某不主张过户，仅维持占有商铺，不但不能取得经营收入，还会阻碍商场整体改造，而冯某本人又完全可以得到相应的替代利益。因此，冯某不行使解除权，继续主张合同债权，主观有明显的恶意，客观上也严重损害了A公司及其他多数相关业主，甚至区域经济社会利益。

当违约方履约所需的财力、物力超过合同双方基于合同履行所能获得的利益，合同已具备不继续履行条件时，为衡平双方当事人利益，可以允许违约方解除合同。以分割商铺为标的物的买卖合同中，为保证物业整体功能的发挥，买方行使的权利必须受到其他商铺业主整体意志的限制。

【风险提示】

在订立合同时应尽量对解除权进行约定，通过约定解除权来积极规避合同僵局风险。

相关案例分析2

【案情简介】

2007年7月，A公司与B公司签订了一份前期物业服务合同，约定A公司选聘B公司对坐落于上海市南汇区南六公路1465弄A豪园提供前期物业管理服务事宜，合同期限自2007年7月1日起至2009年6月30日止。2009年5月25日，A公司向B公司发出律师函，告知B公司6月30日期限届满后A公司、B公司不再续订前期物业服务合同，并要求在6月25日做好相关物业移交手续。同年6月24日，A公司向B公司发出含有不再续订前期物业服务合同的通知，因双方未办理交接工作，故要求于6月30日下午移交。B公司于同年6月26日向A公司出具了一份工作函，表示对A公司单方面擅自决定B公司退出物业管理的做法不予认可，拒绝搬出和移交相关资料。同年6月30日，A公司针对B公司的上述工作函向B公司发出通知，表明双方须于当天下午办理移交手续，逾期A公司将行使法律赋予的权利。受A公司委托，上海C物业管理有限公司于2009年7月1日发出业主告知书，表示其受A公司聘请为A豪园小区提供物业管理服务。现该小区尚未成立业主委员会。A公司、B公司对移交的相关事宜协商未果，A公司故诉至法院请求解决，B公司则提出反诉要求继续履行。

一审审理中，A公司、B公司一致确认B公司在小区内使用的物业用房为在会所平面图中标号为“3”的房屋中的底楼三间房屋，其中一间为监控室（内有监控设施）。

【法院判决】

一审法院判决：(1)B怡安（上海）物业管理有限公司于判决生效后3日内退出上海市浦东新区南六公路1465弄A豪园小区并向上海A房地产开发有限公司移交会所平面图中标号为“3”的房屋中的底楼三间物业服务用房及上述房屋内的监控设施。(2)驳回B怡安（上海）物业管理有限公司要求上海A房地产开发有限公司继续履行A豪园前期物业管理合同至小区业主委员会成立并与所选聘物业管理公司签订物业合同终止及要求上海A房地产开发有限公司停止以任何方式或手段、妨碍或干扰B怡安（上海）物业管理有限公司继续履行前期物业服务合同的权利和义务的反诉请求。负有金钱给付义务的当事人如果未按判决指定的期间履行给付金钱的义务，应当依照《民事诉讼法》第229条之规定，加倍支付迟延履行期间的债务利息。一审本诉案件受理费人民币160元（上海A房地产开发有限公司已预交），由B怡安（上海）物业管理有限公司负担，于判决生效后7日内交纳原审法院。反诉受理费人民币80元，B怡安（上海）物业管理有限公司已预交，由B怡安（上海）物业管理有限公司负担。

一审判决后，B公司不服，提起上诉。二审法院判决驳回上诉，维持原判。

【案例评析】

本案是一起（前期）物业服务合同纠纷。涉及的问题有两个：一是合同服务期届满时，在未成立业主委员会的情况下，开发商不再与前期物业服务公司续签合同,合同是否终止的问题。二是若合同终止后物业服务公司存在什么样的义务的问题。就合同法整体而言,除当事人约定的具体义务外,尚有先合同义务和后合同义务。在合同的权利义务终止后,尽管双方当事人不再履行给付义务,但这并不意味着当事人不再承担其他义务,相反,合同当事人依据诚实信用原则应当负有的某种作为或者不作为义务,例如,通知、协助、保密等义务即是后合同义务。具体包括:(1)通知义务。当事人一方依照法律的规定或者合同的约定主张解除合同的,应当通知对方,合同自通知到达对方时解除。当事人主张抵销的,应当通知对方,通知到达对方时生效。标的物提存后,除债权人不明下落的,债务人应当及时通知债权人或者其继承人或监护人。(2)协助义务。例如,合同履行终止后,一方负有协助对方处理善后事务的义务。(3)保密义务。例如,受雇人在雇佣合同终止后,应当对雇佣人的商业秘密等情况负有保密义务。此外,合同终止后,当事人还应当履行相互协作和照顾的义务、忠实的义务等。与违反给付义务一样,违反后合同义务给对方造成损失的,应当赔偿其损失。

对于以上合同义务的了解,有助于对本案涉及的问题的回答。在本案中,依法成立的前期物业服务合同对开发商、物业服务企业均有约束力,现A公司、B公司签订的前期物业服务合同已于2009年6月30日到期,而双方又未达成新的协议,根据《民法典》《物业管理条例》的相关规定,在业主、业主大会选聘物业服务企业之前,建设单位选聘物业服务企业的,应当签订书面的前期物业服务合同,前期物业服务合同可以约定期限。合同期满即终止有相关法律依据,故双方签订的前期物业服务合同终止。前期物业服务合同终止后,B公司应在合同的权利义务终止后履行相应的后合同义务,向A公司或其聘请的另一家物业服务企业办理移交资料、设施等搬出手续。可见,一审法院判决支持原告主张,二审驳回上诉人(一审被告)上诉请求,我们认为是正确的。

【风险提示】

合同领域,当事人承担明确约定的义务,全面履行之当属自然,也能有效防范自身违约风险的发生。然而合同的履行是一个前后相续、辩证统一的完整过程,应当包括三个阶段,履行合同义务的准备阶段、具体合同义务的履行阶段以及合同义务履行的善后阶段。若只履行合同约定的义务,而没有顾及合同订立之前,尤其是合同消灭之后还客观存在的如本案中承担的诸如此类的义务,则难免发生违约或是侵权之法律风险。有效避免法律风险的途径是了解存在哪些义务并正确地履行。这些义务,主要源于诚实信用原则,由该原则指导,受该原则约束,并始终以满足合同当事人追求之利益为目的。有此意识和正确履行行为,可避免此方面风险降临于己。

相关案例分析3

【案情简介】

2014年5月,某房地产开发有限公司(以下简称房地产公司)与孙某签订《合作开发协议》。协议约定:房地产公司负有证照手续办理、项目招商、推广销售的义务,孙某承担全部建设资金的投入;房地产公司拟定的《项目销售整体推广方案》,应当与孙某协商并取得孙某书面认可;孙某投入500万元(保证金)资金后,如果销售额不足以支付工程款,孙某再投入500万元,如不到位按违约处理;孙某享有全权管理施工项目及承包商、施工场地权利,房地产公司支付施工方款项必须由孙某签字认可方能转款。

同年10月,房地产公司向孙某发出协调函,双方就第二笔500万元投资款是否达到支付条件产生分歧。2015年1月20日,房地产公司向孙某发出《关于履行的通知》,告知孙某5日内履行合作义务,向该公司支付500万元投资款,否则将解除《合作开发协议》。孙某在房地产公司发出协调函后,对其中提及的需要支付的工程款并未提出异议,亦未要求该公司提供依据,并于2015年1月23日向该公司发送回复函,要求该公司近日内尽快推出相关楼栋销售计划并取得其签字认可,尽快择期开盘销售,并尽快按合同约定设立项目资金管理共同账户。房地产公司于2015年3月13日向孙某发出《解除合同告知函》,通知解除《合作开发协议》。孙某收到该函后,未对其形式和内容提出异议。2015年7月17日,孙某函告房地产公司,请该公司严格执行双方合作协议约定,同时告知"销售已近半月,望及时通报销售进展实况"。后孙某诉至法院,要求房地产公司支付合作开发房地产收益分红总价值3000万元;房地产公司提出反诉,要求孙某给付违约金300万元。一审、二审法院认为,孙某收到解除通知后,未对通知的形式和内容提出异议,亦未在法律规定期限内请求人民法院或者仲裁机构确认解除合同的效力,故认定双方的合同已经解除。孙某不服二审判决,向最高人民法院申请再审。

【法院判决】

生效裁判认为,房地产公司于2015年3月13日向孙某发送《解除合同告知函》,通知解除双方签订的《合作开发协议》,但该《解除合同告知函》产生解除合同的法律效果须以该公司享有法定或者约定解除权为前提。从案涉《合作开发协议》的约定看，孙某第二次投入500万元资金附有前置条件，即房地产公司应当对案涉项目进行销售，只有在销售额不足以支付工程款时，才能要求孙某投入第二笔500万元。结合《合作开发协议》的约定，能否认定房地产公司作为守约方，享有法定解除权，应当审查该公司是否依约履行了己方合同义务。包括案涉项目何时开始销售，销售额是否足以支付工程款；房地产公司在房屋销售前后，是否按照合同约定，将《项目销售整体推广方案》报孙某审批；工程款的支付是否经由孙某签字等一系列事实。一审、二审法院未对上述涉及房地产公司是否享有法定解除权的事实进行审理，即以孙某"未在法律规定期限内请求人民法院或者仲裁机构确认解除合同的效力"为由，认定《合作开发协议》已经解除，属于认定事实不清，适用法律错误。

【法律分析】

《最高人民法院关于适用〈中华人民共和国民法典〉合同编通则若干问题的解释》第五十三条　当事人一方以通知方式解除合同，并以对方未在约定的异议期限或者其他合理期限内提出异议为由主张合同已经解除的，人民法院应当对其是否享有法律规定或者合同约定的解除权进行审查。经审查，享有解除权的，合同自通知到达对方时解除；不享有解除权的，不发生合同解除的效力。

三、防控合同法律风险的一般原则

当事人为了防止商事合同法律风险实际发生、减少损失，需要采取各种措施和坚持一定的原则。我们认为防范合同法律风险的原则主要有3个。

（一）防范知识原则

防范知识原则，又称智力原则，是指合同当事人对合同风险及防范具备相应的专门知识及技能，亦即对合同风险有相当认识或有很强的合同风险观念的原则。这里的专门知识和技能主要是法律方面的知识，订立合同必须对《民法典》的规定进行学习和深刻的理解，对包括合同订立、合同效力、合同履行、合同终止、违约责任等方面的制度和规则都应当有全面而深刻的了解。掌握足够的合同风险防范的知识是进行实际的风险防范行动的基础。只有强化法治观念、掌握法律知识，才能订立完备的合同条款，避免引起不必要的纠纷，或者在纠纷产生后有效地解决，以使合同作为双方当事人利益实现工具的功能得到最大限度的发挥。

（二）重视防范原则

重视防范原则，是指合同当事人对已经认识或者意识到的合同风险高度重视、认真对待，并把防范的重点放在合同利益遭受损失之前的原则。重视防范原则阐明的是一种防患于未然的态度。合同的背后是利益，而合同风险是我们遭受损失的可能性，若我们忽视合同风险的防范，那么必将承受利益损失的后果，故只有在事前做一个谨慎守法会利用法律的定约人，才能有效地保护自己的合法权益，才能避免纠纷的产生，使当事人通过合同的方式获得履行利益，实现经济目的。

（三）切实行动原则

切实行动原则，又称行为原则，是合同当事人对已经认识或意识到的合同风险，在着重事先防范思想的指导下，以切实可行和实际有效的防范行动进行遏制和规避的原则。① 在我国，许多合同当事人对合同风险"说起来重要、做起来次要、忙起来不要"，故强调将口头或书面的重视化为具体的现实的行动是至关重要的。切实行动原则是风险防范原则中最重要的一个原则，因为如果只有知识的积累和思想的指导，而没有切实的行动的话，一切都只是空中楼阁。

加强合同管理，规避法律风险，对合同当事人来说是件利人利己的事，在实践中，当事人可以从以下几个方面着手规避法律风险。

1. 审查交易主体

当事人签订合同前应认真审查对方的主体资格、资信情况以及履约能力。主体资格的审查是指要审查合同相对方是否是适格交易主体，对于法人要审查法定代表人身份证明、营业执照等，对于自然人则应着重审查其行为能力，如果是由代理人签订合同的，要注意审查授权委托书，防止出现无权代理导致合同效力待定的情况出现。对于履约能力和资信情况的审查是为了防止合同签订后，另一方不履行或没有能力履行合同导致损失出现的情况。

2. 审查合同条款

签订合同时，应该要严格审查合同内容，特别是对于合同中的重要条款更是要慎之又慎，要使缔约主体的权利义务明确具体，使合同条款的表述规范、准确，防止出现合同条款模糊不清而产生争议的情况。如对于合同标的，要明确具体的品名、规格、型号等，要注意合同及发票上所写是否与实物一致；对于数量，要写清

---

① 参见王建平主编：《合同法实施中的陷阱与风险防范》，四川人民出版社1999年版，第18页。

楚数字，大小写都要写，量词要规范，如果非要用不规范量词，则要另加注释。

3. 建立相关管理制度

对于大量从事合同交易的企业来说，建立一套科学的合同管理制度是十分重要的。从合同签订之前到合同履行之后，都应该有严密、完善而可行的合同管理制度，这样有利于及时处理合同履行中产生的问题，有利于保存相关证据，从而在诉讼或仲裁中占据优势，避免不必要的损失。

第二章

买卖合同实践中的法律风险及其防范

第一节　买卖合同概述

一、买卖合同的界定

买卖合同,是指双方当事人约定一方交付标的物并转移所有权于他方,他方受领标的物并支付价款的合同。其中,依约定交付标的物并转移所有权的一方当事人为出卖人,受领标的物并支付对应价款的一方当事人为买受人。出卖人交付的标的物为出卖物。

买卖合同是最基本也是最重要的一种合同类型,契约法中的绝大多数规则都来自买卖法。[①] 同时买卖合同还全面反映了有偿合同的特征,因而买卖合同的许多规定可以适用于其他有偿合同。为此,《民法典》第646条规定,法律对其他有偿合同有规定的,依照其规定;没有规定的,参照适用买卖合同的有关规定。

买卖合同的含义有不同的界定。一种是狭义的买卖合同,其将合同标的物限于实物,出卖人移转的是财产所有权,英美法系国家多采用此定义,如《美国统一商法典》就规定,该法典适用于除作为支付价款手段的金钱、投资证券和通过法律程序追索金钱或其他动产的权利以外的所有在特定合同项下时可以移动的“物品”。另一种是广义的买卖合同,其标的物不限于实物,出卖人移转的除财产所有权以外,还包括所有权之外的其他财产权利,比如知识产权,采此定义的大多是大陆法系的国家,如《日本民法典》规定,买卖是因当事人约定,一方转移某财产权于相对人,相对人对其支付价金,而发生效力。我国《民法典》采纳了狭义的买卖

---

① 参见[德]罗伯特·霍恩等:《德国民商法导论》,楚建译,中国大百科全书出版社1996年版,第126页。

合同概念,只调整移转所有权的合同。我国采用狭义买卖合同的概念,主要有两点理由:一是我国就"实物"以外的有关财产权的买卖的问题,已经作出了具体的规定,比如关于相关知识产权的买卖问题,《商标法》《专利法》《著作权法》等法律已经作出了具体的规定,《民法典》没有必要再将上述法律的相关规定再规定在"买卖合同"这一章中。二是尽管"实物"以外的有关财产权的买卖具有相通的内容,但是每一个问题都有自己的特殊性,有些特殊的问题,可能难以一时作出具体的规定,与其这样,还不如另作具有可操作性的规定。①

在实践中,买卖合同与承揽合同最易混淆,故此处有必要明晰两者之区别。根据《民法典》第770条之规定,承揽合同是承揽人按照定作人的要求完成工作,交付工作成果,定作人给付报酬的合同。承揽包括加工、定作、修理、复制、测试、检验等工作。买卖合同与承揽合同的区别主要有以下几点。

1. 订立合同的目的不同。买卖合同的目的在于转移标的物的所有权,而承揽合同的目的在于由特定的承揽人用其设备、技术和劳力为定作人完成工作。

2. 在买卖合同中,出卖人交付的"物",可以是合同成立时就已经存在的物,也可以是合同成立后才生产出来的未来物,而承揽合同涉及的物在合同成立时是不存在的,只能是未来的物。

3. 买卖合同中的物可以是特定物也可以是种类物。而承揽合同中的物只能是特定物,且承揽合同中的定作人定作商品多是在一般市场上购买不到,才与承揽人订立承揽合同,以满足其特定目的。

4. 买卖合同中,买受人并不制约出卖人的生产过程,法律也不禁止出卖人将合同涉及的物全部或部分转交给他人生产。而在承揽合同中,定作人是基于对承揽人的信任而订立合同,承揽人在工作期间,应当接受定作人必要的监督检验。定作人不得因监督检验妨碍承揽人的正常工作。且承揽人应当以自己的设备、技术和劳力,完成主要工作,但当事人另有约定的除外。承揽人将其承揽的主要工作交由第三人完成的,应当就该第三人完成的工作成果向定作人负责;未经定作人同意的,定作人也可以解除合同。

另外,需要注意的是承揽合同与买卖合同无法区分时的法律适用。王泽鉴先生认为,"若无所偏重或轻重不分时,则认为承揽与买卖的混合契约,关于工作物的完成,适用承揽的规定,关于工作物财产的移转,则适用买卖的规定"②。

---

① 参见刘淑强:《买卖合同》,人民法院出版社2001年版,第9页。

② 王泽鉴:《民法概要》,北京大学出版社2009年版,第392页。

相关案例分析

【案情简介】

2004年12月7日,某刀具厂提供给某木业公司一批刀具及工具,总价值人民币59,628元。2006年5月,木业公司编制一份"××刀具厂使用情况表",列明2004年12月7日入库,票号:03272103,刀具厂提供的刀具及工具价值为59,628元,已使用29,060元,库存30,568元货物。木业公司下属的生产技术部在使用情况表上注明"此部分试用过程损坏,质量不同程度存在问题,可暂不付款",其中,木业公司将自己所书写的"使用"涂改成"试用"字样。同年5月22日,木业公司总经理某甲在该使用情况表上批示"经研究决定不付款,由财务直接冲账"。之后,木业公司对余下的30,568元产品未作出是否购买的意思表示。刀具厂向木业公司多次催收货款未果,遂提起诉讼,要求木业公司支付货款和相应利息。

【法院判决】

一审法院认定本案当事人形成的是试用买卖合同关系,以"试用期间内买受人对是否购买标的物未作表示的,视为购买"为由,判决木业公司支付库存货物货款30,568元及利息(从2006年5月22日起计至还款之日止,按中国人民银行同期贷款利率计付)。

二审法院确认本案当事人形成的是试用买卖合同关系,纠正了一审法院对已使用部分货物货款的请求不予支持的判决,判决木业公司支付库存货物货款59,628元及利息(从2006年5月22日起计至还款之日止,按中国人民银行同期贷款利率计付)。

【法律分析】

本案当事人没有订立任何的书面买卖合同,如何正确认定当事人之间的法律关系是本案的关键点。从当事人提交的证据以及庭审自述来看,"××刀具厂使用情况表"可以证明当事人之间存在货款来往的关系,木业公司在使用表上的注明文字以及总经理批示可以证明债权债务关系的存在。我国《民法典》第490条规定:"……当事人未采用书面形式但一方已经履行主要义务,对方接受的,该合同成立。"可见当事人双方之间的合同关系是存在的。结合当事人的当庭陈述,综合各个间接证据来看,法院将当事人法律关系认定为试用买卖合同关系是恰当的。

我国《民法典》第637条、第638条、第639条对试用买卖合同作出了明确的规定。本案中,木业公司在2004年即开始试用刀具厂提供的产品,直至2006年5

月22日,木业公司以部分产品存在质量问题为由拒绝付款,因而引发诉讼。正确认识本案,必须具体分析下列两个问题:(1)试用期间如何确定。本案当事人对试用期间没有作任何约定,依据《民法典》第637条的规定,对试用期没有约定或者约定不明确,根据《民法典》第510条的规定仍不能确定的,由出卖人确定。本案中木业公司于2004年就开始试用了刀具厂提供的产品,至刀具厂起诉木业公司之日止已长达2年多时间,已超过合理的试用期限,且出售方刀具厂多次催缴货款,应视为试用期限已届满。(2)木业公司能否拒绝付款。依据《民法典》第638条的规定,试用期间届满,买受人对是否购买标的物未作表示的,视为购买。在试用期间,木业公司并未对是否购买刀具作出表示,依法应当认定为购买,并支付相应货款。木业公司以存在质量问题为由拒付货款,但又没有尽到及时告知或要求退货的义务,应当认为该抗辩事由难以成立。所以,二审法院的判决是正确的。

【风险提示】

在实践中,许多当事人仅通过口头订立和填写订单的方式进行货物交易,虽然法律也保护口头合同,相关订单也会被认定为买卖合同关系,但没有书面依据,当事人在履行过程中很容易发生纠纷。上述争议就在于当事人事前没有订立书面合同,没有就标的物(一批刀具及工具)的使用、试用、买卖作出明确规定,导致双方发生纠纷。因此,在实践中,建议买卖双方事前订立书面合同,使整个交易过程有履行依据。

二、买卖合同的特点

(一)买卖合同是卖方转移财产所有权,买方支付对应价款的合同

出卖人的给付义务,不仅是将财产交付给买受人,同时应将财产所有权转移给买受人,这是买受人与之订立买卖合同的最终目的,即其所要的不是财产的使用权,而是财产的所有权。这是买卖合同区别于租赁合同、保管合同的地方。买受人支付的价金应是其取得财产所有权的对价,是以等值货币换取财产所有权的。这一点使买卖合同与赠与合同、互易合同等区别开来。

(二)买卖合同是双务合同

出卖人、买受人互享权利,互负给付义务,一方的权利也正是另一方的义务。出卖人负有给付财产所有权的义务,同时享有收取价金的权利;买受人负

有给付等值价金的义务，同时享有获得财产所有权的权利。因此，买卖合同是双务合同。

（三）买卖合同是有偿合同

买卖合同中，出卖人获得价金是以给付财产所有权为代价，而买受人获得财产所有权是以给付价款为代价。因而，买卖合同是有偿合同。双方各自享有权利时必须以给付对应代价为条件。

（四）买卖合同是诺成合同

除法律另有规定或当事人另有约定外，买卖合同自双方意思表示一致即告成立，买卖合同的成立并不以标的物的交付和价款的支付为要件。交付标的物与支付价款是在合同成立并生效后履行合同的行为。

（五）买卖合同是不要式合同

买卖合同采用何种形式，一般可由当事人自己决定。但法律明确规定或当事人另有规定必须遵守某种形式的，仍应遵守某种形式要求，如房屋买卖合同就应当用书面形式来订立。

三、买卖合同的一般理论

（一）买卖合同的主要内容

依照《民法典》的规定，买卖合同的内容，首先应包括一般合同所应具备的主要条款。

1. 当事人的名称或者姓名和住所

当订立买卖合同的当事人为法人或其他组织时，在合同中应当写明该法人或其他组织的名称、主营业场所或住所、法定代表人或主要负责人的姓名、职务，当订立买卖合同的当事人中有外国人（包括自然人和法人）时，还应当写明其国籍或法人注册地。

2. 标的

根据我国《民法典》第595～597条的规定，买卖合同是出卖人转移标的物的所有权属于买受人，买受人支付价款的合同。

买卖合同的内容一般包括标的物的名称、数量、质量、价款、履行期限、履行地点和方式、包装方式、检验标准和方法、结算方式、合同使用的文字及其效力等条款。

因出卖人未取得处分权致使标的物所有权不能转移的，买受人可以解除合同并请求出卖人承担违约责任。

法律、行政法规禁止或者限制转让的标的物，依照其规定。

3. 数量

数量即对买卖合同标的的计量要求，包括计量单位和计量方法，应当选择双方共同接受的计量单位，确定双方认可的计量方法。

相关案例分析 1

【案情简介】

2007 年 10 月 18 日，章某与东莞市 A 公司签订了一份协议书，协议约定：A 公司以 2750 元一吨的管模（废铁）出售给章某，在双方签字后，章某先付定金 10 万元给 A 公司，合同约定该定金以章某装走最后一车货物时结清，多退少补。合同签订后，章某依约向 A 公司交纳了 10 万元定金。章某根据协议书的约定多次到 A 公司拉旧管模，每次交易都即时结清货款。2007 年 11 月 7 日，章某将自己与 A 公司的业务交易转让给吴某，并与吴某签订了一份协议书，但章某并未将此事告知 A 公司。此后，章某于 11 月 9 日、12 日、14 日、16 日到 A 公司拉走了四车管模，也结清了货款。签订合同一个月后，由于市场上废五金涨价，被告 A 公司要求提高收购单价，遭章某拒绝，双方遂终止了所有业务。章某要求 A 公司返还定金 10 万元，遭 A 公司拒绝，2008 年 5 月 26 日，章某向东莞市人民法院起诉，要求 A 公司给付定金 10 万元。

原告章某认为，双方的协议并没有约定合同的标的数量和履行期限。被告单方面终止协议，并且无理占其定金不退还，故请求法院判令被告 A 公司退还 10 万元定金。而被告 A 公司认为：(1) A 公司与章某之间的协议书依法成立；(2) A 公司与章某之间的协议书以及协议书中的定金条款合法有效；(3) 协议书中的条款不完善，依法可以补救；(4) 定金没有超过交易金额的 20%，A 公司收取章某定金是合法有据的，依法应当受法律的保护；(5) 章某具有单方面停止收购上诉人废铁的违约行为，依法应当承担违约责任。2007 年 11 月 7 日，章某与吴某签订协议书，该协议书约定将与上诉人的协议中的全部权利义务转让给吴某。章某与吴某的行为没有依法通知 A 公司，更没有征得 A 公司的同意。根据《民法典》第 555 条"当事人一方经对方同意，可以将自己在合同中的权利和义务一并转让给第三人”的规定，章某将协议书中的权利义务转让应当征得上诉人的同意，但是章某并没有征得上诉人的同意，其行为显然是严重违约行为。故A公司可以不退还章某10万元定金。

【法院判决】

一审法院认为，(1)由于原告章某与被告A公司签证的协议书并没有约定标的的数量和履行的期限，缺少合同的最基本条款，双方无法履行该协议的内容，因此该协议并未成立。由于定金合同是主合同的从合同，主合同未成立，定金合同也不成立。A公司收取章某10万元作为定金没有法律依据。(2)虽然双方曾有过多次废铁交易，但在每次交易中均是现金交易，即时结清，而且双方自2007年11月17日开始到起诉时止，都没有发生交易往来，实际上双方已终止了该协议。A公司认为章某未经其同意，擅自将权利义务转让给吴某，已经违反了约定，所以不同意归还定金给章某，由于原告的该转让行为并未告知A公司，对A公司而言不具有约束力，现A公司以此作为抗辩理由，不同意归还定金给原告，对该抗辩意见法院不予支持。故一审法院判决被告A公司从判决生效后5日内返还10万元给原告章某。

二审法院认为，本案为买卖合同纠纷，虽然涉案协议书没有明确约定合同的履行期间与买卖标的物的数量，但在双方当事人已经实际履行了合同的前提下，前述约定不明并不能导致双方当事人已经履行部分的合同的成立与生效，原审认为合同不成立适用法律有误，二审法院对此进行了纠正。二审法院判决：驳回上诉，维持原判。

【法律分析】

关于标的物的数量，除非当事人经协商一致(包括订立合同时协商一致或事后补充协商一致)，这种数量条款的缺乏不可能通过合同解释及法律的推定性条款弥补，将会导致合同不成立，因此标的物的数量是买卖合同成立的必要条款。

虽然涉案协议书没有明确约定合同的履行期间与买卖标的物的数量，但在双方当事人已经实际履行了合同的前提下，前述约定不明并不能导致双方当事人已经履行部分的合同的成立与生效。二审法院认定涉案协议书成立并生效，但买卖合同标的物的数量仅限于双方当事人在合同履行过程中实际买卖的废铁，协议书的成立与生效也仅及于该部分废铁的买卖。该认定是正确的。因该部分废铁的买卖双方均已即时结清，双方当事人约定定金在章某装走最后一车货物时结清并多退少补，双方的合同已经履行完毕，章某要求返还定金合法有据，一审、二审法院对章某要求返还定金的请求均予以了支持。

【风险提示】

关于买卖合同标的物的数量，除非当事人经协商一致（包括订立合同时协商一致或事后补充协商一致），这种数量条款的缺乏不可能通过合同解释及法律的推定性条款弥补，因此，若交易双方不明确货物数量，将承担数量条款缺乏可能导致的合同不成立的法律风险，并且也存在数量约定不明导致无法详细计算合同金额。因此，买卖双方应当在订立合同时约定标的物的具体数量，当实际履行的合同数量与约定数量不一致时，注意保存实际履行数量的证据，按照实际履行的数量进行结算。

4. 质量

质量是对买卖合同标的的标准和技术方面的要求。标的物的质量需要约定详细具体，如标的物的技术指标、质量要求、规格、型号都要明确。

相关案例分析2

【案情简介】

2008年9月10日，A公司与B公司订立了进口菜粕购销饲料合同书，合同约定A公司购买B公司外贸进口的菜粕产品120吨，约定的质量标准为：产品含“蛋白”大于37%，“水分”小于10%，“灰分”小于2.5%；供货时间为2008年9月25日；约定每吨单价2750元，总价款33万元，收货付款。合同订立后，A公司付了首期货款15万元。2008年9月25日，B公司按要求发货至A公司，A公司收货后以“灰分”超标为由拒付18万元尾款。后B公司委托武汉检验中心检测，检测结果表明货物“灰分”指标符合国标规范，随后B公司专项函告A公司并说明情况，称其所交货物与进口菜粕品质相符，并致函催其按期付款。A公司也委托了某检验中心对货物进行了检测，检测结果表明货物“粗灰分”含量高于2.5%，故A公司认为货物不符合合同约定的“灰分”含量应低于2.5%的标准，拒绝支付尾款。故B公司向北京市某区法院起诉，要求A公司给付尾款。A公司认为B公司提供的货物不符合质量要求，要求解除合同、退还货款。

【法院判决】

一审法院经过审理，判决解除合同并退还货款，B公司不服该判决，以该判决对事实认定错误、适用法律不当、审理程序违法为由，提出上诉，请求二审法院依法撤销原审判决,改判驳回解除合同的请求,被上诉人继续履行合同。

2009年4月27日,二审法院开庭审理此案,经过法庭调查、法庭举证、法庭辩论,B公司与A公司逐步消除隔阂,友好协商,在主审法官的主持下,双方达成了友好协议,A公司为B公司付款,B公司适度减少合同价款,并在当庭即时交易,双方握手言和。

【法律分析】

本案争议的关键在于涉诉标的质量是否符合合同约定。涉案合同约定的货物"灰分"含量应低于2.5%。B公司委托武汉检验中心出具的检验报告证明货物"灰分"含量低于2.5%,符合合同标准。而A公司委托检验中心出具的检验报告证明货物"粗灰分"含量高于2.5%,不符合合同标准。B公司认为,合同第1条约定的"灰分"小于2.5%,是依据外贸合同货源品质而确定的,并有国际检测机构GEO出具的检测证书,外贸合同的"灰分"仅指不溶于酸的成分,不同于"粗灰分",双方订立的书面合同中未约定"粗灰分"指标。"灰分"的检测仪器、试剂、分析方法、检测结果、含量测定与粗灰分不同,A公司错将"灰分"误读为"粗灰分"。B公司交付的货物符合双方合同约定。关于"粗灰分"的含量,B公司曾委托饲料营养研究所检验,检测结果"粗灰分"指标符合国标规定。双方对于"灰分"与"粗灰分"的性质和内容理解不同,由此产生争议,造成纠纷。

根据GB 9825—88国标规范,GB/T 6438—2007/ISO5984 2002国标规范规定,"粗灰分"与"灰分"是性质根本不同的两种指标,"粗灰分"是指对饲料试样进行灼烧后,剩余的残留物即是粗灰分,此项指标不得超过8%,而"灰分"则是对灼烧后的残留物再置入盐酸中溶解后,剩余的残留物,灰分含量不得超过2.5%,其取样程序、检测方法、试样数量、所含成分均有质的不同。虽然在国标规范中,一般只测查"粗灰分",但本案合同明确约定是"灰分"含量标准,因此,A公司将"粗灰分"按"灰分"混同对待的做法不符合双方合同约定,B公司所供货物是符合合同约定质量标准的。

【风险提示】

标的物质量条款是很重要的合同内容,质量条款约定不明常常会导致当事人双方发生纠纷,因此,为避免纠纷争议的发生,当事人应在买卖合同中明确约定质量标准。一般而言,我国或国际上对于成熟的货物产品都制定有现成的统一的质量标准,在订立合同前,建议双方就合同标的是否具有地区/国家/国际统一的质量标准进行查询和确认,并在合同中约定适用某项质量标准;若无可适用的统一标准时，由双方按照惯例和市场情况确定，但注意最好由熟悉货物品质和参数的专业人员对货物质量信息进行确认，以免发生纠纷。

5. 价款或者报酬

价款又称价金，是指买卖合同中买受人为了得到标的物而向出卖人支付的货币。关于价款，国家法律有强制性规定的应当执行强制性规定，没有强制性规定的，可以由当事人自行约定。

相关案例分析3

【案情简介】

2000年2月15日，广东省某市钢材公司（以下简称钢材公司）与安徽某市动力机械厂（以下简称机械厂）签订了一份钢材销售合同。合同约定：由钢材公司以每吨单价4200元价格向机械厂提供2000吨规格为6.5毫米的线材，总价款840万元；机械厂先预付总货款10%，待车皮计划下达后，再将剩余货款汇入钢材公司账户内；30日内，由钢材公司交付2000吨直径6.5毫米线材，运费由机械厂自负；如钢材公司不能按时交货，则退款付息。双方还就钢材的质量要求，运输方法、交货地点等作了约定。

合同签订后，机械厂依约定于同年4月26日、5月18日分别将预付款84万元、货款756万元汇入钢材公司账户，两笔共计840万元。钢材公司收到上述货款后，因当时没有直径6.5毫米线材可供，于2000年6月3日与机械厂达成协议，中止履行原合同，钢材公司承诺将返还全部货款。同年6月7日，钢材公司退还了200万元。6月15日，钢材公司与机械厂协商，用螺纹钢冲抵尚欠的另外640万元货款，双方达成协议。2000年7月至9月，机械厂陆续拉走共计1200余吨螺纹钢。2001年3月，机械厂称钢材公司仍应返还其货款40万元，被钢材公司拒绝。随后，机械厂向法院起诉，要求钢材公司再返还货款40万元。钢材公司辩称，双方6月15日达成的用螺纹钢冲抵货款的协议中，并没有约定螺丝钢的价格，按照当时的市场价格，1200余吨螺丝钢的价款应为698万元。所以，钢材公司不应再返还机械厂的货款。

【法院判决】

法院经查明认为钢材公司与机械厂2000年2月15日签订的钢材销售合同是有合法有效的买卖合同，双方当事人应当严格履行各自的义务，2000年6月15

日，钢材公司与机械厂重新达成用螺丝钢冲抵机械厂的剩余货款640万元的协议也是当事人双方的真实意思表示，合法有效。鉴于该协议未约定螺丝钢的价格，法院根据达成后一协议时广东省同期钢材市场成交价格（每吨5400元），判决驳回机械厂的诉讼请求。

【法律分析】

本案争议的焦点是，在双方当事人合同中对买卖标的物的价款没有约定的情况下，如何确定价款问题。买卖合同中，标的物的价款是重要条款之一。一般情况下，买卖合同当事人应当在合同中对标的物价款作出明确的约定，主要包括3种方式：(1)直接约定买受人应付的价款数额；(2)双方对价款的计算标准作出约定；(3)预定计算标准以某一基价为标准，如以某月某日市场价为准或者以某行业价格为准。

在现实情况下，双方当事人常常因为疏忽或者其他方面的原因，没有约定价款或者对价款的约定不明确。我国《民法典》第626条规定："买受人应当按照约定的数额和支付方式支付价款。对价款的数额和支付方式没有约定或者约定不明确的，适用本法第五百一十条、第五百一十一条第二项和第五项的规定。"《民法典》第511条第2项规定："价款或者报酬不明确的，按照订立合同时履行地的市场价格履行；依法应当执行政府定价或者政府指导价的，按照规定履行。"根据以上法律规定，并综合本案来看，2000年6月15日，钢材公司与机械厂达成的协议，以螺丝钢冲抵640万元货款，但没有约定单价。事后，双方也没有达成补充协议，也不能按照其他条款或者交易习惯来确定。因此法院按照《民法典》的规定以6月15日的市场价来确定。

【风险提示】

货款金额是确定买方给付义务的核心内容，也是买卖合同最主要的合同义务。买卖双方应当在合同中明确约定货款金额，但如果合同确实没有明确约定的，根据上述法律规定，在买卖双方当事人没有对价款进行约定的情况下，应当按照以下顺序加以确定：(1)双方补充协议确定。(2)在补充协议达不成的情况下，按照合同的其他条款或者按照交易习惯确定。(3)不能按照上述方法确定的，可以按照在履行地的同种类标的物的市场价确定，但是应由国家定价的，按照国家定价履行。

6. 履行期限、地点和方式

履行期限是当事人履行权利义务的限期，应在合同中写明，若当事人未在约定的期限内履行则构成迟延履行的,需承担违约责任。履行地点是确定标的物所有权转移的根据,也是确定诉讼管辖的依据之一,应在合同中写明。履行方式是买卖合同当事人履行合同义务的具体方式,如分批履行、送货式、自提式等。

相关案例分析4

【案情简介】

A矿业建设公司(以下简称A公司)由于业务需要,须使用大型采矿流水线设备一套以进行采矿流水作业,于是其与大富融资租赁公司(以下简称大富公司)订立融资租赁协议,由大富公司购买其指定的3-AB型号采矿流水线设备一套,然后由大富公司将该设备租赁给A公司长期使用。协议签署后,大富公司积极寻找设备厂家,最终与当地的B设备制造公司(以下简称B公司)订立了买卖合同,合同约定,由B公司向大富公司提供3-AB型号采矿流水线设备一套,用于采矿流水作业。由于该设备比较复杂,系由5台可独立拆分的机器组成,每台机器可独自发挥功用(如传送、筛选等),在设备制造过程中,也是独立制造最终拼接,拼接调试成功后方可进行A公司所要达到的采矿流水作业。因此,该合同采取分5次交付的方式,并约定了每次交付的时限,并约定每次交付并经大富公司验收后5日内支付该笔货款。合同签署后,B公司积极为大富公司制造合同设备,并准时交付了第一台机器和第二台机器。大富公司验收接受了第一台机器并履行了付款义务,但在大富公司验收第二台机器的过程中,公司发现第二台机器不能正常持续运转,遂与B公司交涉,B公司经多次检修均不能解决机器问题。大富公司遂想解除整个合同,但B公司认为其交付的第一台机器没有质量问题,其可以一边继续制造交付其余3台机器,一边为大富公司抓紧检修第二台机器,并且,各台机器可以单独使用,对于大富公司来说也是有使用价值的,因此,B公司不同意解除合同,要求继续履行。双方僵持不下,诉至法院。

【法院判决】

法院经审理,受理人民法院最终判决大富公司与B公司签署的购销合同于判决生效后解除,大富公司退还已接收的机器,B公司退还已收取的货款。

【法律分析】

根据《民法典》第633条的规定,对于分批交付标的物的买卖合同,如果出现卖方违约的情况,买方可解除合同,具体可分为3种情况:(1)出卖人分批交付标的物的,出卖人对其中一批标的物不交付或者交付不符合约定,致使该批标的物不能实现合同目的的,买受人可以就该批标的物解除。(2)出卖人不交付其中一批标的物或者交付不符合约定,致使之后其他各批标的物的交付不能实现合同目的的,买受人可以就该批以及之后其他各批标的物解除。(3)买受人如果就其中一批标的物解除,该批标的物与其他各批标的物相互依存的,可以就已经交付和未交付的各批标的物解除。

本案中,大富公司与B公司之间形成了买卖合同法律关系,买方大富公司要求卖方B公司提供其指定型号的一套设备,指明该设备是用于采矿流水工作,即本合同的目的是为大富公司提供能够进行采矿流水工作的设备机器。虽然B公司提供的该套设备的各组成部分都有单独功能,可以单独使用,但要达到合同目的,B公司交付的所有机器均必须符合合同约定。实际上,B公司交付的其中一个机器不能正常运转,肯定会导致整套设备的不可用,也不能实现利用整套设备进行采矿流水作业的合同目的。本案的情况属于上述分析中《民法典》第633条的第三种情况,依据其规定,买方可以就已经交付和未交付的各批标的物解除。因此,法院判决支持大富公司的请求,解除整个合同。

【风险提示】

对于类似本案的分批交货的买卖合同,买方需要注意分批交货给其带来的风险,即某一批次交付的货物不合格时,是否会影响整个货物的使用。为防范此风险,买方可在协议中明确约定,当其中一批次货物的质量不合格时,买方享有解除合同的权利;而对于卖方,也需要注意分批交货的风险,如果各批次货物紧密联系,某一批次货物出现问题将影响整个合同不能履行时(如本案情况),存在被买方要求解除整个合同的风险。

7. 违约责任

在合同中约定违约责任,是促使买卖合同当事人履行合同义务的重要措施,同时也能保障非违约方在对方违约后其自身的损失最小化。合同主体可以约定违约金的数额,亦可以约定损害赔偿的计算方法。

相关案例分析5

【案情简介】

2007年4月6日,甲公司与乙公司签订一份《机电产品购销合同》。合同约定:甲公司(甲方)从乙公司(乙方)购买上、下料机械手各4套;交货方法为乙公司送货至甲公司交货地点(含卸车),费用由乙公司承担,并组装、安装完毕,经甲公司验收合格后签字确认;交货地点为甲方所在厂区;交货时间为2007年6月15日并于当日安装完毕,2007年6月25日前调试合格;如乙公司不能交货或所交产品名称、规格型号、计量单位、数量、质量不符合合同规定,甲公司有权解除合同,乙公司承担违约责任,合同解除后10天内,乙公司须退回甲公司全部货款,同时乙公司向甲公司偿付本合同总价款的30%赔偿金;乙公司不能按期交货的,每逾期一天,乙公司向甲公司偿付本合同总价款的0.5%作为赔偿金,同时履约保证金不退,逾期达15天则视为乙公司不能交货;此外,双方对付款方式、验收方法、质保期、产品技术标准和产品质量异议等作了约定。

合同签订后,甲公司分别于2007年4月23日、6月20日、7月3日向乙公司支付货款306,000元、306,000元、78,600元。2007年7月8日,乙公司将8套上下料机械手物品送到甲公司,甲公司予以签收。随后,乙公司派员给甲公司进行安装,但在未经甲公司验收的情况下,乙公司即撤回了安装人员。甲公司后发现货物质量不合格,遂于2007年8月19日以特快专递方式向乙公司送达一份联系函,要求与乙公司解除合同,退还全部货款,赔偿损失。甲公司经多次催要未果,双方引起诉争。

【法院判决】

法院经审理,判决解除原被告双方签订的《机电产品购销合同》;甲方退还已收货物;乙方返还全部货款690,600元。对于合同约定的总合同价款30%的违约金,法院未加留意,仅以"该约定并不违反法律规定,也不存在显失公平的情况"为由,完全支持了原告的违约金数额。

【法律分析】

本案争议焦点在于约定违约金比例是否过高。本案中《机电产品购销合同》约定了总价款30%的解除赔偿金。乙公司提出该违约金比例过高,请求调减违约金比例,法院以"该约定并不违反法律规定,也不存在显失公平的情况"为由判决完全支持甲公司的违约金请求,我们认为该判决欠妥。

我国《民法典》第585条规定:约定的违约金低于造成的损失的,当事人可以请求人民法院或者仲裁机构予以增加;约定的违约金过分高于造成的损失的,当事人可以请求人民法院或者仲裁机构予以适当减少。《民法典合同编通则解释》第64条第2款规定:违约方主张约定的违约金过分高于违约造成的损失,请求予以适当减少的,应当承担举证责任。非违约方主张约定的违约金合理的,也应当提供相应的证据。因此,本案主张违约金的甲公司应当就违约行为造成的损失进行举证,乙公司应当就违约金过分高于违约造成的损失进行举证。但本案中,甲公司并未举证其造成的损失达到合同所约定的违约金计算标准,法院直接驳回乙公司的抗辩事由,缺乏一定的事实依据,该判决显得有些草率。在当事人主张约定的违约金过分高于违约造成的损失时,法院应当依据《民法典合同编通则解释》第65条第1款的司法酌减规则,以民法典第五百八十四条规定的损失为基础,兼顾合同主体、交易类型、合同的履行情况、当事人的过错程度、履约背景等因素,遵循公平原则和诚信原则进行衡量,并作出裁判。

【风险提示】

违约金条款是保障交易双方如实履行合同的一种方式,但我国对违约金的立法精神是补偿损失为主,惩罚为辅。因此,当事人约定太高的违约金可能不会获得法院支持。当事人在约定违约金条款时,需要预估违约后给自己带来的实际损失,以公平的原则协商确立违约金的计算标准和比例。在发生违约后,守约方要注意保存自己实际损失的证据材料,以便法庭举证支持自己要求违约金的主张。在实务操作中,为避免守约方届时索要高额的违约金,也有当事人在合同中约定违约金金额上限的做法。即使合同约定的违约金过分高于违约所造成的损失,当事人也可以依据《民法典合同编通则解释》规定的违约金司法酌减规则请求法院适当减少违约金。《民法典合同编通则解释》第65条第二、三款规定,约定的违约金超过造成损失的百分之三十的,人民法院一般可以认定为过分高于造成的损失。恶意违约的当事人一方请求减少违约金的,人民法院一般不予支持。

8. 解决争议的方法

当事人可以在合同中约定双方发生争议后的解决办法,这对于应对纠纷具有十分重要的意义。当事人可以约定采用诉讼或非诉讼(如协商解决/仲裁)的方式解决争议。

除上述内容外,买卖合同还可以包括以下内容。

(1)包装方式

在买卖合同中可以约定包装的方式,包括包装材料、装潢、包装物的费用负担等。

(2)检验标准和方法

即对出卖人给付的财产,双方可以约定进行必要的质量检验,其标准和方法由双方约定，国家有特别规定的，依国家规定。

（3）结算方式

根据我国《民法典》第567条之规定，合同的权利义务终止，不影响合同中结算和清理条款的效力。给付对应价款是买受人的主要义务。当事人在法律规定的限度内，可以选择对自己最方便、最经济及最安全的结算方式。

（4）合同使用的文字及其效力

双方当事人可以在合同中约定合同使用的文字及其效力。合同使用的文字及其效力，是涉外买卖合同及跨民族买卖合同的重要条款。

另外，根据合同自由的基本原则，除了上述内容，双方当事人仍然可以就某些特殊情况在合同中进行约定，作为合同的内容。

（二）买卖合同的效力

买卖合同的效力，是指买卖合同成立后所发生的法律后果，表现为出卖人和买受人各自依合同约定享有的权利和承担的义务。买卖合同的双务合同特性，决定了其效力可以从义务的角度进行阐述。

1. 出卖人的义务

（1）交付标的物。交付标的物是出卖人的主要义务之一。交付分为现实交付和观念交付。现实交付是指出卖人转移标的物的占有于买受人，使买受人对标的物能够进行实际控制。观念交付包括简易交付、占有改定和指示交付。

在学界，有关于拟制交付（拟制交付是指未实际将标的物交于买受人，而是将对标的物占有的某种权利凭证交由买受人，以代替实物的交付）的相关讨论，大家就拟制交付的性质，学者间有不同的认识，主要有4种学说：一是"观念交付说"。该学说认为拟制交付就是观念交付，是对现实交付的替代，拟制交付、观念交付、替代交付是同一语。二是"现实交付说"①。该学说认为拟制交付是现实交付的一种，因为都有"物"的交付。三是"独立交付说"②。该学说认为拟制交付既不同于观念交付，也不同于现实交付，是一种独立的交付方式。四是"观念交付涵盖说"③。该学说认为，拟制交付是观念交付的一种方式，与观念交付中的简易交付、占有改定、指示交付并列。笔者较赞同第四种学说，拟制交付可以归为广义的

---

① 参见郭民瑞主编：《民法学》，北京大学出版社2001年版，第239页。

② 参见郑云端：《民法物权论》，北京大学出版社2006年版，第92页。

③ 参见马俊驹、余延满：《民法原论》，法律出版社2007年版，第311页。

观念交付,需要注意的是,我国《民法典》第 224 条、第 226 条、第 227 条、第 228 条规定了“现实交付 + 观念交付(简易交付 + 占有改定 + 指示交付)”的交付体系,并没有对所谓的“拟制交付”作出规定。

标的物可以是动产也可以是不动产,但必须是物,而不是某种财产权利。《民法典》第 600 条规定:“出卖具有知识产权的标的物的,除法律另有规定或者当事人另有约定外,该标的物的知识产权不属于买受人。”即该知识产权不发生所有权的转移。出卖人交付标的物时,还应当按照约定或者交易习惯向买受人交付提取标的物的单证,以及其他有关单证和资料。出卖人交付标的物,在标的物有从物时,若当事人无另外的约定,应当随同交付从物。

出卖人交付标的物应当按照合同约定的地点交付。合同中约定交付地点的,出卖人应在交付地点交货于买受人。当事人未约定交付地点或者约定不明确的,可事后达成补充协议以确定交付标的物的地点;不能达成协议的,可按照合同有关条款或者交易习惯确定。若此时仍不能确定交付标的物的地点的,适用下列规定:①标的物需要运输的,出卖人应当将标的物交付给第一承运人以运交给买受人;②标的物不需要运输,出卖人和买受人订立合同时知道标的物在某一地点的,出卖人应当在该地点交付标的物;不知道标的物在某一地点的,应当在出卖人订立合同时的营业地交付标的物。

出卖人应当按照约定的质量要求交付标的物。出卖人提供有关标的物质量说明的,交付的标的物应当符合该说明的质量要求。当事人对标的物的质量要求没有约定或者约定不明确的,可以协议补充,不能达成协议补充的,按照合同有关条款或者交易习惯确定,仍不能确定的,出卖人应按照国家标准、行业标准履行;没有国家标准、行业标准的,出卖人应按照通常标准或者符合合同目的的特定标准履行。

出卖人应当按照约定的数量交付标的物。出卖人多交标的物的,买受人可以接收或者拒绝接收多交的部分。买受人接收多交部分的,按照合同的价格支付价款;买受人拒绝接收多交部分的,应当及时通知出卖人。出卖人少交标的物的,除不损害买受人利益的以外,买受人有权拒绝接收,买受人拒绝接收标的物的,应当及时通知出卖人。

出卖人应当按照约定的包装方式交付标的物。对于包装方式合同中没有约定或者约定不明确的,也可事后达成补充协议,不能达成补充协议的,按照合同有关条款或交易习惯确定,仍不能确定的,应当按照通用的方式包装,没有通用的方式的，应当采取足以保护标的物的包装方式。

相关案例分析1

【案情简介】

2004年2月4日，某包装公司与某锅炉公司签订《燃煤锅炉定货合同》，约定：锅炉公司出售6T－16公斤燃煤蒸汽锅炉一台（含安装配件）给包装公司，货值总金额628,000元；交货时间为2004年6月中旬；结算方式为合同签订之日给付定金100,000元，锅炉运到包装公司指定地点之日付328,000元，余款在验收合格后10日内付清；包装公司不按照约定支付价款的，每逾期一日应当按照合同总价款的3‰向锅炉公司支付违约金；锅炉公司不按照约定交付锅炉的，每逾期一日应当按照合同总价款的3‰向包装公司支付违约金；安装工程由锅炉公司负责提供技术监督局的报批及领取使用合格证的手续及费用；包装公司没有付清总价款前，货物的所有权全部属于锅炉公司所有，货物的有关单证和资料由锅炉公司保管。

2004年5月17日，包装公司业务员王某向锅炉公司发出"发货通知"，通知载明："我司向贵司订购的6T－16公斤燃煤蒸汽锅炉的基础已做好，请贵司于2004年5月18日发我司工厂进行安装。"2004年6月12日，锅炉公司将锅炉本体及第一批相关配件送到。2004年6月22日，包装公司向锅炉公司支付了328,000元货款。锅炉公司于2004年6月26日、28日将其余配件送到包装公司处。锅炉安装完工后，市锅炉压力容器检验所于2004年7月28日对锅炉进行监督检验，检验合格。2005年1月11日，包装公司与锅炉公司在"××锅炉有限公司工程验收单"上盖章确认，并注明锅炉及锅炉蒸汽管道已经由市技监局验收完毕，并已发相关合格证。锅炉公司后因多次催收余款未果，于2005年3月11日向当地法院提起诉讼，认为自己已履行了交货义务，要求包装公司支付货款和逾期付款的违约金；包装公司于2005年3月30日向法院提出反诉，认为锅炉公司未交付货物的有关单证和资料，未完全履行交货义务，要求锅炉公司交付锅炉工程图纸等技术资料、合格证书、安全使用说明书、保修证书及有关登记证书等资料，支付逾期交货的违约金。

【法院判决】

一审法院判决包装公司给付剩余货款给锅炉公司，付清货款的同时锅炉公司将锅炉合格相关证书交付给包装公司。鉴于双方都有违约行为（逾期付款和逾期交货)，因此，判决双方互付等额违约金。

二审法院认为涉案合同约定了所有权保留条款(“包装公司没有付清总价款前，货物的所有权全部属于锅炉公司所有”)，不适用《民法典》第598条、第599条关于出卖人应在交付货物的同时交付相关单证和资料的规定，因此，二审法院认为锅炉公司不存在逾期交货的违约行为，改判锅炉公司将相关证书资料交付给包装公司，但不用承担违约责任。对于一审法院的其他判决内容，二审法院予以维持。

【法律分析】

本案的争议焦点是关于锅炉的有关单证和资料由锅炉公司保管的约定是否有效，未交付有关资料给包装公司是否属于未履行交货义务。

《民法典》第599条规定:“出卖人应当按照约定或者交易习惯向买受人交付提取标的物单证以外的有关单证和资料。”根据本条规定，交付产品相关单证和资料是交付货物的附属义务。由于技术资料、合格证书、安全使用说明书、保修证书及有关登记证书等资料是保证买方正常使用所买产品的附属物品，通常卖方在交付产品时，应当同时将相关产品资料交付给买受人。另外，我们认为，《民法典》第599条所称的“交付”是有别于“所有权转移”的，即使买卖合同约定有类似本案的“所有权保留条款”的，卖方一般也不因所有权没有发生转移而免除同时交付附属资料的义务。因此，本案中二审法院以所有权保留约定为由排除适用《民法典》第599条的判决是值得商榷的。

关于本案合同约定的货物有关单证和资料在货款付清前由锅炉公司保管的内容，我们认为，该内容应属可撤销条款。因为本合同标的物——锅炉系特种商品，其操作使用具有一定的技术性和危险性，交付该产品的同时，交付技术资料、合格证书、安全使用说明书和保修证书等单证资料尤为必要。合同约定该附属资料在交付货物后仍由锅炉公司单方面保管，有失公平。因此，包装公司可以在本案反诉中主张撤销该条款，要求对方承担逾期交付的违约责任。在法院撤销该条款之后，无疑可以认定，锅炉公司并未完全履行其交货义务，包装公司不仅可以主张违约，也可以就相关损失提起赔偿请求。

【风险提示】

所有权保留条款是指买卖合同中双方约定的货物虽已交付买受人，但须支付所有欠款后标的物所有权方发生转移的条款。所有权保留条款实质上是一种买方向卖方的担保。交易双方如果在买卖合同中约定了该条款，买方需注意在履行完毕付款义务、完全获得标的物所有权之前，不能贸然处分标的物（如再次出售标的物等），因为在履行完毕付款义务前，虽然买方已实际控制标的物，但却不享有所有权，此时对标的物的处分可能被认定为无效处分。

（2）转移标的物所有权。买受人订立合同的目的便在于取得标的物的所有权，因而移转标的物所有权是出卖人的一项重要义务。动产以交付为所有权变动要件，因此，动产买卖在交付完成的同时，动产所有权也随之发生移转。不动产以变更登记为物权变动的生效要件，不动产买卖中，出卖人除应交付不动产外，还应协助买受人办理变更登记手续。需要注意的是，对于船舶、航空器以及机动车等特殊动产，其所有权依然自交付时转移，但未依法办理登记手续的，所有权的转移不能对抗善意第三人。

同时，为了保护出卖人的利益，《民法典》第 641 条规定："当事人可以在买卖合同中约定买受人未履行支付价款或者其他义务的，标的物的所有权属于出卖人……"所有权保留在现实生活中大量存在，且常与分期付款买卖结合在一起，在保留所有权的分期付款买卖合同中，买受人在条件成就时，享有所有权的期待权。关于该所有权期待权的性质，主要的观点有：系横跨物权和债权两个领域的权利，系物权化的债权或效力扩张的债权，系不完全的所有权。

（3）瑕疵担保责任。瑕疵担保责任又称"担保责任"。依相关法律规定，在交易活动中当事人一方移转财产（或权利）给另一方时，应担保该财产（或权利）无瑕疵，若移转的财产（或权利）有瑕疵，则应向对方当事人承担相应的责任。一般由有偿合同的当事人（如出卖人、出租人、承揽人、寄存人等）承担相应的责任。瑕疵担保责任是一种法定责任，而非由当事人约定；但一般为非强制性规定。当事人可以特别地约定免除或限制法定担保责任，也可以特别地约定加重法定担保责任，但如债务人明知有瑕疵而故意不告知对方，并为免除责任的约定，则其约定应当无效。瑕疵担保责任可分为权利瑕疵担保责任和物的瑕疵担保责任两种。前者为担保移转的标的物上的权利无瑕疵的责任，后者为担保标的物质量上无瑕疵的责任。《民法典》第 612 条规定了权利瑕疵担保，"出卖人就交付的标的物，负有保证第三人对该标的物不享有任何权利的义务，但是法律另有规定的除外"。《民法典》第 615 条规定了物的瑕疵担保责任，"出卖人应当按照约定的质量要求交付标的物。出卖人提供有关标的物质量说明的，交付的标的物应当符合该说明的质量要求"。瑕疵担保责任具体包括以下几方面。

①权利瑕疵担保责任。权利瑕疵担保是指出卖人应担保第三人不能对买卖标的物主张任何权利。权利瑕疵担保责任起源于罗马法上的“追夺担保”制度。罗马法上的“追夺担保”是指第三人基于所有权、用益权或抵押权,将买卖标的物从买受人手中追夺时,出卖人即应负担保责任。近代许多国家在继受罗马法时,继承并发展了这一制度。权利瑕疵主要是指出卖人无所有权或仅有部分所有权、标的物上存在用益物权、担保物权、知识产权等情形。

权利瑕疵担保责任的构成必须符合下列条件。

第一,权利瑕疵必须在买卖合同成立时已经存在,即瑕疵的先在性,这一点区别于物的瑕疵担保责任。如果在合同成立时未有权利瑕疵的存在,则发生侵权、违约、风险负担等问题。

第二,权利瑕疵须于买卖合同成立后未消除。如果在合同成立前存在权利瑕疵,但合同履行时出卖人已将该瑕疵除去,买受人得到的仍是完整的所有权,则不存在权利瑕疵担保责任。

第三,买受人须为善意,即买受人不知道或不应当知道该权利瑕疵的存在。如果买受人在合同成立时知道或应当知道第三人可能对该标的物存有权利,则出卖人对该瑕疵不负担保责任。

第四,须没有法律规定的例外情形。如《民法典》第725条规定:“租赁物在承租人按照租赁合同占有期限内发生所有权变动的,不影响租赁合同的效力。”此时出卖人不承担权利瑕疵担保责任。买受人虽然承受了义务,但也获得了租赁合同中的权利。

我国《民法典》关于权利瑕疵担保责任的规定,客观地说,《民法典》的这些规定从内容和表述上来看都是比较完善、严谨的,初步建立了我国合同编的权利瑕疵担保责任制度,其中有些条款尚有创新,如买受人中止支付价款的权利不是权利瑕疵担保责任的传统救济方式,而是我国《民法典》的创新。依据我国《民法典》第614条的规定,买受人有确切证据证明第三人对标的物享有权利的,可以中止支付相应的价款,但是出卖人提供适当担保的除外。赋予买受人中止支付价款的权利,能为买受人提供更快捷、有效的保护,有利于维护买受人的利益。但与前述大陆法系和英美法系相关国家的立法和有关的国际公约相比,我国《民法典》在权利瑕疵担保责任的规定方面还存在诸多不足。为此有学者提出了一些分析和建议,其认为我国应从以下几个方面完善权利瑕疵担保责任制度。

第一,详细规定出卖人权利瑕疵担保责任的免除问题。根据《民法典》第613

条的规定,买受人订立合同时知道或者应当知道第三人对买卖的标的物享有权利的,出卖人不负瑕疵担保责任。该条规定的内容比较概括,且对买受人来说并不公平,应该限制出卖人不承担权利瑕疵担保责任的范围,尤其强调在例外情况下,如卖方故意隐瞒标的物的权利瑕疵和自为设定或让与第三人的权利,卖方仍应承担权利瑕疵担保责任。

第二,应规定买卖双方可通过协议约定改变出卖人的权利瑕疵担保责任。当然这种约定不得违反法律、法规的规定和社会公德。既然权利瑕疵担保责任的规定并非强制性规定,则《民法典》应当允许买卖双方当事人在合同中对权利瑕疵担保进行约定。

第三,应作为买方的一项义务规定,买方在知道或者应当知道第三方的权利或要求后的合理时间内及时将这一情况通知卖方,卖方已知这一情况的除外。《联合国国际货物销售合同公约》在其第 43 条设定了买受人这一义务,要求买受人在知道第三人对其的权利和要求后,尽快通知出卖人,如因可归责于买受人的事由而未尽通知义务或通知迟延,出卖人亦可免除权利瑕疵担保的责任。①

相关案例分析 2

【案情简介】

2003 年 3 月 31 日,李某某向某信用社贷款 30 万元,以其所有的船舶作抵押,并规定李某某在抵押期间有偿转让抵押物,应征得抵押权人同意。

2004 年 10 月 18 日,李某某与顾某某签订船舶转让协议,李某某将船舶转让给顾某某,价款为 54.5 万元,顾某某付给李某某 24.5 元,余下 30 万元规定由顾某某负责替李某某归还信用社贷款本金和利息。协议签订当日,顾某某支付李某某购船款 24.5 万元。同年 10 月 20 日,李某某将船舶交给顾某某经营,但未通知信用社船舶转让事宜。

2004 年 11 月 26 日至 2005 年 5 月 4 日,顾某某代李某某清偿信用社借款本金 6 万元、利息 2.5 万元,后顾某某未再向信用社偿还借款本金及利息。

2005 年 9 月 24 日,信用社以李某某逾期不偿还抵押借款为由申请法院扣押涉案船舶并向法院提起诉讼。经法院调解,信用社与李某某达成调解:李某某于

① 参见吴志忠:《论出卖人的权利瑕疵担保责任》,载《中南财经政法大学学报》2006 年第 3 期。

2005年11月30日前偿还信用社借款本金24万元及利息7000元。但李某某及顾某某均未在规定期限内支付上述款项,经信用社申请,法院于2005年12月13日将案涉船舶拍卖,拍卖所得价款20万元。

2006年1月4日,顾某某向人民法院提起诉讼,其认为船舶买卖合同订立前,该船舶已经被抵押给信用社,李某某向其出售的船舶有权利上的瑕疵,故请求法院依法确认船舶转让协议无效,判令李某某返还其购船款33万元,并按银行同期贷款利率支付资金占用费。

【法院判决】

法院经审理,最终驳回了顾某某的诉讼请求。

【法律分析】

本案的争议焦点在于:未经抵押权人同意,顾某某与李某某的船舶转让协议合同是否无效,购船款是否应返还。

抵押权设定后,抵押人对抵押物仍享有所有权,只要不影响抵押权人的优先受偿权,抵押人对抵押物仍可行使处分权。因此,本案中李某某向顾某某出售船舶存在标的物所有权合法处分前提,其所订立的船舶转让协议并不妨碍信用社行使抵押权,不存在《民法典》确认合同无效的情形,故涉案合同合法有效。

关于顾某某主张的返还购船款问题,根据《民法典》第612条"出卖人就交付的标的物,负有保证第三人对该标的物不享有任何权利的义务,但是法律另有规定的除外",第613条"买受人订立合同时知道或者应当知道第三人对买卖的标的物享有权利的,出卖人不承担前条规定的义务"的规定,顾某某在订立船舶转让协议时已知买卖标的物设有抵押权,其是自愿承担信用社行使抵押权而船舶被申请拍卖的风险。因此,李某某的权利瑕疵担保责任被免除。顾某某请求李某某返还其购船款的主张不能得到法院的支持。

【风险提示】

买卖双方在进行交易时,虽然卖方负有保证合同标的物无权利瑕疵的义务,但买方仍然需要谨慎核查标的物是否被设定了抵押或是否存在其他能够对标的物行使权利的情形。若标的物被设定了抵押或其他权利限制,那么卖方虽然是所有权人,但其处分标的物的行为将会受到限制,此时买方在知道标的物设定了抵押权的情况下仍然要购买标的物的,依法须承担标的物被抵押权人行使权利的风险。因此,买方在交易前对标的物权利瑕疵的调查与排除能够有效降低交易风险。在实务操作中,买方不能完全排除标的物被限制权利可能性的,他们一般会在合同中约定，让卖方承诺保证标的物不受任何其他第三方的权利限制，以此来保护买方权益。

②物的瑕疵担保责任。物的瑕疵担保是指出卖人应保证其交付的标的物符合法定或约定的品质。物的瑕疵可分为表面瑕疵和隐蔽瑕疵。表面瑕疵是指存在于物的表面，无须专门检验，凭一般买受人的经验即能发现的瑕疵。隐蔽瑕疵是指经使用或专门检验才能发现的瑕疵。表面瑕疵与隐蔽瑕疵的不同，既影响买受人质量异议的合理期限的确定，也影响买受人订立合同时是否知道标的物存有瑕疵的认定。

出卖人承担标的物瑕疵担保责任，需具备以下条件。

第一，标的物瑕疵应在交付时存在。在交付之前标的物有瑕疵的，出卖人仍有可能除去该瑕疵，而不需要承担物的瑕疵担保责任。

第二，须买受人不知标的物有瑕疵，且非因重大过失而不知。买受人知道标的物有瑕疵而仍购买的，表明其愿意承受此瑕疵，另外，买受人知道的时间应为合同订立时，而不是合同订立后。合同订立时买受人不知瑕疵之存在，而于合同订立后知道的，不影响出卖人瑕疵担保责任的承担。

第三，买受人于一定期限内将标的物存在瑕疵的事实通知出卖人。买受人在收到标的物时应在约定的检验期间内检验。没有约定检验期间的，应及时检验。当事人约定检验期间的，买受人应将发现标的物瑕疵的情形于约定检验期间内通知出卖人。买受人怠于通知的，视为标的物无瑕疵。当事人未约定检验期间的，买受人应在发现或应当发现标的物瑕疵的合理期间内通知出卖人，买方在合理的期间内或自标的物收到之日起 2 年内未通知的，视为标的物无瑕疵。但如果对标的物有质量保证期的，则适用质量保证期，不适用 2 年的最长合理期间的限制。但是如果出卖人知道或应当知道提供的标的物有瑕疵的，即使买受人未在约定检验期间或合理期间内通知标的物有瑕疵的，出卖人也应承担瑕疵担保责任。

第四，出卖人违反物的瑕疵担保应承担的责任，当事人有约定的依约定，没有约定又未达成协商方案的，买受人可根据标的物的性质及损失大小，合理选择要求出卖人承担修理、更换、退货、减少价款等责任。因标的物瑕疵，致使不能实现合同目的的，买受人可以拒绝接收标的物或解除合同。

瑕疵担保责任最早起源于古罗马时期的市场法庭惯例,[①]后被大陆法系各国民法接受并加以发展,《德国民法典》第七章第一节第一目和第二目中对此作了详尽的规定,《法国民法典》第 1641 ~ 1645 条及《日本民法典》第 570 条均规定了出卖人的瑕疵担保责任。近现代以来,物的瑕疵担保责任是民法典针对买卖合同等规定的特别的制度,独立于一般的债务不履行责任,正如拉伦茨教授所言:"给付义务之不履行与物之瑕疵担保责任是两码事",[②]其独特之处只有以一般的债务不履行责任为参照才能体现出来,此类责任属于担保责任,不同于一般的债务不履行责任,不以过错为要件。

关于物的瑕疵担保责任与违约责任的关系,学术上存在不同的观点。崔建远教授认为,物的瑕疵担保责任是独立于违约责任的制度。[③] 王利明教授认为,我国《民法典》之合同篇并不存在如德国法中的与债的不适当履行责任相分离的瑕疵担保责任制度,也不存在特殊的瑕疵担保责任,出卖人交付的物有瑕疵时,出卖人应承担一般的违约责任,而非特殊的瑕疵担保责任。[④] 瑕疵担保责任统合进违约责任制度,是指将买卖标的物存在瑕疵的问题作为一种违约行为,发生违约责任,此外不再有特别的瑕疵担保责任,换言之,在违约责任之外,不再另设一套特别的瑕疵担保责任规则,或者说,我国实行的是违约责任单轨制,而不是违约责任与瑕疵担保责任并存的双轨制。[⑤]

韩世远教授在论文《出卖人的物的瑕疵担保责任与我国合同法》中曾对此问题进行了深入的探讨,其在文末总结道:"我国法上的违约责任是一个统一的概念,应当作统一的解释,不宜人为地制造分裂,解释论上主张物的瑕疵担保责任相对独立存在,是在变相地肯定双轨制,本身是一种叠床架屋的构造,德国人在双轨制上行走百年,备尝苦头,断然回头,便足应使我们警醒,据说日本法务省现在正组织专家学者(以东京大学内田贵教授为代表)修正其民法典,从此前东京大学能见善久教授的修改草案中我们也已看到了其向统合说的转轨,我估计,以后日本民法的修正,也很可能会是沿着统合的路线进行,作为我国合同法的解释论,固

---

① 参见[德]罗伯特·霍恩等:《德国民商法导论》,楚建译,中国大百科全书出版社 1996 年版,第 137 页。

② Vgll Karl Larenz, Lehrbuchdes Schuldrechts, zweiter Band, Besonderer Teil, 11 Halbband, 131 Auflage, 1986, S. 1681.

③ 参见崔建远:《合同责任研究》,吉林大学出版社 1992 年版,第 341 页。

④ 参见王利明:《中德买卖合同制度的比较》,载《比较法研究》2001 年第 1 期。

⑤ 参见韩世远:《出卖人的物的瑕疵担保责任与我国合同法》,载《中国法学》2007 年第 3 期。

守物的瑕疵担保责任相对独立,实不足取;扬弃该制度,更符合我国立法的现实,独立的或者相对独立的出卖人的物的瑕疵担保责任,或许看上去很美,但它却是一个潘多拉盒子,我们还是不要将它打开的好,就让它静静地躺在故纸堆里吧!"①

笔者认为,瑕疵担保责任为违约责任之一种,这从《民法典》第616条规定之中可略见一斑,该条规定,出卖人交付的标的物不符合质量要求的,买受人可要求其承担违约责任。我国法律对违约责任亦采用严格责任为归责原则,故与传统民法不同,在我国法律体系下,似乎无物的瑕疵担保责任独立存在的必要性,故将物的瑕疵担保责任视为违约责任的一种类型并无不可。

2. 买受人义务

(1)支付价款。支付价款是买受人的主要义务。买受人应按约定的数额支付价款。对价款没有约定或约定不明确的,当事人可以协议补充。达不成补充协议又不能依合同有关条款或交易习惯确定的,应按照订立合同时履行地的市场价格确定价款数额。但如果合同应当执行政府定价或者政府指导价的,则应按规定履行;若在合同约定的交付期限内政府价格调整的,应按交付时的价格计价;逾期交付标的物的,遇价格上涨,按原价格执行,价格下降,按新价格执行;逾期提取标的物或者逾期付款的,遇价格上涨,按新价格执行,价格下降,按原价格执行。买受人应按约定的时间支付价款,对支付时间没有约定或约定不明的,可协议补充。未达成补充协议又不能依合同有关条款或交易习惯确定交付时间的,买受人应在收到标的物或者提取标的物单证的同时支付。买受人应在约定的地点支付价款,对支付价款地点没有约定或约定不明的,当事人可协议补充,未达成补充协议又不能依合同有关条款或交易习惯确定的,买受人则应在出卖人营业地交付价款。但是,约定支付价款以交付标的物或交付提取标的物单证为条件的,则应在交付标的物或交付提取标的物单证所在地支付价款。

相关案例分析3

【案情简介】

陶德公司与马某自2007年建立合作关系,由陶德公司向马某提供陶瓷制品,马某再将制品销售至海外,以获取利润。平时,马某都使用传真方式给陶德公司

① 韩世远:《出卖人的物的瑕疵担保责任与我国合同法》,载《中国法学》2007年第3期。

下订单，订单上写明所需该批货物的数量、种类、价格和交货时间。陶德公司接到订单传真后，便制作订单所述货物并按时将货物运送到马某指定的仓库，然后将提货单寄给马某，由马某通过向仓库提供提货单的方式提取货物。另外，双方采用滚动结算的方式支付款项，但并没有在订单或其他协议上明确约定货款的支付时间。截至2009年2月，陶德公司已向马某提供了20多批货物，马某陆续向陶德公司支付了货款500万元，尚欠陶德公司货款278万元。陶德公司多次要求马某结清款项，但马某均以没有约定具体付款时间为由拒不支付。为此，陶德公司诉至A法院，请求A法院判令马某支付拖欠货款和相应利息，并承担本案诉讼费用。

【法院判决】

经审理，A法院最终判决马某支付陶德公司货款278万元，于判决生效之日起10日内履行，案件受理费由马某负担。

【法律分析】

根据《民法典》第510条和第626条的规定，买方应当按照约定的时间和数额支付价款。但双方对价款支付时间未约定或约定不明，且也没有补充协议约定，也不能依据合同其他相关条款或交易习惯确定的，买方应当在收到货物或者提取货物单证的同时支付。

本案中，马某与陶德公司之间形成了买卖合同法律关系，买方马某向卖方陶德公司下订单，购买陶德公司生产的陶瓷制品。在实际履行过程中，卖方陶德公司已向买方马某交付货物。一般来说，买卖双方会事先约定货物的价款和支付方式、支付时间，但本案中，由于买卖双方的长期合作关系，双方并未约定具体的付款时间，出现纠纷后，买卖双方没有就付款时间达成补充协议，并且也不能根据双方的交易习惯确定付款时间。本案的情况就属于《民法典》第626条规定的情形，依此规定，买方马某应当在收到提货单的同时向卖方陶德公司支付货款，买方马某以未明确约定付款时间为由拒不支付的抗辩理由不成立，因此，法院判决支持卖方的诉讼请求。

买受人在出卖人违约的情况下，有拒绝支付价款、请求减少价款、请求返还价款的权利。如买受人在有明显证据表明第三人可能对标的物提出权利主张而致使其不能取得标的物的所有权时，可以拒绝支付相应的价款。但是，在出卖人提供担保的情况下，买受人不得拒绝支付价款。有些国家和地区的立法确认，买受人拒绝支付价款时，出卖人有权请求买受人将其所拒绝支付的价款提存。这一权利称为提存请求权。其设立的原因在于，一旦买受人拒绝支付价款后其所有权的取得并未因第三人主张权利而受影响，此时若买受人若无能力支付全部的价款，必然会给出卖人造成不利。因此，为保护出卖人的利益，法律赋予出卖人提存请求权。在出卖人请求买受人提存拒绝支付的价款时，买受人应予提存，在确能证明第三人不能对标的物提出权利要求时，出卖人才得领取提存的价款。如买受人不将拒绝支付的价款提存，则不得拒绝支付价款。

【风险提示】

实践过程中，买卖双方为了获得更多的交易机会或基于双方的信任，往往都不注重付款方式和付款时间的约定，当买卖双方就收付货款产生争议时，约定不明将使双方陷入纠纷中，并且，双方发生纠纷后一般无法再次主动达成补充协议，在这种情形下，买卖双方可先查看合同的其他条款是否可以参考，如若没有，则可依照行业交易惯例来确定。在此，货款支付方需注意合同中关于逾期付款违约金的约定，以降低承担违约责任的风险。

相关案例分析 4

【案情简介】

2004 年 4 月 24 日，甲公司与乙公司签订分期付款买卖合同，约定甲公司自 2004 年 4 月 24 日至 7 月 10 日向乙公司购买电线电缆产品，累计货款为 265,743.26 元，约定甲公司收货后 30 日内付清全部货款，但双方之间没有约定违约金。2004 年 7 月 10 日，乙公司已按合同约定交付了最后一批货物。但截至 2005 年 8 月 31 日，甲公司只支付了部分货款，仍有货款 23,806.65 元未付。乙公司于 2005 年 9 月提起诉讼，要求甲公司支付拖欠的货款 23,806.65 元及按每日 5‰支付自 2004 年 8 月 11 日起至付清欠款之日止的违约金。庭审中，甲公司承认尚欠乙公司货款 23,806.65 元。

【法院判决】

经审理，一审法院认定甲公司逾期付款，但对于乙公司提请的每日 5‰违约金的标准，一审法院认为该标准过高，最终判决甲公司应于判决发生法律效力之日起 3 日内支付乙公司货款 23,806.65 元及逾期付款违约金（违约金从 2004 年 8 月 11 日起按每日 0.21‰计算至清偿完毕之日止）。甲公司对一审法院认定的违约金起算时间不服，其认为应当从乙公司向法院主张权利时起算，因而提起上诉，二审法院最终驳回甲公司的上诉，维持一审判决。

【法律分析】

本案的争议焦点在于:逾期付款违约金的计算标准以及违约金起算时间的认定。一审法院认定乙公司诉讼请求的违约金计算标准过高,其适用依据应该是《最高人民法院关于逾期付款违约金应当按照何种标准计算问题的批复》(法释〔1999〕8号),该批复规定:“对于合同当事人没有约定逾期付款违约金标准的,人民法院可以参照中国人民银行规定的金融机构计收逾期贷款利息的标准计算逾期付款违约金……”一审法院认为乙公司所主张每日5‰的违约金比例偏高,最终依上述批复进行了调整。

乙公司对一审法院认定的违约金起算时间不服而提起上诉。其认为逾期付款损失只能从乙公司向法院主张权利时起算,二审法院驳回该请求的理由是:根据双方约定,甲公司应在收货后30日内付清款项,因双方最后一笔业务往来发生在2004年7月10日,依约甲公司应在2004年8月10日前付清货款,但实际上其并未清偿,故甲公司应从2004年8月11日起开始计付逾期付款的违约金。我们认为,法院的辩驳理由是正确的,依据我国《民法典》第626条的规定,买受人应当按照约定的时间支付价款。对支付时间没有约定或者约定不明确,依照《民法典》第628条的规定仍不能确定的,买受人应当在收到标的物或者提取标的物单证的同时支付。也即超过约定支付时间之日,是违约金起算之日。

但是,法院支持本案乙公司主张的逾期付款违约金的判决,我们认为是值得商榷的。甲、乙公司的买卖合同中并没有约定违约金条款,法院能否直接适用违约金责任呢?《民法典》第577条规定:“当事人一方不履行合同义务或者履行合同义务不符合约定的,应当承担继续履行、采取补救措施或者赔偿损失等违约责任。”根据该条规定,法院可依法判决违约方承担的违约责任方式仅限于继续履行、采取补救措施和赔偿损失三种,而违约金是合同双方约定的承担违约责任形式,在双方未在合同中约定违约金条款时,法院不能直接适用违约金责任。上述一审法院适用的《最高人民法院关于逾期付款违约金应当按照何种标准计算问题的批复》(已失效)的前提,应是双方当事人在合同中已约定有违约金条款,只是对该违约金标准约定不明确或没有约定。本案中,两审法院判决均支持了违约金请求,其判决值得商榷。

【风险提示】

买卖合同中,买方的主要权利是收货,卖方的主要义务是收款,为了保证能够及时收款,卖方可要求在合同中约定逾期付款的违约金。一般情况下,逾期付款违约金的计算方式定为应付而未付货款的一定百分比，但若约定比例过高的，发生纠纷时，法院可依法降低违约金数额，约定金额不足以补偿守约方损失的，法院也可依法进行调整。合同中约定的违约金计算方式不明确的，可参照中国人民银行规定的金融机构计收逾期贷款利息的标准计算。但若双方未约定违约金，则守约方届时要求支付违约金没有法律和合同依据。另外，《民法典合同编通则解释》第 61 条，在以持续履行的债务为内容的定期合同中，一方不履行支付价款、租金等金钱债务，对方请求解除合同，人民法院经审理认为合同应当依法解除的，可以根据当事人的主张，参考合同主体、交易类型、市场价格变化、剩余履行期限等因素确定非违约方寻找替代交易的合理期限，并按照该期限对应的价款、租金等扣除非违约方应当支付的相应履约成本确定合同履行后可以获得的利益。非违约方主张按照合同解除后剩余履行期限相应的价款、租金等扣除履约成本确定合同履行后可以获得的利益的，人民法院不予支持。但是，剩余履行期限少于寻找替代交易的合理期限的除外。因此，为避免就违约金的适用发生纠纷，应在合同中明确违约金的计算标准。

(2)及时受领标的物。对出卖人交付的标的物，买受人应予接收。但是，如果出卖人的履行不符合约定或法定条件的，买受人可以拒收。只有在出卖人按约定的时间、地点、数量、质量等条件向买方提出交付标的物时，买受人才有义务接收标的物。出卖人多交标的物时，买受人可以接收也可以拒收多交部分。买受人接收多交部分的，应按合同的价格支付价款，买受人拒绝接收多交部分的，应当及时通知出卖人。另外，买受人对出卖人交付的提取标的物的单证也应接收。买受人有理由拒收标的物时，应及时向出卖人作出拒绝接收的通知。

(3)检验标的物。买受人对其所收到的标的物，应在约定的检验期内检验，没有约定检验期的，应当及时检验。检验主要是检查标的物的数量及质量。买受人发现标的物的数量或质量不符合约定的，应在约定的检验期间内通知出卖人。没有约定检验期的，应在合理期间内且从标的物收到之日起 2 年内通知出卖人。买受人怠于通知的，除出卖人知道或者应当知道提供的标的物不符合约定的之外，视为标的物的数量或者质量符合约定。

关于买受人的验货义务学理上一般认为其属于“不真正义务”。所谓“不真正义务”，是指当事人应当积极维护自身利益的合同义务，权利人通常不得请求履行，违反他也不发生损害赔偿责任，仅使负担该义务的一方遭受权利减损或丧失的利益。买受人若未履行检验义务，出卖人并不能请求其承担损害赔偿责任，根据《民法典》第621条的规定，当事人约定检验期间的，买受人应当在检验期间内将标的物的数量或者质量不符合约定的情形通知出卖人。买受人怠于通知的，视为标的物的数量或者质量符合约定。故买受人不履行验货义务的责任只是产生损失自负的后果，并不会产生违约责任。

关于货物检验的异议期间的性质，学理上亦存在争议，有观点认为异议期间属于除斥期间，是权利的存续期间，一旦期间届满就发生权利消灭的法律效果；另有观点认为异议期间属于诉讼时效期间，是权利受到国家权力保护的期间，一旦期间届满，发生权利功效减损的法律效果。王轶教授认为，异议期间的法律属性，应结合标的物质量或者数量不符合约定时，买受人寻求法律救济的具体方式，区别而论。针对买受人要求出卖人承担违约责任而得以主张的请求权，如主张出卖人继续履行合同、采取补救措施、赔偿损失或者支付违约金的请求权，异议期间一般应当认定为诉讼时效期间；出卖人交付的标的物质量或者数量不符合约定，致使买受人有权主张解除合同时，针对买受人主张解除合同的权利，异议期间应当认定为除斥期间。

（4）保管义务。买受人对于出卖人不按合同约定条件交付的标的物，如多交付等，有权拒绝接收，但在特殊情况下，买受人虽作出拒绝接收交付的意思表示，但有暂时保管并应急处置标的物的义务。保管人的保管义务是有条件的。

①必须是异地交付，货物到达交付地点时，买受人发现标的物的品质瑕疵而作出拒绝接受的意思表示。

②出卖人在标的物接受交付的地点没有受托人，即标的物在法律上已处于无人管理的状态。

③一般物品由买受人暂时保管，但出卖人接到买受人的拒绝接收通知时应立即将标的物提回，并支付买受人保管费用。

④对于不易保管的易变质物品，买受人可以紧急变卖，但变卖所得在扣除变卖费用后需退回出卖人。①

（三）标的物所有权转移及风险负担

1. 标的物所有权转移

标的物所有权转移指标的物所有权主体由出卖人变为买受人，所有权转移。

① 参见崔建远：《合同法》，法律出版社2003年版，第345页。

《民法典》第 598 条规定："出卖人应当履行向买受人交付标的物或者交付提取标的物的单证，并转移标的物所有权的义务。"根据上述规定，认定买卖合同标的物所有权转移的一般原则是"交付"，但根据相关法律的另行规定，在实践中，所有权转移还有如下不同情形。

(1)"简易交付"，即动产物权设立和转让前，权利人已经占有该动产的，物权自民事法律行为生效时发生效力。

(2)"指示交付"，即动产物权设立和转让前，第三人占有该动产的，负有交付义务的人可以通过转让请求第三人返还原物的权利代替交付。

(3)"占有改定"，即动产物权转让时，当事人又约定由出让人继续占有该动产的，物权自该约定生效时发生效力。

(4)不动产买卖，所有权自登记之日起发生效力。

(5)当事人可以在买卖合同中约定买受人未履行支付价款或者其他义务的，标的物的所有权属于出卖人。出卖人对标的物保留的所有权，未经登记，不得对抗善意第三人。

(6)通过互联网等信息网络订立的电子合同的标的为交付商品并采用快递物流方式交付的，收货人的签收时间为交付时间。电子合同的标的为提供服务的，生成的电子凭证或者实物凭证中载明的时间为提供服务时间；前述凭证没有载明时间或者载明时间与实际提供服务时间不一致的，以实际提供服务的时间为准。

电子合同的标的物为采用在线传输方式交付的，合同标的物进入对方当事人指定的特定系统且能够检索识别的时间为交付时间。

标的物所生孳息的归属，依据《民法典》第 630 条的规定，交付前所产生孳息归出卖人所有，交付后所产生孳息归买受人所有。这样，标的物孳息的归属与所有权的转移便可能不一致，例如，在买卖标的物为不动产时，买受人实际占有标的物后，由于未办理登记，所有权未发生移转，但是不动产所生孳息由于已经完成交付，其也归买受人所有。但如果当事人在合同中对孳息的归属另有约定的，应依其约定。

2. 标的物风险负担

(1)风险负担的基本理论。买卖合同标的物风险是指由于不可归责于合同当事人之事由而致使标的物毁损与灭失的风险。风险负担是指标的物因风险所遭受损失应由谁来承担。如果标的物风险由买受人承担，则买受人仍应依约定支付价款，且无权请求出卖人重新交付或承担赔偿责任。如果标的物风险由出卖人承担，则买受人无须支付价款，已支付的价款可以请求返还。

标的物风险负担的核心问题是标的物风险何时由出卖人负担转移为买受人负担，即风险转移的时间问题。对此有3种不同的理论。

一是标的物风险自合同成立时由出卖人转移至买受人承担，罗马法及现代瑞士法采此种理论。合同成立主义积极的一面是，标的物的风险于合同成立时转移，能更好地促使当事人行使权利和履行义务。合同一经成立，标的物意外毁损、灭失的风险即转移至买方，买方必须及时领取标的物，否则，标的物不在其管领控制之下，就意味着标的物可能面临更大的风险，买方就更有可能承担不利后果。但该理论也有其不足的一面。在合同成立以后，如果卖方没有立即交付标的物的义务，而是有一定的履行期限的话，风险负担的分配会对买方不利。自合同成立到出卖人实际交付标的物之前，标的物始终处于出卖人的占有控制之下，买方没有机会对标的物采取相应的保护措施，避免标的物受到意外的损害。除此之外，在标的物风险发生后，对于引发风险的事由是否不可归责于卖方，买受人是难以判断的。即使卖方存在过错，买受人也难以举证。从这两点来看，采用合同成立主义解决风险转移的问题，对于买受人是不利的。

二是标的物风险自标的物所有权转移时转移，法国民法和普通法国家采纳此种理论。所有权主义的理论基础主要有3个方面。①

①所有权是最完整的物权，只有所有权人才对该物享有占有、使用、收益和处分的权能，才是该物的最终受益人。按照权利与义务相对等的原则，既然有权享受利益，就应当承担相应的责任。

②转让标的物所有权是买卖合同的主要特征和法律后果，从根本上来说，风险和利益都是依附于所有权而产生的，是所有权的法律后果，是从属于所有权的东西，当标的物所有权因买卖合同而发生转移时，风险自然也应当随之转移。

③风险转移的直接法律后果最终体现在买方是否仍应按合同规定支付价金的问题上。在买卖合同关系中，买受人承担价金支付义务的根据是出卖人转移标的物的所有权。只有出卖人按照合同的约定将标的物所有权转移给买受人后，风险由买受人负担才合理。总之，该理论的核心为：利益之所在，即危险之所在，而

---

① 参见余延满：《货物所有权的转移与风险负担的比较法研究》，武汉大学出版社2002年版，第315页。

所有者为利益的享有者，自然应由所有权人承担标的物的风险。[①] 所有权主义也存在固有的缺陷，即当标的物的占有和标的物所有权的分离时，所有权人在风险负担上处于不利的境地。在保留所有权的买卖中，所有权人保留标的物的所有权时，即使标的物已经交付给买方，卖方脱离对标的物的实际控制，而卖方仍然继续负担标的物的风险。在这种情形下，标的物的占有和所有权的享有发生了分离，如果继续由所有权人承担标的物的风险，对于标的物风险的防范显然是不利的。

三是标的物风险自标的物交付时转移，德国民法、奥地利民法及美国法和现代斯堪的纳维亚法采纳此种理论。这一原则的重要依据在于"占有者承担风险"。他依循了这样一条逻辑，即谁有条件保护标的物，谁就应承担保护标的物的义务，违背了这一义务，就应当承担责任，确立了风险负担的"实际控制标准"。主张该原则的主要理由有以下几点。

①标的物的所有权和控制权可以分离存在，在标的物脱离所有权人控制后，所有人就失去了保护该标的物避免风险产生的条件，而标的物占有人则应负担起标的物的保护责任。

②交货是一种现实的民事行为，标的物的交付是显而易见的，以交付确定标的物风险的转移更加容易明确双方的权利义务。

③标的物风险随着交付转移，可以激励标的物的占有人尽可能地采取措施保护标的物免受意外的损害。即使标的物发生意外损失，占有人也比所有权人更有利于采取补救措施，从而最大限度地减少标的物的损失。

④风险随交付转移方便风险承担者在风险发生后迅速判断标的物的损失，收集标的物意外损失的证据，及时向保险人求偿。

⑤以标的物交付决定风险的转移，容易划清风险责任的界限，有利于迅速解决因此而发生的争议，保护交易安全。[②]

对于买卖合同标的物风险的负担，交付主义规则已经成为现代合同法的发展趋势。不仅许多大陆法系国家如德国、奥地利、瑞典、俄罗斯等相继采纳交付主义，而且在英美法系国家，由于美国法对风险移转规则的改变，间接地影响了英国

---

① 参见孙美兰：《论国际货物买卖中货物损失风险的转移》，载梁慧星主编：《民商法论丛》（第8卷），法律出版社1997年版，第657～668页。

② 参见吴志忠：《试论国际货物买卖中的风险转移》，载《中南财经政法大学学报》2002年第6期。

法,英国也开始接受这一新的规则。[①]

有关国际公约也采纳了交付主义。《联合国国际货物销售合同公约》第67条规定,如果销售合同涉及货物的运输,但卖方没有在某一特定地点交货物,自货物按照销售合同交付给第一承运人以转交给买方时起,风险就转移到买方承担。如果卖方有义务在某一特定地点把货物交给承运人,在货物于该地点交付给承运人以前,风险不转移到买方承担。卖方有权保留控制货物处置权的单据,并不影响风险的转移。[②] 从该条的规定可以看出,《联合国国际货物销售合同公约》明显采纳了交付主义的原则来分配标的物的风险,其中对卖方保留货物处置权的单据时的标的物风险的负担的规定更是明确地将标的物的风险负担与标的物的所有权的转移分别开来。

(2)我国的规则

①一般规则

《民法典》第604条规定:"标的物毁损、灭失的风险,在标的物交付之前由出卖人承担,交付之后由买受人承担,但是法律另有规定或者当事人另有约定的除外。"可见,我国《民法典》对买卖合同标的物风险负担一般采用交付主义,即无论买卖合同的标的物的所有权是否转移,只要标的物已经交付的,标的物风险由标的物的占有人承担。其具体的确定方法是,在出卖人交付标的物后,风险由买受人负担;在出卖人交付标的物前,风险由出卖人负担。

值得注意的是:在出卖人未按照约定交付有关标的物的单证和资料时也是如此。依据《民法典》第598条的规定,出卖人应当履行向买受人交付标的物或者交付提取标的物的单证,并转移标的物所有权的义务。

《民法典》第609条规定,出卖人按照约定未交付有关标的物的单证和资料的,不影响标的物毁损、灭失风险的转移。也就是说,在双方约定卖方需交付有关标的物的单证和资料时,在标的物已实际交付下,卖方保留单证和资料不影响标的物风险转移到买受人。事实上,由于单证未交付,由此造成的损失应属违约责任,而与风险的转移并无联系。

另外,《民法典》第640条明确规定,标的物在试用期内毁损、灭失的风险由出卖人承担。试用买卖合同可以视为附生效条件的买卖合同,在买受人未作出购买的意思表示前,买卖合同尚未生效。出卖人对试用品的交付不属于履行买卖合同

---

① 参见徐炳:《买卖法》,经济日报出版社1991年版,第257页。

② 参见曹建明、陈治东主编:《国际经济法专论》(第2卷),法律出版社2000年版,第71页。

主要义务的交付行为，买受人尚且不能通过处分试用品获得收益，因此也不应当承担风险。

相关案例分析1

【案情简介】

1999年3月，甲与某汽车出租租赁公司（以下简称出租公司）签订承包合同一份。合同约定：出租公司将车牌号为豫AT××3捷达轿车一辆发包给甲承包经营；甲接受承包时，除买断外须找担保人或担保单位，同时向出租公司交抵押金4万元，承包期满，车归甲所有，牌照一律归出租公司所有；抵押金冲减最后车款（车款总计176,000元），在承包期间甲所发生的各种费用从抵押金中扣减时，须在次月补齐；除抵押金外，该车剩余车款每月由甲向出租公司支付4000元，44个月付清。合同签订后，甲依约开始履行合同。同月23日夜，甲驾驶的豫ATH××3捷达车被抢，甲随即向公安局派出所报案，并向保险公司通报了出险事宜。经多方查找，被抢车辆未有下落。同年8月19日，保险公司与出租公司签订了豫ATH××3捷达轿车的权益转让书，并于同年10月15日将保险赔款72,960元支付给出租公司。1999年10月26日，出租公司向甲出具文书一份，确认甲原欠车款96,000元，保险公司赔付72,960元，视为甲一次性买断，减免银行利息18,000元，甲尚欠5040元。甲随即要求出租公司退还抵押金，遭拒绝。甲于1999年12月27日向法院提起诉讼，要求解除合同，出租公司返还抵押金4万元，并按比例分得保险金33,164元。出租公司提起反诉，请求甲支付剩余租金23,040元。

【法院判决】

法院认定甲与出租公司之间为买卖合同关系，最终判决解除双方合同，出租公司返还甲抵押金4万元，甲向出租公司支付剩余车款5040元。

【法律分析】

本案中，甲与出租公司订立的合同名为承包合同，实为分期付款买卖合同。承包合同是发包人将某工程或项目发包给承包人，由承包人完成交付约定任务的合同，一般不以转移标的物所有权为目的。分期付款买卖是一种约定由买受人先行占有买卖标的物，后按照约定的期限分期向出卖人付清价款的买卖方式。本案双方在合同中约定“承包期满，车归甲所有”、甲“每月付4000元，44个月付清”等条款，符合分期买卖合同的特征，买卖标的物为车牌号“豫ATH××3”捷达轿车，但不包括车牌。在分期付款买卖合同中，出卖人一般会在合同中约定所有权保留条款,即在买受人付清价款前,标的物所有权仍属于出卖人,标的物所有权不因交付而发生转移。本案中原被告双方约定即属此种情况("承包期满,车归甲所有")。

本案法律关系被确认为买卖合同关系后的焦点在于:标的物毁损、灭失风险应由谁承担,甲是否应支付剩余车款。对于该风险何时发生转移,合同有约定的依合同约定,没有约定的,应当参照《民法典》第604条之规定,即交付时风险转移。该条中规定的"交付"并不意味着标的物所有权的转移,而只要标的物转移给买受人占有,该风险即转移给买受人,不论买受人对标的物的毁损、灭失有无过错,风险转移后,买受人均应承担标的物毁损、灭失的风险。本案中,合同约定了所有权保留条款,但在车辆被抢前,出租公司已将车辆交付给了甲,在交付完成后,车辆灭失的风险即由出租公司转移至甲。虽然车辆的灭失系抢劫所致,甲并没有过错,但由于风险至此已转移至甲,因此,甲应承担车辆灭失的风险,不免除其对出租公司应承担的支付车辆剩余价款的义务。因此,法院的判决是符合法律规定的。

【风险提示】

我国《民法典》规定,买卖合同标的物的风险转移并不是根据合同标的物所有权而转移的,而是从合同标的物交付之日起转移,即卖方向买方交付标的物之日起,标的物灭失的风险即由卖方转移至买方。不论合同是否约定有所有权保留条款,买方均需注意自占有卖方交付的标的物起要谨慎使用、保管标的物,一旦标的物发生灭失,买方除了要自行承担灭失风险外,还应对未完全履行付款义务的向卖方支付剩余货款,买方不能以所有权未发生转移来免除其付款义务。

②例外情形

首先,因买受人原因延期交付标的物。《民法典》第605条规定:"因买受人的原因致使标的物未按照约定的期限交付的,买受人应当自违反约定时起承担标的物毁损、灭失的风险。"也就是说,在因买受人的原因造成延期交付标的物的情况下,尽管此时标的物虽然仍在出卖人的控制之下,未实际交付给买受人,但是风险仍按原来所约定的标的物的交付日期转移。在这种情况下,出卖人实际上是在代买受人保管标的物,由此而支出的仓储、保管费用,出卖人也有权要求买受人支付。此规定的意义在于保证买卖公平和交易稳定,避免社会资源浪费。

其次,买受人违反收取标的物的义务。若出卖人按照约定交付标的物,但买受人却未收取时，风险如何负担呢？我国《民法典》区分了两种情况。

第一，双方当事人约定了交付地点的。《民法典》第608条规定："出卖人按照约定或者依据本法第六百零三条第二款第二项的规定将标的物置于交付地点，买受人违反约定没有收取的，标的物毁损、灭失的风险自违反约定时起由买受人承担。"

也就是说，如果买卖双方对标的物的交付地点有约定的，则出卖人按照约定将标的物置于约定地点，即完成交付任务，此后不再承担标的物毁损、灭失的风险，而由违反约定的买受人自违反约定之日起转由买受人承担。

第二，双方当事人未约定交付地点或约定不明确，且协商之后还不能确定的，在标的物不需要运输的情况下，依据《民法典》第603条的规定，出卖人和买受人订立合同时知道标的物在某地，应在该地交付标的物；不知道标的物在某地时，应在出卖人订立合同时的营业地交付标的物。若出卖人已将标的物置于上述地点，而买受人违反法律规定没有收取，标的物毁损、灭失的风险从买受人应收取而未收取标的物时起转移，买受人违约时间就是标的物风险转移的时间。

根据《民法典》第610条的规定，因标的物质量不符合质量要求致使不能实现合同目的的，买受人可以拒绝接受标的物或者解除合同。买受人拒绝接受标的物或者解除合同的，标的物毁损、灭失的风险由出卖人承担。买卖合同中标的物质量条款是合同的重要内容，保证标的物符合约定的质量要求，是出卖人的基本义务。如出卖人交付的标的物质量不符合要求，导致买受人购买标的物的目的落空，且买受人选择了拒绝接受标的物或者解除合同的措施，此时若由买受人承担风险则显失公平，理应由出卖方承担风险。但是，如果买受人没有选择拒绝接受标的物或解除合同，而是采取了接受标的物，要求出卖人支付违约金或者赔偿损失等救济手段，则标的物风险应自交付时转由买方承担，买方的权益则由出卖方采取其他手段加以救济。

再次，买卖在途时标的物风险的转移。实践中，存在就正在运输途中的标的物进行买卖的情形。此时，由于在订立买卖合同时，标的物已经装载在运输工具上，双方不可能即时对标的物进行检验，买卖双方都可能不太清楚标的物是否有毁损或灭失的情况，如果标的物在运到目的地后发现损坏或灭失，往往很难判断这种损失究竟发生在运输过程中的哪个阶段（例如，标的物毁损、灭失是发生在订立合同前还是在订立合同后）。因此，很难确定风险应当由谁承担。为此，根据公平原则，《民法典》第606条规定，除当事人另有约定的外，出卖人出卖交由承运人运输的在途标的物，标的物毁损、灭失的风险自合同成立时起由买受人承担。

最后，需要运输时标的物风险的转移。根据《民法典》第607条的规定，当事人没有约定交付地点或者约定不明确，且标的物需要运输的，出卖人将标的物交付给第一承运人后，标的物毁损、灭失的风险由买受人承担。也就是说，运输合同虽然是出卖人负责订立，运输过程中的风险却由买受人承担。出卖人仅承担将标的物交付给第一承运人之前的风险，交付之后的风险即由买受人承担。

相关案例分析2

【案情简介】

万鑫公司与朱某某在2007年8月达成鸭苗买卖协议，协议约定朱某某向万鑫公司购买鸭苗3708只，每只鸭苗单价为5.8元，万鑫公司收到朱某某的货款后，由万鑫公司负责通过物流公司办理航空托运手续，收货人为朱某某，鸭苗运到攀枝花市保安营机场后，由朱某某自行提取。协议签订后朱某某依约支付了全部货款，但2007年8月18日，朱某某到攀枝花市保安营机场提取鸭苗时，发现万鑫公司所交付的鸭苗均已死亡。朱某某要求万鑫公司赔偿，万鑫公司认为鸭苗死亡的损失不应由其负责，朱某某应向物流公司、航空公司索赔，因而拒绝赔偿。因此，朱某某向人民法院提起诉讼，要求万鑫公司退还其支付的合同款，并赔偿其经济损失。

【法院判决】

一审法院认为万鑫公司与朱某某签订的买卖关系是合法有效的民事法律关系，应予保护。朱某某履行了全额付款义务，万鑫公司即应按约向朱某某提供足额的、鲜活的鸭苗。同时，在双方交易中托运合同由万鑫公司订立、运费也由万鑫公司承担，该方式应视为送货上门的交货方式，故在运输途中鸭苗全部死亡的风险应由万鑫公司承担，万鑫公司应当承担返还货款并赔偿损失的责任。因此，一审法院判决支持了朱某某的诉讼请求。一审判决作出后，万鑫公司不服提出上诉。

二审法院经审理，认为一审法院认定错误，最终撤销一审判决，驳回了朱某某的诉讼请求。

【法律分析】

本案的焦点在于万鑫公司是否已向朱某某履行了交付标的物的义务，标的物损毁、灭失的风险应由谁承担。

本案中，双方在协议中未对货物的交付地点作出明确规定，交付方式则规定为：万鑫公司将标的物通过物流公司交由航空公司承运至攀枝花机场，由朱某某向航空公司提货。根据《民法典》第603条的规定，当事人没有约定交付地点或者约定不明确，依照《民法典》第510条的规定仍不能确定的，如标的物需要运输的，出卖人应当将标的物交付给第一承运人以运交给买受人，而依照《民法典》第510条"……履行地点等内容没有约定或者约定不明确的，可以协议补充；不能达成补充协议的，按照合同相关条款或者交易习惯确定"的规定，本案并无合同条款或交易习惯作为确定履行地点的依据，故应依照《民法典》第603条的规定确定交付地点，即无论运输或运输工具是由出卖人安排还是买受人安排，出卖人的交付义务就是将标的物交付给第一承运人，故万鑫公司将标的物交付给第一承运人即完成交付义务，交付后的风险则应由买受人朱某某承担。

同时，根据《民法典》第607条"当事人没有约定交付地点或者约定不明确，依照本法第六百零三条第二款第一项的规定标的物需要运输的，出卖人将标的物交付给第一承运人后，标的物毁损、灭失的风险由买受人承担"的规定，对标的物在运输中的风险由谁承担也作出了明确规定，万鑫公司作为出卖人将鸭苗交付给承运人后，运输过程中鸭苗毁损、灭失的风险则应由买受人朱某某承担，朱某某应依据运输合同向相关承运人及保险人进行索赔。

【风险提示】

虽然我国《民法典》确认的买卖合同标的物风险自交付之日起从卖方转移至买方，但在一些特殊情形下，《民法典》另行规定了风险转移的时点。例如，在上述案例中，标的物需要运输，出卖人将标的物交付给第一承运人后，标的物毁损、灭失的风险由买受人承担。因此，买卖双方应当根据不同情形，确定合同标的物风险灭失的转移时点，由此采取不同的方式减少货物损失风险。例如，本案中，买方可以购买或要求卖方为标的物购买运输途中发生灭失的商业保险，如果发生灭失，买方即可向保险申请理赔，减少损失。另外，在发生标的物损失后，承担风险的一方当事人还可向对标的物灭失负有责任的第三方进行追偿，如本案中负责运输的物流公司。

当事人可以对风险负担另行约定。合同法坚持合同自由原则，因此，当事人可对风险负担予以约定，若有约定自然依约定处理。实践中，当事人约定不适用交付主义的例外情况一般包括两种：一是交付前标的物的风险即由买受人承担。例如，房屋买卖合同的当事人可以约定，在办理完房屋产权变更登记手续后，即使房屋尚未交付,房屋的风险亦由买受人承担。二是当事人可以约定交付后的一段时间内标的物的风险仍由出卖人承担。[①]

第二节　买卖合同风险及其防范

一、买卖合同实践中法律风险的特点

(一)基础性

在各类合同中,买卖合同是最典型的形式,也是社会经济生活中最普遍的一类合同,各国合同法的许多原则都是从买卖合同的基本原则中发展而来的。买卖合同是商品生产和商品交换的主要手段,是连接产、供、运、销各个环节的基本形式。法律关于买卖合同的规定,不仅适用于买卖合同本身,同时也是其他有偿合同或财产权转让合同的一般规则,在这些合同没有相关特殊规定时,可以准用买卖合同的规则,《民法典》第646条规定:"法律对其他有偿合同有规定的,依照其规定;没有规定的,参照适用买卖合同的有关规定。"基于买卖合同的基础地位,研究买卖合同的风险规避和预防对于其他合同也有重要的借鉴意义,故买卖合同的风险具有基础性。

(二)多样性

买卖合同在实践生活中是普遍存在的,故伴随其产生的风险也具有多样性。在实践中,买卖合同的法律风险主要有以下类型。

1. 主体风险

主体风险主要表现为主体并没有订立合同的资格,这将有可能导致买卖合同的无效,进而引发损失发生。在实践中,主体风险主要表现为以下几个方面。

(1)伪造主体。这主要体现在法人以及其他组织为当事人而订立的合同,主要表现为订立合同的一方当事人根本没有提供法人资格证明;合同一方虽然提供了企业法人营业执照但实为伪造的证明;合同一方提供了正式的企业法人营业执照,但其虚报注册资本、无实有资金;合同一方在订立合同时虽然提供了正式的企

① 参见李小华、丁玫:《合同法中买卖合同标的物风险负担规则初探》,载《企业经济》2004年第7期。

业法人营业执照，但其因其他原因已歇业或已经被吊销营业执照等。

（2）假冒主体。在实践中，这种主体风险常表现为假冒知名企业的法定代表人、业务负责人；盗用他人盖好合同专用章的合同纸、介绍信等冒充公司订立合同；擅自刻印他人印章，冒充他人与对方签订合同等。

（3）借名欺诈。这类欺诈的表现形式多是履约能力较差或根本无履约能力的主体通过挂靠一家名气较大的公司或企业从事经营活动，或者采取合营形式以取得大企业名声的便利，从而大肆行骗。

（4）代理人资格风险。在买卖合同的签订中，常有代理人以被代理人的名义签订合同的情况，在被代理人的授权范围内，代理人所签订的合同对被代理人产生约束力。但是超越代理权或代理权授权期限届满后所订立的合同，属于无权代理，在法律上被认定为效力待定的合同，若得不到被代理人的追认，则由行为人承担。故需要防范无权代理的法律风险。另外，需要防范代理中的欺诈行为，主要表现为两种情况：一是代理人与第三人恶意串通，损害被代理人的利益；二是被代理人以一些根本不存在的企业、单位作为被代理人签订合同，从而骗取财产。

其中针对代理人与第三人恶意串通的情形，《民法典合同编通则解释》第23条规定：法定代表人、负责人或者代理人与相对人恶意串通，以法人、非法人组织的名义订立合同，损害法人、非法人组织的合法权益，法人、非法人组织主张不承担民事责任的，人民法院应予支持。

法人、非法人组织请求法定代表人、负责人或者代理人与相对人对因此受到的损失承担连带赔偿责任的，人民法院应予支持。

关于举证责任的问题，则可以参照本条第3款——根据法人、非法人组织的举证，综合考虑当事人之间的交易习惯、合同在订立时是否显失公平、相关人员是否获取了不正当利益、合同的履行情况等因素，人民法院能够认定法定代表人、负责人或者代理人与相对人存在恶意串通的高度可能性的，可以要求前述人员就合同订立、履行的过程等相关事实作出陈述或者提供相应的证据。其无正当理由拒绝作出陈述，或者所作陈述不具合理性又不能提供相应证据的，人民法院可以认定恶意串通的事实成立。

相关案例分析1

【案情简介】

2007年8月21日，吴某作为原告，将中行新疆分行、黄河公司作为共同被告，诉至法院。原告吴某诉称,2002 年 4 月 24 日,案外人用其身份证复印件与被告中行新疆分行签订一份个人汽车消费借款合同,同时假冒其签名骗取银行的消费借款,被告黄河公司提供连带责任担保。吴某对此事不知情,直到 2006 年 9 月 29 日,吴某银行存款被法院扣划 4304.83 元,吴某才得知此事。吴某请求法院确认个人汽车消费贷款借款合同及借据无效,判令被告中行新疆分行将银行征信系统内本人的不良记录清除并消除影响,并返还 4304.83 元。

法院经审理查明:2006 年 9 月 29 日,当地某区人民法院依据被告中行新疆分行的申请,依法扣划了原告吴某银行账户上的存款 4304.83 元。原告经查询后得知,中行新疆分行扣划其存款的依据是具有强制执行效力的 2002 年 4 月 24 日个人汽车消费贷款借款合同、个人汽车消费贷款抵押合同及借据的债权文书公证书。审理中,原告提出鉴定申请,法院委托司法鉴定所对公证书中个人汽车消费贷款借款合同、借据上的“吴某”署名是否是原告本人书写进行技术鉴定。鉴定结论为借款合同和借据上的两个签名“吴某”字迹,不是吴某书写。该鉴定书给原被告送达后,在规定的期限内均未提出异议。

【法院判决】

经审理,法院认为,依据司法鉴定所的鉴定书,确认个人汽车消费贷款借款合同、借据上“吴某”的字迹均非原告吴某所写,因此,上述合同应属无效合同,原告现要求确认个人汽车消费贷款借款合同、借据无效的诉讼请求,法院予以支持。依据中国人民银行制定的《个人信用信息基础数据库管理暂行办法》的规定,对于个人信用信息存在错误的,本人可以通过所在地中国人民银行征信管理部门或直接向征信服务中心提出异议,故原告吴某可依据该规定向相关部门提出异议进行解决,其要求被告中行新疆分行将银行征信系统内的不良记录清除并消除影响的诉讼请求,法院不予支持。对于当地某区人民法院已扣划的原告吴某的 4304.83元,因该款法院并未返还给被告中行新疆分行,故原告吴某可在本判决生效后,依据本判决向该区人民法院提出执行异议。

【法律分析】

本案中,案外人用吴某身份证复印件与被告中行新疆分行签订一份个人汽车消费借款合同,同时假冒其签名骗取银行的消费借款,本案是一起典型的合同诈骗案,冒充或者假冒他人与个人或者单位签订合同,实施欺诈行为。

【风险提示】

实际生活中,借交易之名行诈骗之实的案例数不胜数,当事人在进行买卖交易时，须以审慎原则核查合同交易主体（合同相对方）、交易内容、交易性质，确定合同相对方身份真实，有签署合同的权利。具体来讲，如果合同相对方是自然人的，应当核查其有效证件原件，如身份证、护照、港澳通行证等，如果合同相对方是法人或其他机构的，应当核查其资质文件原件，如营业执照、事业单位执照等，并留下复印件。

相关案例分析2

【案情简介】

聂某某和张某某于1986年结婚，1994年3月夫妻二人购买了属于自己的房子，房屋所有权证登记的所有权人为聂某某。1998年张某某因经营一家饭店向安阳三官庙信用社贷款70,000元，到期不能清偿，张某某要求续贷，信用社要求提供抵押担保。张某某便用其妻聂某某的房产证进行了抵押。贷款到期后，张某某不能清偿，信用社向河南省安阳市龙安区人民法院起诉，请求张某某偿还贷款本息，以房产相抵。龙安区人民法院于2000年10月17日作出判决：第一，由被告张某某、聂某某于2001年12月25日之前偿还原告70,000元及利息，利息按中国人民银行有关规定计付；第二，若逾期支付借款，原告方有权将抵押的房产折价或拍卖，变卖后优先受偿。案件受理费2610元，由被告张某某、聂某某共同承担。判决送达后，双方均未上诉。

在执行过程中，聂某某于2002年8月20日向安阳市龙安区人民法院提交了一份再审申请书，要求撤销一审判决书，依法对本案进行再审，并要求确认房产抵押合同无效。安阳市龙安区人民法院经过审查决定立案再审。

再审过程中，聂某某诉称：原判决认定的事实错误，三官庙信用社并未见过申请人，也未见过申请人的授权，张某某所持用的房产证是夫妻共同财产，应征得申请人的同意后订立抵押借款，没有其允许和同意进行的抵押合同，侵犯了申请人的合法权利，因此，抵押合同属于无效合同。三官庙信用社辩称：原审程序合法，法院送达的法律文书按规定已由申请人的丈夫张某某签收；原判认定事实清楚，抵押房产属于夫妻共同财产，借款合同的借款人也是聂某某与张某某签字盖章，信用社完全有理由相信张某某可以代替申请人办理，张某某的行为按《民法典》的相关规定属于表见代理，其法律后果应由聂某某承担。张某某辩称，到信用社贷款系其亲自办理的，聂某某的房产证、身份证系其在聂某某不知道的时候拿走的，贷款抵押经过也是瞒着聂某某办理的，责任由其全部承担，与聂某某没有任何关系，并要求分期分批还贷。

安阳市龙安区人民法院经过再审查明事实：张某某在其妻子聂某某不知情的情况下将其房产证及身份证偷出，让食堂服务员王某冒名顶替其妻子聂某某。二人到安阳某信用社重新办理了70,000元的抵押贷款合同，需要聂某某本人签字的地方，都是王某签的字。整个贷款抵押过程，聂某某根本未到安阳某信用社和房产部门办理任何手续。

【法院判决】

安阳市龙安区人民法院经再审后认为：抵押借款合同不是申请人所签，而是食堂服务员王某冒名代签，足以证明张某某擅自签订抵押贷款违背申请人的真实意思，应负主要责任。被申请人三官庙信用社在其办理贷款手续时，未能严格审查贷款人的真实身份，又未到现场勘验，违反了贷款程序，应负审查不严的责任。申请人聂某某对其所有的房产证及身份证负有保管不善的责任。故1998年8月6日，双方签订的抵押担保借款合同抵押部分无效，借款主合同部分有效。遂于2004年9月15日作出判决：第一，由被告张某某偿还三官庙信用社借款70,000元及利息；第二，撤销原判决中由聂某某偿还原告70,000元及利息的内容；第三，撤销房产抵押担保合同。

判决送达后，三官庙信用社提出上诉，认为：虽然事后查明抵押合同上并不是聂某某本人的签名，但是由于张某某与聂某某系夫妻关系，信用社在对方提供了真实的房产证、身份证的情况下完全有理由相信他们的抵押是真实的意思表示。在抵押合同上签字的人是否为聂某某本人这一情况，对于上诉人来说是无法防备和判断的。造成这一结果的原因是张某某故意隐瞒真相，找人冒名顶替签字导致，上诉人被骗，上诉人没有过错，张某某签订的抵押合同完全符合表见代理的规定。因此，抵押合同应当是有效的，被上诉人聂某某、张某某应承担抵押担保责任，信用社要求依法撤销再审判决，维持一审判决。

安阳中级人民法院最终判决：驳回上诉，维持龙安区人民法院(2003)龙民再字第8号民事判决。再审案件受理费2610元，由张某某与三官庙信用社各负担1305元；二审案件受理费2610元由上诉人三官庙信用社负担。

本判决为终审判决。

【法律分析】

本案争议的焦点在于张某某、王某的行为是否构成表见代理。表见代理作为无权代理的一种，是指对于无权代理人所为的民事行为，善意且无过错的第三人有某种事由确信行为人有代理权，因而该民事行为由被代理人承担有权代理的法律后果。其构成要件有四个：第一，行为人（无权代理人）没有代理权；第二，无权代理人与被代理人之间存在特殊关系，客观上存在使第三人确信无权代理人有代理权的某种事由，如夫妻关系、雇佣关系等；第三，第三人主观上并不知道无权代理人的代理行为欠缺代理权，而且第三人对于这种不知情没有疏忽或者懈怠等过错；第四，无权代理人同第三人之间所实施的民事行为具备民事法律行为的一般生效要件和代理行为的表面特征。本案中，抵押合同和贷款合同书中申请人聂某某的签名既非聂某某本人所签，也非聂某某的丈夫张某某所签，已查明是食堂服务员王某所签，所以张某某的行为不符合表见代理的特征。王某的冒名顶替行为只是一种欺诈行为，况且王某是在张某某的指使授意下才冒名顶替，同样不符合表见代理的行为特征。王某既不是聂某某的丈夫，也不是聂某某的直系亲属，因此王某与聂某某之间根本不存在可形成表见代理的特殊关系。第三人没有充足的理由相信王某有代理权，无法确信王某享有代理权的事由。在此情况下，上诉人三官庙信用社作为贷款人，在与被上诉人张某某、聂某某签订贷款合同和抵押合同时有义务按照有关贷款手续进行严格审查，仅凭张某某提交的房产证及聂某某的身份证，上诉人就与被上诉人签订借款合同及抵押合同，严重违反了《民法典》的相关规定。其辩称张某某的代理为表见代理的理由，因聂某某的签名是表见代理关系范围之外的人冒名顶替，而且上诉人本身也存在重大过错，不符合表见代理的构成要件而不能成立表见代理行为，其与张某某签订的借款合同涉及聂某某的部分无效。因此，原审判决认定事实清楚，适用法律正确。

【风险提示】

当事人订立合同时，首先须明确订立合同的当事人主体资格，尽量要求由订立合同的当事人亲自签署，不能亲自签署的，需提供代为签署的授权委托证明，该授权委托证明须由当事人亲自签署，写明授权事项和时间，当然，另一方当事人应该对该授权委托证明文件的真实性进行审慎性检查，以免出现类似上述案例中被人假冒签字的情形，一旦查明签字系假冒的，可能导致合同无效，另一方当事人须承担合同无效的法律风险和未尽审慎义务的法律责任。

相关案例分析3

【案情简介】

原告：李某某，被告：廖某。原告与被告系亲戚关系。1995年7月，原告聘请被告到原告设在四川成都的一办事处推销金刚石锯片,具体负责办事处的收款、记账兼销售。同年8月22日,被告和办事处另一业务员张某与成都成华长江金金供销公司签订了价值7.4万元的金刚石锯片、干片购销合同。合同签订后,张某电话告知当时在广东的原告,原告表示无异议。当天下午,被告与张某即将货物发给对方,对方未付款。同年9月13日,对方要求再次发货,被告在未经原告同意的情况下又与对方签订一份合同,并将价值4.12万元的广晶片发给对方。事后,被告发现对方有诈骗嫌疑,才把详情电话告知原告。两次货款无法收回。1995年12月29日,原告与被告就第二次货物货款问题进行协商,被告出具字据表示愿意承担4.05万元损失,并当场偿付100元给原告,事后又付200元,余款经原告多次催要未果,原告遂向当地法院起诉。

【法院判决】

法院经审理认为,原被告之间是一种雇聘关系,被告在办事处的民事行为应对原告负责,并在原授权许可范围内开展经营活动,而被告在1995年9月13日签订的合同没有得到原告的授权委托,且未经原告追认,该行为属超越代理权的民事法律行为,被告应对此造成的损失承担民事责任,遂判决被告赔偿原告货物损失4.02万元。

【法律分析】

本案是一起典型的因无代理权而签订合同所发生的纠纷。

所谓无权代理,是指没有代理权的人以他人的名义实施民事行为,无代理权的代理主要有3种情况:第一,没有代理权的“代理”行为。这是指以他人的名义实施民事行为的人既未经委托授权,又没有法律上的根据,也没有经人民法院和其他机关指定。本案被告在未经原告授权的情况下以原告名义实施的买卖行为即属于典型的无权代理。第二,超越代理权的“代理”行为。这是指代理人虽然享有代理权,但其超越代理权限实施“代理”行为,其越权部分,属于无权代理。第三,代理权终止后的“代理”行为。这是指代理人本来享有代理权,但因代理期间届满或被代理人取消委托等原因,致使代理人的代理权不复存在,在这种情况下,“代理人”仍然以原被代理人的名义实施民事行为。

无权代理人以被代理人名义与他人订立的合同,是一种效力待定的合同。所谓效力待定合同,是指合同虽然已经成立,但因其不完全符合合同的有关生效要件的规定,因此其效力能否发生,尚未确定,一般须经权利人表示承认才能生效。效力待定合同不同于无效合同和可撤销合同,无效合同是指合同虽然已经成立,但因其违反法律、行政法规的规定或公共利益，因此应被确定为无效，他自合同成立之始便无效，无效合同又称绝对无效的合同。可撤销合同主要是指意思表示不真实的合同，如重大误解、显失公平、可撤销合同在未被撤销以前，已经发生了法律效力，如果撤销权人不行使撤销权，该合同将始终是合法、有效的。而效力待定的合同（主要是无权代理合同）既不违反法律法规的规定和社会公共利益，又不存在意思表示的不真实的情形，究其实质，乃是因为“代理人”缺乏代理权而存在瑕疵，但这种瑕疵是可以修补的。所谓修补，就是“被代理人”（权利人）追认“代理人”有代理权。即权利人明确表示同意无权代理人与他人订立的合同，这种追认的意思表示只要以明示的方式作出即可，无须取得其他人（“代理人”，相对人）的同意，经过追认，该无权代理合同便发生法律效力，“代理人”所实施的行为就被视为有权代理行为，也就是说，本人（被代理人）的追认可以使无权代理行为有效。法律之所以规定无权代理行为可因本人的承认而有效，原因在于，一方面，无权代理行为并非都对被代理人不利，在相当多的情况下无权代理行为对被代理人是有利的；另一方面，无权代理行为也具有代理的某些特征。如无权代理人具有为本人（被代理人）订立合同的意思表示，相对人也有意与被代理人订立合同，因此，在无权代理人并无代理权限的情况下，如果被代理人事后承认该代理行为，实际上是无权代理人事后被授予代理权，从而可以使代理行为有效。如果被代理人认为无权代理行为对其不利，自然可不承认，而且，无权代理行为所订立的合同也并不一定对相对人不利。

本案中，原被告之间产生了一种雇佣关系，被告作为原告的雇员为原告工作，其工作范围是负责办事处的收款、记账兼销售，显然，这里所说的“销售”仅限于标的额极小的零售交易，原告并未授予被告代订购销合同之权，对此，原被告双方都是十分清楚的。基于工作范围的限制，被告作为雇员，应当尽勤勉工作之义务，同时，对超出工作范围的重大事项，应对原告负有随时报告之义务，对于自己从事的工作范围以外的工作，被告应当事先得到原告的同意或事后得到原告的追认，否则，因此而发生的责任，只能由被告自己负担。本案中，被告实际上实施了两次无权代理行为，但却产生了不同的法律后果，第一次发生在1995年8月22日，被告在未经原告授权的情况下，同另一名业务员张某与成都成华长江金金供销公司签订了购销合同；第二次发生在1995年9月13日，被告同样是在未经原告授权的情况下与成都成华长江金金供销公司签订了购销合同。对于被告第一次签订的合同，虽然事先未得到授权，但因张某事后打电话告知了原告，原告未表示异议，这说明原告行使了追认权，事后追认被告的无权代理行为为有权代理，承认了第一次购销合同的法律效力。原告行使了追认权，致使被告的行为变成了有权代理，那么，在代理授权范围内所实施的民事法律行为的后果自然应当由被代理人即原告承担，因此，原告并未要求被告承担第一次签订合同的民事法律责任。对于被告第二次无权代理订立的合同，一方面被告事先未得到原告的委托授权，另一方面原告事后又未追认，因此，被告第二次订立的合同是无权代理订立的合同，该合同对原告不具有法律效力，被告应对自己的无权代理行为向原告承担民事法律责任。

《民法典合同编通则解释》第二十一条：合同所涉事项有下列情形之一的，人民法院应当认定法人、非法人组织的工作人员在订立合同时超越其职权范围：（一）依法应当由法人、非法人组织的权力机构或者决策机构决议的事项；（二）依法应当由法人、非法人组织的执行机构决定的事项；（三）依法应当由法定代表人、负责人代表法人、非法人组织实施的事项；（四）不属于通常情形下依其职权可以处理的事项。

此外，合同所涉事项未超越依据前款确定的职权范围，但是超越法人、非法人组织对工作人员职权范围的限制，相对人主张该合同对法人、非法人组织发生效力并由其承担违约责任的，人民法院应予支持。但是，法人、非法人组织举证证明相对人知道或者应当知道该限制的除外。

法人、非法人组织承担民事责任后，向故意或者有重大过失的工作人员追偿的，人民法院依法予以支持。

【风险提示】

在存在代理行为的商事交易中，虽然可追认无权代理行为或利用表见代理保护第三人，但为了保证交易安全，对于第三人而言在从事法律行为时需详细了解真正权利人的真实意思，达到权利的形式与实质相符合时，再进行交易，否则可能会面临相应的法律风险。我国民法典《民法典合同编通则解释》第十九条作出了如下解释：

以转让或者设定财产权利为目的订立的合同，当事人或者真正权利人仅以让与人在订立合同时对标的物没有所有权或者处分权为由主张合同无效的，人民法院不予支持；因未取得真正权利人事后同意或者让与人事后未取得处分权导致合同不能履行，受让人主张解除合同并请求让与人承担违反合同的赔偿责任的，人民法院依法予以支持。

前款规定的合同被认定有效,且让与人已经将财产交付或者移转登记至受让人,真正权利人请求认定财产权利未发生变动或者请求返还财产的,人民法院应予支持。但是,受让人依据民法典第三百一十一条等规定善意取得财产权利的除外。者在他人财产上设定用益物权、担保物权订立的合同,适用前三款规定。

2. 标的物风险

根据我国现行有关法律法规的相关规定,在我国禁止或限制买卖的标的物主要包括以下几类:(1)国家专有财产,如土地、矿藏、水流、森林、草原、荒地、滩涂等自然资源,铁路、公路、航空、邮电设施、军用设施和物资等;(2)危害人身健康的物品,如毒品、淫秽物品和不符合国家强制性质量标准的假冒伪劣产品;(3)未经批准不得买卖的物品,如爆炸物、麻醉品、放射性物资等;(4)金融管制物品,如黄金(现通过黄金交易所的买卖除外)、白金及其黄金白金制品;(5)文物;(6)其他实行专卖的物品未经许可不得买卖,如烟草、食盐等。

除了上述禁止买卖的标的物,我们还应该注意以下两个方面的问题。

(1)由于现在越来越多的产品实行国家强制检验或认证制度,这类产品只有经过国家强制检验或认证并取得相关证书后才可以上市买卖,如电信产品的入网许可证、电器产品的3C认证和食品的QS认证等。

(2)由于我国的土地管理体制与国外有着很大的区别,我国实行的是土地国有和农民集体所有的政策,且明确禁止土地所有权的买卖,工程建设用地也一般只能使用国有土地。所以,在我国签订的国有土地所有权及集体土地的所有权和使用权的买卖合同都是无效的。当事人签订禁止流通买卖标的物的买卖合同,不但合同无效,双方实现不了合同目的,而且可能受到行政处罚或刑事处罚。[①] 另外在实践中,标的物风险还有假冒名优产品、出售无权处分的财产,出卖含有侵害他人知识产权的标的物等。

相关案例分析4

【案情简介】

2004年至2006年,韩某某多次在赵某某的门市部购买农药、种子等货物,并

① 参见洪彬、李少璧主编:《常用合同法律风险分析与防范》,暨南大学出版社2004年版,第49页。

于2006年4月19日出具欠农药开封浪潮灭蚜螨5件的欠条，每件160元；于2005年8月22日出具欠西瓜六必治19件、每件190元，卵虫霹净5件、每件160元的欠条；于2004年10月18日和19日分别出具欠小麦育繁材料100斤和1000斤的欠条，每斤2元。韩某某应支付欠款7600元，后经赵某某多次催要，韩某某拒不归还，赵某某为要账花费500元，后赵某某诉至法院，要求被告韩某某给付货款7600元及要账费用500元。

被告韩某某辩称，这4张欠条是其书写，对货物数量不持异议。但价格是原告后来私自添上的，应以当时给其送货的潘某出具的单价为准（西瓜六必治75元/件，卵虫霹净80元/件）。原告出售给被告的开封浪潮农药灭蚜螨实际价格是140元/件。原告出售给被告小麦育繁材料时双方口头约定回收麦种，回收时先斤对斤扣，剩下的按比市场小麦价每斤高8分钱回收。现在原告不回收，须赔偿被告损失1万元。原告出售给被告的农药西瓜六必治已在2007年10月10日被通许县工商行政管理局认定为假冒农药封存。西瓜六必治这一药名、厂址、批号在农药管理信息汇编上查不到，就证明该农药是假药，被告不但不应给付原告款，原告还应赔偿被告损失8600元。

【法院判决】

通许县人民法院经审理后认为，被告购买原告农药开封浪潮灭蚜螨5件、卵虫霹净5件未给付价款，有欠条佐证且被告认可，本院予以确认。双方在欠条上未明确约定价格，原告主张的价格被告不予认可，结合本院调查通许县农药市场价格情况及被告认可价格，应认定开封浪潮灭蚜螨价格为140元/件，卵虫霹净80元/件。关于原告主张的西瓜六必治欠款，被告称其所购买原告的西瓜六必治是假冒农药，并提供了通许县工商行政管理局（2007）第040号封存财物通知书予以证明，原告不能提供出售给被告的西瓜六必治是合格产品的相关证明材料，对原告要求被告给付西瓜六必治欠款的诉讼请求，法院不予支持。对被告所购买的西瓜六必治农药，法院另行制作民事制裁决定书予以收缴。关于原告主张"小麦育繁材料"的欠款，原被告双方对品质、价格均无明确约定，在审理过程中双方对价格达不成一致意见，应参照当年小麦种子销售价格（0.9元/斤）予以认定。对被告辩称应由原告回收麦种的陈述，证据不足，法院不予支持。关于原告主张的要账费用500元，证据不足，法院不予支持。判决被告韩某某给付原告赵某某卵虫霹净5件的价款400元；被告韩某某给付原告赵某某开封浪潮灭蚜螨5件的价款700元；被告韩某某给付原告赵某某小麦种子1100斤的价款990元；驳回原告赵某某的其他诉讼请求。

【法律分析】

本案是一起因买卖合同所打的欠条引起的纠纷，对于没有质量纠纷只有价格纠纷的开封浪潮灭蚜螨5件、卵虫霹净5件及小麦种子合议庭很快形成一致意见，以被告认可的价格和法院调查通许县农药种子市场的价格情况予以认定。对于西瓜六必治，合议庭的处理意见是：对于原告要求被告给付西瓜六必治欠款的诉讼请求不予支持。对被告所购买的西瓜六必治农药，另行制作民事制裁决定书予以收缴。理由如下：本案中，西瓜六必治系假冒伪劣商品这一事实，有充分的证据予以证实，足以认定。《民法典》规定：当事人互负债务，有先后履行顺序，先履行一方未履行的，后履行一方有权拒绝其履行要求。先履行一方履行债务不符合约定的，后履行一方有权拒绝其相应的履行要求。这就是《民法典》所规定的先履行抗辩权。在本案关于西瓜六必治的买卖合同中，原告赵某某负有交付合格产品的义务，被告韩某某负有支付货款的义务，且根据农药市场代销的交易习惯，一般为先打欠条提货，货物买完后付钱，因此，该双务合同的履行有先后顺序。负有先履行义务的原告履行的货物为假冒伪劣商品，导致合同根本违约，合同目的不能实现，因此，被告可以援引先履行抗辩权，不支付该批货物的价款。当事人行使先履行抗辩权致使合同迟延履行的，迟延履行责任应由对方当事人承担。对其要账费用被告也不应承担责任。原告要求被告给付西瓜六必治欠款的诉讼请求应不予支持。关于这批货物的处理问题，因工商局仅仅作了查封的处罚决定，根据《民事诉讼法》的规定，人民法院应当将该批货物收缴后销毁，因此，应当另行制作民事制裁决定书对该批货物进行处理，以防止货物流通进入社会造成危害，因此，法院根据法律规定所作出的判决是正确的。

【风险提示】

在进行货物交易时，买方首先需要确定的就是该笔交易是否合法，即买卖的货物是否属于法律许可流通的产品，如果货物是法律禁止销售的产品，则双方均需承担合同无效的法律风险。另外，在实践交易中，有很多当事人按照“老规矩”进行交易，口头约定合同价格，上述争议的发生就在于当事人事前没有订立书面合同，没有就标的物的价格作出明确约定，致使发生纠纷。因此，在实践中，购买货物前，应在事前订立书面合同，将合同标的、价款、数量等必要信息约定清楚。

3. 履行风险

在买卖合同实践中，可能出现恶意履行的情况，一般有：(1)以产品质量差为由而拒付货款；(2)产品质量有问题而故意不告知；(3)在发生多交货时不予通知；(4)在对方履行不符合约定时，不及时采取措施避免或减少损失的发生；(5)出卖方工作人员收货后，出卖人以工作人员非本企业员工为由拒绝支付货款；(6)在签订买卖合同时，欺诈方出示真实的质量较高的样品，而在履行时却代以质量低劣的伪次品；(7)不履行或不完全履行。当事人一方在自身无履约能力或虽有一定履约能力的情况下，自订立合同起，就根本没有履行合同的诚意，而是想通过欺诈手段使对方履行合同。在骗取对方履行合同之后，非法占用对方履行的钱或产品，而自己却不再履行合同，给对方造成重大损失。① 另外，虚开支票是近年来增长较快的一种履行欺诈行为，主要形式是开具空头支票，这样当收票人将支票交给自己的开户行转账时会被出票人的开户行拒付而使支付额无法兑现。另一种形式是故意制造障碍使开出的发票不能兑现，比如支票上的印鉴与出票人在银行预留的印鉴不同等。

4. 违约风险

在实践中，存在利用违约责任欺诈的情形，买方可能在标的物品质、履行时间等方面做手脚，诱使相对人订立其根本无法履行的合同，然后以卖方违约为由而主张违约损害赔偿。卖方则可能通过订立各种不利于买方主张违约责任的合同条款，从而使买方无法及时提出质量异议或在合同约定的索赔期内提出请求而遭受损失。另外合同当事人还可能通过违约金、定金欺诈手段，故意诱使另一方订立其根本无法履行的合同，从而利用违约金或定金条款获取利益。

5. 其他风险

如利用破产进行欺诈，行为人在签订买卖合同前，先注册设立一家公司，然后以该公司名义与相对人签订合同，再将全部财产以合法形式转移到别的公司或个人名下，相对人请求无财产的公司承担责任，其再申请该公司破产，进而使债权得不到清偿。另外还有的利用伪造、变造或有其他瑕疵的信用证、提单等进行欺诈等。

(三)可预防性

买卖合同中的法律风险是可以预知的，故其是可以预防的，只要做一个谨慎

① 参见黄金华编著：《企业签约的法律风险及防范》，中国法制出版社2007年版，第132页。

的缔约人，认真的履约人，努力用法律的武器来维护自己的合法权益，那么我们可以防患于未然，防止由于买卖合同的法律风险而导致损失出现。关于防范买卖合同中风险的基本理念和方法将在下文详细论述。

二、买卖合同实践中风险规避的基本理念

（一）严格审查对方当事人的主体资格和履约能力

订立合同前应对对方的法律地位、经营范围、资信状况以及近期的经营业绩、商业信誉进行必要的考察，考察方式可以是自己进行了解，可以向对方当事人所在地的工商部门进行查询，也可以通过对方同行业或相关企业进行了解或委托律师作尽职调查，还可以要求对方当事人提供相关资料或证明。对于由代理人订立的合同，应注意查看对方是否有授权书，要注意查看授权范围、授权期限等，防止出现无权代理的情况。在实务中，选择交易主体应当十分谨慎，使自己免于遭受不必要的损失。

（二）严格审查合同条款

在签订合同时，应力求合同内容完备，特别是用语要准确，防止出现模棱两可的状况而引发歧义导致纠纷出现。对合同中的重要条款都应该尽量有事先的明确的规定，防止事后的无法协商，对于标的物有特殊要求的，应当作出说明，对于合同质量不能用语言作准确描述的，可以根据情况采取封存样品的方法予以保护，在封存时，应对样品质量情况作周到细致的检查，防止隐蔽瑕疵的存在，对于需要验收的标的物，应规定提出质量异议的合理时间。

审查合同时，要注意合同是否存在无效事由，我国《民法典》第六章第三节规定了合同的无效事由，在实践中出现较多是合同由于违反法律、行政法规的强制性规定而导致无效的情形，故合同主体在签订合同时应当注意了解在所签订合同的相关方面是否有法律的强制性规定，防止合同无效情形的出现。

（三）克服心理弱点，防止合同陷阱

合同当事人应当避免贪小便宜、急功近利等心理弱点，以免他人利用此心理弱点设置合同陷阱，对于一些可疑的交易应当谨慎地调查研究，不可马虎大意，只求短期利益而忽略可能存在的风险，造成无法挽回的损失。如为防止他人利用索赔条款实施欺诈，当事人应当根据自己的履行能力订立合同，综合考虑自己的生

产加工能力和履行期限等因素，不可贪图便宜订立自己根本无法履行的合同。

（四）建立合同管理体系，用制度防御风险

企业应根据自己的情况，对合同从签订到履行完毕的全过程，制定一套比较完善而严密的、切实可行的合同管理制度，这些制度包括：合同签订程序和审批制度；查询对方资格与资信制度；合同专用章与合同文本管理使用制度；合同履行监督检查制度及报案制度。特别是对合同履行过程中的定期监督检查最为必要，严格执行此制度，可掌握合同履行的真实情况，对有问题不能履行的合同要及时采取补救措施；对于尚未履行或部分未履行的合同，要派人专门了解情况，检查督促、研究制订保证如期履行的计划；对于应进账而未进账的应收账款，要区别情况分别处理，必要时要运用包括法律程序在内的手段和措施，尽快加以解决，以防因拖欠而受骗；对于已被骗走的货款或商品，要及时向有关部门报案。[①]

（五）增强权利意识，利用法律武器保障权益

法律为主体提供了许多制度来保障主体的权利，合同当事人应该了解相关的法律制度，并根据自己的实际情况，利用法律的武器来保障自己的合法权益。在实践中值得注意的法律手段有以下几点。

1. 利用担保条款保障权益

在防止买卖合同的法律风险的方法中，担保制度是一种重要的方法，担保方式有保证、抵押、质押、定金等，在涉外买卖合同中更多地采用备用信用证、保函等方式。担保制度为当事人实现债权提供了更多的保障，故合同当事人可以利用担保制度来保障自己的权益。

2. 利用诉讼或仲裁方式解决纠纷

合同当事人应当增强权利意识，积极主张权利。双方当事人可以在合同中约定用诉讼或仲裁的方式解决争议，在发生诉讼后，应该及时主张自己的权利，利用法律的武器保护自己的权利，在诉讼中要注意诉讼时效的风险，防止因为过了诉讼时效而导致权利得不到保障。

3. 利用“揭开法人面纱”制度防范主体风险

实践中存在一些皮包公司或是母公司利用子公司签订合同的情况，可以考虑

---

① 参见蒋焱兰主编：《企业合同制作手册》，经济科学出版社2004年版，第240页。

适用公司法的“揭开法人面纱”制度,进而通过法人直接追究投资者的责任。我国《公司法》第20条规定了公司股东滥用公司法人独立地位和股东有限责任,逃避债务,严重损害公司债权人利益的,应当对公司债务承担连带责任,为当事人防范主体风险提供了法律依据。

4. 利用预告登记制度防范履行风险

我国《民法典》第221条规定:“当事人签订买卖房屋的协议或者签订其他不动产物权的协议,为保障将来实现物权,按照约定可以向登记机构申请预告登记。预告登记后,未经预告登记的权利人同意,处分该不动产的,不发生物权效力。预告登记后,债权消灭或者自能够进行不动产登记之日起九十日内未申请登记的,预告登记失效。”预告登记制度很好地避免了房屋或者其他不动产买卖过程中出现的“一房两卖”的现象。当事人在购买房屋或者不动产时,为保证将来能够拥有这套房子或者不动产的物权,双方可以按照约定,到房屋登记机关申请所购房屋的预告登记,这样在登记机关就留下了购买人的相关资料,开发商或者其他部门在未经购买人同意的情况下,将不能再把该房卖给第三人故而有效地防范履行风险。

三、如何看待效率违约及其风险防范

(一)什么是效率违约

效率违约理论(theory of efficient breach),源于霍姆斯法官的“契约选择”理论,波斯纳法官在此基础上创造出“有效率的违约”理论,他在著名的《法律的经济分析》一书中提出了被现代学者视作效率违约理论经典的论述:“大部分违约不是机会主义的,许多违约是非故意的,即以合理成本无法履约,还有一些是故意(我们将会看到)但从经济学角度看却是有效率的,它的情况与非故意违约相同……在许多情况下,一旦已经违约,再要求履行契约则是不经济的。”①同时举例说明了这一理论:“我签订了一项以每件10美分的价格向A交付10万个定制零件的契约,零件为其锅炉厂所用,在我交付1万件后,B向我解释他很着急地需要2.5万个定制零件并愿意每件向我支付15美分,不然他将被迫关闭其自动钢琴厂而付出很高的成本,我将零件卖给了他,结果没有按时向A交货,从而导致他损失1000美元利润,由于我已从与B的交易中得到了1250美元的额外收益,

---

① [美]理查德·A.波斯纳:《法律的经济分析》(上),蒋兆康译,中国大百科全书出版社2003年版,第150页。

所以,即使在赔偿 A 的损失后,我的经济情况仍然得到了改善,而 B 也没有因此而受损,假定 A 的损失得到完全补偿而又没有其他人受违约侵害,那么这种违约就是帕累托优势状态。"①

后有学者将上述理论正式命名为"效率违约"并得以进一步发展,该理论以科斯定理和帕雷托优势理论为基础,以社会财富最大化为价值取向,该理论的基本适用条件包括:赔偿损失具有与实际履行相当的救济效果,赔偿损失主要是对期待利益的赔偿并具有可预见性,合同的一方当事人只有因违约带来的收益将超出己方以及他方履约的预期收益,并且针对预期收益的损害赔偿有限,使之在承担违约责任后仍有盈余,违约才是一个理性的选择。效率违约理论自提出就遭到激烈的批判,该理论介绍到我国已有 20 年,赞成者和反对者皆有,后者占据影响力优势。

(二)我国学者对"效率违约理论"的评述

在国内学者中,叶林教授是最早注意到效率违约的,他早在 1987 年论述合同责任形式时就首次提及了效率违约。② 其后,几部法经济学的译著对效率违约也有所论及,但学术界在很长时间内都未对此给予必要的注意。在《合同法》(已失效)制定过程中和颁布后,逐渐有更多学者注意到了效率违约,如王利明、梁慧星、张乃根、李永军等学者,其中占主流的观点都是反对效率违约在中国《合同法》中的适用,③而也有个别学者对效率违约持赞成态度,甚至有学者认为《合同法》第 110 条已经规定了效率违约。④

对效率违约理论持批评态度的学者认为效率违约理论和我国合同法的理论体系格格不入,阐述了该理论在我国适用的种种困难,主要包括:

1. 违背诚实信用原则

许多学者认为,效率违约与作为合同法基本原则的诚实信用原则是相悖的,

---

① [美]理查德 · A. 波斯纳:《法律的经济分析》(上),蒋兆康译,中国大百科全书出版社 2003 年版,第 152 页。

② 参见叶林:《违约责任及其比较研究》,中国人民大学出版社 1997 年版,第 36 页。

③ 参见王利明:《合同法的目标与鼓励交易》,载《法学研究》1996 年第 3 期;王利明:《违约责任论》,中国政法大学出版社 2000 年版,第 410 页;梁慧星主编:《中国民法典草案建议稿》,法律出版社 2003 年版,第 220 ~ 226 页;张乃根:《经济学分析法学评介及其比较》,上海三联书店 1995 年版,第 141 页;李永军:《合同法原理》,中国人民公安大学出版社 1999 年版,第 710 页。

④ 参见刘浩宇:《效率违约的价值评析——对我国合同法第 110 条的再思考》,载《河北法学》2000 年第 2 期。

效率违约只能起到鼓励违约的作用，其结果势必会对诚实信用原则的权威性构成极大的威胁，动摇《合同法》的根基。① 这可以说是学者认为效率违约理论在我国适用所面临的最大困境。

2. 效率违约的条件难以实现

王利明认为，"效率违约"理论的存在有两个前提条件：一是履行利益能够精确地确定；二是合同规定的标的物能够替代，然而这两个前提条件在许多情况下是不存在的，原因在于：(1)对履行利益的精确确定常常是困难的，因为市场价格所确定的价值与当事人主观上所确定的价值不一定相符。(2)合同规定的标的物不具有可替代性。在许多情况下，合同规定的标的物属于特定物（如房屋、土地、祖传物、古董等）。(3)违约并不一定是实现资源有效率分配的方式，在实际履行的情况下完全可以达到经济上价值最大化。②

3. 忽略了契约法的多元价值，尤其是道德价值

孙良国认为，契约法有多元价值，包括道德价值、团结和合作价值、鼓励专用性投资的价值以及实现动态效率的价值。从价值形态上看，法律的经济分析将契约仅仅作为实现当事人经济利益的工具，与契约法以及实际的商业实践都相悖。③

4. 与我国合同法违约救济原则相悖

效率违约理论之所以能在英美法国家得以适用，主要是因为英美法系普通法违约救济的主要方式是赔偿损失。在英美法系中，实际履行仅仅是衡平法上的补救措施，只有在损害赔偿不能对受害人提供充分救济时才能加以运用。在大陆法系中，实际履行是承担违约责任的主要形式。法国法将实际履行作为一项最基本的优先于赔偿损失的救济措施，德国法则将实际履行当作对违约的首要补救方式。由于我国的法律体系受大陆法系的影响较大，强调"合同必须遵守"，把实际履行作为违约责任的主要形式，而将损害赔偿排在其后。例如，我国《民法典》第577条规定："当事人一方不履行合同义务或者履行合同义务不符合约定的，应当承担继续履行、采取补救措施或者赔偿损失等违约责任。"

而赞成效率违约理论的学者则持下述观点。

1. 效率违约制度充分反映了立法价值的效率倾向

公正与效率是法律在价值取向上所面临的基本矛盾。随着社会主义市场经

① 王利明：《论违约责任》，载《民商法研究》（第4辑），法律出版社2001年版，第599页。

② 参见王利明：《合同法研究》（第2卷），中国人民大学出版社2003年版，第584页。

③ 参见孙良国：《效率违约理论研究》，载《法制与社会发展》2006年第5期。

济的发展，交易的内容、数量、地域范围等都在不断扩大，合同标的的可替代性增强，订约目的多是追求标的物的价值，如果违约对一方当事人有利，那么该当事人可以花钱去购买另一方当事人享有的要求实现履行的权利。所以，从经济的原则出发，当实际履行不可避免地造成社会资源的浪费时，法律不必强制实际履行。效率违约制度在立法价值取向上更倾向于效率，也考虑到了条件和环境的变化对履约的影响，更具有灵活性。

2. 效率违约制度实现了经济学与法学的有效结合

效率违约理论把效益原则和经济分析方法从经济学领域引入合同法领域，实现了经济法学与法学的有效结合，既反映了法律的效率价值，又弥补了单纯法律分析方法的不足。在违约行为中有一部分当事人是在权衡了履约成本和违约成本后所做的选择。按照合同实际履行的原则，如果在特殊情况下，也要求当事人尊重合同效力，一方面可能会破坏合同的公平正义价值，另一方面又会造成社会资源的浪费，使法律的适用显得过于僵化。按照经济分析法学派观点，如果赔偿损失方法足以使社会资源达到有效的分配，则不必采取强制实际履行的补救方式。这样既维护了合同的效力，又避免了社会资源的浪费。①

3. 效率违约理论与我国合同法的实际履行原则并不相悖

我国借鉴了大陆法系国家的传统，将实际履行作为承担违约责任的首要方式，因而很多学者认为效率违约理论与实际履行原则是相悖的。但是，效率违约理论并不否定实际履行，即使在英美法系国家，强制实际履行也是衡平法上的重要救济方式，效率违约理论只是主张在一定条件下以赔偿损失替代实际履行。综观世界各国，实际履行原则也有逐渐弱化的趋势，以最为严格遵守实际履行优先的德国为例，于2002年1月1日生效的《德国债法现代化法典》重点修改了现行《德国民法典》中的债法和时效法的内容，其中第275条（履行义务的排除）第2款规定："考虑到债之关系的内容与诚实信用原则，当并只要履行与债权人的履行利益处在重大不成比例关系的，债务人可以拒绝履行。"并且，其官方解释进一步阐明，当为此种履行需支出不成比例的巨大费用时，债务人可以拒绝实际履行，此处所指的费用不仅仅表示金钱，而且还表示债务人的活动及其他人身的耗费。这表明，德国立法也支持在造成资源浪费的情况下不实际履行，而且认为这反而符

① 参见唐文娟：《论效率违约制度对我国合同法的借鉴》，载《西南民族大学学报（人文社科版）》2008年第10期。

合诚实信用原则。①

另外，有学者持折中态度，对效率违约不绝对地批判或是接受，而持选择性吸收的态度，认为我国可以借鉴效率违约理论中节约社会资源和交易成本的理念，用以完善我国合同法的违约责任体系，并提出了合同法初步适用效率违约理论的建议。

1. 将效率违约作为实际履行的一种抗辩。在现有的违约责任体系下，实际履行的地位并不受影响，但效率违约作为一种例外，作为违约方可以提出的抗辩，对抗守约方实际履行的要求。可以借鉴德国立法的规定，将“履行费用过高”这一原则具体化，明确判断履行费用过高的标准，即违约方履行合同的成本远远超过守约方订立合同的期待利益，而这里的履行成本既包括金钱成本也包括违约方的活动以及人身耗费等。

2. 适用的条件必须是守约方的期待利益可以合理计算。这要求合同的履行应当是可以替代的，如果是不动产以及其他特定物，则不适用这一规则，因为在守约方的期待利益无法确定的情况下，赔偿损失并不能使守约方获得与实际履行相当的利益。

3. 在违约方恶意的机会主义违约或为了不履行合同而故意导致履行成本增加的情况下也排除这一规则的适用。效率违约理论虽然赞同故意地有效率的违约（在有更好的交易条件的情况下），但是，并不赞同恶意的机会主义的违约（从合同订立就没有打算履行合同），我国的合同法也不能鼓励这样的违约存在，对于这种违约应当给予强制实际履行甚至惩罚性赔偿的判决。②

（三）效率违约与合同风险防范

上文主要从理论角度评述了效率违约制度，纵然在理论上对于效率违约多持批评态度，主流观点也认为我国立法上未对效率违约进行确认，但是笔者认为，效率违约的现象在现实生活中普遍存在，这一点是毋庸置疑的。由于签订合同的主体大多是追求经济利益的经营者，故实现利润是其终极目的。实践中，许多房地产商一房多卖，其在对比买主的违约损害赔偿金与转卖房屋的收益后，会选择违

---

① 参见王艳丽、戴枫：《效率违约理论述评——拿来、批判或是选择性吸收?》，载《学海》2008 年第 3 期。

② 参见王艳丽、戴枫：《效率违约理论述评——拿来、批判或是选择性吸收?》，载《学海》2008 年第 3 期。

约，买主往往只能要求房地产商承担违约责任，而无法主张房屋的所有权。故从实务操作上，我们必须注意到效率违约存在的可能性，并注意预防效率违约的风险性，防止由于对方效率违约给自己造成的不必要损失。具体而言，笔者认为，有以下途径预防效率违约的合同风险。

1. 加大对方违约成本

效率违约中，违约方基于利益最大化原理，在对比违约成本与履约成本的情况下，选择了违约，故要预防对方效率违约给自己造成不必要的损失，可以通过加大对方违约成本的方法实现。具体而言，可以在合同中约定较高的违约金或是损害赔偿金的计算方法。这样即使对方违约，非违约方也能将自己的损失降到最小。

2. 把握主动权，进行理性选择

在我国现行的法律制度下，并未承认效率违约制度，我国《民法典》第 577 条规定："当事人一方不履行合同义务或者履行合同义务不符合约定的，应当承担继续履行、采取补救措施或者赔偿损失等违约责任。"故在我国实际履行仍是承担违约责任的首要途径，当然，非违约方也可以选择要求对方承担违约责任，故主动权掌握在非违约方手上，非违约方可以通过理性衡量和判断，作出对自己最有利的选择。

3. 借助相关法律制度，保护自己的权益

在实践中，非违约方可以借助相关法律制度保护自己的利益，如在房地产买卖中，买方可以利用预告登记制度来保护自己的权益。《民法典》第 221 条规定："当事人签订买卖房屋或者其他不动产物权的协议，为保障将来实现物权，按照约定可以向登记机构申请预告登记。预告登记后，未经预告登记的权利人同意，处分该不动产的，不发生物权效力。预告登记后，债权消灭或者自能够进行不动产登记之日起九十日内未申请登记的，预告登记失效。"故买主通过预告登记可以防止第三人通过善意取得制度获得房屋的所有权，从而保护自己的权益。

第三章

借款合同实践中的法律风险及其防范

第一节　借款合同概述

一、借款合同的界定

借款合同有广义与狭义之分。广义的借款合同,是指借贷双方中的贷方,将一定数量的货币或实物出借给借用方,由借用方在合同约定的期限内使用,并于规定的期限内以同等数量的货币或同等品质、同等数量的物品归还给贷方,并按约定给付利息或不给付利息的协议。因此,广义的借款合同既包括实物借贷合同,又包括货币借贷合同。狭义的借款合同仅指货币借贷合同。货币借贷合同包括以银行或其他金融机构为贷款人的借款合同和民间借贷合同两种。《民法典》所称的借款合同,仅指狭义上的借款合同。所谓借款合同,又称借贷合同或贷款合同,依据《民法典》第667条之规定,是指借款人向贷款人借款,到期返还借款并支付利息的合同。在借款合同法律关系中,出借资金的一方称为贷款人,借入资金的一方称为借款人。借款人,是指按照国家规定,以履行支付利息义务为前提,从贷款人处取得一定数量的货币,并按照借款期限清偿贷款本息的一方当事人,主要包括实行独立核算的全民、集体所有制企业事业单位等经济组织、个人合伙、农村承包经营户、个体工商户、城乡居民个人以及私营企业、三资企业等。贷款人,是指根据《商业银行法》《民法典》《贷款通则》的有关规定,将一定数量的货币资金贷给借款人,按期回收贷款本金并收取利息的银行或其他金融机构。其主要包括中资商业银行及其分支机构、城市商业银行、农村信用合作社、信托投资公司、财务公司、金融租赁公司、融资公司以及外资银行。①

① 参见张明皓、郭晓红、张冰:《借款合同法律研究》,黑龙江人民出版社2006年版,第2页。

在借款合同的界定中，需要注意的是含有保底条款的联营合同与“名为联营、实为借贷”的区别。联营合同是联营各方共同出资、共同经营、共同管理、共负盈亏、共担风险。保底条款通常规定联营一方向联营体投资，参与共同经营，分享联营的盈利，但不承担联营的任何亏损责任，在联营体亏损时，仍要收回其出资和收取固定利润。而“名为联营、实为借贷”是指企业法人、事业法人作为联营一方向联营体投资，但不参加共同经营，也不承担联营的风险责任，不论盈亏均按期收回本息，或者按期收取固定利润的，是“名为联营、实为借贷”，因其违反了有关金融法规，应当确认合同无效。除本金可以返还外，对出资方已经取得或者约定取得的利息应予收缴，对另一方则应处以相当于银行利息的罚款。区分有保底条款的联营合同与“名为联营、实为借贷”的区别最关键在于是否参与经营。含有保底条款的合同实质上仍然是联营合同，出资方仍参与经营，只是不承担损失，故其部分无效，但是无损整个合同的性质。但是，“名为联营、实为借贷”的合同中的出资方却根本不参与经营，其只是以合法形式掩盖非法目的，违反我国企业间不能借贷的强制性规定，故其整个合同得到法律的否定性评价。

另外，在实践中，需要注意的是收条、借条、欠条及其与借款合同的关系。

收条，是指收到别人或单位送的钱物时写给对方的一种凭据。正式的收条又称为收据，有关行政、事业、企业等单位部门正式开具的收条叫作收据。收条可以用来证实履行了交付钱或物的合同义务。收条一般附有基础合同，基础合同可以是借款合同、买卖合同、承揽合同、运输合同等形式的合同。

借条，是指借贷双方根据口头借贷协议在履行权利义务关系时，由债务人向债权人出具的债权凭证，借条又称为借据。借条使用最多的是在借贷现金时，出借人在交付借款时往往要求借款人开具借条，交由出借人收执，以证实借款的事实。在借用物品时，有时出借人也要求对方打张借条。一个“借”字，不但反映出借贷双方的借款合同关系，而且也反映出贷方已履行了借款合同中的出借义务。借条和借款合同是两个不同的概念，借款合同关系是出具借条行为的基础关系，两者有着本质的区别。借款合同是典型的双方民事法律行为，需双方当事人意思表示一致才能成立，如果借条就是借款合同，则他是书面合同，书面合同需当事人双方签字才能成立，而借条只要借款人单方签字就可成立，无须出借人签名。因此，借条不是简单的借款合同，只是证明口头借款合同的存在，并且出借人已经履行了出借义务。在民间借贷中，尤其是亲朋好友之间的借款，借款协议往往是口头的，并且大多是不计利息的，因此其借款合同是单务合同，借款合同又是实践性合同，也就是说，只有出借人交付了款项后合同才能生效。正因为借款合同具有这样的法律特征，当事人之间往往有口头协议之后，由借款人直接出具一张借条作为凭据，而很少订立一个书面借款合同，又因为借条是基于借款协议而产生的，当然具有反映或者说证明借款协议存在的作用。在审理借款纠纷时，如果法官对借条的法律性质作出了错误认定的话，那就有可能对出借人的权利保护相当不利。如果借条是借款合同，那么合同是否履行需要由履行人负举证责任，也就是说，出借人对自己交付借款的义务要负举证责任。而实践中出借人交付借款后一般只要求借款人出具借条，而很少再要求对方出具一个收条。笔者认为，出具借条这一法律行为的实质是为设立借款人按约定利息和期限返还本息，而出借人则享有相应的权利。应注意这里约定的利息和期限是基于借款协议的约定，反映了协议的内容，而不能以此为依据认定该借条就是合同。只要出借人出示的借条是真实有效的，他就完成了举证责任，证明他已经履行了借款合同中出借款项的义务。

欠条又称为欠据，通常是由于债务人应当向债权人履行债务时，因自身原因不能按时偿还而向债权人出具的债权凭证。欠条往往是对双方经济往来的一种结算凭证，表明自书写欠条之日起双方之间形成的一种债权债务关系。书写欠条除了要有写借条时要注意的事项外，还要注意写清楚欠条产生的事由，即因什么原因欠钱。就欠款纠纷而言，原告出具的欠条不但要证明欠款的事实，而且还要证明欠款的合法性，写清楚事由，也就说明了欠款的合法性。通常情况下，欠条也往往附有一份基础合同，基础合同证实债权人和债务人之间合同的关系，也佐证了债权的合法性。从另外一个角度去理解，欠条实际上证实了债权人已履行基础合同的义务，债务人却没有及时履行基础合同的付款义务。[①]

在周某某与雄风公司、刘某某民间借贷纠纷案[②]中，最高人民法院认为，涉案借款的利息，是否依据利息凭条中双方当事人约定的月息2%计算，应当依诚信原则按照利息凭条的文义、目的和交易习惯确定。2007年11月7日的债务确认书对本金确认为1114万元，对利息的表述为“未算在内”。利息凭条出具的时间为2007年10月24日，此外双方再未提及过利率。利息凭条中虽未出现周某某的名字，但该凭条为周某某持有，也未有其他周姓自然人主张过该权利，因此“周

---

① 参见周金坤：《收条、借条、欠条的含义及其法律性质》，载《法制与经济（下半月）》2008年第4期。

② 参见最高人民法院民事判决书，(2017)最高法民再388号。

总”应当认定为周某某。结合双方之间的经济往来，时任雄风公司法定代表人的刘某某确认债务并不缺乏证据证明。利息凭条与债权确认书是对周某某与雄风公司之间关于借款本金和利息的约定，上述证据足以认定利息凭条中的借款时间和数额。

二、借款合同的特点

（一）借款合同是双务合同

在借款合同中，借款人享有使用贷款的权利，同时又负有清偿贷款本金和支付利息的义务；贷款人享有收回贷款本金和获取利息的权利，同时又负有按期发放贷款的义务。由此可知，借款合同是双务合同。

（二）借款合同一般是有偿合同

借款合同依借款人是否支付利息，可以分为有偿借款合同和无偿借款合同。在我国，借款合同一般为有偿合同。但自然人之间的借款合同原则上是无偿合同，自然人之间的借款合同为有偿合同时，借款的利率不得违反国家有关限制借款利率的规定。

（三）借款合同一般是要式合同

借款合同以书面形式为原则。对于非自然人之间的借款合同应当采用书面形式；对于自然人之间的借款合同，除非当事人另有规定，也应当采用书面形式。

（四）借款合同的标的只能是货币

借款合同的标的只能是货币，这是借款合同区别于一般借贷合同的根本特征。这里的货币既可以是人民币，也可以是外币。

（五）借款合同是转移标的物金钱所有权的合同

由于货币的特殊性，借款合同的借款人获得的不仅是金钱的占有，同时也是金钱的所有权，借款人可以处分钱款。金融机构与自然人、法人和非法人组织的借款合同是诺成合同，当事人意思表示一致达成书面协议，合同就成立；自然人之间的借款合同是实践合同，自贷款人提供借款时合同成立。

三、借款合同的一般理论

（一）借款合同的分类

按照不同的标准，借款合同有不同的分类，比如按照借款人是否支付利息为标准，可以把借款合同分为有偿借款合同与无偿借款合同。根据贷款人身份的不同，借款合同分为民间借款合同和金融机构借款合同。民间借款合同与金融机构借款合同的区别主要有以下几点。

1. 出借人范围不同

金融机构借款合同的出借人是特定的，即经依法批准设立的、从事贷款业务的金融机构，包括银行以及证券公司、信托公司、财务公司、基金公司、信用社等非银行金融机构；民间借款合同的出借人是除金融机构以外的其他法人、组织和自然人。这也是民间借款合同与金融机构借款合同的主要区别。

2. 合同形式不同

我国《民法典》第 668 条规定："借款合同应当采用书面形式，但是自然人之间借款另有约定的除外。借款合同的内容包括借款种类、币种、用途、数额、利率、期限和还款方式等条款。"除自然人之间的民间借款合同外的其他借款合同必须为书面形式，这也是为了保护交易安全。可见，订立金融机构借款合同有严格的程序限制，合同必须采用书面形式，且多为标准的格式合同；而自然人之间的民间借款合同的形式则较为随意，既可以为书面形式，又可以为口头形式。

3. 利率标准不同

银行及其他金融机构的信贷业务是典型的商业行为，其必定收取一定的利息以获得利益为目的。因而，银行借款一般均为有偿借款，即使合同中未作明确规定，借款人也应当按照有关的银行借款利率支付利息，但也不排除法律、法规规定的特殊的银行借款合同为无偿的；而民间借款有无利息完全取决于当事人的约定。金融机构借款大多为有息借款，并且借款的利率不得超过中国人民银行的借款利率上下限。民间借款合同的利率由双方当事人约定，但必须严格执 2020 年 8 月 18 日通过的《最高人民法院关于修改〈关于审理民间借贷案件适用法律若干问题的规定〉的决定》第 21 条的规定，即"借贷双方对前期借款本息结算后将利息计入后期借款本金并重新出具债权凭证，如果前期利率没有超过合同成立时一年期贷款市场报价利率四倍，重新出具的债权凭证载明的金额可认定为后期借款本金。超过部分的利息，不应认定为后期借款本金。按前款计算，借款人在借款期间届满后应当支付的本息之和,超过以最初借款本金与以最初借款本金为基数、以合同成立时一年期贷款市场报价利率四倍计算的整个借款期间的利息之和的,人民法院不予支持。”

相关案例分析

【案情简介】

在朝阳煤炭公司与文某某、刘某某、第三人工商银行邻水县支行合同纠纷案①中,法院查明:2015 年 5 月 26 日,朝阳煤炭公司与文某某、刘某某签订合作贷款协议,协议约定:双方进行融资合作,朝阳煤炭公司联系并提供平台向银行申请贷款,贷款过程中产生的评估费、抵押费用由文某某、刘某某承担,文某某、刘某某使用金额为 1300 万元,双方一致确定文某某、刘某某融资综合成本为年利率 13%,贷款银行融资综合成本年利率与本条所确定的融资综合成本年利率的差额,为朝阳煤炭公司可获得的利益。

【法院判决】

法院判决对朝阳煤炭公司主张从贷款之日起按照年利率 13% 支付利息的请求,不予支持。

【法律分析】

本案中,合作贷款协议约定,由朝阳煤炭公司利用自己的信贷条件向作为金融机构的第三人贷款,并将所取得的贷款中的 1300 万元转贷给文某某、刘某某使用,同时约定由文某某、刘某某按年利率 13% 支付融资综合成本,高于该笔银行贷款利率,朝阳煤炭公司将从金融机构取得的资金转贷给他人,以此谋取利率差,实际上属于从事银行业务活动,损害了国家对信贷资金的发放及利率管理秩序,违反了《银行业监督管理法》关于未经批准,任何单位或者个人不得从事银行业金融机构的业务活动的禁止性规定,故合作贷款协议应认定为无效。关于损失的赔偿,按照朝阳煤炭公司与第三人工商银行邻水县支行约定的贷款利率赔偿,计算方式为:以借款本金为基数,从贷款之日起按照中国人民银行同期贷款基准利率上浮 40% 计算至借款本金还清之日止。因此对朝阳煤炭公司主张从贷款之日起按照年利率 13% 支付利息的请求,法院不予支持。

---

① 参见四川省邻水县人民法院民事判决书,(2017)川 1623 民初 561 号。

【风险提示】

在民间借贷关系中，利息是借贷双方最容易发生矛盾的地方。因此，借贷双方在借款合同中首先应当对利息进行明确的约定，若对利息没有约定或约定不明确的，将视为不支付利息。其次，双方对利息的约定也要符合法律规定，如果约定过高的利率或者约定"利滚利"，则超过以最初借款本金与以最初借款本金为基数、以合同成立时1年期贷款市场报价利率4倍计算的整个借款期间的利息之和的部分的利息法律将不予保护。

4. 监督权力不同

目前，我国仍然实行严格的金融监管制度，商业银行的借款业务还受到国家行政监管，我国规定借款人按照约定可以检查、监督借款的使用情况，借款人应当按照约定向借款人提供有关财务会计报表等资料，这样规定的目的就是为了使出借人能根据借款人的真实情况决定是否签订合同以及如何确定借款合同的内容，而民间借款合同一般不会存在监督、检查的问题。①

（二）借款合同的内容

实践中，借款合同主要包括以下条款。

1. 借款种类

区分借款种类的意义在于贷款方发放不同种类的贷款时，在掌握政策界限和发放贷款的原则上，要根据国家政策，实行区别对待、择优扶持的原则。

2. 借款用途

借款用途也称借款目的，是指借款人使用所借款项的特定范围和内容。由于借款用途实际上规定了借款的使用方向，因此，借款人必须按照借款用途合理使用所借款项。如果借款人违反约定的借款用途，贷款人可以采取停止发放、提前回收甚至解除合同的方法来保护自己的权益，以避免因违法而导致合同无效所带来的损失。在英国法律中对借款用途的要求非常严格，如不得用所借款项进行非法交易、严禁收购等。

3. 借款金额

借款金额也称借款本金，即借款的数量。它是根据借款方的需要，经贷款人

---

① 参见闻永刚：《民间借款合同的法律调整》，延边大学2007年硕士学位论文。

核准的数量指标。借款合同中，如果没有借款金额，就失去了提供借款、确定权利义务大小、计算利息的主要依据。可以说没有金额条款，借款合同便不能成立。借款本金的货币币种可以是人民币，也可以是外汇。依据借款合同中规定的借款本金的数额，借款可以按照合同规定的时间一次提用，也可以分期分批提用。

4. 借款利率

利率是利息量的表现形式，是指一定时期内利息的数额同本金的比率。利率分为年利率（以百分之几表示）、月利率（以千分之几表示）、日利率（以万分之几表示）。借款利率，是指贷款方在一定的期限内应收到的利息额与贷款金额的比率。一般分为法定利率和约定利率。法定利率，是指国务院批准和授权中国人民银行制定的各项利率。约定利率则是由借款人、贷款人自行约定的利率。无论哪种借款利率，均不得违反国家有关限制利率的规定。

5. 借款期限

借款期限，是指借贷双方依照有关规定在合同中协商约定的借款使用期限，也是借款方归还贷款并支付利息的期限。借款期限由双方在合同中约定，在此期间内，贷款人不得无故取消贷款。借款期限对贷款人来说具有重要意义，因为双方是按期限来计算利息的。如果双方按期限约定了一个固定的利率，但借款人提前偿还贷款，则借款人仍需按照约定利率来向贷款人交付利息；如果双方事先并未约定利率，则借款人只需按照实际借款期限计算并支付利息。

6. 提供贷款的时间和方式

提供贷款的时间和方式就是指贷款方在什么时间、以什么方式向借款方提供贷款。主要是指贷款方是一次性提供全部贷款，还是分期分次地提供贷款。

7. 还款的资金来源和还款方式

还款的资金来源和还款方式也是借款合同的主要条款。这一条款的规定有利于合同的履行和保证贷款方收回贷款、实现债权。还款的资金来源，是指借款方在借款期限内可用于归还贷款的资金是从什么渠道得到的。还款方式，是指借款人采用哪种结算方式按期将借款还给贷款方，例如，是一次性履行还是分数次履行等。在签订借款合同时，一定要注意对还款方式的规定。

8. 担保方式

在借款合同中，尤其是在银行等金融机构的借款合同中，一般都会要求借款方签订担保条款。借款合同中的担保条款是借款双方按照有关规定协商一致形成的，是确保贷款人能够实现其权利的一种约定。

9. 违约责任

双方可以在借款合同中约定对方不履行合同时应该承担的违约责任等。

10. 其他条款

双方可以基于意思自治，在合同中约定其他内容，只要不违反法律的强制性规定，当为有效。

（三）借款合同的效力

1. 企业间借贷的效力

企业间借贷合同，是指金融机构之外的企业法人相互之间或者企业法人与非法人其他组织之间以及非法人其他组织相互之间所订立的，由一方向另一方给付一定数量的货币，并要求接受给付的一方在约定的期间内归还相同数量的货币，同时支付一定数量的利息（资金占用费）或利润的合同。上述金融机构是指银行、信用社、信托投资公司、金融租赁公司、证券公司、保险公司、基金公司、财务公司等。《贷款通则》第 61 条规定："……企业之间不得违反国家规定办理借贷或变相借贷融资业务。"非金融企业之间的借贷形式总体上分为两类：一是以借款合同的形式直接体现的借贷合同；二是非借款合同方式所形成的变相借贷合同。后者如"名为联营、实为借贷"的企业间借贷合同。

关于企业间借贷合同的效力，目前主流的观点认为是无效的。中国人民银行 1996 年 6 月 28 日发布并于 1996 年 8 月 1 日实施的《贷款通则》第 2 条规定："本通则所称贷款人，系指在中国境内依法设立的经营贷款业务的中资金融机构"对于"依法设立"，《贷款通则》第 21 条明确规定："贷款人必须经中国人民银行批准经营贷款业务，持有中国人民银行颁发的《金融机构法人许可证》或《金融机构营业许可证》，并经工商行政管理部门核准登记。"其第 61 条也规定："各级行政部门和企事业单位、供销合作社等合作经济组织、农村合作基金会和其他基金会，不得经营存贷款等金融业务。企业之间不得违反国家规定办理借贷或者变相借贷融资业务。"据此贷款人应当是金融机构，是指在中国境内设立的中资商业银行、信托投资公司、企业集团财务公司、金融租赁公司、城乡信用合作社及其他经营贷款业务的金融机构。基于以上规定，最高人民法院在《关于对企业借贷合同借款方逾期不归还借款的应如何处理问题的批复》（法复〔1996〕15 号）中作出规定：企业借贷合同违反了有关金融法规，属无效合同。正因如此，在司法实践中，法院基本上全部将企业间的借贷或变相借贷合同确认为无效合同。

但也有学者对企业间借贷合同的效力认定及法律适用提出了相反的观点，认为应确认企业间的借贷合同有效。

从法院原有判决无效的理由来看，一般都认为是违反《民法典》第 153 条第 1 款的规定，“违反法律、行政法规的强制性规定的民事法律行为无效。但是，该强制性规定不导致该民事法律行为无效的除外”。并且《民法典合同编通则解释》第十八条也有相关解释：“法律、行政法规的规定虽然有‘应当’‘必须’或者‘不得’等表述，但是该规定旨在限制或者赋予民事权利，行为人违反该规定将构成无权处分、无权代理、越权代表等，或者导致合同相对人、第三人因此获得撤销权、解除权等民事权利的，人民法院应当依据法律、行政法规规定的关于违反该规定的民事法律后果认定合同效力。”实际上对该类合同的处理援引《民法典》第 153 条第 1 款的规定是十分牵强的，这是因为以下几点。

（1）从法理层次上讲，借贷行为是一种合同行为，借贷关系为合同关系。企业间借贷终归属于私法范畴，规避金融监管的“绕行”不能使其变为无效。

（2）从法律层次上讲，根据《民法典》的相关规定，借款合同，是指借款人向贷款人借款，到期返还借款并支付利息的合同。《民法典》并没有明确禁止企业作为贷款人。根据《银行业监督管理法》第 19 条的规定，未经国务院银行业监督管理机构批准，任何单位或者个人不得设立银行业金融机构或者从事银行业金融机构的业务活动。但企业之间的借贷并不属于银行法律中所指的“贷款”业务，借款对象根本不具备银行贷款业务中借款对象的广泛性和不特定性。

（3）从行政法规层次上讲，国务院颁布的《非法金融机构和非法金融业务活动取缔办法》第 4 条规定，“非法发放贷款”是指未经中国人民银行批准非法实施的一种金融业务活动。贷款，是指经主管机关批准的金融机构，以社会公众为服务对象，以还本付息为条件，出借货币资金使用权的经营行为。显然，此“贷款”与彼“贷款”也是有区别的，不应混淆金融业务与一般的借贷行为的区别。民法典中合同无效情形不包括违反部门规章和司法解释的情形。

2. 借款合同主体的权利义务关系

（1）贷款人的义务

①提供贷款的义务。自然人之间的借款合同，自贷款人提供借款时生效。借款合同生效后，贷款人应当按照借款合同约定的时间和方式提供贷款，借款的利息不得预先在本金中扣除，利息预先在本金中扣除的，借款人得按照实际借款数额返还借款并计算利息。根据《民法典》第 671 条之规定，贷款人未按照约定的日

期、数额提供借款，造成借款人损失的，应当赔偿。

相关案例分析 1

【案情简介】

2007 年 8 月，云风公司与华丰支行签订一份《借款合同》，借贷双方约定：华丰支行应当于 2007 年 8 月 23 日前，向云风公司发放贷款 1000 万元人民币，贷款利率为月息 7‰，借款期限为 2 年，借款用途为云风公司商品房开发项目的在建工程提供所需建设资金，借款的支付方式为根据在建工程的进度按比例付款。合同签订后，因内部机构调整，华丰支行未按照约定向云风公司贷款，导致云风公司的在建工程因缺乏建设资金而被迫停工半年，严重延误工期。而借款合同中所涉及的商品房项目，在借款合同签订后，已经预售了 30%，且已售房屋的《商品房买卖合同》中约定的交房日期，是按照原设计施工工期确定的。云风公司无法按照《商品房买卖合同》中约定的交房日期向购房者交付房屋，已承担了相应地违约责任。

云风公司遂起诉要求华丰支行赔偿其在建工程停工经济损失 200 万元。华丰支行辩称，云风公司的在建工程停工经济损失诉讼请求不合理，华丰支行不应当承担违约责任。

【法院判决】

法院判决被告华丰支行向原告云风公司赔偿 200 万元停工经济损失。

【法律分析】

《民法典》第 671 条规定："贷款人未按照约定的日期、数额提供借款，造成借款人损失的，应当赔偿损失……"

本案中，借贷双方明确约定了借款交付时间，作为贷款人的华丰支行理应按照合同约定的借款交付时间向借款人交付借款。由于华丰支行未能按照约定付款，致使云风公司的在建工程因缺乏资金被迫停工，云风公司势必会因停工造成的工期延误而向购房者承担逾期交房的违约责任，从而遭受严重的经济损失。华丰支行的违约行为与云风公司的经济损失之间存在直接因果关系。

根据《民法典》第 671 条及其第 577 条的规定，当事人一方不履行合同义务或者履行合同义务不符合约定，给对方造成损失的，损失赔偿额应当相当于因违约所造成的损失，包括合同履行后可以获得的利益，但不得超过违反合同一方订立合同时预见到或者应当预见到的因违反合同可能造成的损失。由于本案双方当事人在借款合同中明确约定了借款用途，作为贷款方的华丰支行应该预见到其违约行为可能导致借款人的工程停工并造成经济损失。

因此，华丰支行应当依法赔偿因其违约给云风公司所造成的经济损失。

【风险提示】

在《借款合同》中，对于提供贷款日期的约定，是借贷双方容易忽视的一个问题，也是在实际履行合同过程中，容易产生矛盾与纠纷的地方。因此，借贷双方在《借款合同》中应当对于贷款的提供日期进行明确的约定。一般而言，对于提供贷款日期的约定，分为两种：一次性提供全部金额或分期提供部分金额。详细而明确地约定提供贷款日期，既便于贷款方在履行支付贷款的义务时有约可循，也有利于保护借款方的利益。

②保管担保物的义务。在借款人或第三人为保证债务的履行提供担保物时，贷款人负有妥善保管担保物的义务。若因不可归责于贷款人的原因导致担保物的灭失的，贷款人不承担责任，若因其过失导致担保物的毁损、灭失的，贷款人应负赔偿责任。

相关案例分析2

【案情简介】

在庄某某与何某某民间借贷纠纷案中，2011年9月5日，唐某某（第三人）向庄某某出具借条一张，该借条载明："兹何某某借庄某某现金￥50,000.00元整，此款于2011年9月6日归还。借款人：唐某某代何某某，2011.9.5。"庄某某收到借条后，未直接向何某某、唐某某支付5万元借款。2011年9月5日，庄某某向案外人周某某转账支付了5万元。庄某某主张是按照何某某的要求支付给周某某5万元的，请求何某某、唐某某归还其借款本金5万元。何某某对借条的真实性不予认可，称其没有委托唐某某向庄某某借款，且何某某没有在借条上签字，借款5万元没有实际支付，请求驳回庄某某的诉讼请求。周某某称，他和庄某某、何某某都是朋友，何某某欠他5万元，在催收过程中，何某某称让庄某某给他打了5万元，作为还款，但同时表示无法提交证明他与何某某之间存在债权债务关系的证据，也不能提交收到转款后与何某某办理债务抵销的证据。对此，何某某、唐某某表示不清楚周某某收款一事，何某某与周某某之间不存在债权债务关系，庄某某没有实际支付5万元借款，庄某某出具的证据只能证明其向案外人周某某支付了5万元。

【法院判决】

对庄某某请求何某某、唐某某归还其借款本金5万元的诉讼请求,法院不予支持。

【法律分析】

唐某某以何某某的名义向庄某某出具借条,但何某某否认唐某某代为借款一事,且唐某某也认可其没有得到何某某的委托,故唐某某以何某某的名义向庄某某出具借条产生的民事责任,应由唐某某承担。庄某某虽提交了唐某某出具的5万元借条,但何某某、唐某某否认收到过借款,庄某某也认可没有直接向何某某或唐某某交付5万元借款。庄某某称其按照何某某的要求已将借款支付给周某某,但何某某、唐某某对委托庄某某向周某某转款一事表示否认。周某某虽承认收到过庄某某代何某某偿还的5万元欠款,但不能提交其与何某某之间存在债权债务关系、何某某让庄某某代为还款以及收款后债务抵销的证据,且何某某否认与周某某之间存在债权债务关系。仅凭周某某的证言,不能认定庄某某向周某某支付5万元的行为是庄某某履行本案借款出借义务的行为。

(2)借款人的义务

①按期收取借款的义务。根据《民法典》第671条之规定,借款人未按照约定的日期、数额收取借款的,应当按照约定的日期、数额支付利息。故借款人负有按期收取借款的义务。

②接受贷款人检查、监督的义务。根据《民法典》第672条之规定,贷款人按照约定可以检查、监督借款的使用情况。借款人应当按照约定向贷款人定期提供有关财务会计报表等资料。

③按照约定的用途使用借款的义务。根据《民法典》第673条之规定,借款人未按照约定的借款用途使用借款的,贷款人可以停止发放借款、提前收回借款或者解除合同。

相关案例分析3

【案情简介】

2007年8月17日,某农村信用合作联社与某体育用品公司签订《借款合同》一份,约定体育用品公司从信用社处借款300万元,用于购买机器设备,借款期限为1年,2008年8月16日归还本息。该笔借款由担保中心提供连带责任保证担保，并签订了《保证担保合同》，该保证合同约定，担保中心作为保证人，对体育用品公司的借款本息债务承担连带保证责任，保证期间为2年，自借款期限届满之日起计算。合同签订后，信用社按合同约定向体育用品公司发放了借款300万元。但体育用品公司并未将借款用于购买设备，而是用于偿还其他债务。信用社得知此事后，于2007年11月提起诉讼，请求解除借款合同，并要求法院判令体育用品公司立即归还借款本金300万元及利息，并由担保中心对借款本息承担连带清偿责任。体育用品公司辩称，该笔借款并未到期，公司不应当承担提前还款的责任。担保中心辩称，如《借款合同》解除，担保中心不应当再承担连带保证责任。

【法院判决】

法院判决如下：第一，被告体育公司在判决生效之日起3日内向原告清偿借款本金300万元并承担自收到借款之日至清偿借款之日止的借款利息。第二，被告担保中心对上述债务承担连带清偿责任。

【法律分析】

在本案中，原告与被告体育用品公司签订的《借款合同》及与被告担保中心签订的《保证担保合同》，系双方当事人的真实意思表示。原告按时发放了贷款，被告体育用品公司的借款期限虽未届满，但因其未按照合同约定的用途使用贷款，可能导致无法按期清偿借款本息，将严重损害原告的合法权益。因此，原告有权依照《民法典》第673条之规定，请求解除双方签订的《借款合同》。

此外，根据《民法典》第566条第3款之规定，主合同解除后，担保人对债务人应当承担的民事责任仍应当承担担保责任。但是，担保合同另有约定的除外。当原告与被告体育用品公司签订的《借款合同》被依法解除后，被告体育用品公司依法负有返还借款本金及借款期间利息的民事责任，而作为保证人的担保中心，由于其未与原告在《保证担保合同》中约定，借款合同解除后保证人免除保证责任，故其不予承担保证责任的抗辩理由不能成立。担保中心应依法对体育用品公司承担的民事责任承担连带保证责任。

因此，法院作出上述判决符合《民法典》担保制度规定。

【风险提示】

在《借款合同》中，借贷双方对于借款目的或借款用途有明确规定的，借款人应当按照约定的目的使用借款。否则，借款人将面临相应的法律风险。

根据《民法典》第675条之规定，借款人应当按照约定的期限返还借款。对借款期限没有约定或者约定不明确，依照《民法典》第510条的规定仍不能确定的，借款人可以随时返还；贷款人可以催告借款人在合理期限内返还。根据《民法典》第674条之规定，借款人应当按照约定的期限支付利息。对支付利息的期限没有约定或者约定不明确，依照《民法典》第510条的规定仍不能确定，借款期间不满1年的，应当在返还借款时一并支付；借款期间1年以上的，应当在每届满1年时支付，剩余期间不满1年的，应当在返还借款时一并支付。办理贷款业务的金融机构贷款的利率，应当按照中国人民银行规定的贷款利率的上下限确定。自然人之间的借款合同，若无约定利息则推定为无利息，若约定为支付利息，则借款的利息不得违反国家有关限制借款利率的规定。

相关案例分析4

【案情简介】

2004年4月7日，李某与程某签订一份《借款合同》，合同约定，程某向李某提供贷款10万元，借款利率为月息5‰，借款期限为1年。合同签订后，程某于同年7月2日向李某交付了借款。2006年5月，程某因做生意缺乏资金，便要求李某归还借款，李某以各种理由推托不予归还。程某遂于2007年6月3日提起诉讼，要求李某归还借款118,000元整。李某辩称，程某提起诉讼时已超过了诉讼时效，法院应驳回其诉讼请求。

【法院判决】

法院判决李某向程某归还10万元借款本金及自2004年7月2日至2007年6月3日的利息。

【法律分析】

本案中，借贷双方于2004年4月7日签订了《借款合同》，由于双方均为自然人，根据《民法典》第679条之规定，该合同自程某提供贷款之日起生效，而程某提供贷款的日期为2004年7月2日，亦即该借款合同生效日期为2004年7月2日。根据《借款合同》的约定，借款期限为1年，从程某提供借款之日起算，借款期满之日应为2005年7月2日，诉讼时效应从2005年7月3日起算，本案属于借款合同纠纷，适用普通诉讼时效的期间即2年。程某于2007年6月3日提起诉讼，并未超过法定诉讼时效期间，因此，李某的抗辩理由不能成立。根据《民法典》第675条之规定，李某应承担返还借款本金的民事责任。同时，李某应承担自收到借款之日起至程某起诉之日止的借款利息。

【风险提示】

《民法典》对于自然人之间借款合同的生效要件作了特别的规定，即自然人之间的借款合同，自贷款人提供借款时生效。这与金融机构为贷款人时的借款合同的生效要件有本质的区别。合同双方应予以重视，以免混淆。

相关案例分析5

【案情简介】

在王某某诉豪骏公司民间借贷纠纷案①中，2013年11月4日，王某某与豪骏公司签订协议书，约定由豪骏公司向王某借款6000万元，借款期限自2013年11月6日起至2015年5月5日止，利息为月息2.5分，即每个月利息是150万元，豪骏公司同意于每月7日前向王某某足额支付当月利息并约定将借款支付到豪骏公司关联公司骏邑公司。若豪骏公司逾期15日仍没有支付利息或偿还本金系根本违约，王某某有权收回部分或全部借款，豪骏公司应按借款总额20%承担违约责任，并按协议约定支付利息。同时，豪骏公司承诺全部借款均用于支付购买临沂经济技术开发区土地的出让金等，禁止用于上述条款规定以外的任何用途。2013年11月6日、1月13日，中友公司、陇能公司受王某某委托通过银行给协议书指定的骏邑公司账号分别转账5800万元和200万元。借款到期后，豪骏公司未依约还本付息。豪骏公司辩称协议书是伪造的，其中一个理由就是认为借款用途违反行业习惯。

【法院判决】

法院判决支持王某某诉讼请求，豪骏公司应按照合同约定向王某某偿还本息。

【法律分析】

最高人民法院认为，豪骏公司没有证据证明民间借贷领域存在该行业习惯。反之，借款人未按照约定的借款用途使用借款的，贷款人可以停止发放借款、提前收回借款或解除合同。可见，约定借款用途的目的是确保出借资金的安全。就此而言，民间借贷亦应如此。因此，约定借款用途，并不违反民间借贷的行业习惯。豪骏公司上诉提交的证据不足以证明案涉款项6000万元不是用于购买临沂市经济技术开发区的某块土地。豪骏公司证明案涉6000万元与临沂市经济技术开发

① 参见最高人民法院民事判决书，(2016)最高法民终731号。

区的某块土地没有联系的依据是，豪骏公司借入案涉借款后闲置4个多月才用于购地不合常理。但是由于各种不可预期因素的影响，借款时间和买地时间不能同步的情形确有可能发生。故不能因为借款时间和实际买地时间存在时间差，就得出协议书为事后伪造的结论。

（四）借款合同担保的基本理论

借款合同的担保，是指借款合同当事人根据法律规定或者当事人约定，经双方协商采取的促使一方履行合同义务，保证他方权利得以实现的法律手段。他是保证借款合同履行，避免或减少贷款风险，维护债权人利益的一种法律制度。借款合同的担保源于债的担保制度。在民法理论上，债的担保有一般担保和特别担保之分。一般担保是指债务人必须以其所有的全部财产作为履行债务的总担保。特别担保是相对一般担保而言的，他并非以债务人的一般财产作为债权担保，而是以债务人或者第三人的特定财产或者特定的人一般财产（包括信誉）作为债权担保，其目的就在于保障特定的债权。

根据担保内容的不同，又将特别担保分为人的担保、物的担保和金钱担保3类。所谓人的担保，是指由当事人以外的第三人以其一般财产和信誉为债务人的债务提供担保，其典型形态为保证；所谓物的担保，是指以当事人或第三人的特定财产为债务人的债务提供担保，主要方式有抵押、质押、留置、让与担保、所有权保留等；所谓金钱担保，是指通过一定金钱的得失来督促当事人积极地、适当地履行自己的债务，保障债权实现，此类担保主要用定金方式。

我国《民法典》所称的担保专指特别担保，不包括一般担保。《民法典》确立的担保方式主要有5种，即保证、抵押、质押、留置和定金；既有人的担保，也有物的担保和金钱担保。而按照《贷款通则》的规定，借款合同的担保只能适用保证、抵押、质押3种方式，留置和定金这两种担保方式不适用于借款合同。考虑到经济生活的复杂性和多样性，《民法典》在第685条规定“保证合同可以是单独订立的书面合同，也可以是主债权债务合同中的保证条款”。因此，借款合同的当事人既可以采用由出借方、借款方、担保方三方当事人共同协商在借款合同中设立担保条款并由担保方在合同中签字的方式，也可以采用由贷款方与担保方签订担保合同的方式。究竟采用何种方式，由担保人和借款合同的当事人共同协商确定。①

---

①　参见徐晓荣：《借款合同担保的理论与诉讼实践》，载《中共银川市委党校学报》2008年第5期。

相关案例分析 1

【案情简介】

1999 年 9 月 7 日，自然人甲与某房产公司签订了抵押借款协议一份并约定：甲出借 200 万港元给房产公司，借款期限 1 年，借款利率为月息 1%，归还币种为港元；甲在向房产公司支付借款时预扣半年利息；房产公司如逾期还款，甲有权在约定利率的基础上加收 20% 的罚息；房产公司以第 0073680 号商品房购销合同的全部权益作为抵押。上述抵押借款协议及第 0073680 号商品房购销合同均办理了公证手续。1999 年 9 月 30 日，甲向房产公司支付了 188 万港元。借款期限届满后，房产公司未能依约偿还借款及利息。2001 年 3 月 7 日，甲与房产公司签订了协议书。该协议载明房产公司向甲所借港元，保证在 2002 年 6 月 18 日前全部还清；某化工公司为以上欠款担保；有关利息等仍按原协议执行。到期后，房产公司共归还本金 58 万港元及到期利息，化工公司也未履行其担保责任。甲遂起诉至法院，要求房产公司偿还 142 万港元本金及全部利息。

【法院判决】

判令某房产公司归还 130 万港元本金及其利息，化工公司承担该债务的连带责任。

【法律分析】

本案涉及问题较多，重点讨论以下问题。

1. 该协议中关于甲在向房产公司支付借款时，预扣半年利息的约定是否有效。根据《民法典》第 670 条之规定，借款利息不得预先在本金中扣除。故该条款因违反国家法律的禁止性规定而无效。

2. 抵押条款的效力问题。该协议约定房产公司以第 0073680 号商品房购销合同的全部权益作为借款的抵押。根据《民法典》第 394 条第 1 款、第 395 条的规定，抵押是指债务人或者第三人不转移对财产的占有，将财产作为债权的担保。下列财产可以抵押：(1) 建筑物和其他土地附着物；(2) 建设用地使用权；(3) 海域使用权；(4) 生产设备、原材料、半成品、产品；(5) 正在建造的建筑物、船舶、航空器；(6) 交通运输工具；(7) 法律、行政法规未禁止抵押的其他财产。

可见，权益性财产尚不在可抵押的财产之列，第 0073680 号商品房购销合同的全部权益正是一种债权性质的财产，并非法定可以作为抵押物的财产，故合同双方当事人以合同权益设立抵押权的约定不成立。

综上所述，法院判决某房产公司归还 130 万港元而非 142 万港元本金是正确的，但因抵押权不成立，甲享有的依然是普通债权。

【风险提示】

首先，《民法典》合同编明确规定禁止预扣借款利息行为。如果贷款人将利息预先在本金中扣除，则借款人只需按实际借款额还本付息。

其次，《民法典》物权编对可抵押财产的范围作了明确规定，可抵押的财产必须是债务人或者第三人有权处分的财产，权益性财产不在可抵押财产之列。

相关案例分析 2

【案情简介】

1998 年 4 月 7 日，某银行某分行与××俱乐部有限公司签订《借款合同》一份，约定某银行某分行贷款给××俱乐部有限公司人民币 500 万元，期限半年，偿还日期是 1998 年 10 月 7 日。同日，某银行某分行与××俱乐部有限公司签订《抵押合同》一份，约定××俱乐部有限公司以其所有的一处房产为该贷款抵押，后办理了房产抵押登记手续。1997 年 11 月，××投资有限公司向某银行某分行出具承诺书，承诺书载明"××俱乐部有限公司股东单位××实业股份有限公司、××置业有限公司，同意××投资有限公司用股权 1550 万元作担保借款，若借款人不能按期归还借款，贷款人有权享有××俱乐部有限公司的 1550 万元的股权"。××实业股份有限公司、××置业有限公司在承诺书上签了章，但××投资有限公司未将用其股份出质的情况记载于××俱乐部有限公司的股东名册。借款期限届满，借款人欠本金及部分利息未归还，某银行某分行曾向××俱乐部有限公司催收 2 次。后某银行某分行诉诸法院。

【法院判决】

一审法院审理认为，《借款合同》及《抵押合同》真实有效，××俱乐部有限公司未偿还贷款本息构成违约应承担偿还贷款的民事责任。由于设立了房产抵押，××俱乐部有限公司应将该房产予以拍卖、变卖所得价款优先承担清偿责任。××投资有限公司承诺书依《担保法》（已失效）第 93 条规定具有担保合同的性质，另外该担保系质押而非抵押，不存在 2 年的保证期间问题，该质押合同成立但未生效。至于××投资有限公司股份出质而未记载于股东名册，这不需要某银行某分行配合，系××投资有限公司违背诚实信用原则，具有主观过错，应承担质押合同不生效的过错赔偿责任。

一审宣判后，××投资有限公司不服，提起上诉。二审法院审理认为，一审判决××俱乐部有限公司违约应承担违约责任，以及某银行某分行可以就抵押房产拍卖、变卖优先受偿正确，予以维持，现争议的焦点是：××投资有限公司出具的承诺书是否能证明××投资有限公司与某银行某分行之间建立了质押关系。从承诺书的内容来看，虽然××投资有限公司认可借款人是××俱乐部有限公司，但承诺书未明确是为哪一笔借款担保，谁是贷款人，只能反映出××投资有限公司征得其他股东同意用其拥有的1550万元的股权为××俱乐部有限公司的借款提供担保的意思表示。因此承诺书不具有《担保法》第93条规定的具有质押合同性质信函。股票质押应订立书面合同，且《借款合同》中明确应有《质押合同》，本案只有承诺书，没有《质押合同》，某银行某分行与××投资有限公司之间未建立质押关系，因此××投资有限公司不承担担保责任。

【法律分析】

法院判决某银行某分行胜诉后，××俱乐部有限公司未履行法院生效判决，某银行某分行申请法院强制执行，但是由于被执行人经营不景气，无财产可供执行，法院一度中止执行。在此期间某银行某分行虽然不断地向债务人追索，但债务人以种种理由为借口回避。与此同时，某银行某分行发现借款人根本就没有把借款用于酒店经营，而是以另一主体的名义将资金投入了在北京的房地产开发，又由于贷后管理的滞后，等发现贷款被挪用时，才向债务人要求追加担保，债务人拒绝，错失了一些清收时机，在此期间，同时要求人民法院对某银行某分行设定的抵押物——某市某区前卫镇马家营村（××俱乐部有限责任公司）集体所有的房产依法进行拍卖。但由于该房产功能较少，加上地租较高，经过招商，一直没有竞买人。之后，其他债权人对债务人的诉讼也进入了执行程序。经法院研究决定对债务人的整体资产的经营权进行拍卖。

从某银行某分行的事后调查的实际情况来看，因该房产附着的土地性质为集体所有，原投资人是某银行某分行的债务人（××俱乐部有限公司），经营期限是30年，现只剩下20年的经营期限，每年向农民交土地租金，且土地租金逐年递增，累计需要交纳地租3075万元。某银行某分行始终积极需求承租人，但承租人又要求某银行某分行追加贷款，但因为时间太长，以及风险的不可控性，所以一直没有达成一致意见。只是进行经营权的拍卖，所卖的价款即拍卖成交价是很低的，即使某银行某分行享有优先受偿权，但与实际债权的差额是很大的，对某银行某分行造成的损失是巨大的，再通过继续追索，但执行的可能性也很小。

【风险提示】

从该案观察，商业银行贷款在接受股份或股票质押时应当注意的法律问题有以下几方面。

1.《借款合同》与《担保合同》往往配套使用，但出现由于《担保合同》的原因而产生的纠纷已屡见不鲜。因此在签好《借款合同》的同时签好《担保合同》至关重要。

2. 保证合同、抵押合同、质押合同、定金合同可以是单独订立的书面合同，包括当事人之间的具有担保性质的信函、传真等，也可以是主合同中的担保条款。

3. 承诺书约定当借款人不按期归还借款时，贷款人有权享有××俱乐部有限公司的1550万元股权，违反了《民法典》第428条禁止约定质物所有权转移给质权人的规定，即流质契约之禁止。

4. 质押合同自质物移交于质权人占有时生效。权利质押自权利凭证交付之日起生效。

5. 可以质押的权利有：汇票、支票、本票、债券、存款单、仓单、提单；可以转让的股份、股票；可以转让的商标专用权，专利权、著作权中的财产权。

6. 以依法可以转让的股票出质的，出质人与质权人应当订立书面合同，并向证券登记管理机构办理出质登记，质押合同自登记之日起生效。

股票出质后不得转让，但经出质人与质权人协商同意的可以转让。出质人转让股票所得的价款应当向质权人提前清偿所担保的债权或者向质权人约定的第三人提存。

以有限责任公司的股份出质的，适用《公司法》有关股份转让的规定。质押合同自股份出质记载于股东名册之日起生效。

相关案例分析3

【案情简介】

在农行先锋支行与金帆公司、金霞公司借款担保合同纠纷案[①]中，2001年12月29日，金帆公司（借款人）与农行先锋支行（贷款人）签订《借款合同》，约定：借款金额人民币4000万元，借款种类为“短期借款”，借款用途为“借新还旧”。2001年12月29日，农行先锋支行（抵押权人）、金帆公司（债务人）、金霞公司（抵

① 参见最高人民法院民事判决书，(2007)民二终字第33号。

押人)签订《最高额抵押合同》,约定:抵押人自愿为债务人在抵押权人处办理约定的各类业务,实际形成的债务的最高余额折合人民币5238万元提供担保。关于"借款用途"的约定,农行先锋支行与金霞公司分别持有的该《借款合同》不一致:农行先锋支行提供的《借款合同》(原件)约定借款用途为"流动资金贷款借新还旧"(手写);而金霞公司提供的《借款合同》(原件)约定借款用途仅为"流动资金"(手写),并无"贷款借新还旧"字样。

【法院判决】

金霞公司在合同中未对借款用途加以限制,诉讼中不同意借款人的借款用途有违诚信原则,不予支持。

【法律分析】

本案当事人分别持有的借款合同中虽然部分内容有出入,但当事人对各自持有的合同本身的真实性不持异议,不妨碍合同成立的事实认定。金霞公司主张免除其担保义务的主要理由是其持有的借款合同中借款用途系"流动资金"贷款,与农行先锋支行持有的借款合同上借款用途为"流动资金贷款借新还旧"不同。企业流动资金系相对固定资产而言的企业资产,包括企业用于支付工资、购买原料等的现金款项。金霞公司同意为金帆公司"流动资金"借款提供担保,金帆公司将借款用于支付到期债务,并未超出金霞公司的担保范围。如果金霞公司不愿意为金帆公司用于偿还债务的借款提供担保,应当在合同中明确加以限制。金霞公司在合同中笼统地承诺为金帆公司"流动资金"借款提供担保,未对金帆公司的借款用途加以限制,诉讼中提出不同意借款人将借款用于偿还债务有违诚信原则。

第二节　借款合同风险及其防范

一、借款合同实践中法律风险的特点

(一)风险的固有性

银行等金融机构向借款人发放贷款后,其是否能够如期收回贷款,具有很大的不可预测性,而且在很大程度上取决于借款人的信用程度、经营状况以及政策、法律环境和市场因素等,而这些是贷款人难以控制的,故借款合同面临的风险具

有固有性的特征。

（二）风险的集中性

金融机构在经营信贷业务过程中，可能遭遇的风险包括信用风险、市场风险、营业风险、环境风险等，几乎集中了一般企业所面临的全部风险，具有风险集中性的特点。

（三）风险的破坏性

借款合同在实践中大量地表现为金融机构借贷合同，金融是现代经济的中枢神经传动带，一旦风险酿成危机，将给一国的经济造成巨大的破坏性影响，它不仅有可能在很短的时间内使一国的经济基础发生动摇，使长期积累的社会财富化为乌有，还会引发社会经济秩序的混乱，甚至引发严重的政治、经济危机，足见其破坏性。

（四）风险的单方性

与其他合同相比较，借款合同所面临的风险具有单方性的特点。这种风险多数情况下发生在贷款人一方，而借款人所面临的风险相对要少得多。这一特点，首先根源于双方权利义务的不平衡，贷款人虽有收取利息的权利，但是必须以其履行发放贷款义务为前提，而在贷款人履行了发放贷款义务之后，是否能够实际上享受收取利息的权利，本身就存在极大的风险，而借款人虽然负有交纳利息和及时还贷的义务，但他及时获取贷款的权利一般可兑现。由于权利义务的特殊性，就使借款合同中的风险主要集中在贷款人一方。①

二、借款合同实践中风险规避的基本理念

（一）完善制度建设，强化制约功能

这主要针对金融机构的内部制度建设。一方面，要进一步建立和完善各项规章制度，各级行长应当在授权范围内对贷款的发放和收回负全部责任，并把责任制的落实情况作为任职和升迁的依据；应当严格建立审贷分离制，明确贷款的分

① 参见陈祥健、孟旭：《借贷合同的基本原理与风险防范》，中国政法大学出版社2001年版，第19页。

级审批制，严格划分各支行的贷款审批权限；应当建立和健全信贷员工工作岗位责任制，应当建立离职审计制度，对离职人员任职期间所发放的贷款进行审计。另一方面，在完善制度的同时，要狠抓各项制度的落实，加大对各项制度的监督检查，使纸面上的制度真正落到实处。

（二）培训信用观点，完善金融法制

合同得不到切实履行，债务无法得到及时偿还，都是社会信用观念不强的表现。故我国在进行社会主义市场经济建设的同时，必须同步地进行社会信用观念的培育，必须加强诚实信用原则观念的教育与宣传，通过普及法律知识，强化公民的法律意识，使市场主体的信用观念得以增强。同时，我国亟须通过完善金融立法来加强监管，化解借贷风险，通过完善立法，从立法上量化并强化与金融监管有关的经济、技术指标，从而从法律上建立起包括金融机构资产质量，特别是信贷资产质量、资产流动性、经营的合法性和效益性、资产负债比例管理等在内的金融监管指标体系，使金融体制完全在有法可依的前提下运转，从而降低信贷风险，保证金融性资产的安全运行。

（三）增强风险意识，提高防范能力

这主要是指要针对借款合同风险的特殊性，采取足够的防范措施，使借款合同的风险防患于未然。具体而言，从当前法院受理的借款合同纠纷案件来看，借款合同纠纷的特点主要有：一是纠纷产生的时间长短不同，有短期内发生的，有几年前发生的，也有十几年前发生的，有些案件因借款时间太长，导致借款人所承担的利息远远大于本金。二是纠纷往往涉及多个法律关系和诉讼主体，有借款合同法律关系和担保合同法律关系，有贷款方、借款方、担保方等，各种关系交织，各种矛盾交错。三是从合同（担保合同）的争议往往大于主合同（借款合同）的争议。多数担保方对担保的认识不清或进行人情担保，或进行盲目担保，更有受行政干预进行违背自愿的担保和无效担保。四是合同的形式不完备，有的借款合同甚至对期限约定不明，特别是从合同（担保合同）多数只有一项条款，约定简单，无具体担保事项，更无相关的登记等制度。五是纠纷的事实相对清楚，但责任的承担和实际的履行困难。借款方经营不善无力偿付到期借款，担保方不尽担保义务，可供执行的财产往往是长期积压的商品、土地使用权等甚至根本无财产可

执行。①

故在实践中,需要注意防范的风险主要有以下几点。

1. 借款合同的效力风险

(1)企业与个人之间的借贷、企业间的借贷合同的效力。关于企业与个人之间的借贷,只要双方当事人意思表示真实即可认定有效。但是,具有下列情形之一的,应当认定无效:①企业以借贷名义向职工非法集资;②企业以借贷名义非法向社会集资;③企业以借贷名义向社会公众发放贷款;④其他违反法律、行政法规的行为。

关于企业间的借贷合同的效力,上文有详细论述,在此不再赘述。

(2)由于贷款主体不适格导致的借款合同效力风险。

从借款人方面而言,要避免因贷款主体资格欠缺带来的损失,必须加强防范:①申请借款前,必须认真调查贷款方是否持有中国人民银行颁发的《金融机构法人许可证》或《金融机构营业许可证》,是否经当地的工商行政管理部门核准登记。②借款人应提高金融法律意识。借款人申请借款,必须由享有贷款业务经营权的金融机构提出,任何企图规避金融法规,以“资金紧张”为由向非金融机构申请借款的,都将得不到法律保护,从而造成重大损失。

相关案例分析

【案情简介】

2002年3月28日,扬州交行与毛纺厂签订借款合同一份(编号:扬州交银2002年贷字0094号),约定扬州交行向毛纺厂发放贷款140万元,借款期限为1年(自2002年3月28日至2003年3月28日),借款月利率为4.425‰。借款合同第7条关于“违约事件及其处理”部分,约定“借款人违约,贷款人可酌情采取下列一种或数种措施进行处理。……对逾期贷款……按中国人民银行规定计收罚息……”借款合同签订当日,扬州交行又与本案被告华钟公司签订借款保证合同一份,约定华钟公司为上述借款提供连带责任保证,保证范围为贷款本金及利息、复息、罚息和贷款人实现债权的费用,保证期间为主债务履行期届满之日起2年。借款及保证合同签订当日,扬州交行按约向毛纺厂发放了140万元贷款。借据中记载的还款期限为2003年3月28日。2003年3月28日,毛纺厂与扬州交

① 参见周洪明:《审理借款合同纠纷案件的有关问题》,载《人民司法》1998年第3期。

行约定将上述借款的还款期限展期至2003年9月28日,展期利率为4.62‰。华钟公司继续为借款提供连带责任保证,保证期限为展期届满后2年。2003年9月28日,毛纺厂偿还借款70万元。2003年9月28日,毛纺厂再次与扬州交行签订借款展期合同,约定将上述借款的还款期限展期至2004年3月28日,展期利率为4.62‰。华钟公司继续为借款提供连带责任保证,保证期限亦为展期届满后2年。2003年10月21日,毛纺厂偿还借款24万元。

2003年毛纺厂申请破产,法院于2003年10月31日宣告其破产。2004年9月15日,破产程序终结,破产债权清偿比例为零。

2004年6月7日,扬州交行与南京办事处签订债权转让协议,约定将上述借款在内的两笔债权转让给南京办事处。转让债权清单载明截至2004年3月20日共计欠息8309.84元。2004年9月29日,扬州交行向华钟公司公证送达了担保权利转让及催收通知。2004年10月20日、2006年6月6日,南京办事处分别在《新华日报》《江苏法制报》上刊登了催收公告,向华钟公司主张债权。

2006年11月28日,南京办事处又将上述债权转让给本案原告蓝柯夫公司,并于2007年3月8日在《新华日报》上刊登了债权转让通知暨债务催收联合公告。

【法院判决】

被告华钟公司于本判决生效后10日内向原告蓝柯夫公司偿还借款人民币46万元及利息(截至2004年3月28日的利息为8309.84元,自2004年3月29日起至本判决确定的履行期限届满之日止的逾期利息,以46万元本金为基数按中国人民银行规定的同期逾期利息计算标准支付)。

【法律分析】

本案的争议焦点为:原告主张的逾期利息是否有事实与法律依据?

华钟公司应向原告偿还借款本金46万元及相应利息。扬州交行与毛纺厂于2002年3月28日、2003年3月28日、2003年9月28日签订的借款合同、借款展期合同系当事人的真实意思表示,且未违反法律、法规的禁止性规定,应确认为合法有效。华钟公司对借款及两次展期均提供了连带责任保证,其与扬州交行间的保证关系亦合法有效。有效成立的合同对双方当事人均有约束力。

扬州交行在借款发放后,合同的主要义务已履行完毕,依法享有于借期届满后清收贷款的权利。《民法典》第545条规定:债权人可以将债权的权利全部或者部分转让给第三人。因此,扬州交行有权将该笔债权转让。债权转让应通知债务人。扬州交行与南京办事处达成转让协议后,以邮寄方式通知了被告,并对债权进行了催收,至此南京办事处即享有原贷款人的权利。南京办事处在受让该债权后又与蓝柯夫公司达成转让协议,并在《新华日报》上刊登了债权转让通知及催收联合公告。公告作为一种通知方式,法律未明确禁止债权人采取。当债权人在能够覆盖债务人经营处所,且受众人数较为广泛的媒体上刊登债权转让公告之时,即可视为已将转让事项有效告知债务人。此外,该债权转让也已经得相关部门的审批备案,故蓝柯夫公司依法取得了上述借款及保证合同项下的全部权益,有权向被告主张46万元借款本息的保证责任。

因主债权转让后,利息主张权等从权利也当然转移,受让人有权按原合同的约定主张利息损失,既包括已发生的利息,也涵盖必将发生的逾期利息。扬州交行与毛纺厂在借款合同中已明确逾期利息按人民银行规定之标准计收,现原告按此约定主张逾期罚息,且不超过债权受让时的利息余额(其中合同内利息原告按8309.84元主张)。

华钟公司为借款提供了连带责任保证,在借款期限届满后未履行保证责任显属不当。毛纺厂因无清偿能力且已依法破产,华钟公司应按合同约定承担连带责任。

综上,被告华钟公司应立即向原告偿还借款本金46万元及相应利息。

【风险提示】

《民法典》规定借款人应当在约定的还款期限内向贷款人偿还本金及利息。一旦借款人逾期还款,还将承担向贷款人支付逾期还款利息的风险。如果借款人丧失还款能力,保证人就应当按照借款合同的约定向贷款人偿还借款本金及利息,并承担支付逾期还款利息的责任。

对贷款人而言,要避免因借款人主体资格欠缺产生的风险,应当严把贷前审查关。在审查时,贷款人应区分不同的借款人有针对性地进行审查。

(1)借款人以"法人"名义申请借款的,应重点审查法人的营业执照,看其是否经当地工商行政管理机关核准登记。

(2)对具有法人资格,或虽无法人资格但已经主管机关核准登记的其他经济组织和个体工商户的借款申请,应重点审查其借款申请书中填写的"借款用途"是否与其营业执照中核准的经营范围相吻合。除书面核对外,尚需实地调查借款人所主张的"借款用途"是否合理和可行。

(3)对法人分支机构或职能部门申请借款的,应区分两种情况进行审查:对法人分支机构或职能部门以自己的名义申请借款的,应当予以拒绝;对法人分支机构或职能部门以法人名义申请借款的，应当审查其借款申请是否经法人书面授权。

(4)对自然人申请借款的，一方面可以书面审查其居民身份证，另一方面可以通过其所在的组织和单位，调查其个人情况，看其是否具有完全民事行为能力，其借款是否用于合法用途。若审查发现有欠缺，应拒绝其借款申请。

(5)根据《民法典合同编通则解释》第十三条："合同存在无效或者可撤销的情形，当事人以合同已在有关行政管理部门办理备案、已经批准机关批准或者已办理财产权利变更登记为由主张有效的，人民法院不予支持。"

2.来自担保的风险——以保证为例

保证人必须是合同当事人之外的人，主合同的当事人不能充当保证人，能为银行贷款提供保证的一般为确有保证能力的企业法人。在实践中，要严格审查保证人的保证能力，一般来说，应从以下几个方面审查。

(1)保证人的财产是否等于或大于被保证的范围，不能轻信保证人提供的财产数额，而应当认真审查保证人的经营状况和信用程度。

(2)用于保证的财产是否是保证人独立的、确定的、合法的财产，如保证人对用于保证的财产是否享有所有权和经营权，该财产是否已作抵押等。

(3)用于保证的财产是否是保证人依法有权独立处分的财产，此外，在审查担保财产的基础上，还应当对保证人的经营现状和今后的经营状况，作出大致的评估，以确保借款合同到期时保证人仍具备较好的支付能力。

(4)法律、法规明文规定不能作保证人的组织不能作借款合同的保证人。具有代为清偿债务能力的法人、其他组织或公民，可以作保证人。但是，并非所有具有清偿债务能力的法人、其他组织或公民，都可以担任保证人。以下几类不得作保证人。

①无民事行为能力和限制民事行为能力的自然人，我国《民法典》禁止其担任保证人。

②国家机关，国家机关是指履行管理社会的公共职能的国家公权力机关，包括国家权力机关、行政机关、司法机关、军事机关、党的各级机关以及其他代表国家行使权力的机关。由于国家机关属于国家和社会事务的管理机构，不具有直接从事经济活动的职能，其活动经费源于国家预算拨款，而保证行为是一种纯经济行为，故国家机关不得为保证人。但是我国在接受外国政府或者国际组织的贷款

而进行转贷时,需要保证人提供保证的,国家机关可以提供担保,但必须经国务院批准。另外,某些国家机关不但具有管理职能,而且具有一定的经济活动的职能。其财产一部分是来自其经济活动的收入,如邮政部门,既是邮政管理部门,又从事邮政营业,有一定的经营收入。这类机关可否担任保证人？从法律条文字面意义上看,他是不能作为保证人的,但从立法禁止国家机关为保证人的实质上看,这类机关为保证人的也不少。我们认为,这类机关为保证人的,只要不以国家预算拨款清偿保证债务,保证合同应当有效。[①]

③公益非营利法人、非法人组织,《民法典》第 683 条第 2 款规定:“以公益为目的的非营利法人、非法人组织不得为保证人。”《最高人民法院关于适用〈中华人民共和国民法典〉有关担保制度的解释》第 6 条规定:“……登记为营利法人的学校、幼儿园、医疗机构、养老机构等提供担保,当事人以其不具有担保资格为由主张担保合同无效的,人民法院不予支持。”通过上述规定可知,“是否具有公益目的”是能否成为保证人的关键所在。针对“是否具有公益目的”进行区分的优势在于既维护了社会公共服务的稳定,又有助于增强商业活动的活力。

---

①　参见马俊驹、余延满:《民法原论》(下),法律出版社 1998 年版,第 597 页。

第四章

租赁合同实践中的法律风险及其防范

第一节　租赁合同概述

一、租赁合同的界定

租赁合同是指出租人将租赁物交付承租人使用、收益，承租人支付租金的合同。租赁合同中将租赁物租出的一方称为出租人，使用租赁物并支付酬金的一方称为承租人，支付的酬金称为租金。此处所称的租赁，仅指一般租赁关系，融资租赁已经成为一种独立的有名合同，适用《民法典》第三编第十五章融资租赁合同的有关规定。其他特殊的租赁如船舶租赁，《海商法》等特别法有特别规定时，应优先适用《海商法》等特别法的规定。

租赁合同按照不同的分类标准，有不同的分类。

（一）动产租赁与不动产租赁

以租赁的标的物为标准，租赁合同分为动产租赁与不动产租赁。动产租赁包括一般的动产租赁、动物租赁、船舶租赁、汽车租赁等。不动产租赁在我国主要指房屋租赁，另外国有土地使用权租赁、土地承包经营权租赁、宅基地使用权租赁等也视为不动产租赁。这种区分的意义在于，法律对不动产的租赁往往有特殊的要求。

（二）定期租赁与不定期租赁

以租赁合同是否有固定期限为标准，租赁合同分为定期租赁与不定期租赁。定期租赁合同，是指合同约定有明确期限的租赁，当事人在租赁期限中未约定租赁期限的，则为不定期租赁。另外，租赁期限6个月以上的，应当采用书面形式。

当事人未采用书面形式的，视为不定期租赁。依据《民法典》第三编第 14 章第 707 条的规定，租赁期限6 个月以上的，应当采用书面形式。当事人未采用书面形式，无法确定租赁期限的，视为不定期租赁。这种区分的意义在于，在不定期租赁中，除非法律另有规定，双方当事人均可随时终止合同。

（三）一般租赁与特殊租赁

以法律对租赁合同有无特殊规定为标准，租赁合同可分为一般租赁和特殊租赁。一般租赁是指法律没有特殊要求的租赁；特殊租赁是指法律有特殊规定的租赁。我国《海商法》对船舶租赁有特殊的规定，《城市房地产管理法》对城市房屋租赁有特殊要求，这些租赁为特殊租赁，这种区分的意义在于特殊的租赁应优先适用特殊法的规定，特殊法中没有规定的适用《民法典》中的规定。

二、租赁合同的特点

（一）租赁合同是转移财产使用权的合同

租赁合同是一方当事人（出租人）将租赁物有限期地交给另一方当事人（承租人）使用，承租人按照约定使用该租赁物并获得收益。在租赁的有效期内，承租人可以对租赁物占有、使用、收益，而不能任意处分租赁物。当租赁合同期满，承租人要将租赁物返还出租人。因此，租赁合同只是将租赁物的使用权转让给承租人，而租赁物的所有权或处分权仍属于出租人。租赁合同的这一特征区别于买卖合同和赠与合同。买卖合同是出卖人转移标的物的所有权给买受人的合同。赠与合同是赠与人将自己的财产给予受赠人。这两类合同都是以转移财产的所有权为基本特征的。

（二）承租人取得租赁物的使用权是以支付租金为代价

承租人使用租赁物是为了满足自己的生产或生活需要，出租人出租租赁物是为了使租赁物的价值得以实现，取得一定的收益。承租人要取得使用权不是无偿的，是要向出租人支付租金的。支付租金是租赁合同的本质特征。这一特征区别于借用合同，借用合同虽然借用人取得了借用物的使用权，但借用是无偿的，不需付出任何代价。同时这一特征也区别于借款合同，虽然两者都是有偿的，但借款合同支付的是利息。利息不同于租金，租金双方当事人可以约定，利息在很多情况下是法定的，当事人是不能约定的，即使是自然人之间的借款利息也有一个上限要求,不能放高利贷;租金可以不按租期的时间长短来计算,利息往往是根据借款时间的长短来计算。

(三)租赁合同是主体十分广泛的合同

出租人主要包括以下6种:(1)财产所有权人。(2)财产经营权人。主要是指我国国有企业,财产经营权人依法对该企业的国有财产享有占有、使用、收益和部分处分权。(3)典权人。典权,是指一方当事人支付典价所取得的对对方当事人的不动产享有占有、使用和收益的权利。典期届满,不动产所有权人可以返还典价。赎回占有、使用和收益的权利,如果不返还典价,经过2年,该典物归典权人所有。(4)使用权人。依法获得对某些财产的使用权的民事主体,可以对出租财产获取收益。在传统民法理论中,用益物权人一般都可以将财产出租。(5)占有人。即善意将财产占为己有的人。占有人出租财产在世界各国的法律中都是合法的。(6)承租人。征得出租人同意后,承租人也可以将其承租的财物转租给他人。

(四)租赁合同的标的物是有体物,非消耗物

租赁物必须是有形的财产,这是租赁合同的特征之一。租赁可以是动产,如汽车、机械设备、计算机等,也可以是不动产,如房屋。但无论是动产还是不动产,它们都是有形的,都是能以一定的物质形式表现出来的。无形的财产不能作为租赁的标的物。这是与租赁合同中承租人占有、使用租赁物的特征紧密联系的。非消耗物是指能够多次使用而不改变其形态和基本价值的物。一次性使用的物品或很快就消耗掉的物品不能作为租赁物,如洗涤用品、粮食等,因为这些物品一经使用,就已丧失其自身的价值,甚至物本身已经消失,根本不可能再要求出租人返还。因此,消耗物不能作为租赁合同的标的物。

(五)租赁合同是双务合同、有偿合同、诺成合同

在租赁合同中,出租人和承租人均享有权利和承担义务,出租人须将租赁物交付承租人,并保证租赁物符合约定的使用状态。承租人负有妥善保管租赁物并按约定按期向出租人支付租金。任何一方当事人在享有权利的同时都是以履行一定义务为代价的。因此,租赁合同是双务有偿的合同。它区别于赠与合同,赠与合同在通常情况下一般是单务合同,赠与人向受赠人赠与财物并不以对方承担

一定义务为条件。另外，在租赁合同中，出租人与承租人双方意思表示达成一致，合同即成立，故租赁合同为诺成合同。

(六)租赁合同具有临时性

租赁合同是出租人将其财产的使用收益在一定期限内转让给承租人，因为不是所有权的转移，因此，承租人不可能对租赁物永久地使用，物的使用价值也是有一定期限的。各国法律一般都对租赁期限的最长时间有所限制。我国《民法典》中租赁合同规定，租赁期限不得超过 20 年。超过 20 年的，超过部分无效。租赁合同根据租赁的不同可分为动产租赁和不动产租赁，不动产租赁在我国主要是指房屋租赁。根据租赁合同是否约定期限可分为定期租赁和不定期租赁。定期租赁关系到租金的交付日期、租赁物的返还的日期、合同终止的时间等问题。不定期租赁赋予合同当事人随时解除合同的权利。

三、租赁合同的一般理论

(一)租赁权的性质

租赁权作为承租人通过租赁契约取得的权利，是一系列权利的总称，包括承租人对出租人之权利和承租人对租赁物之权利。学者张世海把租赁权分为广义的租赁权和狭义的租赁权，前者包括对租赁物的占有、使用和收益权，又包括承租人的请求修缮、变更租金请求权，而后者只包括对租赁物的占有、使用和收益的权利。①

租赁作为财产利用的重要形态，其法律关系极其复杂，关于租赁权的性质，长期以来存在较大分歧，主要形成以下 3 种学说。

1. 物权说

尽管多数国家立法把租赁权规定于债编，但在许多国家和地区，已有很多学者持物权说。早在 19 世纪，法国学者托普隆就认为承租人享有物权。当代一些法国学者认为法国民法允许承租人提起占有权之诉的规定大大增强了租赁权的物权因素，使其权利不再具有一种从属的性质。他们诘问，如果说承租人已有权对物进行某些控制并可对抗第三人的话，这难道不正是因为承租人获得了一种对

---

① 参见张世海:《对"买卖不破租赁"及租赁权性质之思考》，载孟勤国等主编:《中国物权法的理论探索》，武汉大学出版社 2004 年版，第 305 页。

抗第三人直接支配的权利即物权吗?①

苏联学者齐吉尔认为,租赁合同为承租人设定了占有和使用住房的权利,这些权利无疑地包含物权法律关系的因素——对住房的占有、使用和一定程度上的处分。既然如此,那么也就没有理由否认这种权利的物权性质。②

对于租赁权的性质这一问题,国内也有不少学者主张物权说。如崔建远先生就指出:"土地租赁权名为债权实际上已物权化了,比普通的物权的效力还强大,可作为土地上的物权看待。"③学者李延荣也指出,应将土地租赁权,尤其是土地长期租赁权的性质界定为物权。④ 刘言浩先生认为:"承租人对租赁物之使用收益权利是承租人直接支配其标的物并享受其利益的排他性权利,无须出租人行为即可行使。不动产租赁权之本体,和地上权、土地使用权一样,为对物的支配权,即物权,而非请求权。"⑤此外,学者李玉基、李景丽等也都纷纷主张不动产租赁权是物权。⑥

2. 债权说

该学说认为租赁权系建立于租赁契约关系之上,而租赁契约为一债之关系,故租赁权应为债权,至于承租人对于租赁物之使用收益权利,只有经出租人履行租赁物的交付行为方能实际取得,故其并非如物权直接支配标的物之独立的权利,又各国立法例多将租赁规定在债编,故租赁权仍是债权而非物权。如学者柯凌汉指出:"租赁契约乃债权契约,承租人基于租赁契约所有之权利(租赁权)当然亦为债权……承租人使用收益租赁物不外对人关系而生之结果,租赁权非因之变为用益物权之一种。"⑦学者谢在全、梁慧星和陈华彬等均指出,由于租赁权的实现有赖于债务人的协力,其不具有直接支配性,难谓其为物权。德国学者卡尔·拉伦茨、鲍尔·施蒂尔纳认为,尽管租赁权的债权性法律地位得到强化,受到

---

① 参见尹田:《法国物权法》,法律出版社1998年版,第45页。

② 参见刘言浩:《不动产租赁法律制度研究》,载蔡耀忠主编:《中国房地产法研究》(第1卷),法律出版社2002年版,第237页。

③ 崔建远:《土地上的权利群论纲——我国物权立法应重视土地上权利群的配置与协调》,载《中国法学》1998年第2期。

④ 参见李延荣:《土地租赁法律制度研究》,中国人民大学出版社2004年版,第87页。

⑤ 参见刘言浩:《不动产租赁法律制度研究》,载蔡耀忠主编:《中国房地产法研究》(第1卷),法律出版社2002年版,第240页。

⑥ 参见李玉基:《不动产租赁权性质初探》,载《西北师大学报(社会科学版)》2004年第3期;李景丽:《中国用益物权制度的重新构筑》,载《现代法学》1999年第2期。

⑦ 参见柯凌汉:《中华债法论纲》(下),商务印书馆2001年版,第278页。

了类似物权的保护，但其仍不是物权，拉伦茨称其为相对的支配权，债权性的支配权。①

按照传统民法理论，租赁权的性质如果是债权，则应不具有对抗力，但近代各国立法基于买卖不破租赁的规定却赋予了租赁权一定程度的对抗力，被称为租赁权物权化。由于债权说一直以来都未能对租赁权物权化现象作出圆满解释与说明，故受到物权说有力的攻击。

3. 租赁权物权化说

此学说认为主张租赁权为物权者，固属无视成文法之根据，而主张债权说者，对于承租人何以有直接使用收益租赁物之权利又无从圆满说明，因此租赁权物权化是对租赁权性质的适当说明，即租赁权本质上为债权，但具有强烈的物权色彩，他包括两种权能：第一，因债权契约之租赁契约而发生请求出租人应将租赁物合于使用收益状态之单纯债权（第一次的权能）；第二，因租赁物之现实交付而实际取得的对租赁物之使用收益权（第二次的权能）。在这两种权能中，第一次的权能为核心，第二次的权能居于从属地位。租赁权物权化说实际上是对物权说和债权说的折中，正如王泽鉴先生所说："以租赁权物权化称之，旨在表明租赁权系属债权，而非物权，但具有物权之对抗力，使承租人对于取得租赁物所有权或其他物权之人，亦得主张租赁权之继续存在。"②租赁权的物权化趋势具体表现在4个方面。

（1）对抗效力。在一般债权关系中，债权人不得以其债权对抗对标的物享有物权的人，但在租赁关系中，承租人在租赁关系存续期间，可以以其租赁权对抗取得租赁物所有权或其他物权的人，而对租赁物使用并享有收益。这种情况称为租赁权的对抗力。对抗力产生的理由有人认为是因租赁关系是与租赁物的所有权相结合的一种债务关系，与所有权一同移转。也有人认为因出租人在为租赁物的所有权的让与设定有占有权，进而为法律上之移转，无须以特别理论构成来说明。

（2）对被侵害租赁权的第三人的效力。承租人基于其占有权当然可以对第三人的侵害行使损害赔偿请求权及妨害排除请求权，但若单独基于其租赁权，承租人能否行使这两项权利呢？租赁权作为一种权利，在受到侵害时以此为理由，请求损害赔偿应当是可以的，至于有无损害排除请求权，学者和判例的态度都不太一样，但总体来说他们承认承租人享有此项请求权。

---

① 参见［德］卡尔·拉伦茨：《德国民法通论》，王晓晔等译，法律出版社2003年版，第286页。

② 王泽鉴：《民法学说与判例研究》（第6册），中国政法大学出版社1998年版，第186页。

(3)租赁物处分的可能性。即租赁权的让与与转租的可能性。按照租赁关系的一般要求,承租人本来不能在未经出租人同意的情况下,转租或让与租赁权,但是出租人使承租人可以使用、收益租赁物的积极债务,逐渐地退化为消极的容忍义务,即承租人的使用、收益也逐渐固定形态,只要能保证出租人租金的收入,承租人是谁已经不再那么重要,所以租赁权处分的可能性逐渐得到承认。

(4)租赁权的永续性。一般来说,债权的存续期间都较短,物权的存续期间都较长。而租赁合同的期限一般都较长,这也是其物权化的表现。

上述三种学说中,"租赁权的物权化说"为许多国家的立法所采纳,《日本民法典》第605条、《德国民法典》第571条对此都有规定,我国《民法典》第705条关于租赁合同期限的规定,第725条关于租赁期间发生租赁物所有权变化不影响租赁合同效力的规定,都反映了这一学说的影响。①

(二)租赁合同的内容

依据《民法典》第704条之规定,租赁合同的内容包括租赁物的名称、数量、用途、租赁期限、租金及其支付期限和方式、租赁物维修等条款。

1. 租赁物条款

租赁物是出租人于合同生效后应交付给承租人使用收益的物。在租赁物条款中当事人应明确租赁物的名称、数量、用途等。出租人应当按照约定将租赁物交付承租人,并在租赁期间保持租赁物符合约定的用途。租赁物危及承租人的安全或者健康的,即使承租人订立合同时明知该租赁物质量不合格,承租人仍然可以随时解除合同。

2. 租赁期限的条款

租赁期限是承租人可以使用租赁物的期限。租赁期限直接关系到租赁物的使用和返还时间、租金的收取期间,故其是租赁合同的重要条款。根据《民法典》的相关规定,租赁期限不得超过20年。超过20年的,超过部分无效。租赁期间届满,当事人可以续订租赁合同,但约定的租赁期限自续订之日起不得超过20年。租赁期限6个月以上的,应当采用书面形式。当事人未采用书面形式的,视为不定期租赁。租赁期间届满,承租人继续使用租赁物,出租人没有提出异议的,原租赁合同继续有效,但租赁期限为不定期。

---

① 参见崔建远主编:《合同法》,法律出版社2003年版,第368~369页。

相关案例分析 1

【案情简介】

2005 年 3 月 8 日,陈某和昌明公司签订《租赁合同》,约定由昌明公司提供某市 A 街 117 号对面临建自编 2 号店铺给陈某使用,使用期限从 2005 年 4 月 1 日起至 2006 年 3 月 29 日止;租金为每月 5000 元,陈某须在每月 10 日前缴纳当月租金,逾期超过 1 个月的,昌明公司有权终止合同,收回店铺;陈某应于合同签订之日缴纳履约保证金 15,000 元等。合同签订后,昌明公司将房屋交付陈某使用,陈某缴纳 15,000 元保证金及水电押金 1000 元给昌明公司。《租赁合同》届满后,双方没有续签合同,上述房屋仍由陈某使用。2007 年 7 月,昌明公司将该店铺出租给王某,并要求陈某搬出。陈某拒绝搬出,并从 2007 年 8 月起,没有再缴纳房屋租金给昌明公司。同年 10 月,昌明公司将陈某起诉至法院,要求陈某支付拖欠房租款,并在 3 个月内腾房搬出;陈某则反诉要求法院保护其优先租赁权。

【法院判决】

一审法院判令被告 3 个月内腾房,被告的保证金及水电押金抵偿其拖欠房租款,不足部分在判决发生法律效力之日起 10 日内一次性支付原告;被告承担支付自判决发生法律效力之次日起至搬迁时止的房屋租金的义务。

二审法院驳回陈某的上诉,维持原判决。

【法律分析】

本案涉及租赁合同纠纷中的 3 个重要法律问题。

一是不定期租赁问题。租赁合同租期届满后,双方没有再签订租赁合同,双方形成不定期租赁关系。本案中,陈某与昌明公司的租赁合同在 2006 年 3 月 29 日到期,到期后双方并未订立新的租赁协议,但陈某继续按原合同履行义务,昌明公司也接受了该履行,根据《民法典》第 734 条应当认定昌明公司与陈某之间形成了不定期租赁关系。

二是租赁合同的解除问题。依据《民法典》第 730 条的规定,形成不定期租赁关系的当事人,可以随时解除合同,亦即不论是出租人,还是承租人,都有权提出解除合同。但是出租人提出解除合同的,应当在合理期限内通知承租人。本案中,昌明公司要求陈某在 3 个月之内搬出,是行使合同解除权的行为,依法应当得到支持。

三是所谓优先租赁权的问题。本案中,在昌明公司与陈某形成不定期租赁关系期间,昌明公司与王某签订租赁合同,将原租给陈某的店铺,出租给王某。陈某对此持有异议,不仅拒绝腾房,也拒绝继续交付相关房租款。在二审中,陈某请求法院保护其"优先租赁权"。我国《民法典》第726条规定了承租人的优先购买权,即出租人出卖租赁房屋的,应当在出卖之前的合理期限内通知承租人,承租人享有以同等条件优先购买的权利,但没有就"优先租赁权"作出任何规定。我们认为,《民法典》承租人的优先购买权,是出于提高交易效率、维护交易现状的考虑,但"优先租赁权"显然不属于"交易"行为,没有必要做出以上考量,况且,保持其流动性是保持财产增值的必要手段,所谓优先租赁权则在一定程度上是与此违背的。故法律没有确认该权利,是科学和合理的。本案之被告以此提出抗辩,是没有法律依据的。

综上,法院认定是正确的。

【风险提示】

出租人和承租人在订立租赁合同时,为了降低相关法律风险,建议将合同订立为定期租赁合同,即明确约定租赁期间、采用书面形式订立租赁期在6个月以上的租赁合同或在约定租赁期届满后及时续订租赁合同,否则即为不定期租赁合同。

对于不定期租赁合同,双方当事人均有权随时解除合同,且不以对方违约为要件。《民法典》第730条规定当事人可以随时解除合同,并且应当在合理期限内通知对方当事人。因此,订立不定期租赁合同的风险在于对方当事人可以随时行使任意解除权,使租赁法律关系处于不稳定状态,从而可能给当事人造成损失。

另外,由于租赁合同具有相对性,对于合同以外的第三人不具有约束力,因此租赁合同均有效,无所谓优先之分。鉴于此,"优先租赁权"于法理上无支持依据,承租人不能以"优先租赁权"来主张自己的权利。

3. 租金条款

租金是承租人使用租赁物的对价。当事人在租赁合同中应该对租金进行明确具体的约定,不仅应约定租金的数额和支付期限,还应约定租金的支付方式等。

相关案例分析2

【案情简介】

申请人(反请求被申请人):广州某科技园管理委员会服务中心

被申请人(反请求申请人):广东某投资发展有限公司

2003年1月23日，申请人与被申请人签订《某广场租赁协议书》，约定由被申请人承租申请人位于广州市天河区某路342—360号某广场三至五层裙楼第某层第某号写字楼，面积共计405.28平方米。租赁期间从2003年2月1日起至2007年12月31日止。租金从2003年4月1日起计：2003年4月1日至2004年3月31日租金标准为每月每平方米34元，即每月租金为13,779.52元；2004年4月1日至2005年3月31日租金标准为每月每平方米35.7元，即每月租金为14,468.50元。管理费从2003年2月1日起计：2003年2月1日至2004年3月31日管理费标准为每月每平方米6元，即每月管理费为2431.68元；2004年4月1日至2005年3月31日管理费标准为每月每平方米6.3元，即每月管理费为2553.26元。

《某广场租赁协议书》第3条第2项约定：被申请人必须在每月5日前将本月租金、管理费和其他费用一次性缴付给申请人或其指定的第三方，不得逾期，若有逾期，每逾期一天按拖欠总金额的1%向申请人支付滞纳金。逾期超过15天申请人有权提前终止协议，并按本协议第8条的规定追究被申请人的其他违约责任。该协议第4条约定：本协议签订之日，被申请人必须交付给申请人相当于3个月租金和管理费合计48,633.60元作为保证金。该协议第8条约定：如申请人违约，造成被申请人经济损失的，应按有关法律规定对被申请人的直接经济损失作出补偿。如被申请人违约或欠缴租金、管理费、水电费、其他费用超过15天，视作被申请人自动放弃承租使用权，双方约定由申请人收回场地另作安排，被申请人在申请人发出“收回场地通知”的3天内自行搬走，被申请人所付的履约保证金等其他一切款项不予退还，被申请人租赁范围内的固定装修设施不得拆除。

合同签订后，申请人向被申请人交付了租赁场地，被申请人向申请人缴纳了保证金32,929.20元。但从2003年4月起，被申请人就没有再向申请人支付租金，也没有向申请人支付管理费。为此，申请人依据合同中的仲裁条款向广州仲裁委员会提出申请，要求裁定终止《某广场租赁协议书》，被申请人立即退出租赁场地，将租赁场地返还申请人，并向申请人支付拖欠的租金、管理费及违约金，本案仲裁费及其他因仲裁而产生的费用由被申请人承担。

被申请人则认为申请人存在严重过错，租赁协议违反了《消防法》、《合同法》（已失效）、《民法通则》（已失效）及《城市房屋租赁管理办法》等法律法规的规定，致使租赁协议无法履行，造成被申请人遭受严重的经济损失，申请人应当承担赔偿责任。被申请人提出仲裁反请求，要求裁决申请人退还被申请人全部保证金

32,929.2 元，并赔偿被申请人装修设备损失和承担本案的仲裁费。

【仲裁裁决】

根据《合同法》第 114 条第 1 款、第 227 条的规定，仲裁庭裁决如下。

(1)终止申请人与被申请人在 2003 年 1 月 23 日签订的《某广场租赁协议书》。

(2)被申请人在本裁决书送达之日起 10 日内退出位于广州市天河区某东路 342—360 号某广场 3 层至 5 层裙楼第某层第某号的租赁场地，将租赁场地返还申请人。

(3)被申请人向申请人支付 2004 年 1 月 31 日前拖欠的租金、管理费合计 155,222.24 元及支付从 2004 年 2 月起至被申请人搬出租赁场地之日的租金、管理费(每月租金 13,779.52 元、管理费 2431.68 元，从 2004 年 4 月起每月租金为 14,468.50 元、管理费为 2553.26 元)。

(4)被申请人向申请人支付违约金(2003 年 4 月以半个月租金 6889.76 元及管理费 2431.68 元为本金；从 2003 年 5 月起至 2004 年 3 月止，以每月租金 13,779.52元、管理费 2431.68 元为本金；从 2004 年 4 月起至实际支付之日止，以每月租金 14,468.50 元、管理费 2553.26 元为本金；按每日 1%，从每月 6 日起计至实际支付日，按月计付违约金，但每月违约金的计算总额不能超过当月租金及管理费)。

(5)对被申请人的仲裁反请求全部不予支持。

(6)请求仲裁费 26,034 元，由被申请人承担(请求仲裁费已由申请人预交，由被申请人直接付给申请人)；反请求仲裁费 15,612 元，由被申请人承担。

以上应由被申请人支付给申请人的款项，自本裁决书送达之次日起 10 日内一次付清。逾期支付，按照《民事诉讼法》第 232 条的规定处理。

【案例评析】

本案双方争议的焦点是《某广场租赁协议书》是否有效。

申请人认为，双方签订的《某广场租赁协议书》合法有效。申请人是依法成立的事业单位法人，具有独立的民事主体资格，申请人的开办单位、资金来源等情况均不影响其法人资格。申请人享有对本案所涉场地的转租权。被申请人主张“根据《广东省城镇房屋租赁条例》、《城市房屋租赁管理办法》(已失效)，由于租赁场地未取得房地产证，未办理租赁登记，因此租赁协议无效”。然而，上述《广东省城镇房屋租赁条例》、《城市房屋租赁管理办法》(已失效)均不是国家法律、行政法规,租赁场地未取得房地产证、未办理租赁登记并不影响租赁协议的效力。

被申请人认为,申请人不是适格的合同主体。申请人是广州高新技术产业开发区某科技园管理委员会下属办事机构,对外不具备独立承担责任的主体资格。根据《民法典》第144条的规定,申请人因缺乏相应的民事行为能力而导致其所实施的民事行为无效。申请人所提供的租赁标的物是法律法规所禁止出租的。申请人所提供的租赁标的物的主体工程未通过建筑质量综合验收和安全消防验收,二次装修未通过消防验收,该租赁房屋的电梯也未经过安全验收,不符合交付使用标准。根据《消防法》第12条的规定,歌舞厅、影剧院、宾馆、饭店、商场、集贸市场等公众聚集的场所,在使用或者开业前,应当向当地公安消防机构申报,经消防安全检查后,方可使用或者开业。根据《民法典》第731条的规定,租赁物危及承租人的安全或者健康的,即使承租人订立合同时明知该租赁物质量不合格,承租人仍然可以随时解除合同。因此,申请人与被申请人之间的房屋租赁协议无效。申请人所提供的租赁标的物尚未依法取得房屋所有权证,并且未通过公安、环保、卫生的验收。

因此,仲裁庭认为,申请人是经广州市天河区事业单位登记管理局登记的事业单位法人,具有签订租赁合同的民事权利能力和民事行为能力,具有与被申请人签订《某广场租赁协议书》相应的民事主体资格。

根据《民法典》第153条的规定,只有违反法律或行政法规的强制性规定的合同,才能被确认无效,不能以地方性法规、行政规章作为确认合同效力的依据,而并无法律或行政法规强制规定出租房屋必须取得房地产权证及办理出租登记。租赁标的在签订租赁协议前已通过竣工验收、消防验收,租赁标的出租符合《建筑法》及《消防法》有关规定。且在本租赁协议的履行期间,租赁标的已经通过了电梯安全检验,出租的场地是可以安全使用的。而事实上被申请人在使用该租赁场地一年多的时间,并无出现安全、质量问题,被申请人也从未对租赁场地的安全质量问题提出过意见或请求解除协议,只是在申请人提起仲裁申请要求被申请人支付所欠的一年多的租金和管理费后,被申请人才以安全质量为由拒付所欠的租金和管理费,而对安全质量问题并未提出充分证据予以证实。关于被申请人提出根据天府发〔1999〕31号《关于扶持天河软件园软件企业暂行办法》第4条的规定,被申请人依此政策可享受免收2年的房租和物业管理费的优惠待遇问题,并无载入租赁协议。综上所述,被申请人认为租赁协议无效的意见,缺乏事实和法律依据,仲裁庭不予采信。

《某广场租赁协议书》是申请人与被申请人经协商自愿签订的。双方的租赁法律关系依法成立。租赁协议均具有法律约束力。任何一方不按租赁协议履行义务,属违约行为,应承担租赁协议约定的违约责任。

由于被申请人连续拖欠租金及管理费一年多,已构成严重违约,根据《某广场租赁协议书》第3条第2项、该协议书第8条的约定及《民法典》第722条的规定,出租人申请人要求终止《某广场租赁协议书》,收回租赁场地的仲裁请求合法、合理,仲裁庭予以支持。被申请人退出租赁场地前所欠付的租金、管理费,应按租赁协议约定的标准向服务中心支付。

关于申请人要求被申请人支付违约金。双方在《某广场租赁协议书》第3条第2项约定了被申请人逾期支付租金、管理费的违约金计算标准。在租赁协议有效的前提下,被申请人违约,就应按该条款约定的违约金计算标准向申请人支付违约金。据此,被申请人应按照每月拖欠租金、管理费总额按每日1%计付违约金至付清之日止,但每月所拖欠租金、管理费的违约金累计总额不应超过当月租金和管理费的总额。

关于保证金与被申请人的装修及设备损失。租赁协议约定,如被申请人违约或欠缴租金、管理费、水电费、其他费用超过15天的,被申请人所付的履约保证金等其他一切款项不予退还,被申请人租赁范围内的固定装修设施不得拆除。在本案中,被申请人是严重违约的一方,其违约才导致租赁协议的终止。据此,按租赁协议约定,被申请人要求申请人退还保证金及赔偿装修及设备损失,缺乏合同依据和法律依据,因此,仲裁庭对于被申请人要求申请人退还保证金及赔偿其装修及设备损失的反请求不予支持。但被申请人对于在租赁场地内其他属于自己的财产有权取回。

仲裁请求的仲裁费26,034元,由于申请人的请求基本都得到仲裁庭的支持,因此,仲裁费由被申请人承担。仲裁反请求的仲裁费15,612元,由于仲裁庭对全部的反请求不予支持,因此,反请求的仲裁费应由被申请人承担。

【风险提示】

首先,意思自治原则为民法上的重要原则,根据平等、自愿的精神,该原则的核心是尊重当事人的选择。因此,当事人在订立租赁合同时,应当对租赁合同中出租标的、租金数额、支付期限、支付方式、违约责任、违约金计算标准、保证金以及租赁物维修等重要条款进行充分协商并明确约定。在此基础上订立的租赁合同具有法律上的约束力,双方当事人均应遵守。

其次，根据我国《民法典》的规定，只有违反法律或行政法规的强制性规定的合同，才能被确认无效，而不能以地方性法规、行政规章作为确认合同效力的依据，这正是为了最大限度地保障当事人意思自治的权利，因此合同认定为无效的条件非常严格，当事人不能任意主张合同无效。

但需要注意的是我国民法典《民法典合同编通则解释》第十七条有如下解释：

"合同虽然不违反法律、行政法规的强制性规定，但是有下列情形之一，人民法院应当依据民法典第一百五十三条第二款的规定认定合同无效：(一)合同影响政治安全、经济安全、军事安全等国家安全的；(二)合同影响社会稳定、公平竞争秩序或者损害社会公共利益等违背社会公共秩序的；(三)合同背离社会公德、家庭伦理或者有损人格尊严等违背善良风俗的。

人民法院在认定合同是否违背公序良俗时，应当以社会主义核心价值观为导向，综合考虑当事人的主观动机和交易目的、政府部门的监管强度、一定期限内当事人从事类似交易的频次、行为的社会后果等因素，并在裁判文书中充分说理。当事人确因生活需要进行交易，未给社会公共秩序造成重大影响，且不影响国家安全，也不违背善良风俗的，人民法院不应当认定合同无效。"

(三)租赁合同的效力

租赁合同的效力主要体现在租赁合同当事人之间的权利义务。

1. 出租人的义务

(1)交付租赁物。出租人应当按照合同的约定，将租赁物转移给承租人占有。租赁物有从物的，出租人在交付租赁物时，从物一般也应同时交付。出租人交付租赁物后，在租赁存续期间不得任意抽回。除按时交付租赁物之外，出租人交付的租赁物还要符合合同约定的使用、收益的目的，否则也构成违约，要承担违约责任。同时，在交付租赁物后，出租人应当在租金存续期间保持租赁物适于承租人使用、收益。

(2)租赁物的维修义务。《民法典》第712条规定："出租人应当履行租赁物的维修义务，但当事人另有约定的除外。"需要注意的是，关于引起修缮的原因是否影响出租人的修缮义务，有不同的看法，德国民法和瑞士债务法规定，如因承租人的原因导致租赁物毁损的，出租人不负修缮义务，日本法的规定并未对发生修缮的原因加以限制，我国《民法典》采取了与日本相同的做法。但如果承租人未按照约定的方法或者租赁物的性质使用租赁物，致使租赁物受到损失的，出租人可以解除合同并要求赔偿损失。在这种情况下，出租人不负有对租赁物维修的义务。

(3)出租人的瑕疵担保责任。租赁合同中，出租人应当承担瑕疵担保责任，包括物的瑕疵担保责任与权利的瑕疵担保责任。关于出租人的瑕疵担保责任，除适用《民法典》对于出卖人所作的相应规定外，还应注意《民法典》第 731 条之规定，租赁物危及承租人的安全或者健康的，即使承租人订立合同时明知该租赁物质量不合格，承租人仍然可以随时解除合同。关于租赁物的权利瑕疵担保责任，需要注意的是，根据《民法典》第 723 条之规定，因第三人主张权利，致使承租人不能对租赁物使用、收益的，承租人可以要求减少租金或者不支付租金。

2. 承租人的义务

(1)根据约定的方法或租赁物的性质使用租赁物的义务。根据《民法典》第 709 条之规定，承租人应当按照约定的方法使用租赁物。对租赁物的使用方法没有约定或者约定不明确，依照《民法典》第 510 条的规定仍不能确定的，应当按照租赁物的性质使用。承租人按照约定的方法或者租赁物的性质使用租赁物，致使租赁物受到损耗的，不承担损害赔偿责任。承租人未按照约定的方法或者租赁物的性质使用租赁物，致使租赁物受到损失的，出租人可以解除合同并要求赔偿损失。

(2)保管租赁物的义务。根据《民法典》第 714 条之规定，承租人应当妥善保管租赁物，因保管不善造成租赁物毁损、灭失的，应当承担损害赔偿责任。故承租人应当以善良管理人的注意去保管租赁物。

相关案例分析 1

【案情简介】

2006 年 11 月 8 日，久茂公司与鸿林公司签订《可变式多用途桥梁钢桁架租赁合同》，合同约定：鸿林公司在修建天全县始阳镇凤凰大桥时，租用久茂公司获国家专利的“可变式多用途桥梁钢桁架”产品 3 套；久茂公司租赁给鸿林公司的钢三铰拱架设备包括：标准三角架、可变式弦杆、固定式弦杆、拱顶和拱脚铰板、拱支座、卸架设备、走板、钢轴、钢销、钢套、圆锥销、卡楔、卡块和零配件及专用扳手，总量约 198 吨；租金 95 万元；租期为 120 天；租赁期间，鸿林公司应加强对钢拱架设备的维护和管理，不得丢失和任意切割、焊接、变更结构或使用不当造成损坏、变形，对丢失、损坏变形不能再修复的约定了由鸿林公司赔偿的具体处理原则，如

48.5mm 钢轴 250 元/根等，其他部件 12,000 元/吨，凡按以上标准赔偿设备，久茂公司不再收回；付款方式是以现金或转账方式支付租金，第一次付款在主拱圈合拢后 15 天，付 50 万元，第二次在主拱圈合拢完毕 15 天付清全部余款；责任条款约定：钢三铰拱架自身承载能力的可行性由久茂公司保证，如因钢三铰拱架的质量原因造成的后果，由久茂公司承担；拱圈施工必须严格按照双方共同规定的加载程序进行，否则，造成的一切后果由鸿林公司承担。2006 年 12 月 15 日，久茂公司出具《关于天全县凤凰大桥钢拱架承载力承诺书》载明："若因钢拱架承载力原因造成的任何质量、安全事故，概由我单位承担。"久茂公司于 2006 年 11 月 15 日向鸿林公司提供了《四川雅安市天全县凤凰大桥可变式多用途桥梁钢桁架施工方案》，双方开始履行租赁合同。

2007 年 1 月 19 日，鸿林公司完成钢三铰拱架的安装和校正后，经监理、业主、设计单位审核后，于次日开始安砌第一环主拱圈，2007 年 2 月 4 日开始安砌第二环主拱圈。2007 年 2 月 22 日，凤凰大桥第三跨突然垮塌。雅安市人民政府成立事故调查小组，2007 年 3 月 28 日，西南交通大学作出《天全县始阳镇凤凰大桥新建工程检测报告》，雅安市人民政府事故调查小组依据西南交通大学的原因分析，对事故发生原因进行全面调查后作出《关于对天全县始阳镇凤凰大桥建设工程"2·22"垮塌事故调查报告的批复》，认定事故的直接原因是：①拱架结构的刚度和强度较弱，不能满足规范要求。②拱架施工质量较差，拱架部分杆件在焊接接头处存在裂纹并且锈蚀严重，在荷载作用下，部分杆件因受力过大造成压曲失稳而破坏。③主拱圈施工质量较差，不能满足规范要求，施工拱轴线与设计拱轴线相差太大，从而影响主拱结构的受力；拱圈砌缝和空缝的填塞不符合规范要求，拱圈砌缝宽度超过规范规定；主拱圈不能有效地参与拱架的共同受力，使拱架部分杆件的受力超过极限或变形而发生破坏。④施工工艺不符合规范要求，砌筑主拱圈时设计要求边砌边浇筑混凝土，砌缝中的小石子混凝土应先铺一部分再填塞，以达到饱满，而该桥施工工艺是先将全部拱石安完后，再浇筑混凝土，砌缝和空缝均用卵石垫隔。间接原因是：①鸿林公司的以下行为：第一，私自改变施工方案，将原"满樘式木拱架"施工方案改变成"钢三铰拱架"施工方案；第二，在采用"钢三铰拱架"时，没有要求租赁公司出具该拱架的产品合格证，并在进入施工现场前未进行查验和检测；第三，租赁质量不合格的"钢三铰拱架"；第四，安全管理人员安全意识淡薄；第五，施工工艺未按照《公路桥涵施工技术规范》进行，而是违章指挥、偷工减料、野蛮施工，导致施工质量较差。②久茂公司的以下行为：第一，出租不合格的“钢三铰拱架”,该产品生产时未制定完整的质量标准,没有进行标准备案,整机产品没有进行检验;第二,该“钢三铰拱架”经多年反复使用,配件已出现腐蚀;第三,在签订租赁协议时,也未向施工单位提供产品相关合格证明;第四,现场技术指导不力。③四川联恒工程咨询监理有限公司(以下简称联恒监理公司)的以下行为:第一,未充分履行其监理职责;第二,在施工单位拒不进行隐患整改时,监理组没有签发《工程暂停命令》;第三,监理日志不全;第四,第一环、第二环主拱圈安砌完毕后,没有按照相关工序要求进行验收。④建设单位履职尽责不够也是此次事故发生的间接原因。2007 年 6 月 28 日,久茂公司向原审法院提起诉讼,请求判令鸿林公司支付所欠租金 49 万元、超期租金 1,518,000 元和迟延履行的利息 14 万元以及赔偿久茂公司租赁物损失 3,034,000 元。

【法院判决】

一审法院判决:原审法院根据《合同法》(已失效)第 212 条、第 219 条之规定,判决如下:①由鸿林公司给付久茂公司租金 490,000 元。②由鸿林公司赔偿久茂公司租赁物损失 1,663,200 元;以上两项合计 2,153,200 元,此款在判决发生法律效力之日起 15 日内履行。③驳回久茂公司的其他诉讼请求。如果未按判决指定的期间履行给付金钱义务,应当依照《民事诉讼法》第 229 条的规定,加倍支付迟延履行期间的债务利息。案件受理费 48,074 元,由久茂公司承担 20,191 元,由鸿林公司承担 27,883 元。

二审法院判决:原审判决审理程序合法,但认定事实部分不清,适用法律错误。依照《合同法》第 120 条、第 212 条、第 231 条,《民事诉讼法》第 153 条第 1 款第 2 项、第 3 项,《最高人民法院关于民事诉讼证据的若干规定》第 2 条第 2 款的规定,判决如下:①撤销四川省雅安市中级人民法院(2007)雅民初字第 46 号民事判决;②四川鸿林建设有限公司支付成都市温江区久茂桥梁桁架科技开发有限公司租金 205,000 元;③四川鸿林建设有限公司赔偿成都市温江区久茂桥梁桁架科技开发有限公司租赁物损失 2,191,200 元,租赁物归鸿林公司所有;④驳回成都市温江区久茂桥梁桁架科技开发有限公司的其他诉讼请求。以上第二、三项款项品迭后,合计 2,396,200 元,由四川鸿林建设有限公司于本判决生效之日起 15 日内付清。如果未按本判决指定的期间履行给付金钱义务,应当依照《民事诉讼法》第 229 条的规定,加倍支付迟延履行期间的债务利息。本案第一审案件受理费 48,074 元,由成都市温江区久茂桥梁桁架科技开发有限公司承担 14,422.20 元,由四川鸿林建设有限公司承担 33,651.80 元;第二审案件受理费 57,154 元,由成都市温江区久茂桥梁桁架科技开发有限公司承担17,146.20元,由四川鸿林建设有限公司承担40,007.80元。

本判决为终审判决。

【案例评析】

本案二审争议的主要问题是:①原审程序是否合法;②鸿林公司是否支付租金;③租赁物损失及责任承担。

①关于原审程序是否合法的问题。久茂公司是以租赁合同关系起诉鸿林公司要求支付租金和赔偿租赁物损失,原审和二审均是以此讼争为审理范围,联恒监理公司既不是租赁合同关系中的合同相对人,也不是必须参加诉讼的一方当事人,与本案租赁合同无关,不应追加联恒监理公司为第三人参加本案诉讼。因此,鸿林公司上诉称本案遗漏了当事人,应当追加联恒监理公司为第三人参加诉讼的上诉理由不能成立,依法不予支持。

②关于鸿林公司是否支付租金的问题。雅安市人民政府事故调查小组依据西南交通大学结构工程试验中心的检测报告,结合各部门对事故发生原因的调查情况进行综合分析后,对事故发生的直接原因和间接原因进行了全面分析。认定鸿林公司在施工过程中存在擅自改变设计、违章指挥、偷工减料、野蛮施工等行为,且其拱圈砌缝和空缝的填塞不符合规范要求等原因造成主拱圈不能有效参与拱架的共同受力,致使钢拱架部分杆件的受力超过极限或变形。再加之久茂公司的租赁物刚度和强度较弱,存在裂纹和锈蚀,由鸿林公司和久茂公司的共同过错导致垮塌事故的发生。根据垮塌事故的原因力分析,鸿林公司的原因力大于久茂公司,应当承担主要责任。根据《民法典》第592条"当事人都违反合同的,应当各自承担相应的责任"、第729条"因不可归责于承租人的事由,致使租赁物部分或全部毁损、灭失的,承租人可以要求减少租金或者不支付租金;因租赁物部分或者全部毁损、灭失,致使不能实现合同目的的,承租人可以解除合同"的规定,鸿林公司可以适当减少租金,但鸿林公司主张不支付租金的上诉理由不能成立。因此,鸿林公司应支付久茂公司租金665,000元,扣减已支付460,000元,鸿林公司还应支付久茂公司租金205,000元。

③关于租赁物损失及承担问题。案涉租赁物是由许多标准三角架、可变和固定式弦杆、钢轴、钢套等材料组装而成,其中之一不合格均可能导致整个钢拱架承载力不符合要求。久茂公司仅凭西南交通大学的《天全凤凰大桥施工拱架计算分析研究报告》并不能证明久茂公司实际租赁给鸿林公司的钢三铰拱架组装材料质

量不存在问题,不足以证实其提供的租赁物质量符合合同约定的承载力要求。雅安市人民政府事故调查小组为了客观全面地查清此次事故的原因,委托了西南交通大学结构工程试验中心对事故桥梁进行检测分析,其相关技术人员对事故现场进行了认真勘察检测并抽取实物样本,采用科学技术手段对实物样本和租赁物现存状况进行分析研究后作出的结论,其检测人员均具备相应的检测资质,该报告客观公正。雅安市人民政府事故调查小组为查清事故原因而进行的检测程序与司法鉴定程序不同,但并不影响其效力。结合前述报告垮塌事故的原因力分析,鸿林公司应当承担主要责任。据此,鸿林公司上诉主张不应赔偿租赁物损失的上诉理由不能成立,因此依法不予支持。依据《可变式多用途桥梁钢桁架租赁合同》中钢拱架损坏后以每吨12,000元计价赔偿的约定,以及鸿林公司在《关于拱架倒塌事件调查报告的更正》中的责任承诺,鸿林公司应承担另2列钢拱架合计528,000元(12,000元/吨×22吨×2)的损失。因此,久茂公司上诉主张在原审判决基础上再加判鸿林公司赔偿久茂公司租赁物损失528,000元的上诉理由成立,依法应予以支持。据此,鸿林公司赔偿久茂公司租赁物损失合计2,191,200元(原审判决1,663,200元+528,000元)。依合同约定,鸿林公司赔偿后,租赁物归鸿林公司所有。

【风险提示】

关于租赁物的使用,出租人和承租人均应根据我国《民法典》的规定履行相应的义务和责任。

首先,出租人对租赁物负有质量瑕疵担保责任,即因不可归责于承租人的事由,致使租赁物部分或者全部毁损、灭失的,承租人可以要求减少租金或者不支付租金;因租赁物部分或者全部毁损、灭失,致使不能实现合同目的的,承租人可以解除合同(《民法典》第729条)。

其次,承租人对租赁物有正当使用和妥善保管义务,即承租人未按照约定的方法或者租赁物的性质使用租赁物,致使租赁物受到损失的,出租人可以解除合同并要求赔偿损失(《民法典》第711条)。

另外,当事人双方都违反合同的,应当各自承担相应的责任。

(3)支付租金的义务。承租人应当按照约定的期限支付租金。对支付租金的期限没有约定或者约定不明确,依照《民法典》第510条的规定仍不能确定,租赁期间不满1年的,应当在租赁期间届满时支付;租赁期间1年以上的,应当在每届满 1 年时支付，剩余期间不满 1 年的，应当在租赁期间届满时支付。承租人无正当理由未支付或者迟延支付租金的，出租人可以要求承租人在合理期限内支付。承租人逾期不支付的，出租人可以解除合同。

相关案例分析 2

【案情简介】

上海 E 公司、第三被申请人同申请人于 1992 年 3 月 12 日签订了"租船协议"，租用申请人所有的"育华"轮，租期为 12 个月，租期届满后承租人有续租的选择权。该轮在租期内实际由第三被申请人下属公司即第一被申请人使用。租期期满后，第一被申请人与申请人于 1993 年 7 月 16 日达成了继续租用该轮的租船补充协议，租金为每日 2900 美元，每月预付，其他条款仍按 1992 年 3 月 12 日的"租船协议"。第三被申请人为第一被申请人在续租期内按时支付租金提供了"担保书"。该轮于 1993 年 7 月 16 日在上海港交付第一被申请人使用。于 1993 年 12 月 15 日 8:00 停租。在续租期内，第一被申请人支付了部分租金，尚欠申请人租金 288,235 美元。在申请人的多次催促下，第一被申请人于 1994 年 4 月 17 日出具了还款计划，承诺于 1994 年年底前将结算后全部尚欠租金付清，但第一被申请人一直未予付清。又经申请人催促，第一被申请人于 1996 年 3 月 1 日提交了以第二被申请人为担保人的"还款计划书"，确认尚欠租金 288,235 美元，并承诺于 1996 年 3 月中旬开始按月偿还，每月偿还 5 万美元，余款于 8 月付清。该"计划书"还规定，如到期不偿还债务，则从 1993 年 7 月 16 日起按日利率 2‰加计租金的滞纳金，自 1993 年 7 月 16 日至 1996 年 6 月 30 日，该笔租金的滞纳金合计 432,000 美元。该"计划书"由第一被申请人的代表王 × × 签字，并由第二被申请人承担偿还债务的连带责任，但时至今日，虽经多次催讨，第一被申请人、第二被申请人、第三被申请人均未偿还任何款项，也无还款的表示。在此情况下，申请人于 1996 年 3 月 26 日向上海海事法院申请诉前财产保全，上海海事法院依法于 1996 年 3 月 27 日作出扣押船舶命令，对第二被申请人所属的"德海"轮实施了扣押。

申请人认为，第一被申请人实际租用了"育华"轮，第三被申请人既是租船补充协议的承租人，又是第一被申请人偿还租金的担保人，而第二被申请人是第一被申请人偿还债务的担保人，故在第一被申请人拖欠租金及其滞纳金的情况下，第一、第二及第三被申请人应对租金及其滞纳金负连带责任。

【法院判决】

第一,第一被申请人应于本裁决作出之日起 45 天内向申请人付清租金 288,235 美元和该笔租金自租船补充协议终止之日即 1993 年 12 月 15 日至本裁决作出之日即 1997 年 8 月 29 日年利率为 8% 的利息 85,509.64 美元,以及该笔租金自 1997 年 8 月 30 日至实际付款日年利率为 8% 的利息。逾期支付或逾期不支付该笔租金,应自应付之日起加计该笔租金年利率为 9% 的利息。

第二,第一被申请人应于本裁决作出之日起 45 天内向申请人付清申请人的律师代理费和因本案产生的旅差费人民币 45,328 元。

第三,第二被申请人应根据"还款计划书"中的保证对第一被申请人的债务承担连带责任。第三被申请人应根据"保证书"中的保证对第一被申请人的债务承担赔偿责任。

第四,本案仲裁费为×××美元、实际开支为人民币×××元,由申请人和第一被申请人各负担一半,即各负担×××美元、人民币×××元。申请人在提起仲裁时已预付仲裁费×××美元,第一被申请人已预付实际开支人民币×××元。应退还申请人的×××美元即作为第一被申请人应负担的仲裁费,应退还第一被申请人的人民币×××元即作为申请人应负担的实际开支。第一被申请人在向申请人支付以上第一项、第二项所列款项时,应向申请人加付×××美元并扣减人民币×××元。

本裁决为终局裁决。

【案例评析】

案件争议焦点体现在以下几方面。

①关于租船补充协议

第一,第一被申请人认为,该轮原"租船协议"是由共同承租人上海 E 公司和第三被申请人与申请人签订的,而共同承租人从未委托任何单位代签过续租该轮的补充协议,任何单位在无权签订续租该轮补充协议的情况下所签订的补充协议从而是无效的。

仲裁庭注意到,当事各方提供的材料显示,上海 E 公司和第三被申请人作为共同承租人与申请人签订的"租船协议"已于 1993 年 5 月 25 日终止,在"租船协议"终止后,第一被申请人船务部于 1993 年 7 月 16 日与申请人签订了租船补充协议。从租船合同当事人的角度说,虽然两个协议项下的出租人均为申请人,而且标的均为"育华"轮,但承租人却完全不同,"租船协议"项下的承租人为上海 E

公司和第三被申请人，而租船补充协议项下的承租人的盖章签字方却为第一被申请人船务部，这表明租船合同的当事人发生了变化。从租船合同的内容上看，与“租船协议”比较，租船补充协议的主要条款也有重大变更，例如，航线、交还船时间与地点、租金率、租期、租金支付办法等，这表明租船补充协议的双方当事人对租船条件和条款作出了不同的约定。“租船协议”终止后，双方当事人以书面形式签订了租船补充协议，明确规定了船舶名称、交还船时间与地点、租期、租金率、租金支付办法，还特别规定了保证条款。至于租船合同的其他条款，其中包括仲裁条款，双方当事人约定“按 1992 年原协议执行”。租船补充协议中未写明的条款按 1992 年租船协议执行，即将申请人于 1992 年 3 月 12 日与上海 E 公司及第三被申请人签订的“租船协议”中的条款并入了租船补充协议中。由此可见，申请人与第一被申请人船务部之间签订的租船补充协议的条款是完整的，虽然租船补充协议的称谓中使用了“补充”一词，但其实质却是一个独立的租船合同。是申请人同第一被申请人船务部的一致意思表示。第一被申请人以“租船协议”项下的共同承租人从未委托任何单位代签续租该轮的租船补充协议为由，认为任何无权代签租船补充协议的单位所签订的租船合同无效的主张，是不能成立的。

第二，第一被申请人还认为，租船补充协议是其下属非独立核算的船务部在未经授权的情况下与申请人签订的，从合同主体资格上讲，租船补充协议也是无效的。

仲裁庭注意到，申请人和第一被申请人在第一被申请人船务部不具备法人资格的问题上没有分歧意见。仲裁庭还注意到，第一被申请人与上海 E 公司于 1992 年 11 月 20 日签订的“承包经营协议”规定：“……由乙方（上海 E 公司）王××同志，提出承包甲方（第一被申请人）船务部，甲方表示同意……由甲方法人为乙方承包人出具业务经营委托书，提供船务部的业务合同专用章、财务专用章……”王××承包的船务部是隶属于第一被申请人的业务部门，第一被申请人向其船务部出具业务经营委托书并提供业务合同专用章，充分表明了以第一被申请人下属业务部门船务部的名义签订租船补充协议并经王××签字，是经法人第一被申请人同意和授权的行为，是代表第一被申请人签订租船补充协议的行为。根据《民法典》及其司法解释的规定，第一被申请人船务部同申请人签订租船补充协议，该行为的法律后果应由其所隶属的法人第一被申请人承担。第一被申请人以其船务部不具备法人资格在未经授权的情况下签订租船补充协议为由否定租船补充协议效力的主张，不能成立。第一被申请人所称的“承包经营协议”未生效、未履行的主张缺少证据。

基于以上分析，仲裁庭认为，租船补充协议是一份有效成立的独立租船合同，第一被申请人船务部在该协议上加盖公章和王××签字是经第一被申请人同意和授权的行为，是代表第一被申请人签订租船补充协议的行为，因此，租船补充协议项下的承租人应为第一被申请人，其应承担租船补充协议产生的债务。

②关于时效期间

第一被申请人认为，自1993年12月15日租船补充协议终止至申请人提起仲裁之日已近3年时间，因此申请人的仲裁请求已丧失时效。

租船补充协议签订于1993年7月16日，我国《海商法》于1993年7月1日起施行，故申请人与第一被申请人之间的争议包括时效期间应适用我国《海商法》。我国《海商法》第259条规定：“有关船舶租用合同的请求权，时效期间为二年，自知道或者应当知道权利被侵害之日起算。”

根据上述规定，本案主合同租船补充协议项下的时效期间应为2年，并应从申请人知道或者应当知道权利被侵害之日起算。租船补充协议于1993年12月15日终止，申请人在该协议终止之时仍未收到第一被申请人应付的全部租金，1993年12月16日应作为申请人知道或者应当知道其权利被侵害的日期，因此时效期间应从1993年12月16日起算。

我国《海商法》第267条规定：“时效因请求人提起诉讼，提交仲裁或者被请求人同意履行义务而中断……请求人申请扣船的，时效自申请扣船之日起中断。自中断时起，时效期间重新计算。”第一被申请人船务部于1994年4月17日向申请人出具了还款计划，同意分期支付租金，故自1993年12月16日起算的时效期间于1994年4月17日中断，时效期间应重新计算至1996年4月17日。

本案主合同租船补充协议的时效期间和时效的中断适用我国《海商法》的规定。至于主合同的债权人向从合同的保证人提出权利主张能否构成主合同时效中断问题，我国《海商法》没有规定。对我国《海商法》没有规定的，应适用我国《民法典》的有关规定。

根据《民法典》中诉讼时效的相关规定，诉讼时效在权利人主张权利或者义务人同意履行义务而中断后，权利人在新的诉讼时效期间内，再次主张权利或者义务人再次同意履行义务的，可以认定诉讼时效再次中断。

根据《民法典》第195条的规定，如果本案申请人作为主合同租船补充协议的债权人向本案被申请人作为从合同保证合同的保证人提出过权利主张，则主合同租船补充协议的时效应该中断并重新计算。经查，第二被申请人于1996年3月1日向申请人出具了“还款计划书”，保证对第一被申请人分期偿付申请人租金承担连带责任，申请人据此于1996年3月26日向上海海事法院申请扣押第二被申请人所属船舶“德海”轮，该法院于1996年3月27日扣押了该轮。申请人于1996年3月26日向该法院申请扣押第二被申请人所属船舶“德海”轮，应当认为是申请人向保证人第二被申请人提出权利主张，因此主合同租船补充协议的时效期间应于1996年3月26日再次中断并于次日起重新计算至1998年3月26日。申请人于1996年7月3日提起仲裁，应当认为其在时效期间内提出权利主张，因此，申请人的仲裁请求并未超过时效期间。第一、第三被申请人所称申请人的仲裁请求已丧失时效的理由不能成立。

③关于保证人的担保

第一，第二被申请人作为保证人、第一被申请人船务部王××作为续租船代表人，于1996年3月1日向申请人出具了“还款计划书”。该“还款计划书”上载明：“……上述还款计划由原租船人海南××船务实业有限公司与船务部王××承担偿还上述债务责任，并同意以××国际航运有限公司（本案第二被申请人）为偿还以上债务的经济担包（保）人。担保人承担偿还债务的连带责任。担保人同意若到期日无法偿还债务，愿意偿还尚欠债务利息，利息每日以2900元的利率计算（利息应从1993年7月16日起算）。”第二被申请人在“还款计划书”上加盖了公章，并由其董事长王××签字。

基于以上焦点一所述意见，主合同租船补充协议已有效成立，租船补充协议第3条规定：“承租人提供船东可接受的经济担保。”第二被申请人在“还款计划书”上对第一被申请人所欠的租金作出了保证，其应根据我国《民法典》的规定，按担保约定对申请人承担连带责任。第二被申请人所称的王××在“还款计划书”上私盖了第二被申请人公章的主张没有依据。仲裁庭注意到，第二被申请人对申请人向其作为保证人提出权利主张的时效期间未提出异议。

第二，第一被申请人船务部于1993年7月2日致函申请人，要求继续租用该轮，并称由其“提供本公司上级领导机构海南××集团公司作经济担保”。第三被申请人向申请人提供了第三被申请人于1993年7月20日出具的盖有第三被申请人公章的“担保书”。该“担保书”载明：“本集团公司船务实业有限公司（本案第一被申请人）船务部从1993年7月16日12:00起，续租贵公司‘育华’轮一事，现原(愿)为该部担保如下：(1)担保每月按期支付租金。(2)担保日租金2900USD/天，以美元支付。原(愿)为以上条款作经济担保，特出此担保书为证!"

根据《民法典》及其相关司法解释中保证合同的成立条件，第三被申请人认为王××盗用了盖有其公章的空白信笺填制了"担保书"，但第三被申请人并未提供能够证明王××盗用行为成立的证据，基于以上焦点一所述意见，主合同租船补充协议已有效成立，应当认定"担保书"是有效的担保合同。第三被申请人应根据其在"担保书"中所作的保证承担责任。"担保书"中没有明确第三被申请人保证支付租金的担保方式。依据《民法典》第686条规定：当事人在保证合同中对保证方式没有约定或者约定不明确的，按照一般保证承担保证责任。根据该条的规定，第三被申请人应按其在"担保书"中所作的保证对申请人的租金请求288,235美元及其利息承担赔偿责任。

第三被申请人还认为，申请人向其主张权利已明显丧失时效。仲裁庭认为，申请人根据主合同租船补充协议第3条的担保条款和第三被申请人出具的"担保书"向第三被申请人提出权利主张，属于保证合同项下的争议，在该案发生时，我国《民法典》尚未出台，应适用我国《民法通则》(已失效)第135条规定的2年时效期间，时效期间的起算应适用《民法通则》第137条"诉讼时效期间从知道或者应当知道权利被侵害时起计算"的规定。第三被申请人作为保证人于1993年7月20日出具了"担保书"，申请人在租船补充协议于1993年12月15日终止时既未收到第一被申请人应支付的租金，亦未收到第三被申请人基于担保责任应付的租金，应该认为申请人于1993年12月16日知道或者应当知道其权利被侵害，因此应从1993年12月16日起算时效期间。依据《民法典》及其司法解释的规定，一般保证责任合同中主债务的诉讼时效中断，保证债务的诉讼时效亦中断。第三被申请人出具的"担保书"中未约定保证责任期限，因此，保护申请人根据保证合同向第三被申请人主张权利的请求权的时效期间，应随主合同的时效期间的中断而中断。根据仲裁庭在以上焦点二中的意见，主合同租船补充协议的时效期间于1996年3月26日中断，从合同即保证合同的时效期间亦应于1996年3月26日中断，并应于此日起重新计算至1998年3月26日。申请人于1996年7月3日提起仲裁，向第一被申请人提出权利主张的同时，亦要求第三被申请人承担赔偿责任，因此申请人并未丧失保护权利的时效。第三被申请人关于申请人丧失时效的主张不能成立。

【风险提示】

首先,租赁合同是有偿合同,承租人负有依照租赁合同的约定向出租人支付租金的义务。因此,在订立租赁合同时,建议当事人在合同中明确约定租金数额,租金支付期限、租金支付方式以及违约责任等事项,以保障出租人的合法权利。

其次,我国《民法典》关于租赁合同的规定为一般租赁的规定。其他特殊租赁如船舶租赁,《海商法》等特别法有特别规定时,应优先适用《海商法》等特别法的规定。

(4)租赁物的返还义务。租赁期间届满,承租人应当返还租赁物。返还的租赁物应当符合按照约定或者租赁物的性质使用后的状态。租赁期间届满,承租人继续使用租赁物,出租人没有提出异议的,原租赁合同继续有效,但租赁期限为不定期。承租人在房屋租赁期间死亡的,与其生前共同居住的人可以按照原租赁合同租赁该房屋。

相关案例分析3

【案情简介】

原告沅陵县粮食局诉称,2000年8月18日原告与被告唐某甲签订了为期8年的房屋租赁合同,将原告位于沅陵镇辰州东街66号粮食大楼一、二楼房屋,出租给被告唐某甲经营凯帝大酒店。在经营过程中被告唐某甲将二楼部分房屋转租给被告唐某乙经营KTV歌厅。被告唐某甲向唐某乙收取租金,原告按原合同向唐某甲收取租金。合同到期后,被告唐某甲、唐某乙均不肯腾空、返还原告的房屋。两被告强占原告的房屋的行为系侵权行为,应当承担侵权赔偿责任,并立即停止侵权,及时腾空返还原告房屋。根据县委、政府的统一布置,原告的粮食大楼被纳入县龙舟三期拆迁工程的配套改建项目,必须拆除改建,由于两被告的侵权行为,导致该项目不能实施,严重侵害了原告的合法权益,影响了县龙舟三期拆迁工程的建设。原告为维护自己的合法权益,特依法向法院提起诉讼,请求判令被告唐某甲、唐某乙立即停止侵权行为、及时腾空返还原告房屋并赔偿强占原告房屋期间给原告造成的损失43,800元。

案件具体事实:2000年8月18日原告沅陵县粮食局作为甲方与被告唐某甲作为乙方签订为期8年的房屋租赁合同。合同约定,“甲方将其所属办公大楼的一、二楼楼梯间、二楼(不含东头三间房及走廊)、二楼会议室、东头一间临街门面、机关食堂(包括一间小车库房,另一间车库甲方暂不出让,待小车处理后交乙方使用)承租给乙方,为经营服务业使用,承租期限为8年,从2000年8月18日起至2008年8月18日止。在承租期间,未经甲方同意,乙方不得擅自以任何形式将承租范围房屋转让给第三方使用。乙方如果要求将房屋转让给第三方使用,必须征得甲方同意。甲方同意后,取得使用权的第三方即成为本合同的当然乙方,享受原乙方的权利,承担原乙方的义务"。合同签订后,被告唐某甲在其承租的范围内开始经营凯帝大酒店。2006年6月16日唐某甲未征得原告同意作为甲方与袁某某作为乙方签订转租合同,"承包范围为粮食局凯帝大酒店的一楼休闲部、二楼客房部及一个大厅,经营所需要的配套设备和设施承租给袁某某,承包期限为2006年6月30日至2008年6月30日。双方还约定,乙方可根据经营需要对经营场地进行装修,未经甲方同意,乙方不能在主体建筑上进行打墙、开门、打厅(打大厅的墙)工程施工,本合同到期后,乙方可搬走购置的经营设备,但装饰、装修的门窗、墙体、墙面应保持现状,不得拆除、破坏;粮食局将房屋续租,甲方在同等条件下,优先转租给乙方"。在袁某某没有实际取得承租权,亦未征得原告同意的情况下,袁某某的合伙人张某某在袁某某与唐某甲签订合同之前即2006年6月12日,与张某签订了转租合同。双方约定,张某某作为乙方,张某作为丙方,将其即将承租的粮食局凯帝大酒店的一楼大堂、二楼客房部8个房间及一个大厅转租给张某,承包期限为2006年6月30日至2008年6月30日,双方还约定,丙方可根据经营需要对经营场地进行装修,未经乙方同意,丙方不能在主体建筑进行打墙、开门、大厅工程施工,本合同到期后,丙方可搬走购置的经营设备,但装饰、装修的门窗、墙体、墙面应保持现状,不得拆除、破坏。张某在承租期间与李某甲、张某某、李某乙合伙经营皇马俱乐部。同年9月26日张某等4人在未征得原告同意的情况下,与唐某乙签订了转让协议,将其承租的经营范围全部转让给唐某乙经营金世纪俱乐部,双方没有签订书面的转租合同。2006年12月29日袁某某收取唐某乙2007年1月1日至同年6月30日的租金30,000元,2007年8月14日袁某某收取唐某乙2007年7月1日至同年12月31日的租金30,000元。2008年1月因袁某某拖欠唐某甲租金,唐某甲的丈夫吉某某就直接到唐某乙手中收取了2008年1月至同年6月底的租金30,000元。2008年6月30日唐某甲与袁某某签订的转租合同及唐某乙的经营期限均已到期。在此期间,唐某甲未转租给袁某某的部分承租房屋,其转租给周某某经营无名火锅城,袁某某未转租给张某的部分承租房屋,其一直在经营洗脚城。2008年8月8日原告向唐某甲发出书面通知，在合同到期后原告将终止合同，收回使用权，并要求凯帝大酒店停止经营活动，做好搬迁工作。2008 年 8 月 18 日原告与唐某甲之间签订的合同到期后，袁某某没有向唐某甲缴纳所欠租金，唐某甲也未向原告缴纳租金。唐某甲将其转租给周某某经营的无名火锅城及袁某某经营的洗脚城退还给了原告，转租给唐某乙经营金世纪俱乐部的承租范围因原告与唐某乙就相关损失没有达成合意，至今由唐某乙实际占有。2009 年 4 月 17 日沅陵县政府决议将原告粮食局办公大楼纳入县龙舟三期拆迁工程，对该楼进行改建。同年 6 月 22 日原告在办公楼张贴门面进行拆除的通知，要求所有经营户在同年 7 月 15 日前停止经营活动，将经营物品、装修材料等财产全部搬走，并决定次日停止供水供电，实施对大楼及门面的拆除工作。由于唐某乙对租赁物的实际占有，同年 8 月 24 日，原告以两被告侵权为由向本院提起诉讼。

【法院判决】

依照《民法通则》（已失效）第 117 条第 1 款，第 134 条第 1 款第 1 项、第 4 项、第 7 项，《物权法》（已失效）第 34 条、第 37 条及《合同法》（已失效）第 235 条、第 236 条之规定，判决如下：

第一，被告唐某乙于本判决生效后 5 日内将其经营的金世纪俱乐部所占用的房屋腾空并返还给原告沅陵县粮食局。

第二，被告唐某乙赔偿原告沅陵县粮食局从 2008 年 8 月 19 日起至房屋返还之日止的损失 43,800 元。

第三，驳回原告沅陵县粮食局对被告唐某甲提起的诉讼请求。

如果未按本判决指定的期间履行给付金钱义务，应当依照《民事诉讼法》第 229 条之规定，加倍支付迟延履行期间的债务利息。

本案案件受理费 2928 元，由被告唐某乙负担。

如不服本判决，可在判决书送达之日起 15 日内，向本院递交上诉状，并按对方当事人的人数提出副本，上诉至湖南省怀化市中级人民法院。

【案例评析】

本案是一起因房屋租赁引起的物权保护纠纷。原告与被告唐某甲签订的房屋租赁合同合法有效，合同履行过程中，被告唐某甲未经原告同意，将其承租的部分租赁物转租给他人，致使合同到期后，被告唐某甲不能按约定将租赁物全部返还给原告，对此，被告唐某甲应承担违约责任。但本案原告起诉选择的是追究对其所有的房屋的侵权责任，依法应由实际占有、使用原告房屋的侵权人承担侵权责任，因被告唐某甲在租赁合同到期后并未占有、使用本案争议的房屋，故原告以侵权之诉要求被告唐某甲返还房屋并赔偿损失的诉讼请求理由不能成立。

被告唐某乙是经多次转租后获得金世纪俱乐部所占房屋的使用权，这些转租行为均未得到出租人原告的同意，但原告在6个月内对这些转租行为均未提出异议，应当视为原告对转租的认可，唐某乙的转租合同合法有效。但唐某乙的转租合同是与张某某、袁某某之间发生的，基于合同的相对性原则，唐某乙与原告并未成立租赁合同关系，因而转租合同到期后，即使唐某乙继续占用租赁物，也不能与原告形成不定期租赁关系，故唐某乙在转租合同到期后未经原告同意对租赁房屋的占有是一种无权占有，构成对原告房屋所有权的侵害，应当承担侵权责任。唐某乙的转租合同于2008年6月30日到期，但原告在本案中只主张赔偿2008年8月19日起至房屋返还之日止的损失，按原告主张的日期进行计算，原告的损失应为被告唐某乙所占用的房屋的出租租金损失。因原告主张的损失数额是43,800元，未超过唐某乙原转租合同约定的年租金6万元，本院以原告的主张为准。原告要求被告唐某乙返还占用的房屋及赔偿损失的诉讼请求于法有据，法院应予以支持。

【风险提示】

转租是房屋租赁法律关系中常见的法律问题。当转租情况发生后，即存在两个租赁合同和3个当事人，包括出租人、承租人和次承租人。

需要注意的是，出租人和次承租人之间无合同关系，因此次承租人损害租赁房屋的，出租人可选择如下解决方式：第一，出租人向次承租人主张返还租赁房屋以及侵权损害赔偿；第二，若转租未经出租人同意，则出租人可向承租人主张违约损害赔偿。

但是出租人不能向次承租人主张违约损害赔偿，也不能向承租人主张侵权损害赔偿。

3. 租赁合同中需要特别注意的几个问题

(1)承租人的优先购买权。何为优先购买权？王泽鉴先生认为："优先承买权云者，谓特定人依约定或法律规定，于所有人义务人出卖动产或不动产时，有依同样条件优先购买之权利。"①

① 王泽鉴：《民法学说与判例研究》(第1册)，中国政法大学出版社2005年版，第475页。

我国现行法上的优先购买权主要为法定优先购买权，对于该优先购买权的性质，有不同学说。

一是期待权说。期待权就是指因具备取得权利的部分要件，受法律保护，具有权利性质的法律地位。[①] 主张优先购买权是“期待权”的学者认为，标的物所有人即出租人未将标的物出卖，则优先购买权人的权利尚未现实化，因此只处于期待权状态。

二是形成权说或附条件的形成权说。持形成权观点的学者认为，优先购买权人在具备了法律规定的条件的情况下，只须依自己一方的意思表示，即可形成与出卖人之间的买卖关系，无须征得出卖人同意，故优先购买权是形成权。他的作用在于权利人仅凭自己的行为即可实现权利。德国民法学说认为，优先购买权可以依一方当事人的意思，形成义务人出卖与第三人同样条件为契约，而无须义务人的承诺，但这种形成权附有停止条件，只有在义务人出卖标的物与第三人的时候，才能行使。[②]

三是“物权”说或“债权”说。在德国法上，优先购买权分为物权的优先购买权和债权的优先购买权，其划分的界限在于优先购买权是否能对抗第三人，无论是法定的还是约定的优先购买权，都属于这两种优先购买权。[③]

四是“双重性质”说。这种观点认为，优先购买权是兼具物权和债权性质的权利，不仅仅具有债权的效力，也具有某些物权的效力。一方面，优先购买权是法定的而非当事人约定的权利，不仅对意思自治原则有所限制，而且对所有权也有所限制，因而符合物权法定的特点；另一方面，优先购买权具有对抗第三人的效力，具有极为明显的物权效力特征，同时，明确优先购买权为一种有物权效力的权利，有利于加强对特定关系人的保护。通过物权法定，防止在实践中把一些本不应作为优先购买权保护的利益加以保护。[④]

上述主张都有各自的道理。不过，称优先购买权是期待权，则没有抓住实质的问题，因为优先购买权有两种形态，在出租人未出卖房屋时，他当然是期待权，但在其生效条件具备时，他就不是期待权，而是现实的权利。在德国，学者通说认为，不动产先买权为附条件的形成权。在我国台湾地区，实务界依不动产先买权

---

① 参见王泽鉴：《民法学说与判例研究》（第 1 册），中国政法大学出版社 1998 年版，第 145 页。

② 参见王泽鉴：《民法学说与判例研究》（第 3 册），中国政法大学出版社 1998 年版，第 353 页。

③ 参见孙宪忠：《德国当代物权法》，法律出版社 1997 年版，第 170 页。

④ 参见王利明：《物权法研究》，中国人民大学出版社 2002 年版，第 351 ~ 352 页。

的发生原因确定其法律性质。对于法定的先买权，认为是买卖契约订立请求权，某判决认为："'土地法'第104条后段所谓房屋优先承买权，系指买卖契约订立请求权而言。"对于约定的先买权，认为是附条件的形成权，台湾地区法院认为："优先承受权之主要内容，乃赋予先买权人以附有条件之形成权，由先买权人附有条件之形成权之行使，使权利人与义务人间成立义务人与第三人所订立同样条件买卖。"①不过，理论界却认为，法定的先买权和约定的先买权虽然成立方式不同，但基本性质应无差异，所以对先买权的法律性质应作统一解释。依买卖契约订立请求权的理论，买卖契约的成立尚需义务人的同意，论其实质，无异于要约，因此义务人有权予以拒绝。这与一般买卖契约的成立并无区别，不能合理说明先买权的本质。故多数学者认为不动产先买权为附条件的形成权。②

笔者认为，应将承租人的优先购买权界定为具有物权性质的附条件的形成权。先买权人得依一方的意思，形成以义务人出卖与第三人同样条件为内容的契约，无须出卖人的承诺。只是此项形成权附有停止条件，须待义务人出卖不动产于第三人时，始得行使。

承租人的优先购买权是需要具备一定条件的：一是承租人的优先购买权必须是在出租人出售其出租房屋的同等条件下才能行使。这是承租人优先购买权行使的核心问题。承租人的优先购买权并非以优于他人的购买条件而取得出租人出租房屋的优惠权。承租人优先购买权的行使既未能影响房屋买卖本身的性质和成立条件，亦不能损害出租人出卖出租房屋的合法权益。承租人只有按照等价有偿的原则履行买卖合同中同等条件的义务。对于"同等条件"的理解，可包括如下几个方面：首先，价款条件要等同，即承租人允诺支付的价款数额应等同于第三人在合同中允诺支付的价款。其次，关于价款的支付方式，也应等同于第三人允诺的方式。如第三人允诺一次性付清，承租人则不得主张分期支付。但若出租人允许第三人分期付款，则承租人除非为出租人提供了充分而适当的担保，否则不得请求分期付款。③ 二是承租人优先购买权必须在一定期限内行使。依据《民法典》第726条的规定，出租人出卖租赁房屋的，应当在出卖之前的合理期限内通知承租人，承租人享有以同等条件优先购买的权利；但是，房屋按份共有人行使优

---

① 王泽鉴：《民法学说与判例研究》（第1册），中国政法大学出版社1998年版，第506页。

② 参见杨立新：《共有权研究》，高等教育出版社2003年版，第413页。

③ 参见戴孟勇：《房屋承租人如何行使优先购买权——以〈合同法〉第230条为中心的解释论》，载《清华大学学报（哲学社会科学版）》2004年第4期。

先购买权或者出租人将房屋出卖给近亲属的除外。因此承租人应在合理期限内行使优先购买权。

(2)关于“买卖不破租赁”。近现代民法中对“买卖不破租赁”原则的规定,最早见于1900年的《德国民法典》,之后相继为各国及地区采用,代表性的规定有《日本民法典》第605条、我国台湾地区“民法”第425条。此原则是对传统的“买卖不破租赁”原则的突破,并且其导致的租赁权物权化开创了债权法发展的新格局。

在我国法上,租赁权属于债权,但历来承认租赁权的物权化。我国法律对“买卖不破租赁”原则的规定,《最高人民法院关于贯彻执行〈中华人民共和国民法通则〉若干问题的意见(试行)》(已废止)第119条第2款“私有房屋在租赁期间,因买卖、赠与或者继承发生房屋产权转移的,原租赁合同对承租人和新房主继续有效”的规定,《合同法》第229条“租赁物在租赁期间发生所有权变动的,不影响租赁合同的效力”的规定,《城市房屋租赁管理办法》第11条“租赁期限内,房屋出租人转让房屋所有权的,房屋买受人应当继续履行原租赁合同”的规定,依据《民法典》的相关规定,这些共同体现了“买卖不破租赁”原则。但构成改为《民法典》第725条租赁物所有权变动的原因,不仅仅只有买卖行为,还包括强制拍卖、抵债、交易、赠与、遗赠甚至将租赁物作为公司、合伙出资。因此,通说的所谓“买卖不破租赁”,按照王泽鉴先生之观点,“未臻精确,严格言之,宜称为‘所有权之让与不破租赁’”。

买卖不破租赁的设立原因主要有两层含义:一是为了保护弱势的承租人。承租人作为租赁合同的一方,如果所有物的任意性变动便会导致其承租权的丧失,那么承租人的权利保障便无从谈起。二是为了缔约成本的经济化。如果买卖合同的签订会导致租赁合同的无效,那么租赁物的出租就会受到影响,进而会引起整个经济活动成本的增加,这也是“买卖不破租赁”原则为各国立法所认同的深层次原因。

在我国《民法典》颁布以前,有关“买卖不破租赁”的规则在原《经济合同法》第23条、第44条有所规定,如原《经济合同法》第23条第2款规定:“出租方应按照合同规定的时间和标准,将出租的财产交给承租方使用。如果出租方将财产所有权转移给第三方时,租赁合同对财产新的所有方继续有效。”我国《民法通则》(已失效)对此没有规定,但《最高人民法院关于贯彻执行〈中华人民共和国民法通则〉若干问题的意见(试行)》中对此作了规定。该意见第119条第2款规定:“私有房屋在租赁期内,因买卖、赠与或者继承发生房屋产权转移的,原租赁合同对承租人和新的房主继续有效。”出于对上述法律和司法解释的统一性考虑,我国现行《民法典》第 725 条“租赁物在承租人按照租赁合同占有期限内发生所有权变动的,不影响租赁合同的效力”的规定,结合相关国家关于“买卖不破租赁”的立法例,我们可以看到《民法典》第 725 条存在以下几个方面的缺陷。

第一,我国《民法典》第 725 条与台湾地区“民法”的立法规定一样,都没有严格区分动产租赁与不动产租赁,有统一适用“买卖不破租赁”规则之嫌,这一点与德国、法国和日本等国家民法就“买卖不破租赁”规则的适用仅限于不动产租赁相比有失妥当,例如《德国民法典》第 566 条第 1 款以及第 578 条第 1 款、第 2 款、第 3 款的规定和准用包括第 566 条在内的条文规定“买卖不破租赁”规则仅适用于土地租赁关系,住房以及住房以外的房屋的使用租赁关系和已登记的船舶租赁关系。《日本民法典》第 605 条、《瑞士债务法典》第 529 条第 2 款及第 260 条亦有相似的规定。我国《民法典》对动产租赁和不动产租赁未做适当区分,难谓妥当。另外,租赁权作为一种使用、收益物权,承租人占有租赁物是行使租赁权的当然前提,对此我国《民法典》作规定,相应地,台湾地区“民法”第 425 条有“承租人占有中”的规定就显得比较科学。

第二,我国《民法典》第 725 条的条文表述过于宽泛。在“买卖不破租赁”规则的立法条文表述方面,各国的情况不尽相同。我国《民法典》使用了“租赁物在租赁期间发生所有权变动”的文字,我国台湾地区“民法”第 425 条表述为“纵将其所有权让与第三人……”《德国民法典》第 566 条是“……被出租人让与给第三人的……”的表达,而《法国民法典》第 1743 条则用了“出卖人出卖租赁物……”行文。“买卖不破租赁”规则的要旨在于贯彻他物权优先于所有权,即他物权是所有权的限制和负担的法理,也就是说,承租人的租赁权可以对抗受让人受让的租赁物的所有权,严格地讲,“买卖不破租赁”的提法或表述,未臻精确,应称为“租赁物所有权让与不破租赁”才较妥当。

第三,从整个世界范围内的立法现状来看,“买卖不破租赁”原则的适用大多是以登记作为公示要件的。对于“买卖不破租赁原则”的适用通过实际交付、登记对抗等方式进行一定的限制,已经成为各国立法的通例和共识,其中登记对抗的公示方式也已成为立法的主流。目前,我国仅在《民法典》上笼统地规定了买卖不破租赁原则,还没有确立完善的登记对抗制度,缺乏对善意物权人和债权人的有效保护。《城市房地产管理法》第54条规定:“房屋租赁,出租人和承租人应当签订书面租赁合同,约定租赁期限、租赁用途、租赁价格、修缮责任等条款,以及双方的其他权利和义务,并向房产管理部门登记备案。”

相关案例分析4

【案情简介】

1999年11月28日,北京某大厦有限公司(后变更名称为万泰公司)签署租赁协议(以下简称《合约》),将其所有的万泰大厦203号、204号铺位(建筑面积1503.08平方米)出租给北京某餐饮有限公司(乙方)约定:租赁期限10年,自2000年1月1日起至2009年12月31日止;前5年(2000年1月1日至2004年12月31日)租金为USD2.8/月/平方米(建筑面积),每月为USD4208.62,第6年至第8年租金上下不超过前5年保底租金的15%,第9年至第10年的租金上下不超过第6年至第8年保底租金的15%;租金以美元计算,如乙方支付人民币,可按中国人民银行对美元外汇牌价的中间价计算;铺位用途为餐饮及相关行业;管理费每月USD6763.86。某餐饮公司使用203号、204号铺位经营分店。在履约中,其与万泰公司并无纠纷。

2003年12月16日,北京市高级人民法院(以下简称北京高院)依据(2003)高民初字第500号民事调解书及(2003)高执字第187号裁定书,委托中鸿信拍卖有限公司公开拍卖万泰大厦(除自然层第5、6、11、15屋及801、916~919号单元外)。北京首创资产管理有限公司(以下简称首创公司)买受了上述房地产。2004年2月5日,北京高院通知首创公司“自2004年2月1日起,(买受)房地产的营业收入归你公司所有,有关费用的支付亦由你公司承担”。自此,东环公司接手管理首创公司购买的万泰大厦物业,并向某餐饮公司收取租金。后东环公司代首创公司付清竞拍价款。2004年10月18日,北京高院向北京市国土资源局、北京市建设委员会发出协助办理将有关房屋产权过户给东环公司的通知书。2005年2月,东环公司取得房屋所有权证。东环公司认为其与某餐饮公司的租赁关系形成于2004年10月,原租赁合同约定的租金过低,属显失公平,遂数次要求提租,均遭某餐饮公司拒绝。双方由此形成诉争。

【法院判决】

一审法院认为东环公司主张变更合同,缺乏依据,判决驳回其全部诉讼请求;二审法院驳回了东环公司的上诉请求,维持一审法院判决。

【法律分析】

本案的争议焦点比较明显，即物业受让人东环公司能否以原定租金过低、显失公平为由，要求承租人变更租赁合同。该争议焦点涉及两个基本的法理问题。

一是“买卖不破租赁”的原则。“买卖不破租赁”也即租赁期间，租赁物的所有权发生变化，并不影响租赁合同的效力。该学说的实质是承认“租赁权的物权化”：租赁权的性质本为债权，但为保护承租人的利益，维护稳定的经济秩序，立法者通过法律强化了租赁权的效力，从而使其产生物权化的趋势，突出表现为租赁权对抗其他债权的效力。我国《民法典》吸收了这种思想，《民法典》第725条即是该思想的反映。本案中，万泰公司与某餐饮公司的租赁合约，并不因东环公司受让该物业而终止，《合约》对东环公司与某餐饮公司依然产生拘束的效力，东环公司要求变更该《合约》，必须征得某餐饮公司的同意，否则无权单方面变更原租赁合约，某餐饮公司享有请求东环公司继续履行原合约的权利。

二是显失公平导致合同变更或撤销的问题。合同的撤销，是指因意思表示不真实，通过撤销权人行使撤销权，使已经生效的合同归于消灭。在理论上，学者将这种阻碍合同效力的原因归纳为错误、胁迫、欺诈、显失公平、乘人之危、公序良俗、违反法律规定7类。我国《民法典》规定的合同可撤销原因为欺诈、胁迫、乘人之危、重大误解和显失公平5种。撤销权人有权选择变更或撤销合同。当事人请求变更的，人民法院或仲裁机构不得撤销。撤销权属于形成权，应当在除斥期间内行使。合同撤销权的除斥期间为1年，自撤销权人知道或者应当知道撤销事由之日起算。撤销权人在除斥期间内未行使撤销权，撤销权人自知道撤销事由后明确表示或以自己的行为放弃撤销权的，撤销权消灭。本案中，东环公司主张变更《合约》租金标准的理由是显失公平。显失公平，是指双方当事人的权利义务明显不对等，使一方遭受重大不利。这种不对等违反公平原则，超过了法律允许的限度，是受害人在缺乏经验或紧迫的情况下订立的合同。万泰公司与某餐饮公司履行《合约》近4年，并无纠纷，由此可以认定万泰公司接受和认同租金标准，合同订立时不存在显失公平。东环公司买受万泰公司的房产，依据“买卖不破租赁”的原则，应当继续履行《合约》约定的出租人义务。该合同的权利义务由万泰公司概括转移给了东环公司。依附于原当事人的一切权利和义务（包括追认权、选择权、解除权、撤销权等）都随之移转于承受人。但万泰公司未享有撤销权（也可以理解为撤销权消灭），故东环公司所主张的撤销权实为无本之源。法院的判决是正确的。

【风险提示】

“买卖不破租赁”是租赁合同中的一个重要原则，在租赁物的所有权发生变化后，并不影响租赁合同的效力，且新的所有权人进入租赁合同关系成为新的出租人。因此在租赁合同中，只是出租人的主体发生变更，而租赁法律关系的内容保持不变。因此若新出租人要求变更租赁合同内容，则须征得承租人的同意。

(3)转租合同的效力。《民法典》第716条规定：“承租人经出租人同意，可以将租赁物转租给第三人。承租人转租的，承租人与出租人之间的租赁合同继续有效；第三人对租赁物造成损失的，承租人应当赔偿损失。承租人未经出租人同意转租的，出租人可以解除合同。”该条规定说明，经出租人同意承租人可以转租，不影响原租赁合同的效力，但对于未经原出租人同意的转租合同的效力未作明确规定，只是规定出租人可以解除合同。因此，在司法实务中，对未经出租人同意的转租合同的效力存有较大的分歧。一种观点认为，转租是承租人不退出租赁关系，经征得出租人的同意，而将租赁物出租给第三人使用、收益的行为。因此，承租人只有经出租人同意才有权处分该租赁物，承租人未经出租人同意擅自转租系无权处分行为，该转租合同为效力待定合同。另一种观点认为，承租人未经出租人同意擅自转租，转租合同无效。

笔者认为，转租行为并不是对租赁物的处分行为，他是承租人在其通过与出租人订立的租赁合同中所取得占有、使用、收益权的处分，是一种对自己权利的处分，所以对于转租合同不应认定为效力待定的合同。无效合同指的是合同违反了法律和行政法规的强制性规定或者损害国家、社会公共利益，因而不有法律约束力和不发生履行效力的合同。但《民法典》第716条的规定，并不是法律的强制性规定，如果出租人与承租人订立合同约定可以转租就排除了该条的适用，显然该条款具有任意性。况且，《商品房屋租赁管理办法》属于部门规章，也不能以此作为认定合同无效的依据。转租合同也是双方当事人之间的真实意思表示，既不能因为将来合同的不能履行而认定合同无效，也不能因为合同未经出租人同意或者追认而无效。第三人可以有效取得租赁权，只是第三人取得的租赁权是第三人对转租人的合同债权，并不能排除出租人的物权请求权，也不能作为向出租人主张继续对租赁物占有、使用、收益的理由。第三人可以依据有效的合同追究转租人不能履行合同的违约责任。

相关案例分析 5

【案情简介】

2006 年 1 月 23 日,甲方与乙方签订《房屋租赁合同》,合同约定甲方将北京市丰台区太平桥 10、15 号楼负二层(使用面积共计 982 平方米)出租给乙方,乙方将承租房屋用于办公、住宿、仓储,租赁期限为 2 年,甲方从 2006 年 1 月 1 日将房屋交付给乙方使用,至 2008 年 1 月 31 日收回(含一个月装修期),年租金 6 万元,每年 2 月 1 日和 8 月 1 日前交纳租金,每次交纳租金 3 万元。合同中还约定乙方不得擅自将承租房屋转租、转让、转借他人使用或与他人共同使用承租房屋,乙方由于工作需要,将租用财产转租或与他人共同使用时,必须事先征得甲方的书面同意,否则,甲方可以终止合同。乙方违反合同,擅自将承租房屋转租给他人使用或与他人共同使用的,应支付违约金 2000 元,如因此造成承租房屋损坏的,还应负赔偿责任。合同期满,乙方在同等条件下对租赁房屋享有优先租赁权,但在决定续租时,应在租赁期届满前 30 天通知甲方,如双方同意维持租赁关系,需重新签订合同。

2007 年 8 月,丙某在与乙方发生民事纠纷的情况下向甲方反映乙方有对外承包的情况,并提供了乙方与丙某签订的《承包协议》和《承包协议补充协议》复印件等合同材料。甲方在对此事进行处理时,表明了不得转租的立场。甲方于 2007 年 12 月就太平桥 10、15 号楼地下空间,作为整体对外公开招租,向乙方发出了招租通知。其间,丁某向甲方反映乙方仍与其签订有《承包合同》,此后于 2008 年 1 月 11 日向甲方提供了该《承包合同》复印件,并提交了相关书面情况说明。

2008 年 1 月 17 日,甲方以乙方违反合同约定,未经甲方同意,擅自将租用财产转租,严重违反合同约定为由,向乙方发出书面解除合同通知书,并限 3 日内将承租房屋腾退并交还甲方,支付违约金 2000 元。乙方于 2008 年 1 月 20 日签收该解除合同通知书,但未腾退房屋,也未支付 2000 元违约金,遂引发诉讼。

【法院判决】

法院判决解除甲乙双方的房屋租赁合同,乙方立即腾退房屋,并赔偿甲方相应的损失。

【法律分析】

本案的争议焦点在于,乙方的发包行为是否属于转租的性质,能否构成甲方解除租赁合同的法定理由。

本案中,承租人乙方在取得丰台区太平桥 10、15 号楼的租赁权后,即分别与丙某和丁某签订承包合同。以上承包合同约定乙方将旅馆的承包经营权分别交给丙和丁,丙和丁除负担合同期内的水、电、卫生、电话费用外,每年还向乙交纳一定数额的费用。可以看出,该合同的履行必然涉及房屋的交付和使用。对甲方来讲,这具有对其所出租房屋的转租或与他人共同使用的性质。依据合同约定,乙方转租涉案房屋,必须征得出租人甲方的同意。乙方虽称甲方明知此事,但无法就此举证,应承担举证不能的后果,即乙方的发包行为构成合同约定的擅自转租或与他人共同使用承租房屋的违约行为。据此,甲方依据合同约定解除合同是有法律依据的。《民法典》第 716 条规定,承租人经出租人同意,可以将租赁物转租给第三人。承租人转租的,承租人与出租人之间的租赁合同继续有效;第三人造成租赁物损失的,承租人应当赔偿损失。可见,法院的判决是正确的。

【风险提示】

未经出租人同意转租的,出租人可以解除租赁合同。在实务中存在一些承租人以签订"承包合同"的方法规避转租行为,两者需要仔细区分。房屋租赁关系涉及的仅仅是房屋使用权的转移,而承包行为则可能涉及承租人与承包方之间的经营问题,包括经营利润分配、法律责任承担等方面。因此,甄别这两种关系时不能只看合同的表面名称,而要仔细辨别合同的实质内容规定。

相关案例分析 6

【案情简介】

2021 年 7 月 8 日,某研究所委托招标公司就案涉宿舍项目公开发出投标邀请。2021 年 7 月 28 日,某物业管理有限公司向招标公司发出《投标文件》,表示对招标文件无任何异议,愿意提供招标文件要求的服务。2021 年 8 月 1 日,招标公司向物业管理公司送达中标通知书,确定物业管理公司为中标人。2021 年 8 月 11 日,研究所向物业管理公司致函,要求解除与物业管理公司之间的中标关系,后续合同不再签订。物业管理公司主张中标通知书送达后双方租赁合同法律关系成立,研究所应承担因违约给其造成的损失。研究所辩称双方并未签订正式书面租赁合同,仅成立预约合同关系。

【法院判决】

法院认为,从合同法律关系成立角度,招投标程序中的招标行为应为要约邀请,投标行为应为要约,经评标后招标人向特定投标人发送中标通知书的行为应为承诺,中标通知书送达投标人后承诺生效,合同成立。预约合同是指约定将来订立本约合同的合同,其主要目的在于将来成立本约合同。《中华人民共和国招标投标法》第四十六条第一款规定:“招标人和中标人应当自中标通知书发出之日起三十日内,按照招标文件和中标人的投标文件订立书面合同。招标人和中标人不得再行订立背离合同实质性内容的其他协议。”从该条可以看出,中标通知书发出后签订的书面合同必须按照招投标文件订立。本案中招投标文件对租赁合同内容已有明确记载,故应认为中标通知书到达投标人时双方当事人已就租赁合同内容达成合意。该合意与主要目的为签订本约合同的预约合意存在区别,应认为租赁合同在中标通知书送达时成立。中标通知书送达后签订的书面合同,按照上述法律规定其实质性内容应与招投标文件一致,因此应为租赁合同成立后法律要求的书面确认形式,而非新的合同。由于中标通知书送达后租赁合同法律关系已成立,故研究所不履行合同义务,应承担违约责任。

【法律分析】

《最高人民法院关于适用〈中华人民共和国民法典〉合同编通则若干问题的解释》第四条　采取招标方式订立合同,当事人请求确认合同自中标通知书到达中标人时成立的,人民法院应予支持。合同成立后,当事人拒绝签订书面合同的,人民法院应当依据招标文件、投标文件和中标通知书等确定合同内容。

采取现场拍卖、网络拍卖等公开竞价方式订立合同,当事人请求确认合同自拍卖师落槌、电子交易系统确认成交时成立的,人民法院应予支持。合同成立后,当事人拒绝签订成交确认书的,人民法院应当依据拍卖公告、竞买人的报价等确定合同内容。

产权交易所等机构主持拍卖、挂牌交易,其公布的拍卖公告、交易规则等文件公开确定了合同成立需要具备的条件,当事人请求确认合同自该条件具备时成立的,人民法院应予支持。

第二节　租赁合同法律风险及其防范

一、租赁合同实践中法律风险的特点

(一)出租人风险较大

在租赁合同中容易被对方利用合同漏洞进行欺诈的多为出租人。主要因为在订立合同前未对承租人的主体资格及资信能力进行审查致使租赁物无法收回

或无法按期收回租金。

(二)标的物风险突出

租赁合同中的法律风险多表现在标的物上,对标的物约定不明确,尤其是对租赁物的数量和质量约定不明确导致纠纷;对标的物的使用约定不明确,承租人对标的物进行超负荷、掠夺性使用,致使租期届满后租赁物已无法继续使用;租赁物的维修和保养约定不明确等,租赁合同中的标的物条款是必备条款且非常重要,租赁合同的目的就是围绕标的物的使用,故产生于标的物上的风险在租赁合同中就非常明显而普遍。

(三)履行风险常见

租赁合同具有继续性,出租人和承租人双方都负担一定的义务且要持续一段的时间,故发生在合同履行过程中的风险是十分常见的。主要表现为出租人不按合同规定交付租赁物;出租人不履行合同规定的维修和保养义务;承租人不按合同支付租金,或是迟延交付;承租人擅自改变租赁物的现状;承租人擅自将租赁物转租给他人;承租人逾期不返还租赁物;出租人利用租赁物套取押金等。

二、租赁合同实践中风险规避的基本理念

(一)订立租赁合同前应尽可能了解对方当事人的有关信息

订立租赁合同前应对对方的法律地位、经营范围、资信状况以及履约能力、商业信誉进行必要的考察,如当事人自己进行了解有困难的,可以向对方当事人所在地的工商部门进行查询,并且可以通过对方同行业或相关企业进行了解。承租人要具体审查出租人是否有租赁业务,了解其在工商登记中是否有“租赁经营”业务或租赁某一物品的业务,不是所有企业都有租赁经营权,而只有那些依法按照企业法人登记管理条例,经有关机关核准登记确定租赁业务范围的企业才有权从事租赁业务。实践中,租赁合同当事人的特点是承租方应该要认真、严格地审查出租方的经营范围,看其经营范围中是否有财产租赁这一项,同时还审查对方当事人的履约能力及资信情况。对方当事人的履约能力及资信情况对合同的履行至关重要。

另外,根据我国法律规定,出租人需要特别注意以下两点。

1. 根据《治安管理处罚法》第 57 条的规定,房屋出租人将房屋出租给无身份

证件的人居住的,或者不按规定登记承租人姓名、身份证件种类和号码的,处 200 元以上 500 元以下罚款。若违反,首先要承担治安管理处罚责任。真正的法律风险其实是民事责任中的过错赔偿风险。因为业主对承租人的身份登记义务是法定义务,不履行法定义务的行为就是一种具有违法性的过错行为,一旦发生纠纷,就极有可能要承担民事赔偿责任。例如,承租人打伤或打死他人,畏罪潜逃,如果业主没有登记承租人的身份,致使受害人找不到承租人索赔的,在这种情况下,受害人的律师就会抓住业主不登记的过错,要求业主承担过错赔偿责任。可见,一旦法院认定业主须对因其不登记导致侵权人身份不明无法赔偿受害人损失的后果承担过错责任的,风险将是巨大的。

2. 如果承租人是要将该房用于生产或经营等经营性质的目的,那么出租方就应该认真审查其经营资格,并要求其提供相关的复印件,以便保留相应的证据。《安全生产法》规定:生产经营单位将生产经营项目、场所、设备发包或者出租给不具备安全生产条件或者相应资质的单位或者个人的,导致发生生产安全事故给他人造成损害的,与承包方、承租方承担连带赔偿责任。这是法律明确直接规定业主与承租人一起对安全事故承担连带责任。

对承租人而言,应确定房屋的产权人,即签订合同的主体是否是真正产权人,可以通过查询房屋产权证予以确认,如果是属于夫妻共同财产的,必须由夫妻双方共同签名确定,或者一方取得另一方的授权也可以。在实践中最常出现的欺诈行为是"二房东现象",即承租人("二房东")在承租期快届满之前,假借房东名义与新的租户签订低价的租赁合同,并约定预付半年甚至一年的租金,由于承租人并不是真正的权利人,房屋到期后,实际房东将收房,而承租人可能已卷款而去。对于新租户来说,因没有合法取得承租权,签订的租赁合同是无效的,不能对抗房东的收房行为,因此,可能面临重新交付房东租金或者搬迁的风险。

(二)制定完备合同,防范标的物风险与履约风险

对租赁物的数量和质量、使用目的、维修保养、交付时间、转租约定不明确的,容易产生纠纷,因此合同条款应当尽量全面,尤其是主要条款不能遗漏,否则容易出现纠纷。对合同字句应当认真斟酌,字句表述应清晰具体,避免模棱两可、容易产生多种解释的语句出现。在租赁合同中,对于租赁物的使用、租赁物的维修保养应当予以明确规定,以避免出现纠纷。另外,在租赁合同中制定明确的违约条款及赔偿数额可以有效地防范履行风险。如出租人为了防范租金风险,可以采取

的措施有以下几点。

1. 收取承租人押金,并在每月 1 ~5 日收取当月租金,俗称“两押一租”。

2. 在租赁合同中约定迟延交付租金的违约金计算方法及超过一段时间可以终止合同及违约金的数额,为诉讼打下坚实的基础。

3. 可以要求承租人提供保证人或抵押以担保租金的支付。虽然风险无处不在,但是预防风险的方法也是实际存在的,故只要未雨绸缪,认真地利用合同条款事先约定,完全可以防范一些风险,减少不必要的损失。

(三)积极主张权利,将损失最小化

当发生纠纷时,应当利用法律手段,拿起法律武器,积极主张自己的权利,将损失最小化。具体而言,可以采取的措施有以下几点。

1. 对出租人不按期交付租赁物致使承租人无法实现合同预期的目的,承租人可以要求解除合同、支付违约金或赔偿损失。

2. 租赁物上存在权利瑕疵,第三人对租赁物主张权利致使承租人不能使用收益的,承租人可以要求减少租金或免交租金。

3. 承租人无正当理由不支付或迟延支付租金的,出租人可以要求承租人在合理期限内交付,逾期不交付的出租人可以解除合同。

4. 承租人擅自改变租赁物现状出租人可以要求承租人恢复原状或赔偿损失。如征得出租人同意并因此增加了租赁物的价值,返还租赁物时承租人可以要求出租人支付一定开支。

5. 承租人未经出租人同意将租赁物转租给他人的,出租人有权解除合同。

三、如何处理介于租赁与保管之间的合同

近年来,法院受理的车主因车辆在存车场所被盗而诉请民事赔偿的案件数量呈上升趋势。各地法院在审理此类案件时,对如何界定车辆保管合同和存车位租赁合同各有不同的标准,由此出现基本事实相同的案件,其法院判决完全相反的情况:认为是车辆保管合同的法院,则判车主胜诉;认为是停车位租赁合同的法院,则判车主败诉,驳回车主的诉讼请求。学术界对上述两种合同的界定标准也有诸多探讨,但意见不一。

停放车辆的双方当事人之间构成的是场地租赁合同法律关系还是保管合同法律关系,对此有两种观点:一种观点认为,车主与停车场之间构成事实上的保管

合同法律关系，因为车主与停车场之间虽未订立书面的保管合同，但停车场向车主收取停车费并让车辆停放在指定的停车地点的事实已经构成事实上的保管合同；另一种观点认为，停车场与车主之间不构成保管合同，双方之间构成的是场地租赁合同法律关系，因为保管合同是以保管标的物的交付为合同成立要件，车主未将车辆交付给停车场，停车场收取的停车费实际是场地出租费用，停车场只向车主出租场地并无替车主保管的义务，因而双方是租赁合同法律关系。

目前，由于我国现行《民法典》对保管合同有明确规定，所以，学者们对保管合同的存在并无异议，但是有部分学者认为场地租赁合同并不存在，他们认为，根据《土地管理法》和《土地管理法实施条例》的规定，认为在土地租赁合同中，国有土地使用人出租自己已取得的国有土地使用权，必须向国有土地管理部门申请土地变更登记，场地租赁合同的成立需要经过国家土地管理部门的批准。但是，现实中的车主与停车场之间的场地租赁合同不可能办理登记变更手续，因此，停车合同不可能是场地租赁合同。笔者认为，《土地管理法》的上述规定，主要针对大宗的可能会变更土地用途的土地使用权出租作出的要求登记的规定。因为在现实中，小块的、不改变土地用途的土地租赁不仅难以做到时时处处登记，而且也没有登记的必要，否则，那将不仅大大增加登记机关的工作量，又会付出高昂的社会成本。法律中没有有关停车租赁合同的规定，并不代表这种法律关系不可以存在。社会是丰富多彩的，而法律是苍白的，我们往往用苍白的法律来调整丰富多彩的世界，在法律规定之外，现实生活中有很多类似泊车场地租赁合同的无名合同存在并发挥着作用，因此，种种否定场地租赁合同存在的理由，都是对法律机械的理解。

目前在司法实践中，较为多见的界定车辆保管合同和存车位租赁合同的标准为存车场地经营管理人是否实际控制了车辆。也就是说，在双方对订立的是何种存车合同没有约定或对是否有约定存在争议的情况下，以存车场地经营管理人是否实际控制车辆作为确认纠纷性质的标准。这里所说的“实际控制”，包括两个方面的情形：一种情形是车主已将车钥匙交给了门卫；另一种情形是车辆进入存车场地时，门卫向车主发放了停车凭证，车辆驶出存车场地时，门卫需收回停车凭证方能放车。笔者认为，上述界定车辆保管合同和存车位租赁合同的标准，没有揭示两种不同的存车合同独有属性，与法律的规定也相违背。第一，车辆进出存车场地时发出和收回停车凭证，这只是存车场地经营管理人的一种管理措施，不是车辆保管合同独有的特征，许多出租存车场地的经营管理人为了对车辆进出进行管理，也实施了车辆进出要发出和收回停车凭证的措施，并且现在有些政府机关和企业的办公区域，车辆进出同样也发出和收回停车凭证。第二，车辆和存车场地与寄存其他物品的寄存物和寄存场所是不同的，存车场地的经营管理人实际上难以完全控制车辆，即使车主将车钥匙交给了存车场地经营管理人，也不能排除车主和其他人用另外的车钥匙将车开走。第三，合同成立的过程是双方意思表示一致的过程。因此，仅凭存车场地有车辆进出要发出和收回停车凭证和收发车钥匙的制度不能证明车主或存车场地经营管理人已提出订立车辆保管合同的要约，在这种情形下就不能人为地加重义务主体的民事责任。

司法实践中另一种界定车辆保管合同和存车位租赁合同的标准是存车行为所涉及的合同是否为有偿合同，即在双方对订立的是何种存车合同没有约定或对是否有约定存在争议的情况下，如车主交了停车费，即为车辆保管合同。这种简单的界定标准更不具有科学性，因为收取存车费用更不是车辆保管合同独有的特征。出租存车场地的经营管理人根据场地的占用情况和对存车场地的管理情况，也有权收取停车费。现在许多城市在道路两边划出泊车位并收费，这肯定不是车辆保管合同。因此，以是否有偿作为界定车辆保管合同和存车位租赁合同的标准，完全混淆了两种不同的存车合同的独有属性。

要界定这类合同究竟为保管合同还是租赁合同，首先应该明确保管合同的性质以及其与租赁合同的区别。

保管合同，又称寄托合同、寄存合同，是指双方当事人约定一方当事人保管另一方当事人交付的物品，并返还该物的合同。其中保管物品的一方为保管人，或称受寄托人，其所保管的物品为保管物，交付物品保管的一方为寄存人，或称寄托人。保管合同制度发端于罗马法，罗马法上称其为寄托，我国学界一向将寄托合同称为保管合同。保管合同包括一般保管合同和仓储保管合同，但在我国原有法律中并没有规定一般保管合同，只在《经济合同法》（已失效）中规定了仓储保管合同，我国现有《民法典》由于采用民商合一的立法体例，在规定仓储合同的同时对保管合同也一并加以明确规定，保管合同因而成为独立的有名合同。①

保管合同的特征主要有：（1）保管合同的标的是保管行为，即保管人为保管物品而提供的劳务。（2）保管合同原则上为实践合同、无偿合同。我国《民法典》第 890 条规定："保管合同自保管物交付时成立，但是当事人另有约定的除外。"也

① 参见王信芳主编：《民商事合同案例精选》，上海人民出版社 2004 年版，第 330 页。

就是说,保管合同一般为实践合同,保管合同的成立,不仅要求当事人双方意思表示一致,而且须有委托人将保管物交付于保管人的行为。也就是说,除非另有约定,委托人交付保管物是保管合同成立的要件,只有在当事人约定的情况下,保管合同才可以不自保管物交付时成立,此时即为诺成性合同。关于保管物的交付,除现实交付外,还包括其他的交付方式,如简单交付、占有改定等,如保管人已经占有标的物的,则自双方达成保管协议时,标的物即已交付,保管合同成立。依占有改定方式,出卖人约定标的物出卖后由买受人保管的,则保管合同亦可成立。我国《民法典》第889条规定:"寄存人应当按照约定向保管人支付保管费。当事人对保管费没有约定或者约定不明确,依据本法第五百一十条的规定仍不能确定的,视为无偿保管。"从此规定来看,我国的保管合同是以无偿为原则,以有偿为例外的。(3)保管合同为双务合同、不要式合同。保管合同移转保管物的占有,[①]保管合同是临时移转保管物占有权的合同。如前所述,保管合同以标的物移交给保管人为成立要件,他不以保管人获得物品的所有权或使用权为目的,一般并不发生保管物的所有权或使用权转移,但因物品为保管人保管,保管人取得占有,这种保管标的物占有主体的更换,只是保管人取得了该标的物的临时占有权,以便保管人在保管期间对保管标的物实现占有与控制。

保管合同与租赁合同的区别主要有以下几点。

1. 客体不同

保管合同的客体是保管服务,停车人将车辆停放于保管人场地内,将其交与保管人保管,而保管人不仅要利用其所有的土地使用权,还要辅以各项相关设施,来为停车人的车辆提供保管服务。而租赁合同的客体是场地使用权,场地提供方向车主提供场地使用权,供其泊车,车主因利用了他人的场地使用价值,而支付相应对价。

2. 主体的权利义务不同

由于两类合同的客体不同,主体之间的权利义务当然也相应地有较大的差别,保管合同的保管人负有妥善保管保管物的义务,而租赁合同中的场地提供者没有妥善保管车辆及其内物品的义务,当车辆发生丢失、损坏时,场地提供者不承担赔偿义务。当然,这也是与场地使用费较保管费低相对称的。但是,如果车辆的损坏、丢失是因为场地本身因素而导致的,停车场应当负法律上的赔偿责任。

---

① 参见郭明瑞、房绍坤:《新合同法原理》,中国人民大学出版社2000年版,第653~656页。

3. 对车辆的控制程度不同

有学者认为，车辆为比较特殊的标的物，与一般标的物的控制不同，一般以交付车钥匙作为交付标准，因为只有交付车钥匙，保管人才能对车辆实际控制，认为车主将车停放停车场时，没有将车钥匙、行驶证等交付给场主，故场主没有实际控制车辆，因而不负保管责任。[①] 刘兴树先生认为这一观点不能成立，因为场主不是用钥匙开车，也不是要拿行驶证上路，而仅仅是保管静态的车辆。停车场的宗旨是保管静态的车辆而非动态的车辆。所以，场主是否控制了车辆，不能以是否拿了车钥匙、行驶证为根据。控制车钥匙和行驶证是控制动态车辆的标志，不是控制静态车辆即停车场车辆的标志，只要场主设立了停车场服务，具有了车辆可否进出车场的权利，也就实际控制了存放的车辆。凭停车证放行便是场主控制的体现。如果场主不发停车凭证、不检查验证就放车开出或只管收费不管查验或因停放时间越短周转更快而任由车辆开出等，都只能说明场主保管不力，未尽妥善保管义务。[②]

在现实生活中，车辆停放后很少有车主将车钥匙交付给保管人的情况。认定车辆交付，应当根据以下标准：首先，停车场应当是一个封闭的场所，停车场的出口和入口由保管人派专人守卫；其次，车辆出入有严格的制度如出入换卡、凭卡出入取车等，保证保管人对车辆的出入可实际控制；最后，收取停车费并不等同于保管合同的成立，因为保管合同可以是有偿的，也可以是无偿的，停车费收据本身既不是保管合同，也不是保管合同成立的要件。

另外，有学者根据现实生活中不同的停车情形，归纳出了不同的处理方案。

1. 宾馆和娱乐场所向客人提供停车位，其目的是方便客人住宿和消费，并且宾馆和娱乐场所的相关规章制度中及客人填写的住宿单中，一般都有贵重物品须另外交付保管的内容，而贵重物品在此应理解为包括汽车等价值较高的物品。因此，宾馆和娱乐场所就车辆保管一事如与车主没有约定，则双方之间的法律关系应为停车位租赁关系，如双方对车辆保管是否另有约定存在争议，则车主应承担举证责任。

2. 物业管理公司实施物业管理对车主形成的存车关系，依据现在物业管理方面的法律法规，在双方没有明确约定合同性质的情况下，应认定为停车位租赁关系，如果双方对是否订立车辆保管合同有争议，车主应负举证责任。

---

① 参见刘志鹏：《丢车责任应由谁负担》，载《法制与经济》2001年第3期。

② 参见刘兴树：《停车场法律责任研析》，载《湖南师范大学社会科学学报》2001年第6期。

3. 车主将车辆存放在单位办公区和没有门卫或传达室的宿舍区，这种存车类型，有免费停车的，也有收取停车费的。采取收费存车方式的，一般费用都较低廉。单位之所以准许他人（主要是职工）在办公区和宿舍区存放车辆，其目的一般是方便职工，而不是保管车辆。故此种存车关系在双方没有订立车辆保管合同的情况下，应确认为停车租赁关系，如双方对是否订立车辆保管合同有争议，应由车主承担举证责任。

4. 营业性停车场存车合同有车辆保管合同和存车位租赁合同两种。但车主将车存放在营业性停车场，主要是考虑营业性停车场为专业从事车辆存放的场所，有安全保障，故车主一般是带着由停车场承担保管责任的心理预设去存车的。因此，营业性停车场应负举证责任来证明双方之间存车位租赁合同关系。

相关案例分析

【案情简介】

2006年10月，从事货运生意的安徽籍男子吴某联系了一家宾馆的封闭式停车场，并支付了从2006年10月26日至2007年10月31日的停车费。嗣后，吴某经常将车停放在该停车场。

2007年8月22日下午，吴某将车停放在停车场回安徽老家办事。28日深夜，吴妻刘某至停车场提车，却发现停放在停车场的货车不见了，遂告知停车场，并立即向当地派出所报案。公安机关立案侦查后，车辆尚未追回。

案发后，该宾馆称宾馆为停车场内的车辆投了公众责任保险，承诺向保险公司理赔后将全额赔偿失主车款106,000元。后因保险公司拒赔，吴某遂以物流公司未尽保管责任致其车辆被盗为由起诉至法院，要求物流公司赔偿车款106,000元、损失10,000元、律师费4000元。物流公司辩称，其与吴某之间不是保管合同而是租赁合同关系，车主提供的证据不能证明被盗的车辆就是在停车场内丢失的。

法院审理后查明，停车场系一家封闭式停车场，车辆的停放和放行必须办理必要的手续，且停车场为停放在内的车辆向保险公司投保了公众责任保险，如车辆被盗可以由保险公司进行理赔。

法院还认为，停车场对停放在内的车辆收取了费用，签订了合同。失主家人的报案记录、公安机关的调查笔录、停车场向保险公司要求对讼争车辆的被盗事故进行理赔的事实能够形成一个证据链，足以使一般正常人确信讼争车辆确在停车场被盗的事实存在。停车场作为保管人未尽保管人的责任，致使讼争车辆被盗存在过错，应当向车辆失主承担民事赔偿责任。

【法院判决】

上海嘉定区人民法院对此案作出一审判决，判处该宾馆赔偿车主经济损失人民币9万元。

【案例评析】

(1)提供存车位形成的是车辆保管关系还是场地租赁使用关系

宾馆及道旁等场所主人为方便车主向其提供停车场所，车主将车辆停放在场主所提供的存车位便建立了一种权利义务关系。那么，此种关系是车辆保管关系或是场地租赁使用关系呢？倘若这一关系被确认为保管关系，那么车辆在停车场遭窃或丢失，提供场所的主人须承担赔偿之责；倘若被确认为场地租赁使用关系，提供场所的主人对停放在停车场的车辆无保管之责，车辆被窃后场所主人无赔偿之责。现行法律对上述关系的定性无明文规定，学界及实践部门对此也不无争议。有的以场地主人所从事的事业为划分标准来区分这两种关系，认为凡场地主人为经营性企业，且提供场地是以营利为目的的，场主与车主的关系为保管关系，场主应负保管之责；凡场地主人为非经营性企业，则场主与车主的关系为停车场使用关系。有的以是否收费为划分标准区分这两种关系，凡有偿提供停车场所的，为保管关系；凡无偿提供停车场所的，为场所或场地使用关系。此问题所反映出的实质是：该提供存车位的行为的性质是车辆保管合同还是场所租赁使用合同。租赁合同是出租人将租赁物交付承租人使用、收益，承租人支付租金的合同。其特征如下：①租赁合同是转移财产的使用权，而不转移财产的所有权。②承租人只能对租赁物进行使用，不能进行处分，不得改变租赁物的形状和特性。③租赁期内使用租赁物的收益归承租人所有。保管合同，是指寄托人把需要保管的物品交给保管人保管，保管人于一定期限内返还保管物的协议。他具有如下的法律特征：①以提供劳务为标的，保管人所提供的是保管这种行为，寄托人所支付的代价是保管费、劳务费；②是实践性契约，以实际交付保管物为契约成立标志；③既可有偿也可无偿。笔者以为，前文所述的划分标准均未揭示保管合同关系与场地租赁使用合同关系的根本区别。保管合同中的保管方并不限于经营性单位，任何民事主体均可签订保管合同成为保管合同中的保管方。自然人、公益法人、事业法人虽非经营性企业，亦可作为保管人签订保管合同。保管方签订保管合同的目的也不限于营利。有以营利为目的的保管，也有不以营利为目的的保管。以是否经营、营利来衡量某一行为是否属于保管合同既缺乏依据又不具科学性。以提供停车场所是否收取费用作为认定其行为的性质同样不具科学性。保管存在有偿保管和无偿保管两种情形，场地使用亦存在有偿使用和无偿使用两种情形。有偿提供停车场所的有可能是有偿保管，也有可能是场地的有偿使用，如场所租赁。无偿提供停车场所的，不排除其保管性质，如无偿保管，也不排除其场地使用性质，如场地借用。故此，不能以是否收取费用来判定保管抑或场地使用。

(2)停车场提供存车位对车主的车辆有无法定保管义务

保管合同与场地租赁使用合同都是从合同义务的角度来分析的，场主提供存车位是否也意味着对车主的车辆有法定保管义务？宾馆、饮食店、道旁等场所因往来旅客、顾客众多、人员复杂、出入频繁，旅客、顾客携带之物品不易保管，不安全因素较大，而从事宾馆、旅社业、餐饮业之场主通过经营活动可获较大利润，法律一般要求场主对旅客、顾客人身、财产安全负责，对旅客、顾客随身所带物品毁损、灭失负赔偿之责。早在罗马法中，就有关于场主看管旅客、顾客携带物品责任的规定。然而在古代强盗的危害甚大，且旅店主人往往与强盗通谋，以害行客，故而罗马法使旅店主人负较重责任，对于客人所携带物品负看管之责，若有损坏、灭失，除能证明系因不可抗力或旅客自己之过失所致外，应负赔偿责任。近现代民法，如法国民法、德国民法、瑞士债务法、意大利民法等都明确规定场主对顾客所带物品有看管义务。《德国民法典》第701条规定："以供外人住宿为营业的旅店主应赔偿外人在该业务的经营中携入的物品因丢失、毁损或者损坏而造成的损害。"《法国民法典》第1952条规定："旅馆或旅店主人，对于寄居其旅馆的旅客所携带的衣服、行李及各种物品，负受寄人的责任。"

需要明确的是，场主对旅客、顾客携带物品的看管责任不是无限度的。基于诚实信用原则，场主只对旅客、顾客随身通常携带的物品负看管之责。所谓通常携带的物品一般是指衣物、雨具、手杖等。场主不应对旅客、顾客偶带的、为一般人通常不予携带物品的毁损、灭失负赔偿之责。故而，场主对旅客、顾客随身携带的金钱、有价证券、珠宝、金、银饰品等贵重物品不负看管责任。同理，场主对旅客、顾客随身携带物品的看管之责也不应延及车辆。否则，将大大加重场主的责任，使双方利益失衡，有悖民法的诚实信用原则。另外，法律若以强行规则强令场主对旅客、顾客的车辆负保管之责，场主势必增加经营成本，并将该增加部分转嫁于消费者。然而，驾车去宾馆、旅社、饭店、饮食店的旅客、顾客仅占全部旅客、顾客的一小部分。让大部分不驾车的旅客、顾客为小部分驾车旅客、顾客享受车辆保管利益付出代价亦有悖民法的诚实信用原则。故而，各国法律均明确规定，场主对旅客、顾客车辆无看管责任。《德国民法典》第701条第4项规定："赔偿义务不扩及于车辆、留在车辆上的物品。"我国法律没有场所主人责任之规定，依诚实信用原则，场主应对旅客、顾客随身携带通常物品负看管之责，但这一责任不应扩展到车辆。场主对旅客、顾客的车辆无法定为负有保管义务。

(3)界定车辆保管合同和存车位租赁使用合同的原则方法

笔者以为，首先要遵循要约承诺规则，即要看双方对订立该合同的意思表示是否一致来确定双方订立的是何种合同。

①车主与场主订立有名合同的，按合同的内容确定合同的性质，合同上有保管内容的，则为车辆保管合同，没有保管内容的，则应为存车位租赁合同。车主与场主虽未订立合同，但停车场的有关公告、制度或其他文件上有保管内容的也应为车辆保管合同的内容。

②车主与场主对车辆保管事宜没有具体约定，宜按行为特征确定其法律关系。保管关系与场地租赁使用关系行为特征的主要区别在于保管以保管人占有保管物为要件。根据《民法典》的相关规定可以明确知道，占有是对物的实际控制。保管人占有保管物必须对物进行直接支配和管领。就车辆而言，占有车辆的形态主要包括：控制车辆钥匙；控制行车证明；控制车身，不准车辆移动。因而实践中保管人占有车辆的情形一般为：一是车主将车钥匙交付保管人，由保管人控制车辆；二是车主将行车证明交付保管人，取车时再从保管人处取回证明；三是存车时向车主签发单证，车主交车领单，取车时从车主处收回提车单证，场主验单放车。取车人未交付单证的，存车人有滞留车辆、阻止他人取车的权利。然而，场地租赁使用则不然。提供场地的一方既无占有他人财产的权利，也无占有他人财产的义务。尽管车辆停泊在他人的场地上，但场主对此并未实际控制，不能阻止车辆的移动、行驶，也无权滞留车辆。总之，对车辆保管合同关系和场地租赁使用合同关系的认定应以合同约定为准。对停放车辆的性质没有约定或者约定不明确的，应该以场主是否直接地、实际地控制车辆为准来确定其性质。笔者不同意在没有具体约定的情况下，笼统地将车辆存放定性为场地租赁使用合同关系。车位的经营要首先考虑两种因素：第一，车位的需求一方面源于场地资源的稀少，另一方面不能忽视车主对车辆安全的要求。正是这两方面的共同需求才造成了车位的资源需求。第二，停车场的管理因素。如果将停车场定性为车辆存放秩序的管理者，显然，其经营收入与低层次的服务是不相称的，与其说是服务，不如说是出

卖公共资源,必然导致特定的组织独占了公共资源收入。从法律认定角度来看,停车场一般是将车辆统一存放管理,存放期间,车主丧失了对车辆的控制,而实际处于停车场的管理之下。而且,车主对车位的使用只有停放车辆,不能用来做其他用途,这种使用是不完整的,体现的是停车场的意志而不是车主的支配。从这一点来看,车辆存放更符合保管合同性质。需要特别澄清的是,司法实践中另一种界定车辆保管合同和存车位租赁合同的标准是存车行为所涉及的合同是否为有偿合同,即在双方对订立的是何种存车合同没有约定或对是否有约定存在争议的情况下,如车主交了停车费,即为车辆保管合同。但这种简单的界定标准不具有科学性,如前所述,收取存车费用不是车辆保管合同独有的特征。出租存车场地的经营管理人根据场地的占用情况和对存车场地的管理情况,也有权收取停车费。现在许多城市在道路两边划出泊车位并按时收费,这肯定不是车辆保管合同。因此,单纯以是否有偿作为界定车辆保管合同和存车位租赁合同的标准,混淆了两种不同的存车合同的独有属性。此外,还有一种观点是从停车收费的多少来判断车辆存放的法律关系,认为停车费相对于车辆的价值一般是非常少的,不成比例,如果仅仅收一点停车费就承担巨额的赔偿责任是不平等的。这种说法显然也是不科学的,他是以结果判断原因。收费的多少是与服务的风险相互联系的,以固定停车场来分析,一般是封闭的,而且有专职的管理人员,车辆被盗的风险是很小的,与其收费是相称的。

(4)车辆保管合同的责任承担问题

如果确定为车辆保管合同关系,其责任如何承担呢?主要从《民法典》合同编的角度来分析,车辆保管分有偿保管和无偿保管两种:《民法典》第897条明确规定,有偿保管期间,因保管人保管不善造成保管物毁损、灭失的,保管人应当承担赔偿责任。但是,有些人提出车辆保管属于贵重物品保管,若将赔偿责任延伸到场主,则大大加重了场主的责任,使双方利益失衡,有悖民法的诚实信用原则,因此认为不应当由保管人来承担车辆的损失责任。其实,这种认识是不正确的。保管合同是双方当事人的合意,双方对于标的物的种类、数量达成一致的意见。如果一般的寄存人对于寄存的贵重物品未经申明的,的确会影响保管人对保管物的正确判断,进而影响合同的效力。但是车辆的保管,当车主寄存车辆、场主接受保管时,场主完全可能同时也应该知道停放于其场内进行保管的车辆的价值,也就是说,场主对于其保管的车辆有充分的认识,并自愿接受保管,对其保管责任有充分的认识。因此,在这种情况下,场主根本不能以双方利益失衡为由要求免除赔偿责任。保管是无偿的,《民法典》第897条规定,保管人证明自己没有重大过失的,不承担损害赔偿责任。车辆保管合同是无偿合同的,场主不得收取报酬,也相应地减轻场主的责任,即场主不承担标的物灭失的风险。

但总体看来,目前我国停车场主与车主的法律关系含混复杂,在司法实践中认定起来具有一定的难度,因此要求我们在处理这类纠纷时要具体分析、正确认识、准确裁判。同时,也迫切需要加强这方面的立法以调整我国的停车问题,从法律上把两种停车主体界定清楚,为解决场主与车主之间的民事赔偿纠纷提供明确的法律依据,以最终提高和完善我们的司法审判工作。

【风险提示】

在实务中,我国停车场主与车主之间的法律关系比较复杂。发生车辆在停车场中灭失的情况时,停车场主与车主之间的责任也因两者之间订立的车辆保管合同和存车位租赁使用合同而异。因此,为了避免发生此种争议,建议双方当事人尽量订立有名合同,即在合同中明确约定是“车辆保管合同”还是“存车位租赁使用合同”。

第五章

融资租赁合同实践中的法律风险及其防范

第一节　融资租赁合同概述

一、融资租赁合同的界定

融资租赁是一种具有融资与融物双重功能的新型交易方式，集信贷、贸易与租赁于一体。融资租赁于20世纪50年代初发轫于美国，因其对于国家经济的发展，促进资本的流通、机器设备的更新以及物品生产品质的提高等方面具有重要贡献，很快即为各国所重视，纷纷引进，发展极其迅速。然而，融资租赁在私法上的性质和效果与传统的租赁大有不同，并非所有的租赁法理所能包含，即使在已有专门性融资租赁法律制度的国家，仍存在许多有争议的问题。①

融资租赁合同是出租人根据承租人对出卖人、租赁物的选择，向出卖人购买租赁物，提供给承租人使用，承租人支付租金的合同。各国民商法对融资租赁的界定排除其不一致的地方，大体统一于以下三点：(1)必须涉及两个合同，即供应合同和租赁合同；(2)标的物及其供应人由承租人选定，出租人不得介入承租人的选择；(3)在租赁期间，出租人保留法律上的所有权。

除此之外对于出租人获得租赁物的方式，我国《民法典》只规定了买卖一种，而其他各国以及实践中都包括了租赁等其他方式。

融资租赁合同是由租赁和买卖两部分组成，涉及三方当事人。他们之间既相互依存又相互独立的法律关系，突破了传统民法中特定交易产生特定权利义务的理念，以买卖合同、租赁合同集中交易的方式来体现当事人三方独特的法律关系，

---

① 参见吴启宾：《租赁法论》，台北，五南图书出版股份有限公司1998年版，第278页。

使融资租赁合同成为一种新型、独立的有名合同。①

界定融资租赁合同,要注意其与几类相似合同的关系。

(一)融资租赁合同与传统租赁合同

融资租赁合同是出租人根据承租人对出卖人、租赁物的选择,向出卖人购买租赁物,提供给承租人使用,承租人支付租金的合同。租赁合同是出租人将租赁物交付承租人使用、收益,承租人支付租金的合同。两者有以下相同之处。

1. 出租物件所有权的四项权能分离。

两者的出租人都对租赁物享有所有权,但是租赁物的占有、使用、收益权能在租赁期间暂时地转移给承租人享有,但处分权仍归出租人。

2. 法律对租赁物的特征要求相同。

租赁物都必须是法律、政策允许出租的物,而且是可供使用的有体物,是特定物,不是可消耗物。

3. 两种合同都是双务合同,同时也是有偿合同、诺成合同。

其区别主要表现在如下几个方面:

1. 法律关系不同。

融资租赁合同的成立要涉及两个或两个以上法律关系,如买卖法律关系、租赁法律关系、担保法律关系等,至少会出现三方以上当事人。而传统租赁合同仅有一对当事人,最多也就在主合同订立时再有一个担保的从合同,可见其法律关系比融资租赁法律关系要简单得多。

2. 性质不同。

融资租赁合同不仅有融物的性质,还有融资的一面,即以融物实现融资,而且租赁物不是出租人本身就有的,是应承租人的要求才购进的,因而其业务范围涉及金融和贸易两个方面。传统租赁合同仅有融物的性质,租赁物是出租人自己现有的,它没有融资性质。

3. 两种合同内容有实质性差异。

融资租赁合同有中途解约禁止条款、出租人免责的质量瑕疵担保条款、由承租人负担标的物意外灭失的风险及维修义务等条款,租金高于一般财产租赁的租金,因为其包括购置承租物的成本、利润等项目。而传统租赁合同体现的是一种

---

① 参见蔡庆辉:《试论融资租赁合同》,载《民商法学》1999 年第 8 期。

有偿使用关系,出租人应使租赁物于交付时及在整个租赁期间都适用于使用收益,因此负有瑕疵担保责任及维修义务,并负担租赁物因意外事故毁损灭失之风险,承租人不继续使用时,可解除租赁合同。

4. 融资租赁合同是非继续性契约,而传统租赁合同是继续性契约。

融资租赁合同中的租赁物是特别为承租人的使用目的而购入,一旦出租人按承租人指定购入租赁物,履行了自己所负的义务,就有权从承租人处以租金形式收回全部成本和利润,而不论承租人是否继续使用、租赁物是否有瑕疵及是否发生毁损灭失危险,亦不允许承租人中途解约及拒付解约后的租金。而传统租赁合同的出租人按期收取租金,承租人不继续使用标的物、提前解除租赁合同时,得拒绝继续给付租金。

(二)融资租赁合同与借款合同

借款合同,是指出借人将一定数额金钱之所有权移转于借款人,借款人则应归还相同数额金钱并支付利息的合同。从经济功能上讲,借款合同与融资租赁合同在给予对方当事人的信用行为这点上并无差异,但是契约背后的经济作用与为达成该经济作用所采取的法律形式是不同的,由此借款合同与融资租赁合同是有区别的,表现为:

1. 交付标的物的主体不同。

在借款合同中,出借人应直接向借用人交付标的物。而在融资租赁合同中,标的物或者是由出租人直接交给承租人,或者是由出卖人交给承租人。

2. 标的物所有权归属不同。

基于货币拥有即所有的原理,在借款合同中,出借财产一旦交付给借用人,所有权就发生转移,即所有权由出借人转移给借用人。而在融资租赁合同中,出租人在租赁期间内始终保留对租赁物的所有权,所有权并未发生转移。

3. 使用关系不同。

借款合同只涉及一定数额金钱的移转交付,不涉及物品使用关系,借款人用所借金钱购入物品而使用、收益,与出借人无关。而融资租赁合同中涉及租赁物的使用关系,这种使用关系是承租人与出租人所订租赁契约的基本要素,具有债权性质。

4. 买取选择权的存在与否不同。

借款合同的标的物是某种类物,借用人到期就必须返还和借用物同类的物,无须借款人行使买取选择权。而融资租赁合同的标的物为特定物,且租赁期间届满时,一般不要求承租人必须返还该特定物,而是享有三种选择权,即可以将租赁物返还出租人或以预定租金续租或以支付残值为对价买取租赁物。[①]

5. 融资租赁合同是诺成性合同,而借款合同是在出借人将借款支付借用人后才生效,故该合同为实践性合同。

(三)融资租赁合同与分期付款买卖合同

分期付款买卖合同亦称附所有权保留之分期付款买卖合同,即指出卖人以让与所有权之意思将物交付买受人,其于买受人完全给付价金前保留所有权,目的仅为担保分期付款之各期价金债权之合同。它与融资租赁合同在形式上有许多相似之处,如融资租赁合同的出租人和分期付款买卖合同的出卖人均不负交付所有权义务;融资租赁合同的承租人和分期付款买卖合同的买受人要负担物件的一切危险。但两者在实质上均各有自己的特点。

1. 两者本质不同

分期付款买卖合同属于买卖合同的一种,在买卖合同中,卖方的意图在于出让财产所有权,从而获得相应的价款;买方的意图在于支付价款而获取财产所有权。可见,买卖合同的本质是以等价有偿方式转让财产所有权。分期付款只是体现了货款的延期支付。而融资租赁合同不具有买卖合同有偿转让财产所有权的本质,承租人意图以支付租金为代价获取租赁物的使用权,出租人意图获得租金,在整个租赁期间,财产所有权始终归出租人,承租人不会也不可能获得财产所有权,它充分体现了所有权与使用权的分离。

2. 期待权不同

分期付款买卖合同中买受人享有取得标的物所有权的期待权。而对于融资租赁合同,如无特殊约定的情况,在整个租期内,承租人并无取得租赁物所有权之期待权。

3. 期满后标的物归属不同

分期付款买卖合同以支付全部价金为转移标的物所有权之停止条件,一旦条件成就,标的物所有权便自动移转于买受人,无须另订协议或买方行使买取选择权。而融资租赁合同并不附有所有权转移之停止条件,租期届满,出租人有三种

---

① 参见张旭东、刘秀玲:《论融资租赁合同与类似合同的关系》,载《前沿》2003 年第 9 期。

选择权，即退回、续租或者留购，以决定租赁物的归属。

4. 两者包含的法律关系不同

分期付款买卖合同所包含的只是买卖合同法律关系，而融资租赁合同至少包含买卖合同法律关系和租赁合同法律关系，对出租人的资质要求高，故后者远比前者复杂。

二、融资租赁合同的特点

（一）以融资为目的，以融物为手段

从融资租赁合同的名称中可以看出，融资租赁合同的显著特征之一就在于融资性。融资租赁合同的标的物具有资本属性，承租人之所以租赁标的物，是为了把标的物作为自己赚取利润的资本，从而创造出比标的物自身价值更大的价值。这些价值中的一部分以租金的形式转移给出租人，从而使出租人在收回购买成本的同时获得一定的利润，这也是出租人为什么甘愿从供应商手中购买非自用标的物的原因。对承租人来讲融资租赁的目的并不在于取得租赁物的所有权，而在于获得租赁物的使用权。通过融资租赁由出租人根据承租人的选择购买租赁物提供给承租人使用，而由承租人支付相应的租金，这样，承租人可以以远远少于租赁物价款的租金取得租赁物的使用权，从而解决资金短缺的困境或腾出资金用于其他投资。①

（二）出租人特定

融资租赁合同的出租人，只能是从事融资租赁业务的租赁公司，而不能是一般的自然人、法人或其他组织。这是融资租赁合同主体上的特征。在我国，只有经金融管理部门批准许可经营的公司，才有从事融资租赁业务，订立融资租赁合同的资格。

（三）融资租赁合同是非继续性契约

非继续性契约是和继续性契约相对应的，根据我国台湾地区学者史尚宽的观点，继续性契约，是指合同当事人所约定的给付不是一次给付即告结束，而是在时间上具有持续性，是继续性给付而完成债的给付，如雇佣合同及传统的租赁合同

---

① 参见李秀英：《融资租赁合同若干问题初探》，载中国民商法律网，2009 年 3 月 23 日访问。

就属于此类。继续性契约的特点在于债的总额与合同中规定的应予给付的时间长度密切相关，如雇佣的时间越长，雇员支出的劳动量越多，雇主所付的工资总数亦越多。但继续性契约都有一个时间的限制，当期限届满，契约即告结束。另外，继续性契约一般都赋予当事人中途解约权，中途解约权虽然在一定程度上削弱了继续性契约的稳定性，但由于此类契约债的给付与时间的持续性有关，当事人所给付的债系过去时间对方当事人所为债的对价，一旦契约终止，不会造成双方权利义务的不平衡。① 融资租赁合同属于非继续性契约，它不具有继续性契约的基本条件，在融资租赁合同成立之时，承租人所应支付的租金总额是确定的，并不受承租人使用期限长短的影响。在融资租赁合同中通常有不得中途解约的约定，不得中途解约的含义是承租人在租期内，无论什么原因都不得解除合同，即使是不可抗力。不管承租人是否提出解除合同的主张，都应该无条件地支付给出租人既定的租金，主要是由于租赁标的物是由承租人选定的，往往不具有通用性，如果承租人中途解约不再使用，出租人将难以处理收回的租赁标的物，难以收回成本，明显会处于亏损的境地，对其显失公平。

（四）融资租赁合同是要式合同

由于融资租赁合同本身较为复杂，融资数量大，租赁期限较长，涉及人数多及在经济活动中的影响较大，各国的法律均要求融资租赁合同必须具备一定的形式。我国《民法典》第736条第2款就明文规定："融资租赁合同应当采用书面形式。"

（五）融资租赁合同是双务、有偿合同

在融资租赁合同中，出租人和承租人互负对待给付义务，出租人享有的权利就是承租人负有的义务，反之亦如此。无论是出租人还是承租人，通过履行融资租赁合同给予对方当事人一定的利益，对方当事人在取得该利益时都必须支付相应的代价。

三、融资租赁合同的一般理论

（一）融资租赁合同的性质

关于融资租赁合同的性质，具有代表性的学说主要有：

---

① 参见程卫东：《国际融资租赁法律问题研究》，法律出版社2002年版，第73～77页。

一是货币借贷合同说。法国学者 Calen 认为,在融资租赁交易中,承租人所支付的租金并非租赁物使用的对价,而是用以偿还(以租金摊提成本的方式)出租人购买租赁物所支付的成本及其在租期内的利息,还包括出租人融资的有关费用,因此主张将融资租赁合同理解为金钱消费借贷合同。日本学者西川知雄认为:就给予对方当事人的信贷行为这一点而言,融资租赁和货币借贷并无差异。相对而言,融资租赁是以租赁物件为中介而对用户的信贷行为,其与货币借贷的差别仅在于货币借贷无租赁物件——中介。①

货币借贷合同说着眼于融资租赁的经济实质,即本质上是对承租人提供金融上的便利,经济上的机能与信贷契约相同。出租人分期回收的租金,性质上属于为承租人购买租赁物的资金本金、利息、利润以及费用,而非承租人使用租赁物的对价。融资租赁不具备租赁的基本特征,即承租人以支付租金方式获得使用权。出租人在此交易中是一个纯粹的融资人,只承担信用的风险。租赁物对于出租人来说只具有"租金债权"的担保意义。交易中包含的物的租赁只是一种手段而不是目的。货币借贷合同说在日本、我国台湾地区法院的一些判例中得到了体现和支持。② 但此说也有不足之处。融资租赁是一种融资与融物相结合的交易,货币借贷合同说脱离了融物的这一方面,具有一定的片面性。该说虽着重于融资租赁的经济功能,但无法涵盖融资租赁合同法律形式上的一些特征。比如融资租赁出租人的资金,是交付给出卖人,而非承租人;出租人仍保有租赁物的所有权,在承租人违约时出租人可收回租赁物等特征,均非货币借贷合同的观念所能包含。③所以,该说也不能完全概括融资租赁合同的性质。

二是租赁合同说。这其中又分为典型租赁合同说与非典型租赁合同说。典型租赁合同说为德国学者弗卢梅(Flume)所倡导。该学说认为,因为租金不是租赁物件的对价,而是租赁物件使用的对价,所以,融资租赁交易是以物的使用为目的,而不是以物本身为目的。融资租赁中的承租人并不具有支配物的权益,仅有关于物的使用的债法上的权利。基于此,不应将融资租赁合同归类于买卖合同,而应将其解释为通常的或者传统的租赁合同。由于典型租赁合同说未能将作为融资租赁本质要素的融资机能得到体现,因而受到了批判。于是产生了以学者威

---

① 参见梁慧星:《民法学说判例与立法研究》,中国政法大学出版社 1993 年版,第 207 页。

② 参见刘敬东:《国际融资租赁交易中的法律问题》,中国人民公安大学出版社 2002 年版,第 43 ~ 44 页。

③ 参见吴启宾:《租赁法论》,台北,五南图书出版股份有限公司 1998 年版,第 281 页。

斯特法伦(Westphalen)为代表的非典型租赁合同说。[①] 该说则强调了融资租赁的融资机能,重视契约内容的特殊性,认为融资租赁并非纯粹的租赁,《民法典》关于租赁的规定难以约束,因此,应将融资租赁合同解释为非典型租赁或特殊租赁合同。日本的一些支持该学说的学者认为,融资租赁在经济上是以金融为目的,租赁契约是为达成此金融目的所采用的法律手段。与通常租赁合同相比较,融资租赁具有不能忽略的特殊性,应视为特殊的租赁。民法上关于通常租赁的规定,必须考虑其特殊性而后决定是否予以适用。租赁合同说在融资租赁发展的早期,在大陆法系国家影响较大。因为各国法律在未对融资租赁法律关系作出明确规定的情形下,为了法律适用上的便利,采取特殊租赁说可以使融资租赁与民法上关于典型租赁的法律规定联系起来。

三是保留所有权买卖合同说。该学说为德国学者埃本罗斯(Ebenroth)所提倡。他认为,出租人对于租赁物件仅限于担保利益,着眼于此,融资租赁合同的内容,如租赁公司不负交付义务及由承租人负担租赁物一切风险等,均可得到合理解释。考虑到这种经济背景,融资性租赁非常接近于保留所有权的分期付款买卖,区别仅在于融资租赁合同没有用户将最终取得所有权的预定,但这一预定也只是出于税法上的考虑而控制所有权向用户的转移,租赁公司并没有作为所有权人的经济利益,因此,融资租赁交易的负担分配表现为特殊的三方面关系,由此导出协调买卖法的规定,将融资性租赁契约分析为一种分期付款买卖合同,可使买卖法规定适用于融资租赁关系。[②] 与货币借贷合同说相似,该学说也是以融资性租赁的经济实质为基础阐发自己的观点的。所不同的是,货币借贷合同说着眼于融资租赁在融资上的经济本质,而保留所有权买卖合同说针对的则是融资租赁在融物上的经济实质。因此,该学说的不足之处也是注重融资租赁的经济功能,而忽视了对其法律形式上的基本判断。对该学说的批评主要集中在融资租赁中承租人对标的物只有使用权而无所有权的基本法律特征上。

我国《民法典》设立了独立一章用来调整融资租赁合同,说明我国视融资租赁合同为独立的有名合同,但笔者认为其本质上是一种租赁合同:

(1)从租赁交易的历史发展来看,融资租赁合同是在传统租赁合同的基础上发展起来的,并没有脱离租赁合同的范畴;

(2)从交易的性质来看,融资租赁交易的主要特征之一为承租人支付租金作

---

① 参见梁慧星:《民法学说判例与立法研究》,中国政法大学出版社1993年版,第204页。

② 参见梁慧星:《民法学说判例与立法研究》,中国政法大学出版社1993年版,第199页。

为使用租赁物的对价，本质上仍属于租赁，只不过其交易涉及的当事人数量较多，法律关系比较复杂而已；

(3)从概念表述上看，融资租赁合同是与传统租赁合同相对应的一种租赁形式，如果把传统租赁合同称为一般租赁合同的话，融资租赁合同就应被称为特殊租赁合同。

(二)融资租赁合同的内容

融资租赁合同主要包括以下条款：

1. 标的物说明条款

通常来说，标的物说明条款应当包括标的物的名称、规格、牌号、数量、制造厂商、技术性能、出厂日期、交货日期与交货地点等；并应说明出租人所出租的标的物是应承租人的要求，由出租人购买专门用以出租给承租人使用的。

2. 租期条款

融资租赁合同的租期一般相当于租赁标的物的预期经济寿命，因为融资租赁的主要特征之一就在于融资，如果租期过短，承租人要在短期内支付大量的租金，不利于融资功能的充分发挥，而如果租期过长，超出了标的物的使用寿命，则出租人一方面收回投资的时间过长，加剧了投资风险；另一方面在超过标的物使用寿命期后，租金尚未得到完全偿还，出租人对标的物的所有权已无实际意义，其租金回收就缺乏保障。

3. 租金条款

融资租赁合同中的租金条款是融资租赁合同中至关重要的条款。对出租人来说，除了收回出租标的物的购进价款、利息及有关费用外，还要赚取一定的收益；而对承租人来说，则要根据租金来核算成本，即租赁标的物所获得的收入除了抵补租金外，也要取得一定的利润。通常情况下，租金应为出租人购买租赁标的物的成本及利润，一般包含以下几项内容：

(1)租赁标的物的购置成本，包括租赁标的物的货价、运输费等。租赁标的物的货价一般是根据该标的物在当时市场上的价格，由出租人和供应商经过协商后确定的。

(2)租赁期间的利息费，是指出租人为承租人购置租赁标的物而向银行贷款所支付的利息，利率的高低一般取决于租赁合同签订时融资租赁市场的行情、资金的来源、政策规定等因素。

(3)租赁的手续费,是指出租人为承租人租赁标的物所开支的营业费用。

另外,应在合同中约定租金支付的货币币种,在国际融资租赁合同中明确支付的货币币种,可以避免因货币兑换率变动而产生的问题。

4. 标的物交付与检验条款

在融资租赁交易中,购买合同一般都规定由供应商直接将出租的标的物交付于承租人,出租人不必负担交货的义务。标的物交付的时间和地点一般也是由承租人选定的,这一点与购买合同中的条款一致。至于标的物的验收,也应当由承租人负责,承租人在验收完毕并接收货物后,出具验收证书和其他相关文件于出租人,出租人据此向供应商支付货款。此外,还应当明确约定承租人检验标的物的期限,承租人应在该期限内完成对交付的标的物验收的义务。

5. 标的物的使用、维修、保养与保管条款

融资租赁合同中,租赁标的物的维修、保养义务是由承租人承担的。融资租赁合同中的出租人是融资人,性质类似于贷款人,通常对标的物的性能、维修、使用和保管并不太了解,而且标的物都是由承租人指定而购买的,承租人比出租人更了解标的物各方面的事项;并且由于租期较长,基本接近于标的物的经济寿命,以至于承租人对标的物的占有类似于所有权人占有,因此由承租人承担融资租赁合同中标的物的维修、保养的义务比较合理。

6. 标的物风险承担条款

虽然融资租赁标的物的所有权归出租人所有,但所有人并不因此而承担标的物意外损失的风险,此种风险一般都由承租人承担。这是因为承租人对出租人负担的是金融债务,对出租人来讲,其主要关注的是融资租赁合同融资性功能,按照民法上关于金钱债务不得以不可抗力为免责事由的原则,在租期内,租赁物因不可抗力等不可归责于当事人双方的事由而致灭失、被盗及毁损而不能修复的情况下,承租人不能解除合同,应继续向出租人支付约定的租金。

7. 租期结束后的标的物处理条款

世界各国对租赁期满后标的物处理的规定不尽相同,英国的法律禁止租期满后承租人的选择购买权,但大多数的国家都普遍承认租期满后承租人对标的物有留购、续租或退租的权利。如果承租人选择留购,在他交付完毕租金之后,只需付名义上的货价就可获得租赁标的物的所有权;如果承租人选择续租的,承租人至少应于租期满前一个月,将其续租要求书面通知出租人,双方重新商订续租期限、租金金额等租赁条件,并另定租赁合同,注意此时的租赁合同与前面的融资租赁

合同不同，它不再具有融资的性质，仅为一般的租赁合同而已；如果承租人选择退租，承租人应保证租赁标的物除正常损耗外，仍保持良好状态，并且承租人应当自己负担将标的物退还给出租人的所花费用。[①]

8. 其他条款

融资租赁涉及的关系非常复杂，而且每一项交易的具体情况不同，因而当事人可以在合同中约定其他的内容来调整其权利义务关系。

（三）融资租赁合同的效力

1. 出租人的权利与义务

出租人的权利主要有：

（1）租赁期间拥有租赁物的所有权。“出租人享有租赁物的所有权。”融资租赁的租赁期内，出租人始终享有租赁物的所有权，这是融资租赁合同与典型租赁合同最相似的地方。如果当事人约定将标的物的所有权转让给他人，那么该种行为应当被认为是买卖，而非租赁。因此所有权是否发生转移是区别买卖合同和租赁合同的一个最根本标准。融资租赁中，除了处分权能外，其他权能皆数转移给了承租人，但是出租人仍然拥有租赁物的最终所有权，即实现了所有权与使用权相分离的效果，真正达到了物尽其用的目的。

出租人所有权主要表现为：①租赁期间没有经出租人的同意，承租人不得处分租赁物；②租赁期间承租人破产时，出租人拥有破产取回权；③租赁期满后，当事人未约定租赁物归属的，承租人应当向出租人返还租赁物。

（2）享有租金收取权。融资租赁中，出租人所有的租赁物交付给承租人使用收益，出租人享有按期收取租金的权利。租金是出租人提供融资的对价，出租人依靠收取租金而收回支付给供应商的租赁物价金。传统租赁的租金是承租人使用收益物品的对价，而融资租赁的承租人使用收益租赁物与其按期支付租金并无对价性质，从而承租人违反约定，以致出租人终止合同收回租赁物而无法使用收益时，承租人也不能免除支付租金的义务。《民法典》第721条、第722条规定，承租人应当按照约定的期限支付租金。承租人经催告后在合理期限内仍不支付租金的，出租人可以要求支付全部租金；也可以解除合同，收回租赁物。当事人约定租赁期间届满租赁物归承租人所有，承租人已经支付大部分租金，但无力支付剩

---

① 参见程卫东：《国际融资租赁法律问题研究》，法律出版社2002年版，第95页。

余租金，出租人因此解除合同收回租赁物的，收回的租赁物的价值超过承租人欠付的租金以及其他费用的，承租人可以要求部分返还。

(3)免除租赁物危险负担。在传统租赁合同中，租金与标的物之使用收益互为对价关系，出租人负有保持标的物适于使用收益状态之义务，因不可归责于当事人双方之事由致标的物毁损灭失时，其风险应由出租人负担。但融资租赁合同因其具有的融资性质，除了租赁期满后租赁物的残值，出租人不承担与租赁物有关的风险和收益，而将风险负担移转于承租人。

(4)免除租赁物瑕疵担保责任。融资租赁与传统租赁的一个重要区别在于对租赁物的瑕疵担保责任。在传统的租赁中，出租人在与承租人订立租赁合同之前，已经拥有租赁物的所有权。承租人与出租人签订租赁合同的前提就是出租人已拥有租赁物，否则不会产生租赁交易。交易前出租人承担租赁物的所有风险，出租人对租赁物的了解较承租人也要多，因此，租赁物的瑕疵担保责任由出租人承担。而在融资租赁中，出租人却不承担租赁物的瑕疵担保责任。租赁合同成立前，出租人并没有现成的租赁物可供租赁，承租人根据自己的经验和知识，选定设备的制造厂商，设备的种类、数量、规格、型号、商标牌号等，出租人完全按照承租人的指定予以购买。因此，因选择错误所产生的结果，应由承租人负责，这就是所谓的"选择责任"。[①]

相关案例分析

【案情简介】

2006年2月14日，原被告签订融资租赁合同一份，合同约定，原告根据被告的要求从A公司购买总价值为650,000元的某数码冲印设备，由A公司负责向被告交付设备，原告向A公司支付货款，即使购销合同是以原告作为购货方与A公司签订的，原告只承担根据购销合同规定向A公司支付设备货款的责任，除此之外，购销合同规定的其他所有责任、义务，均由被告承担并履行，原告对设备不作任何陈述和保证，并且原告对设备的任何瑕疵不负任何责任，与设备的瑕疵相关的任何索赔应当在被告与A公司及其关联方之间直接解决，而不得牵涉原告；在租赁期满、被告支付完全部租金后，被告向原告支付留购价格100元，原告向被告发出设备转让证书，将设备所有权转让给被告；租赁期限4年，租金总额为694,043.52元

① 参见梁慧星：《民法学说判例与立法研究》，中国政法大学出版社1993年版，第223页。

(共48期),被告预付租金260,000元以冲抵后期租金,被告需支付租赁手续费45,205.33元,本息均等1个月支付一次,第1期至第30期各为14,459.24元,第31期租金为266.32元,被告迟延支付租金时,应按每日0.4‰支付迟延利息,对于符合被告不能付款、停止付款、不能履行规定的条款时,原告有权要求被告立即偿还租金、损失金额、留购价格。同日,原告与A公司签订某数码冲印设备的买卖合同,双方约定,A公司负责将设备交付给最终用户,交付地点为B市,合同总金额为650,000元。上述合同签订后,原告于2006年2月22日向A公司支付了货款650,000元,A公司于2006年4月向被告交付了该数码冲印设备一套,被告出具了设备验收报告,并支付给A公司预付租金和手续费共计305,205.33元,A公司将该笔款项支付给了原告。此后,被告仅向原告支付了7期租金,剩余租金一直未支付,故原告起诉。

【法院判决】

法院判决被告于本判决生效后10日内给付原告租金和利息。

【法律分析】

本案原被告签订的融资租赁合同,符合法律规定的主体要求,应为合法有效,双方应严格履行合同约定的义务。在合同签订后,原告已按约定向供货方A公司支付了设备款,被告亦收到了设备,并进行了验收。原告已履行了自己的合同义务,而被告在交付预付租金后,仅支付了部分租金,且经原告多次催要,仍未支付拖欠租金,被告的行为已构成违约,理应承担相应的违约责任,故原告依融资租赁合同的约定起诉要求被告支付全部租金、留购价格及利息的要求应当能够得到支持。

被告不能主张原告应当提供设备的进口合法文件,因为我国法律规定,融资租赁合同中的租赁物不符合约定或者不符合使用目的的,出租人不承担责任,在原被告签订的融资租赁合同中也约定,原告对设备的任何瑕疵不负任何责任,与设备的瑕疵相关的任何索赔应当在被告与A公司及其关联方之间直接解决,故原告没有义务提供设备的相关进口文件。

【风险提示】

出租人应注意与承租人约定租金金额和租金构成,另外还应约定租金支付期限、方式、币种以及不能按期还款的违约责任内容。

《民法典》第747条规定:"租赁物不符合约定或者不符合使用目的的,出租人不承担责任,但承租人依赖出租人的技能确定租赁物或者出租人干预选择租赁物的除外。”出租人原则上无须承担租赁物的风险，在除外情形下应当承担。所以，在融资租赁合同中应当明确约定租赁物风险承担主体，或者在选择租赁物时，针对出租人须承担的义务加以明确约定。

(5)免除因租赁物对第三人的侵权责任。我国《民法典》第 749 条规定：“承租人占有租赁物期间，租赁物造成第三人人身损害或者财产损失的，出租人不承担责任。”由此在融资租赁中，免除了出租人因租赁物对第三人的侵权责任，这也是出租人不负担与租赁物有关的风险原则的表现之一。

出租人的义务主要有：

(1)保证承租人占有、使用租赁物的义务。《国际融资租赁公约》第 8 条第 2 款规定，出租人担保承租人的平静占有将不受享有优先所有权或权利，或者主张享有优先权或权利并受法院授权行动的人的侵扰，只要这种所有权、权利或主张不是由于承租人的作为或不作为所致。我国《民法典》第 748 条第 1 款也明确规定：“出租人应当保证承租人对租赁物的占有和使用。”承租人进行融资租赁交易的目的就在于获得租赁物的使用权。

(2)不得擅自变更购买合同中与承租人有关内容的义务。出租人不但要根据承租人对供应商和租赁物的选择，与供应商签订租赁标的物的购买合同，而且不得擅自变更购买合同中与承租人有关的内容。这是因为，在购买合同中与承租人有关的合同条款直接关系着承租人的利益，如果发生变更，会对承租人的利益产生直接的影响，致使承租人受到损害。未经承租人的书面同意，出租人和供应商都不得擅自变更购买合同中与承租人有关的内容。

2. 承租人的权利义务

(1)受领租赁标的物的权利。在融资租赁交易中，承租人或者是从出租人手中受领租赁物，或者是直接从出卖人手中受领租赁物。受领租赁标的物既可以说是承租人的一项权利，也可以说是承租人的一项义务。

(2)占有、使用租赁标的物的权利。在租赁期间，承租人享有对租赁物的占有、使用权，这是承租人进行融资租赁交易的目的所在。承租人对租赁标的物享有的占有、使用权，不受包括出租人在内的任何人的干涉。

(3)承租人的索赔权。融资租赁合同在约定出租人对租赁物瑕疵担保免责的同时，往往将出租人的索赔权转让给承租人，承租人因此取得向供应商索赔的权利，即当供应商不履行购买合同约定的义务，或者租赁物在使用过程中发生质量问题时,承租人有权以自己的名义向供应商提出赔偿请求。

承租人的义务主要有:

(1)支付租金的义务。承租人向出租人支付租金是融资租赁合同中承租人的一项主要义务。承租人应当按照合同中约定的时间、地点及支付方式向出租人支付租金。如果出租人与承租人在融资租赁合同中没有约定或者约定不明确的,应当协议补充;不能达成补充协议的,按照合同有关条款或者交易习惯确定;仍不能确定的,按照有利于实现合同目的的方式支付。

(2)妥善保管、使用和维修租赁物的义务。由于租赁物的所有权归出租人所有,所以,承租人应当妥善地使用和保管租赁物。我国《民法典》第714条规定:承租人应当妥善保管租赁物,因保管不善造成租赁物毁损、灭失的,应当承担赔偿责任。

(3)承租人不得中途解约的义务。承租人承担在租赁期内发生的租赁物灭失和毁损的风险,在任何情况下,承租人均需按期交纳租金,这是融资租赁的特殊性质决定的。如果在融资租赁合同中允许承租人任意中途解约,则出租人因无法处理收回的租赁物而遭受损失。

第二节　融资租赁合同风险及其防范

一、融资租赁合同实践中法律风险的特点

(一)复杂性

融资租赁合同的风险具有复杂性,是由其本身法律关系的复杂性决定的,融资租赁合同由两个合同、三方主体有机组成,故其相对于一般的合同两方主体结构而言,具有一定的复杂性,故其风险的来源也具有多样性。从产生风险的主体来看,其风险可能来自出卖人、出租人与承租人;从产生风险的时间来看,既可能来自出卖人向承租人交付标的物的过程中,也可能产生于出租人与承租人的租赁合同中。故融资租赁合同具有复杂性。

(二)外部风险突出

融资租赁由于所具有的融资与融物的属性,容易受到除当事人之外的因素的

影响，即其外部风险突出。具体表现为：

1. 技术风险

融资租赁的好处之一就是先于其他企业引进先进的技术和设备。在实际运作过程中，技术的先进与否、先进的技术是否成熟、成熟的技术是否在法律上侵犯他人权益等因素，都是产生技术风险的重要原因。严重时，会因技术问题使设备陷于瘫痪状态。

2. 环境风险

有些融资租赁项目看起来利润很高，实际上产品的生产过程对环境的污染很大。在项目生产初期，可能未被社会认识，一旦出现问题可能有停产或转产的风险。为了子孙后代，也为了项目的安全运作，应在启动项目之前聘请具有资质的单位详细作出环境评估报告。

3. 金融风险

在国际融资租赁业务中，金融风险主要有汇率风险、利率风险和货币贬值风险。融资租赁具有融资性，因此，不可避免地同金融波动风险存在一定的相关性。金融波动直接影响着市场利率，进而对融资租赁资金成本和盈利水平产生影响。

4. 政治风险和政策变化风险

这是由于政局的突变或政府宏观调控政策的突然调整等直接影响企业的正常运转，给租赁双方或其中一方带来风险。假如当事人的任何一方所在地发生政变、动乱、罢工、战争等，或者是当地政策法律调整变化都会使相对的当事人在经营上产生困难和影响，导致合同因履行不能而被迫提前解除。

二、融资租赁合同实践中风险规避的基本理念

（一）合理预测风险

每个融资租赁项目都会有风险，要想避免风险带来损失，使之转化为收益，唯一的办法就是对未来的风险进行预测。风险预测主要体现在融资租赁项目评估之中，预测的方法主要有：

1. 经验法预测

经验法主要是根据过去的经验，采用仿真试验、主观衡量法、保守估计法、乐观悲观法、竞赛理论、流动资金估算（产值资金率、流动资金周转率、简便估算）等数学模型用类比的方法推算出项目风险的变化趋势。

2. 科学法预测

科学法主要是通过掌握的第一手数据资料，采用概率分析、敏感性分析、盈亏平衡分析、决策树分析、蒙特卡罗分析、趋势外推法（一次直线法、二次曲线法）、平滑法、回归法（一元线性回归预测、多元线性回归预测、非线性回归预测）等数学方法计算出来的值，从不同的角度验证经验法的预测。

3. 资产评估

在立项时，出租人对将要承租的企业过去经营情况要进行风险评估，决定项目的取舍；也须对正在承租的企业经营状态进行评估，决定项目继续进行或须立即采取补救措施。评估的内容有企业的经营分析，包括销售分析、存货分析、成本分析、利润分析、负债分析、还债能力分析和股本利润率分析，以此预测融资租赁的风险。

4. 财务分析

财务分析主要是对可行性报告中预计经营状况进行分析。分析指标有：销售利润率、资产利润率、成本利润率、投资利润率、平均投资利润率、投资收益率、股本收益率、平均股本收益率、国家收益率、净现值、净现值指数、现金流量、内部收益率、投资回收期、借款还款期、财务收益分配、项目清偿能力、收支平衡点（国内收入净增值、社会盈余率）和其内部收益率，以此预测租赁项目未来的经营风险。在财务分析过程中，需要的一些社会参数，市场经济健全的地区应能提供：国民生产总值、经济发展速度、社会收益率、通货膨胀率、失业率、中央银行基准利率和就业人数等经济指标；同时，也应提供影子参数以便预测风险承受能力。①

（二）注重防范，规避风险

融资租赁合同签订的过程中，应审查融资租赁当事人的主体资格，主要是注意出租人是否具有合法的主体资格。由于融资租赁有着浓厚的金融色彩，而金融业属国家严格控制的行业，非经特别程序批准，不得擅自经营。设立融资性租赁公司必须经当地人民银行分行审核，报经人民银行总行批准，并发给经营金融业务许可证后方可据此在工商局进行登记。出租人不具有从事融资租赁经营范围却签订融资租赁合同，该合同无效。

在合同内容方面，《民法典》规定融资租赁合同应包括租赁物名称、数量、技

---

① 参见 http://www.smexm.gov.cn/2006－11/200611281457336050.htm，2009 年 3 月 23 日访问。

术性能、检验方式、租赁期限、租金构成及支付期限和方式、币种、租赁物的归属等条款。当事人应当注意,合同的主要条款应全面、明确、避免遗漏和含混不清。

融资租赁使用的是出租人预先拟订好的标准合同,承租人应对标准合同的条款进行仔细审查,提出自己的意见,以免出租人的标准合同偏向己方利益。而采用标准合同的出租人应当遵循公平原则确定当事人权利和义务,采用合理方式提请对方注意免除或限制其责任的条款。融资租赁合同一旦签订并生效后,即对当事人产生法律约束力。当事人必须信守合同,不得随意变更、解除,不得无故不履行或迟延履行。

融资租赁的另一种避免损失的方法是租金偿还担保。因为出租人在融资租赁业务活动中承担的风险最大,几乎每个租赁合同都附有一个对出租人有利的担保函,这是租赁业务的基本保证。保证人在担保函中被规定为第一追索人,一般是国有大型企业或省级有担保资格和能力的银行。

在经济活动中,风险不可能完全避免,为此事先应有所准备,保险是补救风险损失的最好方法。保险业发展的历史比较长,我国与国外的保险公司现已建立了分保业务,保险业务的种类也不断增加,可用于融资租赁的有:运输保险、财产保险以及与项目特点有关的其他各类保险。与正常的保险业务稍有不同的是:因财产所有权属于出租人,保险的受益人是出租人;又因财产的使用权在承租人,保险费由承租人支付。因此,租赁合同应明确财产受损时的补救措施和理赔时的风险责任,避免不必要的争议。

另外,当事人应当学会利用法律武器来保障自己的权益,用诉讼或仲裁的方式主张自己的权益,对违约方追究违约责任。

三、融资租赁合同实践中的新问题

(一)租赁形式过于单一,融资租赁行业发展相对缓慢

我国的租赁形式大多都是传统租赁,承租人和出租人签订不可撤销的融资租赁合同,出租人承担购买设备的全部价款,承租人以年金的方式等额定期支付租金,出租人不提供除出租以外的其他服务,这种单一形式不利于租赁事业的蓬勃发展。近年来,国外融资发达的国家开发了许多新租赁形式可加以改进借用。

1. 杠杆租赁,即出租人承担设备成本的20% ~40%,剩余部分由银行等金融机构提供,出租人把租赁物的所有权、租赁合同的担保收益权等权利转给金融机

构,金融机构对出租人无追索权。该种租赁方式一般用于购置成本特别高的飞机、卫星通信设备等,杠杆租赁在美国租赁业占有相当重要的地位。

2. 转融资租赁,出租人从一家租赁公司租入设备然后转租给承租人使用,出租人扮演一个类似证券经纪人的角色,该种租赁方式一般用于跨国租赁。

3. 售后回租,设备拥有方先把设备出售给租赁公司获取业务发展所需要的资金,再把该设备从租赁公司租回按期支付租金,该种方式可以改善承租人的财务状况,盘活其存量资产。

此外还有合成租赁、收益百分比租赁、风险租赁等方式。这些新模式使融资渠道多元化,设备供应方式多渠道,租赁风险分散,改变单方承担形成多头承担,既满足了承租人的需要,也活跃了租赁市场。

我国应大力发掘多种形式的租赁业务。众所周知,我国国有工业企业设备普遍陈旧,技术改造任务繁重,为融资租赁业的发展提供了一个广阔的空间。融资租赁公司应采取一些灵活的融资方式,将目前的闲置设备,利用租赁方式加以发掘,可以使企业互通有无,盘活存量资产,提高设备利用率,为承租企业提供有效的服务。并且应积极开展进出口租赁业务,为解决融资租赁业务种类单一,难以满足企业对租赁形式不同要求的问题,如采用直接租赁、转租赁、售后回租、杠杆租赁、追加租赁、综合租赁等租赁形式。我国的融资租赁业还应转变观念,为国内租赁开辟市场的同时还可以发挥我国劳动力成本低的优势,以劳动密集型制造行业开拓我国出口租赁业务。①

现行会计制度把融资租赁设备等同于企业自有固定资产,租金不列入成本,税收优惠方面则仅对中外合资的租赁公司和开发区的租赁公司给予比例很小的减税政策,其他租赁公司无法得到税收减免;在信贷政策上,租赁公司自己承担信用风险;租赁公司市场准入条件严格,《金融租赁公司管理办法》规定金融租赁公司最低资本金为人民币5亿元,经营外汇业务的租赁公司还应有不低于5000万美元的外汇资本金,这一规定使许多想参与融资租赁业的公司心有余而力不足,政策环境不够宽松,不仅无法与西方发达国家相比,即使与发展中国家相比也有较大的差距。由于通过融资租赁方式来新增设备得不到实质性的好处,因此企业不愿意改变传统的设备购置,也就全然没有以融资租赁方式使用设备的积极性。

---

① 参见刘红梅:《我国融资租赁存在的问题与对策》,载《长沙航空职业技术学院学报》2004年第4期。

法律制度的建立是回应特定的社会问题,融资租赁合同的实施是以产业的发达为基点的,我国目前融资租赁业的不发达在很大程度上限制了融资租赁法律制度的发展。故我们首先应当促进融资租赁业的发展,比如,可以从税收、管理等方面促进融资租赁业的发展,充分发挥这一特定形式的租赁方式的积极作用,这样法律制度的完善才有坚实的基础。

(二)融资租赁法律制度有待完善

从法律的角度来说,近年来,我国融资租赁合同的实践暴露出了我国融资租赁法律制度的一些不完善的地方,在此笔者主要讨论以下几个问题。

1. 承租人的索赔权问题

《民法典》第 741 条规定:"出租人、出卖人、承租人可以约定,出卖人不履行买卖合同义务的,由承租人行使索赔的权利。承租人行使索赔权利的,出租人应当协助。"该条由于是任意性条款,对于当事人来说并没有约束力。如果标的物不符合约定或者不符合使用目的,而在三方当事人也没有约定承租人可以向供应人直接索赔的情形下,那么向供应人索赔的权利只能由出租人行使。而根据《民法典》第 747 条的规定,出租人却当然地被免除了瑕疵担保责任,承租人无法从出租人处寻求救济。承租人在受到禁止解约条款的约束下不得不继续支付租金。因此,在当事人并未约定索赔权转移的情形下,无论出租人是否行使索赔权,行使索赔权的利益也不会归属于承租人,承租人的权利事实上难以得到保障。在目前《民法典》的框架下,出租人可以摆脱与租赁物有关的合同义务,但承租人在租赁物不符要求时却不一定能得到足够的救济。

故有学者认为,应在立法中规定承租人对出卖人有直接的索赔权。理由是:

(1)在融资租赁合同中,是由承租人负责收受货物并对货物进行检验测试,因此承租人比出租人更容易发现货物瑕疵;

(2)如果出卖人不履行合同可能导致承租人的生产经营等方面受到严重的影响,承租人是直接的受损失方;

(3)上述的理论中虽然都同意承租人拥有索赔权,但承租人往往处于被动地保护自己的权利的状态,这种做法既浪费了时间又无形地扩大了承租人的损失。在融资租赁买卖合同的交易过程中,虽然承租人不支付金钱,但标的物的规格、质量等都是他和出卖人之间商定的,同时出卖人也是向承租人交付标的物,因此,可将承租人看作买卖合同的准相对人，那么承租人就可以直接向出卖人行使索赔权。①

2. 承租人中途解约问题

绝大多数融资租赁合同中都有禁止承租人中途单方面解约的条款，“即使契约书中没有明文规定禁止中途解约，在解释上亦应认为当然有此特约。因为禁止中途解约，乃是从融资性租赁契约的本质所导出的当然结论”。② 理由如下：

（1）融资租赁的本质，是以借贷所购买的租赁物代替直接借贷用于购买租赁物的资金形态的融资，承租人租金的支付，实质上是购物资金的分期返还，所以当然没有准许承租人期中停止支付分期返还资金的理由。所以，租金因为是购置租赁物的资金、利息及费用的总和，分期清偿给出租人，如果准许承租人期中终止租赁合同，则出租人势将无法回收所投出的资金及获取其利润。

（2）融资租赁中的租赁物是由承租人特定选择并专门为其制造的，一般不具泛用性，再出租会有困难；即使在租赁初期具有泛用性，如今技术革新速度之快令人叹为观止，融资租赁租期一般又较长，期中返还租赁物的话，处分所得的价款往往无法与未到期的租金额相当。所以承租人不得中途解约这项义务，反映出了融资租赁经济性质上的最大特征。③

我国现行《民法典》对限制承租人的单方面解约没有明文规定，但从规定出租人对租赁物的瑕疵担保免责上来看，已经从一个侧面上肯定了限制承租人的单方面解约的效果。该规定与以下将要探讨的承租人针对租赁物出卖人的请求权结合在一起，构成了平衡承租人和出租人权利义务的基准要件，是融资租赁合同的本质体现。《民法典》应当将该规定予以法定化，以完善当事人的权利义务体系。

禁止承租人中途解约法定化还需注意以下两个方面：

（1）禁止承租人中途解约条款的目的是限制承租人在租赁物出现瑕疵或者不可归责于双方当事人毁损、灭失的情形下行使解除权，而并不是一律禁止其解除合同，因此禁止承租人中途解约法定化的设计上不能排除因可归责于出租人事由造成解约的情形。

---

① 参见任昊丽、王利敏：《融资租赁合同中索赔权的法律分析》，载《山西省政法管理干部学院学报》2006 年第 4 期。

② 参见梁慧星：《民法学说判例与立法研究》，中国政法大学出版社 1993 年版，第 221 页。

③ 参见吴启宾：《租赁法论》，台北，五南图书出版股份有限公司 1998 年版，第 289 页。

(2)禁止承租人中途解约是基于出租人对于租赁物的瑕疵担保免责和危险负担免除两个基础的。对于出租人瑕疵担保免责,《民法典》第747条已有安排。而对于出租人危险负担免除,现行《民法典》则没有规定,实为疏漏,应当填补。

第六章

承揽合同实践中的法律风险及其防范

第一节　承揽合同概述

一、承揽合同的界定

承揽合同是承揽人按照定作人的要求完成工作、交付工作成果，定作人给付报酬的合同。按要求完成工作、交付工作成果并收取酬金的一方是承揽人；提出工作要求、按约定接收工作成果并给付酬金的一方是定作人。作为合同标的物的工作成果，则依各种不同承揽合同的特点，分别为加工物、复制物、修理物等。

（一）承揽合同的种类

《民法典》第770条第2款规定："承揽包括加工、定作、修理、复制、测试、检验等工作。"据此，承揽合同包括以下几种。

1. 加工合同

加工合同是承揽人以自己的技术力量将定作人提供的原材料加工成成品，定作人接受该成品并支付报酬的合同。其主要特点表现在两个方面：(1)定作人提供原材料，承揽人收取加工费；(2)承揽人必须按照定作人的要求加工制作，不得随意变动。

2. 定作合同

定作合同，是指承揽人根据定作人的要求，用自己材料和技术为定作人制作一定成品，定作人接收该成品并支付报酬的合同。它与加工合同的根本不同点在于，原材料是由承揽人提供的，而不是由定作人提供的。

3. 修理合同

修理合同，是指承揽人为定作人修理已损坏的物品，由定作人为此支付报酬的合同。其特点是承揽人所修理的物品原本就是制成品，目的在于恢复或延续已损坏物品的使用价值，而加工合同和定作合同的目的是制造新的成品。在修理中需要更换的器件、配件，可以由定作人提供，也可以由承揽人提供。

4. 复制合同

复制合同，是指承揽人按照定作人的要求，根据定作人提供的样品重新制作类似成品，定作人予以接收并支付报酬的合同。

5. 测试、测绘合同

测试、测绘合同，是指承揽人按照定作人的要求利用自己的技术和设备为定作人完成某一特定项目的测试、测绘任务，定作人接收测试、测绘成果并支付报酬的合同。但为完成建设工程的测量任务而订立的合同不为承揽合同。

6. 检验、鉴定合同

检验、鉴定合同，是指承揽人以自己的技术和设备为定作人提出的特定事物的性能、问题等进行检验、鉴定，定作人接收检验、鉴定成果并支付报酬的合同。

7. 印刷合同

印刷合同，是指承揽人按照定作人的要求，将定作人交付的文稿打印、印刷成定作人所需要的形式，定作人接收印制的成果并支付报酬的合同。在签订印刷合同时，还应遵守与印刷行业、印刷品管理有关的法规，如《著作权法》。

8. 其他承揽合同

除上述几种合同以外，承揽合同还有履行、翻译、设计、医疗护理等多种。①

相关案例分析

【案情简介】

2002年8月甲公司与乙公司签订《加工定制合同》，建立加工贸易业务，甲公司为乙公司定制加工各类控制系统用操作平台。随后，甲公司多次按约为乙公司定制加工各类控制系统用操作平台。乙公司收货后，不定期地支付甲公司部分价款，截至2005年1月24日，乙公司尚欠甲公司25,590元价款一直未付，甲公司多次至乙公司处催讨欠款未果，后诉至法院，诉请：(1)判令被告立即支付欠款人民币25,590元；(2)判令被告支付欠款25,590元的银行利息人民币1330元。

---

① 参见王全兴、刘建强、洪彬主编：《新合同法原理与案例评析》，暨南大学出版社1999年版，第356页。

【法院判决】

法院判决乙公司于判决生效后10日内支付甲公司欠款人民币25,590元及利息1330元。

【法律分析】

根据《民法典》第770条的规定,承揽合同是承揽人按照定作人的要求完成工作,交付工作成果,定作人给付报酬的合同。承揽包括加工、定作、修理、复制、测试、检验等工作。

本案中,甲公司与乙公司签订了《加工定制合同》,形成了承揽合同法律关系。甲公司按照合同的约定完成为乙公司定制加工控制系统用操作平台的工作,履行了合同义务。乙公司就应履行按合同约定支付报酬的义务。而乙公司收货后未给付甲公司相应的报酬已构成违约,依法应承担支付报酬及利息的民事责任。

【风险提示】

承揽合同中应明确约定报酬支付的时间、数额和标准。必要时,可要求支付定金等。定作人不按合同支付报酬时,定作人也可以行使法定的留置权来维护自己的权益。

(二)承揽合同与其他合同的区别

界定承揽合同必须将其与几种容易混淆的合同区别开来。

1. 承揽合同与买卖合同

承揽合同中的定作合同与预先定货的买卖合同难以区分。所谓定作合同,是指承揽人按照定作人的要求以自己的物料制成成品或半成品并将其交付给定作人的合同。而预先定货的买卖合同是买方在标的物生产出来之前与卖方签订合同,待卖方将标的物生产出来之后再交给买方的合同。定作合同与预先定货的买卖合同具有许多共同点:合同都是在标的物生产出来之前签订;标的物都是按照一方的要求生产;标的物所需的原料都由生产方自备。正是由于两者存在这些共同点,实践中很难把两者区分开。承揽合同与买卖合同的主要区别在于:

(1)承揽合同中的标的物只能是承揽人严格按照定作人的要求而完成的工作成果,为特定物;而买卖合同的标的物可以是特定物,也可以是种类物。故承揽合同的标的物完成后不易为其他物品所替代,而买卖合同的标的物通常是标准化的种类物,且标的物可以是合同成立后生产,也可能在合同成立时即已存在。

(2)承揽合同的定作人有权在不影响承揽人工作的情况下对承揽人的工作情况进行监督和检查;而买卖合同的买受人只有权请求出卖人按约定的条件交付标的物,无权过问对方的生产经营或标的物由谁完成。

(3)在承揽合同中,在工作成果完成前,只能由承揽人自己承担工作物毁损灭失的风险;而在买卖合同中当事人可以约定自合同成立时起标的物毁损灭失的风险即由买受人负担。

2. 承揽合同与建设工程合同

承揽合同与建设工程合同的主要区别在于:

(1)承揽合同的标的物一般为动产,而建设工程合同的标的物为具有一定规模的建设工程,其标的物的价款一般远大于承揽合同。

(2)承揽合同的主体没有限制,可以是公民个人,也可以是法人或者其他组织;而建设工程合同的主体是有限制的,公民个人无力承担,承包人必须是具有从事勘察、设计、施工资格的法人。

(3)承揽合同中,经定作人同意承揽人可将其承揽的主要工作交由第三人完成,且承揽人将其承揽的辅助工作交由第三人完成时不需经定作人同意;而建设工程合同中承包人经建设单位同意,才能将自己承包的部分工作交由第三人完成。

(4)承揽合同为不要式合同;而建设工程合同必须采取书面形式,为要式合同。

3. 承揽合同与委托合同

承揽合同与委托合同的主要区别在于:

(1)承揽合同的承揽人是以自己的名义按照定作人的需要完成一定工作的,而委托合同的受托人是以委托人的名义和按照委托人的要求完成一定工作的。

(2)承揽合同的承揽人在完成定作人交付的工作任务过程中,一般不涉及第三人,而委托合同的受托人在完成所委托工作时一般会涉及第三人。

(3)承揽合同为有偿合同;而委托合同可以为有偿的,也可以为无偿的。

4. 承揽合同与雇佣合同

雇佣合同,英文为 services contract,即罗马法典的佣工契约,传统上称为雇主和雇工的合同。虽然在审判实践中,雇佣合同纠纷已广泛存在,但我国现行法律、法规尚未规定雇佣合同,其他大陆法系国家或地区一般对雇佣合同都有明确规定,例如,《法国民法典》《德国民法典》等。另外,英美法系的成文法对雇佣合同也进行了明确界定。实际上，在全国人民代表大会常务委员会法制工作委员会委托学者起草的《中华人民共和国合同法建议草案》中，曾专设雇佣合同一章，但在最后通过的原《合同法》中却删掉这一章。对此，梁慧星先生曾作出这样的评论："建议草案在广泛参考各国保护劳动者的立法经验基础上精心设计和拟定的雇佣合同一章被删掉，是最令人惋惜的。"现在的民法典专家建议稿又再对雇佣合同专门设一章，该建议稿合同编第15章第301条规定："雇佣合同是受雇人向雇佣人提供劳务，雇佣人支付报酬的合同。"

在现实生活中，雇佣合同易与承揽合同等发生混淆，但确定一个雇佣合同的主要标准是：首先要看双方当事人之间是否有雇佣合同，如果没有书面形式的雇佣合同，则看是否事实上存在雇佣关系，但最关键的是看雇主是否指挥和控制雇员的行为。法国最高法院认为：如果雇主享有对雇员发号施令的权利，并且这种命令和指导是关于这些雇员如何完成其职务活动的方法或指导的话，则雇主和雇员之间存在雇佣关系。而英美法系对此的界定标准较为具体和综合，根据报酬的给付是以工作时间还是以工作效果为标准；工作时间、地点、进度是否由劳务提供者自己制定；工作的工具、设备由谁提供；发放工资的方式是固定的还是一次性的以及雇主解除雇佣关系的权利大小等因素来综合考虑。该认定方式也被中国法律界作为在大多数司法实践中界定雇佣合同的标准。最高人民法院民事审判第一庭编著的《人身损害赔偿司法解释的理解与适用》一书中，认为当事人双方就是承揽合同还是雇佣性质的合同发生争议时，人民法院可以综合分析下列因素，结合案件具体情况认定：(1)当事人之间是否存在控制支配和从属关系；(2)是否由一方当事人指定工作场所，提供劳动工具或设备，限制工作时间；(3)是定期给付劳动报酬，还是一次性结算劳动报酬；(4)是连续性提供劳动，还是一次性提供劳动成果；(5)当事人一方提供的劳动是独立的业务，还是经营成果的组成部分。如当事人之间存在控制、支配和从属关系，由一方提供劳动工具或设备，限制工作时间，定期给付劳动报酬，所提供的劳动是直接受劳务方生产、经营活动的组成部分，可以认定是雇佣合同，反之，则应认定为承揽关系。①

二、承揽合同的特点

承揽合同主要有以下特点。

---

① 参见夏雨：《雇佣合同和承揽合同的甄别》，载《承德职业学院学报》2006年第1期。

1. 承揽合同是以完成一定工作为目的的合同

承揽合同以完成一定工作并提供工作成果为目的，定作人所关注的并非承揽人的工作过程，而是最终实现的工作成果。承揽人只有提供符合定作人要求的工作成果，才能取得定作人给付的报酬。也就是说，定作人给付的报酬并非对承揽人提供劳务的对价，而是对承揽人完成特定工作成果的对价。

2. 定作物的特定性

承揽合同多属个别商定的合同，定作物往往具有一定的特定性。无论定作物的最终成果以何种形式体现，它都体现了定作人的特定要求，故定作物具有特定性。

3. 承揽人独立完成工作并承担风险

定作人与承揽人订立承揽合同是建立在对承揽人的能力、条件等信任的基础上，一般来说，承揽人应当以自己的条件亲自、独立地完成工作，并承担完成工作的风险，对工作成果负全部责任。定作人不得干预、妨碍承揽人的工作。

4. 承揽合同是诺成合同、有偿合同、双务合同、不要式合同

承揽合同，双方当事人意思表示一致即可成立，故承揽合同是诺成合同；承揽合同中，承揽人付出自己的劳动，按定作人的要求进行加工，定作人取得承揽人完成的工作成果，要向承揽人支付约定的报酬，故承揽合同为有偿合同、双务合同；另外承揽合同无须特定形式，因此为不要式合同。

三、承揽合同的一般理论

（一）承揽合同的内容

根据《民法典》第 771 条之规定，承揽合同的内容包括承揽的标的、数量、质量、报酬，承揽方式，材料的提供，履行期限，验收标准和方法等条款。实践中，承揽合同主要有以下条款。

1. 承揽的品名或项目

承揽的品名或项目即定作物的名称。确定定作物是订立承揽合同的目的和前提，此条款未规定或不明确，合同无法履行。因此，在承揽合同中，应准确写明定作物品名或项目，不得含混或者模棱两可，不可使用代号，必须注明全称，以免产生误解，发生纠纷。

2. 数量、质量、包装、加工方法

数量应明确计量单位，注意用法定计量单位；质量按国家、部颁或专业标准，

没有国家、部颁或专业标准的，定作人应提供实样、模型或设计图纸，由双方商定标准或立标封样；包装根据国家或专项规定标准包装，一般由承揽人负责。定作人有特殊要求的，合同应注明；加工方法应在合同中载明。

3. 原材料的提供以及规格、数量、质量

根据合同的不同种类，这一条款的内容应有所不同。比如来料加工合同要写明提供的原材料品名、规格、数量、加工技术资料，交付的日期及使用的具体要求，带包装物也应写明；修理合同则应对零部件的供应及采购协商确定好。

4. 价款或酬金

价款，是指由承揽人提供原材料时，定作人支付承揽人提供的辅助材料、燃料动力、包装费用、劳务费用等项目的价金总额；酬金，是指由定作人提供原材料时或不需要原材料时，定作人支付承揽人劳务和智力成果的金额。价款和酬金，国家或主管部门有统一规定的，按统一规定执行，没有统一规定的，由当事人双方商定。为了担保合同的切实履行或为了满足承揽人的需要，双方还可商定支付一定数量的定金或预付款。

5. 履行期限、地点和方式

双方当事人应当在合同中明确规定交付定作物的期限、地点和方式，并按照合同的规定履行。对于交货日期的计算，根据规定，承揽人自备运输工具送交定作物的，以定作人接收的戳记日期为准；委托运输部门运输的，以发运定作物时承运部门签发的戳记日期为准；定作人自提定作物的，以承揽人通知的提取日期为准，但承揽人在发出提取定作物的通知中，必须留给定作人以必要的途中时间；双方也可以自行约定期限的计算方法。原材料等物品的交货日期计算，参照上述办法执行。定作物交的地点和方式一经约定，除双方当事人协商同意外不得变更，如果一方擅自变更，要承担违约责任。

6. 验收标准和验收方法

验收标准和验收方法，是指对承揽人所完成的工作成果的验收标准和方法。验收标准用以确定工作成果是否达到定作人所规定的质量要求或技术标准。因此，验收标准和方法事关合同的顺利履行，合同应明确规定。验收标准是国家对产品的质量、规格及检验方法所作的技术规定，即产品质量标准。我国现行的产品质量标准，按发布单位和适用范围不同，分为国家标准、行业标准、地方标准、企业标准。

7. 结算方式、开户银行、账号

结算方式，是指价金和其他费用的清结方式，包括现金结算和转账结算两种。现金结算，是指合同当事人使用人民币直接进行货币收付的行为。转账结算，是指通过银行从付款单位账户将款项划拨到收款单位账号进行货币收付的行为。开户银行，是指定作人或承揽人储蓄资金的银行，合同中应写明该银行的名称。账号，是指定作人或承揽人在银行储蓄资金所立户头的编号。明确规定开户银行、账号有利于价金的顺利划拨。

8. 违约责任条款

当事人双方必须在合同中明确、具体规定违约责任，违约金计算比例，在法律规定的幅度内，由双方共同确定。

9. 双方约定的其他事项条款

如定金条款、预付款等。①

（二）承揽合同的效力

1. 承揽人的义务

（1）承揽人应当亲自完成主要工作。承揽合同的履行是由承揽人凭借自身的设备、技术、劳力等完成任务，具有很强的人身属性。大多情况下，定作人是基于对承揽人的信任与其签订合同的，所以承揽人应当亲自完成主要工作，不能把主要工作交给第三人完成，否则难以保证工作成果的质量。“主要工作”是与辅助工作相对应的，它是指对工作成果起决定作用的工作，它所强调的是工作的性质而非工作的数量。“主要工作”一定要承揽人亲自完成，但是法律许可合同当事人进行相反约定，即当事人可以约定允许承揽人将工作交给第三方完成，在这种情况下承揽人应当就第三人完成的工作成果向定作人负责。如果承揽人未经定作人同意，将主要工作交由第三方完成，定作人可以解除合同。承揽人可以将合同的次要的部分交由第三人完成，《民法典》第 773 条规定，承揽人可以将其承揽的辅助工作交由第三人完成。承揽人将其承揽的辅助工作交由第三人完成的，应当就该第三人完成的工作成果向定作人负责。

---

① 参见 http://hi.baidu.com/shanghailawyer/blog/item/3158d65199504a1b367abef5.html，2009 年 3 月 24 日访问。

相关案例分析 1

【案情简介】

2007 年 4 月 13 日甲公司与乙公司签订《加工协议》，约定：甲公司委托乙公司加工灯芯绒女包 45,000 只，加工费每只 4.5 元，合计总金额 202,500 元；交货期限及方式：2007 年 4 月 28 日交 20,000 只货物到指定仓库，2007 年 5 月 10 日交清剩下 25,000 只，货由乙公司派车装运到上海仓库，成品运输费用由乙公司承担；结算方式及期限：乙公司出具 17% 有效增值税发票给甲公司，自出货之日起，40 天内一次性向甲公司结清全部货款。甲公司按实际定额提供原材料，超出定额部分在结算时甲公司在乙公司货款中按当期购买价格扣除。

2007 年 4 月 19 日乙公司与丙公司签订《来料加工合同》约定：乙公司委托丙公司加工灯芯绒女包 35,000 只，加工费每只 3.6 元，合计金额 126,000 元；交货方式及地点：乙方自提面辅料，成箱后货送上海，运费由乙公司承担；结算方式：丙公司凭合同，乙公司的收货凭据，结算清单，17% 增值税发票，在乙公司出货后一个月内结付。乙、丙公司在加工灯芯绒女包的过程中甲公司派出跟单员检验，甲公司存在主辅料未按约定期限供应情况。2007 年 5 月 25 日丙公司完成工作成果，经甲催要未交货。2007 年 5 月 28 日甲公司向乙公司提前支付全部女包加工费 199,800 元，丙公司亦收取合同约定的加工费，经甲公司再次催促，丙公司仍不交货。2007 年 5 月 27 日丙公司收取甲公司加工损失费 50,000 元，甲公司垫付运费 6850 元，随后，丙公司将加工的女包送至上海仓库。2007 年 5 月 28 日乙公司认可运费 3900 元，甲公司实际垫付运费 2950 元。

随后，甲公司认为乙公司在未经甲公司同意的情况下，将其中的 35,000 只女包，转委托给丙公司加工，在加工过程中，未全面履行约定，构成违约，给甲公司造成一定损失。2007 年 7 月 25 日丙公司完成女包加工后，无理要求甲公司增加加工费，并扣留女包拒不交货，甲公司在下手外贸出口合同交货期已到的情况下，为防止损失的扩大，于 2007 年 7 月 27 日无奈地支付 50,000 元，使乙、丙公司将加工完成的女包送至上海仓库，给付 50,000 元所谓的加工损失费完全不是原告甲公司的真实意思，是迫不得已而为之。故诉请法院：(1) 判令乙公司支付超耗材料款 39,272 元；(2) 判令乙公司支付违约金 10,000 元；(3) 判令乙公司返还运费 6850 元；(4) 判令乙公司赔偿催货损失 15,000 元；(5) 判令丙公司返还不当得利 50,000 元；(6) 乙、丙公司承担连带责任；(7) 乙、丙公司承担本案的全部诉讼费用。

【法院判决】

一、丙公司于本判决生效之日起五日内返还甲公司加工损失费50,000元；

二、乙公司于本判决生效之日起五日内返还原甲公司运费2950元；

三、驳回甲公司的其他诉讼请求。

【法律分析】

本案中，甲公司与乙公司签订的《加工协议》及乙公司与丙公司签订的《来料加工合同》，系当事人依法自愿订立，自成立时生效，当事人应当按照约定全面履行自己的义务。乙公司将其承揽的女包部分交由丙公司完成，甲公司未提出异议，丙公司加工女包，由甲公司提供主辅料，亦接受其跟单检验，双方虽未签订书面合同，但双方存在事实上的承揽关系。关于上述两份合同各当事人均应诚信履行。

在本案中，甲公司提供材料迟延，丙公司可以顺延履行期限，丙公司称其造成损失以及经协商甲公司自愿赔偿损失，没有提供足够证据证明。丙公司收取双方约定之外的加工损失费，缺乏事实和法律依据。合同约定出货后一个月内结付报酬，丙公司对完成的工作成果不享有留置权，丙公司扣留加工完成的女包，在甲公司急于向外商交货的情况下，迫使甲公司支付加工损失费，甲公司支付加工损失费的行为，违背其真实意思，当事人一方有权请求人民法院撤销，甲公司请求丙公司返还加工损失费50,000元，于法有据。合同约定成品运输费用由乙公司承担，甲公司请求乙公司返还垫付运费2950元，符合合同约定，且有相关证据证实。

【风险提示】

承揽合同中，对于主要工作，承揽人应以自己的设备、技术和劳力完成，经定作人同意可转交第三人完成，但应就第三人的工作成果向定作人负责；对于辅助工作，承揽人可交由第三人完成，并就第三人完成的工作成果向定作人负责。因此，在合同中如果没有明确约定工作可交由第三人完成，则未经同意的转交可能导致合同解除的风险。

相关案例分析2

【案情简介】

2003年10月，乙公司接受甲公司的委托，为其材质为Ocrl7Ni4Cu4Nb的产品进行热处理加工，因乙公司的机器设备达不到Ocrl7Ni4Cu4Nb产品的热处理工艺的要求，在取得甲公司同意后，乙公司将该批Ocrl7Ni4Cu4Nb产品的热处理工作交由丙公司完成,乙、丙公司对加工费的价格、收取方式、质量标准进行了约定,但未签订书面协议。此后,丙公司按照约定对乙公司送去的Ocrl7Ni4Cu4Nb产品进行热处理加工,乙公司也陆续支付丙公司加工费,截至丙公司起诉时,乙公司尚欠丙加工费83,382.06元未付。

履约过程中,2004年1月27日和2月5日,丙公司将其加工的3件PFF78－105阀体交付乙公司,乙公司又交付甲公司,甲公司用此3件阀体与其他零配件共同组装井口设备时,工人捶击扳手,导致PFF78－105阀体断裂。事故发生后,甲公司立即通知乙公司,乙公司当即通知了丙公司,丙公司的技术人员到达甲公司,甲公司向乙、丙公司通报了PFF78－105阀体断裂的情况及认定的初步断裂原因系阀体硬度值超标,并决定对未装配的部分成品重新返回丙公司再次失效,由甲公司安排其工程师、质检员对整个失效过程进行全程监督。2004年2月16日,甲公司又将断裂的PFF78－105阀体送到某大学失效分析中心,委托该中心对阀体断裂原因进行分析,2004年2月19日,该中心出具了《失效分析报告》,结论为"阀体材料中沿晶界析出的σ相是引起断裂的主要原因",建议"加强热处理失效工艺的控制"。2004年9月22日,甲公司与乙公司就PFF78－105阀体断裂所造成的批量材料报废达成了《赔偿协议》,约定:该批报废产品的原材料价值328,317.00元,减去17%的增值税率后的金额即280,612.82元、热处理加工费15,000元,合计295,612.82元,由乙公司赔偿。

后丙公司将乙公司诉至法院,要求乙公司给付加工费83,382.06元。乙公司对欠丙公司的加工费83,382.06元无异议,但认为应扣除有质量问题产品的加工费,并反诉要求丙公司赔偿经济损失280,612.82元。甲公司作为第三人参加诉讼。在案件审理过程中,乙公司于2005年7月29日赔偿甲公司损失200,612.82元。

【法院判决】

一、由乙公司于本判决生效之日起5日内给付丙公司加工费82,254.06元;

二、由丙公司于本判决生效之日起5日内赔偿乙公司损失200,612.82元。

【法律分析】

一、本诉

原被告虽然未签订书面合同,但是根据原告在起诉状中的陈述以及被告的反诉状内容,双方应系委托加工关系,而不是原告在庭审中辩称的"租赁设备关系"。原被告的口头约定,系当事人真实意思表示,其形式和内容均未违反法律规定,应属有效,各方均应恪守约定。因原被告在履约过程中,发生了产品质量纠纷，双方又未能协商解决，从而导致被告拒付加工费，法庭审理中，被告对尚欠加工费的金额无异议，提出要求扣除发生质量问题的3件阀体的加工费，综合案件事实，被告的这一请求符合法律规定，法院予以支持。

二、反诉

反诉原告诉请索赔的根本在于反诉被告加工的产品存在严重质量问题，其主要依据是反诉被告2004年1月21日至2月20日的加工产品清单上明确表明反诉被告为其加工了7件PFF78－105阀体，且反诉原告的3个证人均当庭陈述：发生断裂事故后，反诉被告的工程师到了甲公司，并将未装配的半成品返回反诉被告重新失效，原告方也认可发生断裂的PFF78－105阀体是其加工的；反诉被告对此提出异议，认为不排除反诉原告自己也加工了PFF78－105阀体，但反诉被告并未提出相反证据证明其辩解理由，因此，对断裂阀体系原告进行的热处理加工这一事实，可以认定；反诉原告要求反诉被告赔偿损失的依据，是基于反诉原告与第三人之间达成的赔偿协议，反诉被告对该赔偿协议虽然提出质疑，但其在法庭审理中，又明确表明不要求对损失大小进行司法鉴定，视为反诉被告对其诉讼权利的放弃，对反诉原告与第三人达成的赔偿协议，法院应予以采信。因反诉原告的实际赔偿金额为200,612.82元，故法院应按其实际赔偿金额确认反诉被告的赔偿金额。反诉被告辩称，其代为加工的产品在交付第三人使用时，第三人进行了产品质量检验，且检验结果是合格，因此，其加工的产品是合格品，不存在质量问题。对热处理加工的产品进行质量检验只能是表面检验，在保证产品使用性能的前提下，无法对产品的芯部进行质量检验，芯片问题只能在使用过程中才能发现。所以，虽然反诉被告的产品在交货时检验合格，但并不表明交货后的产品出现质量问题，其就不承担赔偿责任，本案中，反诉原告及第三人在法定的产品质量异议期内，发现反诉被告的产品存在质量问题，并且造成了损失，依法有权提出异议进行索赔。反诉被告的辩解理由依法不能成立，法院应不予采信。

三、甲公司是否应是本案的第三人

虽然反诉原告与甲公司就赔偿达成了协议，但其赔偿金额与反诉被告有利害关系，且本案对反诉原告与甲公司之间的赔偿金额是否认定、认定多少，也与甲公司有利害关系，故本案依法追加甲公司为本案第三人，符合《民事诉讼法》第59条之规定。

【风险提示】

法律虽未明确要求承揽合同为书面合同，但对于标的额较大，加工比较复杂或质量要求较高的承揽合同最好采用书面合同，明确约定质量标准和违约责任，以免发生纠纷后互相推诿。

（2）承揽人应依定作人的要求完成工作并交付工作成果的义务。定作人订立承揽合同的目的是获得符合其要求的工作成果。承揽人的主要义务就是按照合同约定的质量完成工作，违反该义务承揽人要承担相应的责任。根据《民法典》第781条的规定，承揽人交付的工作成果不符合质量要求的，定作人可以要求承揽人承担修理、重作、减少报酬、赔偿损失等违约责任。同时承揽人应当在约定的期限内完成工作，根据《民法典》第778条之规定，定作人不履行协助义务致使承揽工作不能完成的，承揽人可以催告定作人在合理期限内履行义务，并可以顺延履行期限，定作人逾期不履行的，承揽人可以解除合同，即在定作人未履行协助义务时，承揽人不承担迟延责任。另外，根据《民法典》第780条之规定，承揽人完成工作的，应当向定作人交付工作成果，并提交必要的技术资料和有关质量证明。定作人应当验收该工作成果。

（3）接受定作人的检验、监督的义务。《民法典》第779条规定，承揽人在工作期间，应当接受定作人必要的监督检验。定作人不得因监督检验妨碍承揽人的正常工作。定作人在检验、监督承揽人工作中，对于承揽人工作中存在的不符合合同约定的行为，可以要求其及时修正。

相关案例分析3

【案情简介】

2005年10月7日，甲公司和乙公司签订《工程承包合同》，约定：乙公司厂房监控系统设备由甲公司提供和安装，工程合同总价为25,500元；工程总工期为10日，开工日期从2005年10月9日起至18日止，如遇特殊情况，工期需要延迟的，双方友好协商，确定延期，正常情况下，甲公司不得无故拖延，延期一天罚款100元；本工程所需要的全部材料、构配件、设备等物资的供应方法，经双方协商按附件清单办理。

合同签订后，甲公司带设备进场施工，乙公司于2005年10月13日向甲公司支付了合同约定的60%进度款15,300元。在施工过程中，甲公司以监控系统的软件不支持200G硬盘为由，将合同项下的三个金钻200G硬盘换成三个120G硬盘。

工程完工后，双方对监控设备效果及三个120G硬盘发生争议，一直未对何时进行验收达成一致。甲公司于2005年10月31日向乙公司发出工程竣工验收通知书，通知书载明：本案工程已具备竣工条件，现定于2005年11月1日起三天内进行竣工验收等。2005年11月1日，乙公司工作人员在通知书下注明：(1)仓库摄像效果太差；(2)服务器配置太低，与之前承诺的不一致，亟待处理。在乙公司回复后，双方又多次就工程余款和设备问题进行协商，但一直未达成一致意见。在甲公司安装完上述监控系统设备后，因未能通过乙公司验收，甲公司在初期曾派员至乙公司处进行协商、调试，但经甲公司派员进行几次调试后，乙公司对其调试效果仍不满意，后乙公司拒绝甲公司派员进行调试。

甲公司遂以乙公司违约为由，向法院提起诉讼，请求判令：乙公司支付剩余设备款10,200元、增加设备款2241元、工程施工费2959元、工资差旅费8400元及违约金3442.5元，总额共计23,800元。乙公司后提起反诉，请求法院判令：甲公司继续履行合同，保证所有的设备能正常运转并保证20天录像效果，将三个主机硬盘更换为200G，服务器配置改为8000元的标准配置，支付自2005年10月19日起至12月26日止的工程延期罚款6900元。

【法院判决】

一、甲公司于判决发生法律效力之日起10日内更换三个硬盘给乙公司，即将三个120G硬盘更换为三个金钻200G硬盘；

二、甲公司于判决发生法律效力之日起10日内为其安装在乙公司处的监控设备进行调试，调试至监控设备能正常工作；

三、乙公司应为甲公司履行上述第一项及第二项所确定的义务提供相关便利条件，并在甲公司履行上述义务后三日内向甲公司支付工程款7650元(合同总额的30%款项)。

【法律分析】

《民法典》第774条规定，承揽人提供材料的，承揽人应当按照约定选用材料，并接受定作人检验。

本案中，甲公司与乙公司签订的《工程承包合同》，主体适格，意思表示真实，亦未违反法律、行政法规的强制性规定，为有效合同，甲、乙公司双方形成承揽合同法律关系，双方均应依约履行各自的义务。甲公司将合同约定的规格为200G的硬盘更换为120G已构成违约，应予更换。

乙公司拒绝甲公司对设备进行调试，导致工程至今未能通过验收，对此乙公司亦有过错，定作人的检验既是权利也是义务。

【风险提示】

1. 承揽合同加工定作过程中，对于需要改变设备型号、原材料规格的一定要经过双方同意。

2. 承揽人完成工作后，定作人应该及时进行验收，对于承揽人存在的履约不全面问题及时指出，而不应进行拖延。

（4）承揽人的验收与通知义务。《民法典》第775条规定，定作人提供材料的，定作人应当按照约定提供材料。承揽人对定作人提供的材料，应当及时检验，发现不符合约定时，应当及时通知定作人更换、补齐或者采取其他补救措施。承揽人不得擅自更换定作人提供的材料，不得更换不需要修理的零部件。承揽人发现定作人提供的图纸或者技术要求不合理的，应当及时通知定作人。因定作人怠于答复等原因造成承揽人损失的，应当赔偿损失。

相关案例分析4

【案情简介】

2005年11月2日，甲公司与乙公司签订《花车、花船制作施工合同》。该合同约定，乙公司委托甲公司对2005年广东旅游节部分花车、花船进行制作，开工日期为11月2日，竣工日期为11月23日。甲公司按乙公司设计必须保证施工的安全和质量，甲公司需派专门人员跟进此项工作，按本合同规定的竣工时间验收合格并交付使用，如延迟交付，每逾期一天，必须支付合同总额1%的逾期违约金给乙公司，并对由此产生的相关责任负责。甲公司以包工、包料、包制作、安装及维护的方式向乙公司承接，一切要以乙公司验收合格为准。

双方签订合同后，乙公司即日支付总金额的50%给甲公司。甲公司于2005年11月2日开始制作，并于2005年11月23日将其制作的花车、花船交付乙公司使用。2005年11月22日付合同额的25%，其余在通过验收并交付使用后，在10天内付完余款，但甲公司一直未予支付。2005年11月24日，甲公司制作的花车、花船参加了2005广东国际旅游文化节巡游活动彩排，同月25日正式参加巡游，巡游过程中云浮花车出现了冒烟的情况。2006年5月23日，乙公司向甲公司传真函件一份，称由于甲公司的制作未能达到对乙公司的口头承诺及未能按图纸的效果施工，造成甲公司声誉损失及直接经济损失，因此，乙公司根据每辆车、每条船的不同情况对甲公司进行处罚。甲公司认为是乙公司设计问题及一再要求加灯光造成,双方原约定该花车报酬为34,000元。后乙公司诉至法院,要求甲公司支付剩余的25%款项及违约金。

【法院判决】

法院判决甲公司支付乙公司剩余的25%款项,但酌情减扣云浮花车报酬的50%即17,000元。

【法律分析】

甲公司与乙公司自愿签订的《花车、花船制作施工合同》是双方当事人真实意思表示,其内容无违反法律、行政法规的强制性规定,为合法有效,双方均应依约履行。该合同约定合同额25%的余款在通过验收并交付使用后10天内付完。关于该25%的尾款是否到支付时间的问题,根据《民法典》第780条的规定,承揽人完成工作的,应当向定作人交付工作成果,并提交必要的技术资料和有关质量证明。定作人应当验收该工作成果。可见定作人有验收工作成果的义务,同时依据诚实信用原则负有将验收结果告知承揽人的义务。本案中,乙公司已经于2005年11月23日将其制作的花车、花船交付甲公司使用,同月24日参加了彩排、同月25日正式巡游,则甲公司至迟于2005年11月25日已经清楚花车、花船存在的质量问题,但甲公司没有在该日或之后合理的时间内向乙公司主张花车、花船存在质量问题,因此,甲公司应在交付日起10日内付清余款。

但鉴于乙公司的承揽工程存在云浮花车在巡游过程中冒烟等质量问题,虽然乙公司称该问题是甲公司设计及一再要求加灯光造成,但根据《民法典》第776条的规定,承揽人发现定作人提供的图纸或者技术要求不合理的,应当及时通知定作人,乙公司并无证据证实其履行了此义务,因此,乙公司对该质量问题的产生有过错,甲公司有权要求减少报酬。但双方对质量问题没有约定具体的违约金数额或计算方法,甲公司亦无证据证明其实际损失的数额,原审法院酌情减扣云浮花车报酬的50%即17,000元。

【风险提示】

承揽合同中,承揽人作为加工修理该合同标的物的专业人士,对标的物的质量负有责任,应严格把握技术规格和质量标准。对于定作人的特殊要求,承揽人应予明确说明并由双方书面确认。

(5)保管义务。根据《民法典》第784条的规定,承揽人应当妥善保管定作人提供的材料以及完成的工作成果,因保管不善,造成毁损、灭失的,应当承担损害赔偿责任。本条确定了承揽人的保管义务。承揽合同所需要的材料,既可以是由承揽人提供,也可以是由定作人提供。在定作人提供材料的情况下,承揽人对定作人提供的材料负有保管义务,如果承揽人自己提供原材料,承揽人就无须负此义务。

(6)保密义务。根据《民法典》第785条规定,承揽人应当按照定作人的要求保守秘密,未经定作人许可,不得留存复制品或者技术资料。该条设定了承揽人的保密义务,保密义务是合同的一种附随义务。根据《民法典》第509条规定,当事人应当遵循诚实信用的原则,根据合同的性质、目的及交易习惯履行通知、协助、保密等义务。强调承揽人的保密义务在承揽合同中非常重要,因为承揽人在为定作人完成工作的过程中,会知道定作人的技术秘密、商业秘密或者隐私等。这些秘密对定作人来说具有很大价值,如果承揽人泄露这些秘密,将使定作人受到损失。承揽人违反了保密义务,定作人可追究承揽人的违约责任,如果合同中约定了违约金,承揽人应支付违约金;如果没有约定违约金,定作人可要求承揽人赔偿损失。另外,承揽人违反保密义务的行为往往会构成侵权,如侵犯定作人的商业秘密或者隐私,定作人也可以选择要求承揽人承担侵权责任。

需要特别提出的是共同承揽人的责任问题。《民法典》第786条规定,共同承揽人对定作人承担连带责任,但当事人另有约定的除外。该条对共同承揽人的责任进行了规定。共同承揽人,是指在承揽合同中有两个以上的承揽人。如果定作人分别与几个承揽人签订合同,则这几个承揽人不是共同承揽人。共同承揽人区别于辅助人以及次承揽人,辅助人和次承揽人与定作人没有合同关系,无须向定作人承担责任。各共同承揽人的工作内容可能是一样的,也可能是各自完成工作成果的一部分。如果各承揽人之间约定为按份责任,除非定作人与承揽人有相反的约定,这种约定不能对抗定作人。①

2. 定作人的义务

(1)定作人向承揽人支付报酬的义务。定作人获得承揽人的工作成果,应当及时向承揽人支付报酬。支付报酬是定作人最主要的义务,关于支付报酬的时间,《民法典》第782条规定,定作人应当按照约定的期限支付报酬。对支付报酬的期限没有约定或者约定不明确,依照《民法典》第510条的规定仍不能确定的,

---

① 参见 http://www.lawtime.cn/info/minfa/fushuiyiwu/2010081749373.html,2009年12月27日访问。

定作人应当在承揽人交付工作成果时支付；工作成果部分交付的，定作人应当相应支付。定作人未向承揽人支付报酬或者材料费等价款的，承揽人对完成的工作成果享有留置权或者有权拒绝交付，但当事人另有约定的除外。

相关案例分析5

【案情简介】

2004年1月5日，甲公司与乙厂签订承揽合同一份，约定：由乙厂为甲公司制作型号为15立方米的2400×2640×12冲化锅3台，单价为78,000元，共计货款234,000元；按“压力容器安全技术监察规程”及GB150－98进行设计、制造；设备完工验收后，定作人来承揽人处自提；定作人按“压力容器安全技术监察规程”及GB150－98与定作人认可的施工图在承揽人现场验货；合同生效后付10%定金，设计图交定作人验收后预付40%材料款，提货时付40%，余10%在1年零15天内付清；合同补充附件为本合同附件，具有同等法律效力。同日双方又签订补充协议一份，约定由需方提供参考图一份，材质和总体结构不能变动，具体图纸资料和不合理的地方，由供方按有关标准设计和改动；供货方应提供设备的设计证书、制造许可证、质量证明书、安全监督检验证书、产品合格证等相关资料。合同签订后，甲公司按约支付了定金，并向乙厂提供了壁厚为12毫米的参考图一张，在乙厂设计过程中，甲公司又向乙厂提供了两份壁厚为18毫米的参考图，乙厂遂按新参考图进行了重新设计制作，同年2月甲公司支付40%的预付款，同年5月25日乙厂将壁厚为18毫米的3台冲化锅交给甲公司。壁厚由12毫米变为18毫米后，3台冲化锅共增加材料费用34,056.17元。乙厂要求甲公司支付增加的费用未果，只交付了2台变速器的合格证和说明书，一直未将设备其他的相关资料交甲公司。2004年8月3日，甲公司给乙厂去函，要求乙厂在当月10日前将应随产品同时交付的设备相关资料交给其公司，并表示“容器厂提出的加价理由，必须在履行了合同义务后，方可依据详细、有效的凭据，由双方在合情、合理的前提下确认”。乙厂收函后，仍未交付资料，甲公司遂向法院提起诉讼。审理中乙厂提起反诉，要求甲公司给付增加的制作费110,000元，后其自愿变更为要求给付增加的材料费51,622.23元。

【法院判决】

一、由乙厂于本判决发生法律效力后立即将设备相关的资料（具体资料见补充协议）交付给甲公司；

二、由甲公司于本判决发生法律效力后立即给付乙厂材料款34,056.17元。

【法律分析】

《民法典》第777条规定，定作人中途变更承揽工作的要求，造成承揽人损失的，应当赔偿损失。本案中，甲公司与乙厂签订冲化锅承揽合同一份，形成承揽合同法律关系。双方签订的承揽合同约定由甲公司提供参考图，甲公司先向容器厂提供了与合同约定相符的壁厚为12毫米的参考图，但之后又提供了两份壁厚为18毫米的参考图，甲公司第二次提交参考图的行为表明该公司对设备壁厚进行了变更，甲公司将壁厚由12毫米变更为18毫米，理应承担因此给乙厂造成的费用。

【风险提示】

承揽合同的目的在于满足定作人的特殊要求，这是定作人不选择直接购买而选择定制的原因，因此定作人对于承揽工作要求的变更是被法律许可的，承揽人应按照定作人的要求完成工作。但为公平起见，若定作人中途变更承揽工作的要求主要是针对定作物的数量及质量，这种变更导致的承揽成本的增加理应由定作人承担。

(2)定作人的协助义务。承揽工作需要定作人协助的，定作人有协助的义务。定作人不履行协助义务致使承揽工作不能完成的，承揽人可以催告定作人在合理期限内履行义务，并可以顺延履行期限；定作人逾期不履行的，承揽人可以解除合同。按照承揽合同的特点，需要定作人负协助义务的主要有以下情况：依据合同性质由定作人提供材料的，应当及时提供材料；定作人自己提供设计图纸、技术要求或技术资料的，要及时提供等。

相关案例分析6

【案情简介】

2003年11月29日，甲公司与乙公司签订了服装加工合同一份，约定由乙公司为甲公司加工棉夹克，数量为1840件，每件加工费为20元，总计加工费为36,800元；甲公司于2003年11月29日将加工所需样板、样衣、工艺单、面料及相关辅料并附清单交付乙公司；乙公司应在2003年12月8日全部交清加工物，迟交1天扣总金额的3%，迟交2天扣5%，迟交3天扣10%，迟交4天扣20%，迟交5天或5天以上扣50%；甲公司在经双方对账确认无误后，于货交清45日内支付货款。本合同另对交货时间注明为“辅料到齐算10天交清”。

合同签订后,甲公司于2003年11月29日至12月4日将加工衣服的辅料交付给乙公司,2003年12月9日将包装衣服的吸水纸提供给了乙公司。乙公司于2003年12月8日向乙公司交付了124件服装,2003年12月11日至17日共向甲公司交付了所加工的服装1711件。2003年12月22日,乙公司因1835件服装的加工费向甲公司开具了增值税发票,金额为36,700元。甲公司也收到了该发票。由于之后乙公司一直未收到加工款,故诉至法院。甲公司反诉乙公司迟延交货赔偿。

【法院判决】

一、甲公司应于本判决生效之日起10日内支付乙公司服装加工款36,700元;

二、乙公司应于本判决生效之日起10日内支付甲公司赔偿金5520元。

【法律分析】

《民法典》第778条规定,承揽工作需要定作人协助的,定作人有协助的义务。定作人不履行协助义务致使承揽工作不能完成的,承揽人可以催告定作人在合理期限内履行义务,并可以顺延履行期限;定作人逾期不履行的,承揽人可以解除合同。

本案中,双方当事人签订的加工合同,真实有效,当事人均应履行各自的义务,如当事人不按约履行合同的义务,应承担违约责任。乙公司为甲公司加工了服装,甲公司作为定作方也收取了加工物,故对该部分加工物的加工费,甲公司应按约予以支付。甲公司认为乙公司将加工物迟交了5天以上,应承担总金额50%的赔偿金。由于合同约定交清时间为辅料到齐算10天交清,从证据显示甲公司辅料至2003年12月4日才交给乙公司,乙公司交付服装的最后日期为12月17日,故应认定为迟交了3天,而非5天以上。乙公司认为应以12月9日的吸水纸给付日为辅料到齐日。由于乙公司在吸水纸给付之前即12月8日已交付了部分服装,可见吸水纸仅是为包装所用,并不是服装加工所必需的辅料,乙公司将吸水纸认定为服装辅料,没有依据,法院不予采信。

【风险提示】

承揽合同中,提供辅料是完成加工的前提。对于定作人来说,按照合同约定的时间交付辅料是其应尽的协助义务,也是保证加工工作按时完成的条件;对于承揽人来说,应按照合同的约定按时按质完成加工工作,并承担延迟交付的相关责任。因此,合同中几个时间点的约定应尽量清晰明确。

(3)受领工作成果的义务。对于定作人是否有受领承揽人所完成的工作成果的义务,有不同的观点。瑞士民法规定定作人对承揽人已完成的工作部分,有受领及支付其价值的义务。《德国民法典》第640条规定定作人有受领义务。我国台湾地区“民法”认为一般不存在定作人的受领义务,仅在承揽人供给材料的承揽中,定作人方有受领义务。我国学者多认为定作人有受领义务。

定作人在受领工作成果的同时,有义务对工作成果进行验收。定作人如无正当理由受领迟延的,承揽人可请求其受领并支付相应的报酬和费用,定作人并应承担因其受领迟延而发生的工作成果的风险负担。①

相关案例分析7

【案情简介】

甲公司委托乙公司加工鞋,双方约定先由甲公司提供样板鞋给乙公司,乙公司包料生产样板鞋经甲公司确认后,再批量生产。2004年国庆前,乙公司将加工完成的鞋全部交付给甲公司。甲公司对第二批鞋没有进行检验而直接发往其客户。2005年2月6日,经双方结算,甲公司出具欠条确认其欠乙公司加工费72,000元,并承诺于3月15日前付一半,3月30日付清。甲公司于2005年3月支付了50,000元给乙公司,余款22,000元至今未付。后乙公司诉至法院。甲公司认为第二批鞋未经其检验,存在质量问题。

【法院判决】

甲公司于判决生效之日起3日内,给付乙公司加工费22,000元及利息(从2005年3月10日起按银行同期贷款利率计付至给付之日止)。

【法律分析】

根据《民法典》第780条的规定,承揽人完成工作的,应当向定作人交付工作成果,并提交必要的技术资料和有关质量证明。定作人应当验收该工作成果。

本案中,甲公司与乙公司加工承揽合同关系成立。双方对第二批货物的质量有异议。由于双方为加工承揽合同关系,甲公司作为定作人有权利、义务对被上诉人的工作成果进行验收;但现甲公司对第二批鞋没有进行检验而直接发往其客户,双方对验收的标准、方式和时间并没有进行约定,甲公司也没有举证证明其已与乙公司约定由第三人来进行验收,该行为从法律上应视为对乙公司工作成果的

---

① 参见崔建远主编:《合同法》,法律出版社2003年版,第393页。

验收认可，其后果应由甲公司自行承担。其后，甲公司向乙公司出具了欠条并支付了5万元，应视为其再次确认了欠款事实。而在交付之后的一年时间里，上诉人均没有提出质量问题。因此，甲公司应当支付乙公司所欠加工费。

【风险提示】

定作合同中，定作人在接受承揽人交付的定作物时应予以检验，验收合格后再完成交付，交付后应按约定的异议期对定作物提出异议，若在交付当时或异议期内定作人均没有提出明确的异议，则表示其默认了定作物的加工效果，也默认了合同目的的达成，据此拖欠加工费而行使的抗辩权不会得到法院的支持，因此其积极行使验收权利是降低其风险的重要因素。

3. 承揽合同的终止

（1）承揽合同因履行完毕而终止。承揽合同履行完毕，合同自然终止。

（2）承揽合同因当事人行使解除权而终止：

①定作人的随时解除权。根据《民法典》第787条的规定，定作人在承揽人完成工作前可以随时解除承揽合同，造成承揽人损失的，应当赔偿损失。承揽合同可否因当事人一方的意愿而解除，对此有不同的看法，各国立法规定也不一致。

②承揽合同因当事人一方严重违约而解除。这种情况主要包括：承揽人未经定作人同意将承揽合同的主要部分转由第三人完成，定作人未尽到协助义务，经承揽人通知仍不履行等情况。

（3）承揽合同的法定终止。承揽合同还可因下列法定事由而终止①：

①承揽人死亡或者失去工作能力。由于承揽合同是以承揽人的特定技能为前提的，承揽人的债务履行具有一定的人身性质，因此，在承揽人死亡或者丧失工作能力时，其所承揽的工作已无完成的客观条件，则合同理应终止。但如果承揽工作的完成不以承揽人的个人技能为必要条件的，承揽工作可以交由第三人完成。

②定作人死亡且继承人不需要该项工作。定作人死亡，若其继承人需要承揽人工作，承揽人应继续将工作完成，由定作人的继承人承担给付报酬的义务。但若定作人的继承人不需要该项工作时，承揽合同应当终止。但于此情形下，定作人的继承人应将定作人死亡的事实和其不再需要承揽人继续完成工作的意思通

---

①　参见王全兴、刘建强、洪彬主编：《新合同法原理与案例评析》，暨南大学出版社1999年版，第366页。

知承揽人。否则，定作人的继承人对于承揽人于定作人死亡后完成的工作仍应当受领并支付相应的报酬。

③承揽人或者定作人被宣告破产。承揽人或者定作人受破产宣告时，承揽合同是否当然终止，各国立法规定不一。定作人受破产宣告时，如合同不终止，承揽人完成工作后也难以得到应得的全部报酬，因而承揽合同应当终止。合同终止后承揽人可以就已完成的工作应得到的报酬以及依约定定作人应负担的费用一并参加定作人破产的财产分配。在承揽人受破产宣告时，其已经没有继续完成承揽工作的能力和条件，因此，承揽合同也应当终止。于此情况下，定作人应当接受对其有用的已完成的工作成果并支付相应的报酬，同时定作人对于交付给承揽人的所有权属于自己的材料等（如加工合同中提供的材料、修理合同中交付的标的物），有取回权。[①] 因上述前两种事由而终止合同时，关于承揽人已经完成的部分工作，如定作人或定作人的继承人需要，则应当验收承揽人已完成的工作部分并支付相应的报酬，若不需要则可行使法定解除权解除合同，但应赔偿承揽人的损失。

第二节　承揽合同法律风险及其防范

一、承揽合同实践中法律风险的特点

（一）合同定性风险突出

这主要体现在承揽合同的定性问题，由于承揽合同与一些相近合同的易混淆性，故若是引发合同纠纷，则在诉讼中可能存在合同定性的风险问题，比如承揽合同中的定作合同与预先定货的买卖合同在实践中十分难以区分。虽然上文指出了承揽合同与买卖合同的区别之处，但也有学者提出了质疑，关于定作物是特定物问题，不仅定作合同有图纸、规格与型号问题，买卖合同也同样具有这方面的要求，否则合同标的物就无法确定。另外买卖合同的履行过程也是标的物的特定化过程。所谓满足定作人特殊要求问题，实难把握，因为特殊是个相对问题，只要与别人的要求不同，都可以说是特殊要求。所谓标的物不是承揽方常规生产的产品

---

① 参见郭明瑞、王轶：《合同法新论·分则》，中国政法大学出版社1997年版，第236页。

问题,“常规”也不好把握,这既有相对性问题,也存在举证困难问题。[①]

(二)承揽人风险较大

承揽合同欺诈案件的主要特点是:(1)欺诈的一方一般为定作方,定作物也比较容易加工制作,且加工费可观,以诱使承揽方与其签订合同。(2)欺诈方订立承揽合同的目的就在于骗取对方的钱款,因此,这类合同一般都订有“质量保证金”“定金”“加工设备押金”等或以其他名目收取费用的条款,由承揽方先行支付,且数额不大,以避免引起司法机关的注意。对方即使被骗,也不愿再花时间和精力进行追索。(3)在合同的质量或验收条款中设置苛刻的标准或条件,或由定作方对该条款作随意解释,使承揽方无论怎么努力,也难以达到定作方要求的质量标准,以此作为承揽方违约的理由。而承揽方却因定作方加工门槛低,加工费可观,往往忽视合同的质量或验收条款。(4)由于一次骗取的钱款数额有限,欺诈方往往连续多次利用承揽合同进行欺诈,有的甚至以此为职业,专吃“合同饭”。[②]故实践中,承揽人往往承担更大的风险,应该更加注重防范欺诈,避免损失。

(三)可预防性

虽然承揽欺诈案件屡见不鲜,但通过认真地总结经验和吸取教训,通过谨慎地缔约,诚信地履约,通过各种手段来保护自己的权益,承揽合同的法律风险是完全可以预防的。

二、承揽合同实践中风险规避的基本理念

(一)谨慎缔约,审查合同条款

1. 订立承揽合同标的条款应注意的问题

承揽合同的标的是特定的劳动成果,具有特定性,当事人在订立合同时应当具体准确地写明定作物的名称或项目,不能模糊使人产生歧义:应注意加工物是否是合法物,审查加工物是否是法律禁止物,是否需经有关部门批准才允许加工。如果加工物是法律所禁止的物则导致合同无效,给双方带来经济损失,甚至承担行政、刑事责任。如对特定物的加工需经有关部门批准,则应办理有关报批手续

---

① 参见孙志远:《承揽合同在实践中经常遇到的问题》,载《山东审判》2005年第3期。

② 参见《承揽合同欺诈案件的主要特点》,载《工商行政管理》2003年第5期。

后方可订立合同。同时还应注意承揽的标的物不能构成对他人合法权益的侵犯，否则会导致当事人承担侵权责任。

2. 订立承揽合同质量条款应注意的问题

当事人订立承揽合同的目的是得到质量合格的定作物，有关定作物质量方面的约定就十分重要。《民法典》规定当事人对质量约定不明的，应按照国家标准、行业标准履行；没有国家标准、行业标准的，按照通常标准或符合合同目的的特定标准履行。订立合同时，对定作物的质量的规定应当明确具体，不能简单或者模棱两可，这既能保证承揽人按照质量约定进行加工，也便于定作人日后对定作物的检验、验收和利用。

对短期内难以发现质量缺陷的，应在合同中约定质量保证期，在质保期内发生的质量问题，除由定作人自身保管、使用不当以外，由承揽人负责无偿修复或者更换，造成定作人损失的，还应承担赔偿责任。

3. 订立原材料的供应和使用条款应注意的问题

由承揽人提供原材料的，应在合同中规定原材料的质量标准，承揽人必须依照合同规定选用原材料，并接受定作人的检验，承揽人隐瞒原材料缺陷或者使用不符合合同规定原材料而影响定作物质量时，定作人有权要求重作、修理、减少价款或解除合同。

由定作人提供原材料的，订立合同时应规定原材料交付的时间、数量、质量、交接地点、方式等，承揽人对原材料应及时检验，不符合要求的应立即通知定作人更换或补齐。承揽人对定作人提供的原材料不得擅自更换，对修理的物品不得偷换零件。同时还应对原材料的消耗定额，以及超出定额部分材料费用的承担作出约定，以明确责任，避免履行过程中出现纠纷。

4. 订立承揽合同价款的条款应注意的问题

对承揽方而言，履行承揽合同的目的是获取经济利益，对于价款数额应当在合同中明确规定，价款条款应包括货币种类、金额或计算方法、履行期限和结算方式等。应当注意的是，在合同履行过程中，不论定作人或承揽人提供原材料，均会涉及原材料损毁风险的承担，或一方违约后违约金确定问题。为避免产生不必要的争议，订立合同时，应将原材料的材料费和酬金的金额或计算方法分别予以规定，以便区分明确责任。

5. 承揽合同在交付验收条款方面应注意的问题

交付与验收是完成定作物后与定作人的交接，也是实践中容易产生纠纷的环节。当事人应对交付加工物的地点、时间作出约定。履行地不明确的，应在履行义务方营业地履行。而交付时间应按照合同约定来确定，交付时间不仅影响承揽人工作、定作人对定作物的利用，还影响定作物风险的承担，当事人可以约定一定的交付期限，承揽人可在期限内任何时间交付定作物。承揽人通知后，定作人拒绝受领的，承揽人可以选择提存定作物或行使留置权。

《民法典》规定，承揽人交付定作物后，定作人应当在约定的检验期内检验，没有约定检验期的，应当及时检验。如果加工物不符合要求，检验期内应当将数量、质量不符合约定的情况通知对方，否则视为数量或质量符合约定。实践中，当事人对是否及时检验往往发生争议，而加工物的检验期限过长，也不利于保护承揽人的利益，所以在签订合同时，当事人应对检验期作出明确的约定。

6. 订立承揽合同的保密条款应注意的问题

承揽合同中，承揽人工作一般技术性比较强，有的还需要定作人提供技术资料。为避免承揽人泄露或不适当利用获知的技术或者商业秘密，保护定作人的利益，在订立合同时，需要订立保密条款。保密条款应具备以下内容：

(1)秘密信息的定义。如果简单地将保密信息内容定义为商业秘密，对提供信息方不利，因为商业秘密的构成需具备四个条件，即需不为公众知悉，能为权利人带来经济利益，具有实用性，以及权利人采取了保密措施。当事人一旦发生争议按商业秘密要件确定遭受侵权信息是否构成商业秘密，才能确定是否违约。所以，订立合同时大多规定不论信息是否能为权利人带来经济利益，均为保密信息的范围。

(2)保密制度。当事人应约定保密制度，即采取什么措施和制度来约束负有保密义务的一方，比如约定含有保密内容的资料名称、保密措施等。是否按保密制度约定履行，也可作为衡量义务人是否违约的标志。

(3)违约责任。应明确义务人违反保密义务应承担的违约责任，主要规定经济损失或违约金。因为秘密信息为无形资产，其价值不便衡量，对造成的损失当事人也难以举证，双方订立合同时，应明确损失的计算方法或违约金。

7. 订立承揽合同留置条款应注意的问题

根据《民法典》第783条的规定，定作人未向承揽人支付报酬或者材料费等价款的，承揽人对完成的工作成果享有留置权。承揽人享有的留置权是法定担保物权，无须合同约定。承揽人在依法留置定作物后，应当通知定作人在一定期限内履行相应的义务，订立合同时可以对该期限进行约定。《民法典》规定期限应不少于2个月。承揽人只有在规定的期限届满时，才能处分定作物。承揽人通过折价的方式处分定作物应与定作人协商，通过拍卖、变卖方式处分定作物，应将有关情况及时通知定作人。承揽人在留置定作物期间，可以收取定作物孳息，享有必要的使用权，将报酬请求权转让时，留置权也可一同转让。留置权作为为承揽人设立的权利，当事人可以约定选择放弃。①

（二）提高警惕，防范承揽欺诈

上文已经提到，承揽合同欺诈案件中的受害方大多数是承揽人，实践中一些不法分子以广告宣传作托，以一些完全是虚构、杜撰出来的利润可观的加工项目为诱饵，蓄意骗取承揽方的合同保证金（也称质保金、立项费），他们采取的主要方法是发布广告招引承揽方并诱使承揽方与其签订加工承揽合同，在收到承揽方合同保证金等费用后，千方百计以各种理由认定承揽方制作的产品样品不合格，单方面撕毁合同并将毁约责任推给承揽方，并以罚扣违约金为借口，不退还承揽方已交的款项。一些不法分子在进行欺骗活动时，往往委托一些单位作中介代表承揽方。这些中介刊登广告招引承揽者，收取中介费后再把承揽方介绍给定作方，致使承揽方被骗后，也难以讨回支付给中介方的中介费。加工承揽广告宣传介绍的主要是一些技术难度小、操作简单、取材容易、利润较高的项目，如加工制作木包装箱、面袋、服装、鞋帽、玩具等。这些项目对一些中小企业和个体经营者特别是生产经营困难的企业有很强的诱惑，他们往往饥不择食，放松警惕。而且有些企业被骗后，因对违法分子被依法处理信心不足，往往不予深究，使违法分子的违法问题不能得到及时反映。同时，因为此类问题是以一般的经济合同纠纷的假象出现，而且违法分子善于利用法律的空子，在合同中设定各种圈套，不认真进行调查，难以发现问题的实质。特别是对中介方的义务和法律责任没有明确的规定，中介方与定作方是否串通共同行骗又难认定，如果定作方逃匿，中介方的欺诈行为基本受不到追究，其收取的中介费也很难被追回。

从作案手法上看，这些违法行为表现出很多智能型的特征：(1)被骗主体中外省市的居多。一般每个合同骗取1万元至2万元，有的只有数千元。一旦发生争议，被骗方考虑到诉讼费、聘请律师费、差旅费等因素，怕赢了官司赔了钱而不

---

① 参见 http://china.findlaw.cn/hetongfa/hetongdedingli/6056.html，2009年9月29日访问。

愿起诉。违法分子谙熟此道，故有恃无恐。(2)合同标的很具诱惑力。此类合同标的一般都系简单加工劳动，加工费较高，而且数量很大，动辄几十万元、上百万元的定货，甚至是打着为外商加工、海外定单的幌子。被骗对象往往是急于找米下锅的企业。这些企业在转换经营机制、调整产品结构中，急于求成。违法分子则充分利用这种心态，屡屡得手。(3)精心设计圈套。在这类合同签订前，违法分子往往在合同条款的质量标准、检验方法、图纸尺寸、原材料和零部件上预先设置了各种障碍，迫使受害方根本不可能做出合格产品来。(4)与境外不法商人相勾结。不少违法分子往往出示境外企业的定单、委托书，以应付工商行政管理部门的检查。据查明的事实看，其中大部分都是虚假的。有的是早已过期的、作废的证书；甚至有些是花钱买来的。[①] 故承揽合同的当事人特别是承揽人应当高度警惕，对于较具诱惑性的承揽项目应该有风险意识，仔细调查交易主体，选择诚实守信的定作人，防止出现欺诈的情形。

(三)利用法律手段保护合法权益

在发生纠纷后，司法诉讼是解决定作合同纠纷的一种主要方式，因而定作合同当事人在运用司法诉讼手段解决合同纠纷时要注意以下事宜。

1. 做好证据的收集工作

定作合同纠纷发生时，收集证据非常重要。一般来说，当事人未起诉前就要大量收集有利于己方的证据，准备工作要完善，做到未起诉已胸有成竹。民事诉讼中，原告与被告之间的“官司”打的就是证据。谁的证据准备充分，其胜诉概率相对要高一些。如果收集证据准备工作没有做好就贸然起诉，一旦败诉，不仅不能达到目的，反而会增加诉讼成本，陷入被动局面。

2. 注意诉讼时效

我国《民法典》规定，除法律另有规定的，公民向人民法院请求保护民事权利的诉讼时效期间为 3 年，诉讼时效期间从知道或者应当知道权利被侵害时起计算。因此，要注意合同中约定的时间，是否超过了诉讼时效，一旦诉讼时效期满，其诉讼请求将不受法律保护，当事人维权将陷入困境。

3. 起诉书中诉讼请求要准确

诉讼请求即原告向法院提出的司法保护请求，其构成必须具备三个要素，即

---

① 参见光辉、陈秋红：《谈防范加工承揽合同中的陷阱》，载《金融理论与教学》2001 年第 2 期。

诉讼当事人、诉讼标的和诉讼理由，缺一不可。需要指出的是诉讼标的和诉讼标的物是两个不同的概念，前者是指法律关系，后者是指实体权利和义务所指向的对象。可见，诉讼请求可以没有诉讼标的物，但不能没有标的。因此，起诉书中诉讼请求不准确，将会增加败诉的可能或导致诉讼失败乃至法院不予受理，增加诉讼成本。

4. 注意应对对方反诉

我国《民事诉讼法》第53条规定，被告有权提起反诉。反诉的请求和本诉的诉讼标的和诉讼理由是有关联的，主要目的是抵销本诉原告的诉讼请求。这种对抗方法一旦成功，不论实体问题怎样，原告都会败诉。因此，在诉讼活动中，要充分考虑对方会运用合同中哪些条款或在履行合同时产生的一些不利因素进行反诉，并做好这方面的证据收集工作，以反驳对方的反诉。

5. 合理运用诉讼保全制度

在定作合同纠纷诉讼活动过程中，一方当事人可以根据《民事诉讼法》相关规定对另一方当事人银行账户、有价财产向法院申请诉讼保全。其目的是避免在诉讼活动过程中，当事人的财产遭到毁损、灭失或者被变卖、转移、挥霍等，使将来生效法律文书不能执行或者难以执行，出现起诉人“赢了官司执行难”的局面。①

三、承揽合同的新进展

承揽合同是较古老的合同种类，出现于手工业发达的中世纪。罗马法将承揽关系纳入租赁合同。依罗马法的分类，租赁分为物的租赁、劳务租赁、工作物租赁，前两者分别为现代法的财产租赁和雇佣合同，工作物租赁是指承揽人应定作人要求从事工作，完成约定工作成果的合同。《法国民法典》沿用了罗马法的体例，直至《德国民法典》承揽脱离租赁，成为典型合同。由于承揽合同以满足定作人需要为目的，随着经济和社会生活的日新月异，承揽合同的范围不断扩大，其内容犹如当事人的想象力一样丰富。笔者通过对近年来学者对承揽合同研究的考察，着重从三个方面介绍承揽合同理论的新进展。

（一）我国承揽合同的特殊性

与多数大陆法系国家相比，我国承揽合同具有如下特点。

---

① 参见张秋：《略论定作合同》，载《重庆广播电视大学学报》2008年第2期。

1. 承揽工作成果的范围仅限于有形物

我国民法通行的理论认为，承揽人应按约定标准完成工作并交付工作成果，即承揽的劳务须物化为有形财产才视为履行了合同。虽然，《民法典》未禁止无形成果成为承揽对象，但综观承揽合同的条款规定，承揽标的以有形物为前提的规则设计是显而易见的，如交付工作物、验收义务、留置权规定等。而依大陆法系民法通常的理论和立法例，承揽人的工作成果包括有形物和无形物，后者如医生手术治疗、旅游、按约定地点运送等。只要承揽人劳务行为符合约定的结果，即实现了承揽目的，从而使承揽合同区别于单纯使义务人负担劳务的雇佣合同，以及以给付某项财产为目的的买卖合同。例如，《德国民法典》第 631 条第 2 项规定，承揽契约的标的，得为制作或变更一物件或另一件通过劳动或劳务给付而产生的成果。第 640 条关于验收条款设计了两种情况，即定作人有义务验收按照合同完成的工作，但因工作的品质不能验收的，不在此限。《意大利民法典》第 1655 条规定，承揽是指一方以必要的方式进行经营管理并承担其经营风险，交付成果或者提供服务从而获得金钱对价的契约。以有形物为承揽对象，其优点在于使法律关系调整明晰化，将提供有形物质的特殊劳务归入承揽合同，将提供无形成果的行为归入委托合同或非典型合同，如委托开发合同由技术合同规范，其弊端在于，对具有承揽属性的无名合同无法适用承揽关系，如旅游服务合同。

2. 承揽对象仅限于动产

根据我国通行的民法理论和立法惯例，《民法典》按工作物性质将承揽又细化为因完成建设项目而发生的建筑工程合同和完成一般工作成果的承揽合同，并将建筑工程合同脱离承揽合同，设专章规定。而在大陆法系国家，不动产的建筑施工合同、修缮合同与完成一般工作成果的合同一样，均属承揽合同的范围，即承揽合同包括不动产承揽与动产承揽。例如，《法国民法典》将加工承揽合同规定在租赁契约之中，该法第 1711 条规定，为完成一定工程的合同为租赁。《德国民法典》第 48 条专门规定了建筑承揽人的保全抵押权；第 38 条规定了建筑工程定作人 5 年内享有的排除工作物瑕疵及损害赔偿请求权的短期时效。《意大利民法典》第 1669 条也规定了关于不动产的毁坏与瑕疵担保责任请求权的除斥期间。不可否认，不动产建筑市场历来因与公共利益相关而为各国公法所直接干预，其法律调整除适用民法合同规则之外，往往要适用建筑管理法等相应的公法，但规定当事人在建筑施工中最基本权利义务关系仍然是民法的基本任务。我国《民法典》将建筑合同单独规定的立法目的，是强化和细化建筑市场的管理，遏制相当长时间存在的建筑市场秩序混乱，工程质量低下的违规势头。但从法理上来看，建筑工程合同在本质上仍属于承揽合同。所以，《民法典》规定，对建筑工程合同未予规定的，适用承揽合同。明确建筑工程合同与承揽合同种属逻辑关系的意义在于，对建筑工程合同没有规定的，法官在司法实践中应自觉地适用承揽合同规则和原理。例如，关于建筑工程所有权归属及意外风险均应比照承揽合同规则处理。再如，定作人随时解除合同的权利，在建筑工程合同中并未明文规定，但依其承揽合同属性，自当享有这一权利。例如，《法国民法典》第 1794 条规定，建筑工程虽已开始，定作人亦得根据单方面的意愿解除承包契约，但应赔偿承包人的一切费用、一切劳务及此次承包可获得的利益。[①]

（二）定作物的所有权归属与风险负担

依承揽合同的目的，承揽人应按约定向定作人交付工作成果。一般情况下，交付行为可发生两种法律后果：一是单纯地转移占有权；二是转移包括所有权在内的物权。显然，承揽人交付行为的效力应取决于后者，即最终使定作人获得工作物所有权。从表面上来看，这是一个极其简单的问题，无须再作讨论。然而，在工作物完成后交付之前，其所有权归谁，承揽人所转移的是所有权还是占有权不无疑问。对此，我国《民法典》和大陆法系国家无具体规定。

有学者认为，承揽人制作工作物在性质上是经定作人同意进行材料加工和附合的过程，应依物权原始取得规则，确定工作物权利的归属。现代各国民法都对加工物所有权的归属问题作了具体规定。加工人或者原材料所有人都是基于法律的直接规定而取得加工物的所有权的。加工在性质上属于一种所有权的原始取得方法。我国民事立法对加工物的所有权归属没有具体规定，但民法理论中学者们基本上都持以材料主义为原则、以加工主义为例外的观点，只是在认定是否构成侵权责任上略有不同。在委托加工关系即加工承揽合同关系中，定作物的所有权归属于谁呢？尽管定作人的目的就是获得定作物的所有权，但定作物的所有权并不都是从加工完成之时就归属于定作方，也不都是从承揽人交付时起移转给定作人的。定作物的所有权归属仍然可以根据上述民法有关加工制度的基本原则处理。故我国加工承揽合同中定作物的所有权可区别对待如下。

---

① 参见郭洁：《承揽合同若干法律问题研究》，载《政法论坛》2000 年第 6 期。

1. 当事人事先对定作物所有权已有约定的

如果定作方与承揽方在加工承揽合同中对将来的定作物的所有权已有约定的,从其约定。双方可以在合同中约定定作物所有权归于原材料所有人,也可约定归于定作方或承揽方。双方在合同中有上述约定的,因未违反我国法律规定应承认其效力。

2. 当事人事先对定作物所有权无约定的,可按原材料的提供情况处理

(1)承揽人提供原材料时,因材料的所有权属于承揽人,承揽人完成的工作成果亦应为承揽人所有,只有经承揽人将定作物交付给定作人,定作物的所有权才转移给定作人。

(2)定作人提供原材料时,承揽人此时负有工作义务,其为履行承揽任务所取得的工作成果的所有权应归属于材料供与人,即定作人。

(3)由双方提供材料时,应视谁为原材料的主要提供者而定。若定作人提供原材料的主要部分,则定作物的所有权归定作人,无须交付即可取得定作物所有权;若承揽人提供原材料的主要部分,则定作物的所有权归于承揽人,只有经承揽人交付定作物后,定作物的所有权才转移给定作人。

承揽合同中的风险责任,又称风险负担,是指在完成承揽工作的过程中,因不可归责于当事人任何一方的事由而造成的有关意外损失,应由谁负担的问题。《民法典》第 784 条中只规定了承揽人对保管不善造成的原材料及工作成果毁损灭失应承担赔偿责任。目前的大多数教材对此亦未作详细分析。有学者认为,承揽合同包含三种风险负担,即原材料的风险负担、定作物的风险负担和报酬的风险负担。

(1)原材料的风险负担。在合同履行期限内原材料意外灭失的,由谁承担风险责任,现有的法律规范都没有规定。对此理论界有两种不同的观点:一种观点认为,原则上应由承揽方承担原材料的风险;另一种观点认为,应由原材料所有人承担。笔者赞同后一种观点。因为意外风险负担是指任何一方都没有过错的情况下造成的损失负担。按照民法的风险责任的一般原理,所有人应当承担标的物的意外风险。笔者认为,原则上,加工承揽合同中原材料的意外风险负担已有约定的,应从其约定。无约定时,由定作人提供原材料的,原材料的意外风险由定作人承担;由承揽方提供原材料的,则由承揽方承担。

(2)定作物的风险负担。对于定作物的风险负担,如果双方已有约定的,从其约定;如果双方没有约定,则根据定作物的所有权的不同而有异。定作人自始

即可取得工作成果的所有权的，由于当事人之间不存在财产所有权的转移，因此，应该遵循由所有人负担风险的原则，即由定作人负担风险；对于承揽人首先取得工作成果的所有权，在当事人之间进行财产所有权的转移的，应参照买卖合同风险转移的规则，交付之前由承揽人承担风险，交付之后由定作人承担风险。

(3)报酬的风险负担。加工承揽合同中的报酬的风险负担，是指因定作物意外灭失毁损时，加工承揽合同中的承揽人能否请求定作人支付报酬的问题。有学者认为，双方对报酬的风险负担已有约定的，应从其约定。无约定时，报酬的风险负担亦应区别具体情况而不同对待。

①在合同规定的履行期限内，定作物意外灭失毁损的，无论该定作物的所有权属于何方，承揽人都丧失报酬请求权，不能要求定作人支付报酬。因为承揽人是以自己的风险来完成承揽任务的，而报酬风险是其应承担的风险之一，此时定作人无法获得定作物，承揽人也不能获得报酬。

②在合同规定的履行期限以外，承揽人延迟交付定作物期间发生意外灭失毁损的，无论该定作物所有权归于何方，承揽人都丧失报酬请求权。而且，在此情况下，承揽人还应承担违约责任。

③在定作人延迟接收或无故拒收而使承揽人不能交付定作物期间，无论该定作物的所有权归属于何方，定作人都应向承揽人支付约定的报酬。如果承揽人完成的工作成果无须实际交付的，在工作完成之后工作成果意外灭失毁损的，定作人亦应支付报酬；工作成果尚未全部完成之前，已完成的部分工作成果意外灭失毁损的，承揽人无报酬请求权。①

(三)定作人的侵权责任

近年来，有较多学者探讨了定作人的侵权责任，严格来说这并不是一个合同法上的问题，但是却是在承揽合同履行中可能存在的问题，是定作人在承揽合同履行过程中可能存在的风险，故笔者认为对这个问题的研究和探讨具有重要的现实意义，对于定作人防范风险具有重要启示意义。

我国侵权法理论专家杨立新教授称："定作人侵权责任为定作人指示过失的侵权民事责任，是指承揽人在执行承揽合同过程中，因执行定作人有过失内容的定作或指示而不法侵害他人权利，造成人身伤害或者财产损失，应由定作人承担

---

① 参见黄武双：《试论定作物的所有权、留置权和风险责任》，载《华东政法学院学报》1999 年第 4 期。

损害赔偿的特殊侵权民事责任。”[①]定作人是承揽合同中的当事人之一，在承揽合同中完成工作并将工作成果交付给对方的一方当事人为承揽人，接收工作成果并向对方给付报酬的一方当事人为定作人。由于承揽人应当以自己的设备、技术和劳力，独立地完成主要工作，因而承揽人在进行承揽事务过程中给第三人造成损害的，原则上应由自己承担侵权责任，定作人不承担任何责任。但是，如果承揽人的工作受到定作人的控制、指挥或者所承揽的工作本身就具有危险性，定作人应当对承揽人给第三人造成的损害承担侵权责任，这就是定作人的侵权责任，在英美法上也叫作“非代理责任”。[②] 我国《民法典》对定作人侵权责任作出的规定为第1193条：“承揽人在完成工作过程中造成第三人损害或者自己损害的，定作人不承担侵权责任。但是，定作人对定作、指示或者选任有过错的，应当承担相应的责任。”

然而，由于本条规定在理论上和司法实践中存在诸多问题，因而有必要对定作人的侵权责任进行深入探讨。

定作人侵权责任的构成要件有以下5项。

1. 须是责任人与行为人处于特定的承揽合同关系中

在定作人的侵权责任中，实际加害人与责任人是分离的，但这种分离并不意味着责任人可以对任何人的侵权行为承担责任，必须是相互之间处于特定的法律关系才有承担责任的必要，这种特定的法律关系就是承揽合同关系。

2. 须是承揽人在执行承揽事项中对第三人造成了损害

侵权责任的承担以损害的发生为前提，没有损害就没有赔偿。对此要件需要从以下四个方面理解：(1)必须是承揽人执行承揽事项，如果与承揽事项无关的行为造成了第三人的损害，则与定作人无关，定作人无须承担责任；(2)必须是承揽人执行承揽事项的行为造成了第三人的损害，如果给自己造成了损害或者是给定作人造成了损害的，要么是自食苦果，要么属于违约责任或者一般人的侵权责任，而非此处的定作人责任问题；(3)必须是承揽人对造成第三人损害的行为应当依法承担侵权责任，如果该行为虽然造成了第三人的损害但不构成侵权，或者虽然构成侵权但存在免责事由，也不会产生定作人的侵权责任问题；(4)承揽人的侵权责任可以是过错责任，也可以是无过错责任，只要符合侵权责任的构成要件并且不存在免责事由，即充实了本要件。

---

① 杨立新：《侵权法论》(上册)，吉林人民出版社2000年版，第428页。

② 参见徐爱国：《名案中的法律智慧》，北京大学出版社2005年版，第387页。

3. 须是承揽人依据定作人的定作或指示执行承揽事项

定作人的地位虽然与雇主的地位相类似，但是承揽人则与受雇人不同，因为其执行承揽事项，原则上是独立自主的，并不受定作人的指挥和控制。虽然我国《民法典》第779条规定了定作人监督的权利，即承揽人在工作期间，应当接受定作人必要的监督检验，但定作人不得因监督检验妨碍承揽人的正常工作。这里的监督检验主要指的是监督、检验承揽人完成工作成果的质量和进度等，包括防止承揽人违反合理工序及偷工减料的行为，而不具有雇主对于雇员的那种管理、支配和指示的权利，所以承揽人对于定作人没有人身依附关系，因而承揽人因执行承揽事项不法侵害他人之权利时，定作人不负损害赔偿责任。

4. 须是定作人的定作或指示存在过失

所谓定作是就工作自身的性质而言，所谓指示是就指示工作进行的方法而言。当定作人对承揽事项自身性质或指示工作进行的方法有过失时，即有可能构成定作人的过失侵权责任。依据判例和学说，下列情形属于定作的过失：(1)定作的事项违法，如未经市政部门许可在道路上挖掘深沟；(2)定作事项虽不违法，但有侵害他人权益之危险，如明知在自己土地上深挖地基可能导致邻居房屋倒塌，而仍然将该工程发包；(3)定作人明知承揽事项存在危险，但不告知承揽人，如某医院明知其垃圾中有病毒，但未告知处理垃圾的承揽人，听任其按照通常做法处理；(4)明知承揽人不能胜任定作事务而偏偏选派其完成该项事务，如选派没有相应资质条件的公司承揽某项工程。指示的过失是指定作人对承揽人的具体行为所发出的指示存在过失，例如，在闹市中要求出租车司机高速行驶等。定作或指示存在过失，可以是积极的作为，如命令违章作业，也可以是消极的不作为，如承揽事项明显有危害他人的可能却不向承揽人提示预防措施而任其进行。

5. 须损害之发生与定作人的过失具有因果关系

定作人于定作或指示虽有过失，而承揽人执行承揽事项未依其定作或指示时，则他人因执行承揽事项所受之损害，与定作人的定作或指示并无因果关系，定作人自不负过失侵权责任①。

---

① 参见汪渊智：《论定作人的侵权责任》，载《法学杂志》2007年第3期。

第七章

建设工程合同实践中的法律风险及其防范

第一节　建设工程合同概述

一、建设工程合同的界定

建设工程合同也称建设工程承包合同，是指由承包人进行工程建设，发包人支付价款的合同，通常包括建筑工程勘察设计合同、建设工程委托监理合同、建设工程施工合同、建设工程物资采购合同等类型。其中，委托他人进行工程建设并支付报酬的一方称为发包人，完成工程建设的一方称为承包人。在传统民法上，建设工程合同属承揽合同之一种，德国、日本、法国及我国台湾地区相关规定均将对建设工程合同纳入承揽合同中。由于建设工程具有建设周期长、投资规模大、技术要求高等特点，我国1981年《经济合同法》（已失效）将其作为有名合同之一进行单独规定，《民法典》合同编沿用了这一立法体例，将承揽合同与建设工程合同分立，在事实上将传统的承揽合同的适用范围限于建设工程之外的动产。但基于两者内在的关联性，《民法典》第808条规定“本章没有规定的，适用承揽合同的有关规定”。这一立法例的采用与我国对不动产尤其是大型建设工程在立法上的重视程度有关。

界定建设工程合同的适用范围，直接关系到《民法典》合同编的准确适用，但是由于建设工程合同脱胎于承揽合同，因此，学术界对“建设工程合同”所适用的范围究竟如何有不同的看法。《经济合同法》颁布之前，我国学者接受苏联立法的观点，将此类合同称为基本建设合同。① 我国《民法典》颁布之后，尽管立法采

① 参见郭明瑞、王轶：《合同法新论·分则》，中国政法大学出版社1997年版，第238页。

用了建设工程合同的概念,但主流的观点认为"建设工程"应定义为"基本建设工程"。[①] 为完成不能构成基本建设的一般工程的建设项目而订立的合同,不属于建设工程合同,而应属于承揽合同,如个人为建造个人住房而与其他公民或建筑队订立的合同,就属于承揽合同。[②] 因此,"建设工程合同"只适用于因基本建设工程而签订的建设工程合同。还有学者认为,作为《民法典》合同编意义上的建设工程,一般均为投资较大、技术复杂的项目,所以,无论是《建筑法》还是《民法典》均规定,承包人必须是具有相应资质的建筑企业。因此,对于一些投资小、技术简单,对承包人主体资格没有要求必须为具有相应资质的建筑企业的建设工程,不应认定为《民法典》上的建设工程,而宜按承揽合同认定处理。[③] 也有一种观点认为,《民法典》并未限定"建设工程"的范围,因此,只要是因工程建设而签订的勘察、设计、施工合同均属于"建设工程合同"的调整范围,而不应区分工程的大小和投资的多寡。

以上对建设工程合同适用范围争论的原因在于:(1)《民法典》对"建设工程合同"定义的模糊性。《民法典》第 788 条将"建设工程合同"定义为"建设工程合同是承包人进行工程建设,发包人支付价款的合同"。这个定义含混不清,并没有为建设工程合同界定一个明确的范围。立法上的不明确是理论上争论的根源。(2)"建设工程合同"与其他承揽合同的界限不明。建设工程合同在西方大陆法系国家不属于一类独立的合同类型,相关的内容一般都在"承揽合同"中加以规定,属于承揽合同中的一种。在罗马法中将承揽合同归作租赁合同的一种,承揽被视为劳动力租赁,"出租者被视为不是提供劳务的人,而是以其名义提供劳务的人"。依罗马法的分类,租赁分为物的租赁、劳务租赁、工作物租赁,前两者分别为现代法上的财产租赁和雇佣合同,工作物租赁是指承揽人应定作人要求从事工作,完成约定工作成果的合同。《法国民法典》沿用了罗马法的体例,直至《德国民法典》承揽脱离租赁,成为典型合同。

将建设工程合同从承揽合同中分离出来作为一种独立合同类型源于《苏俄民法典》,该民法典将"基本建设包工"作为一种独立的有名合同列在第三十一章,使基本建设包工合同与承揽合同分开。我国在新中国成立初期全面否定国民党时期的"六法全书",而移植苏联的法律制度。1955 年,我国开始正式确认了作为

---

① 参见何伯洲主编:《建设工程合同实务指南》,知识产权出版社 2002 年版,第 1 页。
② 参见谢怀栻:《合同法原理》,法律出版社 2000 年版,第 465 页。
③ 参见王建东:《建设工程合同法律制度研究》,中国法制出版社 2004 年版,第 10 页。

基本建设合同的两类基本合同——勘察设计合同和建筑工程承包合同。1979 年 4 月 20 日，原国家建设委员会制定了《建筑安装工程合同试行条例》和《勘察设计合同试行条例》，第一次提出了"基本建设合同"这一概念。1982 年 7 月 1 日开始施行的《经济合同法》第 18 条规定了"建设工程承包合同"，包括勘察、设计、建筑、安装合同。此后，于 1983 年 8 月 8 日，国务院制定并发布了《建设工程勘察设计合同条例》（已失效）和《建筑安装工程承包合同条例》（已失效），独立的建设工程合同法律制度基本形成。2020 年 5 月 28 日通过的《民法典》将建设工程合同单列为 19 个有名合同之一，在第十七章承揽合同之后的第十八章专门规定了建设工程合同，明确使用了"建设工程合同"的概念。

尽管《民法典》将建设工程合同独立于承揽合同而另列一章，但仍肯定建设工程合同在实际上是一种承揽合同。《民法典》第 808 条规定："本章没有规定的，适用承揽合同的有关规定。"该规定是对建设工程合同是特殊类型承揽合同的肯定。我国学者对建设工程合同是承揽合同的一种，也没有异议。世界上多数国家的法律，并没有把建设工程合同从承揽合同中分离出来，将建设工程合同单独列为有名合同的做法，有它的合理之处，因为它与其他承揽合同一样同为提供劳务的合同，具有较多共性。在建设工程合同制度的发展过程中，一直未将建设工程合同的适用范围与其他承揽合同的适用范围作出明确区分，同时建设工程合同的标的与其他承揽合同的标的具有重合性，造成建设工程合同与其他承揽合同适用范围的界限模糊。并且建设工程合同为单独的有名合同，也使人们常常误认为建设工程合同不是承揽合同。这也是引起对建设工程合同的适用范围争论的原因之一。①

二、建设工程合同的特点

（一）建设工程合同的标的具有特殊性

建设工程合同的标的一般是大型的不动产项目，即基本建设工程，具有周期长、规模大和技术要求高等特点。

（二）建设工程合同的承包人主体资格具有法定性

由于建设工程合同的标的十分特殊，它直接关系国计民生，涉及国家和社会

---

① 参见李刚：《建设工程合同若干问题研究》，湖南大学 2006 年硕士学位论文。

的直接利益，所以，对承包人的技术、能力要求极为严格。根据《建筑法》第12条的规定，承包方应当具备以下条件：(1)有符合国家规定的注册资本；(2)有与其从事的建筑活动相适应的具有法定执业资格的专业技术人员；(3)有从事有关建筑活动所应有的技术装备；(4)法律、行政法规规定的其他条件。一般说来，承包方应为法人。

(三)建设工程合同的履行具有程序性

一项特定的建设工程项目的完成，要经过一定的严格程序：(1)对建设地点进行水文、地质勘察，对拟建的工程进行技术评价和经济评价，作出可行性研究报告；(2)进行工程设计；(3)施工安装；(4)竣工验收。

(四)国家对建设工程合同的管理具有特殊性

建设工程合同虽然贯彻当事人的意思自治原则，但由于其事关国计民生，因此受到国家的严格管理和监督。规范和调整建设工程合同的法律法规，除了《民法典》《建筑法》《招标投标法》等法律外，还存在大量的行政法规、行政规章、地方性法规以及地方性规章。

(五)建设工程合同是要式合同

《民法典》第789条明确规定："建设工程合同应当采用书面形式。"建设工程合同应为要式合同，不采用书面形式的建设工程合同不能有效成立。

相关案例分析

【案情简介】

承包人和发包人签订了某建筑工程合同，规定工程按当地所在省建筑工程预算定额结算。在履行合同过程中，因发包人未解决好征地问题，承包人若干台推土机无法进入场地，窝工若干天，致使承包人没有按期交工。经发包人和承包人口头交涉，在征得承包人同意的基础上按承包人实际完成的工程量变更合同，并商定按"冶金部某省某厂估价标准机械化施工标准"结算。工程完工结算时发包人和承包人因为窝工问题和结算定额发生争议。承包人起诉，要求发包人承担全部窝工责任并坚持按第一次合同规定的定额结算，而发包人在答辩中则要求承包人承担延期交工责任。

【法院判决】

法院经审理判决第一个合同有效,第二个口头交涉的合同无效,工程结算定额应当以双方第一次签订的合同为准。

【法律分析】

本案双方当事人之间所订合同属于典型的建设工程合同。建设工程合同属于《民法典》规定的要式合同。根据合同的成立是否需要特定的形式,可将合同分为要式合同与不要式合同。要式合同,是指法律规定必须采取一定形式的合同;不要式合同,是指法律不要求采取特定形式的合同。要式合同没有采取法律、法规要求的形式的,将会导致合同的无效。根据意思自治原则,合同的订立以不要式为原则,以要式为例外。对于一些复杂、重大的合同,如建设工程合同,技术开发、技术转让合同,不动产买卖合同等,法律常规定当事人应当采取特定的形式订立。本案中原被告双方口头订立的建筑工程合同,形式违反了法律、法规的强制性规定,是无效合同。

【风险提示】

民法虽然贯彻意思自治的原则,但在例外情况下法律、行政法规等会对双方的意思自治提出某些限制性要求,合同双方只有遵循限制性要求方能达到要求法律保护合法权益的目的,否则会因为无效而给一方或双方造成损失,故建议双方在签署合同之前应当详细查看相关法律规定,并按规定的要求履行各自的权利和义务。

三、建设工程合同的一般理论

(一)建设工程合同的内容

1. 勘察、设计合同条款

《民法典》第794条规定:“勘察、设计合同的内容包括提交有关基础资料和概预算等文件的期限、质量要求、费用以及其他协作条件等条款。”勘察、设计合同条款主要有:(1)建设工程名称、规模、投资额、建设地点等;(2)委托方提交的勘察或者设计的基础资料内容、技术及质量要求,提交文件(包括概预算)的期限等;(3)承包方勘察的范围、进度和质量,设计的阶段、进度、质量和设计文件份数;(4)勘察或者设计取费的依据,取费标准及拨付方法;(5)双方其他协作条件;(6)违约责任。

2. 施工合同条款

《民法典》第795条规定:"施工合同的内容包括工程范围、建设工期、中间交工工程的开工和竣工时间、工程质量、工程造价、技术资料交付时间、材料和设备供应责任、拨款和结算、竣工验收、质量保修范围和质量保证期、相互协作等条款。"施工合同条款主要有:(1)建设工程的名称、地点、范围及内容;(2)建设工期(开、竣工日期)及中间交工工程的开工和竣工时间;(3)工程质量、工程质量保修期、保修范围及保修条件;(4)工程造价、工程的拨款、结算及竣工验收办法;(5)设计文件、概预算及技术资料交付的时间;(6)材料和设备的供应和进场期限及其责任;(7)双方相互协作事项;(8)违约责任。

(二)建设工程合同的效力

1. 发包人的权利义务

(1)勘察、设计合同发包人的权利义务。勘察、设计合同发包人的主要权利就是依约接受勘察设计成果,其主要义务有:

①按照合同约定期限提供准确地展开勘察、设计工作所必需的基础资料,并对资料的可靠性负责。因发包人变更计划,提供的资料不准确,或者未按照期限提供必需的勘察、设计工作条件而造成勘察、设计返工、停工或者修改设计,发包人应当按照勘察人、设计人实际消耗的工作量增付费用。

②按照合同约定提供必要的协作条件。在勘察、设计人员进入现场工作时,发包人应提供必要的工作及生活条件,以便勘察、设计人员能够正常地开始工作。

③按照合同约定向勘察人、设计人支付勘察、设计费。勘察、设计费的收费标准坚持政府指导价和市场调节价相结合的原则,当事人可以根据勘察、设计费的指导价格约定收费金额,也可以根据建设项目的实际情况在标准范围内由当事人自由协商确定。

④维护勘察、设计成果。发包人对勘察人、设计人交付的勘察、设计成果,不得擅自修改,也不得擅自转让给第三人重复使用。其原因在于勘察、设计成果实际上是勘察人、设计人的智力成果,勘察人、设计人在交付成果后,对该成果依然享有知识产权。发包人对该知识产权不得擅自转让。

(2)施工合同发包人的权利义务。施工合同发包人的主要权利是依约接收所完成的工程项目,主要义务是依约按时支付工程款。但是,建设工程施工合同履行过程复杂,对建设工程施工合同,法律赋予了发包人不同于承揽合同的特殊

权利义务,主要有:

①发包人同意分包的权利。因分包问题所产生的建设工程质量纠纷众多,为保证建设工程的质量,《民法典》规定承包人只有在取得发包人同意的情况下,才能将自己承包的部分工作交由第三人完成。承包人在没有经得发包人同意情况下进行分包,将产生分包合同无效的法律后果。这与一般承揽合同的规定不同。一般承揽合同中承揽人无须取得定作人的同意,便可以将其承揽的辅助工作交由第三人完成。

②发包人随时检查承包人作业的权利。发包人在不妨碍承包人正常作业的情况下,可以随时对作业进度、质量进行检查。而一般承揽合同,定作人没有随时检查的权利,承揽人只接受定作人必要的监督检查。赋予发包人随时检查的权利,目的是保证建设工程施工的质量,最大限度地避免工程质量问题。发包人也可以委托监理单位,由现场监理员随时检查施工作业。

③发包人施工前的准备义务。根据《民法典》第803条的规定,发包人未按照约定的时间和要求提供原材料、设备、场地、资金、技术资料的,承包人可以顺延工程日期,并有权要求赔偿停工、窝工等损失。本条规定内容是承包人进行施工的必要前提条件,可以认为是发包人之先合同义务。

④发包人的协助义务。建设工程合同履行时,当事人间应相互协作,尤其是发包人应当按照约定全面适当地配合承包人工作,这是保证质量、按时完成工程建设的重要因素。因发包人的原因致使工程中途停建、缓建的,发包人应当采取措施弥补或者减少损失,赔偿承包人因此造成的停工、窝工、倒运、机械设备调迁、材料和构件积压等损失和实际费用。这里所说的"发包人的原因"主要是指:第一,发包人变更工程量;第二,发包人提供的设计文件等技术资料错误或发包人变更设计文件;第三,发包人未能按照约定及时提供建设材料、设备或工程进度款;第四,发包人未能及时进行中间工程和隐蔽工程条件之验收并办理有关交接工程手续;第五,发包人未按照合同约定保障建设工程所需的工作条件致使工作无法正常进行等。

相关案例分析1

【案情简介】

A公司与B公司签订了《建设工程施工合同协议书》,约定B公司将其开发的某工程委托给A公司承建。合同生效后,双方都依合同履行,A公司组织人员施工,在施工过程中,B公司由于地皮问题,导致A公司停工长达半年多。工程经质检等单位验收合格交付使用后，B公司支付了部分价款但同时认为工期延误，应当对A公司进行罚款，扣除相应款项，A公司则要求B公司赔偿解决地皮问题期间的误工损失。

【法院判决】

B公司于判决生效后20日内赔偿A公司误工损失若干元。

【法律分析】

《民法典》规定了建设工程合同中发包人的违约类型和责任承担方式。从违约类型上来看，发包人未向承包人履行双方约定的提供原料、设备、场地、资金、技术资料的义务，或履行该义务不合乎要求时，都属于发包人违约。责任承担方式体现在顺延工期和赔偿损失两个方面。建设工程合同中往往对工程延期交付的违约责任作出了约定，由发包人原因造成工程延期时，规定承包人可以顺延工期符合公平原则；由发包人违约造成停工、窝工使承包方的人力、机械等闲置，发包人应以损害赔偿的方式承担违约责任。

本案中B公司因为地皮问题影响了工期，并且给A公司造成了一定的误工损失，依照双方所签协议约定的内容，损失应由B公司负责，A公司的主张依法应予支持。

【风险提示】

在建设工程承包合同中，如果发生因为发包人的原因工程不能按期交付的情况出现时，承包人应当注意保存相关证据，在获取相关证据的情况下可以要求发包人顺延工程期限和赔偿实际损失。否则，承包人会因举证不能的客观情况，使自身合法权益遭受损失，还得不到法律的保护。

⑤发包人依约验收工程的义务。及时验收承包人完成的工程也是发包人的义务之一。建设工程的验收，一般分为隐蔽工程验收和工程竣工验收。隐蔽工程是指在建设工程施工过程中，将被下一工序所封闭或掩盖的部分工程。隐蔽工程包括地基工程、钢筋工程、承重结构工程、防水工程、装修与设备工程等。隐蔽工程因其隐蔽性质而无法在建设工程完成后，由发包人等进行验收，故在隐蔽前承包人应当通知发包人检查验收。发包人没有及时检查的，承包人可以顺延工程日期，并有权要求赔偿停工、窝工等损失。工程竣工验收是指建设工程全部完成后，发包人收到承包人的建设工程竣工报告后，组织设计、施工、工程监理以及工程质量监督检查部门，按照国家有关规定和建设工程合同的约定对建设工程进行检

查、勘验，检验合格后由发包人接收工程。工程竣工验收，对发包人而言既是权利也是义务。就权利角度而言，发包人只有接收了验收合格之工程，才意味着承包人完成合同约定的义务；就义务角度而言，发包人对于已竣工的工程，必须及时进行验收，若不及时验收，造成承包人损失的，发包人应承担违约责任。对于承包人而言，竣工验收是就其履行义务是否符合约定进行的检验，是承包人请求支付报酬的条件。承包人只有在工程建设完成并经竣工验收合格后才履行完毕全部合同义务。

2. 承包人的权利义务

(1)勘察、设计合同承包人的权利义务。勘察、设计合同承包人(勘察、设计人)的主要义务是按照合同约定和国家规定，按期完成勘察、设计工作，并向发包人提交勘察、设计成果；其主要权利是依约获得勘察、设计费用。同时，勘察、设计人还承担下述义务：

①对勘察、设计成果的瑕疵担保。在勘察合同履行后，对工程建设过程中发现的勘察质量问题，勘察人仍应负责重新勘察，若造成发包人损失的，应予以赔偿。设计合同履行后，因设计质量不合要求而引起返工时，设计人应当继续完善设计，若造成发包人损失的，应赔偿其损失。

②按合同约定进行协作施工等义务。勘察、设计人在交付工作成果后，还应当配合施工人进行施工。例如，在工程施工前，设计人应当会同发包人、监理人等向施工人交付施工设计图；工程施工过程中，涉及工程变更等事项的，设计人应当进行变更设计，交付变更设计图纸；解决施工过程中有关设计之问题；参加隐蔽工程验收；参加竣工验收等。

(2)施工合同承包人的权利义务。施工合同承包人的主要权利为依约按时取得工程价款，主要义务为按时按质交付建设工程。

相关案例分析 2

【案情简介】

A 中学与 B 公司签订了一份建筑工程承包合同。该合同约定由 B 公司为 A 中学建一幢学生宿舍楼。合同规定：A 中学提供建筑材料指标，宿舍楼的主体工程内同外承重墙一律使用国家标准红机砖，每层用水泥圈梁加固，竣工验收合格后交付 A 中学使用。宿舍楼竣工后，双方进行验收，A 中学发现本楼的第三层承重墙墙体裂缝较多，要求修复。B 公司认为此问题不存在安全隐患，以不影响使用为由拒绝修复。双方协商不成未进行验收。2 个月后，A 中学发现缝隙越来越多,并认为此工程质量低劣,系危险用房不能使用,要求B公司拆掉第三层承重墙重建。B公司提出出现裂缝属于砖的质量问题,与施工技术无关。因双方分歧较大,A中学以建筑工程质量不符合合同规定为由,向法院提起诉讼,要求对宿舍楼第三、四层拆了重建,并赔偿相应的损失。

【法院判决】

法院判决B公司在判决生效后20日内拆除所建学生宿舍楼出现质量问题的第三层和第四层,并进行重建。

【法律分析】

本案例中,B公司对工程质量问题承担责任是毫无疑义的。A中学有充分的法律依据要求该公司拆除所建学生宿舍楼出现质量问题的第三层和第四层,并进行重建。

根据《民法典》的相关规定,因建设工程质量不符合约定而承担违约责任的前提必须是因施工人自己的原因造成质量不符合约定。建设工程质量不符合约定的原因可能是多方面的,既可能是施工人的责任,也可能是不可抗力,还可能是发包人的责任。只有当工程质量不符合约定是由施工人自己的原因造成的,施工人才承担相应的违约责任。

在因施工人自己的原因造成工程质量不符合约定时,发包人有权请求施工人在合理期限内修理或者返工、改建。所谓"合理期限",是指根据工程质量不符合约定的具体情形,以及根据国家相关规定确定的工期和相关合同文件约定的内容,施工人进行无偿修理或者返工、改建所需要的时间。施工人应当承担逾期交付的违约责任。至于这种违约责任的内容,要根据当事人的具体约定。如果当事人之间约定了逾期违约金,则施工人应当支付违约金。

【风险提示】

在建设工程合同中,发包人验收已竣工的工程既是其权利同时也是其义务,在发现工程出现质量问题,且该质量问题是由承包人施工造成时,应当及时要求承包人进行修理或重建,并且在签署承包合同时,为保证承包人能够按照约定承担施工责任,可约定较高的逾期交付违约金,给其心理上制造一定的压力。

相关案例分析3

【案情简介】

原告A公司与被告B公司签订一施工合同,修建某一住宅小区。小区建成后，经验收质量合格，交付业主使用1个月后，部分业主发现楼房屋顶漏水，对房屋已装修的地板等损害严重。A公司遂要求B公司负责无偿修理，并赔偿由此造成的财产损失，B公司则以施工合同中并未规定质量保证期限，以工程已经验收合格为由，拒绝无偿修理要求。遂涉诉。

【法院判决】

法院判令B公司在判决生效后7日内应当承担无偿修理的责任，并赔偿由此造成的财产损失。

【法律分析】

根据《民法典》的相关规定，承包人应当在“合理使用期限内”对建设工程因承包人原因造成的人身和财产损害承担质量保证责任。如何判定合理期限是本案争议的一个焦点，本案争议的施工合同当事人对质量保证期没有作出约定，在这种情况下应当依照法律、法规的规定或者其他规章确定工程质量保证期对欠缺条款进行补充。根据《建设工程质量管理条例》的规定，屋面防水工程和有防水要求的卫生间，最低保修期限为5年。依据该办法规定，出现的质量问题在保证期内，故认定B公司承担无偿修理和赔偿损失责任是正确的。

【风险提示】

在签署建筑工程合同之前，双方应当明确工程的质量保证期，并将该约定明确在合同中注明，否则，若双方没有对此进行约定，在相关法律、法规没有规定的情况下，发包人很难要求承包人承担修理和赔偿损失的责任。

相关案例分析4

【案情简介】

2004年1月，A公司与B公司签订《某公路项目合同》，双方约定A公司将某公路路基第5合同段发包给B公司施工，合同中明确约定“本项目工程严禁分包”。2005年3月1日，B公司与C公司签订《路基工程施工协议书》，双方约定B公司将该项目的K46+630至K54+993.155路段分包给C公司施工。2005年7月5日，自然人D与C公司于签订《南大桥工程施工协议书》，协议约定C公司将该路段中部分工程分包给D施工。上述协议书签订后，D组织人员进行了施工，2005年6月至8月经工程监理单位、B公司进行挖孔桩分项工程质量检验评定，各项技术指标均符合设计及施工技术规范要求，验收合格。后D对人工挖孔桩单价申请上调，并要求C公司向其支付按新增单价计算的工程价款若干元。后涉诉。

【法院判决】

一、原告D与被告C公司于2005年7月5日签订的《南大桥工程施工协议书》无效；

二、驳回原告D的其他诉讼请求。

【法律分析】

本案属于《民法典》所禁止的承包人未经发包人同意擅自转包、分包单位将其承包的工程再分包行为。B公司与C公司签订的分包协议、C公司与D之间的分包协议均因违反了合同强制性规定而属无效合同。合同关系具有相对性，尤其对于建设工程合同这种周期长、所涉资金大的合同，在合同订立过程中，发包人往往经过慎重选择，确定与其所信任并具有相应资质条件的承包人订立合同。承包人将其所承包的工程转包给他人，擅自变更合同，违背了发包人的意志，损害了发包人的利益，破坏了合同的稳定性和严肃性，违背了诚实信用原则。

《最高人民法院关于审理建设工程施工合同纠纷案件适用法律问题的解释》（现已失效）第2条规定："建设工程施工合同无效，但建设工程经竣工验收合格，承包人请求参照合同约定支付工程价款的，应予支持。"本案中《南大桥施工协议书》无效，承包人D可以按合同约定取得价款，原告D与被告C公司在《南大桥工程施工协议书》中约定对于工程价款以招标合同价中的价格为准结算相应工程价款。但在本案中，原告D却以未得到工程的发包方认可的新增单价计算其工程价款，不能发生变更工程合同单价的效力，原告D据此计算工程价款缺乏相应依据。

【风险提示】

在建设工程合同中，承包人分包建筑工程应征得发包人的同意，故分包人不能擅自与承包人签署分包工程协议，否则会因分包协议无效而给自身权益造成损害。

①施工前的准备义务。开工前，承包人应按合同约定做好准备工作，包括：施工场地清理、用水、用电及临时设施的修建等；承包人应按合同约定的开工日期按时开工；在施工中，承包人应严格按照施工图以及说明书进行施工。

②接受发包人监督的义务。根据《民法典》第797条的规定，发包人在不妨碍承包人正常作业的情况下，可以随时对作业进度、质量进行检查。为对建设工程的进度和工程质量进行监督、检查，也为维护自己权益，发包人可随时对工程建设

进行检查；承包人也有接受监督、检查的义务，并应予以配合。发包人在检查时，应注意不能妨碍承包人正常作业。对于发包人不妨碍承包人正常作业的必要监督、检查，承包人应予以支持和协助，不得拒绝。

③通知义务。施工过程中，承包人必须履行通知协助的义务。在隐蔽工程隐蔽以前，必须通知发包人进行验收。在工程竣工后，必须向发包人呈交工程竣工报告，通知发包人进行工程竣工验收。在施工过程中，因设计、地质等原因造成施工变更的，必须及时通知发包人。承包人不履行通知义务，将要承担不利于自己的法律后果。

④承包人享有工程价款优先受偿权。《民法典》第 807 条规定了承包人对建设工程价款的优先受偿权，但是对建设工程价款的优先受偿权的性质、受偿的范围、程序等，有较多争议，下文将专门讨论。①

相关案例分析5

【案情简介】

A 公司与 B 公司签订《工程施工总承包合同书》，约定：B 公司将某建设工程发包给 A 公司总承建。合同签订后，A 公司按合同约定进场施工，后由于 B 公司不能按合同规定拨付工程款，工程长时间停工。后双方签订了《工程款结算清款协议书》，双方确认拖欠工程款本金若干元，利息按年利息 12% 计付，B 公司分期清付上述款项。由于 B 公司未能按协议书约定支付拖欠工程款，A 公司向法院起诉，要求 B 公司支付工程款及其利息，并就该款项优先受偿。

【法院判决】

被告 B 公司支付工程款若干元及利息若干元给原告；原告 A 公司在工程价款范围内对其承包的属于被告 B 公司所有的某建设工程享有建设工程价款优先受偿权。

【法律分析】

《民法典》第 807 条规定了承包方对所承包工程的优先受偿权，这种优先权具有以下特点：(1)优先权是法律直接规定的担保物权；(2)工程价款优先受偿权担保的是承包人基于建设工程施工对发包人形成的特殊债权；(3)优先权是以优先受偿为内容的权利，在发包人逾期不支付工程款时，承包人还享有在该在建工程

① 参见李刚：《建设工程合同若干问题研究》，湖南大学 2006 年硕士学位论文。

折价或拍卖价款的优先受偿权。本案中由于被告拖欠原告工程价款,原告要求行使工程价款优先受偿权符合本条对在建工程优先受偿权的规定,应予准许。原告应在工程价款范围内对其承包的属于被告B公司所有的该建设工程享有建设工程价款优先受偿权。

【风险提示】

在建设工程承包合同中,发包人拒绝或无力按期支付工程价款,承包人可以催告发包人在合理期限内支付,逾期仍不支付的,承包人就该建筑工程优先受偿;在这个过程中,承包人应当注意保留相关证据,以证明优先受偿在程序方面不存在瑕疵,避免因为发包人的过错而给自身带来损失。

值得注意的是,发包方为了取得建设工程所需的资金,往往会以在建工程设定抵押从银行融资来完成建设工程。因此,同一个建设工程,发包人未按约支付工程款时,有可能会产生工程价款优先受偿权与在建工程抵押权的冲突。对此,应当依照《民法典》第807条的规定,认定建筑工程的承包人的优先受偿权优于抵押权和其他债权。

(三)承包人优先受偿权的性质

我国《民法典》第807条规定:“发包人未按照约定支付价款的,承包人可以催告发包人在合理期限内支付价款。发包人逾期不支付的,除按照建设工程的性质不宜折价、拍卖的以外,承包人可以与发包人协议将该工程折价,也可以申请人民法院将该工程依法拍卖。建设工程的价款就该工程折价或者拍卖的价款优先受偿。”该条规定了建设工程承包人就工程价款在所建设的工程上享有的优先受偿权。但在司法实践以及理论界,对“建设工程的价款就该工程折价或者拍卖的价款优先受偿”的理解不一致,对建设工程价款优先受偿权的性质、成立和适用等问题有较多争议。

我国学者对建设工程承包人优先受偿权的性质,存在不同见解,归纳起来主要有以下三种。

1. 留置权说

持此观点的学者认为,《民法典》第807条规定的优先受偿权是承包人行使不动产留置权。原因在于《民法典》规定,因保管合同、运输合同、加工承揽合同发生的债权,债务人不履行债务的,债权人享有留置权,即债务人不按合同约定期限履行债务时,债权人有权留置按合同约定占有的债务人的动产,以该财产折价或拍卖、变卖的价款优先受偿。虽然《民法典》将留置权的范围限于动产，债权人不能对不动产行使留置权，但这无疑不利于保护债权人的利益，尤其不利于保护建设工程合同承包人的利益。为解决这个问题，《民法典》应扩大留置权的适用范围，规定建设工程合同的债权人对不动产同样可行使留置权，若发包人未按约定支付价款时，承包人即有权依法行使留置权。①

2. 法定抵押权说②

持此观点的学者认为，建设工程价款优先受偿权在性质上应当属于一种法定抵押权。理由在于，根据民法原理，留置权的对象限于动产，《民法典》第 447 条对此有明文规定，而《民法典》第 807 条的权利客体为建设工程，属于不动产，因此将建设工程价款优先受偿权理解为留置权是错误的。而判断本条权利究竟属于优先权或法定抵押权，必须考察《民法典》合同编的立法背景及过程。《合同法》起草始于 1993 年，第 286 条的立法，从设计、起草、讨论、修改、审议直至正式通过，始终指的是法定抵押权，后来在修改过程中，考虑到条文仅规定承包人享有法定抵押权，而该法定抵押权的内容、效力以及如何实现等仍有待解释，不如直接规定其内容、效力及实现方式，因为更有利于法律适用。因此，1997 年 5 月 14 日的《合同法征求意见稿》采取了直接规定其内容、效力以及实现方式的条文表述，规定于第 161 条，是按照法定抵押权的内容所作的规定。在历次专家讨论会上，没有任何人对此表示异议，也没有任何人提出过规定承包人优先权的建议。

另外，还有学者认为界定《民法典》第 807 条所确立的权利性质的关键在于应如何设计未来的法定担保物权体系，即该权利性质的确定取决于担保物权体系的建构，其中核心问题说到底是以优先权制度设计或以法定抵押权、特殊留置权或法定质权制度设计保护建设工程合同的承包人；并认为在未来的物权立法体系中没有设置优先权一般规则的必要，即未来的法定担保物权体系应由一般留置权、留置权以及法定抵押权三种形态构成，从而主张《民法典》第 807 条规定的权利是法定抵押权。③

3. 优先权说

该观点认为建设工程价款优先受偿权在性质上应属于承包人的优先权。由于优先权的性质是一个颇具争议的问题，给优先权定性远比认识它要困难得多，

---

① 参见江平主编：《中华人民共和国合同法精解》，中国政法大学出版社 1999 年版，第 23 页。

② 参见梁慧星：《〈合同法〉第 286 条的权利性质及其适用》，载《人民法院报》2000 年 12 月 1 日。

③ 参见易军、宁红丽：《合同法分则制度研究》，人民法院出版社 2003 年版，第 268 ~ 271 页。

以至于优先权被人称为“难以开垦的法律领地”。持这种观点的人认为优先权与留置权相比较,存在以下区别:

(1)留置权的标的物只限于动产,这在《民法典》上都有明确规定,而建设工程合同标的物为不动产,如果认为《民法典》合同编将留置权标的物的范围扩大至不动产,将使民法的留置权制度、担保制度体系发生重大变化,对民法实践和理论也将相应产生影响。

(2)留置权成立条件之一是债权人占有标的物,债权人占有标的物是其行使留置权的基础,丧失占有就丧失行使留置权的权利。建设工程合同的标的物为不动产,不动产的公示方式以登记为特征,承包人无论在建设过程中或工程竣工后,都不能以登记方式取得合法占有该标的物,虽然承包人能够以强制方式占有标的物,但由于不能办理有关登记手续,其占有并不能认为是有权占有,因此也就不得行使留置权。

(3)留置权人在占有留置物的情况下,可以自行将留置物进行拍卖、变卖或折价受偿。而在建设工程合同中,由于承包人不能合法占有标的物,因此,无法通过自己的行为实现其债权,只能通过与发包人协商将工程折价或请求人民法院依法将工程拍卖,从所得价款中优先受偿。

(4)就立法本意而言,若有意将优先权规定为留置权,可直接将《民法典》第807条规定为“发包人逾期支付工程价款时,承包人有留置权”即可,而无须故作如此特别规定。因此建设工程优先受偿权与留置权并非同种权利。

但是,将承包人优先受偿权理解为法定抵押权也不妥当。因为:

(1)我国法律中并没有法定抵押权的规定,也没有类似的规定,而《民法典》规定的抵押权是由合同双方当事人的法律行为产生,而不能由法律事件产生。

(2)根据《民法典》的规定,不动产抵押以登记为生效要件。若规定承包人对其承建的建设工程有法定抵押权,则否定了抵押权登记生效制度,也影响其他登记抵押权人的利益。

(3)在建设工程合同实践中,发包人往往为了取得贷款而将在建建设工程设定了抵押权,此时贷款人的抵押权成立在先,则应该优先于承包人的抵押权;就抵押权所担保的债权性质而言,承包人的抵押权又应优先于贷款人的抵押权,从而造成这两个抵押权的优先性难以确定。①

---

① 参见王红亮:《承揽合同·建设工程合同》,中国法制出版社2000年版,第179页。

我们认为，以上各种观点，主张留置权说的，对于建设工程价款的优先受偿权如何符合留置权标的物只限于动产并且要以占有为前提，存在理论上无法明确解释的矛盾；主张法定抵押权说，如果就《民法典》合同编立法背景而言，有其依据，但就理论而言，似乎理由不够充分；而主张优先权说的，没有上述两种学说的缺点，具有理论基础。从保护利益的角度来看，建设工程价款的优先受偿权和抵押权等担保物权相比较，就财产权与人身保护的重要性而言，具有更重要的意义，因为抵押权所担保的仅仅是抵押权人的财产权，而建设工程价款的优先受偿权所担保的除财产权外，还包括建筑职工的工资和福利，若无法受偿将影响他们的基本生计，[①]因此，主张优先权说符合优先权制度的设立是基于社会公益政策，以利益衡量为依据，而不局限于形式公平的观念，赋予特定债权人优先受偿的权利，以此破除债权人的平等地位，从而使某些特定债权获得更有力保障，因此，我们赞成优先权说，即将承包人的优先受偿权直接看作承包人的优先权。[②]

第二节　建设工程合同法律风险及其防范

一、建设工程合同实践中法律风险的特点

（一）风险的长期性

工程建设活动是一个渐进的过程，工程施工期限长，使合同生命期长。从招标、投标、合同谈判到工程施工、安装，再到工程完工后的保修，短则一两年，长则五年甚至更长的时间。故建设工程合同的风险具有长期性，对建设工程合同风险控制提出了较大的挑战。

（二）风险的复杂性

建设工程合同种类多、内容差异大，合同条款复杂，每种合同履行的方式、履行过程均有差别。合同在签订时会产生大量书面资料，在工程建设过程中又会产生大量与合同有关的书面材料，合同文字资料数量多。另外，合同从签订到履行，

---

① 参见赵许明：《建设工程款优先受偿权与抵押权冲突研究》，载《华侨大学学报（人文社会科学版）》2001 年第 4 期。

② 参见李刚：《建设工程合同若干问题研究》，湖南大学 2006 年硕士学位论文。

参与的职能部门和人员数量多,职责各不相同,这也充分体现出了建设工程合同风险的复杂性。风险控制的复杂因素主要体现在:(1)工程规模大、结构复杂、技术标准和质量标准高;(2)工程合同越来越复杂,合同数量大、条款多,各种工程资料庞杂;(3)工程涉及的单位多,一个工程通常包括建设方、总包、分包、材料供应商、设备供应商、设计单位、监理单位、运输单位、保险公司、银行等十几家甚至几十家,各方面责任界限的划分、协调极为复杂和困难;(4)合同实施过程复杂,从合同订立到合同结束须经历漫长过程,漫长的过程中都伴随着法律风险。

建设工程项目风险,按照来源可分为设计风险、施工风险、环境风险、经济风险、财务风险、自然风险、政策风险、合同风险、市场风险等。这些风险中,有的是因无法控制、无法回避的客观情况导致的,即客观性风险,包括自然风险、政策风险和环境风险等,有的则主要是由人的主观原因造成。客观性合同风险是由自然原因、法律法规、合同条件及国际惯例的规定等原因造成的,通常是无法回避的,经过人们努力也是无法得到控制的。例如,自然灾害造成合同履行拖延,这属于自然风险,又如合同约定遇到材料价格上涨时,不对价格进行调整,施工方要承担全部风险,如果约定部分进行调整,则施工方承担部分风险,这属于市场风险。主观性合同风险是人为原因造成的,目前,建筑市场的竞争十分激烈,施工方为了能承揽到建设工程,除了价格和工期以外,对其他合同条款漠不关心,合同签订上有一定的随意性和盲目性,容易因签订的合同有缺陷而带来风险。例如,合同中对价款的支付笼统地约定为分期支付,但没有约定具体时间,这属于人为的疏忽大意或缺乏经验,使所签合同的条款有缺陷,又如设计合同中约定,建设方提供必要的资料,但建设方在交付资料时没有办理交付手续,这属于在合同履行过程中缺乏经验。有些主观性风险则是因合同一方恶意违约造成的,如我国建设工程领域普遍存在的拖欠工程款的现象,据住建部统计 1996 年年底全国累计拖欠工程款 1360 亿元,1999 年年底累计拖欠 2221 亿元,2001 年年底累计拖欠 2787 亿元,2002 年累计拖欠达 3366 亿元。①

(三)风险的动态性

由于工程建设过程中受内外部因素的干扰多,合同变更频繁,合同风险在不断变化。风险控制重点、控制措施也必须不断地进行调整,因此,合同的风险控制

① 参见孟宵冰:《建设工程合同风险控制方法的研究》,沈阳工业大学 2006 年硕士学位论文。

必须是动态的。

（四）风险的效益性

由于工程价值量大，合同价格高，所以风险控制的经济效益显著。风险控制得好，建设方能提高资金使用效益，承包方避免亏本并盈利，否则，将要蒙受较大的经济损失。故建设工程合同风险的防范是一个巨大的系统工程，风险预防和控制的状况如何对当事人的利益乃至社会经济发展至关重要。

二、建设工程合同实践中风险规避的基本理念

规避建设工程合同风险，是一个巨大的系统工程，从宏观上来说，应当建立风险控制体系和建设工程合同管理制度。

风险控制体系包括制度体系、组织体系、人员体系、运行体系：

1. 在制度体系建设上，建立和健全具体可操作的规章制度，通过制度来规范、协调各方的工作，从而使风险控制的有关各方做到分工明确、职责清晰、相互配合。

2. 在组织体系建设上，要自上而下地建立风险控制管理机构，使合同风险控制管理机构覆盖企业的每个层次，延伸到建设工程项目各个角落。

3. 在人员体系建设上，通过对外公开招聘、内部选拔等方式，选拔有一定合同管理及风险控制专业知识和经验的人，安排到各个风险控制管理岗位上，保证有充足人员从事风险控制管理工作。同时，定期或不定期地对风险控制人员进行培训，提高相关专业知识和风险控制能力。在工资、福利待遇等方面，给予充分的保证并适当进行倾斜，保持队伍的稳定。

4. 在运行体系建设上，风险控制应采取简捷、高效的工作程序，做到信息传递及时、决策迅速，防止工作程序烦琐，影响风险控制效果。应建立动态管理工作机制，对合同风险进行跟踪监控，随时掌握合同的履行状况，发现问题及时解决，避免损失的发生。

建设工程合同管理，是合同相关方依据法律法规和内部规章制度，对合同从签订到合同履行的各环节，进行组织、指导、协调及监督，维护自身利益，处理合同纠纷，防范合同风险，保证合同顺利履行的一系列活动。工程项目的建设过程便是履行合同的过程，合同管理是建设企业经营管理的重要内容和方法之一，也是整个经营管理的核心与关键所在，是促使参与工程项目的各方全面履行合同约定

的义务,实现工程项目建设目标的重要手段。合同管理贯穿工程项目建设全过程,涉及工程项目建设的各个方面,加强合同管理对工程建设相关单位具有十分重要的意义。①

具体而言,应该着力从事前控制、事中控制、事后控制三个角度来防范和控制建设工程合同风险。

(一)事前控制

首先,在签订合同时应该尽量做到慎重选择合同主体,合同内容全面、详尽、明确,避免因无约定或约定不明出现争议。建设工程合同签订前,承包人应设立专门的合同管理机构,负责施工合同的订阅,并实施监督、管理、控制;要深入了解发包人的资信,经营作风和订阅合同应当具备的相应条件;了解的主要内容应包括有权部门设计的施工图纸,是否有计划部门立项文件、土地、规划建设许可手续,应拆迁的是否已到位等。

其次,建设工程合同主体应对合同内容进行全面审查,努力避免合同内容的模糊不清,若发现合同中存在意义不清、标准不明确或前后矛盾之处应当及时向建设单位提出征询意见,避免由于自己的错误理解造成报价、施工方案选择错误,造成自身损失。另外,鉴于工程施工的复杂性,过于简单的合同文本意味着不确定性的增加。施工企业审查合同时应就合同内容是否完整、全面,风险分担是否合理等进行全面审查。尽可能采用建设工程合同示范文本,要依据通用条款,结合协议书和专用条款,逐条进行分析。一般来说,范围越明确越详尽,施工企业在合同执行过程中所承担的意外风险就越小。对于预测到的合同风险,在谈判和签订施工合同时,采取双方合理分担的方法。但由于一些不可预测的风险总是存在的,因而合同中始终存在一定的缺陷,双方的权利、责任不可能绝对平衡,承包人就存在一定的风险。因此对不可预测风险的发生,在合同履行过程中,推行索赔制度是转移风险的有效方法,尽可能把风险降到最低限度。因工程索赔制度问题现在还未普遍推广,承发包双方对索赔的认识都不够深刻,承包人除要增强市场意识、法律意识、合同意识、管理意识、经济效益意识外,更关键的是要学会科学的索赔方法,把开展索赔作为合理地转移工程风险的主要手段。②

---

① 参见孟宵冰:《建设工程合同风险控制方法的研究》,沈阳工业大学2006年硕士学位论文。

② 参见胡裕璞:《如何加强建设工程合同的风险防范》,载《中国高新技术企业》2008年第4期。

(二)事中控制

事中控制即合同履行时的风险控制,主要是指了解掌握合同履行的进度,监督合同履行过程,督促对方及时全面履行合同义务,对合同履行中出现的新情况,及时加以解决,保证合同的顺利履行。

建设工程主体可以设立专门合同管理人员,对合同履行进行跟踪管理。在施工现场,项目组中必须设专职的合同工程师,以积极合作的精神,协助各个方面完成相关合同。合同工程师的主要工作职责为事先熟悉和分析合同,掌握合同履行的风险重点,以便履行时重点进行管理,发现合同履行中的漏洞、失误,及时提出警告并向主管人员反馈制作合同履行中产生的信函、会谈纪要、指令等书面资料,及时地向各层次的管理人员提供合同实施情况的报告,并对合同的实施提出意见、建议。在合同履行过程中,做好与承包人、设计方、材料供应方的协调与沟通,保证合同的顺利履行,积极配合监理工程师的工作,督催监理工程师充分履行监理义务。建立合同管理的工作程序。对于一些经常性工作应订立工作程序,使工作有章可循,合同管理人员也不必进行经常性的解释和指导。另外,应当充分利用合同控制手段对各方面进行严格管理,最大限度地利用合同赋予的权利,如指令权、审批权、检查权等来控制工期、成本和质量,以使合同得到适当履行。

(三)事后控制

事后控制则是在合同履行完毕后,对履行义务不合格的情况采取相应的补救措施,以及要求对方承担责任的过程。合同履行完毕后,及时对合同及其相关资料进行整理并妥善保管。这些资料不但可以为以后出现的纠纷提供相应证据,而且也是具有一定价值的技术资料。合同资料的整理工作非常烦琐和复杂,要花费大量的时间和精力。一般对资料的整理有以下一些要求:各种文件、报表、单据等的格式和数据结构要符合要求,对资料的收集、整理要及时;对资料的收集、整理要准确;对资料的查询要便捷等。合同履行后还应对合同进行评价,总结合同管理和风险控制的经验教训。将合同签订和执行过程中的利弊得失、经验教训总结出来,提出分析报告,作为以后合同管理的借鉴。合同管理工作比较偏重于经验,只有不断总结经验,才能不断提高管理水平,才能通过各种工程不断培养出高水平的合同管理者。

另外,在发生纠纷后,应当积极行使索赔权利,避免损失的进一步扩大。要积

极利用各种法律手段来维护自己的权益,将损失降到最小。引起工程索赔的原因多而复杂,大致可以从以下几方面进行分析:

1. 合同文件引起的索赔,主要是由于文件组成的问题和合同的缺陷;

2. 不可抗力和不可预见因素引起的索赔,不可抗力和不可预见因素主要就是指一些自然灾害、社会因素、外界条件以及施工过程中遇到的地下文物或构筑物;

3. 业主原因引起的索赔,主要表现在业主拖延提供施工场地与通道、拖延支付工程款、指定分包商违约、提前占有部分永久工程、要求加速施工以及提供的原始资料和数据有差错;

4. 监理工程师原因引起的索赔,主要表现在延误提供图纸或拖延审批图纸、其他承包商的干扰、重新检验和检查、工程质量要求过高、暂停施工等;

5. 价格调整引起的索赔;

6. 法规变化引起的索赔①。

三、如何减少建设工程承包合同中的信息不对称

(一)信息不对称的基本理论②

1. 信息不对称的定义

信息不对称是信息经济学中的一个基本命题,用来说明相关信息在交易双方之间的不对称分布对于市场交易行为和市场运行效率所产生的一系列重要影响。在信息不对称的环境中,由于交易一方比另一方占有较多的相关信息,信息优势方(称为代理人)可能会以此谋求在交易中获取更大收益,而信息劣势方(称为委托人)则可能因此受损,从而产生在交易完成前代理人利用委托人对信息的无知而隐瞒相关信息,获得额外利益的逆向选择行为,在签订合同后,产生代理人在使自身效用最大化的同时,损害委托人利益的败德行为。逆向选择和败德行为严重降低了市场运行效率,使整个市场在低于信息较完备的均衡状态下运行,偏离帕累托最优状态,在极端情况下甚至会导致市场的萎缩和失灵。

2. 信息不对称的种类

信息不对称的情况可以分两类:第一类是双方知识的不对称,是指一方不知道另一方诸如能力、身体健康状况等信息,这是外生的、先定的,不是双方当事人

---

① 参见李庆峰:《浅谈建设工程合同索赔问题》,载《今日科苑》2008 年第 14 期。

② 参见花祝春:《信息不对称视角下的工程建设领域腐败问题治理研究》,同济大学2008 年硕士学位论文。

行为造成的。对于这类信息不对称，信息经济学称为隐蔽信息。第二类是指在签订合同时双方拥有的信息是对称的，但签订合同后，一方对另一方的行为无法管理、约束，这是内生的，取决于另一方的行为。对于这类信息不对称，信息经济学称为隐藏行动。在具体工作中，我们会在两种情况下遇到信息不对称的问题。

按信息不对称发生的时间来看，在事前发生的信息不对称会引起逆向选择问题，而事后发生的信息不对称会引起道德风险问题。

从不对称的表现形式来看，信息不对称包括时间和内容两个方面的不对称。从时间上来看，信息的产生方被监督者了解信息要早于信息的相关方即各项监督制度的制定者、执行者和外部使用者，而执行者和外部使用者又要早于制定者；从内容上来看，各项监督制度的执行者、外部使用者和制定者三者之间的信息量呈递减分布。但更为重要的是，出于种种目的，尤其是从自身利益甚至是非法企图出发，被监督者可能向各项监督制度的执行者、外部使用者和制定者隐瞒重要信息，以及与极少数监督者合谋向外部披露虚假或不全面的信息，从而造成三者之间信息质量也呈不对称分布。

3. 信息不对称产生的根源

（1）源于社会的专业化分工。信息不对称是社会专业化分工的必然结果。社会专业化分工促进了社会生产力的不断提高，其目的是实现社会效益的提高。社会专业化分工使人们之间的依赖性增强，人们只能了解与所从事的工作相关的较小范围的世界，对别的领域的了解往往只停留在表象，因此，所拥有和能支配的信息资源有限，和他人存在信息不对称。

（2）源于信息成本的投入差异。社会专业化分工使每一个行业都是特殊信息的汇总。消费者要获得这些信息要付出成本，因而成为搜寻信息的障碍。在市场交易中，投入信息成本多的人拥有的信息多，在交易中获得优势。往往信息的优势方为了得到最大的经济利益就会隐藏信息或提供虚假信息，当没有信息的一方知道真实的信息时，交易已经完成了。

（3）源于信息的传递过程。信息传递系统由信息源、信道、信宿构成。信道的通畅与否直接影响和制约着信息的传递速度和质量。抑制信息不对称，就要提高信息识别与解读能力，进行有效的信息传播和充分的信息披露。

4. 消除信息不对称的措施

（1）增强信息交流意识。通过一系列有效的措施，增强人们的信息识别与解读能力。以信息传递信息，以信息带动信息，达到信息互动，使信息始终处于动态交流之中，使信息不对称这一永远存在的循环处于最合理的状态。

(2)改进信息传递。信息的传递方式如何，关系到信息不对称程度和信息交流机制的运行效率，高效的信息传递必须依赖不断创新的信息披露方式，增加信息传播渠道。

(3)完善事前信息披露和事后质量验收。信息公开的标准要规范、完善、全面。信息的公开不仅可以监督信息优势方尽量提供更多的信息，而且还可以使所提供信息的真实性得以提高。此外，完善事后质量验收，是对信息对称性的检验，实现的是信息对称上的事后监控。

(4)加强政府规制。通过政府规制缓解信息的不对称，一方面是因为政府的公共权力机构性质，其具有促进经济发展、维护公平交易、促进公平竞争等职责；另一方面是因为政府具有的公共性、强制性、普遍性和非营利性。由于政府的特殊地位，政府规制具有市场所不具有的一些优势。

(5)完善市场准入制。市场准入制主要借助职业许可证的办法来实现，目的是提高从业人员的整体素质和职业道德，节约信息成本，减少道德风险，改善服务质量，促进市场健康发展。

(6)改善信息披露的制度基础。政府应通过制度改进形成合理规范的、能够不断完善的市场监管框架，使多种监管力量能够相互配合，从而消除不对称信息之根源，使公众获得货真价实的信息，判断选择自己的交易行为。

(二)建设工程承包合同中的信息不对称

建设工程承包合同中的信息不对称主要是指发包人和承包人的信息不对称，在实践中主要体现为：

1. 在合同订立阶段中，承包人相对发包人在掌握信息上处于弱势，目前国内的招标项目的招标文件是招标方会同业主方编制的，这些条款往往都是由业主事先拟定，要求投标方无条件接受，而且这种无条件接受通常是业主认可其作为承包方的先决条件。建设工程承包合同往往为发包方的格式合同，正因为格式条款合同往往对当事双方中弱势的一方存有诸多不利之处，在工程实践中，不平等现象屡见不鲜。

2. 在合同履行中，承包方相对发包人在信息上处于优势，由于承包方是在建筑方面的专业机构，其是合同的实际履行者，故其在信息上占据绝对优势，而发包方的监督往往是表面且乏力的。在实践中，这种信息不对称的危害后果主要是工程质量的不合格。

(三)应对建设工程合同信息不对称的手段

1. 加强合同条款审查

这主要是针对合同订立阶段信息不对称的措施,承包方作为信息弱势方,应该更加注意审慎地审查合同的条款,防止由于自己的急功近利而陷入合同陷阱。合同审查也就是通常所说的承包方各相关部门的会审程序,通过会审,完成对合同条款的确认和反馈。

2. 加强工程实施管理

这主要是针对合同履行阶段信息不对称的措施,发包方处于信息弱势地位,其应该注意对工程加强管理,以防范工程质量问题。在实践中,需要注意的是应该加强工程监理的作用。

3. 发挥行业协会职能

建筑业的行业协会,应该由建筑业者为了共同的目的自愿组成。在建筑行业协会的诸多作用中,笔者认为应着重发挥以下两方面的作用。

(1)自律作用。对于建筑业的行业协会来说,制定相应的自律守则或公约,显得尤为重要。因为从建筑业整个行业来看,就业人员素质整体偏低,尤其是工作在第一线的人,所以,行业协会必须制定相应的规章制度,以约束企业保质保量地完成工作内容。

另外,行业协会可以从国内企业利益出发来设定行规,即设定符合本国本行业本地市场的市场准入与市场行为规则。

(2)协调作用。行业协会的协调功能主要是指协调会员之间的矛盾,这种争端主要表现在恶性竞争上。如果协会无法解决,那只能通过行政干预,不同的是,经过协会协调而解决不了的争端,在行政干预下,就将会上升到社会问题,而不单单是行业内部问题。

4. 加强政府监管职能

政府应从程序上加强对建设工程的监管。程序监管包括从发布项目招标公告开始,到发售招标文件、投标、开标、评标、确定招标人、合同授予、合同履行、工程移交、工程结算、尾款支付等一系列工作过程,监管的对象为整个过程中所涉及的工作各方的行为是否符合相关法律法规的规定,并根据违规情节的严重程度,给予应有的处罚。从整个工程的过程来看,监管的重点应该是合同授予前的阶段，即招投标阶段。在此阶段一方面招标人可能会利用自己的特殊身份强迫招标代理人进行“暗箱操作”等，以确保预先定好的承包方中标；另一方面投标人可能在投标过程中为了能够中标，有串标的行为，这些都是法律所明令禁止的，作为招投标的监管部门，应加强监管。

该阶段还有一个需要着重监管的内容就是政府相关部门及领导干部的干预。因为招投标阶段是决定一个承包商能否中标的阶段，要想托人打招呼，就必须在这个阶段下功夫，等到中标通知书发出，再想挽回已来不及了，所以，这个阶段是某些领导干部最为关心的阶段。主要表现为两种情况：一种是过分的地方保护主义，政府为了搞好本地经济，以肥水不流外人田为借口，向招标人施压，迫使其要求评标委员会在评标打分时，给本地企业加分，降低对本地企业的要求，故意排挤外地企业。另一种是某些政府官员利用手中的权势，与投标人相勾结，通过帮助投标人中标从中牟利。对于以上的各种行为都是监管部门应该严密监管的。这种监管不能流于形式，在整个过程中派一个监管员出席一下，没有问题反馈就一切合法化了，而是一定要注意每个细节。因为该阶段的这些行为都不是在光天化日之下，而是隐藏在背后的，所以，一定要深入每个细节，不放过每个细节。监管部门充分利用政府赋予的监管权，采用高压手段，制止各种权力对正常的招标投标活动的干预。①

① 参见刘丽娜：《建设工程中承包方不平等地位的研究与对策》，同济大学2006年硕士学位论文。

第八章

运输合同实践中的法律风险及其防范

第一节　运输合同概述

一、运输合同的一般概念

运输合同是指承运人负责将货物、乘客等运输标的物,从合同约定的起始地点运送到指定地点,托运人、乘客或收货人承担价款或运输费用的合同。承运人的定义为从事运输的人,承运人的身份包括公民、运输专业户、法人或其他组织。乘客指的是乘坐交通工具旅行出行的人,其中未成年人或者不完全民事行为能力人必须与他的法定代理人或者监护人一同出行,或者依据约定委托承运人照看。托运人指邮寄行李、包裹和货物的人,行李托运的托运人是乘客,包裹的托运人可能是包裹的所有人,也有可能是其他的货主。货物托运人包括自然人、法人和其他组织,可能是被运输货物的所有权人,也可能是货物所有权人委托的运输代理人或货物的保管人。一般情况下,订立运输合同是由托运人提出要求,托运人处于积极主动的角色。收货人是指托运人指定的接收货物的人,收货人包括自然人、法人或其他组织。在大多数运输合同中,托运人不是收货人,收货人另有他人。①

二、运输合同的种类划分

(一)根据运输对象划分的运输合同

以运输对象为划分标准,运输合同可分为客运合同、货运合同和多式联运

---

① 参见王智泓:《货物运输合同履行障碍研究》,大连海事大学2019年博士学位论文。

合同。

1. 客运合同[①]

客运合同双方为承运人与乘客,双方基于客运合同具有法律赋予的权利与义务。乘客须持有效客票才可以乘车,在铁路运输中可用身份证乘车,乘客应积极配合协助承运人的合理安排。承运人应该依据客票公布的时间、班次等运输。承运人延迟运输或有其他不正常运输情况的,应及时通知提醒乘客,采取妥当的安置方式,因此乘客有损失的,承运人应承担赔偿责任,但是不包括不能归责于承运人的情况。在运输中,承运人应履行安全运输义务与救助义务,并且及时告知乘客安全注意事项,如果由于承运人的过错,在运输过程中,对乘客的随身携带物品造成毁损、灭失的,承运人应承担赔偿责任。另外,承运人也应对运输中乘客的伤亡承担赔偿责任,除非承运人能证明伤亡是乘客故意、重大过失造成的,这一规定也适用于依规定持有优待票、免票、经承运人许可搭乘的无票的乘客。

相关案例分析

【案情简介】

王某之子乘坐某旅游运输有限公司(以下简称运输公司)所有的车辆返回A地,次日,车辆行驶至高速服务区稍作休整,王某之子从客车下车后在服务区内活动。当日下午,客车驶离该服务区。4天后,当地公安部门接到高速服务区的报警电话称,在高速服务区办公室西侧的净水池内发现一具男性尸体。公安部门接到报警后迅速进行调查,得知该男性尸体系王某之子,已死亡多日。

运输公司所有客车在保险公司投保了每座赔偿限额为50万元的道路客运承运人责任保险,同时本次事故处于该保险承保期内。

王某以运输公司、保险公司为被告提起诉讼,请求判令运输公司、保险公司承担70%的赔偿责任,共计35万余元。

【法院判决】

A地某区人民法院经审理判决:保险公司赔偿王某各项损失20万余元并驳回王某的其他诉讼请求。一审宣判后,保险公司不服,上诉于A地中级人民法院。

---

① 参见袁征:《初探〈民法典〉之客运合同——以第815、819条为例》,载《法制与社会》2020年第31期。

A地中级人民法院经过审理认为：承运人负有在运输中保证乘客的人身安全的责任，如乘客在运输合同履行过程中遭受人身危险，造成损伤甚至死亡，承运人应承担损害赔偿责任。一审判决保险公司在保险限额范围内对王某的损失承担赔偿责任并无不当，故驳回上诉，维持原判。

【法律分析】

首先，旅客在客车运输途中按照承运人的安排，中途离开车厢活动，依然属于客运合同履行过程中。客运合同中，旅客购买车票，客观上履行了支付义务，此时承运人就应当履行将旅客安全运送至目的地的义务。旅客按照承运人的合理安排，在车辆进入服务区休整时离开车厢活动，承运人尚未将旅客运送至合同约定地，尚未完成合同义务。旅客暂时性离开车辆的状态，本质上没有脱离双方客运合同中的客运运输范围，故仍属于客运运输途中。

基于上述原因，如旅客在上述情况下遭受财产或人身损失，旅客或其近亲属可选择以侵权纠纷或者合同纠纷为案由进行诉讼，维护自己的权益。本案中，王某选择以提起侵权纠纷诉讼的方式维护自己的权利，依照侵权责任法的规定，运输公司驶离服务区时未清点人数，将王某之子滞留服务区，承运人存在过错行为，且无法举证证明伤亡是王某之子故意或重大过失造成，所以运输公司应当承担相应的赔偿责任。

【风险提示】

旅客在客车运输途中按照承运人的安排，中途离开车厢活动，依然属于客运合同履行过程中，此期间内，承运人仍应当履行自身的责任义务，保证旅客的人身安全。

2. 货运合同①

货运合同，即货物运输合同，包括托运人、承运人和收货人，我国的法律法规规定了运输合同中各方的权利和义务。首先，在货物运输合同中托运人应当履行申报义务，即向承运人出示收货人的姓名、货物的性质、重量和数量、收货地址以及与货物运输有关的其他必要条件。托运人还应当履行按照约定包装货物的义务。对包装方法没有约定或者约定不明确的，可以另行约定补充协议。无法达成补充协议的，按照交易惯例处理。如果没有交易惯例，则应采用有助于珍惜资源

---

① 参见陈星宇：《论快递服务合同之典型化》，广西师范大学2021年硕士学位论文。

和保护环境的包装方式。其次,承运人应当履行安全运输义务。承运人应按照合同约定将货物安全运输至目的地。承运人对运输途中货物的毁损灭失应当承担赔偿责任,但是,由不可抗力、货物的自然性质、货物的合理损失或者托运人、收货人的过错造成货物毁损、灭失的,应当按照规定减少或者免除赔偿。最后,承运人应当履行通知义务。货物运至目的地后,承运人应当及时通知收货人。

(二)根据运输方式划分的运输合同

1. 道路运输合同

道路运输合同分为道路乘客运输合同、道路货物运输合同,依据法律规定各方当事人有自身的权利义务。道路乘客运输合同中利用客车运输乘客或提供其他服务,如客运班车、旅游车、网约车等。客运班车是指在公共道路上依据双方约定的线路、时间、站点运输固定乘客的运输方式。包车客运是指以运送团队乘客为目标,将客车租给包车人使用,乘运人驾驶客车按照约定路线行驶,包车者支付费用的运输方式。旅游客运系指以运送观光乘客为目标,在景区内或景区间往返的运输方式。网约车道路客运也比较常见,系指用互联网技术构建服务平台,整合当事人信息,符合运营条件的车辆、驾驶人员,提供租车或客运劳务的营业活动。

道路货物运输包含道路普通货运、道路专用货运、道路大型物件货运,以及道路危险货物运输,其中道路专用货物运输,是指使用集装箱、冷藏保鲜设施、罐式容器等专用车从事货物运输。从事道路货物运输经营的应当具备一定条件,例如,有相应的经检测合格的运输车、有符合条件的驾驶员、符合道路货物运输安全管理制度、业务操作规程、监督制度等,而道路大型物件货运以及道路危险货物运输则是指根据我国针对大型货物、危险货物运输特殊制定的管理办法,对不同规格级别的货物采用不同规格的货运车辆。

相关案例分析 1

【案情简介】

2015 年 6 月 8 日,陈某乘坐的某运输公司所有的客车从 A 县开往 B 市。行驶至高速公路路段,客车与右侧相邻车道的驾驶重型半挂牵引车的李某、重型货车的宣某相撞。宣某当场死亡,驾驶员等 20 余人受伤。经过公安认定,宣某承担全部责任,而陈某和其他乘客对此不负责任。2015 年 6 月 8 日至 7 月 3 日,陈某在医院住院25天，客运公司承担了医疗费用。此后，经过专业机构认定，陈某为十级伤残。

2015年2月25日，客运公司在一家保险公司购买了道路客运承运人责任险。保险合同载明：投保座位数40位，每人(座)责任限额50万元。保险期间为2015年2月22日至10月4日。陈某受伤后，客运公司支付了陈某的医疗费用。2015年9月23日，陈某起诉并要求客运公司和保险公司承担其各项经济损失，共计7万元。

【法院判决】

一审法院判决：陈某的经济损失7万元，由保险公司赔偿6.9万元；由客运公司赔偿1000元。

二审法院判决：(1)撤销一审法院判决；(2)由客运公司赔偿7万元；(3)驳回陈某的其他诉讼请求。

【法律分析】

基于客运公司与陈某的客运合同，客运公司应对陈某的损失承担违约责任。同时，基于合同相对性原理，陈某应基于双方的合同关系向客运公司主张赔偿。但根据我国《保险法》的规定，"责任保险的被保险人给第三者造成损害，被保险人对第三者应负的赔偿责任确定的，根据被保险人的请求，保险人应当直接向第三者赔偿保险金。被保险人怠于请求的，第三者有权就其应获赔偿部分直接向保险人请求赔偿保险金"。本案中，陈某以运输合同纠纷案由起诉客运公司，双方之间形成合同之债，在未经法院判决之前，客运公司对陈某的赔偿责任并非确定的。即便是客运公司的赔偿责任确定，保险公司也只能根据客运公司的请求向陈某赔偿保险金，且现在并无证据证明客运公司怠于向保险公司主张权利，所以最终二审法院改判由客运公司向陈某赔偿各项经济损失7万元，驳回陈某的其他诉讼请求。

2. 铁路运输合同[①]

铁路承运人，是指与旅客(托运人)签订运输合同的铁路运输企业。铁路运输企业的各铁路车站、列车及相关工作人员在执行工作职务时的行为代表承运人，铁路运输企业有保障乘客生命和财产安全的义务，负有及时告知注意事项义务，负有按照约定履行运输的义务，负有履行法定或约定的运输服务标准的义务。

---

① 参见林桂平：《加强铁路运输企业法律风险管理的几点思考》，载《现代妇女(下旬)》2014年第6期。

铁路货物运输合同系铁路运输企业与托运人(旅客)协商一致签订的,将旅客或托运人交付的货物合法或按合同运输至目的地,并由旅客或托运人支付约定运费的合同,货物运至目的地后,承运人知道收货人信息的,应当及时通知收货人收货,收货人应当及时提货。收货人迟延提取货物,造成费用或者损失的,应当向承运人支付保管费或者自行承担损失。

3. 航空运输合同

国内航空运输是指根据双方订立的航空运输合同的运输,航空运输的出发点、约定的经停点以及最终目的地,都在中国境内。国际航空运输系指依据各方当事人订立的航空运输合同,无论航空运输有没有间断或有没有转运,航空运输的出发地、目的地或约定的经停地,其中之一不是中华人民共和国领域内的运输。几个接续的航空运输承运人承运的航空运输为一项单一业务的,无论航空运输合同是以单个合同订立或数个合同订立,应该视其为一项不能分割的运输。

相关案例分析2

【案情简介】

甲某乘坐飞机从A国飞至中国B市,并托运了随身携带的行李一件,内装一青花瓷花瓶,行李重量为18公斤。该行李由甲某自行包装好后交由航空公司托运,在行李的外包装纸箱上粘贴了易碎的警示标识,托运时甲某并未声明行李价值。然而,当日下午,甲某乘坐该航班飞抵B市提取行李时发现,托运的青花瓷花瓶已破碎。遂与航空公司进行交涉,经核查,航空公司于当天向甲某出具了行李运输事故记录,在该记录中载明"纸箱行李收到时外包装完好,但打开后发现内装的花瓶已破碎,且纸箱内除花瓶外没有任何保护包装,纸箱外贴有易碎标签",甲某在行李运输事故记录上签名。诉讼中,甲某主张其在签名时处于不清醒状态,且航空公司员工表示不签名将无法赔偿,故此才签名。其后,甲某、航空公司就赔偿进行协商,航空公司表示愿意赔付4000元,甲某不同意,故协商失败。

【法院判决】

一审法院审理后认为,本案争议的焦点是托运花瓶发生破碎的责任应由谁承担。关于涉案花瓶破碎的原因,甲某主张系航空公司故意所造成的,但未能提交证据证实,故不予采信。甲某在包装涉案花瓶时,并未采取任何保护性的包装,故其对花瓶在运输过程中发生破碎存在一定的过错。航空公司在承运中实际上未能尽到合理的注意义务,对货损的发生亦应承担相应责任。综上,甲某对涉案花瓶的包装未能采取必要的保护措施,航空公司在运输途中亦未尽到合理的注意义务,两者结合导致了涉案货损的发生,双方对该货损均应承担责任。

二审法院审理后认为,本案二审的争议焦点是对涉案的花瓶在运输过程中发生破碎的责任承担问题。根据《最高人民法院关于民事诉讼证据的若干规定》第2条规定:当事人对自己提出的诉讼请求所依据的事实或者反驳对方诉讼请求所依据的事实有责任提供证据加以证明。没有证据或者证据不足以证明当事人的事实主张的,由负有举证责任的当事人承担不利后果。本案中,根据行李运输事故记录记载,"纸箱行李收到时外包装完好,但打开后发现内装的花瓶已破碎,且纸箱内除花瓶外没有任何保护包装,纸箱外贴有易碎标签",甲某虽主张其在将涉案花瓶交付托运时已妥善包装好并在包装内放入充填物,花瓶的破碎是由航空公司在运输过程中故意造成的,以及其在上述记录单上签字时处于不清醒状态,但均未能就其上述主张提交充分的证据加以证明,依法应由其承担举证不能的法律后果。

【法律分析】

根据《民用航空法》第127条第1款的规定,在旅客、行李运输中,经承运人证明,损失是由索赔人的过错造成或者促成的,应当根据造成或者促成此种损失的过错的程度,相应免除或者减轻承运人的责任。旅客以外的其他人就旅客死亡或者受伤提出赔偿请求时,经承运人证明,死亡或者受伤是旅客本人的过错造成或者促成的,同样应当根据造成或者促成此种损失的过错的程度,相应免除或者减轻承运人的责任。

【风险提示】

在航空运输合同中,旅客托运易碎物品时,旅客和航空公司均有保护易碎物品的义务。旅客没有进行任何易碎物品的防护性包装,构成过错,需对易碎品损失承担一定责任。航空公司对贴有警示标识的行李在承运中未能尽到合理的注意义务导致货损,也应承担相应责任。在实践中,如果双方对易碎物品均未尽到必要的保护措施和谨慎义务的,应按各自过错程度承担损失责任。

4. 水路运输合同

水路运输合同分为水路乘客运输合同、水路货物运输合同,根据我国法律规定,水路运输合同的合同双方享有自身的权利义务。水路乘客运输合同中,水路运输经营者应该根据法律法规和部门规章等文件,使自身符合水路乘客、货物运输的法律规定、行业质量标准与合同的约定，以为乘客、托运人提供安全、快捷、高质量服务，进而保障乘客与货物的运输安全。水路货物运输合同则是指水路货物运输企业与国家机关、事业单位等法人或个体工商户、农村经济组织、农村承包经营个人等非法人组织，为满足各自需求，订立的运输合同，请求托付货物的一方，被称作托运方，能提供运输服务的一方，被称作承运方。

5. 海上运输合同

海上运输合同分成海上货物运输合同、海上乘客运输合同，依据法律规定合同各方当事人有自身的权利义务。海上货物运输合同，系指海运承运人收取海路运输费，负责将托运人交付的货物经由海路从一个港口运送到另一个港口的运输合同，在承运人的运输途中，如果运输货物发生毁损灭失的，除法律规定的例外情形，海运承运人应当履行赔偿责任。托运人的义务是依照合同约定向承运人履行支付运费的义务。海上乘客运输合同，系指承运人以符合运送乘客标准的船舶，经由海路将乘客及其行李物品从一个港口运送到另一个港口，由乘客履行支付价款的义务的合同，乘客客票是乘客与运输经营者海运合同成立的文书凭证。

相关案例分析 3

【案情简介】

某银行长期授信为 A 公司购买生产原料开立信用证，该银行开立的 3 份信用证受益人均为发货人 B 公司。C 公司代表承运人 D 公司向 B 公司签发 3 套指示提单，均记载托运人为 B 公司，装货港某国甲港，卸货港中国乙港，涉案货物于 2017 年 3 月 27 日运抵乙港，D 公司根据 B 公司出具的保函将货物存入 A 公司指定的容器并由 A 公司提取。银行根据信用证贸易单证，于 4 月 14 日取得涉案三套提单，三个月后因 A 公司无力全额付款赎单，银行垫付 202 万美元。

银行后收回 48 万美元。为维护自身合法权益，银行申请法院诉前扣押货轮，并依据所持有的涉案提单向 D 公司主张无单放货，要求赔偿信用证项下实际垫付的款项及利息。D 公司抗辩称银行明知依惯例 A 公司必须无单提货，融资银行并非通常意义上的提单持有人，其所遭受的损失与无单放货行为之间无因果关系，D 公司不应承担赔偿责任。

【法院判决】

一审法院审理认为，银行享有且未放弃《海商法》第 71 条规定的提单持有人权利，可以根据提单法律关系向承运人索赔，扣除银行已收回的 48 万美元款项后，判决D公司赔偿银行经济损失154万美元。D公司不服一审判决，提起上诉。

二审法院审理认为，《最高人民法院关于审理无正本提单交付货物案件适用法律若干问题的规定》第2条并未将跟单信用证的开证行、具有商业利益的合作方等其他经合法流转持有正本提单的主体排除在外，银行主张的垫付款项的实际损失金额未超出提单项下货物装船时的价值以及法律规定的无单放货的赔偿范围，判决驳回上诉，维持原判。

【法律分析】

本案是一起涉及信用证贸易融资因素的海上货物运输合同纠纷，具有三个方面的典型意义：首先是从文义与目的解释角度，解释有关提单持有人定义和承运人无提单放行货物责任的法律和司法解释规定，确认信用证开证行可以享有正本提单人的法律地位和索赔权利。其次是创新无提单交付造成的损失认定。《海商法》第55条只规定了货物灭失赔偿额的上限和一般计算方法，银行在该规定限额以下主张实际垫付款损失，符合损失填补原则。最后是对规范海上货物运输秩序具有积极意义。随着银行为企业提供贸易融资服务方式的变化，银行通过占有提单来保护自身的合法权益，符合商业需要，承运人仍应对无单放货承担赔偿责任。

6. 多式联运合同①

多式联运经营者负责履行或牵头履行多式联运合同，从而履行承运人的义务。多式联运经营者可以与各路段的承运人约定权利义务，但不影响多式联运经营者承担承运人的义务。多式联运经营者接收运输货物时，应签发多式联运单据。依据与托运人的约定，多式联运单据可分为可转让单据与不可转让单据。由托运人交付货物时的过错导致多式联运经营者损失的，即使托运人已转让多式联运单据，托运人仍应承担赔偿责任。运输的货物在某一运输路段毁损灭失的，多式联运经营者的赔偿责任、责任限额适用该路段的相关法律。

相关案例分析4

【案情简介】

甲公司、乙公司于2018年5月15日签订《货物运输代理协议》，甲公司委托

① 参见顾全、牛晨光：《国际货物多式联运合同纠纷的法律适用》，载《人民司法》2021年第23期。

乙公司以每吨480美元的价格将约1000吨焦炭从天津新港经A国某地运至B国某地。双方约定运费分三笔付清,交运货物时付50%,货到A国某地港后5日内付40%,其余待货物运抵目的地后支付。甲公司所付运费包含货物在A国港口卸货、堆存及装载到陆路运输车辆上的相关费用。

甲公司于2018年5月31日将1000吨焦炭在天津新港交付乙公司。2018年6月28日,货物运至A国港口,之后未继续运输。甲公司于2018年8月8日将第二笔运费支付给乙公司。双方曾就运费、继续运输以及堆存费等相关费用的支付问题多次沟通。2018年6月30日,乙公司发给甲公司邮件,要求甲公司支付案外运输事项所产生的相关费用,并称如果不付清费用,将停止运输。2018年9月6日、10月3日,乙公司两次以国际油价的变动导致陆运费用上涨为由书面要求甲公司增加运费至500美元/吨,甲公司未予回复。2019年2月,乙公司通过其在A国的代理公司支付滞箱费、堆存费、仓储费、海关监管费共计16.6万美元。

乙公司向天津海事法院提起诉讼,主张由于甲公司迟延支付运费,货物在A国港口堆存并产生了大量的滞箱费、堆存费、仓储费、海关监管费,乙公司垫付上述费用共计16.6万美元,请求法院判令甲公司支付上述费用(按起诉日美元汇率)及按银行同期贷款利率计算的利息(自2009年2月起至实际支付时止),本案诉讼费用由甲公司承担。

【法院认定】

一审、二审法院则认为,该《货物运输代理协议》为国际多式联运合同。一审法院认为,本案为国际多式联运合同纠纷,甲公司为托运人,乙公司为多式联运经营人。虽然双方所签书面合同名称为货运代理协议,但合同主要内容为托运人、多式联运经营人的权利义务,乙公司、甲公司应分别按多式联运经营人、托运人身份享受权利,承担义务。二审法院进一步说明,甲公司与乙公司所签合同虽名为《货物运输代理协议》,但根据双方的约定,乙公司负责办理涉案货物自天津新港至A国某地港的海运事宜及A国某地港至B国某地的陆运事宜,甲公司向乙公司支付全程运费。而且,乙公司向甲公司出具了涉案提单,该提单记载有一程海运与二程陆运内容。据此,本院认定双方为多式联运合同关系。乙公司出具了运输单证明实际履行了多式联运合同义务,原审法院认定其为多式联运经营人并无不当。

【法律分析】

首先,合同的性质不仅根据双方提出的合同名称进行评估,而且还根据合同的内容进行评估。本合同虽然名称为货物运输代理协议,但内容基本上是国际多式联运合同。

接着，我国《海商法》对多式联运合同有具体的解释："本法所称多式联运合同，是指多式联运经营人以两种以上的不同运输方式，其中一种是海上运输方式，负责将货物从接收地运至目的地交付收货人，并收取全程运费的合同。"我们判断其是海商法所约束的多式联运合同主要有两点：(1)它涉及不同的运输方式，其中之一是海上运输。在这种情况下，合同规定乙公司负责将货物从天津新港运至A国港口，并负责将货物从A国港口陆运至B国地点，这完全符合定义要求。(2)多式联运经营人负责整个运输。这主要体现在全程运输合同的存在，多式联运经营人负责将货物从收货地点运输到目的地交给收货人，收取全程运费，签发全程提单。在这种情况下，乙公司实际履行了多式联运经营人的义务，并签发了全程提单，这也符合要求。因此，本案双方签订的货物运输代理合同是《海商法》规定的国际多式联运合同。

【风险提示】

对运输合同的性质不仅根据双方提出的合同名称进行评估，而且还根据合同的内容进行评估，仅以合同名称判断合同的性质是不合理也不被法院认可的。

（三）根据运输是否跨越国界划分的运输合同

根据运输是否跨越国界划分的运输合同也是合同划分的一种标准。运输合同的起始点、中途经停点和运输的终点都在一个国家境内的，被称作国内运输合同。运输合同的起始点、中途经停点和运输的终点，跨越一国或多个国家边界线的，被称作国际运输合同（涉外运输合同）。这样划分运输合同的意义是国内运输合同适用国内法，涉外运输合同适用相关国际公约、国际惯例。

1. 国内运输合同

国内运输合同按对象划分，包括乘客运输合同、货物运输合同、多式联运合同；按照运输方式划分，包括道路运输合同、铁路运输合同、航空运输合同、水路运输合同、海上运输合同。国内运输合同适用我国《民法典》《铁路法》等规定。

2. 涉外运输合同

涉外运输合同按对象划分，包括乘客运输合同、货物运输合同、多式联运合同；按照运输方式划分，包括铁路运输合同、航空运输合同、水路运输合同、海上运输合同。涉外运输合同适用相关的国际公约和国际惯例规定。对于此类国际涉外运输合同该如何适用法律来解决纠纷，笔者认为应当按照以下条件来判断，第一,看合同是否约定仲裁条款,如果涉外运输合同中约定了仲裁条款,而当事人一方选择向法院起诉,则法院将首先审查仲裁条款的效力,如仲裁条款有效,则应当排除法院的管辖权;如仲裁条款无效,则相关争议属于法院的受案范围。第二,在程序方面,根据我国民事诉讼法的规定,在中华人民共和国领域内进行涉外民事诉讼,必须遵守我国的民事诉讼法程序,而关于涉外民事诉讼案件的文书送达、调查取证我国法院与外国法院可以按照我国缔结或者参加的国际条约或按照互惠原则相互请求。第三,在实体方面,首先,根据我国涉外民事关系法律适用法的规定,当事人可以自行约定适用的法律,没有选择的,应当按照最能体现合同特征性或最密切联系性来判断法律的适用;其次,要注意遇到同一案件中涉及两个或两个以上的涉外民事关系时,人民法院应当分别确定适用法律;最后,当事人应当注意从事运输业,与涉外公司签订运输合同时提前确定好合同中运输方式所对应的法律中是否规定应当优先适用国际条约、国际惯例,如在我国《海商法》第 268 条、《民用航空法》第 184 条中就有所规定。

相关案例分析

【案情简介】

甲国 A 公司接受了案外人的委托,负责将一批谷物自甲国运至中国珠海港。A 公司接受委托后签发了提单,提单抬头为 A 公司,托运人 × × ×,收货人凭指示,通知方 B 公司,起运地甲国,卸货港中国珠海。提单正面记载了目的港集装箱的免费使用期是 21 天。货物于 2019 年 7 月 11 日装船出运,于 2019 年 9 月 18 日到达中转港。货到中转港以后,海关按照风控中心的要求对涉案货物进行查验,2019 年 9 月 12 日,海关开具查验记录单。2019 年 9 月 26 日开箱查验,当天完成查验工作后,海关将检测事宜联系有关单位,2019 年 10 月 12 日该批货物转关放行。2019 年 10 月 22 日涉案货物转船离港。经计算,货物滞留中转港期间产生集装箱超期使用费共计人民币 220 万余元。

另外,B 公司与 C 公司签订代理合同,由 B 公司代理 C 公司向外商进口 2 万吨谷物,进口货物质量、外商资信等情况均由 C 公司自行负责。货物抵港后也由 C 公司自行报关及销售。2018 年 4 月,B 公司与国外卖方签订销售合同,购买了 2 万吨谷物。进境货物备案清单显示的境内收货人为 B 公司。

【法院判决】

一审法院审理认为,承运人提供集装箱供货物装载运输,此项义务应贯穿运输始终。在中转港遭遇正常查验情形下承运人提供集装箱供货方使用系承运人的合同义务，除非有清晰、明确的约定，不应向收货人收取“超期使用费”，故对A公司诉讼请求不予支持。

二审法院审理认为，首先本案系海上货物运输合同纠纷，C公司非涉案提单记载的托运人、收货人或被背书人，并非涉案运输合同当事人，故A公司要求C公司支付涉案集装箱超期使用费是没有依据的。

【裁判观点】

关于B公司是否应承担涉案超期使用费的问题。根据《海商法》的规定，承运人同收货人、提单持有人之间的权利、义务关系，依据提单的规定确定。本案中，涉案提单正面仅记载了目的港集装箱超期使用费的收取标准，而对于中转港集装箱超期使用费并未记载。涉案提单背面虽有关于“承运人费率表”的条款，但该条款系承运人单方印制的格式条款，其未在显著区域标识，语义亦较为模糊，且要求提单持有人自行向承运人索取超期使用费收取标准明显加重了提单持有人的注意义务，故不能视为A公司与B公司就中转港集装箱超期使用费的收取作出约定。A公司虽在官网公布了中转港集装箱超期使用费的收取标准，但该标准同样未在网站显著区域显示，在案证据亦不足以证明收取上述费用已形成行业惯例和交易习惯。综上，一审法院认定A公司与B公司就中转港集装箱超期使用费的收取并未作出约定并无不当。

根据《民事诉讼法》的规定，当事人对自己提出的主张，有责任提供证据，否则应承担举证不能的法律后果。本案中，涉案集装箱因在中转港受到海关例行查验造成时间延误，B公司对海关查验亦予以了积极配合，B公司不存在过错。A公司认为无论B公司是否存在错误行为，其都必须承担赔偿责任无事实及法律依据，一审法院认定B公司对中转港集装箱超期使用费的产生不存在过错并无不当。

关于涉案费用的承担问题。根据《合同法》的规定，当事人就履行费用的负担约定不明确时，履行费用由履行义务一方负担。本案中，A公司与B公司就中转港集装箱超期使用费的收取并未作出明确约定，故A公司作为履行供箱义务一方应负担上述费用。根据涉案运输合同及提单记载，A公司应承担从起运港至卸货港中国珠海港全程运输过程中的供箱义务。在中转港，涉案货物仍处于A公司的掌控期间，其应当承担在遭遇海关正常查验下的供箱义务，并支付供箱义务下的中转港超期使用费。一审法院据此认定A公司应承担涉案中转港集装箱超期使用费并无不当。

【风险提示】

承运人同收货人、提单持有人之间的权利、义务关系，依据提单的规定确定。

运输合同中对于各种费用的承担问题，需要注意当事人就履行费用的负担约定不明确时，履行费用由履行义务一方负担。

（四）划分结果和意义

在立法和司法实践中，上述三种对运输合同的分类并不是孤立存在的，而是交叉互存、相互发生作用的。划分的结果和意义分以下几点。

以运输对象标准为主，以国界标准和运输方式标准为辅。首先将运输合同划分为乘客运输合同、货物运输合同。乘客运输合同中，对乘客包括持票、免票、优待票、承运人许可搭乘的情形，如果乘客在运输途中伤亡，除伤亡是旅客自身健康原因或承运人举证证明是乘客故意、重大过失造成的，否则承运人需要对乘客的伤亡承担赔偿责任；并且对于乘客自带的物品，如出现毁损灭失的状况，承运人除非能证明自己无过错，否则同样需要赔偿损失。而货物运输合同中，需要注意除非遇到不可抗力、货物自然属性或合理损耗、托运人和收货人的过错的情况，托运人需要对货物的毁损灭失承担无过错责任。由此我们可以看出，基于运输对象的不同，乘客运输合同与货物运输合同在合同当事人双方的权利义务方面存在明显不同，需要首先划分出运输对象，再进行具体的法律分析。

以运输方式标准为主，以运输对象标准和运输国界标准为辅。首先将运输合同以运输方式为标准划分为道路运输合同、铁路运输合同、航空运输合同、水路运输合同、海上运输合同及多式联运合同。我国除了有交通运输法对不同方式运输合同进行规定，也发布了如《海商法》《铁路法》《道路旅客运输及客运站管理规定》《公共航空运输企业经营许可规定》《水路旅客运输实名制管理规定》等法律法规规定来约束不同方式运输合同。这也说明了，不同运输方式的运输合同具有个体的特殊性，在个性化问题上需要针对适用的法律进行解读。

以运输国界标准为主，以运输对象标准和运输方式标准为辅。首先将运输合同划分为国内运输合同、涉外运输合同。此种划分方式主要是为了解读法律适用问题，国内运输合同理所应当适用中国法律，而涉外的运输合同，如果发生纠纷应当适用仲裁条款？还是国际条约？又或是国际惯例？这就需要具体问题具体分析，结合不同国家的法律与不同的运输方式来解决纠纷，这也正是如此划分的原因。

从划分形式上来看，以不同标准所做的划分，分别证明了不同的划分方式的侧重点和运输合同的范围，首先，以运输对象标准划分运输合同，分为货运与客运，其核心的划分标准在于承运人对运输标的物的责任的不同，“人”与“物”当然不能相提并论，承运人在运输货物发生损毁灭失或乘客遭遇财产人身损失时所承担的赔偿责任、免责条款均不一样，由此看来运输对象划分的必要性显而易见；其次，以运输方式标准划分的运输合同是在各种运输工具的特殊性上划分的，运输工具的运输周期、承载量、风险性等方面的不同，在专门法律与商业惯例中均有提及，正是因为各种运输工具的特殊性，在对应运输合同的诉讼中容易产生纠纷，所以按照运输工具划分运输合同也尤为重要；最后，以运输国界标准划分运输合同，是基于各种国际公约、国际商业惯例与中国法律相冲突时的解决方式所划分的，在国内很好理解，都应当遵循我国的法律法规，而在运输合同涉外，就不必然适用中国法律，需要根据具体情况具体分析，审查合同中的仲裁条款、检索国际公约、国际惯例再做最终的判断，由此可见此种划分方式也具有必要性。

三、运输合同的法律性质和地位

法律法规中已然划分了各种合同类别，合同的分类准则是根据主合同的权利义务类别，《民法典》规定，运输合同系指由承运人运输乘客、货物到约定地址，托运人、收货人、乘客支付运输费的合同。运输合同的主合同义务是运输乘客、货物，以及支付运费。运输乘客与货物，对象是“运送”行为和“乘客、货物”，承运人一般运用工具载乘客、货物从一地移动到另一地，运输合同是双务合同、有偿合同，作为承运人，应当履行运输的义务，而乘客、托运人或收货人则应当履行支付运费和价款的义务。

交通运输业是国家的基础行业，关乎国家的公共安危，我国制定了大量的法律法规，规制道路、铁路等行业的营运资质和安全标准。《民用航空法》《海上交通安全法》《海商法》等法律具体规制航空器、船舶的适航性，交通运输管理部门制发非常多的法律法规，中国也参加、缔结了相关的国际条约、规则、协定等。

四、运输合同的法律特征①

（一）运输合同是劳务合同，标的为运输服务

运输合同的主要内容是承运人提供给乘客、托运人有偿的运输服务。运输服

① 参见孟宝森：《论运输合同的法律性质及其特征》，载《北京交通管理干部学院学报》1997年第2期。

务这种行为虽然不能产出直接的、有形的“实物成果”,但是乘客、托运人可以从运输服务中受益,达成本身的目标。货运合同、客运合同二者不同,货运合同系将货物运至目的地,客运合同系将乘客送至目的地,运输对象不同。

(二)运输合同是双务的、有偿的合同

在运输合同中,承运人运输货物和乘客,相应的托运人、收货人和乘客支付运费,当事人双方的权利义务是对等的,即运输合同是双务的、有偿的。在运输合同中,客运合同是践成合同,货运合同是诺成合同。根据《民法典》的有关规定,客运合同的承运人向乘客出具客票即标志运输合同成立,当事人另有约定或者另有交易惯例的除外。

(三)运输合同一般是格式合同

通常,运输合同的文本内容由承运人事先草拟,运输合同中可能用到的客票、货运单、提单等由承运人制作,具有格式合同的特点。

第二节　运输合同法律风险及其防范

一、运输合同实践中法律风险的特点

(一)货运合同实践中法律风险的特点①

1.受自然灾害、意外事件等不可抗力的影响

意外是引起运输风险最普遍的因素。例如,承运人通常会由于道路交通事故承担理赔风险,托运人将货物托付给物流公司后,物流公司管理失当,致使货物毁损灭失,引起赔偿等。综上,上述运输风险包括天灾,也包括人祸,具有不可预见性,却通常会给承运人带来较大损害,导致整个的运输过程迟延,对发货人和托运人均有不同程度的影响。所以,运输企业本身需建立健全企业管理制度,提升工作人员的工作素质,时常检查运输工具的安全性,减少“人祸”发生的情况。另外,需对运输企业、运输货物及时投保,以避免自然灾害等意外因素致使价值较高

① 参见刘晓梅:《货运合同纠纷中与有过失规则的适用》,上海交通大学2019年硕士学位论文。

的货物损失时，运输企业面临巨大赔偿金额，以此降低自然灾害带来损失的可能性。

2. 受诈骗风险较高

某些运输公司在接收托运人货物时，不认真查验货物，托运人有意隐瞒货物瑕疵，在运输公司交货时出现货物瑕疵，容易分不清楚导致货物瑕疵的原因，可能会引起法律上面临赔偿诉讼的风险。比如，托运人将陈旧设备以装新型设备的纸箱包装好后，按照新型设备的价格报价缴纳费用，承运人接收货物之时仅仅核对好设备数量就开始承运，途中设备被盗，收货人或托运人索赔，即使承运人事后知晓货物为陈旧设备，应当按照实际价款赔偿，但由于不掌握证据，最终承运人还要按照托运人的报价赔偿货物损失，遭受不应有的损失。假如承运人在接货时审慎检查货物，就不会导致以上局面。

（二）客运合同实践中法律风险的特点①

1. 承运人的违约触发条件存在不确定性

客运合同法律关系中承运人负有安全及时运送乘客的合同义务，只要没有按规定安全及时地运送，不管结果的造成是承运人本身的原因还是第三人的原因，承运人都成立违约。比如，在淮安市广惠公交有限公司（以下简称广惠公司）与孙某公路客运合同矛盾纠纷中，广惠公司在运输途中，与第三人的交通事故致使孙某的人身损害，违背了运送的合同义务，构成了违约行为，且损害了孙某的人身权利，是违约责任、侵权责任的竞合，依据法律法规，孙某既可以依据合同约定，请求广惠公司承担起违约责任，也可以按照侵权责任法规定请求承担侵权责任。

2. 承运人对乘客的提醒义务较为严苛

在客运合同中，包括道路、水路、海路、航空等运输方式，法律法规规定承运人有对乘客的提醒和告知义务，比如《民法典》规定，承运人应该按规定履行安全运输的义务，告知乘客安全方面的注意事项。又如《道路乘客运输及客运站管理规定》中规定，客运承运人应依据相关规定于出发前告知乘客系好安全带等事项，客运中出现损害乘客人身安全和财产安全的治安违法行为时，应及时报告给公安机关且积极配合公安机关处理。而且，实践中，即使当事人之间的客运合同关系已结束，由于客运公司对汽车站的营运环境比较熟悉，如承运人未履行必要的通知、

---

① 参见邰亚燕：《客运合同的法律研究》，载《河北企业》2017年第5期。

提醒义务,对损害也负有一定的责任。

二、运输合同缔结过程中的法律风险规避①

(一)争取合同的起草权

运输合同是有法律效力的法律文书,对运输合同当事人有法律约束力。通常,运输合同起草一方处于合同的主动地位,将本身的权益以合同的形式固定下来,甚至争取对自己更有利的权益,并且能够有力地避免对方起草合同带来的不利因素,尤其是对方可能设置的陷阱。如果不可以单方起草运输合同,也应当同对方一起起草运输合同,不应该将运输合同的起草权移交给对方。

(二)严格审查对方的主体资格和合同履行能力

运输合同涉及民事法律关系,运输合同双方应该具备民事权利能力、民事行为能力,否则会导致运输合同的无效或者效力待定的法律后果。所以,在运输合同订立之时,应当明确营业执照、资质证明、法定代表人身份证明等信息,用来查询当事人是否具备主体资格。而且,非常重要的合同的谈判人、签订人应当是法定代表人,具体事务的谈判人、签订人可不是法定代表人,但应当出具法定代表人的授权委托书。审查代理人的代理行为是否超出代理权,例如,不符合授权范围、授权期限等方面内容。从事特殊行业的当事人,如果法律法规规定应具备生产许可证、经营许可证或相应资质,应要求提供相应的资质证明。

(三)订立合同应采用合同书的形式②

我国《民法典》规定,当事人订立合同的形式分为书面形式、口头形式及其他形式。法律法规明确规定书面订立合同的,应以书面形式订立。还有一种是当事人约定书面订立合同。采取口头形式订立合同,尽管简单容易,但在矛盾纠纷发生之时,由于合同的内容不清、事实真相不明、是非责任难辨,法律风险巨大,故不提倡采用口头形式订立合同。因此运输合同应采取书面形式订立。法律法规规定以及当事人约定采取书面形式订立运输合同的,应该采用书面形式;法律法规规定必须进行登记备案的,应该按规定登记备案。合同内容不能随意更改,印章

---

① 参见王智泓:《货物运输合同履行障碍研究》,大连海事大学2019年博士学位论文。

② 参见赵三保:《〈民法典〉合同编中的合同订立重要发展和创新》,载《法制博览》2022年第11期。

应该清晰能辨,合同有两页以上的应该加盖骑缝印章。某些特殊的运输合同按规定应登记备案,登记备案的运输合同与没有登记备案的法律后果不同,例如,赠与人即使签订了赠与合同,也可以在赠与财产之前撤销赠与,然而经过公证的赠与合同,赠与人不可撤销。假如法律法规规定或者当事人之间约定采取书面形式订立运输合同的,当事人没有采用书面形式但是当事人一方已履行了主要义务,且另一方已经接受的,代表合同已经成立。

(四)运输合同内容应完整明确

在订立合同之时,应当明确合同双方的姓名、地址、联系方式等信息,法人或其他组织名称应当和落款印章保持一致,合同内容中的各个缩写、行业用语等应该解释说明,合同标的物应明确具体,数量准确,质量符合相关法律标准,价格金额、报酬金额、金额计算方法、支付币种、支付方式、违约责任等明确具体,合同履行期限、地点和方式、违约责任、违约金额等具体明确,争取合同争议管辖地为本人所在地法院。

三、承运人的留置权与提存权

《民法典》第836条规定了承运人的留置权,即托运人或者收货人不支付运费、保管费或者其他费用的,承运人对相应的运输货物享有留置权,但是当事人另有约定的除外。承运人行使留置权需要满足以下要件:

(1)托运人或者收货人未支付的运费、保管费及其他运输费用必须是因所要留置的货物产生的。承运人不能因托运人或者收货人拖欠本次运输合同标的物以外的货物的运输费用而对本次运输货物行使留置权。这里的其他费用包括过桥费、过路费及其他途中由承运人垫付的必要费用。

(2)承运人必须占有货物,即货物仍然在承运人掌管之下。

(3)承运人必须在合理限度内留置货物,即承运人留置的货物数量应当合理,使得留置的货物价值与未付清的运输费用相当,不得留置过多货物,否则构成不当留置。“合理限度”是一个相对的概念,是否合理是相对而言的,实践中不能作过于苛刻的要求。

(4)运输合同没有事先排除承运人行使留置权的约定。

《民法典》第447条规定,债务人不履行到期债务,债权人可以留置已经合法占有的债务人的动产,并有权就该动产优先受偿。该条规定了留置财产应该满足的两个要件:第一,留置财产是债权人已经合法占有的动产;第二,留置财产是债务人所有的动产而非第三人所有。这与《民法典》第836条中承运人的留置权存在一定程度上的矛盾。在货运合同中,如果留置的货物并非托运人或者收货人所有,那么承运人是否还享有留置权。笔者认为,可以借鉴善意取得的制度,如果货物的交付是基于所有权人的意思或不违反所有权人的意思时,那么善意承运人应当享有留置权;反之,所有权人享有返还原物请求权。

此外,在航运实践中,发货人和实际承运人之间通常存在很长的运输链条,该运输链条上的各当事人通常无法准确判断货物所有权的归属和承运船舶的归属。由于中间环节的承运人既不是货物所有权人,也未实际占有留置物,因此不能享有留置权,这显然不符合承运人留置权的立法目的。因此,笔者认为,承运人留置权所规定的"占有"应当认定为承运人合法的直接占有或通过第三人占有或控制。

《民法典》第837条规定了承运人的提存权,即收货人不明或者收货人无正当理由拒绝受领货物的,承运人依法可以提存货物。

收货人具有及时提货的义务。收货人虽然没有直接参与货物运输合同的签订,但受承运人、托运人双方签订的货物运输合同的约束,收货人应当及时提货,收货人不及时提货的,承运人有提存货物的权利。根据《民法典》第837条规定,在货物运输合同履行的过程中,承运人提存货物的法定事由有两项:第一,收货人不明。这主要包括无人主张自己是收货人,通过现有证据,主要是货物运输合同,也无法确认谁是收货人以及虽有人主张自己是收货人,但根据现有证据,包括货物运输合同及主张人提供的证据,无法认定其即收货人等情形。第二,收货人无正当理由拒绝受领货物。

承运人提存运输的货物后,运输合同关系即告消灭,该货物毁损、灭失的风险由收货人承担。提存期间,货物的孳息归收货人所有,提存所产生费用也由收货人承担。①

相关案例分析

【案情简介】

货物所有人A公司及其投资关联方书面委托B公司为其提供区域物流服务。此后,B公司与C公司签订《物流运输项目服务合同》,其中约定:C公司为B

① 参见王利明等:《民法学》(第6版),法律出版社2020年版。

公司及其客户的产品提供物流服务。C 公司就 A 公司所属货物从天津港至海南港的运输，与海南和宇运贸有限公司（以下简称 D 公司）签订航次运输合同并约定：C 公司委托 D 公司以包船租赁方式租用货轮实际履行该航次运输。C 公司按照同样的包船租赁方式与 E 公司签订航次租船合同。E 公司则与 F 公司签订航次运输合同，实际租用 F 公司所属货轮，完成涉案航次运输。

货轮将涉案货物运抵目的港海南港后，D 公司以 C 公司累计拖欠运费（不含本航次运费）为由，宣布留置涉案货物并在一个月以内与 B 公司、C 公司和货主 A 公司召开协商会议但无果。D 公司遂以 815 万元的价格将该批货物出售给第三人 G 公司。

【法院判决】

D 公司以要求 C 公司支付拖欠的运费和滞期费及利息为诉讼请求向法院提起诉讼。法院判决 C 公司支付 D 公司运费 935 万元及利息并负担案件受理费 8 万元和财产保全申请费 5000 元。该判决生效后，法院执行该判决，要求 C 公司履行该生效判决确定的给付义务并承担强制执行申请费。因涉案货物被 D 公司出售给 G 公司，为此，A 公司以货物灭失为由，向仲裁委员会提起仲裁，要求 B 公司赔偿货物损失 1010 万元及利息、律师费及保全费 25 万元。仲裁委员会受理该案并裁决支持了 A 公司的仲裁请求。该仲裁裁决生效后，法院执行了该仲裁裁决。B 公司遂以非法留置船载货物损害责任纠纷为由，向法院起诉 F 公司、D 公司、C 公司和 E 公司，要求 D 公司赔偿 B 公司在仲裁裁决下承担的法律责任，并要求 F 公司对 D 公司的法律责任承担补充赔偿责任，E 公司对 F 公司的赔偿责任承担连带赔偿责任。C 公司遂以航次租船合同纠纷为由，向法院提起诉讼，要求 D 公司向 C 公司返还货物变卖款 815 万元并赔偿 C 公司因其低价变卖货物所产生的损失 318 万元及利息；案件受理费、财产保全申请费、担保费、鉴定费和律师费均由 D 公司负担。

【法律分析】

从合法性和合理性两个角度分析 D 公司行使留置权的行为。

首先，从合法性方面来看，合议庭认为，D 公司合法占有涉案货物，且其留置权系我国物权法规定的商事留置权，因此，D 公司对涉案货物享有留置权，有权留置涉案货物。在分析占有状态时，法院强调占有是指受法律保护的占有人实际控制占有物的事实状态。基于此，合议庭在分析涉案运输链条后认为，D 公司通过包船租赁方式租用货轮并用于运输涉案货物，该轮及船载货物均在事实上处于 D

公司的控制之下,因此,D公司事实上占有了涉案货物。同时,涉案货物系C公司为履行其与D公司签订的航次租船合同而交付给D公司,故D公司对涉案货物的占有系合法占有。同时,D公司和C公司均系企业,适用我国《民法典》第448条关于商事留置权的规定,因此,D公司有权就C公司此前拖欠的运输费用留置涉案货物。

其次,从合理性方面来看,合议庭认为D公司正确但不太恰当地行使了留置权,主要在于D公司在行使留置权时并未消极等待而是积极与货主A公司、B公司、C公司协商解决方案,在协商无果的情况下才折价出售给第三人G公司。这完全符合我国《民法典》关于留置权行使的一般规定。但从售价与市场价格的对比来看,合议庭同意海口海事法院的判断,认为D公司折价出售的价格略低于市场价格,这是D公司行使留置权的不恰当之处。因海口海事法院已判令D公司按照涉案货物原价九折与实际售价的差值赔偿,故D公司无须再在本案中赔偿C公司。故武汉海事法院最终判决驳回原告C公司的全部诉讼请求。该案判决以后,原被告及第三人均服判息诉。

四、承运人的赔偿责任

(一)赔偿责任概述

《民法典》规定的损害赔偿,是指当事人违约,应依法承担赔偿的责任,我国法律法规规定采取金钱赔偿原则。《民法典》界定了承担民事责任的方法,但范围更广,例如,返还财产属于物权请求权,它的性质、效力和范围都不等于损害赔偿。修理、重做、更换、继续履行是强制履行的范围,同损害赔偿亦不同。损害赔偿是因合同的违约产生,通常认定损害赔偿请求权由原债权或履行权转化而来。具体来说,不履行债务的损害赔偿权是原请求权的扩大或者是内容变更,是与原请求权同一的。履行请求权与损害赔偿请求权有同一性是指在人身担保、货物担保和时效期间等方面具有统一性,在法律方面采用相同的处理方法,使得原本对人身、货物的履行请求权也关联损害赔偿请求权。由于以上论述,如果合同因履行迟延解除,合同债务会转化成赔偿,而且不需催告。①

---

① 参见王利明:《我国〈民法典〉侵权责任编损害赔偿制度的亮点——以损害赔偿为中心的侵权责任形式》,载《政法论丛》2021年第5期。

（二）损害赔偿分类

1. 约定赔偿、一般法定赔偿、特殊法定赔偿

依据损害赔偿来源，可以将赔偿分为约定赔偿、一般法定赔偿和特殊法定赔偿。约定赔偿，即依据合同多方当事人约定的损害赔偿。《民法典》规定，当事人可以约定当一方违约之时应依据情况向另一方支付约定的违约金数额，亦可以约定赔偿额的计算方式。一般法定赔偿即依据法律法规规定的损害赔偿方式。《民法典》规定，当事人一方不履行或者不按约定履行合同义务，带来损失的，赔偿金额为实际损失，同时包含合同履行可以带来的可得利益，但不应超出在订立合同时可能预见或应当预见的损失。《民法典合同编通则解释》第 60－62 条详细规定了不同情形下可得利益的赔偿标准，明确了替代交易下可得利益的赔偿、持续性定期合同中可得利益的赔偿以及无法确定可得利益时的赔偿。对于可预见性规则的适用，《民法典合同编通则解释》第 63 条规定，在认定民法典第五百八十四条规定的“违约一方订立合同时预见到或者应当预见到的因违约可能造成的损失”时，人民法院应当根据当事人订立合同的目的，综合考虑合同主体、合同内容、交易类型、交易习惯、磋商过程等因素，按照与违约方处于相同或者类似情况的民事主体在订立合同时预见到或者应当预见到的损失予以确定。特殊法定损害赔偿即指特别法规定的损害赔偿，例如在《海商法》《铁路法》等单行法中的损害赔偿条款。

2. 迟延赔偿与填补赔偿

依据赔偿性质，可将赔偿分为迟延赔偿、填补赔偿。迟延赔偿是因为履行的延迟而产生的损害赔偿，可以看作合同义务的扩大，且可以与原合同强制履行一起提出；填补赔偿是由于不履行合同的义务而产生的损害赔偿，是原合同义务之替代。也可以说，填补赔偿的目标即补偿由于不履行合同而造成之损失，然而强制履行即要求继续履行合同，因此二者不可以同时存在。不能履行合同的，应当用损害赔偿请求权替代强制履行合同请求权。迟延赔偿的目标即保护损失方不因迟延履行而遭受实际损失，它不具备替代补偿的功能，所以，迟延赔偿与强制履行可以共同存在，由于迟延履行等临时违约的，请求赔偿损失权可以附加在强制履行请求权上。《民法典》规定，合同一方……在履行义务或采取补救措施以后，损失方还有其他损失的，应该赔偿损失。“其他损失”可以认定为包含迟延损失。

（三）损害赔偿的归责原则

1. 严格责任原则

归责原则即指在一定的归责事由基础上，判别当事人是否应该承担赔偿责任的原则性条款，它包括违约责任构成要件、举证责任内容、责任范围和承担方式等一系列违约责任内容。综合分析各国的立法，都将损害赔偿归责原则分为过错责任原则、严格责任原则两类。王汉斌先生、佟柔等学者认为应采用过错责任原则，梁慧星等学者认为应采用严格责任原则。《民法典》中明确，由于当事人一方的违约行为，损害对方人身和财产利益的，另一方当事人可以选择以违约或侵权为事由请求对方承担责任。《民法典》明确规定，如果当事人一方不履行或者不按合同约定履行合同义务的，应该承担继续履行合同、采取补救措施，以及赔偿损失等违约责任。在法律规定中没有显示过错的例外规定，所以笔者认为我国现行法律法规采取了严格责任归责原则。只要出现违约行为，且给另一方当事人带来损失，违约一方就应该承担赔偿责任，违约方承担举证责任。我国法律规定，违约的损害赔偿原则采信的是完全补偿原则，违约方应进行损害赔偿，既要赔偿直接损失，同时包括合同履行后可能预见的利益。①

2. 不完全过错责任原则

虽然我国法律法规中一般采取严格责任原则，但在货物运输合同中，基于运输的方式、种类、风险程度不一，所以在《铁路法》《海商法》《民用航空法》等法律规定中，并不是单一地采用严格责任原则，而是普遍采用了承运人免责条款和赔偿责任限制条款，我们一般将其视为不完全过错责任原则。不完全过错责任原则即违约方在承担违约赔偿责任时，并不承担全部赔偿责任，而是根据法律的规定，在符合法定的一定条件后，可以减免承运人的赔偿责任。由于货物运输具有天然的风险，产生货物毁损灭失的风险巨大，假如采用严格过错原则，完全赔偿损失，不符合民法的平等原则，因此运输相关的单行法采信不完全过错责任原则。不完全过错责任原则表现形式在运输相关的单行法中有两种。②

一是免责条款，法律规定了免除违约责任的法定事由，如《铁路法》第 18 条、《海商法》第 51 条等。上述法律采用了一般“不承担赔偿责任”的定性，可以阐释为承运人或承运人的代理人、雇佣人原本有赔偿责任，然而依据法律规定，可以免

---

① 参见赵爽：《道路交通事故侵权责任归责原则研究》，安徽财经大学硕士学位论文。

② 参见郑永宽：《过失相抵与无过错责任》，载《现代法学》2019 年第 1 期。

除赔偿责任。例如，《海商法》第 51 条明确规定，“船长、船员、引航员或承运人的其他受雇人在驾驶船舶或者管理船舶中的过失”，承运人不负赔偿责任。此条款规定了“过失”一词，采用了过错责任原则。该条第 2 项规定：“火灾，但是由于承运人本人的过失所造成的除外”，更加明确了过错责任原则。根据上述条款，承运人本身的过失导致的火灾不免责。①

二是限制责任条款，对承运人的赔偿责任加以限制。在此所说的限制赔偿责任，既包含限制赔偿范围，如《铁路法》第 17 条、《海商法》第 55 条等，也包含赔偿金额的限制，如《海商法》第十一章等。总之，货物运输合同中承运人违约导致的损害赔偿，依据只赔偿实际损失的各项规定，托运人的间接损失难以得到赔偿。比如，承运人迟延交货导致错过销售货物最佳时机，最后跌价，尽管承运人的违约行为是导致托运人或收货人货物跌价的直接原因，但是因为货物没有毁损灭失，法院通常不会支持承运人赔偿货物跌价的损失。②

相关案例分析

【基本案情】

原告曲阜某物流公司于 2021 年 3 月 11 日通过某 App 与被告兰陵县某运输公司名下的挂靠司机被告张某签订了货物运输合同，合同约定由被告张某将总价值 112,800 元家具运送至江苏无锡市。在曲阜某家居公司院内装车发货。在运输途中，该批货物由于被告张某个人原因处置不当全部烧毁，因理赔问题，双方协商未果，原告曲阜某物流公司诉至法院，要求两被告承担托运货物（家具）损失费用共计人民币 112,800 元，诉讼费由被告承担。

【法院判决】

曲阜市人民法院作出一审判决：(1)被告张某于本判决生效后十日内赔付原告曲阜某物流公司人民币 112,800 元；(2)被告兰陵县某运输公司承担连带清偿责任。

【典型意义】

原告委托被告张某将案涉货物按照约定从曲阜运送至江苏无锡市以交付收

① 参见沈哲铭：《情事变更原则中再交涉义务之否定》，载《东南大学学报（哲学社会科学版）》2018 年第 2 期。

② 参见关正义、严凌成：《论航次承租人海事赔偿责任限制权利问题——兼谈〈中华人民共和国海商法〉第 204 条的修改》，载《中国海商法研究》2021 年第 4 期。

货人,双方对此事实均无异议,双方之间存在货物运输合同关系。根据法律规定,作为承运人的被告张某应按照约定将案涉货物安全运输至约定地点以交付。现涉案货物在未交付给收货人前因火灾而全部灭失,《民法典》第832条规定:承运人对运输过程中货物的毁损、灭失承担赔偿责任。因此,被告张某理应向托运人即原告承担赔偿责任。原告主张被告张某承运的涉案货物价值为112,800元,并提供证据予以证明,被告张某提供的发货明细单也证实了其承运的涉案货物价值为112,800元,故足以认定案涉的货物价值为112,800元,原告以此数额要求被告张某予以赔偿,符合法律规定。被告兰陵县某运输公司作为承运车辆的所有人和被告张某的挂靠单位,理应对被告张某的赔偿承担连带清偿责任。

第九章

技术合同实践中的法律风险及其防范

第一节　技术合同概述

一、技术合同的界定

所谓技术合同，是指当事人一方开发、转让技术，提供技术咨询和服务，由另一方支付价款或者报酬的合同。1987 年 6 月 23 日，我国颁布了《技术合同法》(已失效)，该法规定了技术开发合同、技术转让合同、技术咨询合同和技术服务合同。1999 年颁布的《合同法》(已失效)设立了单独一章调整技术合同。2020 年颁布的《民法典》继续沿用有关规定。

《全国法院知识产权审判工作会议关于审理技术合同纠纷案件若干问题的纪要》提出了认定技术合同的标准：

1. 技术合同名称与合同约定的权利义务关系不一致的，应当按照合同约定的权利义务内容，确定合同的类型和案由，适用相应的法律、法规。

2. 当事人以技术开发、转让、咨询或者服务为承包内容订立的合同，属于技术合同。

3. 转让阶段性技术成果并约定后续开发义务的合同，就该阶段性技术成果的重复试验效果方面发生争议的，按照技术转让合同处理，就后续开发方面发生争议的，按照技术开发合同处理。

4. 技术转让合同中约定让与人向受让人提供实施技术的专用设备、原材料或者提供有关的技术咨询、技术服务的，这类约定属于技术转让合同的组成部分，因这类约定发生纠纷的，按照技术转让合同处理。

5. 当事人以技术入股方式订立联营合同，但技术入股人不参与联营体的经营管理，并且以保底条款形式约定联营体或者联营对方支付其技术价款或者使用费的,属于技术转让合同。

6. 技术转让合同中约定由让与人负责包销(回购)受让人实施合同标的技术制造的产品,仅因让与人不履行或者不能全部履行包销(回购)义务引起纠纷,不涉及技术问题的,按照包销(回购)条款所约定的权利义务内容确定案由,并适用相应的法律规定处理。

7. 技术开发合同当事人一方仅提供资金、设备、材料等物质条件,承担辅助协作事项,另一方进行研究开发工作的合同,属于委托开发合同。

8. 当事人一方以技术转让的名义提供已进入公有领域的技术,并进行技术指导,传授技术知识等,为另一方解决特定技术问题所订立的合同,可以视为技术服务合同履行,但属于合同可撤销和无效情形的除外。

9. 新药技术成果转让和植物新品种申请权转让、植物新品种权转让和使用许可等合同争议,适用《民法典》合同编的第一分编通则的规定,并可以参照《民法典》合同编第20章和本纪要关于技术转让合同的规定,但法律另有规定的,依照其规定。

10. 计算机软件开发、许可、转让等合同争议,《著作权法》以及其他法律另有规定的,依照其规定,没有规定的,适用《民法典》合同编的第一分编通则的规定,并可以参照《民法典》合同编第20章和本纪要的有关规定。

二、技术合同的特点

技术合同有多种,其种类不一,技术开发合同、技术转让合同、技术咨询合同与技术服务合同,各自都有其自身的特点,但总体而言,技术合同具有一些共同的特征。

(一)技术合同的标的是技术成果

对于技术合同的标的,学术界存在多种观点,诸如技术成果说、科学技术说、提供技术成果行为说等。本书采用技术成果说。根据《最高人民法院关于审理技术合同纠纷案件适用法律若干问题的解释》第1条之规定,技术成果,是指利用科学技术知识、信息和经验作出的涉及产品、工艺、材料及其改进等的技术方案,包括专利、专利申请、技术秘密、计算机软件、集成电路布图设计、植物新品种等。技术秘密,是指不为公众所知悉、具有商业价值并经权利人采取相应保密措施的技术信息。

（二）技术合同的法律调整具有多样性

技术合同所反映的是技术成果在债的领域中的交换，所以技术合同应遵循民法中关于债的一般规定。另外，由于技术合同的标的是技术成果，其开发、服务往往与专利或非专利技术相关，技术合同要受知识产权制度的调整。

（三）技术合同是双务、有偿、诺成性合同

技术合同的当事人双方都承担相应的义务，故技术合同是双务合同。同时，技术合同的当事人一方从对方取得利益的，必须向对方当事人支付相应的代价，即技术合同为有偿合同。技术合同因双方当事人的意思表示一致而成立，故技术合同还是一种诺成性合同。

（四）技术合同的主体一方具有特定性

技术合同的当事人，通常至少一方是能够利用自己的技术力量从事技术开发、技术转让、技术咨询和技术服务的法人或自然人，故技术合同的主体具有特定性。

（五）技术合同的履行具有特殊性

首先，技术合同中的技术转让不同于一般合同履行中的“交货”，在实际中，技术许可，是针对技术使用权而非技术所有权的转让。其次，技术合同的履行内容不同于一般合同，它往往产生与技术相关的其他权利的归属问题，如申请专利权、技术秘密的使用以及转让权等权益。

三、技术合同的内容

技术合同的内容由当事人约定，一般包括以下内容。

（一）项目名称

技术合同应当用简明、规范的专业技术用语准确给出合同项目的名称，力求在项目名称中反映出其技术特征和法律特征。因此，项目名称可以作为区分不同类型技术合同的标志。

（二）标的的内容、范围和要求

这是技术合同最核心的条款，是确定当事人权利、义务的依据。技术开发合

同的该项条款应载明所属技术领域和项目内容、技术构成、科技水平和经济效益的目标以及提交技术开发成果的方式;技术转让合同的该项条款应载明技术成果所属领域和内容、实质性特征和实施效果、工业化开发程度以及知识产权的权属关系;技术咨询合同的该项条款应载明咨询项目的内容、咨询报告和意见的要求;技术服务合同的该项条款应载明技术服务合同的内容、工作成果和技术要求。

(三)履行的计划、进度、期限、地点、地域和方式

履行的计划、进度是技术合同履行的具体安排,如技术开发合同的开发规划、工作进度等;履行的期限是当事人履行技术合同的时间,即当事人应在什么时间内履行合同义务;履行的地点是履行技术合同的具体地点和场所;履行的地域是履行技术合同所涉及的地区范围,如技术转让合同中技术成果的使用区域;履行的方式是当事人履行技术合同,以达到技术合同所要求的技术指标和经济指标的具体方法。

(四)技术情报和资料的保密

合同内容涉及国家安全和重大利益需要保密的技术合同,应载明国家秘密事项的范围、密级和保密期限以及各方的责任。当事人一方要求对方承担保密义务的事项,应列出涉及技术秘密的资料、样品、信息、数据和其他秘密事项的清单以及保密期限等。

(五)风险责任的承担

在技术开发合同履行的过程中,有可能会因为无法克服的技术困难等原因使当事人订立合同的目的无法实现,这就是技术合同中的风险。如何分配此类风险,就是风险责任的承担问题,当事人可以在平等协商的基础上作出约定。

(六)技术成果的归属和收益的分成办法

在技术合同履行的过程中,会涉及原有技术成果或新开发出的技术成果如何确定权利归属,以及如何进行收益分配的问题,当事人可以在平等协商的基础上作出约定。

相关案例分析

【案情简介】

2003年5月29日，原告王某某与被告A公司签订《协议书》，约定：A公司聘请王某某为公司员工；A公司为王某某提供研制开发的必要条件，并付给王某某人民币1万元；王某某保证在A公司工作直到工业及家用珠边机、锁眼装饰缝纫机完成并投入市场，工作期间除特别约定外，享受员工正常待遇；对于目前研制开发的工业及家用珠边缝纫机、锁眼装饰缝纫机所得纯利润，王某某可享受50%分成；工业及家用珠边缝纫机、锁眼装饰缝纫机将以双方名义共同申请专利，共同拥有，双方不得擅自将所开发的任何技术以任何方式泄露或转让给其他人，否则赔偿对方一切损失等。5月31日，王某某收到A公司按照上述约定支付的人民币1万元。A公司与王某某于2003年9月3日共同申请了平缝、珠边两用缝纫机实用新型专利，申请号为：03210257.7。2004年4月30日，A公司解除了对王某某的聘用，工资结算至2004年5月31日。王某某在被告A公司处工作期间，被告A公司已经开发完成并开始生产、销售珠边缝纫机产品。王某某要求按纯利润分成被A公司拒绝。王某某据《协议书》诉请A公司支付相应分成。

【法院判决】

一、被告A公司在本判决生效之日起10日内支付原告王某某人民币690.44元；

二、原告王某某的其他诉讼请求不予支持。

【法律分析】

依法成立的合同，对当事人具有法律约束力。原被告于2003年5月29日签订的《协议书》系当事人之间的真实意思表示，根据双方签订的《协议书》约定，由被告A公司为原告提供研制开发的必要条件，开发出的珠边机、锁眼装饰缝纫机将以原被告双方名义共同申请专利，共同拥有。而且客观上双方已经将"平缝、珠边两用缝纫机"技术以原被告名义共同向有关机构申请了实用新型专利。本案讼争产品的纯利润为人民币1380.88元。根据《民法典》第846条的规定，技术合同价款、报酬或者使用费的支付方式由当事人约定，可以采取一次总算、一次总付或者一次总算、分期支付，也可以采取提成支付或者提成支付附加预付入门费的方式。约定提成支付的，可以按照产品价格、实施专利和使用技术秘密后新增的产值、利润或者产品销售额的一定比例提成，也可以按照约定的其他方式计算。提成支付的比例可以采取固定比例、逐年递增比例或者逐年递减比例。根据当事人约定王某某可得50%的纯利润，按照民事诉讼法“谁主张，谁举证”原则，王某某应该对争讼的纯利润额进行证明，王某某有证据证明的纯利润仅为1380.88元，故本案被告A公司应当支付原告人民币690.44元。

【风险提示】

技术开发合同成功履行的直接后果是技术成果的产出，技术成果包括技术秘密、专利等。在技术开发合同中，技术成果的产权归属是需要特别注意的约定事项，无约定的，委托开发的技术成果，申请专利的权利属研究开发人，合作开发完成的技术成果申请专利的权利属于合作开发当事人共有。其次还要对技术成果的使用权、转让权及技术成果带来的利润等进行相应的约定，无约定的，依《民法典》第510条规定，仍不能确定的，当事人均有使用和转让的权利。

（七）验收标准和方法

技术合同的履行是否符合合同的约定或法律的规定，即技术成果或提供的技术咨询和服务是否符合特定的标准，是否合格，应以验收标准和方法为依据。为明确当事人的责任，合同中应约定验收标准和方法。

相关案例分析

【案情简介】

2004年5月，原被告及飞众公司三方达成口头协议，约定由被告为原告设计制作电路板，并在飞众公司生产的设备上试验，如基本合格，原告向被告支付一定费用。2004年6月，被告设计制作的电路板经试验效果较为满意，但仍存在一定缺陷。2004年6月30日，原告向被告支付费用人民币5000元。2004年11月3日，原告（甲方）与被告（乙方）签订《委托设计磁设备程序控制软件的合同》，合同约定：(1)甲方委托乙方设计磁设备程序控制软件，甲方向乙方支付磁设备程序控制软件设计制作费合计人民币2万元，分三次支付，第一次支付人民币8000元，合同签订即支付第一笔费用。第二次支付人民币7000元，在甲方按期收到乙方设计制作的五套电路板，并在甲方的磁设备上使用无故障的20日之内支付。第三次支付人民币5000元，在甲方支付第一笔设计制作费的60日内支付。(2)乙方在收到甲方第一次付款后10日内设计制作出符合原告要求的程序控制软件电路板一套。每延误一天赔偿甲方人民币1000元。余下四块电路板在2周内完成。(3)乙方承诺其设计制作的软件的质量，并保证如出现质量问题，在2日内给予解决，否则要承担甲方由此引起的一切损失的赔偿责任。(4)合同从双方签字之日起计算日期并生效。合同签订后，原告按约于签订合同当日向被告支付第一笔费用人民币8000元。2004年11月6日，原被告在《对控制软件的要求》上签字。2004年11月23日，原告收到被告交付的一套电路板，但该电路板经试验不符合原告要求，并造成功率模块烧毁。故原告与被告交涉，要求改进。此后，被告又于2004年12月17日及2005年1月12日向原告交付过电路板，但仍不符合原告要求。2005年3月29日，被告收到原告向其送达的终止合同的通知。同时，原告向人民法院提起诉讼，要求被告返还制作费和赔偿相关损失。

【法院判决】

一、被告于本判决生效之日起10日内返还原告制作费人民币8000元；

二、被告于本判决生效之日起10日内支付原告赔偿款以及分担的功率模块损失费共计人民币16,000元。

【法律分析】

签订《委托设计磁设备程序控制软件的合同》及附件《对控制软件的要求》是原、被告双方的真实意思表示，其合同性质为软件委托开发合同，该合同合法有效，双方均应恪守履行。合同约定，被告应在收到原告第一次付款后10日内做出一套符合原告要求的程序控制软件电路板。据此原告在订约当日即2004年11月3日支付了第一笔费用人民币8000元，按约履行了支付第一笔款项的义务。根据约定被告应在2004年11月14日前交付第一套电路板，但实际上被告在同年11月23日才交付第一套电路板，即使按被告所说其在2004年11月16日完成第一套电路板，也已逾期，其行为构成违约。同时，被告交付的电路板也不具备双方约定的退磁要求，未能实现合同目的，被告作为研究开发人未能完成研究开发工作，根本违反了合同约定。

本案中，首先，由于被告迟迟未能完成委托开发工作，原告已于2005年3月29日向被告提出解除合同的通知，被告也已收到，故合同自被告收到原告的通知时已经解除。其次，关于原告交付的第一笔制作费。《民法典》第566条规定，合同解除后，尚未履行的，终止履行；已经履行的，根据履行情况和合同性质，当事人可以要求恢复原状、采取其他补救措施，并有权要求赔偿损失。据此，原告要求返还已支付的人民币8000元制作费于法有据。功率模块损失属于验收过程中产生的风险，属于在技术开发合同履行过程的技术困难，该风险责任由当事人约定。没有约定或者约定不明确，根据《民法典》第510条规定的行业惯例等仍不能确定的，由双方合理分担。鉴于原被告双方对验收过程的风险责任未作约定，由此产生的风险责任由双方依法合理分担。由于原告所主张的功率模块损失的具体数量难以确定，应综合考虑相关的事实，酌情确定被告应分担的数额。

【风险提示】

技术开发合同是双务合同，当事人双方互享权利，互负义务。其中，委托人的权利义务为：依约支付研究开发经费和报酬；提供技术资料、原始数据；完成协作事项；接受研发成果等。受委托研发的人员的权利义务为：依约制定和实施研究开发计划；合理使用研究开发经费；按期完成研究开发工作，交付开发成果，提供有关的技术资料和必要的技术指导，帮助委托人掌握研究开发成果等。研发人违反约定造成研究开发工作迟滞、延误或失败的，应当承担违约责任，包括研发经费和报酬的返还等，如造成固有利益损害的，还应当赔偿研发造成的损失等。

（八）价款、报酬或者使用费及其支付方式

技术合同属于有偿合同，因此，合同中应对价款、报酬或者使用费及其支付方式作出明确约定。根据《最高人民法院关于审理技术合同纠纷案件适用法律若干问题的解释》第 14 条的规定，对技术合同的价款、报酬和使用费，当事人没有约定或者约定不明确的，人民法院可以按照以下原则处理：对于技术开发合同和技术转让合同、技术许可合同，根据技术成果的研究开发成本、先进性、实施转化和应用的程度，当事人享有的权益和承担的责任，以及技术成果的经济效益等合理确定；对于技术咨询合同和技术服务合同，根据有关咨询服务工作的技术含量、质量和数量，以及已经产生和预期产生的经济效益等合理确定。技术合同价款、报酬、使用费中包含非技术款项的，应当分项计算。

（九）违约金或者损失赔偿的计算方法

技术合同可以约定违约金，也可以约定损失赔偿的计算办法。在当事人违约，应承担违约责任时，可以按照约定的违约金或者约定的损失赔偿计算方法承担违约责任。

（十）解决争议的方法

解决争议的具体途径包括协商、调解、仲裁、诉讼等。当事人可以在技术合同中约定解决争议的方法，特别是选择用仲裁方法解决的，必须订明仲裁条款。

（十一）词和术语的解释

技术合同具有很强的专业性，常常包含不少专业名词和术语。为避免当事人对名词和术语的理解产生分歧，合同中应对名词和术语作出解释。

当然，就以上条款而言，并非每项条款都是影响合同关系成立的必要条款。在通常情形下，技术合同欠缺项目名称、标的的内容、范围和要求的，合同不能成立。但当事人最好在订立技术合同时，就上述对当事人利益有重大影响的合同条款一一协商，作出明确约定，以求维护自身利益。在当事人有明确约定的情况下，与履行合同有关的技术背景资料、可行性论证和技术评价报告、项目任务书和计划书、技术标准、技术规范、原始设计和工艺文件，以及其他技术文档如图纸、表格、数据和照片等，都可以作为合同的组成部分。在当事人就此没有约定时，以上内容仅能成为履行合同的参考。技术合同涉及专利权的，应当注明发明创造的名称、专利申请人和专利权人、申请日期、申请号、专利号以及专利权的有效期限。之所以作此要求，最主要的目的是便于受让人向有关机关查询以及专利管理机关的管理，防止假冒专利的欺骗活动。①

四、技术合同的类型

技术合同是当事人围绕着技术的开发、利用而确定的权利义务关系的协议，因而其分类也是以技术开发、利用的不同方式为标准进行的。从大体上来看，技术合同有以下四大类型。

（一）技术开发合同

技术开发合同，是指当事人之间就新技术、新产品、新工艺和新材料及其系统的研究开发所订立的合同。它是双方在现有研究的基础上，利用已有的理论、设施、技术情报资料等条件，就研究开发可直接用于生产领域，能作为技术商品流通的新技术成果进行技术合作的法律手段。它所针对的是尚待研究或尚待开发完善的技术项目，因而往往需要较大的人力、物力及智力投资。

技术开发合同，按当事人的权利义务关系的不同，可以分为委托开发合同和合作开发合同。

---

① 参见王全兴、刘建强、洪彬主编：《新合同法原理与案例评析》，暨南大学出版社 1999 年版，第 415 页。

委托开发合同,是指当事人一方委托另一方进行技术研究开发所订立的技术合同。提出研究课题,委托另一方进行研究开发的一方为委托人。受委托接受和承担研究开发任务的一方为研究开发人。合作开发合同,是指当事人各方共同参加研究开发工作的各方当事人,双方当事人称为合作开发各方。合作开发各方共同参与研究开发工作,共同完成约定的研究开发任务。

1. 委托开发合同中当事人的权利义务

(1)委托方的主要义务

①按照技术合同中约定的研究开发经费和以各种形式支付的报酬及时支付开发经费和报酬。

②提供技术资料、原始数据。委托人应按合同约定完全提供研究开发人应当掌握的研究开发课题的背景和技术资料、原始数据。在合同履行过程中,研究开发人也有权要求委托方及时补充必要的资料和数据,但是不得超出履行合同所需要的范围。

③完成协作事项。委托人在研究开发过程中,应积极协助研究开发方的工作,除上述第2项内容外,当事人可以约定其他协作事项。

④接受研究开发成果。研究开发成果,依照合同的约定应当交付于委托方。研究开发成果是指履行技术开发合同,完成研究开发课题形成的工作成果,包括研究开发课题完成后产生的技术成果的技术文件、计算机软件、产品、物种、设备等各种成果。

(2)研究开发人的主要义务

①研究开发人应当按照约定制订和实施研究开发计划,严格按照计划认真实施,接受委托人的监督。

②研究开发人要严格按照合同约定的研究开发经费使用范围内使用经费,专款专用,禁止滥用。同时,其也要经济合理地使用经费,保证主要经费用于关键性的工作,不进行不必要的重复实验,不购买与研究开发工作不相关的设备、器材,更不应当浪费和挥霍。

③研究开发人应当在合同约定期限内完成研究开发工作,及时交付研究开发成果。其也应当在交付研究开发成果后,提供有关技术资料和必要的技术指导,帮助委托人掌握并使用或实施该成果。

2. 合作开发合同中当事人的权利义务

(1)按照合同的约定进行投资,包括以技术进行投资。投资,是指合作开发当事人以资金、设备、材料、场地、试验条件、技术情报资料、专利权、非专利技术成果等形式对研究开发项目所做的投入。其中若采取资金以外的形式进行投资的，应折算成相应金额，明确当事人在投资中所占的比例。在技术投资折价时，一是要防止以次充好，二是防止作价过高。同时，当事人以技术投资时，还应当约定因技术产权发生争议时，由当事人承担责任的条款。应该注意的是，“按合同约定进行投资”指的是双方当事人共同投资，而不能是某一方当事人进行投资，否则就构成了委托开发合同。至于具体的投资方式，则可以由双方当事人在合同中予以约定。

(2)按照合同约定的分工参与研究开发工作。参与研究开发工作，具体有三种方式：一是各方派出专业技术人员组成课题组，按照约定的研究开发计划共同参加全部研究开发工作；二是各方派出专业技术人员组成课题组后，按各自的优势，分别进行部分研究开发工作；三是各方按协议分别承担研究开发工作的某一部分。在合作开发中，每一方所负责完成的每一部分工作对于另一方或者其他各方来说，都是非常重要的，直接关系到整个研究开发项目的成败。

(3)协作配合研究开发工作。合作开发合同的核心在于，合作开发方以各自的技术力量创造性地共同完成一个研究开发项目，成败的关键是合作各方按合同约定协作配合的状况如何，因此，合作开发各方必须严格履行与其他各方协作配合的义务。任何一方不按照合同约定协作配合，都可能导致整个合作研究开发项目失败。

另外，需要注意的是，合作开发的成果归属问题。合作开发完成的发明创造，除当事人另有约定的外，申请专利的权利属于合作开发的当事人共有。当事人一方转让其共有的专利申请权的，其他各方享有以同等条件优先受让的权利。合作开发的当事人一方声明放弃其共有的专利申请权的，可以由另一方单独申请或者由其他各方共同申请。申请人取得专利权的，放弃专利申请权的一方可以免费实施该专利。合作开发的当事人一方不同意申请专利的，另一方或者其他各方不得申请专利。

相关案例分析1

【案情简介】

王某1996年6月起在北京A公司工作。1998年6月18日，北京A公司(甲方)与B中心(乙方)签订《沥青剪切混炼机联合设计合作协议书》，主要约定：甲方拥有改性沥青产品及改性沥青混炼设备中专有技术，乙方拥有设备制造、维修能力，双方合作联合设计改性沥青混炼设备中关键设备——沥青剪切混炼机；自1998年6月起，在甲方沥青剪切混炼机总体设计图纸基础上，双方联合完成技术图纸设计、工艺设计、生产制造和总装、调试，提供符合设计技术要求的沥青剪切混炼机产品，并提供技术服务；甲方指派王某作为沥青剪切混炼机主设计人具体负责设计工作及生产制造中的技术指导工作；乙方配备机械、电气人员4人完成该机的技术图纸和工艺设计；乙方负责该机的制造、售后服务并不得对第三方泄露该机技术细节；该机技术所有权归属甲方，该机的制造、销售及售后服务归属乙方。前述合同签订后，王某作为北京A公司指派的主设计人，与B中心的技术人员一起从事沥青剪切混炼机样机的设计工作。1999年2月，王某为主设计人的沥青剪切混炼机样机制造完成并于同年4月投入小批量生产，产品型号为LJH140。北京A公司与B中心共计生产LJH140沥青剪切混炼机的数量为20台，其中5台由北京A公司使用在其LX系列改性沥青生产成套设备中用以生产改性沥青产品，其余产品由B中心出售给包括广州C公司在内的其他单位，销售价为28万元/台。

2001年12月3日，王某以其个人名义将LJH140沥青剪切混炼机技术方案向国家知识产权局申请了实用新型专利，该申请于2002年8月7日被授予专利权，专利号为ZL 01275601.6。北京市高级人民法院的终审判决书已确认涉案专利系王某在北京A公司的职务发明创造。2002年11月底，王某离开北京A公司。后王某诉请北京A公司支付其职务发明创造奖金及相应报酬。

【法院判决】

一、被告北京A公司于本判决生效后10日内，向王某支付其作为涉案实用新型专利（王某在该公司的职务发明创造）设计人的奖金2万元；

二、被告北京A公司于本判决生效后10日内，向王某支付该公司实施涉案实用新型专利（王某在该公司的职务发明创造）的报酬9.6万元。

【法律分析】

虽然涉案专利最初是王某以其个人名义申请并获得专利权，但北京市高级人民法院的终审判决书已确认涉案专利系王某在北京A公司的职务发明创造，专利权应归属北京A公司，因此该公司应根据法律规定给予作为涉案专利主要设计人的王某合理数额的奖金。根据《民法典》第847条的规定，职务技术成果是执行法人或者非法人组织的工作任务，或者主要是利用法人或者非法人组织的物质技术条件所完成的技术成果。本案中王某作为A公司的员工，为执行工作任务完成的发明，属于职务发明，对于职务发明，法人或其他组织享有该技术成果的使用权和转让权，而职务发明人，则享有报酬取得权和优先受让权。

我国《专利法》规定被授予专利权的单位应对职务发明创造的发明人或设计人给予奖励。其中实用新型专利的奖金不少于1000元。我国《专利法实施细则》同时规定，被授予实用新型专利权的单位在专利权有效期内实施该实用新型专利后，每年应当从实施该实用新型专利所得利润纳税后提取不低于2%作为报酬支付给发明人或设计人，或者参照上述比例，发给发明人或设计人一次性报酬。

【风险提示】

技术成果权利的归属是技术合同的核心，是履行技术合同的出发点和归宿。执行本单位任务或者主要利用本单位的物质技术条件完成的发明创造为职务发明创造，该发明创造的申请专利权属于该单位，除非合同另有约定。职务技术成果的使用权、转让权属于单位的，单位应当从使用或转让该项职务技术成果所取得的收益中提取一定比例对完成该项职务技术成果的个人给予奖励或者报酬。

相关案例分析2

【案情简介】

2001年1月19日，A公司与王某某就开发异黄酮（染料木素）治疗骨质疏松一类新药产品签订了一份《技术开发协议书》，该协议约定：王某某负责开发异黄酮治疗骨质疏松一类新药产品，并按新药申报资料要求提供相关研究资料、原始数据及记录；A公司负责王某某开发该新药产品的一切费用，并向王某某支付技术劳务费200万元。合同未对技术成果之归属作出约定。合同签订后，王某某按照合同的约定，完成了研发义务，并将研究的染料木素新药原始记录资料交给A公司，A公司向王某某支付技术劳务费200万元。

2002年2月28日，A公司就该中药新药委托某医科大学进行中药一类新药研究，约定双方联合申报Ⅰ期临床批号；由A公司制定中药新药之处方，某医科大学进行生产工艺、质量标准和稳定性、药效学和毒理学实验等临床前技术资料研究，该资料应符合国家药品监督管理局审批一类新药的标准。

2003年6月28日，A公司将染料木素的制备工艺及其药物组合物与应用向国家知识产权局申请专利。2003年11月，某医科大学和A公司向国家食品药品监督管理局申报新药，报送的研究资料含王某某研究在内的全部新药资料（原始记录除外）。2005年1月7日，国家知识产权局对A公司的发明专利申请予以公开。2005 年 4 月 9 日，国家食品药品监督管理局审批下发了审批意见通知件及药物临床研究批件，同意开始进行临床研究。

2005 年 9 月 7 日，A 公司、某医科大学与 B 公司签订技术转让协议约定：A 公司、某医科大学将其共同研发并经国家食品药品监督管理局批准进行临床研究的正式批件及上述研究成果的专利申请权转让给 B 公司；本次转让为独占性转让。2006 年 8 月 31 日，国家知识产权局向 B 公司颁发了发明专利证书。

王某某得知涉案专利权被授予后，多次与 A 公司协商补偿问题，A 公司认为涉案专利系其与某医科大学共同研究成果，而拒绝向王某某支付任何补偿款。2007 年 6 月 23 日，王某某向人民法院起诉，要求人民法院确认其为染料木素的制备工艺的发明专利权人。

【法院判决】

确认染料木素的制备工艺的发明专利权归属于王某某。

【法律分析】

技术开发合同，是指当事人之间就新技术、新产品、新工艺或者新材料及其系统的研究开发所订立的合同。而委托开发合同是指当事人一方委托另一方进行研究开发所订立的合同。因此本案应适用委托技术开发合同的法律规定确定涉案专利权的归属问题。

《民法典》第 859 条规定："委托开发完成的发明创造，除法律另有规定或者当事人另有约定外，申请专利的权利属于研究开发人。研究开发人取得专利权的，委托人可以依法实施该专利。"由此规定说明，当事人之间在完成发明创造过程中，在合同中对专利申请权及专利权归属有约定的，依其约定办理；未作出约定或者约定不明的，依照法律规定，申请专利的权利属于研究开发人，取得专利权后，研究开发人依法享有专利权，但委托人可以无偿实施该专利。因此，只要涉案专利技术与王某某研究成果相同，由于 A 公司与王某某签订的《技术开发协议书》中未对技术成果的归属问题作出约定，则申请专利的权利归属于王某某，A 公司未经王某某同意擅自申请专利构成对王某某权利的侵害。

本案中，A 公司虽与王某某和某医科大学分别签订了技术开发合同，研究的内容均为开发一种新药，但两个合同是相互联系又不尽相同的。王某某与 A 公司的开发合同研究的主要内容是新药原料染料木素的提取及试验等。而某医科大学药研所与 A 公司开发合同研究的主要内容是，对 A 公司提供的"新药处方的药效性和毒理学试验等临床前技术资料研究"。因此，某医科大学是对王某某的研究成果进行了进一步研究和临床试验，与发明专利内容不一致。涉案发明专利应为A公司与王某某委托开发合同项下的内容，因此，其专利权人应为王某某。

【风险提示】

技术成果的权利归属也是委托技术开发合同的核心构成要素之一。委托技术开发合同的技术成果除当事人有特别约定外，专利申请权归研究开发人所有，但在此情况下委托人可免费实施该专利技术。同时，在研发人意欲转让专利申请权时，委托开发人具有优先受让的权利。委托开发的技术成果的使用权、转让权以及利益分配办法也应当由当事人约定，无约定或约定不明的，依《民法典》第510条规定，仍不能确定的，当事人均有使用和转让的权利。

相关案例分析3

【案情简介】

1995年2月始，原被告双方就某癌化注射液的研究开发进行合作。原告提供癌化注射液的情报和资料，被告提供癌化注射液的研究、开发所需资金。1996年7月3日，原告与被告在兰州签订协议书。协议书约定：该癌化注射液技术情报和资料的提供者是原告，被告是投资人，其中在药品制造，动物试验，临床验证，召开专家论证会，专利申请等方面所需费用由被告负责借贷。在合作期间所耗费用以双方签字的票据为准。协议第4条约定癌化液技术专利的申请权归原告所有，并对药品的使用负有法律责任。生产出的产品共同经销，原告不能单独转销或营销。1997年年底，原告与被告双方在履行协议过程中因发生矛盾，遂停止了合作。履行协议期间，被告认可该注射液在临床销售中其分得利润4.5万元。2003年9月3日原告获得了中华人民共和国国家知识产权局授予的“硝酸铵在制药、食品和保健品中的应用”发明专利权。后被告在其产品中使用该技术。原告向法院提起侵权之诉。

【法院判决】

驳回原告诉讼请求。

【法律分析】

在本案的合作中，原告提供情报和资料，被告提供资金。双方均按照约定进行了技术投资和资金投资并分工参与研究开发工作，是典型的合作开发合同。依照《民法典》第860条的规定，合作开发完成的发明创造，申请专利的权利属于合作开发的当事人共有；当事人一方转让其共有的专利申请权的，其他各方享有以同等条件优先受让的权利。但是,当事人另有约定的除外。合作开发的当事人一方声明放弃其共有的专利申请权的,可以由另一方单独申请或者由其他各方共同申请。申请人取得专利权的,放弃专利申请权的一方可以免费实施该专利。根据原被告双方的约定,该癌化液技术专利的申请权属原告所有,被告有免费实施原告专利的权利,本案不构成对原告公司专利权的侵犯。原告起诉被告侵犯其专利权的请求理由不能成立。

《民法典》第860条有关专利申请权归属的规定,体现了民法领域的"意思自治"原则,当事人约定优于法律规定,只有当事人就专利申请权归属没有约定时适用法律关于共有的规定。专利申请权由双方共有的,当事人一方可以放弃该专利申请权、转让该专利申请权或限制另一方或其他各方申请专利的权利。当事人一方转让其共有的专利申请权的,其他各方享有以同等条件优先受让的权利;合作开发的当事人一方声明放弃其共有的专利申请权的,可以由另一方单独申请或者由其他各方共同申请。申请人取得专利权的,放弃专利申请权的一方可以免费实施该专利;合作开发的当事人一方不同意申请专利的,另一方或者其他各方不得申请专利。

【风险提示】

合作开发完成的发明创造,除当事人另有约定外,技术成果权利由合作开发的当事人共享。若合作开发合同约定技术成果权归属一方,或者另一方放弃技术成果权的,该一方在取得或申请取得相关技术成果法定权利后,放弃权利的一方可以免费实施该技术成果。技术成果权利人不得以此为由诉请承担侵权责任。

(二)技术转让合同

1. 技术转让合同的概念和特征

技术转让合同,是指当事人间就技术商品的所有权或特有权、使用权转移问题所达成的协议。与技术开发合同不同,技术转让合同针对的是已被开发或已获完善的具体、特定、现成的技术。

广义的技术转让合同包括专利权转让、专利申请权转让、技术秘密转让、专利实施许可合同。狭义的技术转让合同不包括专利实施许可合同。我国《民法典》上的技术转让合同是广义的,包括:

(1)专利权转让合同。指的是专利权人作为转让人将其发明创造的专利的所有权或者持有权转让给受让人,受让人为此支付价款的合同。

(2)专利申请权转让合同。指的是转让人将其就特定的发明创造申请专利的权利转让给受让人,受让人为此支付价款的合同。

(3)技术秘密转让合同。指的是转让人将其拥有的非专利的技术秘密成果转让给受让人使用,受让人为此支付使用费的合同。

(4)专利实施许可合同。指的是专利权人或者其授权的人作为转让人许可受让人在约定的范围内实施专利,受让人为此支付约定的使用费的合同。

技术转让合同具有以下特征:

(1)技术转让合同交易的对象是特定的现有的技术成果。以技术转让合同进行交易的技术成果必须是现有的,能够为某人所独占或者不具有公开性的,能够在生产经营中使用并产生经济效益的。尚未研究开发出的技术成果,或者不涉及专利、专利申请或者技术秘密成果权属的知识、技术、经验和信息,不能成为技术转让合同交易的对象。

(2)技术转让合同所转移的是技术成果的使用权或者所有权。技术转让合同的目的是受让人取得受让技术的使用权或者所有权。《民法典》第864条规定:"技术转让合同和技术许可合同可以约定实施专利或者使用技术秘密的范围,但是不得限制技术竞争和技术发展。"

(3)技术转让合同当事人的权利义务具有延续性。技术转让合同当事人的权利义务关系不仅于合同生效时起即产生,而且延续到合同的整个有效期间以及合同终止后的一定期间。这是由技术成果的无形性、可复制性所决定的。

(4)技术转让合同为诺成性合同、双务合同、有偿合同。技术转让合同自当事人双方意思表示一致时即可成立,不以实际交付成果和履行为成立条件,故技术转让合同为诺成性合同,而非实践性合同。技术转让合同的双方当事人均负有义务,双方的义务有对待给付性,任何一方从对方处取得利益均须支付相应的对价,所以技术转让合同为双务合同、有偿合同。

2. 技术转让合同当事人的义务

(1)让与人的义务

①瑕疵担保责任。根据《民法典》第870条的规定,技术转让合同的让与人和技术许可合同的许可人应当保证自己是所提供的技术的合法拥有者,并保证所提供的技术完整、无误、有效,能够达到约定的目标。让与人所转让的技术若存在权利瑕疵或者质量瑕疵,让与人应向受让人承担责任。根据《民法典》第874条的规定,受让人或者被许可人按照约定实施专利、使用技术秘密侵害他人合法权益的,

由让与人或者许可人承担责任，但是当事人另有约定的除外。

②按照约定转让技术。专利申请权转让合同让与人应当将特定的发明创造申请专利的权利转让给受让人，并依合同的约定提供申请专利和实施发明创造所需的技术情报和资料，使受让人能足以了解该项技术；专利权转让合同的让与人应依合同的约定办理专利权转移手续，并交付与转让的专利技术有关的技术资料，向受让人提供必要的技术指导；专利实施许可合同的让与人应当按照约定许可受让人实施专利，交付实施与专利有关的技术资料，提供必要的技术指导；技术秘密转让合同的让与人应当按照约定提供技术资料，进行技术指导，保证技术的实用性、可靠性，承担保密义务。根据《民法典》第 872 条的规定，许可人未按照约定许可技术的，应当返还部分或者全部使用费，并应当承担违约责任；实施专利或者使用技术秘密超越约定的范围的，违反约定擅自许可第三人实施该项专利或者使用该项技术秘密的，应当停止违约行为，承担违约责任；违反约定的保密义务的，应当承担违约责任。

(2)受让人的义务

技术转让合同受让人的主要义务是按照约定受让技术，在约定的范围使用技术，支付技术使用费。专利申请权转让合同和专利权转让合同的受让人应按照合同的约定支付价款。专利实施许可合同的受让人应当按照约定的范围、期限、方式实施该专利，不得超越合同约定的范围实施该专利，不得擅自许可约定以外的第三人实施该专利。技术秘密转让合同的受让人应当按照约定使用技术，承担保密义务，不得超越合同约定的范围使用该技术，也不得许可他人使用该技术。根据《民法典》第 871 条的规定，技术转让合同的受让人和技术许可合同的被许可人应当按照约定的范围和期限，对让与人、许可人提供的技术中尚未公开的秘密部分，承担保密义务。根据《民法典》第 873 条的规定，被许可人未按照约定支付使用费的，应当补交使用费并按照约定支付违约金；不补交使用费或者支付违约金的，应当停止实施专利或者使用技术秘密，交还技术资料，承担违约责任；实施专利或者使用技术秘密超越约定的范围的，未经让与人同意擅自许可第三人实施该专利或者使用该技术秘密的，应当停止违约行为，承担违约责任；违反约定的保密义务的，应当承担违约责任。

根据《民法典》第 875 条的规定，当事人可以按照互利的原则，在合同中约定实施专利、使用技术秘密后续改进的技术成果的分享办法；没有约定或者约定不明确，依据《民法典》第 510 条的规定仍不能确定的，一方后续改进的技术成果，其他各方无权分享。

相关案例分析

【案情简介】

1999 年,A 研究院在其院长王某的主持下,开始研发一织造生产技术。该技术产品的研制分为两个部分:一是研制生产该产品主要组成部分的布料;二是研制制造该产品主要组成部分的设备(以下简称设备)。王某安排研究院研究科室成员李某作为研制小组的一员,负责设备的改造部分,研制小组中除了王某和李某外,还有其他技术人员。该织造技术产品于 2000 年研制成功,并开始应用于实际生产。2000 年 10 月,A 研究院与 B 公司订立产品合作合同,约定:B 公司一次性付给研究院织造技术款 25,000 元(该价格仅为成本价),同时 B 公司每年使用研究院生产的该技术产品生产的布料 10 万米,单价为 10 元。合同履行过程中,研究院经办领导和业务员一直按布料销售总价的 2% 提取奖励,但并未包括李某,院方仅在技术产品成功后给予李某 500 元奖金。李某认为自己是研究小组成员之一,负责设备的更新工作,研究院现将技术产品转让给 B 公司,其应当从转让技术成果所获收益中提出一定比例给予自己奖励或报酬。但院方认为李某仅参与了技术产品其中一项工作的研究,对整个技术产品是没有实质性贡献的,另外,研究院系以成本价转让技术产品,并未从中获利,因此,不同意给予李某一定比例的报酬。双方僵持不下,李某将 A 研究院告上法庭。

【法院判决】

经审理,A 研究院所在地人民法院判决 A 研究院给付李某奖金 600 元,驳回李某其他诉讼请求。案件受理费共 3000 元,由李某承担 2000 元,剩余的由 A 研究院承担。

【法律分析】

根据《民法典》第 847 条的规定,职务技术成果是执行法人或者非法人组织的工作任务,或者主要是利用法人或者非法人组织的物质技术条件所完成的技术成果。职务技术成果应当属于该法人或其他组织所有,但完成职务技术成果的个人,即技术成果的实际发明人或实现人,享有取得相应奖励和报酬的权利。法人或者其他组织使用或转让该项职务技术成果取得收益的,应当从收益中提取一定比例对完成该项职务技术成果的个人给予奖励或者报酬。

本案中,李某作为研发小组的成员,参与了对技术产品其中一项设备的研制与开发,属于技术成果完成人员的一员。李某主张研究院应支付奖励或者报酬的主要依据是研究院于2000年同B公司签订的合作合同,该合同性质为技术转让合同,在该合同中研究院以成本价转让技术成果,未获得任何收益,但同时B公司同意每年以10元每米的价格购买研究院生产的与技术产品相关的布料,研究院以此获利。但事实上,李某仅参与了技术产品其中一个项目的研究,并未对该技术产品所涉布料的研究作出实质性贡献,并且,研究院并未直接从李某参与研制的设备中获得利润,但鉴于李某参与了整个技术产品的研发过程,对技术产品的诞生有所贡献,法院最终判决让研究院给予李某适当奖励,但对于李某要求从研究院转让获利利润中计提一定比例的奖励要求不予支持。

【风险提示】

职务技术成果的使用权、转让权属于法人或者其他社会组织的,法人或其他社会组织应当从使用或转让该项职务技术成果所取得的收益中提取一定比例,对完成该项技术成果的个人给予奖励或者报酬。技术合同报酬的支付方式可有多种,如一次总算、一次总付,一次总算、分期支付,提成支付或者提成支付附加预付入门费等,具体由当事人约定,约定提成支付的,可按照产品价格、实施专利和使用技术秘密后新增的产值、利润或产品销售额的一定比例提成,也可约定其他计算方式。可见,提取技术成果奖励的前提条件主要有:该技术成果的运用能带来一定的利润,该利润必须是由请求人自身开发的技术成果所产生。不具备这两项条件,就很难对技术成果提出奖励的要求。

(三)技术咨询合同和技术服务合同

1. 技术咨询合同和技术服务合同的概念与特征

技术咨询合同,是指当事人一方为另一方就特定技术项目提供可行性论证、技术预测、专题技术调查、分析评价报告等,另一方支付报酬的合同。技术咨询合同以对技术成果的利用为目的,为委托人提供其所需的特定技术项目的咨询活动。技术服务合同是指一方以技术知识为另一方解决特定技术问题,另一方支付报酬的合同。技术咨询合同和技术服务合同中支付报酬的一方为委托人,提供技术咨询意见或者解决技术问题的一方为受托人。

技术咨询合同和技术服务合同主要具有以下特征:

(1)技术咨询合同和技术服务合同的标的是技术性劳务。技术咨询合同的标的是技术性的咨询服务,技术服务合同的标的是解决特定技术问题的行为。这两种合同的委托人所需要的仅是受托人所提供的技术性劳务，即受托人利用其技术和知识满足委托人的需要，既不是要通过研究开发取得新的技术成果，也不是转移技术成果的使用权或者所有权。

（2）技术咨询合同和技术服务合同为诺成性合同、双务合同、有偿合同。技术咨询合同和技术服务合同，自当事人双方意思表示一致即可成立；受托人须为委托人提供技术性服务，委托人须支付报酬，任何一方的利益取得都须向对方给付相应的对价。

2. 技术咨询合同和技术服务合同当事人的义务

（1）技术咨询合同当事人的义务

①委托人的义务。根据《民法典》第 879 条的规定，技术咨询合同委托人的主要义务是按照约定阐明咨询的问题，提供技术背景材料及有关技术资料、数据；为受托人进行调查论证提供必要的工作条件；按期接受受托人的工作成果，支付报酬。按照《民法典》第 881 条第 1 款的规定，委托人未按照约定提供必要的资料和数据，影响工作进度和质量，不接受或者逾期接受工作成果的，支付的报酬不得追回，未付的报酬应当如数支付。

②受托人的义务。根据《民法典》第 880 条的规定，技术咨询合同受托人的主要义务是按照约定的期限完成咨询报告或者解答问题；提出的咨询报告应当达到约定的要求。按照《民法典》第 881 条第 2 款、第 3 款的规定，受托人未按期提出咨询报告或者提出的咨询报告不符合约定的，应当承担减收或者免收报酬等违约责任。受托人不对委托人按咨询报告和意见作出的决策结果负责，即委托人按照受托人符合约定要求的咨询报告和意见作出决策所造成的损失，由委托人自行承担，但是，除当事人另有约定外。

（2）技术服务合同当事人的义务

①委托人的义务。根据《民法典》第 882 条的规定，技术服务合同的委托人的主要义务是按照约定提供工作条件，完成配合事项；接受工作成果并支付报酬。根据《民法典》第 884 条第 1 款的规定，委托人不履行合同义务或者履行合同义务不符合约定，影响工作进度和质量，不接受或者逾期接受工作成果的，支付的报酬不得追回，未支付的报酬应当支付。

②受托人的义务。根据《民法典》第 883 条的规定，受托人的主要义务是按照约定完成服务项目，解决技术问题，保证工作质量，并传授解决技术问题的知识。根据《民法典》第 884 条第 2 款的规定，受托人未按照合同约定完成服务工作的，

应当承担免收报酬等违约责任。

在技术咨询合同与技术服务合同履行过程中会取得新的技术成果。按照《民法典》第 885 条的规定，技术咨询合同、技术服务合同履行过程中，受托人利用委托人提供的技术资料和工作条件完成的新的技术成果，属于受托人；委托人利用受托人的工作成果完成的新的工作成果，属于委托人；当事人另有约定的，按照其约定。

（四）技术培训合同和技术中介合同

《民法典》第 887 条规定："法律、行政法规对技术中介合同、技术培训合同另有规定的，依照其规定。"依此，在法律、行政法规没有另外规定时，对技术中介合同、技术培训合同适用《民法典》关于技术服务合同的规定。依《最高人民法院关于审理技术合同纠纷案件适用法律若干问题的解释》第 36 条、第 37 条的规定，技术培训合同，是指当事人一方委托另一方对指定的学员进行特定项目的专业技术训练和技术指导所订立的合同，不包括职业培训、文化学习和按照行业、法人或者非法人组织的计划进行的职工业余教育。当事人对技术培训必需的场地、设施和试验条件等工作条件的提供和管理责任没有约定或者约定不明确的，由委托人负责提供和管理。委托人派出的学员不符合约定条件，影响培训质量的，由委托人按照约定支付报酬；受托人配备的教员不符合约定条件，影响培训质量，或者受托人未按照计划和项目进行培训，导致不能实现约定培训目标的，应当减收或者免收报酬。受托人发现学员不符合约定条件或者委托人发现教员不符合约定条件，未在合理期限内通知对方，或者接到通知的一方未在合理期限内按约定改派的，应当由负有履行义务的当事人承担相应的民事责任。

依《最高人民法院关于审理技术合同纠纷案件适用法律若干问题的解释》第 38 条、第 39 条、第 40 条的规定，技术中介合同，是指当事人一方以知识、技术、经验和信息为另一方与第三人订立技术合同进行联系、介绍以及对履行合同提供专门服务所订立的合同。当事人对中介人从事中介活动的费用负担没有约定或者约定不明确的，由中介人承担；当事人约定该费用由委托人承担但未约定具体数额或者计算方法的，由委托人支付中介人从事中介活动支出的必要费用。当事人对中介人的报酬没有约定或约定不明确的，应当根据中介人所进行的劳务合理确定，并由委托人承担；仅在委托人与第三人订立的技术合同中约定中介条款，但未约定给付中介人报酬或者约定不明确的，应当支付的报酬由委托人和第三人平均负担。中介人未促成委托人与第三人之间的技术合同成立的，其要求支付报酬的请求，人民法院不予支持；其要求委托人支付其从事中介活动必要费用的请求，应当予以支持，但当事人另有约定的除外；中介人隐瞒与订立技术合同有关的重要事实或者提供虚假情况，侵害委托人利益的，应当根据情况免收报酬并承担赔偿责任。①

第二节　技术合同法律风险及其防范

一、技术合同实践中法律风险的特点

(一) 难预见性

一项新技术的开发和应用，一项技术咨询决策的实施，一项特定技术问题的处理，往往是成功与失败并存。技术合同标的的特殊性导致了其风险的难预见性，技术的成败具有较大的风险，故技术合同的当事人均承担较难预见的风险，这是合同主体必须认识到并正视的。

(二) 综合性

这是由技术合同调整的法律关系的综合性决定的，技术合同所反映的是技术成果在债的领域中的交换，所以技术合同应遵循民法中关于债的一般规定。另外，由于技术合同的标的是技术成果，其开发、服务往往与专利或非专利技术相关。所以技术合同关系的许多方面，尤其是技术成果归属方面，要受知识产权制度的调整。故技术合同的法律风险具有综合性。在实践中，常见的技术合同风险有：

1. 利用技术转让合同中的包销条款对技术受让方进行欺诈

技术转让合同是技术持有方为将自己的技术交付给受让方使用并从中获得报酬而与受让方签订的合同。在技术转让合同中欺诈人经常利用合同中的包销条款进行欺诈。技术持有人将技术转让或许可给受让方后，为增加技术转让的吸引力，减少受让方对投资风险的畏惧，承诺全部承销技术受让方根据该技术生产

---

① 参见魏振瀛主编：《民法》，北京大学出版社、高等教育出版社2007年版，第589页。

的产品,这种承诺性条款就是包销条款。包销条款对技术受让方产生极大的诱惑力,技术受让方认为这种合同没有任何风险,合同实施后稳赚不赔,从而对合同标的不认真进行可行性分析就与技术持有人签订合同,为合同欺诈埋下伏笔。技术合同欺诈中的包销条款一般都是很原则的条款,通常都必须另定补充协议才能实现。因此,即使有包销条款,包销条款也很难履行,并且很难追究欺诈人的法律责任。欺诈人往往利用包销条款虚夸产品的销售量,诱使对方支付较高的技术转让费,甚至提供市场可行性报告、技术实施计划等材料,而在实际履行中往往以种种借口拒绝包销产品,或以极低的价格回购,使生产方最终放弃包销而改为自销。

2. 技术转让合同签订后,以提供技术实施设备等条件为名,不平等获得受让方财产

技术合同的标的不是一般的物品,而是一种无形的知识或技术。因此在技术转让过程中,技术持有方一般都要向受让方提供相关条件和进行具体的实施指导。在技术转让合同欺诈中欺诈人往往要求受让方必须使用其提供的技术设备,否则便不保证产品的质量,而受让方由于受专业知识的影响未能对该设备的技术先进性进行考察,盲目地接受该设备,等到发现该技术不具有先进性,生产出的产品没有市场时已无法退回该设备,而技术转让方实际则达成了销售该设备的目的并从中获得了利润。另外,有的欺诈人则以代受让方定购设备为名,从中获取高额利润,受让方以为设备如不由技术持有者组织定购会影响技术实施而同意该约定,事实上该设备往往是市场上很普遍的设备。

3. 技术合同欺诈人将不成熟的或不可实施的技术当作可实施的技术转让给受让方

技术合同欺诈中欺诈人经常使用的另一种手段是将不成熟的或者根本不可实施的技术当作可实施的技术转让给受让方。由于我国法律没有将技术的成熟程度作为交付标的的一个前提,所以经常出现将尚不成熟的技术当作成熟的技术,非专利产品当作专利产品进行转让。还有的是将尚处于试验阶段的技术成果作为已成为商品的技术成果进行转让,从而使受让方承担更高的费用继续进行试制、提高、完善、成型,往往得不偿失。

4. 技术合同中易出现的漏洞

技术合同中包含有技术咨询合同、技术服务合同、技术转让合同、技术开发合同等不同类型。每一类合同都有其自身不同的特点,在技术咨询合同中双方当事人应对所涉及技术问题、咨询报告的内容、期限、质量进行详细约定,尤其对咨询

报告可能出现的虚假、延误问题应当明确违约责任。在技术服务合同中应对工作条件、工作成果等技术事项明确约定。在技术转让合同中当事人应当约定使用该技术的范围,技术持有人应当保证该技术的实用性、可行性。在技术开发合同中易出现的漏洞经常是对所开发出的技术的所有权约定不明确,对技术成果的后续改进成果的分享方法约定不明确等。①

(三)可预防性

虽然技术合同的风险具有难预见性和综合性,但是其并不是无法预防的,出现纠纷时的损失也不是无法控制和减少的,只要掌握正确的方法,建立科学合理的合同管理制度,技术合同的风险是可以预防的,防患于未然,损失就能减到最小。故技术合同的当事人应当正视技术合同可能存在的风险,提高风险防范意识,采用正确的方法,避免自己的疏漏导致的不必要的损失。

二、技术合同实践中风险规避的基本理念

(一)注重事前审查,防范合同陷阱

合同利益受损害的程度,取决于当事人对合同风险认知与防范的能力。在合同订立之前,当事人故意隐瞒与订立合同有关的重要事实或提供虚假情况,或其他违背诚实信用原则的行为,特别是对订立技术合同过程中获知的商业秘密,在合同未成立时泄露或不正当使用,构成了合同订立前的缔约过失责任风险。合同订立过程中,发生重大误解、显失公平、欺诈、合同当事人不适合或者资格有缺陷,甚至恶意串通损害国家、集体、第三人或者社会公众利益,垄断技术妨碍技术进步,通过合同条款限制另一方在合同技术的基础上进行新的研究开发,限制另一方从其他渠道吸收技术,或者阻碍另一方根据市场需求按照合理的方式充分实施专利或使用非专利技术,甚至使用非法手段,侵犯他人享有的技术成果等,导致了技术合同的无效、变更或撤销风险。

故在签订技术合同前,要注重对技术合同的风险进行防范,在合同订立的准备阶段了解对方的基本经营状况,查验对方有无合法的营业执照。凡是未取得营业执照或依法被注销、撤销的企业或者正处在被清算债务阶段的企业,都是不具备经营能力的企业。同时,对方企业中未经授权的部门科室、车间,除非事前得到

---

① 参见 http://www.ggcc.org.cn/gjjl/news_viewdetail.asp? id=1175,2009年3月27日访问。

法人授权、事后得到法人追认或事后取得法人资格,否则所签合同是无效的。而恰恰有一些不具备合同主体资格的部门有时又具备一定的履行能力,一旦发生履行不能的状况,如果对方企业不承认合同效力,己方将承担技术与经济利益的双重风险。在协商谈判阶段,可针对要约,研究谈判内容和谈判的对策,对合同订立的必要条件与可行性进行风险分析,全面认真地研究、分析和论证。在经济上进行概预算和市场行情分析,了解能否产生经济效益等;在技术上分析本企业或对方能否达到技术要求、技术条件是否过关等;在法律上分析所签合同有无合同禁止性规定、有无除外条款、有无优惠政策、合同内容是否受法律保护以及对方有无履约能力等。预定谈判的最佳目标和起码标准,对原要约修正、补充或重新拟制。

另外,为了防范技术合同中突出的技术风险,在合同签订前应对技术充分调研,具体包括:(1)技术的高新程度和维持高新程度的预计时间期限。技术的先进与否,直接关系到产品的竞争力。(2)技术成果的成熟程度和实用性。千万不能认为被授予专利的技术就是可以直接应用于产业的成熟技术,往往还需要大量的后续开发工作,而后续开发还有失败风险。因此,订立技术合同前,要审查技术成果的技术方案的完整程度及其后续开发的工作量。(3)要考虑是否有可以替代该技术的同类技术情况,这主要是作为评估技术成果的价值参考。(4)使用该技术所生产的产品的市场需求量、使用该技术所需要的投资以及预期经济收益等。

相关案例分析

【案情简介】

1996年4月12日,某中医药新技术研究所(以下简称中药研究所)与广东某制药厂(以下简称制药厂)在广州市签订了一份名为“舒络止痛膏技术协作合同”的合同。该合同约定:(1)中药研究所向制药厂提供“三类”中药——舒络止痛膏申报临床有关技术资料,并协助完成申报生产等有关工作。(2)本协作费用为人民币30万元整,其中5万元为前期补偿费,剩余25万元为技术转让费。自合同签订10日内,制药厂一次性向中药研究所支付补偿费5万元,中药研究所在收到补偿费10日内向制药厂提供舒络止痛膏处方工艺、质量标准、稳定性试验、急性毒性试验、药效学试验、长期毒性试验等申报临床工作的有关资料。(3)双方的责任和义务:中药研究所向制药厂提供质量检验时必需的样品,派人协助制药厂申报临床、生产等有关工作和进行产品推广宣传等有关工作,并不得将舒络止痛膏的技术转让给其他厂家,否则要承担违约的法律责任;制药厂承担“三类”中药舒络止痛膏申报临床和申报生产的有关工作及其费用,独家获得卫生部“三类”新药证书和生产批文,投产3个月,分2次支付技术转让费给中药研究所,先付10万元,再过3个月将余下15万元付清。双方还约定,如有违约争议,应尽量协商解决,如协商无效,可在起诉方所在地按法律程序解决。

合同签订后,制药厂如期将前期补偿费5万元汇寄给中药研究所。中药研究所在收到款后,按期将舒络止痛膏申报临床的资料提供给了制药厂。制药厂在得到全部技术资料后,与中药研究所共同填写了新药临床研究申请表,由制药厂提请某省卫生厅审批。1996年5月17日,某省卫生厅组织专家进行评审,一致通过了舒络止痛膏按三类中药新药上报,同时提出了部分修改意见,要求完善有关技术资料后,上报卫生部申请临床研究。评审会后,制药厂单方要求修改处方中基质,并委托某省中医药研究院代为加工3批试产品,为此支付原料费、加工研究费2000元。因工艺改变,质量标准及初步稳定性药效学、急毒、慢毒试验均需重做,某省中医药研究院认为需要一定的时间才能完成。1997年4月30日,中药研究所为了申报某省中医药管理局科技招标项目,委托某省中医药信息研究检索中心对舒络通软膏、舒络通气协雾成膜缓释剂进行查新,5月7日,查新结论为:以中药为主要成分的软膏和气雾成膜缓释剂的研制未见报道,相关文献中未见与课题“舒络通”相同组方的中药制剂,亦未见相同成果和专利。1997年6月12日,制药厂以该产品已失去其市场竞争力,失去开发的时效性为由提出终止执行本协作合同,声明双方亦不再受合同制约。

原告中药研究所向某县人民法院提起诉讼称,合同签订后,我所按期提供了约定的技术资料。此技术资料报经某省卫生厅审许,某省卫生厅同意按“三类”中药新药上报,并提出了部分修改意见,这属于正常的申报程序。我所经过查新,没有发现与“舒络通”相同组方的中药制剂、技术专利。现制药厂单方终止合同是违约行为,应赔偿我所的实际损失25万元及其他实际支出费用。

被告制药厂辩称,双方签订的合同是技术合作开发合同,而不是技术转让合同。该技术成果未经卫生部批准,也未投产使用,不存在支付技术转让费25万元,原告要求支付25万元没有法律依据。要求解除合同,驳回原告的诉讼请求。

【法院判决】

某县人民法院经审理认为,原被告双方签订的《舒络止痛膏技术协作合同》,

依照有关法律规定为有效合同。该技术合同的内容符合技术转让合同的法律规定,应为非专利技术转让合同。该技术合同签订后,双方均实际履行了合同所规定的义务,在申报评审过程中的修改和完善有关技术资料是正常的申报程序。原告曾委托有关技术部门对该产品技术进行查新,未发现相同成果专利,故被告辩称该产品技术已失去开发的时效性,缺乏事实和根据。被告应依法予以赔偿。根据《合同法》有关规定,判决被告制药厂赔偿原告中药研究所实际损失25万元及在履行技术合同中的实际支出费10,044元。

宣判后,被告不服,提起上诉,诉称:本案合同应定为技术合作开发合同,不应定为非专利技术转让合同。因为这是一项尚待研究开发的技术,不属于技术转让的范围,且有关新药药品的技术应凭新药证书才可转让。中药研究所未履行合同。

某地中级法院审理认为,“舒络止痛膏技术”为中药研究所独家研制的技术成果,制药厂并未参与该技术成果的研制。双方所签订的合同虽为“舒络止痛膏技术协作合同”,但从合同的内容看,该合同应认定为技术转让合同。双方签订合同时,该技术成果虽未经卫生部审批,新药证书未办理,生产许可证未领取,但该合同内容符合《技术合同法》第10条和《最高人民法院关于正确处理科技纠纷案件的若干问题的规定》第16条、第29条的规定,应认定为有效合同,制药厂提出的本案合同不是技术转让合同,而是技术开发合同的上诉理由,缺乏法律依据,不予支持。中药研究所按合同约定将有关技术资料交给制药厂以后,制药厂应履行办理申报批准手续和领取生产许可证的义务,同时应按合同约定向中药研究所支付技术转让费25万元。制药厂不履行合同约定的义务,单方要求终止合同的履行,已构成违约,其应承担违约责任,并赔偿损失。制药厂提出的中药研究所未履行合同的上诉理由,缺乏证据,不予支持。由于双方在合同中没有约定违约金和损失赔偿额的计算方法,根据《最高人民法院关于正确处理科技纠纷案件的若干问题的规定》第42条的规定,中药研究所的实际损失应当包括应收取的技术使用费和在履行技术合同中发生的实际损失,故制药厂应赔偿中药研究所技术转让费25万元和在履行合同中的实际损失10,044元。制药厂提出的其不应赔偿损失的上诉理由,与法律规定相悖,不予支持。原审判决认定事实清楚,适用法律正确,程序合法,应予维持。

【案例评析】

处理本案的关键是正确认定合同的类型、效力,然后才能确定双方当事人的责任。

一、合同的性质

本案合同名为技术协作合同，被告在诉讼中又主张为技术开发合同，法院认定为技术转让合同。那么究竟为哪一种合同呢？判断合同的性质不仅要根据合同的名称，而更要根据合同的内容来判断。从合同的内容来看，合同规定自合同签订10日内，制药厂一次性向中药研究所支付补偿费5万元，中药研究所在收到补偿费10日内向制药厂提供舒络止痛膏处方工艺、质量标准、稳定性试验、急性毒性试验、药效学试验、长期毒性试验等申报临床工作的有关资料，这些都说明原、被告双方是就技术转让订立的合同，而非其他类型的合同。被告主张双方签订的合同为合作开发技术合同，但“舒络止痛膏技术”为中药研究所独家研制的技术成果，制药厂并未参与该技术成果的研制，并且在双方签订合同以前就已经由原告开发成功。因此，被告主张合同为合作开发合同的观点是站不住脚的。

另外，根据最高人民法院的司法解释，转让阶段性技术成果并约定后续开发义务的技术合同，如果争议发生在该阶段性成果重复试验的效果方面，应当按照技术转让合同处理；如果争议发生在后续开发方面，可以按照技术开发合同处理，查明和区分后续开发的违约责任与风险责任。本案中的纠纷实际上就发生在阶段性成果重复实验阶段，因此应当按技术转让合同来处理。

二、合同的效力

双方签订合同时，该技术成果虽未经卫生部审批，新药证书未办理，生产许可证未领取，但不能据此否认合同的效力，因为这并没有违反法律、行政法规的强制性规定。并且该合同内容符合《民法典》的规定，不具有无效的情形，因此，应认定为有效合同。

三、责任认定

既然该合同合法有效，那么双方当事人应当严格履行合同。本案中药研究所按合同约定将有关技术资料交给制药厂以后，制药厂应履行办理申报批准手续和领取生产许可证的义务，同时应按合同约定向中药研究所支付技术转让费25万元。在申报评审过程中的修改和完善有关技术资料是正常的申报程序。原告曾委托有关技术部门对该产品技术进行查新，未发现相同成果和专利，故被告辩称该产品技术已失去开发的时效性，缺乏事实根据。因此，制药厂不履行合同约定的义务，单方要求终止合同的履行，已构成违约，应承担违约责任，并赔偿损失。

根据《民法典》第873条的规定，被告应当支付使用费并应当按照约定支付违约金。中药研究所的实际损失应当包括依据合同应收取的技术使用费和在履行技术合同中发生的实际损失。本案由于双方在合同中没有约定违约金和损失赔偿额的计算方法,因此,以技术使用费作为赔偿数额为比较合理的方式。故制药厂应赔偿中药研究所技术转让费25万元和在履行合同中的实际损失10,044元。当然,由于本案的技术合同并没有解除,被告仍然可以实施该技术,并要求原告继续履行原协议。

【风险提示】

技术转让合同中应明晰合同双方当事人的权利义务。其中,让与人的义务包括:按照约定许可受让人实施专利、技术等,交付实施专利、技术的有关材料,提供必要的技术指导。受让人的义务包括:依约实施专利,不得许可约定外的第三人实施该专利,按照约定支付使用费。出让方未依约转让技术成果的,应当返还部分或者全部使用费,并应当承担相应的违约责任。同样地,受让人若未合理履行自己的义务,如未如期支付使用费,亦应承担相应的违约责任。订约之时明晰合同权利义务,对之后的纠纷处理,具有十分重要的意义。

(二)全面审查合同条款,避免合同漏洞

合同条款是确定双方权利义务的最根本的依据,是合同的核心,内容要合法、公平、合理,且符合双方当事人的真实意愿,应当完备、定义清楚、表达确切等。技术合同的一般条款包括合同的标的、履行、保密、风险责任、技术成果分享、验收、价格、违约责任、解决争议的方法及名词和术语解释条款等方面,涉及专利的还应注明有关情况。为了防止欺诈,进行合同评审是重要措施。合同评审时应检查合同结构和内容的完整性,分析评价每一合同条款执行的法律后果及其隐含的风险,发现和修订合同内容含糊、概念不清或未能完全理解的条款,合同之间矛盾或不一致的条款,隐含较大风险的条款,过于苛刻或单方面约束性的条款等。合同评审可以事前分析可能存在的不确定事件和风险,有针对性地采取保护措施,如合同各方必须对应提交的技术资料加以明确而详尽的规定。这些技术资料包括产品设计图纸、工艺文件、技术标准、检测方法、试验结果样品、数据、计算机程序等。而且这些技术资料应是具有特定的完整的技术内容、构成一项产品、工艺、材料及其改进的完整的技术方案,使该技术领域的普通技术人员根据技术资料能够指导技术工人生产出符合技术标准的产品。此外,还应当规定技术提供方的技术指导和技术培训等技术服务内容,直至企业生产出符合技术标准的产品。再如,

在合同中应约定技术成果的归属、使用和转让，以及由此产生的利益分配办法。对于技术成果的归属应该尊重当事人的意志，如果当事人没有特别的约定，应遵循《民法典》中“坚持权利与义务一致，保障技术开发各方的权益平衡”的原则。技术成果在使用和转化的过程中，有时经后续开发或改进会产生新的成果，发生升值，由此可能影响技术成果的所有权、利益分配以及各自的权利和义务，能预见的双方约定，不能预见的应由当事人双方特别约定。

相关案例分析

【基本案情】①

1985 年 7 月 25 日，包装印刷厂与李某就新型照相机手柄技术的转让签订了一份技术转让合同。双方在合同中约定：转让方李某向受让方包装印刷厂提供这种新型照相机手柄的全套技术图纸、产品说明书、样品模型、市场预测、需求调查、成本分析、产销结算等技术文件，以及该技术成果的专利文献、性能资料、国外产品参考照片等有关资料，并负责联系生产该产品第一批快门线；受让方向李某支付技术转让费 15,000 元，两次付清，快门线定货完毕为第一次付款时间，给付 8000 元，其余 3 个月之后一次付清。双方在合同中还约定：受让方在产品模具制作过程中，如果出现图纸设计错误而使模具制造发生无法挽回的损失时，转让方根据实际损失赔偿损失，转让方不得就该技术进行二次转让等。

签订合同的当天，包装印刷厂即向李某支付了 1000 元的技术转让费。8 月 11 日，李某为包装厂订购了第一批快门线。9 月 15 日，受让方又向李某支付了 7000 元的技术转让费，同时接受了李某提供的全套技术图纸和技术资料。之后，受让方包装印刷厂先后联系了几家制作模具的工厂，均因加工期限较长、费用过高而未达成协议。在此期间，包装印刷厂通过一家轴承厂的陈某制作模具，陈某又转交给某电视机厂加工。该电视机厂的工程师在事先征得李某同意后，在视图、公差方面对图纸作了一些修改。10 月 27 日，李某再次函告包装印刷厂：3 个月的付款期限临近，如果不能如约按期付款，即有权改变从前约定的独家转让的方式。

包装印刷厂收到李某的信后，认为李某没有诚意转让该项技术，与此同时，该厂又发现市场上已有同类产品销售，便提出解除合同。李某不同意，包装印刷厂

---

① 参见许红峰主编：《技术合同案例评析》，知识产权出版社 2003 年版，第 162 页。

便向法院起诉。

原告诉称,原告在合同签订后积极着手联系制作产品模具,但加工模具的行业平均费用是12,000元,比李某预算的6000元高出一倍。厂方联系的加工单位,又因图纸设计问题而制作不出符合图纸要求的模具。李某找人修改图纸时间过长,然后又在信中提出改变独家受让的方式,可见他根本没有独家转让的诚意。因此,请求法院判令被告如数退还技术转让费8000元,并承担因此造成的经济损失。

被告辩称,被告按照合同规定履行了全部义务,因此原告的起诉缺乏事实根据。图纸本身不存在制作不出模具的问题,模具制作不出的真正原因是原告提出的加工期限和加工费用使模具制作厂家无法接受,与图纸设计无关。任何一项新设计都不可能十全十美,所以设计图纸的修改,也是生产实践中的必然和必需。合同中的手柄是新项目,自然需要在生产中检验,在生产中完善。何况修改图纸是为了使该产品能达到国内摄影器材的最高水平,该厂不仅无权索回已支付的技术转让费,而且还应支付余款及承担解除合同给本人造成的经济损失。

【法院判决】

法院受理此案后,聘请有关部门对李某设计、提供的图纸等进行了技术鉴定,鉴定结论认为,该图纸整体结构的设计是可行的,只是个别塑料件尺寸精度要求过高,但根据我国模具工业的技术水平,重新计算尺寸公差后,不定期是可以设计和制造的。据此,法院认为,原被告双方签订的技术转让合同是在平等互利、协商一致的基础上订立的,符合国家法律的有关规定,应视为有效合同。鉴定结论表明,被告提出的拒绝支付技术转让费的理由,缺乏事实和法律依据,应当承担不履行合同的主要责任。李某的技术图纸尺寸公差要求过高,在客观上给包装印刷厂履行合同造成了一定的困难,在合同履行期内修改图纸又占用了一定的时间,影响了包装印刷厂在合同规定的期限内实施技术,对此李某负有一定责任。鉴于该合同已经过期,市场上已有相同产品出售,继续履行合同很不现实,且双方均同意解除合同,法院依法作出判决:(1)解除原被告双方签订的技术转让合同;(2)被告李某退回原告技术转让费2000元;(3)驳回原告的其他诉讼请求;(4)鉴定费和诉讼费,原告承担80%,被告承担20%。

包装印刷厂对一审判决不服,提起上诉。以不履行合同的主要责任不在该厂,而是李某提供的全部技术图纸有问题致使模具无法做出为由,要求李某退回全部已付的技术转让费,赔偿经济损失,并承担鉴定费和诉讼费。二审法院经过审理认为，原审法院认定包装印刷厂因拒绝支付第2次技术转让费应当承担不履行合同的主要责任是合理的，包装印刷厂的上诉理由不成立，其上诉请求不予准许。但原审法院认为李某图纸尺寸公差过严，修改图纸占用了一定时间，影响了包装印刷厂的约定期限内实施技术一节，与事实不符。鉴定结论及证人证言均表明李某的图纸不存在任何设计问题，可以实施。包装印刷厂寻找厂家制作模具，修改图纸占用了一定时间，不是李某的责任。原审法院基于此判决李某退回部分技术转让费不妥。二审法院作出终审判决：(1)维持原审判决第一、三、四项；(2)撤销原审判决第二项；(3)包装印刷厂将新型照相机手柄有关技术资料退还李某。二审诉讼费用由包装印刷厂承担。

【案例评析】

本案为专利合同转让纠纷，处理本案的关键是确认被告提供的图纸是否存在缺陷，被告提供的技术是否完善，即原被告订立的合同是否存在漏洞。下面对合同内容有关争议进行一一分析。

一、被告提供的技术是否有缺陷

技术转让合同的转让方在进行技术转让时，应当保证所转让的技术尽量实用、先进、成熟。如果技术不成熟或者有缺陷，不符合合同约定条件，转让方应当承担违约责任。那么如何判断转让的技术是否存在缺陷、是否符合合同约定呢？本案法院在处理过程中采取了鉴定的方式。根据最高人民法院的司法解释，在技术合同纠纷诉讼中，对技术合同涉及的技术进行鉴定时，应当注意以下问题：

应当以合同约定转让方、开发方或服务方提供的技术成果或技术服务内容为鉴定对象，从原理、设计、工艺和必要的技术资料等方面，按照合同约定的检测方式和验收标准，审查其是否能够达到合同约定的技术、经济指标。

当事人在技术合同中未约定验收标准，又没有国家标准、专业技术标准而无法鉴定的，可组织专家对有关技术合同涉及的技术是否合乎本行业实用的一般要求作出评价结论。

当事人在技术合同中没有约定检测方式或验收标准，事后又达不成协议的，人民法院可根据具体案情采用本行业规定的、常规的或合乎实用的检测方式和验收标准进行检测鉴定、专家评议或验收鉴定。对合同约定验收标准明确、技术成果并不复杂的，可采取当事人现场演示、操作、制作等方式对技术成果进行鉴定。

除法定鉴定单位外，可由当事人协商推荐共同信任的机构或专家进行鉴定；当事人不能协商一致的，由人民法院委托有关科委推荐的鉴定机构或者聘请有关专家组成的鉴定组进行鉴定。

对已经按照国家有关规定通过鉴定的,或者已经生产实践证明是成熟可靠的技术成果,合同当事人又对该项技术成果的评价发生争议时,人民法院经过审查,除有相反的证据能够足以否定鉴定结论的情形外,不再对该技术成果作重复鉴定。

本案法院聘请有关专家进行了鉴定,得出的鉴定结论为:该图纸整体结构的设计是可行的,只是个别塑料件尺寸精度要求过高,但根据我国模具工作的技术水平,重新计算尺寸公差后,还是可以设计和制造的。根据这一鉴定结论,被告提供的技术图纸是没有缺陷的,至于尺寸公差要求过高不属于缺陷,我们认为这正说明了被告的图纸设计是高质量的,而这种高水平的设计对一般行业水平的厂家来说实施有困难而已,但经过部分修改后,具备一般行业水平的厂家仍可实施。因此,被告提供的技术基本是符合要求的。一审法院认定被告的技术图纸存在问题是不妥当的。

二、责任的承担

本案由于原告违约,被告没有任何过错,因此,原告的诉讼请求没有理由,应当依法予以驳回。但一审法院判决被告退回原告技术转让费2000元,这一判决是不妥的,因为被告没有过错。原告却对此仍不服,提出上诉,根据上述内容,原告的上诉没有理由,应当予以驳回。但二审法院却在被告没有上诉的情况下,对被告作出了有利的判决,对上诉的原告作出了不利的判决,这一判决从民法的角度考虑是没有问题的,但根据民事诉讼法的原理,在对方没有上诉时,是不能作出对上诉人不利的判决的。因此,二审法院的决定是不太妥当的。

还需要讨论的一个问题是,假如被告提出诉讼请求,被告的损失数额应当如何确定?由于《民法典》没有具体规定,笔者认为,根据《民法典》第584条的规定,因当事人一方不履行合同义务或者履行合同义务不符合约定的,给对方造成损失的,损失数额应当相当于因违约所造成的损失,包括履行合同后可以获得的利益。因此,本案中被告的损失宜理解为被告应当得到的技术转让费。当然,由于双方已解除合同,原告不再实施该技术,本案又属于独家实施许可合同,被告的损失可以适当扣减其将技术再次转让的技术转让费。

【风险提示】

合同条款是合同履行和纠纷处理的基础。技术合同条款主要包括:项目名称,标的的内容、范围和要求,履行的计划、进度、期限、地点、地域和方式,技术情报和资料的保密,风险责任的承担,技术成果的归属和收益的分成办法,验收标准和方法，价款、报酬或使用费及其支付方式，违约金或损害赔偿的计算方法，解决争议的方法，名词和术语的解释。技术合同的当事人应当对技术合同可能涉及的事项进行明确约定，作为合同履行的标准，同时也为之后可能出现的争议提供解决的明确方法。未予约定的内容将依《民法典》的规定进行确定，这可能会导致受损方的利益得不到合理保护。

（三）谨慎履约，依法保护权益

合同履行过程中也存在很多风险。如果一方当事人缺乏全面适当履行合同的诚意，在履行过程中故意告知对方虚假情况或者故意隐瞒真实情况，在对方不了解真实情况下制造漏洞故意违约，将导致对方利益遭受损害。合同在实际履行中出现了变化，对原来合同的一些条款内容进行变更是一种普遍现象，一般企业在订立合同时比较注意采用书面形式，而在对合同进行变更时却时常以口头约定来代替书面协议。如果对方缺少诚信，在合同履行后不承认变更内容，企业在诉讼中便无据可依。此外，经常有经济往来的企业，一般都会存在一定数量的债权债务关系，只要二者还有合同等经济往来，彼此就很难清账，可是一旦关系破裂或者任何一方经营出现危机，需要清算资金时，可能有相当一部分债权已经超过了诉讼时效，除非对方自愿，否则即使通过法律途径也为时已晚。

因此，在合同履行中，发现风险存在的应当积极采取措施，就合同履行中的问题及时向对方提出。如果后履行一方，发现对方未先履行或不适当地履行合同义务，可以行使先履行抗辩权，在法定或约定的期限内向对方提出，如收到对方关于履行方面的异议的函电应在法定或约定的期限内答复。先履行一方，对履行合同的另一方当事人，如能确切证明其有经营状况严重恶化，或是转移资产、抽逃资金以逃避债务，或是丧失商业信誉，或是出现财务危机、濒临破产等会丧失或可能丧失履行债务能力的情况，可以行使不安抗辩权中止合同履行。如合同中未约定履行次序，双方互负的债务均已届清偿期，在对方履行之前或对方履行不符合约定时，可以行使同时履行抗辩权，保护自己的利益。此外，有的放矢地防范合同争议的风险，发生争议的双方当事人可以协商或调解；协商调解不成，可按合同约定的仲裁条款或事后达成的仲裁协议向仲裁机构申请仲裁；没有仲裁协议的，可向人民法院起诉。①

① 参见陈何嵩：《与技术合同有关的风险防范》，载《安徽科技》2008 年第 4 期。

三、专利合同的特殊性及其风险防范

专利合同是技术合同中最为常见且重要的合同，专利合同主要是指专利申请权合同、专利权转让合同、专利技术实施许可合同、专利技术中介合同。其中，专利技术中介合同属于《民法典》中技术服务合同的一种，它是专利代理机构、各种信息咨询机构、技术市场及个人为传递技术情报信息，组织工业化、商品化生产，促使专利权人和实施单位订立合同的一种合同。这种合同由三方共同签订或甲、乙双方分别与中介方单独签订。合同建立在甲、乙双方对中介方具有绝对信任的基础上，自愿通过中介机构进行实施活动。所以，中介方应该对甲、乙双方各自的实际情况有充分了解，不能为了收取中介费而将虚假的技术推销给实施单位，或让不具备生产条件的单位接受专利技术，更不能进行欺骗或强迫性的中介服务。中介服务合同纠纷是甲、乙双方与中介方发生的纠纷，应按《民法典》合同编中的技术服务合同来规定各自的权利义务及违约责任。

下面笔者将重点对专利实施许可合同的相关问题进行介绍和探讨。

专利实施许可是通过签订特定的专利实施许可合同的行为来实现的。因此，可以说专利许可贸易应当属于《民法典》合同编的范畴，它既适用合同的一般规定，又有不同于一般合同的较为独特的特点。

（一）专利实施许可合同的特点

1. 地域性

特定的专利实施许可合同都只能在所约定的地区范围内发生效力，这是专利实施许可合同中最显著的特征之一。因而在专利实施许可合同中，通常都规定有地域性条款，即被许可方在哪些地域范围内享有实施该专利技术的权利。专利实施许可合同的地域性主要是由法律上的要求、当事人双方的权益等主客观因素所决定，而且地域性规定条款对实施许可价格的影响是很大的。因此，无论是许可人或是被许可人都必须对此进行认真研究和斟酌，并在专利实施许可合同的条文中对地域性条款作出明确的约定。

2. 时间性

任何专利实施许可合同对合同履行的时间期间，即该合同的有效期都有明确的要求。在20世纪50年代，专利实施许可合同的有效期一般多为10年至15年，最长的为20年，这样就基本上能够覆盖该专利权的整个有效期间。而随着科学技术不断发展，在现有的形势下，专利实施许可合同的有效期趋向于缩短。目前，在国际技术许可贸易活动中，专利实施许可合同的有效期大多数为 5 年至 7 年，最长的一般也不会超过 10 年。而且对于产品更新换代较快的行业，如电子、家用电器等技术领域，专利实施许可合同的有效期则更短，一般为 3 年至 5 年。

（二）专利实施许可合同的种类

1. 普通许可

所谓普通许可，指的是专利实施许可合同的许可人允许被许可人在规定的时间和/或地域内使用在该实施许可合同中指定的专利技术，同时许可人自己仍保留有在该时间和/或地域内使用该项专利技术的权利以及再与任何第三方就该专利技术签订实施许可合同的权利。

基于以上定义可以看出，普通许可的专利权人可以就同一专利技术的实施权不受限制地多次授予不同的被许可人，同时自己仍然有权继续使用这一专利技术。

普通许可的这种特征，包含以下三个方面的意义：

（1）赋予专利权人以较大的自主权利，鼓励其积极自愿地授权其他人实施专利技术。

（2）可以较大限度地满足生产实践的客观需要，促使专利技术得到广泛的推广应用。在具有广阔的市场容量时，对使用范围大的发明创造，选择普通许可为最好。因为应用该专利技术的市场广阔，一家无法实现独占，多几家进行竞争也不会使价格有大幅度下跌。而且，这样的市场对专利产品有着固定的、大量的刚性需求，新的专利技术的经济效益和社会效益可以迅速得到实现。

（3）与其他专利实施许可合同相比，普通许可合同的特许权使用费要便宜得多。因此，在当今的国际许可贸易中，东欧国家在专利技术引进活动中经常采用这种实施许可合同形式。在过去的几年中，我国在专利技术引进活动中主要也是使用这种实施许可合同形式。由于我国有成千上万个在 20 世纪 50 年代或 60 年代就建立起来的各类企业，这些企业的技术水平与国际水平相比，生产工艺比较落后，急需引进国外的先进专利技术进行技术改造。

今后，这种普通许可合同的形式在我国专利技术引进活动中还会更广泛地得到运用。当然，也应该看到，普通许可虽然具有上述优点，但由于同时将同一专利技术授予多方进行实施，难免会使同一范围内的竞争加剧从而相对减弱或降低了普通许可的竞争能力。尤其是在专利权人基于获利的目的而过多地与他人盲目订立普通许可合同的情况下,很有可能会导致同类产品的生产量大大地超过社会的需求量,从而可能造成社会产品的积压滞销,最终不可避免地成为阻碍生产发展的因素。

2. 排他许可

排他许可,也称独家许可,指的是在一定时间和/或地域内,除专利实施许可合同的许可人允许被许可人实施其专利技术外,许可人自己也拥有使用同一专利技术的权利,但是在此时间和/或地域内,许可人不得将同一专利技术的实施权授予第三者,即专利权人不得在同一范围内将同一专利技术的实施权同时授予两个受让人。如果一项专利技术在几个领域都可以运用,专利权人在其中一个领域与被许可人订立排他许可合同后,并不妨碍专利权人在另外的领域与其他任何人进行任何形式的实施权授予。但如果被许可人在能够运用该项专利技术的几个领域,同时与专利权人订立了排他许可合同,专利权人则不能再与其他任何人进行任何形式的实施权授予。

排他许可的"排他"含义,从范围来看,应限定在特定的时间和/或地域内;从主体来看,应限定于许可人和被许可人。与普通许可比较,排他许可赋予被许可人的权利相对扩大了,除专利权人之外,被许可人能够独自享有专利技术的使用权,但同时给专利权人的独占权以较大的限制。此外,排他许可比普通许可的竞争能力要强,可以在很大程度上排除同一范围内的竞争,使被许可人居于优势地位。因此,排他许可的许可使用费要比普通许可高得多。

正是由于它所具有的这些特征,这类许可合同很少被人选用。因为当许可人和被许可方共同享有一个市场时,双方会形成竞争关系。许可方实际上是扶植培养了一个自己的竞争对手。在技术贸易中,专利实施许可合同的双方都不希望建立竞争关系,而更愿意建立协作关系。

3. 独占许可

独占许可,指的是在一定的时间和/或地域内,被许可方对其所购买的专利技术具有独占的使用权,许可方和任何第三方都不能在该时间和/或地域内使用该专利技术、制造或销售该专利产品,许可方也无权再同他人签订同一技术的许可合同。

基于以上内容可以看出,独占许可的实质,是专利权人将自己独占权中的使用权在一定时间和/或地域内完全授予被许可人。由此可见,独占许可比前两种许可形式更具有竞争能力，可以使被许可人拥有极大的优势。在市场容量不大的情况下，如果专利权人想通过许可的方式去实施专利，自己不准备实施，或者自己不具备实施条件时，则一般选择独占许可。这主要是因为，专利实施许可合同的许可方和被许可方协同去占领一个市场时，双方形成的是协作关系。许可方是在扶持自己的竞争伙伴，与排他许可中许可方扶持的是竞争对手相反。专利权人可以通过被许可人的充分实施而获得较大收益。但是，应当防止的倾向是，某些资金雄厚的大企业，为了保持优势，有时会产生垄断某项专利技术的企图和行动，以致给科学技术的发展造成障碍。

既然独占许可容易造成专利技术垄断的弊病，为什么我国的专利实施许可制度中还需要保留这种形式呢？这主要是由于以下两方面的原因：

(1)给专利权人以较大的选择权。因为有些专利权人往往愿意以高价作一次性授权，而对于有些专利技术有时作独家授权比多家授权更为适宜。

(2)允许独占许可，能够最大限度地刺激被许可人实施专利技术的热情。从对外开放的需要来看，独占许可更符合投资者的愿望，因而也更富于吸引力。

4. 分许可

分许可，又称分售许可或从属许可，是指专利实施许可合同的许可方在合同中规定被许可方除对该项专利技术享有使用权外，还可以再向第三者授予同类专利技术的使用权。

一般来说，只有当原实施许可合同签订有授权条款的情况下，被许可方才可以再与第三方订立分许可合同。这样分许可的被许可方的行为由其许可方对原许可人承担法律责任。原许可方之所以允许被许可方向第三方提供分许可，其目的是更充分、更有效地实施他的专利技术，以期获得更大的经济利益。这种许可是在订立前面几种许可合同的同时，许可人给予被许可人的一项权限，它从属于主合同。

在国际许可贸易中，出售这种从属许可的企业大部分是跨国公司或垄断集团的子公司或者其驻海外的机构，这些跨国公司或垄断集团往往由于某种原因不能将技术直接授权许可给第三者，就只好先将技术出让给其子公司或海外机构，然后再由这些子公司或海外机构与第三者签订这种从属许可合同。

5. 交叉许可

交叉许可，也称互换许可，它是贸易双方以价值相当的技术互惠交换的一种许可合同。这种许可合同比较常见于原发明创造的专利权人与改进发明创造的专利权人之间,改进发明创造的专利权人要实施他自己的发明创造须得到原发明创造专利权人的许可,而原专利权人如果更新他的专利产品,采用改进的专利技术时,也要得到改进发明创造专利权人的许可。

在这种情况下,贸易双方一般会采用相互交换专利使用权的方式来代替相互支付使用费。此外,在以下两种情况下也使用交叉许可:

(1)在技术贸易中,有的专利实施许可合同规定,如果被许可人将来(在合同有效期内)以许可人的专利技术为基础研发出了革新的发明创造并取得了新的专利,则必须首先要把新专利的使用权许可给原许可人;而原许可人在发放许可证后,如果自己改革了有关专利技术,则也必须把它继续许可给原被许可人使用。这样的合同条款,称为"反馈条款"(也称"返授条款"),它实质上是一种交叉许可。

(2)大企业之间订立技术协作协议,规定各自搞出的发明创造都应许可对方使用,这实质上也是一种交叉许可。

总之,不同类型的专利实施许可,各自反映了发明创造专利的所有权与使用权分离的程度有所不同,因此,通过相应类型的专利实施许可行为,所索取的专利技术使用的报酬也自然会有所不同。专利实施许可类型的选择,在经济实践活动中,主要是根据相应专利技术的性能、潜在的市场贸易机会以及专利实施许可的当事人的意图来综合进行的。

需要注意的是专利实施许可与专利权转让的区别。专利权转让,包括专利权转让及专利申请权转让。专利申请权和专利权转让是指权利主体的变更,即专利申请权或专利权出让主体与受让主体,根据与专利申请权或专利权转让有关的法律法规签订的专利申请权或专利权转让合同,将专利申请权或专利权享有者由出让方转移给受让方的法律行为。由此可见,专利权转让是权利主体的变更,而专利实施许可合同变更并不发生权利主体,转移的只是使用权。①

在实践中,需要特别注意的是备案对专利实施许可合同效力的影响与登记对专利转让合同效力的影响。

另外,在实践中,当事人因专利实施许可合同发生纠纷时,多以双方所签订的专利实施许可合同没有向国务院专利行政部门备案作为抗辩理由而主张其无效,专利机关和司法机关在处理时也有作无效认定的。主张专利实施许可合同因没

---

① 参见王洁:《专利实施许可合同中核心条款的探究》,上海交通大学2007年硕士学位论文。

有向国务院专利行政部门备案而无效的依据是《民法典》第 502 条的规定和《专利法实施细则》第 14 条第 2 款的规定。这两个条款的内容分别为"依法成立的合同,自成立时生效……依照法律、行政法规的规定,合同应当办理批准等手续的,依照其规定"以及"专利权人与他人订立的专利实施许可合同,应当自合同生效之日起 3 个月内向国务院专利行政部门备案"。

但是,仔细分析《专利法实施细则》第 14 条第 2 款的规定也可以看出该备案行为不影响专利实施许可合同的效力。该款规定:"专利权人与他人订立的专利实施许可合同,应当自合同生效之日起 3 个月内向国务院专利行政部门备案。"请注意,该规定要求的专利实施许可合同订立后向国务院专利行政部门备案的时间是自"合同生效"之日起 3 个月内。也就是说,根据该款规定,当事人在向国务院专利行政部门备案之前,双方所签订的专利实施许可合同如果没有其他无效情形,就已经生效了。

可见,根据我国目前法律和行政法规的规定,专利实施许可合同生效后未向国务院专利行政部门备案的,不影响合同的效力。

关于登记对专利转让合同效力的影响,《专利法》(2020 年修正)第 10 条第 3 款规定:"转让专利申请权或者专利权的,当事人应当订立书面合同,并向国务院专利行政部门登记,由国务院专利行政部门予以公告。专利申请权或者专利权的转让自登记之日起生效。"从而明确了登记是专利权转让生效的条件。经过登记后,专利权即发生移转。而公告则是为方便公众了解专利权的状态所进行的工作,对于权利的转让不具有效力。当然,公众还可以查阅有关登记簿以及时了解专利权的法律状态。

通过上述内容可知,转让专利权的当事人必须订立书面合同,并到主管部门(国家知识产权局,原中国专利局)登记,而登记则是专利权转让的生效条件,而非专利权转让合同的生效条件。合同自签订时就成立并生效。

第十章
保管合同实践中的法律风险及其防范

第一节　保管合同概述

一、保管合同的界定

保管合同是保管人有偿地或无偿地为寄存人保管物品，并在约定期限内或应寄存人的请求，返还保管物品的合同。其中保管物品的一方称为保管人，或受寄人，其所保管的物品为保管物，交付物品保管的一方为寄存人，或称寄托人。

保管合同制度发端于罗马法，罗马法上称其为寄托，包括一般寄托和特殊寄托。一般寄托须为无偿，标的物仅限于动产，且受寄人只能持有标的物，而不能取得标的物的占有，更不能取得标的物的所有，学者称之为空虚交付。特殊寄托包括必要寄托、变例寄托、争讼寄托三种。必要寄托是指在急迫危险中所成立的寄托；变例寄托是指以代替物为寄托的标的物的，受寄人得消费该物，并以同种类、同品质、同数量的物返还之；争讼寄托是指诉讼未决前，对多数人相互争执的物件，寄托人应保管至诉讼终了时，将该物交付给因判决或和解而取得该物所有权的人。法国民法上的保管合同制度基本上沿袭了罗马法的规定。法国法上将寄托分为通常寄托与争讼寄托。通常寄托须为无偿，标的物为动产，寄托为要物行为。通常寄托又可分为任意寄托和急迫寄托。争讼寄托包括合意的争讼寄托和裁判上的强制寄托。德国法则与罗马法的规定不同。德国法上规定了一般寄托和不规则寄托，并就旅客在旅游中携带的物品，规定了旅店主人的责任，即法定寄托。瑞士债务法上规定了一般寄托、诉争寄托、代替物寄托和旅店主人与马厩营业人责任。瑞士法上的一般寄托与法国、德国的立法有相似之处，但认可寄托为诺成合同，并规定受寄人为多数时，应负连带责任。由于瑞士采取民商合一的立法体例，因而在债务法中还规定了仓库寄托。日本民法中规定了一般寄托和消费寄托,商法中对商事寄托另有规定。日本民法中一般寄托的标的物包括动产和不动产,这是日本法的一个特点。我国学界一向将寄托合同称为保管合同。保管合同包括一般保管合同和仓储保管合同,但在我国原有法律中并没有规定一般保管合同,而只在原《经济合同法》中规定了仓储保管合同。《合同法》由于采民商合一的立法体例,在规定仓储合同的同时,对保管合同也加以明确规定,保管合同因而成为独立的有名合同。

保管合同是提供劳务的合同,在合同履行过程中,保管人就保管物存在享有一定程度上的财产用益的可能性以及为了物的保管而必须提供的劳务,因而使保管合同与借贷合同、租赁合同、承揽合同、委托合同等有一定类似之处,而且如果某一合同仅以物的保管为目的时,其为保管合同毫无疑问,但如果还有其他目的时,是否保管合同则不无疑义,如果某一合同以物的保管以及保管外事项为主要目的时,通常称其为混合合同或混合契约。当混合合同中保管为主要目的时,第一次类推适用关于保管之规定,否则于第二次适用关于寄托之规定,但其他典型合同中如果包含物的保管内容的,因为有典型合同的存在,不得理解为该典型合同与保管合同的混合而出现第一次或第二次类推适用保管合同之规定,如使用借贷、租赁合同等,为了解决实务中法律的适用问题,也为了更好地理解保管合同,有必要对保管合同与这些类似合同的本质区别,作一论述。

毋庸置疑的是,借贷合同、租赁合同、承揽合同中都涉及具体的标的物,而为了实现这些合同的目的,标的物的妥善保管是题中应有之义,但是,在这些合同中,保管的目的只是附带,于借贷合同中,保管系为借用人的对标的物的使用之利益而进行,租赁合同中的保管是为了租赁人对租赁物的使用而存在,承揽合同中的保管是为了完成承揽任务,而在保管合同中,标的物的保管是其主要甚至是唯一的目的,保管行为不是为其他的目的而进行的,这就是保管合同与类似合同的本质区别之所在。①

另外,需要特别注意的是保管合同与仓储合同的区别,保管合同与仓储合同主要有以下区别。

(一)两者的成立生效要件不同

保管合同是实践合同,其成立不仅须有当事人双方的意思表示一致,而且须

---

① 参见余向阳:《保管合同制度研究》,中南财经政法大学2005年硕士学位论文。

有寄存人将保管物交付给保管人占有的行为,也就是说,寄存人交付保管物的行为是保管合同的成立要件。而仓储合同是诺成合同,只要合同双方当事人的意思表示一致,该仓储合同即告成立并生效。

(二)保管合同原则上是无偿合同,而仓储合同是有偿合同

在我国,保管合同是社会成员相互之间提供帮助或服务部门为公民提供服务的一种形式,以无偿为原则,但当事人也可以约定为保管而支付报酬,此时,保管合同则为有偿合同。仓储合同为有偿合同,这一点从其定义即可得知,存货人应当为保管人提供的保管服务支付仓储费用。

(三)两者对保管人的资质要求不同

在保管合同中,立法对保管人的资质条件并无特殊要求;而在仓储合同中,保管存货人货物的保管人,只能是仓库营业人。仓库营业人既可以是法人,也可以是个体工商户、合伙或其他组织,但必须具备一定的资格,即具有仓储设备和专门从事仓储保管业务,保管人储存易燃、易爆、有毒、有腐蚀性、有放射性等危险物品的,应当具备相应的保管条件。

(四)保管人有无验收义务不同

在保管合同中,保管人对即将交付给其保管的物品没有验收的义务。而在仓储合同中,保管人应当按照约定对入库仓储物进行验收。保管人验收时发现入库仓储物与约定不符的,应当及时通知存货人。保管人验收后,发生仓储物的品种、数量、质量不符合约定的,保管人应当承担损害赔偿责任。

(五)仓储合同的保管人有容忍义务,保管合同的保管人则无

仓储合同的保管人的容忍义务是指保管人根据存货人或仓单持有人的要求,应当同意其检查仓储物或者提取样品。在存货人或仓单持有人请求对仓储物为一定的保存行为时,保管人除非有正当理由,应予准许。

(六)两者对存货人逾期提取保管物的处理不同

在仓储合同中,存货人或者仓单持有人逾期提取仓储物的,应当加收仓储费;提前提取的,不减收仓储费。储存期间届满,存货人或者仓单持有人不提取仓储

物的,保管人可以催告其在合理期限内提取,逾期不提取的,保管人可以提存仓储物,而保管合同则无相关规定。

二、保管合同的特点

保管合同具有以下法律特征。

(一)保管合同为实践合同

保管合同是实践合同,其成立不仅须有当事人双方的意思表示一致,而且须有寄存人将保管物交付给保管人占有的行为,也就是说,寄存人交付保管物的行为是保管合同的成立要件。

(二)保管合同为不要式合同、双务合同

保管合同不要求采取特定的形式,故保管合同为不要式合同。保管合同中保管人负担妥善保管物品的义务,而寄存人负担支付保管费的义务,故其为双务合同。

(三)保管合同以物的保管为目的

保管合同订立的目的是由保管人保管物品,而非以保管人获得保管物的所有权或使用权为目的,因此保管合同的标的是保管人的保管行为。

(四)保管合同须移转标的物的占有

保管合同为实践合同,以标的物移交给保管人为成立要件,不移转标的物的占有,保管人无法履行保管义务。

三、保管合同的一般理论

(一)保管合同的种类

1. 有偿保管合同

如果当事人事先在合同中约定或法律法规有特殊规定,寄存人要向保管人支付保管费用,即构成有偿保管合同。寄存人支付的保管费由保管人应得的报酬和保管财物所支出的必要费用两部分组成。保管合同中的报酬给付采取报酬后付原则,因此,保管人不得就报酬的未付与保管物的保管,主张同时履行抗辩权。但

是保管人可以就报酬的给付与保管物的返还主张同时履行抗辩权。另外，寄存人不履行给付报酬的义务时，保管人可以对保管物行使留置权。

2. 无偿保管合同

如果当事人并没有在合同中约定保管费，并且法律法规也无特殊规定，保管人是免费为寄存人保管财物的，即构成无偿保管合同。但是，我们说保管合同是无偿的，只是指保管人不能因此而获得报酬，但并不等于说寄存人不需要支付任何费用。因为，根据寄存物的性质，保管人在保管该财物的时候，可能会支出一些必要的费用，以维持寄存物的原有价值或品质。所谓必要费用，以能维持保管物的原状为准，包括重新包装、防腐、防火等项费用。如果寄存人拒绝偿付必要费用，保管人有权留置保管物。

（二）保管合同的效力

1. 保管人的义务

（1）给付保管凭证的义务。根据《民法典》第 891 条之规定，寄存人向保管人交付保管物的，保管人应当给付保管凭证，但另有交易习惯的除外。保管凭证是证明保管合同关系存在的凭证。

（2）保管保管物的义务。

①保管人应当对保管物给予必要程度的注意。保管人应当尽力保管好标的物，这就要求保管人至少要像处理自己的事务一样对待保管物，尽到与处理自己事物同样的注意义务，如果是有偿的，则要尽善良管理人的注意义务。这一要求为诸多立法例所确认，《德国民法典》第 690 条规定："无偿接受保管的，保管人应与处理自己的事务一样尽相同的注意。"我国台湾地区"民法"第 590 条规定："受寄人保管寄托物，应与处理自己事务为同一注意，其受有报酬者，应以善良管理人之注意为之。"

我国《民法典》第 897 条规定："保管期内，因保管人保管不善造成保管物毁损、灭失的，保管人应当承担赔偿责任，但无偿保管人证明自己没有故意或者重大过失的，不承担损害赔偿责任。"这一条依据保管合同的有偿与否对保管人科以不同的注意义务，但是并没有明确将"尽与处理自己事务同样之注意义务"及"善良管理人注意义务"的字眼明确化。

相关案例分析 1

【案情简介】

2006年2月13日晚11:30左右，原告驾驶AFS845猎豹吉普车，开至被告经营的交通宾馆门口，询问当晚值班的门卫是否有房间住宿及能否停车，门卫答复有房间住并且宾馆背后有停车场可以停车。随后，原告将车开进了停车场，登记住宿，并交了60元住宿费。原告住进宾馆的406房后，门卫随即将停车场大门锁上即回房休息。次日7时许，原告发现自己的车不见了。原告于当日8:00到公安局刑警大队报案，称其私家车在停车场被盗。刑警大队接到报案后，赶赴现场进行勘察，并以盗窃案立案侦查，但至今仍未侦破。后原告以该车停放在被告经营的宾馆停车场，与被告之间已形成了保管合同关系，被告未尽到妥善保管义务，致使车辆"灭失"应承担民事赔偿责任为由，向法院提起诉讼，要求被告赔偿车辆损失。

【法院判决】

被告赔偿原告部分车辆损失。

【法律分析】

本案争议的焦点在于本案是无偿保管合同还是附随义务的保管合同。宾馆主张本案属于无偿保管合同，根据《民法典》第897条的规定，保管人仅在有重大过失时才承担赔偿责任。而合同的随附义务是指当事人应当遵循诚实信用原则，根据合同的性质、目的、交易习惯等履行保密、协助、通知等义务。本案中宾馆提供的停车场，是其经营、服务场所的延伸，属于其经营的组成部分，是否单独收费并不能免除其保障顾客车辆安全之义务，其对顾客车辆安全的保障义务并不同于无偿保管合同。根据"等价有偿"原则，《民法典》降低了无偿保管合同的保管方义务，保管人仅在有重大过失时，才承担赔偿责任。原告、被告在建立消费服务关系的同时，以作为形式建立了相互间的财物保管合同关系。根据本条规定，保管合同自保管物交付时成立，原告将其车辆停放于宾馆停车场时，原被告双方的保管合同即告成立。被告未能尽到保管义务，应当赔偿原告的车辆损失。

【风险提示】

保管合同可为有偿，亦可为无偿。因有偿与否导致的寄存人的义务的轻重不同，相应地，保管人的保管义务在有偿与无偿两种情形下也有所区别。保管物损毁灭失的，在无偿的场合，只要保管人能证明自己没有重大过失，即可不承担违约责任；在有偿的场合，只要是因保管人的原因，或是故意，或是重大过失，或是轻微过失,保管人均应当承担相应的违约责任。所以,就寄存人而言,若保管物乃贵重物品,向保管人支付一定的保管费用是保障物品少受损失的可行方法之一。

相关案例分析2

【案情简介】

原告于2008年12月30日中午将其于2008年7月花费998元购买的自行车存放在某商场门前的停车场。停车场东侧入口处悬挂有“收费停车处工作时间”的提示牌,该提示牌记载工作时间为9时至21时。另外,该停车场周围没有供停车场管理人员夜间值班的场所。原告的自行车没有配锁,并明确告知了停车场工作人员,工作人员同意保管。当天原告忘记从停车场取车。第二天中午,原告去停车场取车,发现车辆已经丢失。原告自称其曾在该处停车场多次停车,但在该案的纠纷发生之前,从未将自行车在该停车场过夜停放。原告向110报警。后原告向法院起诉,要求停车场赔偿其自行车损失。

【法院判决】

驳回原告的诉讼请求。

【法律分析】

保管合同是保管人保管寄存人交付的保管物,并返还该物的合同,原告将其所有的自行车存放在停车场,原告与被告形成保管合同法律关系。双方虽未约定具体存车时间,但该停车场位于商场门前,停车场的周围没有供停车场管理人员夜间值班的场所,而原告亦曾多次在该停车场存放自行车,故原告知道或应当知道该停车场在夜间停止经营的事实,停车场亦有理由相信原告存车后会在商场停止营业前取回自行车。因原告自己在存放自行车当天忘记取车,且原告在存放自行车时明知其自行车没有车锁,对于其丢车损失的发生,原告自身具有重大过错,其自行车没有车锁,并不能成为其免除自身责任的理由。当事人应当按照诚实信用原则履行自己的合同义务。原告在履行保管合同过程中因自身的重大过失导致自行车丢失,要求被告赔偿自行车损失的诉讼请求,没有事实和法律依据。

【风险提示】

在无偿保管的情形下,只要保管人对保管物毁损、灭失的情形没有重大过失,即不承担违约责任。在有偿保管的情形下,只要是保管人对保管物的毁损、灭失有影响,即应承担相应的违约责任,若寄存人的行为对造成保管物的毁损、灭失也有一定影响的,可以相应减少保管人的责任。保管合同是合同法中少有的运用过错责任原则的有名合同之一，所以在认定保管合同责任中对过错的判定具有十分重要的意义。

②亲自保管的义务。保管合同往往是缘于寄存人对保管人的信任而签订的，也就是说，保管合同中存在很强的信用关系。所以保管人应当自己保管寄存物，这被称为保管合同的专属性。《民法典》第894条第1款规定："保管人不得将保管物转交第三人保管，但当事人另有约定的除外。"该条确立了保管人的亲自保管义务，之所以对保管人科以此种义务，其根源在于包括保管、承揽等在内的以劳务给付为内容的合同十分重视当事人之间的信任关系。

保管人将寄托物交付给第三人保管的，构成转保管或转寄托，该第三人为次保管人，转保管根据其是否符合法定的转保管事由而可被区分为合法转保管与违法转保管。在合法转保管中，由于寄存人与次保管人之间并无合同关系，因此，寄存人不得要求次保管人承担债务不履行责任，无权直接要求次保管人履行保管义务，但因次保管人的过错导致保管物毁损灭失时，其可依据侵权行为的规定要求次保管人承担侵权损害赔偿责任。从寄存人与保管人之间的关系来看，寄存人与保管人之间的合同关系依然存续，保管人并不因转保管而退出保管合同保管人的地位，由次保管人取而代之，因此，转保管并非契约承担。违法转保管中，当次保管人造成寄托物的毁损灭失时，保管人应对保管物的损失承担损害赔偿责任。

相关案例分析3

【案情简介】

原告张某，因春节家中要盖新房，于是从砖瓦厂以每车350元的价格购得砖3车，准备用作盖房材料。但因为其家中地方狭小，无法放下这些砖，只好将砖暂存砖瓦厂。他想来想去，觉得同村孙某家的院子比较宽敞，可以放得下这些砖，是放砖瓦的理想场所。于是他找到孙某，与其商量，想把这些砖瓦放在孙某的院中。孙某刚开始不同意，觉得砖瓦放在自家院中碍手碍脚，很不方便，并且也容易被偷拿或损坏。但张某再三恳求，并表示可以支付300元的保管费，孙某才勉强答应下来。于是，张某把砖瓦运至孙某家院中，并付给孙某保管费300元。10月，孙某因其家中准备定做家具，购买了一批木料，因无处存放，只好将张某的砖瓦运至其亲戚刘某家，腾出自家院子来堆放木料。孙某将张某寄存的砖瓦委托刘某代为保管，但他没有把这件事通知张某。半个多月后的一个下午，刘某村有几头牛突然发了疯，到处乱钻乱闯，因刘某家没有围墙，那几头疯牛就闯进刘家，撞倒了堆放在刘家的砖瓦，并乱踩乱踏，致使张某的砖瓦几乎全部成为碎块。张某知道这件事后，痛恨难当，当即要求孙某赔偿砖瓦损失。而孙某认为，砖瓦存放在刘某家中，刘某应对砖瓦的毁损负主要责任，故应当由刘某赔偿损失。但刘某却认为，砖瓦灭失系几头疯牛发疯所致，这纯属意外事件，因此，他不应当承担赔偿责任。因此三方争执不下，张某以孙某为被告起诉至某县人民法院。请求人民法院判令孙某赔偿其因非法转交托其保管的砖瓦而导致的损失1050元，并返还保管费用300元。而孙某则要求由刘某承担损害赔偿责任。

【法院判决】

法院受理后认为，本案中，张某与孙某之间形成有偿保管合同关系。在砖瓦交付孙某之后，孙某应当履行妥善保管的义务，此种义务是一种善良保管人的注意义务。根据《民法典》第894条的规定，除当事人另有约定外，保管人不得将保管物转交给第三人保管。保管人擅自将保管物转交第三人保管，对保管物造成损失的，应当承担损害赔偿责任。在本案中，保管人孙某在没有征得寄存人张某同意的情况下，擅自将保管物转交第三人刘某保管，这是一种违反保管合同义务的行为，属于没有尽到妥当保管义务。故对于由此所造成的保管物的损失，保管人应承担赔偿责任，并由于其没有尽到保管义务，则为该义务而设定的保管费用亦不能获得，故孙某应返还300元保管费用。

而在本案中，孙某与刘某之间也成立了保管合同关系，但此性质属于无偿保管。因此，刘某应尽与处理自己事务相同的注意义务。在刘某保管砖瓦过程中，村里的牛发疯而闯至他家致使砖瓦毁损，这是一起意外事件，刘某对此并无过错。因此，对砖瓦的损失，刘某没有赔偿责任。

故判令孙某赔偿其因非法转保管而造成的损失人民币1050元，同时返还300元的保管费用。

【案例评析】

保管合同，这里仅指一般保管合同，是指当事人双方约定一方有偿或无偿地为他方保管财物，并于约定期限届满或应他方的请求，返还财物的合同。有偿或无偿为他方保管财物的人是保管人，将财物交付他人保管的人是寄托人，保管合同又称寄托合同。

从法理上看，本案所涉及的法律问题，主要是保管合同中保管人所为的转保管的法律效力问题。转保管是指保管人将保管物转交给第三人保管。转保管有合法转保管和非法转保管之分。前者是指经过寄存人同意的转保管，后者是指未经寄存人同意而由保管人擅自进行的转保管。

一般来说，保管合同是基于当事人之间的相互信赖而产生的合同，这就要求保管人应亲自履行保管义务，这种保管义务是保管人的专属保管义务，即保管行为具有专属性。因此，保管人应按合同规定亲自保管标的物，即将标的物置于自己的控制之下，保存于自己的保管场所。未经寄存人同意，保管人不得将保管物转交给第三人保管。对此，各国民法均有规定。譬如，《日本民法典》第658条规定："保管人非经寄托人承诺，不得使第三人保管寄托物；保管人可使第三人保管寄托物时，准用复代理人选任的责任及复代理人的权利义务的规定。"《意大利民法典》第1770条规定："未经寄托人的同意，不得将寄托物交与他人保管。"《德国民法典》第691条规定："在产生疑问时，受寄人不得将寄托物寄托于第三人；经同意寄托于第三人者，受寄人仅就此项寄托，以可归责于自己的过失，负其责任。"我国《民法典》第894条也规定："保管人不得将保管物转交第三人保管，但当事人另有约定的除外。保管人违反前款规定，将保管物转交第三人保管，造成保管物损失的，应当承担赔偿责任。"

在合法转保管的情况下，寄存人与转保管人之间并不存在保管合同关系，他们之间只成立所谓的间接保管合同关系。在此种情况下，如果转保管人保管不善导致保管物损失的，保管人应将对转保管人的赔偿请求权，让与寄存人。在合法转保管的情况下，保管人仅就第三人的选任和指示上的过失承担责任。对此，德国、日本等国民法均有规定，我国《民法典》虽然没有明文规定，但也应作如此解释。保管人因故意或过失将保管物交与不适宜之第三人保管，即为选任上有过失；对第三人怠于指示或指示不当，则为指示上有过失。

在非法转保管的情况下，保管物因转保管而产生损失的，并不产生保管人将对转保管人的赔偿请求权让与寄存人的问题，而是由保管人向寄存人承担赔偿责任。在非法转保管时，保管人无论是否有过失，对转保管所发生的一切损害均应负赔偿责任。但是，如果保管人能够证明，即使不转保管，保管物仍不免发生损害的，保管人可以不承担责任。因为在这种情况下，保管物的损害与转保管无因果关系。在本案中，保管人孙某未经寄存人张某的同意即将保管物转交第三人保管，属于非法转保管。故孙某尽管无过失，但对保管物的灭失仍应负赔偿责任。

在实践中对于转保管的问题还应当注意以下两种情况，应区别对待。

第一，在某些特殊情况下，保管人虽然未经寄存人同意，也可以转保管。

这一般只有两种情形:一是根据交易习惯可以转保管。例如保管物为有价证券,保管人为有有价证券交易业务的银行下属支行时,该支行可以将有价证券转交上级主管部门保管。这种转保管对寄存人并无不利,因此,在交易习惯上一般是认可的。二是保管人有不得已的事由时可以转保管,否则就会给寄存人造成损害。譬如,保管人突患急病,而寄存人又在外地无法取得联系,此时,保管人就可以选任第三人代为保管。当然,在上述转保管的情况下,保管人也要就第三人的选任及指示的过失承担责任。

第二,第三人辅助保管。

保管人虽然不得擅自让第三人代为保管,但原则上,可以请第三人辅助保管。该第三人即保管辅助人,是协助保管人对保管物进行管理和维护的人。使用保管辅助人是为了更好地完成保管义务,因此,即使寄存人与保管人之间并无此约定,保管人也有权使用保管辅助人。保管辅助人的行为即等同于保管行为,辅助人的故意或过失视为保管人的故意或过失,由此造成的损害由保管人承担。当然,如果保管合同明确约定禁止使用辅助人而保管人使用的,则辅助人无论有无过失,保管人也应对保管物的一些损失承担赔偿责任。因为保管人使用辅助人已经违反了合同,主观上且有过错。

与保管合同对保管人的法律效力相对应,保管合同对寄托人的效力主要有:(1)寄托人负有提供必要的货物验收、保管资料的义务。(2)寄托人负有偿付必要费用的义务。(3)寄托人负有向保管人给付报酬的义务。(4)寄托人负有损害赔偿的责任。(5)寄托人对保管物意外灭失承担风险责任。

【风险提示】

保管合同是基于一定信赖而订立的合同。未经双方当事人约定,保管人不得将保管物擅自转交第三人保管,否则,造成保管物毁损、灭失的,无论该第三人及保管人对该损毁、灭失有无过错,保管人均应当承担违约责任。例如,在违法转保管期间,保管物因不可抗力发生损毁、灭失的,保管人仍旧要向寄存人承担责任。保管人也不能以第三人的过错导致毁损、灭失为由对抗寄存人的违约赔偿请求。这是因为,保管人转保管的行为本身已经构成了违约,构成了对保管物的毁损、灭失的重大过错。

(3)保管人的使用禁止义务。一般保管合同的目的是由保管人管领标的物,而这种管领并不包含对寄存物的改良行为和利用行为,所以,保管人非经寄存人同意，不得擅自使用寄存物，保管人违反的，对寄存人应给予相应的补偿，如有损害，应当进行损害赔偿。《民法典》第 895 条规定："保管人不得使用或者许可第三人使用保管物，但当事人另有约定的除外。"但是，依物品的保管需要必须加以利用的，视作保管方法，不视为使用，如保管赛马使之经常活动，保管奶牛而为之挤乳等。①

相关案例分析 4

【案情简介】

原告王某与被告陈某系大学同班同学，两人在校期间即为挚友，情同手足，毕业后，两人又一同分配到了某研究所工作，由此关系更加密切。两人工作几年后，王某通过其在北京某研究所的朋友多方联系，获得了去该研究所进修的机会。他临走前，就将一部比较贵重的摄影机交给了陈某保管，然后就放心地去北京进修了。

过了一个月，陈某的女朋友王某某要跟同事到九寨沟游玩，想借一摄影机以便游玩时摄影之用，她知道陈某宿舍中放着一部摄影机，于是便向男友陈某借摄影机。陈某起初顾虑这并非他本人的物品，不好外借，就向王某某说明这是他朋友王某的摄影机，不想答应王某某的要求。王某某就天天来缠磨，陈某禁不起王某某的软磨硬泡，就只好答应了她，将王某的摄影机借给了王某某。在游玩中，王某某看到一处风景较好，就使用王某的摄影机拍摄美景。在拍摄过程中，摄影机突然出现故障，不能继续拍摄。王某某重新试了一下，仍不能拍摄。王某某因不懂机器原理，不敢乱动，她的几个朋友也不内行，因此只好将摄影机收起来。

王某某回来之后，将摄影机的这一情况告诉男友陈某。陈某就将摄影机拿到研究所附近一电器修理部修理，修理部师傅看过机器后，提出修理一下需修理费 800 元，陈某感觉太贵，就没有要求修理，而将摄影机拿了回来。

半年以后，王某从北京回来，陈某就向王某解释了摄影机不能使用的情况，并希望王某谅解。而王某认为，他是因为充分信任陈某才将摄影机交给他保管的，而陈某没有经过他的同意就将摄影机交付他人使用，违反了交付摄影机时的约定，故而陈某应当承担赔偿损失的责任。而陈某则认为，摄影机的损坏是由其本身的某些缺陷造成的，与借给何人使用没有什么关系，因此，他不应该赔偿。于

---

① 参见江平主编：《中华人民共和国合同法精解》，中国政法大学出版社 1999 年版，第 316 页。

是,王某便要求王某某赔偿,而王某某认为,她们使用摄影机方法完全恰当,自己又没有其他过失,因此也不应该赔偿。在三人争执不下的情况下,王某以陈某为被告向法院提起诉讼,要求陈某承担赔偿责任。而陈某则要求与王某某分担赔偿费用。法院受理案件后查明,摄影机在发生故障之前,确实存在一定缺陷,会影响到摄影机的正常使用。

【法院判决】

在本案中,王某与陈某之间成立无偿保管合同关系,陈某应尽妥善保管摄影机的义务。根据《合同法》的规定,在双方当事人没有另外约定的情况下,保管人不得使用,也不得许可第三人使用保管物。因此,陈某将他人的摄影机借给其女友王某某使用,违反了合同约定,是一种违约行为。按照违约责任的一般原理,保管人应对保管物的损害承担赔偿责任。除非他能证明即使他不违约使用保管物或许可第三人使用保管物,该保管物的损害仍会发生,则可免责。那么,在本案中,陈某应否承担赔偿责任呢?法院在审理中产生了两种意见。一种意见认为,寄存人王某在寄存保管物时负有瑕疵告知义务,而其没有告知陈某,致使他人在使用保管物过程中发生了扩大的损失,故寄存人应对扩大的损失承担责任。另一种意见认为,寄存人应当告知的瑕疵是指与保管义务的履行有关的瑕疵。而本案中摄影机所发生的损坏是保管人陈某擅自将摄影机借给他人使用造成的,故保管人应负完全责任。法院最后采纳了第二种意见,即认为摄影机的损害是保管人擅自将其给予他人使用造成的,如果保管人不许可则损害就不会发生,保管人的行为违反了保管合同的规定。而寄存人王某对保管物所存在的瑕疵并无告知义务,使用人王某某使用方法妥当,对摄影机损害的发生并不存在任何过错。故判令保管人陈某承担赔偿责任,共计人民币800元,陈某与王某某分担赔偿费用的要求不予支持。另根据《合同法》的一般规定,当事人使用物品应向对方支付报酬,故对王某要求陈某支付报酬200元的请求予以支持,陈某应给付王某共计人民币1000元。

【案例评析】

使用,是指依所用物的性能或用途,在不毁损所有物本体或变更其性质的前提下,对物加以利用,从而满足生产或者生活的需求。许可他人使用,既包括允许他人无偿使用,也包括允许他人有偿使用。前者如就保管物与他人订立借用合同;后者如将保管物出租给他人使用,从中收取租金等。

在民法理论上,使用可分为所有权人的使用或非所有权人的使用。所有权人的使用即对自己的财产享有的占有、使用、收益、处分的权利人对物的利用。非所有权人的使用又可分为合法使用与非法使用。合法使用是指非所有权人依据法律或所有权人的意思获得对物的使用权，如租赁合同中的承租人，通过合同的约定，而获得对出租物的合法使用权；非法使用是指没有法律依据或所有权人的意思表示而擅自对非自己所有的物的使用，如保管人未经寄存人同意而擅自对保管物的使用等。

本案涉及的是保管合同成立后保管物能否被保管人或第三人使用的问题。关于此问题，我国《民法典》第 895 条明文规定："保管人不得使用或者许可第三人使用保管物，但是当事人另有约定的除外。"因此，除当事人双方在合同中约定保管人或他人可以使用保管物外，保管人不得使用或许可第三人使用保管物。作出这一规定，主要基于尊重保管合同的合同目的的考虑。保管合同的目的，顾名思义，在于保管物品，而不是使用物品。因此，保管人不得擅自使用或许可他人使用保管物。这就是保管合同与租赁合同、借用合同等合同的主要区别。而租赁合同是指出租人将租赁物交付承租人使用，承租人支付租金的合同。租赁合同成立后，承租人即对租赁物予以使用收益。因此，承租人使用租赁物是租赁合同的显著特征之一，不然，租赁合同的意义即无从体现；而借用合同，也称使用借贷合同，是指出借人将物品无偿交付给借用人使用，借用人于使用后应将原物返还给出借人的合同。顾名思义，借用人理所当然要使用借用物。关于保管物的这一规定，在其他国家民法典中亦有规定，如《俄罗斯民法典》第 892 条规定："非经寄存人同意保管人不得使用交付保管的物，同样也无权将物提供给第三人使用，但为了保障物的完整须使用被保管物并且与保管合同不相抵触时除外。"《法国民法典》第 1930 条规定："无寄托人的明示允许或推定的允许受寄人不得使用寄托物。"因此，关于保管物的这一规定已经成为世界各国立法的共识。

保管物的"使用"，是指依物的性质对保管物加以利用。例如保管收音机，而用它收听节目；保管面粉，而用其做面条；保管耕牛，而役使其为自家耕地等，这些都是使用保管物的行为。保管人没有经过寄存人的同意而擅自使用或擅自许可他人使用保管物的，无疑是对寄存人权益的侵犯。根据物品保管的需要必须加以分析使用的，视为保管方法，不作为"使用"来看待。例如保管奶牛，而为之挤奶；保管稻谷，而经常让其晒太阳。

保管人违反规定而自己使用或许可他人使用，又未经寄存人同意的，应当向寄存人给付报酬；因此使保管物受到损害的，还要承担赔偿责任，即保管人的责任在未使保管物受到损害时，是支付报酬，在使保管物受到损害后，是支付报酬与赔偿损失两种。报酬是对保管物加以利用获得利益而支付给寄存人的对价，报酬额应当参考当时市场价格以租金标准加以计算，保管物为金钱的，保管人应自使用之日起支付利息。因使用而使保管物受损的，损失额以市场价格为标准计算。损失应与“使用”有因果关系，即使损害是因自然或意外原因引起的，但假如是因“使用”而引起，则保管人仍应承担赔偿责任。例如保管耕牛役使其为自己耕地，耕牛于休息时被山洪冲走。即使耕牛是被山洪冲走的，保管人仍应承担损害赔偿责任。损害与“使用”并无因果关系的，保管人可免责。

当然，假如当事人间约定保管人或第三人可以使用保管物的，则保管人或第三人可以使用保管物。保管人在履行保管义务时，可以凭借其占有保管物的有利条件使用保管物。而且，允许保管人或第三人使用保管物，也有利于物尽其用，充分发挥保管物的作用。

【风险提示】

保管合同中，保管人的义务包括妥善保管寄存人寄存的保管物，并在保管期限届满后返还保管物。保管人应当采取合理措施保证保管物不受损害，更不能使用或许可第三人使用保管物，当事人另有约定的除外。未经寄存人同意，擅自使用或许可他人使用保管物的，首先构成违约；其次，许可第三人使用保管物收取的使用费属保管物的法定孳息，应当依法向寄存人支付；最后，保管物若毁损、灭失的，不论保管人对该损毁、灭失是否有过失，均应当承担相应的责任，除非保管人能证明即便自己完全依约履行义务，保管物也不能避免毁损、灭失。

(4)危险通知义务。《民法典》第896条第2款规定：“第三人对保管物提请诉讼或者对保管物申请扣押的，保管人应当及时通知寄存人。”危险通知义务是保管人的附随义务。保管人的保管义务是给付性义务，是保管合同目的实现所不可或缺的，普遍存在于任何一保管合同中，而保管物被第三人提起诉讼或申请扣押而致危险的情形却并非必然发生在每一保管合同中，不履行相应的协助义务、通知义务、照顾义务、保护义务只能导致寄存人的损害赔偿请求权，不是解除合同的权利。

(5)返还保管物的义务。保管期间届满或者寄存人提前领取保管物的，保管人应当将原物及其孳息归还寄存人。保管人保管货币的，可以返还相同种类、数量的货币；保管其他可替代物的，可以按照约定返还相同种类、品质、数量的物品。

另外，第三人对保管物主张权利的，除依法对保管物采取保全或者执行的外，保管人应当履行向寄存人返还保管物的义务。

2. 寄存人的义务

(1)承担必要的费用。必要费用是指保管人为了实现物的保管目的，使保管物能够维持原状而支出的费用。对于必要费用，寄托人应当偿还，但是契约另有约定的，依照该约定。《民法典》第903条规定："寄存人未按照约定支付保管费或者其他费用的，保管人对保管物享有留置权，但是当事人另有约定的除外。"其中的费用，指的是保管人在履行保管义务的过程中为保管支出的费用，包括保管过程中的直接支出，也包括间接支出，但应该为保管行为所必须。[①] 寄存人的必要费用的偿还义务并不因为保管合同的有偿与否而有差异，在无偿保管合同中，寄存人只是没有必要向保管人支付保管费即保管行为的对价的义务，却没有被免除其支付必要费用的义务；在无偿保管合同中，物的保管纯粹是为了寄存人的利益而为的行为，对于支出的必要费用，如果寄存人不予以返还，就是没有法定或约定的理由而受有利益，是典型的不当得利。

(2)瑕疵告知义务。《民法典》第893条规定："寄存人交付的保管物有瑕疵或者根据保管物的性质需要采取特殊保管措施的，寄存人应当将有关情况告知保管人。寄存人未告知，致使保管物受损失的，保管人不承担赔偿责任；保管人因此受损失的，除保管人知道或者应当知道并且未采取补救措施的以外，寄存人应当承担赔偿责任。"

(3)报酬给付的义务。保管合同是有偿的情形下，寄存人有义务给付报酬，就是我们通常说的保管费。那么，保管费与保管必要费用有什么关系？应该说，保管费和保管必要费用共同构成保管费用，因为保管必要费用不因保管合同有偿与否而有所差别。但是，为了实务中操作的方便，笔者认为可以规定在保管合同是无偿的情形下，由寄存人支付保管必要费用；而在保管合同为有偿时，仅让寄存人支付保管费即可，因为在有偿的情形下双方会针对对价进行协商，作为理性人，双方都应该将必要费用考虑在保管费之中，保管人也不会再另行要求必要费用的支付，若是在有偿合同中规定保管费与保管必要费用并列，会造成不必要的麻烦。

(4)贵重物品的声明义务。《民法典》第898条规定："寄存人寄存货币、有价证券或者其他贵重物品的，应当向保管人声明，由保管人验收或者封存。寄存人

---

① 参见江平主编：《中华人民共和国合同法精解》，中国政法大学出版社1999年版，第323页。

未声明的，该物品毁损、灭失后，保管人可以按照一般物品予以赔偿。”

何为“一般物品”，标准是什么？有观点认为，判断一船物品的标准指的是依照保管物的外观，按社会一般人标准所能确认的该保管物的价值。如果法律、行政法规对此有明文规定或经国家机关认可的标准合同中对赔偿标准有明确规定的，优先适用规定内容，没有规定的，按一般人所能确认的价值进行赔偿。①

（三）保管合同的归责原则

根据《民法典》第897条的规定，保管期间，因保管人保管不善造成保管物毁损、灭失的，保管人应当承担损害赔偿责任，但无偿保管人证明自己没有重大过失的，不承担赔偿责任。保管不善包括保管人的合理的注意义务、正确合适的保管场所的提供、合理的保管方法、亲自保管、保管物使用的禁止，那么，“保管不善”即对相应要求的违反，而在保管人故意造成保管物的毁损灭失的情况下，肯定是要承担责任的。所以毫无疑问，保管合同中违约归责原则采用的是过失责任原则。

从实证法的角度来看，《民法典》第577条规定，当事人一方不履行合同义务或者履行合同义务不符合约定的，应当承担继续履行、采取补救措施或者赔偿损失等违约责任。显然，位于《民法典》合同编通则的这一条文确立了整个合同法的统治性违约归责原则，即严格责任原则，但是各类具体合同各有不同特征，当事人需履行不同义务，对不同义务的追究即对违约责任的追究不能采用整齐划一的规则。

确定了保管人造成保管物的毁损、灭失的责任是过错责任之后，我们要在当事人之间就此过错存在与否的举证责任作一分配。若是要求寄存人证明保管人未尽合理的注意义务、未提供正确合适的保管场所、没有采用合理的保管方法、没有亲自保管、对保管物进行过使用等事项，其困难可想而知，毕竟，寄存物的占有已经由寄存人转移至保管人，对于已然不在其掌控下的物，有关标的物的相应信息在寄存人和保管人之间，就会处于不对称状态。在这种情形下，要求寄存人证明上述种种过错之事由，实勉为其难；另外，保管合同系为寄存人利益而设，这就要求我们不能对寄存人科以太高的举证义务。而在寄存物毁损、灭失的情形下推定保管人有过错，采过错推定责任原则就是一个很好的选择。②

关于寄存人违约，应该针对不同情形，分别确定不同的归责原则。（1）对于

---

① 参见江平主编：《中华人民共和国合同法精解》，中国政法大学出版社1999年版，第319页。

② 参见余向阳：《保管合同制度研究》，中南财经政法大学2005年硕士学位论文。

寄存人未履行瑕疵告知义务而导致保管人受损的，因为保管人的违约归责原则为过错推定，基于当事人间利益平衡的原则，保管人如此，那么，当寄存人违约时，其归责原则也是一样，也应该实行过错推定责任原则。(2)对于寄存人没有向保管人支付必要费用和支付报酬的，应该适用严格责任原则，因为这涉及金钱债务的履行，只要没有履行或者没有及时履行，就要承担责任，这是各国契约法上的通行做法。[①]

(四)保管合同的时效规定

我国《民法典》合同编没有就保管合同的时效问题进行专门的规定，相关规定见于我国《民法典》总则的条文之中。在世界各国和地区，对保管合同的请求权、费用偿还请求权和损害赔偿请求权均规定了短期时效。例如，我国台湾地区"民法"规定，保管合同请求权、保管费用偿还请求权、损害赔偿请求权，自合同关系终止时起1年内不行使的，即告消灭。

(五)保管合同的终止

保管合同的终止，是保管人与寄存人之间权利义务关系的消灭。根据《民法典》第557条的规定并结合保管合同的特点，保管合同因下列事由而终止。

1. 保管合同因履行保管义务而终止

合同因当事人完全履行债务而自然归于消灭，当事人因履行终止合同是最理想的合同终止方式。保管合同中，保管人将保管物返还给寄存人，使订立保管合同的目的得以实现，保管合同即行终止。

2. 保管合同因解除而终止

合同解除是指合同履行完毕之前提前终止合同，从而使合同拘束力归于消灭的行为。解除是合同终止的一种不正常的方式，根据《民法典》第562条和第563条的规定，合同解除包括约定解除与法定解除。保管合同中，如果保管人与寄存人协商一致，或者在保管合同中约定的解除条件出现，或者根据法律的规定等，都可以解除保管合同。

3. 保管合同因保管物的承受而终止

承受通常是债发生混同的主要原因，包括概括承受和特别承受。概括承受是

---

① 参见李永军：《合同法》，法律出版社2004年版，第576页。

指债的当事人权利和义务概括地移转于第三人,由第三人取代原当事人的地位成为新的债的关系的当事人。特别承受是指当事人取代原债权人或者原债务人而受让全部债权或者债务,使原债权人或者债务人脱离债的关系。无论是概括承受还是特别承受,都会引起保管合同的终止。①

第二节　保管合同法律风险及其防范

一、保管合同实践中法律风险的特点

(一)标的物风险突出

保管合同的目的在于保管特定的物,故保管物条款在保管合同中是不可缺少的。保管合同的签订和履行都是围绕保管物展开的,故实践中围绕保管物的纠纷也很多,故防范标的物的风险十分重要。

实践中,标的物风险主要有以下几种情形。

1. 标的物为禁止流通物、限制流通物的风险

若保管合同的标的物为禁止流通物、限制流通物,会导致保管合同的无效,另外,实践中出现了一些案例,如寄存人利用与保管人的关系,将违禁品储存在保管人处,后由于违禁品的违法性,保管人声誉大降,业务减少。故对标的物的审查和验收是至关重要的。

2. 标的物瑕疵风险

寄存人交付的保管物有瑕疵或者按照保管物的性质需要采取特殊保管措施的,寄存人应当将有关情况告知保管人。寄存人未告知,致使保管物受损失的,保管人不承担损害赔偿责任;保管人因此受损失的,除保管人知道或者应当知道并且未采取补救措施的外,寄存人应当承担损害赔偿责任。故寄存人若未履行其告知义务,要承担损害赔偿责任。

3. 标的物损毁、灭失风险

在履行保管合同时,寄存物毁损、灭失是保管合同最常见的纠纷之一。保管期间,因保管人保管不善造成保管物毁损、灭失的,保管人应当承担损害赔偿责

① 参见龚赛红、李婉丽主编:《合同法》,中山大学出版社2007年版,第488页。

任，但保管是无偿的时，保管人证明自己没有重大过失的，不承担损害赔偿责任。

（二）履行风险突出

保管合同的标的是保管人的保管行为，保管行为是保管人提供的劳务，且一般保管合同会持续一定的时间，故相对于寄存人而言，就产生了较大的履行风险。在实践中，主要表现为。

1. 保管人转保管的风险

在实践中，常常出现保管人将货物私自转保管的行为，保管人应当知晓合法转保管的条件，否则就要承担货物损毁、灭失的赔偿责任。而寄存人则需要防范货物被擅自转保管导致损失时无法求偿的风险。

2. 保管人使用保管物的风险

由于保管物处于保管人的控制之下，故保管人有可能擅自使用保管物而给寄存人带来损失，故寄存人需要防范此风险。

3. 保管人转卖保管物的风险

这是实践中出现较多的情形，保管人转卖保管物于第三人，而第三人有可能基于善意取得制度取得所有权，那么就存在寄存人丧失保管物的风险。

（三）可预防性

保管合同的纠纷是完全可以预防的，通过一系列的预防措施，可以有效地防范风险，将风险降到最低，避免不必要的损失。故无论是寄存人还是保管人，都应该充分认识和了解保管合同签订与履行过程中可能产生的风险，防患于未然，消患于无形。

二、保管合同实践中风险规避的基本理念

（一）审慎缔约、事前防范

在保管合同的订立实务中，第一，须认真审查对方的信用情况，慎重约束自己的行为，既考察对方的履约能力，也考虑自身的信用情况，以免使自己利益受损害或承担不必要的责任。第二，在订立合同时，要尽量使合同条款齐全、完备，意思表示清晰明了，以免由于条款不完备，意思表示欠缺或含混不清而造成合同纠纷。第三，在订立合同时要使合同内容、形式、程序等尽量完全适法，以取得法律的肯定评价。

在保管合同的签订过程中，应注意审查保管合同的以下主要条款。

1. 当事人条款

明确保管合同的双方当事人，涉及第三人的，更应注明第三人的地位及权利义务情况。例如甲与乙签订一项合同，约定由甲为丙保管一套高级茶具，那么丙即保管合同的受益人，在甲乙订立合同时，除写明寄存人乙与保管人甲的姓名及住所外，还应写明受益人丙的有关情况。

2. 保管物条款

保管物条款必须明确保管物，保管人为保管保管物而提供的劳务是合同的标的，如没有保管物，保管合同也必将失去意义。

3. 保管条件及保管要求条款

在实践中，尤其是合同履行中，保管人如何进行保管，主要取决于寄存人与保管人双方在合同中的约定，对保管条件和保管要求进行明确规定也有利于预防和减少纠纷。

4. 保管费条款

由于保管合同可以为有偿合同，也可以为无偿合同，因此，如果当事人对保管费没有约定或约定不明，则会使原来为有偿合同的保管合同，变为无偿合同，损害保管人的权利。

5. 保管期间条款

保管期间直接关系到保管合同义务完成的时间，涉及寄存人与保管人的期限利益，也是确定违约与否的因素之一，因此，在实践中对其应予以明确。

另外，还有违约责任、争议解决方法以及保管场所、方法等也为一般保管合同所必须具备的，但是，当事人也可以在明确以上几项后，在合同履行中或合同后进行协商补充，以使合同双方当事人的权利义务更加明确。

（二）利用法律武器，维护合法权益

1. 利用留置权防范保管费风险

《民法典》第903条规定："寄存人未按照约定支付保管费或者其他费用的，保管人对保管物享有留置权，但是当事人另有约定的除外。"

寄存人违反约定不支付保管费（报酬）以及其他费用的，保管人对保管物享有留置权，即以该财产折价或者以拍卖、变卖该财产的价款优先受偿的权利。但须注意的是，依照《民法典》第453条的规定，留置权人与债务人应当约定留置财

产后的债务履行期限;没有约定或者约定不明确的,留置权人应当给债务人 60 日以上履行债务的期限,但是鲜活易腐等不易保管的动产除外。债务人逾期未履行的,留置权人可以与债务人协议以留置财产折价,也可以就拍卖、变卖留置财产所得的价款优先受偿。而且在这段时间内,保管人仍负有妥善保管留置物的义务,如果保管不善致使留置物毁损、灭失的,保管人应当承担民事责任。当事人另有约定的,也可以不行使留置权。因保管合同发生的债权,债权人享有的留置权虽然是法定的留置权,但是当事人可以约定不行使留置权。《民法典》第 449 条规定,法律规定或者当事人约定不得留置的动产,不得留置。例如,寄存人寄存的手表是寄存人祖传的,对寄存人具有特殊意义,寄存人可以与保管人在合同中约定:即使寄存人未按照约定支付保管费,保管人也不得对该手表进行留置。

2. 利用撤销权防范重大误解陷阱

在实践中,经常会发生以下几种重大误解情况引起的保管合同纠纷,当事人应予以注意:

(1)对保管合同的性质认识错误,如把借用合同误认为保管合同;

(2)对方当事人发生错误,如把甲公司误认为乙公司;

(3)对标的物的误解,如将禁止流通物误认为自由流通物而予以保管;

(4)对标的物的性质、规格、数量、包装、保管方式、地点等内容误解,而给误解者造成较大损失。

一旦出现因重大误解而订立的保管合同,当事人一方可以与对方当事人协商撤销或变更合同,如果协商不成,当事人可以请求人民法院或仲裁机关予以变更或撤销。当事人请求变更的,法院不能主动撤销,具有撤销权的当事人自知道或者应当知道撤销事由之日起 90 日内没有行使撤销权;具有撤销权的当事人知道撤销事由后明确表示或者以自己的行为放弃撤销权的,撤销权消灭。

3. 转保管风险防范

保管人不得将保管物转交第三人保管,但当事人另有约定的除外。保管人将保管物转交第三人保管,对保管物造成损失的,应当承担损害赔偿责任。对于保管人,若其想将保管物转保管而不承担过大风险,就必须取得寄存人的同意。对于寄存人而言,若保管人擅自转保管,保管物毁损灭失的,其可以基于合同追究保管人的责任,同时其也可以基于侵权追究第三人的责任。至于在实践中,基于何种请求追究责任要根据具体情况,如相对人的赔偿能力等决定。

4. 保管物转卖风险防范

这主要是物权法的善意取得制度的运用。关于善意取得的规定主要在《民法典》第311条,善意取得的要件有:(1)受让人受让不动产或者动产时是善意的;(2)以合理的价格转让;(3)转让的不动产或者动产依照法律规定应当登记的已经登记,不需要登记的已经交付给受让人。故寄存人若想取回保管物,应证明第三人不具备善意取得的要件,如证明其非善意、未交付等。若受让人依法取得不动产或者动产的所有权的,原所有权人有权向无处分权人请求赔偿损失。

三、保管合同中的新问题

(一)几种特殊类型保管合同

1. 消费保管合同

消费保管合同,是指寄存人以种类物交付给保管人加以保管,在保管期间,保管人拥有物的所有权,于期限届满时,保管人负有返还相同种类、数量、品质的物的义务的合同。《民法典》第901条规定:"保管人保管货币的,可以返还相同种类、数量的货币。保管其他可替代物的,可以按照约定返还相同种类、品质、数量的物品。"这一规定可以被视为关于消费保管合同的模糊性规定。

(1)消费保管合同与一般保管合同的区别

①标的物方面。消费保管合同中的寄存物必须是种类物,而一般保管合同中的标的物是特定物。前者允许保管人对寄存物加以"消费",对于保管合同最终都要求物的返还的要求,仅以种类物的返还就能够满足,一般保管合同的标的物,多为不可代替物。

②消费保管合同移转标的物所有权,从而标的物的风险从所有权移转之时起就应该由保管人承担,而在一般保管合同中,风险应该由寄存人承担。事实上,这仍然是所有人负担原则的体现。

③在一般保管合同中,虽然约定有返还期限,寄存人仍然可以随时要求返还,因为该合同纯粹是为了寄存人的利益而存在的,而在消费保管合同中,虽然也有寄存人的利益需要维护,但也要保障保管人的"消费利益",对于定有返还期限的,寄存人除非有不得已的事由,不得在期限届满前要求返还。

④消费保管合同中,保管人破产时,保管合同标的物属于破产财产,寄存人只能享有债权请求权,而在一般保管合同中,由于标的物的所有权并没有移转,标的物当然不属于破产财产,寄存人有权取回。

(2)一般消费保管合同的效力

①受寄人的义务。第一,返还标的物。就标的物的返还,保管人应当以相同种类、数量、品质的物返还。对于定有返还期限的,保管人不得提前返还,而寄存人没有不得已事由,不应该于期限届满前请求返还,因为在消费保管合同中,保管人可能会对保管物进行利用,而且这种利用是合理的,因此,保管关系的存续对保管人有经济上的意义;对于没有约定返还期限的,应该准用消费借贷的相关规定,即保管人随时可以返还,寄存人也可以确定一个月以上期限催告返还。第二,支付利息的义务。消费保管原则上是无偿的,但消费保管合同也可以约定由保管人支付利息,这也是适用消费借贷相关规定的结果。

②寄存人的义务。消费保管合同本质上仍然是保管合同,在当事人之间,如果约定有寄存人返还保管人为保管支出的必要费用,寄存人就应该履行这一义务。寄存人要对保管人负瑕疵担保责任。

2. 法定保管合同

日常生活中人们会到旅店住宿、外出购物、在餐厅或酒店就餐,至公共浴所沐浴等,人们通常会在为上述行为的时候,随身携带一定的物品,这就会产生物的安全问题,此时人们的身份是客人,为了保护人们的财产安全,其实也是为了人们对上述诸类场所的安全有一种基本的信赖并基于该信赖经常光顾上述各场所从而促进经济的繁荣,法律就规定上述各类从事商业活动的场所主人对客人随身携带的财物有保管的义务,拟制双方存在保管合同,这就是法定保管合同,也谓场所主人保管合同。《民法典》对此问题没有任何规定。德国、瑞士、我国台湾地区的民事法律均对此问题作出了规定,故有必要在此做一点儿介绍和探讨。

法定保管合同的特征是:

(1)广泛存在性。凡设置营业场所者,都与其客人就客人携入物成立法定保管合同,因为营业场所的随处可见性,所以法定保管合同广泛存在于社会生活中。

(2)法定性。与其他类型保管合同是由当事人约定的不同,法定保管合同是法律为了保护客人利益而强加于营业场所主人的业务,具有法定性。

(3)责任承担性。与一般保管合同是为了物的保管而由双方当事人约定相应事由具有预先性不同,法定保管合同更多的是为了责任的承担而存在的,是为了已然发生的损害作准备的,具有滞后性。

(4)衡平性。法律在科以场所主人以严格责任后,也规定了系列免责事由和责任限制,追求当事人间的利益平衡。

除了我国台湾地区“民法”之外，德国法及瑞士法都规定了场所主人的责任限制（《德国民法典》第 702 条第 1 款，《瑞士债法》第 487 条第 2 款）。这种限制是很有必要的，因为在上述场所，场所主人要么是无偿保管，要么是低价保管，在此情形下要求其承担全部责任，显然有失公平。另外，当事人可以约定责任限制，现实中往往有场所主人单方面以告示的形式预先对其责任作出限制，这是一种标准合同，在此情形下，必须符合法律对标准合同的种种规制。最后，德国法和瑞士法都规定了在场所主人及其雇员的过失造成了客人携入物的毁损、灭失的情况下场所主人应承担全部责任（无限责任），因为此时法律就没有对场所主人特别保护的必要。

3. 混藏保管合同

混藏保管合同，是指多数寄存人将一定数量的相同种类、品质的种类物交付给保管人保管，但不移转标的物所有权给保管人，返还时可以以替代物返还的一种保管合同。混藏保管合同广泛存在于社会生活中，现时很流行的有价证券如股票、债券等的无实体化交易，需要以证券集中保管制度进行，而证券集中保管制度即一种混藏保管方式，而在我国的有些农村地区，许多农民将自己的余粮交给粮食部门保管，需要时由粮食保管部门负责以同种类的粮食返还，这也是一种典型的混藏保管合同。我国《民法典》并没有关于混藏保管合同的明文规定，我国台湾地区“民法”则作了规定。

（1）混藏保管合同的特征

①标的物为种类物，这样一来，混藏保管合同的保管就是对保管物的价值保管而不是实物的保管，在这一点上，混藏保管合同与消费保管合同是一致的。

②混藏保管合同的标的物所有权在保管合同成立后不移转，这一点与一般保管合同是一致的，但与消费保管合同是相反的。

③混藏保管合同中，遇到保管人破产时，由于标的物的所有权并没有移转，所以该标的物不是破产财产。

（2）混藏保管合同的效力

①各寄存人共有混合保管物。标的物所有权并没有移转给受寄人，但由于标的物的种类物的特征决定了混藏保管后，已经无法辨认原寄存人为何人，所以只能由各寄存人按比例共有混藏标的物。这种共有属于按份共有。

②受寄人得以同一种类、数量、品质的物返还给寄存人。

由于所有权并没有移转给保管人，所以没有寄存人的同意，保管人不得处分或使用混藏保管物。同时，保管人应当尽相应的注意义务，妥善保管混藏保管物。①

（二）我国保管合同立法现状

1. 立法缺陷

《民法典》关于保管合同制度的规定是相当粗线条的，具体而言，现行保管合同立法主要有以下缺点：

（1）保管合同标的物不明。《民法典》第888条第1款规定："保管合同是保管人保管寄存人交付的保管物，并返还该物的合同。"保管物的外延为何？这直接决定了保管合同制度的适用范围。对保管物的范围，世界各国或各地区的立法并不相同，其中《奥地利民法典》第960条、《日本民法典》第657条、我国台湾地区"民法"第589条、我国澳门特别行政区民法第1111条等认为，保管物包括动产与不动产，而《法国民法典》第1918条、《德国民法典》第688条、《瑞士债务法》第472条第1款、《意大利民法典》第1766条等则认为保管物以动产为限。例如，《德国民法典》第688条规定："根据保管合同，保管人负有保管存放人所交付的动产的义务。"而我国对此问题未明晰。

（2）特殊保管合同欠缺。严格意义上讲，《民法典》只规定了一般保管合同、仓储合同，其第901条关于消费保管合同和混藏保管合同的规定极其模糊，根本不能被看作关于独立类型保管合同的规定，法定保管合同、讼争物保管合同《民法典》没有任何涉及。尤其是法定保管合同这一在社会生活中随处可见的保管合同，《民法典》也没有作出任何规定。

（3）法律规定不明晰。我国保管合同的立法中存在较多的不确定概念，导致法律规定不明晰，不确定概念是立法者所采取的一种策略，其目的无外乎是增强法条的伸缩性和适应性，从而能使之适应纷繁芜杂的社会现实，然而如果频繁使用不确定概念或者将本应具体化的概念抽象实际妨碍了法律规范功能的发挥。例如，何为"妥善保管"，什么是"保管不善"？说的究竟是主观上的过错还是其他？即使指的是当事人的过错，那么是抽象轻过失还是具体轻过失？这些都需要进一步明晰。

---

① 参见余向阳：《保管合同制度研究》，中南财经政法大学2005年硕士学位论文。

2. 立法建议

学者提出的建议主要有：

(1)增加非典型保管合同的种类，并在每类保管合同中对当事人间的利益作出详尽的规定，尤其是要注意其个性化规定，这些我们在各类保管合同中已经作了详细的探讨，它们将是各类特殊类型保管合同制度的重要组成部分。保管合同的类型应当包括：一般保管合同；消费保管合同；混藏保管合同；法定保管合同；讼争物保管合同；仓储保管合同。

(2)细化规定，明晰概念，使之具有更强的操作性。

①现行法中，“妥善保管”一语太过模糊，应该有具体的规定对之进行细化，使之具备更具体的含义，便于实务中的操作。具体而言，不同类型的保管合同应有不同注意义务，法律可以采用法国法标准确立保管人的注意义务类型；提供正确合适的保管场所；合理的保管方法；亲自保管；标的物的禁止使用等。

②对有关保管必要费用和保管费作出更简洁、更具有操作性的规定。虽然从应然的角度，保管费是有偿保管合同的对价，而保管费用在有偿保管合同中由保管费和必要费用构成，在无偿保管合同中则仅仅体现为必要费用，但在实际操作中，如果作这样的划分很容易让当事人产生混乱的感觉，其实在有偿保管合同中，当事人之间通常在约定保管费的时候，就会将必要费用计入保管费中，没有必要再由法律规定寄存人对保管必要费用的偿付义务，所以，笔者认为应该规定在无偿保管合同中，寄存人有偿还必要费用的义务；在有偿保管合同中，寄存人支付保管费。

③保障整个合同法体系的和谐和完善，针对同一性质的问题，《民法典》合同编应该作出统一的规定。例如，上文提到的承运人和保管人的不同举证责任的规定应该改正，作出一致的规定。再如，《民法典》中对于仓储合同成立的表述发生了改变，《民法典》第905条规定，仓储合同自保管人和存货人意思表示一致时成立。按照该种表述，《民法典》中已经不存在该矛盾。还有《民法典》应该对借贷合同作出更完整的规定，如此消费保管合同才有更多的准用条款，合同法的体系才是和谐的。①

① 参见余向阳：《保管合同制度研究》，中南财经政法大学2005年硕士学位论文。

第十一章

仓储合同实践中的法律风险及其防范

第一节　仓储合同概述

一、仓储合同的界定

我国《民法典》第 904 条规定："仓储合同是保管人储存存货人交付的仓储物，存货人支付仓储费的合同。"其中交付仓储物的一方称为存货人，负责储存保管的一方称为仓管人，又称仓库营业人。

仓储营业又称仓库营业，是一种专为他人储藏、保管货物的商业营业活动。它发端于中世纪西方的一些沿海城市，随着国际和地区贸易的不断发展，仓储营业的作用日渐重要。在现代，仓储营业已经成为社会化大生产和国际、国内商品流转中一个不可或缺的环节。在我国社会主义市场经济条件下，商品的储存、运输和原材料的采购、中转等几乎都离不开仓储营业服务。仓储业务对于加速物资流通，减少仓储保管的货物的损耗，节省仓库基建投资，提高仓库的利用率，增强经济效益，无不具有重要意义。

关于仓储营业和仓储合同的立法例，大致有以下三种：(1)规定在商法典中，大陆法系采民商分立立法体例的国家，如日本、德国采之；(2)规定在民法典中，大陆法系采民商合一立法体例的国家，如瑞士采之；(3)制定有关单行法规，英美法系国家采之。我国民事立法采民商合一立法体例，因此归属于民事一般法的《民法典》中规定了仓储合同。仓储合同立法一直是我国保管合同立法的重点，并且相对独立于一般保管合同立法。《经济合同法》将仓储合同与保管合同一并作了规定。1985 年 9 月 25 日国务院批准的《仓储保管合同实施细则》对保管合同和仓储合同分别作出了规定，从而使我们能够了解仓储合同区别于保管合同的一些特征。例如，《仓储保管合同实施细则》第 3 条规定，仓储合同一方当事人必须为“经工商行政管理机关核准,依法从事仓储保管业务的法人”;而对保管合同的保管方并无此限。《合同法》在第十九章对仓储合同作出了规定,之后《民法典》合同编第二十二章延续了《合同法》中的相关规定,但这并不是对仓储合同的全部规定,凡该章没有规定的,可以适用保管合同法律规范。

二、仓储合同的特点

仓储合同的特点主要有。

(一)保管人须为专事仓储保管业务的人

仓储合同的保管人可以是法人,也可以是个体工商户、合伙或其他组织,但必须具备一定的资格,即具有仓储设备,专门从事仓储保管业务。

(二)仓储保管的对象是动产,不动产不能成为仓储合同的标的物

与一般保管合同的标的物必须是特定物或特定化了的种类物不同的是,作为仓储物的动产不限于特定物,也可以是种类物。如果是特定物,则储存期限届满或依存货人的请求返还仓储物时必须采取返还原物的方式;如果是种类物,则只需返还该种类物的相同品质、相同数量的替代物。

(三)存货人的货物交付或返还请求权以仓单为凭证

仓单具有充当仓储物所有权凭证的作用。作为法定的提取或存入仓储物的书面凭证,仓单是仓储合同中必备的,是仓储合同中最为重要的法律文件之一。

(四)仓储合同为双务、有偿合同、不要式合同

仓储合同的当事人双方于合同成立后互负给付义务:保管人须提供仓储服务,存货人须给付报酬和其他费用,双方的义务具有对应性和对价性,所以,仓储合同为双务、有偿合同。对于仓储合同是否为不要式合同,有不同的看法。有的认为仓储合同为要式合同,应当采取书面形式;有的认为仓储合同并不要求具备特定的形式,因而为不要式合同。笔者认为,认定仓储合同为要式合同是没有根据的,现行法上并未规定仓储合同应当采用特定形式。虽然仓储合同的保管人于接受储存的货物时应当给付存货人仓单或其他凭证,但仓单并非是合同的书面形式。所以,仓储合同应为不要式合同。

(五)仓储合同为诺成合同

仓储合同不同于保管合同,为诺成合同。这是由仓储合同的商事合同特性决定的。如上所述,仓储合同的保管人是专门从事仓储保管业务的民事主体,也就是说,其营业目的就是从仓储保管营业中牟利。正因为保管人的专业性和营利性,在保管的物品入库前,保管人必然会做出一定的履行合同的准备,支出一定的费用。若认定仓储合同为实践合同,就意味着一旦存货人在交付货物前改变交易的意愿,不向保管人交存货物,保管人就其所受到的损失只能依缔约过失责任或侵权责任向存货人主张损害赔偿。这对保管人极为不利。因此,承认仓储合同为诺成合同,有助于使保管人于前述情况下,得基于违约责任主张损害赔偿责任。同时,在仓储合同中存货人一般也为营利性法人,若认定仓储合同为实践合同,在存货人交存货物前合同不成立,那么在其交存货物时若保管人拒绝储存,存货人也不能依违约责任请求损害赔偿,这对存货人也是不利的。[①]

相关案例分析

【案情简介】

2002 年 5 月 10 日,A 公司与 B 公司签订一份《冷藏库房租赁合同》,合同约定:B 公司将其 2 号冷藏库整库租赁给 A 公司使用,租赁期限为 2002 年 5 月 10 日至 9 月 10 日,月租金 3000 元,租金总额为 12,000 元,还约定 A 公司租赁的冷藏库自行管理,B 公司提供的冷藏库库温要求保持在 0 度至 5 度之间。由于 A 公司货物较多,双方又口头约定:B 公司提供 1 号冷藏库的一部分给 A 公司存货。6 月初,A 公司曾雇人对两个冷藏库的毛皮进行翻动,以使库内温度一致。11 月 9 日,A 公司在将毛皮转移到其他地方存放过程中,发现 1 号库内的毛皮腐烂。经与 B 公司协商赔偿事宜未果,遂诉至法院,请求 B 公司赔偿毛皮损失 280,000 元。

【法院判决】

驳回 A 公司的诉讼请求。法院认为 A 公司与 B 公司之间的合同是租赁仓库合同,而不是仓储合同。A 公司与 B 公司之间形成租赁合同法律关系,应该按照租赁合同的权利义务承担责任,而不应该按照仓储合同法律关系承担责任。故未支持 A 公司认为形成仓储合同关系的主张,驳回应由 B 公司承担皮毛损失的诉

---

① 参见崔建远主编:《合同法》,法律出版社 2003 年版,第 449 页。

讼请求。

【法律分析】

本案的焦点问题是A公司与B公司之间的合同是租赁合同还是仓储合同？引出的法律问题是如何区分租赁合同与仓储合同。

《民法典》第904条和第907条规定，仓储合同是保管人储存存货人交付的仓储物，存货人交付仓储费，并对经验收后的仓储物的数量、品种、质量发生变化造成的损失，保管人承担赔偿责任的合同。由此可以知道，“交付验收”应是仓储合同的重要因素，而且也是仓储合同中仓储物风险转移的界限。而本案中根据法院查明的事实，A公司将毛皮放入1号冷藏库，并未通过B公司的质量检查、数量确认，B公司也未向A公司出具收货凭证或仓单。其间，A公司对1号、2号冷藏库内的毛皮进行翻动，以使温度一致，应当视为对毛皮实施了事实上的管理，故双方的法律关系不符合仓储合同特征，B公司对A公司的毛皮没有管理义务。在实践中，合同双方应当明确合同所要达到的目的，所签合同的性质，对合同的名称及条款中的权利义务都理解正确。本案中若A公司认为皮毛由B公司管理更方便有利，就应签订仓储合同，同时支付相应的合同对价。

【风险提示】

仓储合同所涉及的仓储业是一种商业营利活动，保管人是拥有仓储设备并拥有从事仓储保管业务资质的一方，其合同目的是使存货人的货品得到妥善的管理，保管人的主要给付义务就是提供仓储管理，因此，仓储人的“交付验收”、开具仓单等凭证都是仓储合同的重要特性，这些使其与以租赁物的使用收益权为核心的租赁合同显著区分开来，所以，合同订立时在合同性质上达成真正的意思一致，才可避免后续权利义务关系的纠纷。

三、仓储合同的一般理论

（一）仓储合同的分类

按照不同的标准，仓储合同可以分为以下种类。

1. 有期限的仓储合同和无期限的仓储合同

有期限的仓储合同，是指当事人对储存期限有明确约定的仓储合同。《民法典》第915条规定：“储存期间届满，存货人或者仓单持有人应当凭仓单、入库单等提取仓储物。存货人或者仓单持有人逾期提取的，应当加收仓储费；提前提取的，不减收仓储费。"存货人或仓单持有人不提取仓储物的,保管人可以催告其在合理期限内提取,逾期不提取的,保管人可以提存仓储物。无期限的仓储合同,是指当事人对储存期限没有约定或约定不明确的仓储合同,此时存货人可以随时提取仓储物,保管人也可以随时终止合同,但应给对方留出合理的履行期限。

2. 普通货物的仓储合同和危险物品、易变质物品的仓储合同

所谓危险物品,是指易燃、易爆、有毒、有腐蚀性、有放射性的物品,如硫酸、汽油、农药等。为防止危险物品危及保管人和群众的人身、财产安全,必须使用特别的存储设备,采取特别的储存措施,对保管人的储存能力、双方当事人的注意义务提出了更高的要求。所谓易变质物品,是指容易腐败、变味、霉烂的物品,如食品、鲜活农产品等。对于易变质物品,必须采取冷冻、通风等特别储存措施。至于普通货物的仓储合同,是指对仓储条件没有特别要求的储存物,如结实耐用、只需简单堆放的工业产品等,合同双方当事人的权利义务也和危险物品、易变质物品的仓储合同的不同。

3. 一般仓储合同和特殊仓储合同

根据仓储物是否为特定物或特定化了的种类物以及仓储物是否转移所有权,仓储合同可分为一般仓储合同和特殊仓储合同。

一般仓储合同是以特定物或特定化了的种类物为标的物的仓储合同类型,仓储合同期限届满时,保管人要将仓储物交还给存货人,存货人支付仓储费用。特殊仓储合同包括消费仓储合同和混藏仓储合同。鉴于上述两种合同,在现代物流市场存在的现实情况,有人建议应将消费仓储合同和混藏仓储合同正式纳入我国仓储法律制度体系,并将其作为特殊仓储合同在《民法典》第二十二章"仓储合同"明确规定。①

(二)仓储合同的效力

1. 保管人的权利

(1)紧急情况下对仓储物的处置权。我国《民法典》第913条规定:"保管人发现入库仓储物有变质或者其他损坏,危及其他仓储物的安全和正常保管的,应当催告存货人或者仓单持有人作出必要的处置。因情况紧急,保管人可以作出必要的处置;但是,事后应当将情况及时通知存货人或者仓单持有人。"本条规定了

① 参见李婷婷:《仓储法律制度研究》,湖南大学2006年硕士学位论文。

保管人的催告义务以及保管人在紧急情况下对仓储物的处置权。

(2)对仓储物的提存权。一切合同当事人应当遵守诚实信用的原则,根据合同的性质、目的和交易习惯履行通知、协助、保密等义务。仓储合同的存货人同样应当协助、配合保管人履行义务,如果存货人没有正当理由拒绝受领而使保管人不能履行义务,仓储合同的权利义务就不能消灭,保管人不能因为存货人或仓单持有人不提取仓储物而增加自己保管仓储物的责任,因此出于公平的考虑,我国《民法典》第916条规定了保管人对仓储物的提存权,即“储存期间届满,存货人或者仓单持有人不提取仓储物的,保管人可以催告其在合理期限内提取,逾期不提取的,保管人可以提存仓储物”。

保管人行使提存权要具备一定的条件,包括:①必须是存货人或者仓单持有人不提取仓储物;②必须是储存期限届满;③必须催告存货人或仓单持有人在合理的期限内提取;④提存必须依法定程序。一般来说,保管人行使提存权,首先,应由保管人向提存机关呈交提存申请书。在提存申请书上应当载明提存的理由、标的物名称、种类、数量以及存货人或仓单持有人的姓名、住所等内容。其次,保管人应提交仓单副联、仓储合同副本等文件,以此证明保管人与存货人或仓单持有人的债权债务关系。最后,保管人还应提供证据证明自己催告存货人或仓单持有人提货而对方没有提货,对该批货物无法交付其所有人。提存机关对申请提存的材料进行审查后,认为符合提存条件的,应向保管人授予提存证书,该证书的效力等同于清偿受领证书。

(3)报酬费用请求权。仓储合同是一种商事合同,保管人从事仓储业就是为了营利,因此仓储人有报酬费用请求权。存货人或仓单持有人应按照合同约定的仓储费计算办法支付仓储费,既可以由存货人在货物入库时一次付清,也可以约定分期给付或由提货人在提货时一次付清。合同有约定期限的,存货人提前提取不减收仓储费,逾期提取应加收逾期期间的仓储费。仓储合同终止时,存货人未按约定支付仓储费的,保管人可以对货物行使留置权。

(4)留置权。仓储合同中,保管人按照合同占有仓储物,一旦存货人或仓单持有人不履行仓储合同义务,如不支付仓储费、不赔偿因违约而给保管人造成的损失等,保管人即可行使留置权。另外,行使留置权需要该债务已到清偿期,否则保管人不得行使留置权。由于保管人直接占有仓储物,并且留置属于法定担保,所以保管人的留置权优先于其他担保债权。留置财产后,债务人应在约定的期限内履行债务,当事人未约定或约定不明确的,保管人在留置仓储物后,应留出不少于60日的期限通知存货人或仓单持有人履行债务。

2. 保管人的义务

(1)给付仓单的义务。《民法典》第908条规定:"存货人交付仓储物的,保管人应当出具仓单、入库单等凭证。"向存货人给付仓单等,是保管人的一项合同义务。

从其他国家和地区的立法看,关于仓单有三种立法主义。其一,以法国为代表的两单主义,又称复券主义。采取这种立法主义的,仓库营业人应同时填发两个仓单:一为提取仓单,用以提取保管物,并可转让;二为出质仓单,可用为担保。其二,以德国商法为代表的一单主义。采取一单主义,仓库营业人仅填发一个仓单,该仓单既可用于转让,又可用于出质。其三,以日本商法为代表的两单与一单并用主义。采此种立法主义的,仓库营业人应存货人的请求填发两单或者一单。我国法上采取一单主义的立法主张。保管人应存货人的请求仅填发一个仓单,而不需填发两个仓单。

仓单是保管人应存货人的请求而签发的一种有价证券。从仓单的性质上看,仓单是以给付一定的物品为标的的,故为物品证券;同时由于必须移转仓单始生仓单上所载货物所有权转移的效力,故仓单又称为物权证券或处分证券。因为仓单上记载的事项,须依法律的规定作成,故仓单为要式证券。仓单的记载事项决定当事人的权利义务,当事人须依仓单上的记载主张权利义务,故仓单为文义证券、不要因证券。又因为仓单是由保管人自己填发的,由自己负担给付义务,所以仓单为自付证券。仓单上所载明的权利与仓单是不可分离的,因此,仓单具有以下两方面的效力:①受领保管物的效力。保管人一经填发仓单,持单人对于保管物的受领,不仅应提示仓单,而且还应缴回仓单。②移转保管物的效力。仓单上所记载的货物,非由货物所有人在仓单上背书,并经保管人签名,不发生所有权转移的效力。仓单的持有人,可以请求保管人将保管的货物分割为数部分,分别填发仓单,同时持有人须交还原仓单。这在学说上称为仓单的分割,其目的是便于存货人处分保管物。分割仓单所支出的费用,由存货人支付或偿还。如因仓单损毁或遗失、被盗,存货人或仓单持有人丧失仓单的,得依《民事诉讼法》的规定,通过公示催告程序以确认其权利。①

(2)按照约定接受存货人交付仓储物的义务。保管人应当按照约定对入库

---

① 参见崔建远主编:《合同法》,法律出版社2003年版,第451页。

仓储物进行验收。保管人验收时发现入库仓储物与约定不符合的,应当及时通知存货人。保管人验收后,发现仓储物的品种、数量、质量不符合约定的,保管人应当承担损害赔偿责任。一般来说,保管人的正常验收项目一般包括:货物的品名、规格、数量、外包装状况,以及无须开箱通过直观就可以看见和辨认的质量状况。包装内货物的品名、规格、数量以外包装或货物上的标记为准,外包装或货物上无标记的,以存货人提供的验收资料为准,保管人无开拆包装进行检查的义务。保管人通过验收发现仓储物与合同约定不符的情形的,应当及时通知存货人。没有通知的,推定验收结果合格,以后仓储物出现瑕疵的,存货人可以要求保管人赔偿损失。

(3)妥善保管仓储物的义务。保管人应当按照合同约定的存储条件和保管要求,妥善保管保管物。保管人储存危险物品的,应当具备相应的保管条件,如果因为保管或操作不当使包装发生毁损的,保管人应当负责修复或按价赔偿。为了督促保管人妥善保管仓储物,我国《民法典》第911条还规定了保管人承受存货人或者仓单持有人进行检查和提取样品的活动的义务。但是,对于仓单持有人明显不当地检查或抽取样品的行为,保管人有权予以拒绝。

(4)通知义务。保管人对入库仓储物发现有变质或者其他损坏的,应当及时通知存货人或者仓单持有人。在仓储物的保管过程中,仓储物变质或损坏的原因有很多,包括货物本身的性质所致;不符合约定的保管条件所致;瑕疵本身存在,验收时没有发现等。无论仓储物的变质或损坏是否因保管人的过错而发生,保管人都有通知义务。

相关案例分析

【案情简介】

2005年4月1日,甲公司与乙公司签订《服务协议》,约定:由乙公司向甲公司提供保税仓储及相关服务,服务地点为广州南沙经济技术开发区进港路南沙货柜车检场内,仓库的产权属乙公司。仓储货物为向美国某公司购买的空气压缩机组一套,具体见《服务协议》附件;甲公司应及早向乙公司提供储存货物所需注意事项(详见附件1),如甲公司没有及时提供储存货物及装卸所需注意事项造成损失的乙公司一律不予负责;自乙公司报关收取货物起至根据甲公司指示将货物出仓,并交付至指定目的地止(含货物进、出仓装卸过程及金仓公司运输过程),货物如发生毁损、灭失,除是甲公司过错、货物本身自然性质或本协议约定的不可抗力事件所致外，乙公司应当按照甲公司货物直接损失部分成本价格承担赔偿责任。协议签订后，甲公司依约将空气压缩机组一套交给乙公司运输和保管。从入境通关单据上可以看出，该设备是有木箱包装的，但货物运输到乙公司仓库时，乙公司发现外包装已被全部拆除，为全裸装且形状不规则，遂拍照保存原状。此后，乙公司将货物安全卸车并进入仓库保管。2006 年 1 月 5 日，甲公司要求乙公司将上述协议约定的仓储货物提取出仓，并运送至指定地点，在出仓装车过程中发生事故，空气压缩机主机从装卸车上侧翻跌落地面，造成主机本体及性能严重受损。后甲公司诉至法院，要求乙公司赔偿货物的损失。

【法院判决】

法院判决乙公司赔偿甲公司货物损失的 80%。

【法律分析】

《民法典》第 912 条规定："保管人发现入库仓储物有变质或者其他损坏的，应当及时通知存货人或者仓单持有人。"此条规定的是保管人的通知义务。

本案中，甲公司与乙公司签订《服务协议》，形成仓储合同法律关系。根据《服务协议》的约定，甲公司应提供货物入仓和出仓的注意事项，由于货物运到乙公司仓库时，外包装已被拆除，为全裸装且形状不规则，乙公司作为专业仓储公司，理应在合理期限内通知甲公司提供出入仓的装卸操作注意事项。乙公司在未通知甲公司的情况下擅自搬运货物，导致货物从叉车上侧翻跌落地面，造成损毁，乙公司应对货物损失承担主要责任。而甲公司在货物无外包装的情况下未依约及时向乙公司提供出入仓装卸操作注意事项，对货物的损毁也有过错，应当承担次要责任。

【风险提示】

仓储合同中，双方应严格履行通知义务及必要的说明告知义务。虽然保管者具有专业的仓储技能，但是一般来说存货人对仓储物的性能状态的了解更多，因此，对存货人来说，及时告知和说明仓储物的性能及运输保存的注意事项是其降低自己损失风险的必要步骤；对于保管人来说，一旦发现仓储物变质或损坏应及时通知存货人，如此，消极层面上可防止己方承担不必要的责任，积极层面上可避免对方损失的扩大，尽到仓储人的注意义务。

（三）仓储合同中的仓单

1. 仓单的概念与性质

仓单是仓储保管人在收到仓储物时向存货人签发的表示已经收到一定数量

的仓储物,并以此来代表相应的财产所有权利的法律文书。仓单表示着仓单持有人对仓储物的所有权关系,仓单持有人正是基于此所有权而得为仓储物返还请求权。仓单所载权利的行使与移转,以仓单的占有或者移转为必要条件。仓单在经过存货人的背书和保管人的签署后可以转让给任何人,任何持有仓单的人都可以向保管人请求给付仓储物,因此,从性质上而言,仓单是一种有价证券,代表着与仓储物同值的财产权利。

在我国仓单作为一种有价证券,具有如下主要性质:

(1)仓单是要式证券。要式证券是具备法定格式才能有效的证券,法律对要式证券的格式有严格要求。各国法对仓单的记载事项均有所规定。我国《民法典》对仓单的格式和记载事项有严格规定,即仓单必须有保管人的签字或盖章,并记载规定的事项。否则,仓单不能产生效力。

(2)仓单是背书证券。背书证券是指可以通过背书方式加以转让的证券。根据我国《民法典》的规定,存货人或仓单持有人在仓单上背书并经保管人签字或盖章的,可以转让提取仓储物的权利。由于仓单可以背书转让,故仓单又是流通证券。

(3)仓单是物权证券。物权证券是以物权为权利内容的证券。仓单是提取仓储物的凭证。存货人取得仓单后,即意味着取得了仓储物的所有权。仓单发生转移,仓储物的所有权也发生转移。从仓单代表仓储物的角度看,仓单又是物品证券。

(4)仓单是文义证券。文义证券是指证券上的权利义务仅依证券上记载的文义而确定的证券。仓单所创设的权利义务是依仓单记载的文义予以确定的,不能以仓单记载以外的其他因素加以认定或变更。

(5)仓单是记名证券。记名证券是在证券上记载权利人姓名或名称的证券。对于仓单可否为无记名证券各国规定不一,学者们的看法也不一致。日本、意大利、俄罗斯等国都规定仓单是记名证券,而瑞士则规定仓单可以是无记名证券。从我国《民法典》的规定来看,仓单上应当载明存货人的名称或姓名和住所。

(6)仓单为无因证券。无因证券是指证券权利的存在和行使不以作成证券的原因为要件,证券的效力与作成证券的原因完全分离的证券。仓单是否为要因证券,学者们的观点并不一致。有学者主张仓单为无因证券,其理由是,既然仓单为文义证券,理解为无因证券为妥,因为文义证券不宜为要因证券。也有学者主张,仓单为要因证券,其理由是,仓单上的权利不因证券的发行行为而发生,其存在须有为发行行为基础之原因关系。我国多数学者认为，仓单为无因证券。在仓储合同中，保管人签发仓单后，仓单持有人对保管人即可行使权利，而对取得仓单的原因，不负证明责任。

(7)仓单为自付证券。自付证券是指发行人自己给付的证券。根据《民法典》的规定，仓储物的保管人应当给付仓单。可见，仓单是由保管人填发并给付存货人的。同时，仓单持有人请求交付仓储物时，也只能向保管人为之，由保管人向仓单持有人交付仓储物。仓单持有人请求保管人交付仓储物时，应当将仓单交还于保管人，故仓单又是缴还证券。①

2. 仓单的效力

(1)提取仓储物的效力。仓储合同以仓储物的储存为目的，在一般仓储合同中，存货人将仓储物交付给保管人，仓储物的所有权并没有发生转移，仍然归属于存货人。保管人于存货人交付仓储物时应向存货人交付仓单。仓单持有人有权根据仓单请求保管人交付仓储物。因此，仓单就代表着仓储物，是提取仓储物的凭证。对于仓单持有人来说，持有仓单就可以主张权利，提取仓储物；对于保管人来说，认单不认人，只要仓单形式上合法，就应将仓储物交付于仓单持有人，同时收回仓单。因此，保管人和仓单持有人之间的法律关系，应以仓单为准。也就是说，即使仓单记载的仓储物与实际交付的货物不相符合，仓单持有人也有权依据仓单的记载而要求保管人给付仓单记载的仓储物。如果保管人不能按照仓单的记载给付仓储物的，仓单持有人有权要求保管人赔偿损失。当然，保管人和存货人之间的法律关系，仍然以仓储合同为准，例如，如果仓单持有人根据仓单所提取的仓储物多于存货人实际交付的货物，则保管人和存货人之间应根据仓储合同，就仓单持有人多提取的货物加以处理。②

相关案例分析

【案情简介】

甲公司与乙公司素有业务往来，甲公司最后一批塑料原料聚乙烯系从2004年12月13日至2005年1月17日存入乙公司仓库，共计887.4吨。其间，甲公司先后提取了386.225吨货物，尚余501.175吨。后该批剩余货物由甲公司卖给了

① 参见房绍坤：《仓单若干问题探讨》，载《求是学刊》2002年第1期。

② 参见刘保玉、秦伟：《物权与债权的区分及其相对性问题论纲》，载《法学论坛》2002年第5期。

丙公司,丙公司书面通知乙公司该批货物属于丙公司,乙公司根据丙公司的指令将该批货物交给了丙公司。

2005年3月5日,甲公司至被告仓库提货时,发现委托其保管的货物不见了。原告多次与被告交涉未果,遂向法院提起诉讼,请求被告返还原告委托其保管的塑料原料聚乙烯501.175吨或赔偿原料折价款人民币6,376,815元。

【法院判决】

乙公司应赔偿甲公司损失人民币6,375,625元,于本判决生效之日起10日内支付。

【法律分析】

本案的争议焦点为:乙公司是与甲公司还是丙公司存在仓储合同关系,丙公司是否有权提取争议货物。

从各方当事人确认的事实来看,总数为887.4吨的聚乙烯由甲公司或者甲公司委托的运输单位交给乙公司,甲公司持有乙公司出具的入库单,其中一张入库单记载的交货单位是甲公司,其余入库单上交货单位一栏空白。因此,该争议货物是以甲公司的名义存入乙公司仓库。而且,甲公司在货物入库后又开具提货单提取了部分货物,故甲公司和乙公司之间成立存储887.4吨的聚乙烯的合同关系。而丙公司虽然主张甲公司将货物卖给了自己,但其并未持有甲公司的提货单,其无权从乙公司仓库提货,而乙公司将货物交付给了丙公司,就应当承担赔偿责任。

【风险提示】

保管人应严格依照合同约定或法律规定由存货人或仓单持有人凭仓单或其他合法有效单证提取仓储物。从债权角度来说,仓储合同中的存货人才是合同当事人,保管人履行货物交付义务的对象应是合同的当事人;从物权角度来说,保管人应对持有物权凭证——仓单的一方交付仓储物,因此,在仓储合同中往往会涉及对第三人交付的问题,也会发生物权与债权矛盾的风险。

(2)转移仓储物所有权的效力。仓单属于流通证券,可以流通。我国《民法典》第910条规定:"仓单是提取仓储物的凭证。存货人或者仓单持有人在仓单上背书并经保管人签字或者盖章的,可以转让提取仓储物的权利。"也就是说,存货人或仓单持有人在仓单上背书并经保管人签字或盖章后,仓单上所具有的提取仓储物的权利随之转让于新的仓单持有人。由于仓单代表着仓储物,所以仓单的交付就意味着仓储物所有权的转移,与物品的交付具有同一法律效力。关于仓单交付的效力，学理上有绝对说和相对说两种不同的主张。绝对说认为，仓单的让与是一种新创立的、独立的所有权取得方式，仓储物的所有权因为前后连续的两个仓单持有人间意思表示的一致以及仓单的交付而取得。权利取得的问题完全与占有的问题脱离。保管人在仓单背书转让时是否已经实现了对仓储物的占有在所不问。但是，如果仓储物最终不能为保管人所占有或者仓储物灭失时，则仓单交付不能产生物权效力，因为此时仓储物的交付已经不可能。相对说又分为严格相对说和一般相对说，前者主张仓单交付的前提是仓单存在间接移转占有的可能，只要仓储物可能于将来实现间接占有，那么仓单交付就产生物权效力；一般相对说主张仓单交付发生物权效力应以保管人对仓储物的直接或间接占有为前提。[①] 仓单是仓储物的权利凭证，有多少价值的仓储物，就有代表相应权利的仓单。在法律上，实体的仓储物与仓单所代表的权利是同一的，两者具有完全可替代性。当民事主体想要获得仓储物时，他只需取得该仓储物的权利代表——仓单即可，从而免去实现交易的复杂化和非经济性。仓单的新的持有人就是仓储物的权利人，该仓单只要经保管人签字或盖章就具有了完全的物权效力。比较上述观点，绝对说以票据的条件要求仓单，虽然具有一定的前瞻性，但在我国现阶段还缺乏现实的可操作性。严格相对说使仓单的效力薄弱，也不宜采用。只有一般相对说既符合法理又符合我国的实际，我国仓储合同的理论和实践应采用此观点。[②] 事实上，一般相对说也是一些国家或地区的通说，德国和我国台湾地区立法都采用这种学说。[③]

第二节　仓储合同法律风险及其防范

一、仓储合同实践中法律风险的特点

（一）多样性

在仓储合同中有仓库营业人（仓管方）与存货方两方当事人。就实质而言，仓储合同属于保管合同中的一种，仓库营业的性质，使它具有不同于一般保管合

---

① 参见房绍坤：《仓单若干问题探讨》，载《求是学刊》2002 年第 1 期。

② 参见史尚宽：《债法各论》，中国政法大学出版社 2000 年版，第 563 页。

③ 参见卢庆威：《仓储合同研究》，吉林大学 2007 年硕士学位论文。

同的性质,同时也面临着不小的法律风险。

1. 存货人在货物品名、种类、数量、质量等方面弄虚作假

依据保管货物的不同保管难度,仓库营业人有着不同的收费标准。存货人常常出于想少交保管费或其他方面的动机,在货物的品名和种类上弄虚作假。大部分情况下,存货人为了降低仓储费用,故意将危险物品作为普通物品,将特别货物当作一般货物,将贵重物品作为普通物品。根据《民法典》的规定,存储易燃、易爆、有毒等危险物品和易腐物品,必须在合同中注明,并提供必要的资料,否则造成货物毁损或人身伤亡,应由存货方承担赔偿责任甚至刑事责任。将危险物品交给仓库营业人入库的,构成对仓库营业人的欺诈。双方由此签订的仓储合同无效,同时,仓库营业人所受损失也应由存货人负责赔偿,甚至将追究存货人的刑事责任。

也有相反情况,有的人为了获得不法利益,有意将普通货物填写为贵重物品,意在合同期限届满后,再诬陷仓库营业人偷换了他的货物,而索赔。司法实践中确实存在这种欺诈行为,最后法院也难以判明谁是谁非,只能根据有关证据来确定,其中最有力的证据就是仓储合同。如果仓库营业人员签订合同时不谨慎,则极可能陷入错误认识而上当。

2. 存货人对将交付储存的货物的保管要求和保管条件提供虚假的信息

根据《民法典》第 906 条的规定,储存易燃、易爆、有毒、有腐蚀性、有放射性等危险物品或者易变质物品的,存货人应当说明该物品的性质,提供有关资料。对于易燃、易爆、有毒等危险物品和易腐物品以外的物品,存货人有意或无意地提供一些保管条件或保管要求,从而使保管人轻信,而遵照这些保管要求和保管条件对货物进行保管,以致货物毁损、短少、污染、变质、灭失等后果。如果存货人出于恶意,故意陈述不当的保管条件和保管要求,就会误导仓库营业人。根据《民法典》第 918 条和第 893 条,存货人未尽告知义务,致使货物毁损、短少、污染、变质、灭失的,保管人不承担赔偿责任。

3. 存货人欺诈保管费用

保管费用的收取是仓库营业人得以正常开展仓储保管业务的物质保证。实践中,有的存货人可能会采取多种手段对仓库营业人进行欺诈,如称将账记在其他单位身上;有的存货人在与仓库营业人签订仓储合同时,在货物的质量上弄虚作假,或以次品充当真品,或其交付储存的货物已经过了有效期或者即将到达有效期,或者其交付储存的货物即将或已经变质,却当作质量合格的物品。

4. 存货人转让合同的风险

有的存货人与仓库营业人签订了仓储合同,然后转让给其他急需使用仓库的第三人,以赚取差额利润。按照合同的有关法规,合同权利义务一般只能存在于订立合同的双方之间,如果有一方将合同权利和义务转让第三人,必须征得另一方当事人的同意。擅自转让合同的行为是无效的,存货人出于牟利的目的,对仓库营业人构成了欺诈。

5. 仓储企业不按合同或物业惯例进行保管,给存货人造成损失

对于易燃、易爆、易渗漏、有毒等危险物品或者易腐、超限等特殊货物,有着特别的保管要求。在实践中,仓库营业人出于经济目的,抱着侥幸心理,而伪称其具备这种保管能力,与存货人签订合同,最后发生了货物损失或人身伤亡等事故。有的仓库营业人在接受存货人的货物后,甚至未经存货人的同意,就擅自使用保管物。按《民法典》规定,这种行为属于违约行为,应对存货人的损失予以赔偿。

6. 仓储企业滥用免责条款

免责条款,是指当事人以协议排除或者限制其未来责任的合同条款。它是当事人双方协商同意的合同的组成部分,具有约定性。这与法律规定的不可抗力致使合同不能履行时免责不同。仓储合同中的仓库营业人可能利用其对该行业的垄断地位,强加给对方不平等的条件,特别是在合同中强加不合理的免责条款。存货人或者因为无能力与之争执,或者是因为误以为该免责条款是国家规定的或该行业的行业规定,而无奈地接受,一旦发生事故,往往只能自认倒霉。

7. 存货人不履行提货及交款义务而造成"死库"

目前,全国各地的仓储企业不同程度地存在货物"死库现象"。由于委托方音信全无、倒闭、涉嫌骗汇等原因,各仓储企业内有超出 2 年以上的货物积压,有的仓储期限甚至已近 10 年之久。积压货物占用了大量仓库面积,货物均已明显锈蚀、腐败、变质,既影响到其他正常货物的仓储,又极易产生环境污染问题,企业既无法收回仓储费,又无法处理。①

(二)可预防性

虽然仓储合同的风险具有多样性,但是其是可以预防和控制的,只要充分认识到仓储合同可能存在的风险,并对症下药,积极采取相应的预防措施,那么完全

---

① 参见 http://www.zehan.com.cn/news_display.asp?keyno=685,2009 年 4 月 3 日访问。

可以做到防患于未然，故仓储合同的寄存人与保管人应当对风险的防范与控制有足够的重视，避免自己的疏忽大意导致不必要的损失。

二、仓储合同实践中风险规避的基本理念

（一）审查合同，谨慎缔约

在仓储合同中，合同的保管人必须是经工商行政管理机关核准登记的专营或兼营仓储业务的法人组织或其他经济组织、个体工商户等，未经核准登记而擅自从事仓储业务的，属超越其经营范围的经济活动，依法应确定为无效。因此，存货人在寻找仓储合同的对方及订立合同时，应首先查明对方是否具有从事仓储的资格，并且是否在其营业执照上写明。凡是营业执照上没有仓储业务的，存货人不可与之订立仓储合同。

对方现有的、实际的经营状况也是签约前审查的重要内容。经济生活中存在大量的虽有主体资格但经营状况不佳，有不能履行合同之虞的企业或单位。为减少或杜绝被欺诈的可能性，签约时应通过信函、电报、电话或直接派人到对方单位进行资信调查，或借助当地工商机关、公安机关、该企业的主管部门等政府部门了解其信用及履行能力。在对对方资信情况了解确切后，再决定是否签约。

仓储合同的标的物应是合法的。标的物违法将导致仓储合同无效。因此，在订立仓储合同时，保管人应确切地知晓存货人所存放的是什么物品，防止存货人利用仓储公司存放违法物品。凡是法律禁止流通的物品以及未经正式批准而被存货人占有的限制流通物，保管人不得为其提供仓储场所。这要求保管人加强对入库仓储物品的验收工作。

代理人以被代理人名义签订仓储合同时，一方当事人应注意审查对方是否具有代理人资格：

（1）是否具有授权委托书。在授权委托书中，应当载明代理人的姓名或名称、代理事项、授权权限、期间，并由委托人或法定代表人或主要负责人签名、盖章。

（2）代理人是否在授权范围内代订仓储合同，凡是超越代理权限而订立合同的，将因无权代理而导致效力待定，被代理人有追认权。

（3）代理人以被代理人的名义签订仓储合同。凡对方是无权代理的，不可与之订立仓储合同。

签订合同时应尽力周详、完备，审查合同书中有无错误及不明确之处。双方

在签约时，一定要对仓储合同的主要条款进行全面协商，达成一致。与仓储有关的仓储物检验、包装、保险、运输等事项，必须在合同中明确规定或另订合同。在签约完毕后，双方一定要仔细审阅合同语言是否明确，有无可能产生歧义；有无误写，主要条款是否都写进了合同，以防止日后引起纠纷或上当受骗。

以下是在签订合同主要条款时应具体注意的。

1. 主体方面

实践中常出现的风险是保管人简写或没有保管资格，防范措施是核实保管方是否有保管资格，实际保管人与保管人是否一致，防止仓储物被骗走。

2. 仓储物的品名、品种、规格、数量、质量、包装方面

实践中常出现的风险是只填仓储物名称，其他不填。防范措施是应详细、具体填写仓储物的品名、品种、规格、数量、质量、包装等。这关系到因保管不当或因其他保管事由而产生的索赔。

3. 仓储物验收内容、标准、方法、时间、资料方面

实践中常出现的风险是不填或漏填验收内容、标准、方法、时间、资料。防范措施是：(1)要逐项认真填写存、取仓储物的验收，草率或没有订明以何标准、用何方法、在多长时间内与哪些资料、数据相符的，保管责任不宜分清，索赔困难。(2)要注意写明仓储物的验收期限，验收时间与仓储物实际入库时间应尽量缩短，对易发生变质的仓储物，更应注意验收时间。必须注明超过验收时间所造成的实际损失，由保管人负责。仓储物验收期限，自仓储物和验收资料全部送达保管人之日起，至验收报告送出之日止，日期均以运输或邮政部门的戳记或直接送达的签收日期为准。(3)要写明保管人应按合同规定的品名、规格、数量、外包装状况、质量、对入库仓储物进行验收。如果发现入库仓储物与合同规定不符，应在约定的时间内通知存货方。保管人验收后，如果发生仓储物品种、数量、质量不符合合同规定时，保管人应承担赔偿责任。

4. 仓储物入库、出库手续、时间、地点、运输方式方面

实践中常出现的风险是不填入、出库手续和运输方式。防范措施是：(1)要将入、出库手续、时间、地点、运输方式写全、写清，这关系到风险责任的承担。另外，有运费时还应写明运费由谁承担。(2)合同中要注意明确仓储物的出入库手续的办理方法，确立仓储物入库时间，双方当事人必须办理签收手续，在没有存货方在场的情况下，仓储物的出库应当与存货人指定的第三者办理，不能直接与仓储物的买方办理。另外，仓储物在出库后，合同约定由保管人代为发运的，合同条

款中必须明确仓储物的运输方式，是公路运输还是铁路、水路运输，抑或是所有运输方式都可以，要规定清楚。必须订明如果合同规定不明确的，所造成的仓储物迟延到达的责任，由合同双方承担。最后，合同规定了发运方式后，还必须规定送达目的地的时间，否则，所引起的纠纷双方均应承担责任。

5. 仓储物的损耗标准和损耗处理方面

实践中常出现的风险是不写损耗或不实写损耗而任意填写。防范措施是：(1)如实正确填写损耗。不填或少填，保管方赔偿责任重，多填，存货人损失大。少填或多填也容易出现纠纷。(2)合同中要订明仓储物在储存期间和运输过程中的损耗，磅差标准的执行原则。有国家或专业标准的，按国家或专业标准规定执行；没有国家或专业标准的，可以商定在保证运输和存储安全的前提下由双方作出规定。

目前，仓储物损耗的标准规定有：《商业仓库管理办法》、《国家粮油仓储管理办法》以及《百货、文化用品、商品运输、保管定额损耗管理试行办法》等。

6. 包装条款方面

对包装条款，实践中常出现的风险是不写或填写不明。防范措施是合同中要明确仓储物的包装条款，如必须明确包装仓储物由存货人负责。因为保管人不负有对仓储物包装的义务，只负有对仓储物的包装储存的义务，因此，不能搞混。再者，必须明确包装的各种具体要求。例如包装物的外层包装用料，内层包装要求；易碎、易腐物品或危险物品的包装要求等要有具体规定。因此，在缺少包装标准的情况下，合同应根据实际情况约定包装执行的标准。

7. 保管条件与要求方面

实践中常出现的风险是不写明或不写保管条件与要求。防范措施是仓储物的储存条件和储存要求必须在合同中明确作出规定，需要在冷冻库里储存或是在高温、高压下储存的，都应通过合同订明。特别是对易燃、易爆、易渗漏、易腐烂、有毒等危险物品的储存要明确操作要求、储存条件和方法。原则上有国家规定操作程序的，按国家规定执行；没有国家规定的，按合同约定储存。

相关案例分析

【案情简介】

2000年3月15日，某铝材厂向某物资供应部订购柴油，物资供应部提供了油的产地，要求某铝厂派人查看，某铝厂声称因为双方有多次生意往来且合作都非常愉快，所以表示不需要查看。于是，两方签订了合同。

此后，某铝材厂先后收到物资供应部的供油9车，计60吨。物资供应部给某铝厂出具的发货票中所写明的品名为废柴油，某铝厂收货时在收货条上注明的品名是好柴油。

与此同时，某铝材厂因库房紧张，无法储存下该批柴油。于是其联系到了某石化综合厂，要求与其签订仓储保管合同。合同签订后，某铝厂将60吨废柴油以柴油名义交付保管。

2000年6月24日，某石化综合厂仓库管理员阮某发现柴油库气味浓烈，便打开抽油泵来抽取漏油槽中的漏油。在抽取过程中，油气突然发生爆炸，造成严重损失。某石化综合厂后向法院起诉，要求被告某铝厂赔偿经济损失70万元。其理由是，被告在交付货物时没有说明该批柴油的质量不纯是造成事故的原因，被告应对原告的损失负赔偿责任。

而被告辩称，原告作为有储存各种货物经验的单位，应该知道对每一批进厂储存的货物有进行检验的必要，而实际上原告却没有这样做，因此，原告自己对损害结果的发生也负有一定的责任。而且被告认为，原告的仓库管理员在抽取漏油时使用的抽油泵是非防爆的，以致在抽取过程中引起火花，这是导致事故的直接原因。原告对此损害结果的发生负有责任。

【法院判决】

人民法院受理案件后，经审理查明得出以下鉴定结论：起火原因经区公安局鉴定为，某铝厂购进的柴油油料质量不纯，大大低于柴油燃点。加之输油泵泄漏，两个罐口长期开放，挥发大量油蒸气聚集在库内，另外虽然抽油泵确系非防爆，油气爆燃的直接导火索是因工作人员在抽油过程中油泵打出火花而导致的。另查，市消防局出具鉴定结论，认为某石化综合厂仓库符合存储柴油的标准，油泵可以选用非防爆型的，罐口敞开、泄漏问题不大，如果储存的货物确系柴油是不会出现问题的。

人民法院审理认为，被告某铝厂将含轻汽油的废油当作柴油存储，且没有向原告说明真实情况，是造成此事故的主要原因，应当承担主要责任；某石化综合厂在接收货物时未进行检验，当油气浓烈时又有处置欠妥当之处，对造成此次事故负有不可推卸的责任，酌定某铝材厂赔偿某石化综合厂经济损失共60万元。

【案例评析】

《民法典》第906条规定的是存货人对危险物品和易变质物品的说明义务。

在仓储合同中，仓储物的种类相当繁多，各种不同的仓储物，其储存的方法和要求不完全一样。因此，在仓储合同中，如果存货人要储存的物品为危险物品和易变质物品，不仅要求存货人说明仓储物的性质，提供有关资料，而且要求保管人具有相应的保管条件。根据《民法典》第906条的规定，储存易燃、易爆、有毒、有腐蚀性、有放射性等危险品或者易变质物品，存货人应当说明该物品的性质，提供有关资料。存货人违反前款规定的，保管人可以拒收仓储物，也可以采取相应的措施以避免损失的发生，因此产生的费用由存货人承担。保管人储存易燃、易爆、有毒、有腐蚀性、有放射性等危险品的，应当具备相当的保管条件。

本案中，被告交付储存的柴油是一批存在瑕疵的柴油。这批柴油在购买之初，作为卖方的某物资供应部的发货凭证上注明的货物品名是废柴油。因此，我们有理由相信被告对其交付的这批货物的性质和质量是知道存在瑕疵的。当被告在向原告交付货物准备储存时，应该向原告就货物的质量作出说明，甚至应该提供相关的资料，但被告并没有这样做——双方所签订的仓储保管合同所记载的货物品名是柴油。而《民法典》这样要求，主要是考虑到货物在入库前，保管人会根据存货人所提供的有关储存标的的资料而做准备工作，这就涉及保管人能否提供货物的相应保管条件。本案中，原告很有可能是把这批货物当做纯柴油进行储存的。而保管人的保管条件必然影响到仓储合同在履行过程中仓储货物的安全性和完整性的问题。本案中，被告显然没有履行说明义务，所以，对之后的爆燃事故负有主要责任。另外，根据《民法典》第906条第2款的规定，如果保管人在货物入库后才知道仓储物是危险品或易变质物品的，有权采取相应措施避免损失的发生，并有权要求存货人承担因此而产生的费用。本案中，保管方在仓储物入库后并没有发现这批货物潜在的危险，所以，不存在《民法典》第906条第2款规定的情况。

需要进一步分析的是，保管人在货物入库时没有提出检验的要求，并且当汽油味浓烈时又有处置不当之处，是否应该对此次事故的发生也承担一定的责任？根据规定，化学危险品入库前，必须进行检查登记，入库后应当定期检查。事实上，本案的原告在接收被告的货物时，并没有对这批所谓的柴油进行核实。按照一般的保管常识，应该能够比较容易地区分出废柴油与纯柴油之间的不同。但是，原告却没有在货物入库之初检验出其质量问题。也因为有了这样的疏忽，存在质量问题的废柴油被当作纯柴油顺利入库存储。而且，在存储期间，保管方的管理员选用了非防爆型的抽油泵来抽取漏槽中的漏油，以至于抽油泵所打出的火花是导致这场事故的直接导火线。消防部门的鉴定结论是，在仓储物是纯柴油的情况下，选用非防爆型的抽油泵来抽取漏油并不会产生爆燃，但由于事实上保管方对于入库的柴油未作检验并将该批柴油当作纯柴油来储存，因此，这种处置不当行为与损害的发生存在一定的因果关系，保管方对于这场事故也应承担一定的责任。

【风险提示】

如果存货人不知道仓储物是危险品或是易变质的物品的，且其对不知的状态并无过错的，则可以不承担责任。虽然实践中，这种情形实属罕见，但并非不可能发生。

8. 计费项目、标准和结算方式方面

实践中常出现的风险是结算事项不写清。防范措施是写清结算方式和结算时间、数额，若是分期结算，还要将每期的结算额写清，结算时间要写日期。

9. 违约责任方面

实践中常出现的风险是少填违约责任或明显或潜在地填写违约责任的附加条件。防范措施是明确地填写违约责任，剔除明显或潜在的违约责任的附加条件。

10. 变更和解除合同的期限方面

实践中常出现的风险是不填写此项。防范措施是填写此种情况的时间，选择权威、公正的机构出具材料。

11. 争议的解决方式方面

实践中常出现的风险是不填或只填协商解决。防范措施是选择便利、公正的纠纷解决机关、方式和地域管辖。

12. 仓储物商检、验收、包装、保险、运输等其他约定事项方面

实践中常出现的风险是不填写此项。防范措施是一定要逐项认真填写，否则风险责任和储存责任不宜分清。

13. 签字盖章方面

实践中常出现的风险是只签字，不盖章。防范措施是要求对方盖章、核实盖章单位与保管人是否一致。

（二）利用法律武器，捍卫合法权益

法律为当事人提供了很多制度上的工具来防范风险，减少损失，故合同当事

人应当对合同法的知识有相应的了解，在仓储合同的签订和履行过程中，合同当事人应当注意运用法律武器来保护自己的权益。

1. 利用留置权防范仓储费风险

《民法典》第903条规定："寄存人未按照约定支付保管费或者其他费用的，保管人对保管物享有留置权，但是当事人另有约定的除外。"

寄存人违反约定不支付保管费（报酬）以及其他费用的，保管人对保管物享有留置权，即以该财产折价或者以拍卖、变卖该财产的价款优先受偿的权利。但须注意的是：依照我国《民法典》的规定，保管人在留置保管物后，应当给予寄存人不少于60日的期限履行债务。如果寄存人逾期仍不履行债务，才可以处理留置的财产。而且在这段时间内，保管人仍负有妥善保管留置物的义务，如果保管不善致使留置物毁损、灭失的，保管人应当承担民事责任。当事人另有约定的，也可以不行使留置权。因保管合同发生的债权，债权人享有的留置权虽然是法定的留置权，但是当事人可以约定不行使留置权。《民法典》第449条规定："法律规定或者当事人约定不得留置的动产，不得留置。"例如，寄存人寄存的手表是寄存人祖传的，对寄存人具有特殊意义，寄存人可以与保管人在合同中约定：即使寄存人未按照约定支付保管费，保管人也不得对该手表进行留置。

2. 利用担保增强合同的安全性

企业可利用法律作关于保障合同债的安全性的规定，如保证、抵押等。合同管理制度中的公证、鉴证等，都可以用来强化合同的安全性。对于仓库营业人来说，有时会遇到拖欠甚至赖着不交保管费和有关费用的事。这时，仓库营业人如果事先为合同设置了担保，则可以要求担保人清偿债务或者就抵押物优先受偿，这样，仓库营业人即使遇上欺诈行为，也可以尽量减少损失。

三、仓储合同理论的新进展

《民法典》中关于仓储合同的规定不尽完善，故仓储合同理论的进展主要是围绕仓储合同的完善，主要针对下面几个问题进行探讨。

（一）关于仓储物的权利主体问题

关于仓储物的权利主体，我国《民法典》在第911条至第916条中均规定为存货人或仓单持有人，如第911条规定："保管人根据存货人或者仓单持有人的要求，应当同意其检查仓储物或者提取样品。"第912条规定："保管人发现入库仓储物有变质或者其他损坏的，应当及时通知存货人或者仓单持有人。”如何理解法条中规定的仓储物的权利主体呢？单从字面上来看，法条将存货人、仓单持有人作并列规定，认为两者都可以成为仓储物的权利主体。然而，在这里就出现这样的问题，即若存货人将仓单背书转让或出质，那么他是否还享有上述法条中所规定的那些权利呢？从法条中我们找不出明确的答案，故有学者认为这是法律条文的一个缺陷。其实，在这里只规定仓单持有人即可，而不必将其与存货人作同位规定。这主要基于以下理由：

1. 存货人在存货后，根据《民法典》第 908 条的规定，存货人交付仓储物的，保管人应当出具仓单、入库单等凭证。因此，签发仓单是保管人的一项义务。此时，存货人成为第一手的仓单持有人，并出现了存货人与仓单持有人的竞合：存货人即仓单持有人，仓单持有人即存货人。这两种称呼在这种情况下都无不可。即使存货人不转让仓单，也可一直称其为仓单持有人，其检查货物或抽取样本的权利是基于仓单这种物权凭证而不是基于由仓储合同产生的债权债务关系，他要检验货物或抽取样本，若无仓单为凭，保管人也不会对其履行基于《民法典》第 911 条而产生的同意义务。

2. 存货人转让仓单，实际上转让的是一种所有权，背书转让后的仓单持有人根据仓单提取仓储物，并且此时他仍可继续背书转让仓单。这就出现存货人和仓单持有人的分离。存货人不再持有仓单，因此，也已不再对仓储物享有权利，当然也就不能再检查货物的保管情况或提取样品了。当仓储物发生损坏或者变质时，保管人也没有理由再通知原来的存货人。并且没有仓单，保管人也不会允许来人将货物提走。

3. 仓单具有认单不认人的无因特性，只要仓单持有人能够证明仓单上的背书是连续的，并且符合法律规定的其他形式要件，保管人便应当对其履行同意义务乃至允许其提取货物。另外，《民法典》第 910 条也规定了背书转让仓单时，必经保管人的签字或盖章，这也从形式和实质两方面保证了仓单转让的安全性。这里有一种情况必须考虑到，即在仓单上设质时，质权人是否享有上述的权利。笔者认为，这时质权人得行使仓单持有人的主要权利。质权人的一项基本的义务就是保持质物或质权的完整无损性。若在质权存在期间质权人将仓单丢失或损坏，应由质权人承担损害赔偿责任。而在此时存货人却无权利行使基于仓单产生的权利了。《日本商法典》即采取了这样的做法。

4. 我国在颁布《民法典》之前并没有法条直接规定保管人应向存货人签发仓

单的义务,因此,当时称其为存货人并无不可。但《民法典》第 908 条直接规定了保管人在验收仓储物之后应当向存货人签发仓单,从而签发仓单已成为保管人的一项基本的义务。更为重要的是,《民法典》第 915 条规定:“储存期限届满,存货人或者仓单持有人应当凭仓单、入库单等提取仓储物。存货人或者仓单持有人逾期提取的,应当加收仓储费;提前提取的,不减收仓储费。”也就是说,没有仓单,即使是存货人,也难以将仓储物提出。笔者认为,之所以这样规定,正是为了增强仓单之流通性及仓储物交易的方便与快捷。

5. 虽然在我国台湾地区及日本的有关法律中,亦兼称存货人或仓单持有人为寄托人或寄托证券持有人,我国以前连仓单持有人的说法都没有,突然将其改称为仓单持有人,颇为不当,而且在现实中经常有保管人不向存货人签发仓单的情况。笔者认为,我国台湾地区及日本相关法律作出这种指称有其立法上的原因。我国台湾地区“民法”第 615 条(仓单之填发)中规定:“仓库营业人,因寄托人之请求,应由仓库簿填发仓单。”《日本商法典》第 627 条(仓单之发生)第 1 款规定:“寄托人有请求时,仓库营业人可以向其交付仓单,以之代替寄存证券及设质证券。”可见,在这两种立法例中,都规定了仓单发生的原因,系因存货人的主动要求。在存货人主动要求的情况下,保管人才有义务为其填发仓单。若其不主动要求,则仓单无由发生。故这时有必要再将存货人与仓单持有人作并列规定,若存货人没有请求保管人签发仓单,则应称其为存货人;反之,则称其为仓单持有人。而我国《民法典》直接规定了保管人的签发仓单的义务,并且这种义务不是由于存货人的请求而产生的,而是直接根据法律规定而具有的。存货人在得到仓单后,其原始的存货人身份已被其仓单持有人的身份所取代或覆盖,故这时实在已无必要再另外规定一个存货人以徒增歧义。基于以上原因,笔者认为,应当将法条中的存货人或仓单持有人改为仓单持有人,谁持有仓单谁行使权利,从而消除法律条文规定的歧义性及由此而带来的混乱。

(二)我国关于仓储合同规定不明晰的问题

例如,《民法典》第 911 条虽然规定了仓单持有人的检查仓储物或提取样品的权利,但对权利人行使权利的时间,却没有作出明确的规定。若比照《民法典》第 511 条第 4 项的规定,应理解为随时可以行使权利,但这种随时应只限于仓库营业期间,其在行使权利之前应当事先通知保管人,以使其有所准备。

再如,《民法典》第 914 条规定:“当事人对储存期间没有约定或约定不明确的,存货人或仓单持有人可以随时提取仓储物,保管人也可以随时请求存货人或者仓单持有人提取仓储物,但应给予必要的准备时间。”这种规定存在这样的危险,即保管人也可随时请求存货人或仓单持有人提货中的随时可以理解为在存货人存货后的任何时间,也包括今天存货,明天保管人就要求仓单持有人提货这种情况,这对仓单持有人是非常不利的,也为保管人故意损害仓单持有人的利益提供了机会。所以有学者认为在这里也应当对“随时”作出限制,这种限制主要是针对保管人的,限制的对象是保管人的催领权,即不能赋予保管人过大的权利。对保管人的限制主要表现在行使权利的时间上的限制,比如在随时之前附加一个条件:自仓储合同订立 3 个月之后,可随时要求对方提货。但这种限制并不针对仓单持有人,也就是说,他可以不必受 3 个月的时间限制而随时提货,但保管人却必须在 3 个月后才可催促仓单持有人前来提货。对此,可借鉴我国台湾地区的规定。我国台湾地区“民法”第 619 条(寄托物之保管期间)中规定仓库营业人于约定保管期间届满前,不得请求移去寄托物。未约定保管期间者,自为保管时起经过 6 个月,仓库营业人得随时请求移去寄托物,但应于 1 个月前通知。这种规定很明确地在时间上限制了保管人的催提权的行使,这对保护存货人的利益是非常必要的。另外,《日本商法典》对此也有所规定,其第 619 条(保管期间)规定:“当事人未约定保管期间时,仓库营业人非于受寄物入库日起经过六个月后,不得要求返还,但是有不得已事由时,不在此限。”这样的规定就避免了保管方对催提权的滥用,也值得我们借鉴。在其他一些国家的有关法律中也对此作出了类似的规定,较为完善的是韩国商法的规定。《韩国商法典》第 163 条(保管期间)中规定:“1. 当事人未定保管期间时,仓储业者自保管物入库之日起 6 个月以后,可以随时返还寄存物。2. 在前款情形下,返还寄存物时应提前两周进行预告。”同时又在其第 164 条中规定:“出现不得已的事由时,仓储业者可以不受前条之规定的限制随时返还寄存物。”我国以后若对《民法典》进行修正,当以韩国商法关于此点的立法为模范公正,精确且又不失灵活。但鉴于当前市场经济的迅猛发展,一切交易以迅速快捷为优,故对时间的限制可以 3 个月为底线。时间再长,有违效率原则,若无时间规定,则有违公平原则。3 个月的期限,既不太长,无碍交易的速度,对仓库营业人造不成太大的影响,又可使仓单持有人的利益得到保护。①

---

① 参见李云波、林全玲:《合同法对仓储合同规定的几处缺漏及纠补》,载《山东公安专科学校学报》2002 年第 1 期。

第十二章

保证合同实践中的法律风险及其防范

第一节　保证合同概述

一、保证合同的界定

保证合同,是为保障债权的实现,保证人和债权人约定当债务人不履行到期债务或者发生当事人约定的情形时,保证人履行债务或者承担责任的合同。

保证合同属于人的担保,保证人并不以特定财产担保债务履行或者承担责任。其他担保合同如抵押合同、质押合同均属于物的担保。人保和物保共同构成了民法上的担保制度。

实践中,保证合同与债务加入具有相似性,因此有必要将二者进行区分。债务加入,是指第三人自愿加入债务,同原债务人一起向债权人履行义务,该责任为连带责任。保证与债务加入的区别主要有如下几点。

1. 性质不同。保证属于代履行,债务人不履行义务的,保证人才承担保证责任。债务加入属于第三人履行自己的债务,无论债务人是否履行义务,债权人均可请求第三人履行义务。

2. 成立方式不同。保证必须在保证人与债权人之间成立,不能仅在债务人与保证人之间成立,《民法典》第 685 条对此已进行了明文规定。关于债务加入,其不仅可以在债权人与债务加入人即第三人之间成立,还可以在债务人与第三人之间成立。因债务加入并未损害债权人债权的实现,反而多了义务履行人,更有利于维护债权人的利益,因此如果债权人未明确拒绝,则推定债权人同意债务加入,《民法典》第 552 条对此也进行了明文规定。

3. 当事人地位不同。在保证中,保证人承担代履行义务,是补充责任,可以引用保证人对债权人的抗辩以及债务人对债权人的抗辩。而在债务加入中,债务加入人同原债务人地位一样，只能对债权人引用债务人的抗辩。

4. 责任限制不同。在保证中，保证债权不仅受到一般诉讼时效期间限制，还受到保证期间限制，保证期间经过，保证人即不承担保证责任。在债务加入中，债权仅受诉讼时效期间限制，适用中止、中断。①

5. 求偿权不同。在保证中，保证人承担保证责任后，除当事人另有约定外，有权在其承担保证责任的范围内向债务人追偿，享有债权人对债务人的权利。根据《担保制度司法解释》共同担保人间可以根据约定相互追偿及分担份额，即使担保人之间未对相互追偿作出约定且未约定承担连带共同担保，但各担保人在同一份合同书上签字、盖章或者按指印，承担了担保责任的担保人也可以请求其他担保人按照比例分担向债务人不能追偿部分。根据《民法典合同编通则解释》第51条规定："第三人加入债务并与债务人约定了追偿权，其履行债务后主张向债务人追偿的，人民法院应予支持；没有约定追偿权，第三人依照民法典关于不当得利等的规定，在其已经向债权人履行债务的范围内请求债务人向其履行的，人民法院应予支持，但是第三人知道或者应当知道加入债务会损害债务人利益的除外。债务人就其对债权人享有的抗辩向加入债务的第三人主张的，人民法院应予支持。"

相关案例分析

【案情简介】

1993年10月20日，A公司与某银行签订外汇借款合同，约定款项用于A公司的子公司B公司进行项目投入，借款期限为4年，自第2年开始还款，共分三次还清，某公司为该笔贷款提供了不可撤销担保。担保合同签订后，银行发放了该笔贷款，作为A公司的出资投入了B公司。

1995年11月25日，B公司向银行出具《承诺函》，承诺B公司对A公司向银行贷款的本息承担连带还款责任，并放弃一切抗辩权。1999年11月16日，银行向A公司发出债权转让通知，A公司在通知回执上加盖公章并由法定代表人签字。12月3日，银行与本案原告签订了《债权转让协议》约定银行将对A公司的债权本金及应收利息、催收利息全部转让给原告。同月，银行向B公司发出《担保权利转让通知》，B公司在回执上签字盖章。之后，本案原告不断向A公司、B

① 参见王利明：《我国〈民法典〉保证合同新规则释评及适用要旨》，载《政治与法律》2020年第12期。

公司和某公司进行催收,后于2004年11月30日提起诉讼,要求A公司和某公司承担责任。①

【法院判决】

一审法院认定B公司出具的承诺书,性质上属于为A公司向银行贷款提供了担保,银行已接受。二审法院支持了一审该项认定。

【法律分析】

本案中,B公司为A公司向银行的贷款,出具了一份承诺书,内容为B公司对A公司向银行的贷款本息承担连带还款责任。仅看该约定,并无法明确认定B公司的意思表示,属于保证还是债务加入。二审法院认为:"判断一个行为究竟是保证,还是并存的债务承担,应根据具体情况确定。如承担人承担债务的意思表示中有较为明显的保证含义,可以认定为保证;如果没有,则应当从保护债权人利益的立法目的出发,认定为并存的债务承担。"结合本案,在债权转让时,银行向B公司发出《担保权利转让通知》,B公司在回执上签字盖章。由此可知,B公司对自己的保证人地位是明知并认可的,故法院综合各种证据认定B公司出具承诺函系增加保证人,而非并存的债务承担。

司法实务中,对于第三人约定承担连带责任的性质不明时,原则上认定为债务加入,例外情形下认定为保证,即结合其他证据能证明第三人主观为其提供保证担保。类似的案例如叶远滨与马家红等保证合同纠纷上诉案,广东省广州市中级人民法院(2014)穗中法民二终字第841号民事判决书。

司法实务一般从保护债权人角度出发,将第三人承担责任原则上推定为债务加入(因债务转移需要债权人明确同意,如果债权人没有在同意第三人承担履行义务的同时免除原债务人履行义务,一般不认为构成债务转移)。但是如前述保证与债务加入的区别分析第3、4点所述,保证属于代履行,保证人向债权人承担保证责任后还可以向债务人追偿,但是债务加入人在承担责任时,该责任属于自己责任,并不构成代履行,而是在履行自己的义务,因此债务加入人无法向原债务人追偿。并且,保证人可以引用债务人对债权人的抗辩,也可以引用保证人自己基于保证合同对债权人的抗辩,但债务加入人并不能引用原债务人对债权人的抗辩,因二者属于同一顺位。从有无追偿权以及可引用的抗辩权上进行对比,能直观看出,对于第三人而言,债务加入对其法律责任比保证更重。因此,《最高人民

---

① 参见信达公司石家庄办事处与中阿公司等借款担保合同纠纷案,最高人民法院(2005)民二终字第200号民事判决书。

法院关于适用〈中华人民共和国民法典〉有关担保制度的解释》第 36 条第 3 款规定，当第三人提供承诺难以确定是保证或债务加入时，推定为保证，以便更好保障第三人的合法权益。

【风险提示】

建议第三人向债务人作出债务承担的意思表示时，采用书面形式，并且明确是作为保证人还是作为债务加入人，谨防主观意愿为债务加入而因承诺文件难以定性被推定为保证。从保护第三人自身利益出发，建议设置为保证，以及保证方式是一般保证。

二、保证合同的特点

保证合同具有以下法律特征。

（一）保证合同是当债务人不履行到期债务或者发生当事人约定的情形时，保证人向债权人履行债务或者承担责任的合同

保证合同是为保证主债务的实现而由保证人与债权人订立的合同，主债务本身并非保证人自己的债务，即保证人不得为债务人本人。之所以这样规定，是因为保证责任原则上及于保证人的全部财产即不特定财产，而债务人本人的所有责任财产本身就是为债权实现所提供的担保。因此，保证的显著特征之一为——代履行性。正因保证人履行的义务并非自己债务，因此，在保证人向债权人承担保证责任后，其有权向债权人追偿。

（二）保证合同是从合同

根据《民法典》第 682 条之规定①，保证合同具有从属性，但法律另有规定的除外，有两种意见，一种认为该内涵仅包括最高额担保，另一种认为该内涵不仅包括最高额担保，也包括独立保函。以下就最高额担保和独立保函是否属于该“法律另有规定”进行分析说明。

最高额担保是为了一定范围内不能确定的债权提供的担保，其特征为所担保的债权为将来之债，该债权也为不特定债权，且有最高额度限制。最高额保证、最

---

① 《民法典》第 682 条规定：“保证合同是主债权债务合同的从合同。主债权债务合同无效的，保证合同无效，但是法律另有规定的除外。”

高额抵押、最高额质押这类最高额担保，区别于通常的担保从属性，具有相对独立性特征。在最高额担保法律关系中，最高额担保与连续发生的具体债权之间并无一一对应关系，其中某一主合同被认定无效，并不影响担保合同的效力。[①] 因此，最高额担保应当属于《民法典》第 682 条中的除外规定。

再看独立保函，其定义详见《最高人民法院关于审理独立保函纠纷案件若干问题的规定》(2020 年修正)(法释〔2020〕18 号)第 1 条第 1 款。[②] 独立保函的开立人必须是金融机构，并且付款的前提条件是受益人向金融机构请求付款并提交符合要求的单据，即受益人向独立保函的开立人请求付款并能提供相应单据的，开立人就应该付款，而非如保证中要求债务人不履行到期义务为前提条件。因此，应当将独立保函与保证相区别，即独立保函不属于保证的一种形式。《最高人民法院关于审理独立保函纠纷案件若干问题的规定》(2020 年修正)(法释〔2020〕18 号)第 3 条第 2 款、第 3 款也规定独立保函不适用于一般保证或连带责任保证。

既然独立保函不属于保证，具体如何区分二者也应当进行分析。根据《最高人民法院关于审理独立保函纠纷案件若干问题的规定》(2020 年修正)(法释〔2020〕18 号)第 1 条、第 3 条之规定，独立保函的开立主体只能是银行或非银行金融机构，保函的文本上至少需要载明见索即付，或者载明适用独立保函交易示范规则，或者载明开立人的付款义务独立于基础交易关系及保函申请法律关系，其仅承担相符交单的付款责任。只要保函开立主体及保函内容满足前述要求，该保函即可认定为独立保函，不得适用保证的相关规定。

相关案例分析

【案情简介】

案外人 A 公司(借款人)与本案原告 B 公司(贷款人)签订《借款合同》，约定 A 公司从本案原告处借款 2000 万元，期限为 2010 年 1 月 4 日至 4 月 3 日。如 A 公司未能按合同约定的时间偿还本金，从逾期之日起利率按日 4‰计算。还约

---

① 参见高圣平:《民法典担保从属性规则的适用及其限度》，载《法学》2020 年第 7 期。

② 《最高人民法院关于审理独立保函纠纷案件若干问题的规定》(2020 年修正)(法释〔2020〕18 号)第 1 条规定:"本规定所称的独立保函，是指银行或非银行金融机构作为开立人，以书面形式向受益人出具的，同意在受益人请求付款并提交符合保函要求的单据时，向其支付特定款项或在保函最高金额内付款的承诺。"

定,A公司提供《银行保函》为本合同项下的借款提供连带责任担保,当借款人未按时足额偿还贷款本息时,本案原告B公司有权要求担保银行C行承担担保责任。应A公司要求,C行为B公司出具《银行保函》,载明:C行兹开立以B公司为唯一受益人,总金额为人民币2000万元整的不可撤销保函。保函项下的责任是:如A公司出现违约事项,C行在收到B公司书面索偿通知后的7个法定工作日内即向B公司无条件支付总金额不超过人民币2000万元的任何款项。以上担保责任方式为连带责任担保。该保函从2010年1月4日开始生效,有效期至2012年12月31日,该保函到期自动失效。后A公司未能按期还款,B公司向A公司、C行催告后二者仍未履行义务,B公司遂向法院起诉A公司、C行,要求二者履行偿还义务。①

【法院判决】

一审法院认为,B公司系投资公司,经营范围中没有向外放贷的业务,其从事放贷业务亦未取得金融监管部门的批准,该种行为扰乱我国金融市场和金融秩序,违反了银行业监督管理法和商业银行法等法律的有关规定,亦损害了社会公共利益,《借款合同》应当无效。关于C行出具的《银行保函》,在C行与B公司之间成立保证合同关系。但《银行保函》中的"不可撤销""无条件支付"等内容,使保函具有独立担保的性质,在国内担保中,其独立性并不为法律所认可,银行保函中也写明了保证系"连带责任保证",故应认定为连带责任保证方式。主合同无效,保证合同也无效。二审法院认为该保函属于连带责任保证,不具有保函的独立特征,但仍支持一审法院关于保函为连带责任保证的观点。

【法律分析】

本案中,保函开立人是C行,符合独立保函开具要求金融机构的主体身份。从保函内容上看,C行承担责任以A公司违约为条件,不符合"见索即付"的法律特征,且案涉《银行保函》载明"以上担保责任方式为连带责任担保方式",而连带责任保证属于担保方式,独立保函并不适用保证的规定。因此两级法院均认为该保函并非独立保函,而系保证中的连带责任保证。但该观点值得商榷,理由如下:

独立保函独立于基础合同,只要受益人提供相符单据,保函开立人就必须无条件承担偿付责任。如果是连带责任保证,C行承担保证责任的前提是A公司存在违约行为,不履行到期债务,B公司需要就A公司的违约行为及给B公司造成

① 参见大连高金投资有限公司等与大连德享房地产开发有限公司企业借贷纠纷上诉案,最高人民法院(2017)最高法民终647号民事判决书。

的损失承担举证责任;但如果是独立保函,见索即付,C 行只要收到与保函条款相符的单据,就必须承担偿付责任。本案中,C 行开具的《银行保函》中载明只要 A 公司出现违约事项,C 行在收到 B 公司的索偿通知后即无条件支付款项,即 C 行无权提出异议或抗辩,不能进一步要求 B 公司提供证据证明 A 公司存在违约情形。因此应当认为,该约定其实并不违反"见索即付"的要求,C 行开具的《银行保函》并不属于保证,即使其存在"违约""连带责任保证"字眼,但其仍符合独立保函的成立要件,并不能据此认定其为保证。在司法实践中,也存在支持该观点的判例,如中国机械设备工程股份有限公司等诉中国建设银行股份有限公司杭州宝石支行保证合同纠纷案,浙江省杭州市中级人民法院(2011)浙杭商外初字第16号民事判决书。

【风险提示】

随着国际商事业务和金融业务的蓬勃发展,独立保函越来越广泛地出现在大众视野,但独立保函和保证担保的界限,在实践中随着各式各样的保函出现而变得模糊。对于金融机构和债权人而言,保函中的措辞与其性质认定及各方利益息息相关。建议在保函中明确规定"见索即付"条款,减少使用"债务人违约""保证"等字眼,以免出现纠纷后被认定为保证,从而适用保证的从属性规定,若主债权无效,该保函也随之无效,不利于保障债权人的合法权益。

(三)保证合同是单务合同

单务合同指一方承担义务,另一方享有权利却无须承担对价义务。在保证法律关系中,保证人基于保证合同对债权人负有代债务人履行义务,即当债务人不履行到期义务时,保证人须向债权人履行保证义务。债权人在保证关系中,并不对保证人负有对价义务,债权人在一般保证中,待债务人不能履行义务后要求一般保证人承担保证责任的,在连带责任保证中,待债务人不履行义务后要求连带责任保证人承担保证责任的,该通知均不构成债权人在保证关系中对保证人的主给付义务,因此,保证中的债权人只享有向保证人要求承担保证责任的权利而不负有义务。

(四)保证合同是无偿合同

无偿合同中,一方从对方处取得某种利益时无须支付任何代价。保证合同中,债权人取得保证人的保证,即享有在债务人不履行到期债务时要求保证人承担保证责任的权利，无须支付任何代价。

（五）保证合同是诺成合同

诺成合同，是指当事人意思表示一致合同即成立。保证合同经保证人和债权人意思表示一致即可成立，在保证合同不违反法律、行政法规的效力性强制性规定，不违反公共利益和公序良俗时即可发生效力。

（六）保证合同为要式合同

要式合同，是指法律、行政法规规定，或者当事人约定应当采用书面形式的合同。根据《民法典》第685条之规定，保证合同为要式合同。

三、保证合同的种类及形式

根据《民法典》第685条之规定，保证合同的种类及形式，主要有以下三种：保证人与债权人订立保证合同、保证人在债权人和债务人订立合同中保证条款上签字、保证人单方出具担保书。

（一）保证人与债权人订立保证合同

主合同是债务人与债权人之间的债权债务合同，从合同是保证人与债权人之间的保证合同。因保证具有从属性特征，故保证合同的效力以主合同的效力为前提。在保证人与债权人订立保证合同这一形式中，保证合同是独立于主债权债务合同之外的一份完整合同。

（二）保证人在债权人和债务人订立合同中保证条款上签字

这是主从条款的形式，保证人并不另行和债权人签订一份保证合同。在债务人与债权人订立的债权债务合同中，特别约定了保证条款，保证人知晓并同意该条款的相关约定，并在该条款上签字，即构成保证人书面同意向债权人提供保证，当债务人不履行到期债务时，债权人有权要求保证人承担保证责任。需要注意的是，如果合同中并未明确约定具体的保证条款，第三人在该合同上签字，该行为并不必然能够认定为保证，因为具体明确的保证至少需要明确以下内容：①保证的方式；②保证担保的范围；③保证期间。因此，如果仅在未约定保证条款的债权债务合同上签字，该第三人的身份可以有见证人、债务加入人、保证人等多种解释。

但如果合同中并未明确约定具体的保证条款，但第三人在保证人一栏签名，应当认为，各方对保证人提供保证的意思表示达成一致。

（三）保证人单方出具担保书

这是保证人的单方行为，不同于保证人与债务人订立保证合同的双方行为。在保证人单方出具担保书中，该行为更符合承诺这一单方法律行为。担保书中仅需保证人签字，而无须债权人签字。债权人收到该担保书后，除非明示拒绝保证人提供保证，否则推定债权人同意保证人提供保证，因为提供保证并不会对债权人的债权实现产生不利影响，反而增加了债务履行人。

四、保证合同的内容

（一）被保证的主债权种类、数额

被保证的主债权种类、数额其实就是主债权债务合同的标的、数量，这是合同成立的必备条款之一，另一条款是合同当事人名称或姓名，对应主债权债务合同的债权人及债务人，以及保证合同中的保证人。被保证的主债权种类、数额约定必须明确具体，因为保证具有从属性，保证的债权金额一般不得超过被保证的主债权金额。

（二）债务人履行债务的期限

在债务人履行债务的期限内，债务人仍处于债务履行期间，因此债权人无权要求保证人承担保证责任。债务人的债务履行期间与保证人的保证期间有紧密联系，保证人的保证期间自债务人履行期限届满之日起算，因此必须明确约定债务人的债务履行期限。债务履行期间届满，债权人要求债务人履行义务的诉讼时效开始计算（诉讼时效期间届满并不意味债权人丧失债权，而是债务人获得时效抗辩权），同时保证期间开始计算，债权人有权在保证期间内要求保证人承担保证责任。

（三）保证的方式

保证分为一般保证和连带责任保证。一般保证的保证人对债权人享有先诉抗辩权，即保证人在债权人向其请求履行保证责任时，有权要求债权人先就债务人财产诉请强制执行，并就债务人财产依法强制执行仍不能履行债务前，保证人可以对债权人拒绝承担保证责任。[①] 连带责任保证是在保证合同中约定保证人和债务人对债务承担连带责任,但不同于债务加入,在债务履行期间未届满前,债权人不得要求保证人承担保证责任。

《民法典》第686条第2款规定,对保证方式没有约定或约定不明确的,原则推定为一般保证,该条实质性修改了原《担保法》第19条的规定,将没有约定或约定不明时的保证方式由推定连带责任保证修订为一般保证。之所以《民法典》将其进行修订,是因为连带责任保证对保证人的负担较重,当债务人不履行债务时,债权人有权要求保证人承担责任,即使此时债务人有履行能力。因此有学者认为,连带责任保证应当基于保证人的意思成立,若将其规定为一般原则,将会造成利益享有与责任承担在更大范围内脱节,有违分配正义的价值观念。[②]

虽然《民法典》将保证方式的推定原则进行了实质性修改,但对于推定原则的适用前提,即"对保证方式没有约定或约定不明确"的具体理解却未作出说明。关于"没有约定或约定不明确",是否指的是保证合同中对保证方式没有提及,或者没有"一般保证""连带责任保证"字样,对此,司法实务中认为如果保证合同中没有约定或没有清晰的文字表述,但当事人的意思表示能够根据意思表示解释规则作出认定,则应当按照解释规则作出一般保证或连带责任保证的认定。[③] 因此,《民法典》第686条第2款实际上是指根据意思表示解释规则仍无法认定具体保证方式的情形,该种情形下原则推定为一般保证。

相关案例分析

【案情简介】

2011年5月5日,被告A向原告B借款并出具借条,载明由被告C公司为A担保,由该公司负责人作为担保人签字。2011年6月15日,A又一次向B借款并出具借条,载明由C公司为A担保本金,该公司负责人签字担保。2011年8月20日,A向原告支付利息,2012年12月8日,C公司偿还原告B部分款项。原告B诉至法院,请求判令被告A偿还尚未还清的借款本金,被告C公司承担连带保证

① 参见高圣平:《担保法论》,法律出版社2009年版,第154页。

② 参见王利明:《合同法研究》(第4卷),中国人民大学出版社2018年版,第263~264页。

③ 参见杨永清:《〈新担保司法解释〉中有关保证合同的几个问题》,载《法律适用》2021年第2期。

责任。①

【法院判决】

一审、二审法院均支持被告A偿还原告B借款本金和利息;被告C公司对被告A的上述给付内容承担连带清偿责任。

【法律分析】

因本案纠纷及诉讼均产生于《民法典》生效之前,故本案中法院适用的法律为原《担保法》,当事人对保证方式没有约定或约定不明确的,应按连带责任保证承担保证责任。本案中,当事人采用在主债权债务合同中约定保证条款这一方式在保证人和债权人之间成立保证合同。但该保证内容仅包括当事人名称及姓名以及保证范围,对于保证方式和保证期间均未作规定。从该合同内容上看,不仅没有“连带责任保证”或“一般保证”等文字表述,也没有约定保证人在债务人不能履行债务或无力偿还债务时才承担保证责任,或者保证人在债务人不履行债务或未偿还债务时即承担保证责任、无条件承担保证责任的约定,除合同外也无其他证据能证明当事人之间形成何种保证方式,因此根据意思表示解释规则,无法对保证方式进行认定,故符合“没有约定”保证方式这一情形,根据当时有效的原《担保法》规定,原则上推定为连带责任保证。

【风险提示】

从一般保证与连带责任保证的特征上看,一般保证对于保证人的负担比连带责任保证轻,一般保证赋予保证人先诉抗辩权,在债权人强制执行债务人财产未果前,保证人可以拒绝债权人要求其承担保证责任的请求。连带保证责任要求当事人在保证合同中进行明确约定,但从保证人自身利益角度出发,建议保证人对保证方式采用一般保证,勿在合同中采用连带责任或彰显其特征的文字表述,谨防被认定为提供连带责任保证。

(四)保证担保的范围

保证担保的范围包括主债权、利息、违约金、损害赔偿金以及实现债权的费用。但是保证人和债权人可以对保证范围进行约定,当事人有约定的,约定优先,如果当事人没有约定或约定不明,则保证范围包括前述内容。

---

① 参见林居忠诉潘光东等民间借贷纠纷案,重庆市第五中级人民法院(2014)渝五中法民终字第00869号民事判决书。

保证债务从属于主债务，内容不得超过主债务范围。例如，债权人可以和保证人约定：第一，仅担保原债务而不担保利息等从债务；第二，仅保证部分原债务；第三，仅保证债务不履行的损害赔偿而不担保主债务履行本身；第四，仅就债务人故意或重大过失导致不履行提供保证，不及于主债务不履行的全面。①

保证范围是任意性规定，以当事人约定优先，但仍应当受限于保证合同的从属性这一特征，即当事人对于保证范围的约定不得突破从属性。若主债务并无利息约定，保证范围也不应当约定利息；若主债务约定利率，保证债务的利率不得高于主债务利率；若主债务附条件，保证债务不得约定无条件。②

相关案例分析

【案情简介】

2011年12月，原告A行与被告B公司签订了《贸易融资额度合同》，约定A行向B公司提供贸易融资额度。2011年12月，A行（乙方）又分别与被告C公司、被告D公司、被告自然人E（甲方）签订了《最高额保证合同》及《最高额自然人保证合同》，约定：甲方为上述B公司贸易融资合同项下的债务提供连带责任保证。担保范围为主合同项下全部债务，包括但不限于全部本金、利息（包括复利和罚息）、违约金、赔偿金、债务人应向乙方支付的其他款项、乙方实现债权与担保权利而发生的费用。合同还约定：如果甲方未在乙方要求的期限内全部支付应付款项，应自逾期之日起至甲方向乙方支付完全部应付款项之日止，根据迟延付款金额按每日5‰的标准向乙方支付违约金。在此情形下，甲方承担的保证责任与上述违约金之和不以合同约定的最高责任限额为限。之后，B公司在款项到期后未能足额清偿，A行两次向C公司、D公司、自然人E发出逾期贷款（垫款）催收通知书，要求前述主体履行保证责任。B公司、C公司、D公司、自然人E未能清偿欠款，A行遂将以上主体起诉至法院要求其承担偿还责任。③

【法院判决】

一审法院认为，A行起诉要求B公司偿还的本金及利息中，已经包含复利、罚息，在此基础上再要求保证人承担每日5‰的违约金，加重保证人的责任，系对保

---

① 参见邱聪智：《新订债法各论》（下册），中国人民大学出版社2006年版，第363～364页。

② 参见程啸：《保证合同研究》，法律出版社2006年版，第223页。

③ 参见中国建设银行股份有限公司广州荔湾支行与广东蓝粤能源发展有限公司等信用证开证纠纷再审案，最高人民法院（2015）民提字第126号民事判决书。

证人进行双重惩罚，故对 A 行要求保证人承担每日 5‰的违约金责任的诉求不予支持。二审法院将保证人在一审答辩中提出的"超出保证人保证的担保责任没有法律依据"这一抗辩视为提出违约金过高的抗辩，并认为是对保证人的双重惩罚，支持了一审法院的观点。再审法院支持了二审法院的观点。

【法律分析】

本案中，三级法院均未否定保证合同单独约定违约金条款的效力，只是认为保证范围内的利息、逾期付款违约金已经足以弥补债权人的损失，再加上额外的违约金已经远远超出损失，应当适用违约金酌减规则。

但是保证是代履行行为，保证人承担的保证债务并非自己债务，因此从公平正义角度出发，不应当对保证人科以过重的责任，保证中的单独违约金条款应当属于无效条款。首先，保证范围本身便包括利息及违约金，债务人不履行债务的，利息及违约金便随着天数增加而一直变动，保证人承担保证责任时也应当偿还截止清偿之日前的利息及违约金，因此债权人本身并未遭受额外损失。其次，保证是代履行义务，保证人向债权人承担保证责任后即有权向债务人追偿，但保证中的单独违约金条款并不从属于主债务，而是基于保证人未及时承担保证责任时保证人自身须向债权人承担的违约责任，因此该笔债务无法向债务人追偿，就会变相扩大保证人的责任范围，加重保证人的负担。司法实务中，有法院支持这一观点，如彭静与刘军保证合同纠纷案，四川省成都市中级人民法院（2014）成民终字第 5894 号民事判决书。《最高人民法院关于适用〈中华人民共和国民法典〉有关担保制度的解释》第 3 条第 1 款也规定对担保约定专门的违约责任，担保人不承担该责任。

【风险提示】

保证范围直接关乎保证人日后承担保证责任的范围，因此应当进行明确具体的约定。因保证具有从属性，保证债务范围应当小于或等于主债务范围。保证人与债权人订立保证合同时，建议不采用概括式约定，否则容易被认定为约定不清，继而适用《民法典》第 691 条之规定，对所有内容都承担保证责任。此外，建议保证人在订立保证合同前详细阅读主债权债务合同中债务人的权利及义务条款，以及债务人的违约责任条款，确保自己的保证责任承担条款未超过债务人义务履行条款。

（五）保证的期间

保证期间是保证债务履行期间，是由保证人与债权人约定或者依据法律规定

的期间，在该期间内，债权人可得要求保证人承担保证责任，超过该期间的，保证人不再承担保证责任。

关于保证期间的性质，主要有以下几种观点：除斥期间、或有期间和独立期间。首先，关于保证期间属于除斥期间的观点。保证期间不适用中止、中断、延长，这一特征与除斥期间更为相似，且除斥期间的适用对象除形成权外还适用于部分请求权，保证期间则适用对象是债权人的请求权，二者也存在部分重合。[①] 但是，除斥期间是法定期间，属于法律的强制性规定，不得由当事人改变，但是保证期间却分为法定和约定期间，并且以当事人约定优先，以及保证期间是保证责任的延续期间，保证期间届满保证责任消灭，除斥期间是实体权利的延续期间，除斥期间届满实体权利消灭，因此从性质上，二者仍存在区别。其次，关于保证期间属于或有期间的观点。或有期间是行为人在期限内能获得某种请求权，在这一期间内，行为人完成某一行为即可获得相应请求权。保证期间是债权人有权要求保证人承担代履行义务的请求权期间，这一期间类似于买卖合同中买受人的质量检验异议期间。[②] 但也有观点对或有期间提出质疑，因为该定义并未被规定在法律中，该定义也不如诉讼时效或除斥期间背后具有系统的理论基础，更像是为了解释保证期间不同于诉讼时效或除斥期间而将其纳入或有期间。[③] 最后，关于独立期间说。该期间同或有期间一样，未被明确规定在法律中，但与或有期间不同的是，或有期间还适用于买卖合同中的买受人质量检验异议期间，但独立期间仅针对保证期间而言，参照物为诉讼时效和除斥期间，认为保证期间不属于前述两个期间，而为独立期间。但无论是认为保证期间属于或有期间还是独立期间，能明确的是保证期间并不属于诉讼时效或除斥期间。

关于保证期间的法定期间，《民法典》对原《最高人民法院关于适用〈中华人民共和国担保法〉若干问题的解释》第 32 条作出了实质性修改，《最高人民法院关于适用〈中华人民共和国担保法〉若干问题的解释》将没有约定保证期间时的保证期间规定为 6 个月，将约定不明时的保证期间规定为 2 年。《民法典》第 692 条第 2 款将没有约定或约定不明时的保证期间统一为 6 个月。

保证债务虽然是代履行之债，但仍然为债务，适用诉讼时效，保证期间与保证债务的诉讼时效衔接紧密，因此有必要对二者的区别进行说明。

---

① 参见耿林：《论除斥期间》，载《中外法学》2016 年第 3 期。

② 参见王轶：《民法典之“变”》，载《东方法学》2020 年第 4 期。

③ 参见冯珏：《或有期间概念之质疑》，载《法商研究》2017 年第 3 期。

1. 在时间先后顺序上，保证期间先于保证债务诉讼时效发生。保证期间自主债务履行期限届满之日起算，但当事人另有约定的按照其约定，保证债务诉讼时效则因保证方式不同而不同。在一般保证中，自一般保证人拒绝承担保证责任的权利消灭之日起，即债权人强制执行债务人财产未果时，开始计算保证合同的诉讼时效。在连带责任保证中，自债权人要求保证人承担保证责任而保证人未承担之日起计算诉讼时效。

2. 保证期间分为法定期间和约定期间，约定期间优先适用，而保证债务诉讼时效是法定期间。

3. 期限长短不同。法定保证期间，无论是没有约定或是约定不明情形，均适用 6 个月期间。而保证债务诉讼时效则适用 3 年期间。

4. 如前所述，保证期间是不变期间，不适用中止、中断、延长，类似除斥期间但不完全是除斥期间。诉讼时效与除斥期间相对应，可以适用中止、中断、延长。

5. 保证期间届满的，保证人不再承担保证责任，债权人要求保证人承担保证责任的权利消灭。保证债务诉讼时效届满的，债权人仍有权要求保证人承担保证责任，但保证人获得时效抗辩权。

第二节　保证合同法律风险及其防范

一、保证范围的风险

关于保证范围，当事人有约定的以约定优先，没有约定或约定不明确的，保证范围包括主债权、利息、违约金、损害赔偿金、实现债权的费用。但当事人对保证范围的约定不得违反保证的从属性原则，不得超过主债务范围，且对保证人的责任不得重于债务人的责任。

此外，实践中还存在大量“借新还旧”的现象。借新还旧是指合同当事人约定以新贷偿还旧贷，其要求新贷和旧贷的当事人都是同一人，并且偿还旧贷的资金源于新贷。借新还旧因涉及两个独立的债权，因此对两笔债权的保证人会产生不同的影响，以下将结合《最高人民法院关于适用〈中华人民共和国民法典〉有关担保制度的解释》第 16 条进行具体分析。

借新还旧主要包括三种情形：①新贷和旧贷的保证人都是同一人；②新贷和旧贷的保证人不是同一人；③旧贷没有保证人而新贷有保证人。当新贷和旧贷的保证人都是同一人时,两笔债权债务的当事人、保证人均未发生变更,仅是新贷的资金用途用于偿付旧贷,旧贷清偿后,因主合同因债务履行而灭失,旧贷上的担保责任也灭失,保证人自愿为新贷承担保证责任,即使主合同并未约定新贷资金用途,对保证人的权利也并未产生不利影响,未增加其担保责任,因此当新贷和旧贷保证人都是同一人时,无论保证人是否知道借新还旧的事实,保证人都应当承担保证责任。当新贷和旧贷的保证人不是同一人时,新贷的资金用于偿还旧贷,旧贷主合同因债务履行完毕而灭失,旧贷上的保证责任也灭失,旧贷的保证人不再承担保证责任,则新贷的保证人间接承担了旧贷的保证责任,加重了新贷保证人的保证责任。因此主合同当事人应当告知新贷保证人,该笔新贷用途为偿还旧贷,使新贷保证人对其担保的债务人清偿能力有认知,谨防为其担保呆账、坏账。当旧贷没有保证人而新贷有保证人时,在不告知新贷保证人新贷用于偿还旧贷的情形下让其为新贷担保,其原理同前述第二种情形,实际上加重了新贷保证人的保证责任。主合同当事人未告知新贷保证人其新贷用途是用于偿还旧贷的,构成恶意串通损害保证人的利益,保证人无须承担保证责任。

二、连带责任保证风险

连带责任保证中,完全可能出现债务人不履行债务但其实际有履行能力,债权人转而要求连带责任保证人承担保证责任的情形。在承担保证责任后,保证人始得向债务人追偿,但债务人届时也存在不履行对保证人的债务或将财产进行隐匿或转移。因此,在连带责任保证中,债务人与保证人之间成立反担保相比起一般保证的情形更为必要。反担保中的担保对象是担保人对债务人的追偿权而不是担保合同,因此担保合同无效的,反担保合同并不必然无效,其具有独立性。若担保合同无效的,有过错的担保人向债权人承担赔偿责任后,反担保人仍有权基于反担保合同主张承担反担保责任,加强了对连带责任保证人的权益保障。

此外,《最高人民法院关于适用〈中华人民共和国民法典〉有关担保制度的解释》第 18 条实质性修改了以往的债务人物保优先清偿原则,即债权人可以自主选择是以债务人的物保还是第三人的人保优先承担保证责任。并且,既然该条规定债权人享有选择权,则该条中的第三人提供的人保必然不是一般保证方式,因为一般保证人享有先诉抗辩权,在债务人履行不能之前,保证人不承担保证责任,因此该条规定的第三人人保应当是连带责任保证。对于债权人而言,其可以优先选择连带责任保证人承担保证责任以便债权快速实现。但是,保证人同时也承继了债权人对债务人享有的担保物权。因此，债权人在选择保证人承担保证责任时还存在一个风险，就是债权人应当确保权利转移时保证人仍享有完整的担保物权。即债务人提供的担保物权已经登记的，连带责任保证人向债权人承担保证责任后，债权人不得注销该担保物的登记，并应当协助保证人办理变更登记。若因债权人原因使保证人无法取得对债务人的担保物权的，债权人应当就该过错向保证人承担赔偿责任。

相关案例分析

【案情简介】

原告A行与作为借款人的B（另案被告）及作为多户联保担保人的本案被告C、D、E、F签订了贷款借款合同。合同约定：保证方式为连带责任保证；保证期间为借款期限届满之日起2年。被告均在贷款借款合同的联保担保人签字处签名、捺印。同日，原告A行向借款人指定的账户付款。之后，借款人未清偿完毕，被告均没有为借款人向原告履行还本付息义务。

2018年，A行诉B金融借款合同纠纷案，经法院主持调解，双方当事人自愿达成调解协议，但B经强制执行后未能履行调解书约定的还本付息义务。原告A行没有明确表示放弃要求被告承担连带保证责任的权利。

原告A行诉称，由于借款人B未能履行调解书约定的还本付息义务，现特追加担保人C、D、E、F为被告，请求判令四被告连带归还原告借款本金及利息。[①]

【法院判决】

法院认为，债权人起诉债务人后可以在债务人已经清偿部分债务而无力继续履行义务的情况下，要求保证人就剩余债务承担保证责任，判决支持了原告的诉讼请求。

【法律分析】

在该案中，连带责任保证人承担保证责任的情形更类似于一般保证。实际上，对于保证人而言，无论一般保证还是连带责任保证，保证人都承担代履行义务，当债务人自身能履行完毕义务时，保证人均无须承担保证责任，一般保证人和连带责任保证人只对债务人未履行部分承担保证责任，因而实际上属于第二顺位

---

① 参见中国农业银行股份有限公司察哈尔右翼后旗支行与杨树忠等借款合同纠纷案，内蒙古自治区察哈尔右翼后旗人民法院(2019)内0928民初816号民事判决书。

的补充责任。在该案中，债权人并未放弃对连带责任保证人享有的保证权利，且其对保证人行使权利的时间在保证期间届满前，要求保证人承担补充责任并不违反保证的代履行性质。

【风险提示】

在连带责任保证中，债权人可以仅起诉保证人，也可以将保证人和债务人作为共同被告一并起诉。为降低债权人的风险，建议将二者作为共同被告一并起诉，谨防保证人在债权人与债务人的前诉纠纷中隐匿或转移财产，增加债权人求偿的难度。

三、约定保证期间的风险

在当事人约定保证期间的情形中，保证期间并不受 6 个月的期间限制，并且当事人也可以自行约定保证期间的起算点，但实务中甚少有当事人对保证期间的起算点进行约定，因此一般都以债务履行期限届满之日作为起算点。

此外，实务中还出现“本担保书至还清借款合同项下借款方所欠贷款方的全部款项后自动终止”等要求保证人承担保证责任直至主债务本息还清为止的内容，在《最高人民法院关于适用〈中华人民共和国担保法〉若干问题的解释》第 32 条，该种情形被认定为约定不明从而适用 2 年保证期间，但有学者认为该条规则存在说理障碍，因为“直至主债务本息还清为止”本身对保证期间是进行明确约定的。[①] 但也有学者认为该情形属于不确定情形，即“到期不确定，到来亦不确定”，性质上属于条件而非期限，因此应当认为没有约定。[②] 但《最高人民法院关于适用〈中华人民共和国民法典〉有关担保制度的解释》第 32 条延续了《担保法解释》的规定，将该情形认定为约定不明，继而适用 6 个月的保证期间。因此，在当事人约定保证期间时，建议将保证期间具体量化为数字，单位可以是日、月、年，以当事人意思自治为准，不建议采取“承担保证责任直至本息还清为止”“保证期间为主合同生效至主合同失效时止”等文字表述，否则依照《民法典》及《最高人民法院关于适用〈中华人民共和国民法典〉有关担保制度的解释》，前述约定均将视为没有约定或约定不明确，统一适用 6 个月的法定保证期间，对于本想约定保

① 参见王利明：《我国〈民法典〉保证合同新规则释评及适用要旨》，载《政治与法律》2020 年第 12 期。

② 参见包晓丽、司伟：《民法典保证期间规定理解适用中的几个问题》，载《法律适用》2021 年第 1 期。

证期限在6个月以内的保证人来说,属于延长了保证期间。

最后,保证期间届满后债权人向保证人送达债务催款书,保证人在该文件上签字,关于这一行为是否构成继续承担保证责任。《最高人民法院关于人民法院应当如何认定保证人在保证期间届满后又在催款通知书上签字问题的回复》(法释〔2004〕4号)明确该行为不构成继续承担保证责任,但该通知书若符合担保合同成立的规定,并经保证人签字认可,可认定为成立新的保证合同,保证人按照新的保证合同承担保证责任。该内容在《最高人民法院关于适用〈中华人民共和国民法典〉有关担保制度的解释》第34条得到继承。由此可知,若债权人在保证期间内未向保证人要求承担保证责任的,在期间届满后向保证人送达催款通知书时,应当将债权人及债务人名称或姓名、债权种类及金额、债务人履行债务的期限、保证方式、保证范围、保证期间等内容进行明确的记载,保证人认可并签字后,将视为在保证人和债权人之间成立新的保证合同,保证人将按照该合同内容承担保证责任。

相关案例分析

【案情简介】

1997年1月22日,A市政府向B银行出具一份《承诺函》,A市政府承诺以下事项:(1)同意B银行向案外公司提供融资;(2)确保案外公司履行其对B银行的责任和义务,并在贵行要求时全部承担借款人的有关责任和义务;(3)如案外公司不能偿还任何债务时,A市政府将负责解决案外公司拖欠B银行的债务。因案外公司未能清偿债务,B银行多次要求A市政府履行保证责任,但其拒不履行义务,后B银行将A市政府诉至法院。①

【法院判决】

一审法院认为,B银行是知道或应当知道国家机关不得为保证人。并且从A市政府《承诺函》的主要内容来看,表达的是A市政府已知悉并同意B银行为案外公司提供的融资安排,对案外公司的借款行为在行政隶属关系上起知晓和监察的作用,是一种良好的愿望与道义上的责任。因此一审法院认为《承诺函》不构成保证。二审法院支持一审观点。再审法院认为《承诺函》构成保证,但B银行未在保证期间内要求A市政府承担保证责任,故A市政府免除对无效保证合同

---

① 参见中国银行(香港)有限公司与台山市电力发展公司等担保合同纠纷申请案,最高人民法院(2011)民申字第1209号民事裁定书。

的赔偿责任。

【法律分析】

再审法院认为,《承诺函》系针对特定数额的银行便利/贷款出具,并已经清楚表明了A市政府承诺在银行要求时,将全部承担借款人有关责任和义务的意思表示,应当属于保证性质。另外,国家机关违反法律规定提供担保的,担保合同无效。据此,A市政府出具的《承诺函》属于无效担保,B银行只能就合同无效所引起的损害后果向A市政府主张赔偿。虽然涉案保证合同为无效合同,但是保证合同约定的或者法律规定的保证期间仍然具有法律意义,债权人在保证期间没有向保证人主张权利的,保证人不再承担无效保证的赔偿责任。债权人向保证人主张无效保证合同的损害赔偿权利应当在保证期间内行使,在《最高人民法院关于适用〈中华人民共和国民法典〉有关担保制度的解释》第33条也有所体现。

但是,保证期间是保证人承担保证责任的期间,保证人承担的保证责任从属于主债权债务,范围不得超过主债务范围,该范围内容由当事人意思自治优先。但合同无效后的责任属于缔约过失责任,属于法定责任,适用诉讼时效而不适用保证期间,因此不应当将损害赔偿的权利主张期间限制在保证期间内,而应适用诉讼时效期间。这一观点在《最高人民法院民事审判第二庭法官会议纪要:追寻裁判背后的法理》[①]一书中得到支持。

【风险提示】

基于《最高人民法院关于适用〈中华人民共和国民法典〉有关担保制度的解释》的规定,保证期间与无效保证合同的损害赔偿权密切相关,债权人应在保证期间内就保证合同无效向保证人主张损害赔偿权利,超过保证期间的,债权人丧失求偿权。因此,在订立保证合同时,当事人双方应当就影响保证合同效力的因素进行充分考虑,如保证人的主体身份,保证合同是否违反效力性强制性规定,若存在风险因素,债权人应当密切关注保证期间是否经过,谨防因期间经过而丧失求偿权。

---

① 参见贺小荣主编:《最高人民法院民事审判第二庭法官会议纪要:追寻裁判背后的法理》,人民法院出版社2018年版,第235页。

第十三章

委托合同实践中的法律风险及其防范

第一节　委托合同概述

一、委托合同的界定

委托合同，又称委任合同，是委托人和受托人约定，由受托人处理委托人事务的合同。委托他方处理事务的人为委托人，允诺他方处理事务的人为受托人。

委托合同是一种比较古老的合同类型。在《古巴比伦汉谟拉比法典》中，就对委托合同有所规定。在早期罗马法中，由于不承认家子的法律人格，加上对法律行为采用复杂烦琐的程式，故委托、代理关系不发达。至帝政时期出现了委托、代理的法律规定，但并不区分委托和代理的关系，而将两者融为一体，认为委托合同必含有代理权的授予。

《法国民法典》承袭罗马法的理论，其第 1984 条规定，委托或代理，是指一人委托授权另一人以委托人的名义，为委托人完成某种事务的行为；第 1986 条规定，除另有约定外，委托无报酬。《德国民法典》也是以委托合同无偿性为原则的，但其严格区分委托合同与代理，在总则中专门规定代理制度，在债编中规定委托合同。我国立法基本采用德国法理论，严格区分委托合同与代理，分别规定了代理与委托合同。但我国委托合同以有偿为原则，无偿为例外。

界定委托合同，应该将委托合同的相近合同的概念相区分。

（一）行纪合同和委托合同

行纪合同与委托合同有一些共同之处，如两者均为提供服务的合同；均以当事人双方的相互信任为前提；委托人都委托他人处理一定事务等。因此，许多国家的立法都明确规定：行纪合同除另有规定的，适用委托合同的有关规定。我国

《民法典》第960条也作了类似规定。

行纪合同与委托合同的区别在于：

1. 前者中所指的事务是特定的，仅限于买卖、寄售等贸易活动，一般为法律行为；而后者中所指的事务既可以是法律行为，也可以是事实行为。

2. 前者中，行纪人只能以自己名义进行活动，行纪人与第三人之间所为的法律行为并不能直接对委托人发生效力；而委托合同的受托人处理委托事务，可以以自己名义，也可以以委托人名义，受托人与第三人间订立的合同有时可对委托人直接发生效力。

3. 前者为有偿合同；后者可以是有偿合同，也可以为无偿合同。

（二）委托合同与中介合同

1. 中介人仅为委托人报告订约机会，或为订约媒介，并不参与委托人与第三人之间的关系；而在委托合同中，受托人以委托人的名义或自己的名义活动，代委托人与第三人订立合同，参与并可决定委托人与第三人之间的关系、内容。

2. 中介合同为有偿合同，但中介人只有在有中介结果时才得请求报酬，并且在为订约媒介中介时，可从委托人和其相对人双方取得报酬；而委托合同可以是有偿合同，也可以为无偿合同。商事性质的，以有偿为原则，也承认当事人关于无偿的约定；民事性质的，以无偿为原则，同时也承认当事人有偿的约定。

3. 中介人没有将处理事务的后果移交给委托人的义务；而在委托合同中，委托人则取得事务处理结果。

（三）委托合同与委托代理

委托合同的适用范围及其广泛，无论是民事行为，还是单纯的事实行为，只要该事项不违背公序良俗或法律的禁止性规定，不属于委托人人身属性的行为（如婚姻关系的建立和终止、收养关系的建立或终止、立遗嘱等），委托人都可以经由委托合同委托他人处理。其主要目的在于方便人们日常生活，有利于生产经营，贸易往来。我国《民法典》第一编第七章对代理设专节加以规定，且在《民法典》中对委托合同加以规定。可见，我国民事立法将委托合同与委托代理行为分别规定的。但事实上，委托合同与委托代理有着紧密的联系，不少情况下委托合同包含着代理权的授予。然而，有委托合同未必有委托代理关系，因此，需要就两者之间的复杂关系予以说明。

1. 委托合同是委托人与受托人之间意思表示一致的协议，其内容主要在于确定委托人与受托人之间的权利义务关系；而委托代理行为是代理人以委托人的名义对外（第三人）所为的并且所产生法律效果直接归属于委托人的行为，其所确定的权利义务关系由委托人与第三人享有和承担。

2. 委托合同产生于委托人与受托人双方一致的意思表示，而委托代理源于委托人单方的委托授权行为。换言之，委托代理行为不能由委托合同当然发生，而只能基于委托人的委托授权行为。根据《民法典》的规定，委托授权应该通过授权委托书进行，授权委托书的主要用途是向第三人出示，证明代理人能够以被代理人的名义进行法律行为，以使第三人放心地通过代理人与被代理人进行交易。

3. 委托合同所涉及的委托事务的范围比委托代理事务的范围要广泛。根据《民法典》的规定，代理事务仅限于民事法律行为，而委托事务还可以是事实行为。这样，当所委托的事务为对外进行法律行为时，委托人才需要向受托人签发授权委托书，同时，受托人才能够以委托人的名义去进行委托代理行为。

4. 委托合同是委托代理关系产生的基础，但不必然产生代理关系，即委托代理与委托合同又是彼此独立的。一方面，仅有委托合同没有委托授权行为，不能产生委托代理关系；另一方面，委托代理行为具有相对的独立性，委托合同无效或被撤销，代理人的代理权并不必然随之消灭，必须要有被代理人撤销委托授权的行为。因这第三人无从知晓委托合同的内部关系发生变化，若合同的内部效力同时对外发生，会危及第三人利益及交易安全。但有观点与此相左，认为从保护被代理人利益及法律关系简化考虑，授权行为原则上应从属于基本法律关系，基本法律关系如不成立、无效或撤销时，授权行为应同其命运。综上所述，委托合同与委托代理是我国民法体系中两种不同的制度，具有不同的功能，不能混为一谈。①

二、委托合同的特点

（一）委托合同以委托方相信受托方能处理委托事务为前提

信任是主观的。商事委托的信任主要是指受托人的商誉以及能力。委托人之所以选定某人为其处理事务，是因为其相信对方能够处理好事务，而受托人也是出于对委托人的信任，愿意为其处理事务，才接受委托的。因此，委托合同是建立在委托人与受托人相互信任的基础上的，没有当事人间的相互信任，不能建立

① 参见段波：《合同法》，武汉理工大学出版社2002年版，第323页。

委托关系,委托合同的任何一方失去对对方的信任,在一定条件下就有随时解除委托关系的可能。

(二)委托合同的目的是由受托人处理委托人的事务

就受托人提供劳务来说,委托合同与承揽、雇佣等合同相似,但在承揽合同中,承揽人负有完成一定工作的义务,承揽人的劳务须有物化的结果,而委托合同中的受托人仅负责处理事务,而不负担完成一定工作的义务,雇佣合同中的雇佣人仅提供劳务,而委托合同的受托人提供劳务仅是手段,其目的是处理一定事务。由于受托人是为委托人处理事务的,因此,处理事务的费用和后果均应归属于委托人,但在受托人处理事务中应以何人的名义进行则有不同的观点。一种观点认为,受托人应以委托人的名义处理事务,若受托人以自己的名义处理委托人的事务,则应属于行纪,而不属于委托;另一种观点认为,委托合同规定的是委托人与受托人间的关系,至于受托人是以委托人的名义还是以自己的名义处理委托事务,不影响委托合同的性质。我国《民法典》采取了第二种观点。一般来说,委托合同成立后,受托人按照委托以委托人的名义处理委托人的事务,受托人在委托权限范围内的行为视为委托人的行为,但受托人也可以以自己的名义在委托人的授权范围内处理委托的事务。①

(三)委托合同为诺成性合同、不要式合同、双务合同

委托合同自当事人双方意思表示一致时即可成立,并不以标的物的交付或当事人的实际履行为合同的成立要件,因此委托合同为诺成性合同。委托合同可由当事人自由决定合同的形式,故委托合同为不要式合同(但商事委托合同的常态是要式合同),委托合同成立后,当事人双方负有对待给付的义务,即使是无偿委托合同,委托人也须负担支付处理委托事务的费用的义务,所以委托合同为双务合同。

(四)委托合同可以是有偿合同,也可以是无偿合同

委托合同有民事委托和商事委托之分,商事委托合同的常态是有偿合同。委托合同是有偿还是无偿,不在于受托人处理委托人的事务是否产生必要费用,也

---

① 参见李旭东、赵云芬主编:《合同法》,重庆大学出版社2003年版,第315页。

不在于费用是否由委托人来承担,而取决于受托人处理委托人的事务是否收取了报酬。如果当事人约定委托人应向受托人支付报酬的,因具有对价关系,委托为有偿,否则,委托就是无偿的。

三、委托合同的一般理论

(一)委托合同的种类

1. 特别委托和概括委托

根据受托人的权限范围,委托合同可以分为特别委托和概括委托。特别委托是指委托人特别委托受托人处理一项或数项事务,概括委托是指委托人委托受托人处理一切事务,关于特别委托和概括委托,我国《民法典》第 920 条作了明确规定:委托人可以特别委托受托人处理一项或者数项事务,也可以概括委托受托人处理一切事务。

2. 单独委托和共同委托

根据受托人的人数,委托合同可以分为单独委托和共同委托。单独委托是指受托人为一人的委托,共同委托是指受托人为两人以上的委托。关于共同委托,我国《民法典》第 932 条规定:"两个以上的受托人共同处理委托事务的,对委托人承担连带责任。"

3. 直接委托和转委托

根据受托人产生的不同,委托合同可以分为直接委托和转委托。直接委托是指由委托人直接选任受托人的委托,转委托是指受托人为委托人再选任受托人的委托。受托人为委托人进行转委托,除紧急情况下为维护委托人的利益而需要转委托的外,应当征得委托人的同意。

(二)委托合同的主要内容

就委托合同来看,委托合同的特殊性决定了委托合同的基本条款与其他合同有所不同,《民法典》虽然没有具体规定委托合同应当具备哪些基本内容,但从《民法典》对委托合同的具体规定来看,一个委托合同一般要具有以下内容。

1. 当事人的姓名或者名称和住所

委托人或者受托人,既可以是自然人,也可以是法人或其他组织。委托人或受托人在订立委托合同时,应当表明或者记载其本名。如是自然人,则表明或记载其姓名;如是法人或其他组织,则表明或记载其名称。如果委托合同是通过委托人或者受托人订立的，还应表明或记载代理人的姓名或名称，以及住所。

2. 委托事务

委托事务是委托合同的标的，是委托合同最核心的内容。没有委托事务或委托事务不明确的，委托合同不成立。处理委托事务的方式在委托合同中，对于处理委托事务的方式的约定，一般有两种情形：一种情形是一般性规定，如规定受托人要亲自勤勉地处理委托事务，在处理委托事务中要注意维护委托人的利益等。这种规定主要是对受托人诚信义务的特别强调。另一种情形是具体性规定，主要规定受托人在处理委托事务时应当采取何种方法，在不同情形下应如何作出决定等。例如，当委托事务是受托人代为订立买卖合同时，在委托合同中可以规定委托人可以接受的主要买卖条件等。委托合同以受托人亲自处理委托事务为原则，因此，转委托一般不是合同订立时的预定事项，但是在订立委托合同时，委托人与受托人之间也可以对受托人可否转委托，转委托的条件及责任承担等，作出特别的约定。

3. 费用及支付方式

受托人处理委托事务不仅要支付一定的劳务，在许多场合还需要花费一定的费用，受托人处理委托事务的费用，可以由委托人预付，也可以先由受托人垫付，但最终应当由委托人负担。在订立委托合同时，应当就费用的使用标准、支付方式、结算方法等，予以明确约定。

4. 报酬及支付方式

如果委托合同是有偿的，应当就报酬事项予以明确约定。在订立报酬条款时，当事人可以直接规定报酬总额，也可以规定确定报酬的标准，而待委托事务处理完毕后，再以此标准确定。对于报酬的支付方式，当事人可以约定事后支付或事先支付，也可以约定部分预付，还可以约定根据委托事务的处理阶段分期预付。

5. 报告义务

受托人的报告义务，是《民法典》规定的法定义务，不以委托合同的约定为必要。但是，当事人在订立委托合同时，可以就报告事项进行专门约定（关于报告事项的约定，主要包括以下三方面：第一，报告的内容，比如，是对整个委托事务的处理情况均需报告，还是对重要事项或者合同中列举的事项进行报告；第二，报告的时间，比如，是在委托事务结束时报告，还是按一定时间标准分期报告，或者是在委托人要求时再报告；第三，报告的方式，比如，是以口头报告，还是必须以书面报告，或者以更严格的正规报告书的形式报告）。

6. 保密义务

保密义务是受托人根据诚实信用原则而应当承担的义务。受托人在处理委托事务时，可以了解到委托人的不宜泄露或公开的情况。比如，委托人的隐私、委托人的商业秘密等。无论委托合同是否有约定，受托人都应当对其在处理委托事务时所了解的委托人的情况予以保密。但是，为了明确受托人的保密义务，在订立委托合同时，可以就保密事项作出专门规定。比如，可以一般性地规定受托人要承担保密义务，也可以具体规定须保密的范围和期限，还可以规定泄密的违约责任等事项。

7. 违约责任

当事人可以在委托合同中规定违约责任，包括违约责任的范围、违约责任大小的确定标准或方法、违约责任的承担方式等，除上述内容以外，当事人还可在委托合同中约定关于解决争议的方法及其他内容。①

（三）委托合同的效力

受托人的义务主要有以下几点。

1. 依委托人的指示处理委托事务的义务

在委托合同中，受托人的基本义务是依委托人的指示处理委托事务。委托人有指示时，应尽可能地遵守委托人的指示处理委托事务。受托人在处理委托事务时，若情势发生了订立委托合同时没有预料到的变化，且情况紧急，受托人无法事先与委托人协商时，受托人可以变更委托人的指示，妥善处理委托事务。

相关案例分析1

【案情简介】

小马的亲戚给小马送了一台收音机，小马很高兴，想把这台收音机送给女朋友小赵，但是小赵住在邻村，离小马家有50公里路程。小马打听到同村的刘叔第二天要去邻村办事，于是，为了节省邮费，小马委托刘叔将收音机送到小赵家里。当天晚上下了场大雨，道路泥泞不堪，第二天，刘叔在去邻村的路上滑了一跤，腿摔伤了，随身行李滚下坡去，等刘叔打开行李一看，小马托付的收音机已经摔坏。小马得知此事，既惋惜又为难，小马去看望刘叔的时候顺便提起了收音机的事情，

① 参见李旭东、赵云芬主编：《合同法》，重庆大学出版社2003年版，第316页。

刘叔一听十分生气，称自己不是故意的，并且自己也受了伤。小马一听也火了，称刘叔再怎么也得给一点经济补偿，并起诉至法院。

【法院判决】

经审理，B人民法院最终判决刘叔不承担损坏收音机的法律责任，并判决驳回小马的诉讼请求。

【法律分析】

根据《民法典》第929条的规定，在有偿的委托合同关系下，因受托人的过错给委托人造成损失的，委托人可以要求赔偿损失。但若该委托是无偿的，除非该损失是受托人故意或者重大过失造成的，一般情况下委托人是不能要求受托人赔偿的。

本案中，小马与刘叔之间形成了委托合同法律关系，委托人小马委托刘叔代运收音机，并未向受托人刘叔支付报酬。刘叔因为雨天路滑，不慎摔坏了收音机，但该损失并非刘叔的故意或重大过失所造成，因此，结合上述法律规定，小马要刘叔承担收音机损坏的赔偿责任的请求没有得到法院的支持。

【风险提示】

委托合同的风险主要体现在受托人处理委托事务的过程中以及事务处理的费用承担、报酬支付和后果归属上。不过委托合同可以是有偿的，也可以是无偿的，责任风险也因此不同。总体而言，在事务处理上，有偿的委托，受托人的注意义务要高于无偿的委托，即有偿的受托人一般的过失给委托人带来的损失要承担责任，而无偿地委托的受托人只有故意或者重大过失的时候，对委托人带来的损失要承担责任。好比有偿如同“尽心尽力”，无偿好比“尽力而为”的区别。

2. 亲自处理委托事务的义务

《民法典》第923条规定委托人应亲自处理受托事务。在转委托关系中，该被委托的第三人叫次受托人。转委托的内容，得依原委托的内容。转委托包括以下两种情况。

(1)转委托经委托人同意的

对于由受托人所进行的转委托，委托人可以同意，也可以不同意。委托人同意的，委托人可以就委托事务直接指示转委托的第三人，即次受托人。

(2)转委托未经委托人同意的

受托人所为的转委托未报知委托人或虽报知但委托人未同意的，该转委托的第三人应视为是受托人的履行辅助人。转委托的第三人处理事务的行为，应视为受托人自己的行为。受托人应对未经同意的转委托的第三人的行为承担责任。然而,在紧急情况下,受托人为了委托人的利益而进行的转委托,应当视其为委托人同意的转委托。受托人仅就其对次受托人的选任和指示承担责任。

相关案例分析2

【案情简介】

王二是村里的养鱼专业户,今年夏天共收获了800斤鱼,准备上市销售。但由于手头上还有其他事情要处理,王二就委托刘四代为售卖,并同意事后向刘四支付售鱼款3%的报酬。在去鱼市的路上,刘四突发疾病,需立即手术治疗,但当时无法立即联系王二,刘四担心天热致鱼变坏,遂委托张五代其出售。张五将鱼拉到市场时已是下午,鱼已不新鲜,若按原价出售,恐卖不掉,拉回去损失更大。于是,张五将鱼降价20%出售。事后,刘四将售鱼款交给王二,王二发现降价损失近千元,遂不同意给刘四报酬。刘四说委托张五代为出售,确为迫不得已,且那样做也是为了王二,否则损失更大。王二、刘四由此产生纠纷,诉至法院。

【法院判决】

经审理,人民法院最终判决刘四不承担折价销售鱼给王二造成的损失,并判决王二向刘四支付售鱼款3%的报酬。

【法律分析】

本案涉及的是委托合同纠纷中受托人在办理委托事务过程中,受托人突发疾病能否单方就委托事务转委托第三人办理的法律问题。根据《民法典》第923条的规定,受托人应当亲自处理委托事务,受托人转委托的,应当征得委托人同意,在紧急情况下,为维护委托人的利益,受托人不经委托人的同意转委托的,可以不承担擅自转委托的法律责任。

本案中,王二与刘四之间形成了委托合同法律关系,委托人王二委托刘四出售货物,并向受托人刘四支付一定的报酬,原则上说,刘四应当亲自处理委托事项。刘四将委托事项转委托给张五或其他第三人前应当征得王二的同意,但由于刘四突发疾病,且无法立即联系王二,再加上鱼类货物保鲜期短,当时又正值夏天,该情况应属于《民法典》第923条规定的"紧急情况",因此,刘四为了王二的利益考虑,在紧急情况下进行转委托,其不应承担折价出售货物给王二造成的损失,并且,王二应当按照约定向刘四支付报酬。

【风险提示】

有句法谚："委托的权限，不得再委托。"就转委托而言，受托人的法律风险主要有两点：第一，受托人亲自处理委托事务是受托人的一项重要义务，不得擅自将自己的受托事务任意转委托他人处理，否则，就是一种违约行为，因此给委托人带来损失需要承担赔偿责任。第二，只有在紧急情况下，受托人但为了委托人的利益需要转委托的，可不经委托人同意，也不承担相应损失赔偿责任。对此，受托人须举证证明是在紧急情况下为保护委托人的利益而转委托的。

3. 报告义务

受托人应当按照委托人的要求，随时或者定期报告受托事务的处理情况。受托事务终了或者委托合同终止时，受托人应当将处理委托事务的始末经过和处理结果报告给委托人，并提交必要的证明文件。

4. 财产转交义务

受托人因处理委托事务所取得的财产，应当转交给委托人。这些财产，包括金钱、物品及其孳息、权利等，无论是以委托人名义取得的，还是以受托人自己名义取得的，也无论是由次受托人取得的，还是由受托人自己在处理事务时直接取得的，受托人均应将其交还给委托人。

委托人的义务主要有如下几种。

1. 支付费用的义务

不论委托合同是否有偿，委托人都有支付费用的义务。委托人履行支付费用的义务有两种方式：一是预付费用，二是偿还费用。委托人应当向受托人预付处理委托事务的费用。委托人偿还的费用一般应限于受托人为处理事务所支出的必要费用及其利息。所谓必要费用，是指处理受托事务不可缺少的费用。

相关案例分析 3

【案情简介】

2006 年 8 月 7 日，北京 A 展览有限公司（以下简称 A 公司）与北京 B 展览展示有限公司（以下简称 B 公司）签订《展览工程委托合同》，约定 B 公司委托 A 公司承建第二十一届欧洲光伏太阳能展览会项目的展台搭建和拆展，合同金额为 15 万元，同时约定 B 公司负责运输工作。合同签订后，A 公司依约进行了展台制作。因 B 公司不熟悉运输事宜，且 A 公司有长期合作的货运代理公司，故 B 公司委托A公司联系办理运输事宜。随后A公司与天津市C货运代理有限公司(以下简称C公司)就展览物资运输事宜进行了联系,C公司将上述展会有关物资运输至指定的地点。

此后,C公司因A公司、B公司未能全额给付运费,将A公司(该案件中被告)、B公司(该案件中第三人)诉至北京市海淀区人民法院,要求A公司给付运费81,496元。2007年12月20日,北京市海淀区人民法院作出(2007)海民初字第22043号民事判决书,认定A公司在合同履行过程中向C公司披露了其与B公司的委托关系,C公司选择向A公司主张运费的行为符合法律规定,并判决A公司于该判决生效之日起10日内给付C公司运费14,256元并承担诉讼费用313元。判决生效后,A公司向北京市海淀区人民法院缴纳了诉讼费313元,并于2008年2月27日向C公司支付了运费14,256元。

【法院判决】

海淀区法院审理认为,A公司与B公司签订《展览工程委托合同》后,双方之间就展览物资的运输事宜达成了新的合意,形成了事实上的委托合同关系。A公司接受B公司的委托之后,与C公司办理了相关运输事宜,B公司应支付相应的费用。C公司与A公司、B公司因运费事宜发生纠纷,并经北京市海淀区人民法院判决后,A公司向C公司支付的运费14,256元,B公司应给付A公司。最后法院根据《合同法》第398条、第406条第2款的规定,判决北京B展览展示有限公司给付北京A展览有限公司人民币13,256元(于本判决生效之日起10日内给付)。

【案例评析】

本案是因费用承担问题而引发的委托合同纠纷案。我国《民法典》第921条规定,委托人应当预付处理委托事务的费用。受托人为处理委托事务垫付的必要费用,委托人应当偿还该费用并支付利息。本案中,A公司与B公司签订《展览工程委托合同》,约定了B公司负责第21届欧洲光伏太阳能展览会项目的相关运输工作,但后来B公司请A公司为其联系办理运输事宜,经A公司联系C公司将展会物资实际送达,虽B公司与A公司没有再次签订书面的委托协议,但根据口头约定以及实际履行情况,形成委托合同关系。则A公司因办理运输事宜产生或垫付的费用,应当由委托人承担。

【风险提示】

为处理委托事务,向受托人预付费用或是向受托人承担垫付的必要费用及利息,均是委托人的一项主要义务,无论委托合同是有偿或是无偿。在一定意义上说,办理事务发生的费用承担的风险是固定的,由委托方承担。但对此并不意味着受托人没有任何风险。受托人在此方面最大的法律风险在于:受托人超越了委托权限和期限。对超越委托权限、期限产生的费用由受托人自行承担,除非委托人事后予以认可。所以,受托人办理委托事务,切记受托权限范围和受托期限。

2. 支付报酬的义务

委托合同是无偿的,委托人自然无支付报酬的义务。对于不可归责于受托人的事由,致委托合同解除或委托事务不能完成的,系属委托合同中的风险负担问题,对于此时的风险,《民法典》第928条规定,由双方当事人合理负担,即此时委托人应当向受托人支付相应的报酬。

3. 赔偿受托人损失的义务

(1)委托人对于受托人在处理委托事务中非因自己过错所造成的损失应负赔偿损失的义务。

相关案例分析4

【案情简介】

原告(A货运代理有限公司)诉称,2006年10月,被告(B物流有限公司)委托原告将40桶大蒜油拼箱出运至美国,并向原告提交了该批大蒜油无污染、无气味的非危证明。但当涉案集装箱运至美国后,其他拼箱委托人却因所托运货物被大蒜油气味污染而向原告提出索赔,原告为此向案外人赔付了人民币72,500元。因被告称该批货物无污染、无气味,原告才将大蒜油和其他货物拼装。原告在本次事件中已尽到了审慎义务,没有任何过错,现遭到其他委托人的索赔,完全是由于被告在托运时未告知货物的真实状况所致。为此,请求判令被告向原告赔偿经济损失人民币72,500元以及该款项利息损失(自2008年10月21日起计算至判决生效之日为止,按中国人民银行同期人民币活期存款利率计算),本案诉讼费由被告承担。

被告辩称,原告诉请损失与被告无关,被告并非货物的实际货主,在业务中也无过错,不应承担原告的损失,请求驳回原告的诉讼请求。

经对原被告举证、质证等庭审活动,法院查明:2006年10月,被告委托原告从上海拼箱出运40桶大蒜油至美国纽约,并向原告提供了盖有出口经营人×××

丰乐香料有限公司印章的非危证明,该证明保证所托运的大蒜油无毒、无污染、无气味。与此同时,案外人鹰联公司将一批男士衬衣(55%棉)委托原告出运。原告接受委托后,将上述大蒜油、男士衬衣及其他货物一同装入编号为MOTU0625477的集装箱内。该集装箱原定由"HUNDAIGLORY"第019E航次承运,后因故改由"APL VIRGINIA"第011E航次承运。当该集装箱运抵目的港后,男士衬衣的收货人AE公司发现货物被大蒜味严重污染,须经清洗和重新包装后方能销售,为此支出了清洗费、包装费、运输费等合计13,099.63美元。此后,鹰联公司向AE公司支付了上述费用后,继而向法院提起诉讼,请求原告赔偿损失13,099.63美元[(2008)沪海法商初字第760号案]。经法院主持调解,鹰联公司与原告达成调解协议,由原告支付鹰联公司人民币72,500元。原告于2008年10月21日向鹰联公司支付了上述款项。

【法院判决】

原告、被告之间的货运代理合同关系依法成立。被告作为拼箱货物的委托人,负有如实告知受托人货物正确品名性质的义务。被告在本案中提供给原告的非危证明中保证涉案货物无污染、无气味。但事实上,与其拼装的棉制衬衣却在目的港被发现遭蒜味污染。由于无任何证据显示该集装箱内还装有其他可能带有蒜味的货物,本院认为,该批衬衣只可能是遭被告托运的大蒜油所污染。进而可以推断,该批大蒜油并非如被告提供的非危证明所保证的无污染、无气味。据此,本院认为,被告提供的非危证明对货物存在错误描述,进而误导原告将大蒜油与他人的棉制衣物拼装在一起,并因此遭到其他委托人的索赔。被告的行为已构成违约,应就此向原告承担违约责任,赔偿原告由此遭受的损失。被告虽抗辩非危证明系他人制作,与被告无关。但依照《合同法》(已失效)第121条的规定,合同当事人一方因第三人原因造成违约的,仍然应向另一方当事人承担违约责任。因此,即使被告的上述抗辩成立,仍不能免除被告在货运代理合同下对原告应承担的责任。此外,原告请求的利息损失,系对因被告违约所致损失的合理补偿,其主张的起讫时间和利率标准均于法不悖,本院予以支持。

综上所述,依照《合同法》(已失效)第107条、第407条的规定,判决如下:一、被告B物流有限公司应在判决生效之日起10日内向原告A货运代理有限公司赔偿经济损失人民币72,500元以及该款项的利息损失(自2008年10月21日起计算至判决生效之日止,按中国人民银行同期人民币活期存款利率计算)。二、如果未按本判决指定的期间履行给付金钱义务,应当依照《民事诉讼法》第260条之规定，加倍支付迟延履行期间的债务利息。三、本案案件受理费人民币 1612.50 元，由被告 B 物流有限公司负担。

【案例评析】

这是一起基于委托而发生的海事货运代理合同纠纷案件。具体需要根据《民法典》委托合同的相关规定厘定原被告两者之间的关系。《民法典》第 930 条受托人处理委托事务时，因不可归责于自己的事由受到损失的，可以向委托人请求赔偿损失。案件的争议焦点是被告货运委托授权的大蒜油是不是无污染、无气味的，或者说原告（被告的受托人）将大蒜油与他人的棉制衣物拼装在一起，并因此致其他委托人或托运人损失有无过错。若是没有过错，则损失不应由自己来承担；若是存在可归责于自己的事由，则要承担损失责任。

本案中，与被告大蒜油拼装在同一个集装箱内的一批男士衬衣在到达目的港后，收货人发现沾染有刺鼻的大蒜味，不经清洗无法销售，进而产生了相应的清洗费、包装费和运输费用等费用，合计为 13，099.63 美元。鹰联公司作为该批衬衣的托运人，在向提单记载的收货人 AE 公司赔付后，继而向原告索赔。原告最终以人民币 72，500 元与鹰联公司达成调解协议并实际履行。而原告作为被告的受托人，被索赔的损失产生的原因就在于被告提供给原告该批大蒜油并非如被告提供的非危证明所保证的无污染、无气味。可以推断被告（委托人）是存在过错的，而原告并没有过错。

所以，法院的判决应当是正确的。

【风险提示】

委托合同与其他合同在违约责任承担上最大的区别是，受托人的违约责任以其存在过错为前提。其他合同违约责任的归责原则是严格责任，一旦违约事实出现，就应当承担责任，除非有法定或者约定的免责事由。为避免风险发生，受托人要谨慎行事，在事务处理过程中不能有过错，否则就要承担损失风险。与之相应地，只要受托人没有过错，委托事务中受托人损失风险最终需要委托方来承担。

（2）因再委托第三人处理委托事务给受托人造成损失时的赔偿义务。

在委托人将所要处理的事务委托给受托人之后，基于信任关系所成立的委托合同关系在受托人允诺之时，对双方产生约束力。因而，在一般情况下，委托人不宜再将该委托事务委托给受托人以外的第三人处理。如果委托人欲把委托事务委托给受托人之外的第三人处理，必须经受托人同意。这实际上就是委托合同的协议变更。因合同变更致受托人遭受损失的,受托人可以向委托人要求赔偿损失。①

(四)委托合同的特殊情形

1. 转委托

转委托即受托人将受托事务的全部或者部分再转托第三人处理的一种委托形式。根据《民法典》第923条的规定,转委托即使征得委托人的同意,受托人仍需就第三人的选任及其对第三人的指示承担责任,如果受托人选任和指示不当而造成委托人损失,受托人亦应承担责任。据此,转委托后,在委托人、受托人及第三人之间形成不同的效力关系。

(1)委托人与第三人(次受托人)之间就所转委托的事务直接产生委托合同关系。

(2)受托人原则上从原委托合同关系中解脱出来,但是,由于次委托人是由受托人选任的,所以,受托人对次受托人的选任承担责任,若次受托人明显欠缺处理事务的经验或能力,甚至对委托事务的处理构成危害,则受托人应对委托人因此所遭受的损失承担赔偿责任。

(3)受托人与次受托人之间形成委托合同关系,受托人仍享有对次受托人发出指示的权利,次受托人接受受托人的指示并向其履行报告义务。在委托事务完成时,次受托人还可以选择请求委托人或受托人支付报酬。

(4)就同一转委托事务委托人和受托人形成连带债权关系,次受托人可以选择其中一人履行义务和行使权利。但是,当委托人和受托人的指示发生冲突时,应以委托人的指示为准。委托人和受托人对次受托人的支付报酬的请求负连带责任。受托人应次受托人的要求支付报酬后,有权向委托人追偿。②

2. 隐名代理和未披露委托人的代理

隐名代理和未披露委托人的代理均是来自英美法系的概念。隐名代理则只是表明自己是为他人代理,但不披露委托人身份的代理方式。未披露委托人的代理是指代理人既不表明自己为他人代理,也不指明委托人。由此可知,英美法系的代理制度与大陆法系的代理相距甚远。大陆法系的代理仅指代理人以被代理人的名义对外进行法律行为,由此产生的后果直接由被代理人承担。而以自己的

---

① http://www.civillaw.com.cn/article/default.asp? id = 12358,2009年4月4日访问。

② 参见段波:《合同法》,武汉理工大学出版社2002年版,第331页。

名义为他人从事商务活动则属于行纪,不为代理。我国《民法通则》(已失效)第63条所称的代理与大陆法系的规定一致,而《民法典》第925条和第926条的规定汲取了英美法代理制度的精华,突破了《民法通则》将代理仅限于显名代理的规定,使我国的代理制度更加完善,也使实际生活中大量存在的隐名代理和未披露委托人的代理活动有法可依。

(1)隐名代理。《民法典》第925条规定:"受托人以自己的名义,在委托人的授权范围内与第三人订立的合同,第三人在订立合同时知道受托人与委托人之间的代理关系的,该合同直接约束委托人和第三人;但是,有确切证据证明该合同只约束受托人和第三人的除外。"此即为隐名代理的规定。根据《民法典》的规定,构成隐名代理的要件为:

①受托人向第三人表明了自己的代理人身份并以自己的名义与第三人订立合同。

②受托人是在委托人的授权范围内与第三人订立合同。

③第三人确知委托人的真实身份,受托人虽然未表明被代理人究竟是谁,但是,第三人根据实际情况能够判断出合同另一方即委托人。隐名代理应该发生与显明代理相同的法律后果,即合同直接对第三人和委托人发生效力。但是,《民法典》又规定,有确切证据证明受托人并非为委托人而是为自己订立合同时,不适用隐名代理的规定。

(2)未披露委托人的代理。《民法典》第926条规定了未披露本人的代理,合同所设定的权利义务由受托人与第三人直接享有和承担,因为受托人未说明其代理人身份,以自己的名义订立合同,但需要注意的是委托人的介入权和第三人的选择权。

委托人的介入权指的是在受托人与第三人的合同关系中,委托人取代受托人的地位,介入原本是受托人与第三人的合同关系中。委托人行使介入权的条件是:

①受托人以自己的名义与第三人订立合同,第三人不知道受托人与委托人之间的代理关系,也就是说,受托人与第三人是该合同的当事人,该合同对受托人与第三人具有约束力。

②当第三人不履行合同义务时,会间接影响到委托人的利益,这时受托人应当向委托人披露第三人。

③因受托人的披露,委托人可以行使介入权。委托人行使介入权的,应当通

知受托人与第三人。第三人接到通知后,除第三人与受托人订立合同时知道该委托人不会订立合同的以外,委托人取代受托人的地位,该合同对委托人与第三人具有约束力。

④因受托人的披露,委托人也可以不行使介入权,仍然由受托人处理因第三人违约而产生的问题。

⑤第三人的选择权指的是在受托人与第三人的合同关系中,因委托人的原因造成受托人不履行义务,受托人应当向第三人披露委托人,第三人因此可以选择受托人或者委托人作为相对人主张其权利,即第三人可以选择请求委托人承担违约责任,也可以请求仍然由受托人承担违约责任。但第三人只能选择其一,选定后不得变更。

3. 共同委托

共同委托,是指受托人一方为两人以上,共同接受委托人的委托而为其处理同一委托事务的委托。《民法典》第 932 条规定:“两个以上的受托人共同处理委托事务的,对委托人承担连带责任。”故共同委托的各受托人之间依照约定享有对委托事务的处理权,如果未作约定,视为对委托事务享有平等的处理权,但是无论受托人内部如何划分权利,对于委托人,他们承担连带责任。

(五)委托合同的终止

1. 委托合同终止的原因

委托合同终止的原因包括一般原因和特殊原因。委托合同终止的一般原因是指一般合同共同适用的终止原因。例如,委托事务处理完毕,委托合同履行已不可能,委托合同中约定的合同存续期限届满,合同约定的解除条件成就等。委托合同终止的特殊原因是指导致委托合同终止特有的原因,主要包括以下两种情况。

(1)当事人一方任意解除合同

在委托合同中,合同的当事人双方均享有任意解除权,可任意解除合同。这是因为委托合同以当事人之间的信任关系为前提,而信任关系具有一定的主观任意性。在当事人对对方当事人的信任有所动摇时,就应不问有无确凿的理由,均允许其随时解除合同。否则,即使勉强维持双方之间的关系,也必然招致不良后果,影响委托合同订立目的的实现。当然,双方当事人应遵循诚实信用原则的要求,不得滥用此项权利。

相关案例分析

【案情简介】

甲公司是生产销售机械模具的一家企业,2007年6月,甲公司负责人丁某为开拓东南部市场,与在上海经商的吴某协商设立甲公司上海公司(以下简称上海公司),由上海公司负责建设、经营、管理甲公司在中国东南部的营销网络,并确认授权上海公司是甲公司在中国东南部地区的唯一销售代表机构。上海公司成立后,甲公司与其签署了《业务合作合同》,其中约定,甲公司按质、按时、按量地向上海公司提供机械模具产品,上海公司作为甲公司在东南部地区的销售代表机构,按照甲公司的标准和规划,向外销售产品,开拓东南部市场。合同签订后,上海公司向甲公司订购各种产品,进行销售,并印制了大量广告、宣传册宣传甲公司产品,还参加了各种展会,以开拓市场,上海公司为宣传产品、开拓市场前后共计花费了约20万元。截至2009年2月,上海公司共拖欠甲公司200余万元货款,甲公司催款不成,即向上海公司发出《撤销委托、合作通知书》,并先后向客户发出通知,申明甲公司不再授权上海公司经营甲公司产品。上海公司以甲公司撤销委托未经其同意为由诉至法院,要求甲公司赔偿损失300万元,并要求继续代理销售甲公司产品。

【法院判决】

经审理,上海某法院判决甲公司通知撤销委托和销售代理的行为有效,并判决甲公司向上海公司支付因其解除合同造成的经济损失20万元。

【法律分析】

本案核心是委托合同中委托人撤销或解除委托要不要经过受托人同意以及解除后的损失承担问题。我国《民法典》第933条规定:"委托人或者受托人可以随时解除委托合同。因解除合同造成对方损失的,除不可归责于该当事人的事由外,无偿委托合同的解除方应当赔偿因解除时间不当造成的直接损失,有偿委托合同的解除方应当赔偿对方的直接损失和合同履行后可以获得的利益。"本案中,甲公司与上海公司签订的《业务合作合同》约定甲公司委托上海公司在中国东南部地区销售甲公司制造的产品,甲公司有责任按照企业标准,按质、按时、按量地供给上海公司所需产品;上海公司作为甲公司在东南部地区的销售代表机构,有责任开拓、发展甲公司及其产品在东南部地区的市场;《业务合作合同》的约定实质上确立了甲公司与上海公司之间的委托合同关系。而根据上述法律规定,作为委托人,甲公司解除对上海公司的委托合同关系,属于行使法定权利,但对于该行为给上海公司造成的损失，甲公司应当承担赔偿责任。本案中，上海公司为开拓东南部市场，前后投入了20万元，该投入是上海公司因甲公司解除合同而形成的损失。因此，法院并未支持上海公司继续代理销售甲公司产品的诉讼请求，但对于甲公司随意解除合同给上海公司造成的直接损失予以了支持。

【风险提示】

委托合同是合同的一种，但与一般的合同不同，委托合同成立后，当委托方不再相信受托方能处理委托事务时，当受托人不再对委托人信任、不愿意为其处理事务时，任何一方当事人均可单方终止委托合同。这种单方终止的行为是合法行为，而不是违约行为，更不是侵权行为。委托合同在解除上的这种特殊性，导致了解除的风险随时存在以及合同当事人实现预期目标的不稳定性。这也是当事人双方均面临的风险所在。当然，任意解除可能会给一方造成一定损失，只要损失是因解除造成，解除的一方就要承担（法定的）赔偿责任（解除时不可归责于解除一方的，如解除的一方重病、伤残以及解除时没有明显不利于另一方的情形等，解除一方可抗辩不予赔偿），这是解除合同一方面临的又一风险点。解除合同一方面临的第三个风险点是，在商事有偿的委托合同中，任意解除存在恶意和导致一方重大损失或明显不公平时，不排除承担赔偿责任的可能。避免这种情况的较好办法是在签订委托合同时约定非有重大理由不得解除或终止等条款，给予一定的限制，尽可能降低、消除风险。

（2）当事人一方死亡、丧失民事行为能力或破产，致使委托合同终止

当事人一方死亡、丧失行为能力或破产时，委托合同当然终止。但双方当事人另有约定，或依委托事务的性质在发生上述情况时不宜终止委托合同的除外。受托人死亡、丧失行为能力或者破产，致使委托合同终止的，受托人的继承人、法定代理人或者清算组织应当及时通知委托人。

2. 委托合同例外不终止时的法律后果

（1）受托人继续处理事务的义务。当委托人死亡、丧失行为能力或者破产之后，在委托人的继承人、法定代理人或者清算组织承受委托事务之前，受托人有继续处理受托事务的义务。

（2）受托人的继承人、法定代理人或者清算组织在委托关系终止时采取必要措施的义务。受托人死亡、丧失行为能力或者破产，致使委托合同终止，将损害委托人利益的，在委托人作出善后处理之前，受托人的继承人、法定代理人或者清算

组织应当采取必要措施。对于所谓"必要措施"应作广义理解，既包括消极的保存行为，也包括积极的对委托事务的处理。①

第二节　委托合同法律风险及其防范

一、委托合同实践中法律风险的特点

（一）复杂性

委托合同的制度是相对复杂的，由于其与代理制度存在密切关系，我国《民法典》引入英美法系的隐名代理制度和未披露本人身份的代理，导致委托合同在实践中的风险较为复杂。常发生以下与之相关的法律问题。

1. 委托权限和转委托问题

在委托合同履行过程中，常因委托权限问题发生争议，主要是因为：（1）授权不明，委托人与受托人没有明确委托权限，以致事后难以确定受托人是否在权限内履行合同义务；（2）由于委托合同是不要式合同，委托与受托人间的委托关系仅靠口头确定，因此，发生纠纷时，对于委托权限便是口说无凭。转委托是受托人将委托事务委托给第三人处理的行为。由于委托关系多数是基于委托人对受托人技能、经验、资质的信赖，因此，法律规定受托人应当亲自处理委托事务。转委托主要发生在如下两种情形中：（1）委托人同意的，受托人可以转委托；（2）在紧急情况下如受托人急病等，为了维护委托人利益的，受托人可以转委托。合法的转委托，委托人对第三人的行为后果承担责任，受托人仅就第三人的选任与其直接对第三人的指示承担责任。如受托人擅自将委托事务转托的，受托人应当对转委托的第三人行为承担责任。

2. 表见代理问题

委托合同中的表见代理是指受托人在没有代理权、代理权终止后或超越代理权以委托人名义作出的行为，第三人有理由相信受托人有代理权的，该代理行为有效，委托人应对受托人的行为后果承担责任。表见代理是为保护交易过程中善意第三人利益而产生的，它使受托人对某一事项没有代理权，但其处理某一事项

① 参见崔建远主编：《合同法》，法律出版社2003年版，第463页。

的行为，如签订的合同等，只要第三人有证据证明其有理由相信受托人有代理权限，委托人就应承担相应后果。实务中表见代理行为后果通常是委托人难以预料的，对委托人有很大的风险。

3. 委托人与第三人的关系问题

由于受托人的代理行为，使委托人和第三人产生一定的权利、义务关系。受托人处理委托事务通常以委托人的名义进行，其产生的权利、义务直接由委托人和相应的第三人享有和承担；受托人也可以以自己的名义处理委托事务，在授权范围内与他人订立合同，如订立合同时第三人知道受托人与委托人的代理关系的，该合同直接约束委托人与第三人；但如果第三人在订立合同时不知道受托人与委托的委托关系的，该合同是否直接约束委托人与第三人则须区别不同情形，具体分析。此时委托合同的风险性就表现在第三人与受托人订立合同不清楚受托人与委托人之间的委托合同情况下，当第三人违约时，如果第三人在与受托人订立合同时知道该委托人就不会订立合同的，该合同不直接约束委托人与第三人，委托人无权直接追究第三人的违约责任，只能由受托人名义进行。这对委托人来讲，将无法实现委托合同的目的；而对受托人来讲，将直接承担与第三人所签订合同的权利、义务。同时，受托人以自己的名义与第三人签订合同的，在签约时第三人不知道委托人与受托人关系，在这种情况下，如果委托人违约，即使受托人已向第三人披露委托人，第三人仍可选择受托人作为合同的相对人，追究其违约责任。如甲委托乙购买一批药材，乙以自己的名义与丙签订了买卖合同，并且签约当时丙并不知道乙受甲的委托，现甲违约没有支付货款，这时乙即使告知丙自己是受甲委托的，丙仍然可以选择追究乙的违约责任。所以，受托人以自己名义办理委托事务时，不披露与委托人的关系，对委托人和受托人都有一定的风险。

（二）受托人风险较大

这主要是委托合同的特性决定的，根据我国《民法典》第 933 条的规定，委托合同的任何一方当事人可以随时解除委托合同，即当事人拥有对合同的任意解除权。这是因为委托合同是以当事人的特殊信赖为基础的。委托合同具有特别的性质，它的成立大多建立在对当事人特殊信赖的基础上，而信任关系具有一定的主观性，在一方当事人对对方当事人的信任有所动摇时，就应无论有无确凿的理由，都可以允许委托人或者受托人随时解除合同。否则，即便勉强维持双方的关系，也可能招致不良后果，影响委托合同订立目的的实现。所以，法律往往允许任何一方当事人可随时解除委托合同。这就给受托人造成了较大的风险，即受托人的法律地位处于不确定的地位，故受托人的法律风险很大。

（三）可预防性

虽然委托合同的风险具有复杂性，但其风险是可以预防和控制的，只要充分认识到委托合同可能存在的风险，并对症下药，积极采取相应的预防措施，做到防患于未然是完全有可能的，故委托合同的委托人与受托人应当对风险的防范与控制引起足够的重视，避免由于自己的疏忽大意而导致不必要的损失。

二、委托合同实践中风险规避的基本理念

（一）事前防范

这主要体现为委托人与受托人的合同磋商过程，双方应当尽量选择有商业信用的主体进行缔约。

对于委托人来说，委托人选择法人作为受托人时必须对法人的经营范围加以考证，现实生活中，对法人的经营范围的考证有两方面的内容：一是核实法人的营业执照，法人的营业执照详细地记载了法人的经营范围；二是考证该营业执照是否属于该法人。生活中出借营业执照的事情时有发生，委托人应当谨慎考虑，最好到工商行政部门核实。因受托人超越其经营范围而导致委托合同的无效，从而造成委托事务不能及时完成，将会给委托人带来一定的经济损失。对自然人受托人的法律资格考证主要有两个方面：自然人的民事权利能力和民事行为能力。关于权利能力需要注意的是，某些特殊领域，我国出于公共政策的考虑，禁止外国人涉入。例如，我国不允许外国律师以律师身份在中国从事律师业务，故如受托人为外国自然人，委托人应当考虑相关因素。对自然人行为能力的风险主要是来自如受托人为限制民事行为能力人，委托人由于疏忽大意，误将限制民事行为能力人视为完全民事行为能力人，并与其签订委托合同，由于限制行为能力人在大多数情况下对于委托事项难以理解，将导致委托合同的无效，从而耽误委托事务，损害委托人的利益。

对于受托人来说，也需要认真审查委托人的信用状况和考虑委托事务的真实性等，防止由于不诚信的委托人不支付费用或报酬，以及委托人隐瞒重要事实等而陷入被欺骗、被牵连的境地，而给受托人带来损失和危害。

（二）事中控制

首先，需要注意的是应当尽量订立书面的委托合同，这样有助于减少纠纷的发生。由于我国法律严格执行证据原则，没有证据，就无法确认事实的真相，我国公民基于自身的法律素质和诸多的社会因素，常常不愿作证，口头形式的委托合同就难以确认其真实性，由此，解决的唯一方法就是防患于未然——事前防范。为避免纠纷的发生，委托合同一般采用书面形式。

其次，委托人和受托人应当尽力订立完备、明晰、具体的委托合同，双方应当就合同涉及的事项尽量进行全面的约定，防止出现由于合同约定不明引发的纠纷。比如双方对于转委托事项在合同中事先约定，就可以防止由于转委托引发的纠纷。

（三）事后防范

前文已经述及，《民法典》就委托合同与一般合同在合同解除方面规定的内容有所不同。在委托合同中，委托人或受托人可随时任意地解除委托关系，不需要取得对方的同意，即使对方不同意解除委托关系，也发生解除的效力，行使解除权的一方也无须对其承担违约责任。但这并不意味着在委托合同关系中没有违约责任的适用余地。我们在此所指的违约责任是指委托人或受托人未履行合同义务或履行合同义务不符合约定，根据合同约定或法律规定应向对方承担的责任。

委托人的违约责任主要包括两种情形：(1)委托人违反费用支付义务的违约责任。委托人须按委托合同的约定预付费用，如果受托人为处理委托事务垫付了必要的费用，委托人应当偿还该费用及其利息。如委托人违反上述义务而给受托人造成损失，应承担相应的违约责任。(2)委托人违反报酬支付义务的违约责任。商事业务中，委托合同以有偿为原则，以无偿为例外。当事人如未在合同中约定为无偿，则应推定为有偿。在委托合同为有偿且受托人完成了受托事务的情况下，委托人应当向受托人支付报酬。值得注意的是，受托事务的完成也许实现了委托人的目标或合同目的，也许没有完全实现，但目的的实现与否并不是判断事务完成的标准。判断标准只有一个，即受托人是否完全适当地履行了合同规定的义务。根据我国《民法典》的规定，委托人的报酬支付义务可分为全部给付义务和部分给付义务。全部给付义务是指受托人完成受托事务的情况下，委托人应向其足额支付报酬;部分给付义务是指委托事务没有完成的情况下,委托人在一定条件下应向受托人支付相应的报酬。此处所指的条件,是指因不可归责于受托人的事由致使委托合同解除或委托事务不能完成,也就受托人在处理受托事务上没有过错,或者说不存在于合同解除有因果关系的过错。通常多指不可抗力、意外事件、第三人行为等情况。于此情形下,除委托合同有特别约定外,受托人有权要求委托人支付与处理委托事务的情况或付出的劳动效果相适应的报酬。

受托人不履行委托合同义务或者履行合同义务不符合约定的也应承担继续履行、采取补救措施或赔偿损失等违约责任。对于受托人在处理委托事务时是否按约定履行了义务,应根据具体的情形作出判断。但应注意的是,委托事务的处理结果是否对委托人造成损失,不能作为受托人履行合同不符合约定的依据,只有因受托人的过错给委托人造成损失的,受托人才承担赔偿责任。

三、委托合同的理论发展

(一)委托人的任意解除权问题

我国《民法典》第933条规定:"委托人或者受托人可以随时解除委托合同。因解除合同造成对方损失的,除不可归责于该当事人的事由外,无偿委托合同的解除方应当赔偿因解除时间不当造成的直接损失,有偿委托合同的解除方应当赔偿对方的直接损失和合同履行后可以获得的利益。"委托合同的任何一方当事人可以随时解除委托合同,即当事人拥有对合同的任意解除权。但是,在现实经济活动中,尤其是在商事委托活动中,如果完全依照法律的规定而不对任意解除权加以限制,则可能会出现不公平的现象。因而,在委托人和受托人共同分享利益、共担风险的情况下,可以限制委托合同当事人的任意解除权。同时,也应当允许当事人以约定放弃解除权,并承认其效力。

我国《民法典》关于委托合同中任意解除权的规定,并没有区分委托合同的具体类型,如合同是有偿委托还是无偿委托,属民事委托还是商事委托,而是适用于所有的委托合同。这样,《民法典》中简单划一的规定就不能适应纷繁复杂的经济实践,从而在其适用效果上可能产生一些不公平的现象,如在有偿委托合同中,受托人将近完成受托事务,这时委托人以当事人间的信赖丧失为由,解除合同,使受托人浪费人力、物力,遭受损失。也可能有人会认为,在这样的情形下,受托人仍可以根据《民法典》第933条的规定,从委托人处获得赔偿。然而,受托人所获得的赔偿可能会受到因果关系等因素的限制,相对于受托人投入的资本,或者改变经营范围和领域来说，受托人得到的赔偿数额远远不能补偿他的损失。再者，委托人还可能以不可归责于自己的理由而拒绝承担赔偿责任。因此，对委托合同中当事人的任意解除权应有所限制。

委托合同可随时解除的规定，在实践中产生了许多纠纷。这些纠纷涉及的问题，从委托合同当事人来看，受托人大多从事专门职业，具有一定的业务处理能力；从合同条款来看，当事人在委托合同中特别约定了解除合同的条件。因此，对委托合同任意解除权的限制，也相应地主要从这两方面考虑。

实践中因任意解除权产生的纠纷，值得我们对《民法典》第933条的规定进行思考。我国《民法典》中的委托合同，是以有偿委托为原则，还是以无偿委托为原则、有偿委托为例外，学者之间观点不同。[①] 可以肯定的是，根据我国《民法典》第929条的规定，委托合同可以是有偿，也可以是无偿。依据形式概念的思考方式，有偿合同和无偿合同一旦成立生效，原则上两者可以等量齐观，适用相同的法律规定。但是，实际上有偿合同和无偿合同是无法相提并论的，前者是自利的，后者是非自利的。而且，无论是大陆法系还是英美法系，当事人在因为他们之间无偿的约定而诉求法院时，法院会判断当事人是否有受法律约束的意思，或者是否有诉求力。[②] 所以，无偿合同在《民法典》中具有特殊的地位，典型的如对赠与合同特殊处理，赠与人在赠与财产的权利转移之前可以撤销赠与。而《民法典》的主要规范对象是有偿的交易行为，而非无偿的交易。因而，法律对于无偿的合同，在特定的情况下应该另眼相待。正如无偿的委托合同，若认定为双务合同，则与其特性并非相符，而应认为是不完全的双务合同，其实质仍为单务合同。[③] 而且，法律对无偿委托进行法律规范的重心，并不在于其法律上的拘束力，而是受托人责任的减轻。[④] 所以，《民法典》规定可随时解除委托，应主要是指无偿委托的情况。若当事人之间的信赖关系破灭，此时强求维持委托关系，不仅违反当事人的自主意思，也没有多少实际意义。因而，对无偿委托合同，允许一方当事人基于随时解除而从合同的束缚中解脱出来，无可厚非。但是，若考虑现代社会大多数情况下为有偿委托的事实，仍然采取随时解除的处理方法，似乎有些不妥。

当然，无偿委托合同以当事人之间的信赖为基础，在信赖受到破坏的情况下，

---

① 参见高富平、王连国：《委托合同·行纪合同·居间合同》，中国法制出版社1999年版，第80页。

② 参见陈自强：《民法讲义》(Ⅱ)，法律出版社2004年版，第196页。

③ 参见韩世远：《合同法总论》，法律出版社2004年版，第598页。

④ 参见陈自强：《民法讲义》，法律出版社2002年版，第107页。

任何一方当事人都可以随时解除合同。不过，这不能意味着对所有的有偿委托合同的解除加以限制，而是应该考虑具体的委托合同的情况，遵循诚信原则和公平原则来限制随时解除权的行使。在此方面，江平教授指出，委托合同有民事委托和商事委托之分，商事合同委托的常态是有偿合同、要式合同，当事人之间的信任是指受托人的商誉及经营能力，有的受托人专为委托事项而成立公司来经营委托事务，有的为完成委托事务而改变自己的经营方向、经营领域，有的为完成委托事务要投入大量的人力和物力来开拓市场、联系客户等。所以，一旦委托人随时解除合同，就给受托人带来重大损失，甚至导致公司终止。[①] 因而，根据商事委托的特殊性，若受托人和委托人在委托事务上承担一定的风险时，应当尽量维持当事人之间的合同关系，限制任何一方当事人的随时解除权。

解除委托合同的限制，除应考虑委托合同的民事和商事性质外，另一个与限制委托合同任意解除权相关的问题是，当事人放弃任意解除权的约定是否有效。我国法院在处理委托合同的任意解除时，经常对当事人在合同中约定的诸如非有重大理由不得终止或者解除等条款的效力存有争议，即对该约定是否能排除法定的随时解除权意见不一。有的法院认为，从尊重当事人意思自治的角度出发，可以认为当事人的约定是排除了随时解除权的适用。如在广东某律师事务所与某股份有限公司一般委托合同纠纷上诉案中，委托人某股份有限公司委托广东某律师事务所处理其参与拍卖会的事宜，并支付受托人相应报酬。当事人在合同中约定了无法定理由不得解除合同的条款。但在拍卖会进行当天，委托人因没有事前支付拍卖保证金而无法进入拍卖会场进行竞价，委托人以此为由不向受托人支付报酬。法院认为，委托方和受托方关于无法定理由不得解除合同的约定不违反法律、行政法规的强制性规定，是有效的。因此，委托人不支付拍卖保证金导致受托人无法根据合同获得报酬，其行为在事实上构成了单方面解除合同，违反了合同中的约定，应当按照约定支付违约金。当然，也有的法院认为当事人限制解除的约定是无效的，违反了法律的强制性规定，因而，即便是约定了无重大理由不得解除，当事人也应享有法定解除权，可以随时解除委托合同。对此，我国法院在司法实践中还没有形成统一的观点。

我国台湾地区学者对随时解除权的限制性约定也讨论颇多。我国台湾地区"民法"第549条对委托的处理与我国《民法典》第933条的规定相类似：当事人

---

① 参见崔建远：《合同解除的疑问与释答》，载《法学》2005年第9期。

之任何一方,得随时终止委任契约。当事人之一方,于不利于他方之时期终止契约者,应负损害赔偿责任。但因不可归责于当事人之事由,致不得不终止契约者不在此限。至于委托合同当事人能否以约定而抛弃随时终止权,我国台湾地区学者之间存在多种观点。邱聪智认为,我国台湾地区"民法"第549条第1款的规定是强制性规定,对抛弃随时终止权的约定,应当是无效的。因为随时解除权的抛弃虽然不当然构成对法律秩序的违反,但是勉强不能信赖的人维持委任关系,实属残忍。委托合同基础不稳固,就没有必要让它存在。而且,我国台湾地区实务上也认为抛弃终止权是无效的。[①] 史尚宽先生认为,抛弃终止权的约定与委托的性质相反,原则上无效,但委托事务不单以委任人的利益为限,受托人就其委任事务的处理有正当的利益关系时,委任人的随时终止会使受托人遭受损失,因而,终止权的抛弃此时作为例外,可以承认有效。[②] 郑玉波先生的观点是,如果终止权的抛弃,使当事人之间的债权关系发生永久存续的结果的,违背了公序良俗原则,则对终止权的抛弃是无效的,终止权并不因此而消灭。[③]

对当事人之间约定在一定条件下得以解除的条款,或者类似的非有重大理由不得终止或者解除的条款是否有效,取决于遵从当事人的意思自治或是法律的强行性规定。从现实生活角度来看,社会分工越来越专业化和细致化,经济发展和交易的实际需要越来越依靠服务业,如律师提供法律专业咨询、医疗院所提供医疗服务行为等,这样在专门职业技术人员或者现代服务业中,委托合同与其说建立在强烈的信赖关系上,倒不如说建立在受托人专业的事务处理能力上。法律的规定应当反映社会状况的变化。因此,不妨认为,针对具体的委托合同,若受托人在委托事务上共享利益、共担风险,原则上承认特别约定的效力,允许当事人以约定放弃随时解除权,而在特殊情况时(并不一定要达到情势变更的程度,可以认定当事人的放弃无效而仍然享有解除委托合同的权利)。

总体来说,《民法典》的发展不应固守固定的模式,而应当是自我调节,使自身具有更大的适应性和开放性。委托合同当事人行使任意解除权解除合同,主要是基于合同的无偿性和当事人之间特殊的信赖关系。而从现代社会来看,商事性质的委托在经济生活中占据了一定地位,当事人之间的特殊信赖关系也更多依赖

---

① 参见郑玉波:《民法债编总论》(修订2版),陈荣隆修订,中国政法大学出版社2004年版,第344页。

② 参见史尚宽:《债法各论》,作者自刊1981年版,第385页。

③ 参见邱聪智:《新订债法各论》(中),姚志明校订,台北元照出版有限公司2003年版,第255页。

于受托人专业处理能力，这时不区分具体实践而严格遵从任意解除权的规定，便会产生不合理、不公平的现象。因此，对于具有商事委托性质的合同，可根据实际情况限制任意解除权的行使。当事人在合同中约定放弃任意解除权的，原则上可予以承认。①

（二）对《民法典》第925条、第926条规定之评析

始于1984年的外贸代理制，对于推动我国对外贸易的发展曾起到重要的作用，但由于种种原因，我国实行的外贸代理具有不同于国际通行的民商事代理的中国特色，须通过调整其法律框架加以完善。② 就是在这样的立法背景下，《民法典》借鉴英美代理法在第925条、第926条规定了间接代理制度。间接代理无疑具有弥补外贸代理法律依据缺陷等优点。其优点如下。

1. 弥补我国代理理论的缺漏

我国原有的代理制度承袭大陆法系传统，主要是承袭德国民法体例，坚持代理的显名主义和公开性，仅规定直接代理。直接代理的显名主义虽然有利于保护第三人利益和交易安全，但是由于显名主义的要式性在一定程度上阻碍了交易的效率，而且直接代理制度在商事领域中无法发挥其制度本身的作用，也无法满足商事交易对商事主体名称保密的需要。因此，引进英美法系中的隐名代理和被代理人身份不公开的代理有利于弥补我国代理理论的缺漏。

2. 可以提高商事交易的效率

依大陆法系传统理论，行纪制度的效力不直接及于委托人（被代理人），先由受托人（代理人）承受而后转移给委托人（被代理人）。也就是说，一个简单的交易关系就演变为两次合同的履行。而《民法典》第925条、第926条所确立的代理制度为了满足商业实践特别是外贸活动中的交易迅捷、方便的要求对传统的显名主义进行否定。间接代理使我国外贸代理在多数的情况下可以绕开受托人让委托人与第三人直接建立起权利义务关系。

3. 有利于我国外贸代理的有序发展

在《民法典》颁布之前，外贸代理主要是由《民法通则》与《关于对外贸易代理制的暂行规定》（以下简称《对外贸易代理制的暂行规定》）来调整。《民法通则》只有关于直接代理的规定，外贸代理的其他方式主要由《对外贸易代理制的暂行

---

① 参见吕巧珍：《委托合同中任意解除权的限制》，载《法学》2006年第9期。

② 参见张鹏飞：《论我国外贸代理制度》，载《兰州工业高等专科学校学报》2005年第3期。

规定》来调整。而《对外贸易代理制的暂行规定》只是部门规章缺乏足够的法律权威，因此，其合法性和法律效力常常受到人们的质疑。《民法典》的颁布，以基本法律的形式弥补了《对外贸易代理制的暂行规定》效力的不足，为我国外贸代理顺利发展提供了法律依据。

但是，《民法典》第925条、第926条①也存在如下缺陷。

1. 理论上存在缺陷

(1)间接代理的引进致使我国原有代理理论受到极大的冲击。我国《民法典》颁布之前，原《民法通则》对代理的理论分析仅仅局限于直接代理，而直接代理恪守代理的显名主义。而在《民法典》第925条、第926条的框架下，受托人可以以自己的名义与第三人订立合同，而合同在一定条件下仍然直接约束委托人和第三人。这就突破了原《民法通则》显名主义的限制，承认了非显名之代理的效力。在原《民法通则》尚未作出相应变更之前，这一突破率先在合同法这一特别法的领域里发生，并且力度之大无疑构成对我国代理法律及理论的冲击。

(2)将间接代理的规定置于委托合同一章之中，有悖于固有的代理理论及立法逻辑。我国在代理问题上仍继受了德国的立法模式，只承认直接代理，在理论体系上接受了拉班德的区别论。按照区别论的理念，代理关系的建立并不一定是基于委托合同，委托合同仅仅是产生代理关系的一种基础关系，因而代理不是委托合同的下位概念。在此意义上，大陆法系主要国家一般都是在民法典总则中规定代理，而在债编分则中将委托合同单列一章。我国原有有关代理和委托的关系与大陆法系主要国家的做法也大致相同。而我国《民法典》间接代理被置于委托合同之中，这无疑违反了大陆法系的区别论。因为委托合同只涉及委托人与受托人的内部关系，而不涉及第三人的权利义务。在委托合同一章中，植入直接涉及三方当事人的间接代理也同样违反立法逻辑的一致性。

---

① 《民法典》第925条规定："受托人以自己的名义，在委托人的授权范围内与第三人订立的合同，第三人在订立合同时知道受托人与委托人之间的代理关系的，该合同直接约束委托人和第三人，但有确切证据证明该合同只约束受托人和第三人的除外。"《民法典》第926条规定："受托人以自己的名义与第三人订立合同时，第三人不知道受托人与委托人之间的代理关系的，受托人因第三人的原因对委托人不履行义务，受托人应当向委托人披露第三人，委托人因此可以行使受托人对第三人的权利，但第三人与受托人订立合同时如果知道该委托人就不会订立合同的除外。受托人因委托人的原因对第三人不履行义务，受托人应当向第三人披露委托人，第三人因此可以选择受托人或者委托人作为相对人主张其权利，但第三人不得变更选定的相对人。委托人行使受托人对第三人的权利的，第三人可以向委托人主张其对受托人的抗辩。第三人选定委托人作为其相对人的，委托人可以向第三人主张其对受托人的抗辩以及受托人对第三人的抗辩。"

(3)《民法典》在委托合同之后又对行纪合同作出专章规定,由于制度重叠导致无穷无尽的理论争议。《民法典》既引进了英美法系的隐名代理与被代理人身份不公开的代理,又规定了大陆法系的行纪制度。在相当部分的学者看来英美法系的隐名代理就是相对于大陆法系的行纪制度。尚须注意的是,《民法典》第 960 条规定:“本章没有规定的,参照适用委托合同的有关规定。”有学者因此认为行纪合同也可以适用第 423 条,即行纪关系中也存在介入权和选择权的问题。①

(4)间接代理制度对合同相对性原则构成挑战

在《民法典》第 925 条、第 926 条框架下,受托人可以以自己的名义与第三人订立合同,而合同在一定条件下仍然直接约束委托人和第三人。这与传统合同相对性原则是相抵触的。传统合同相对性原则认为,合同的效力仅及于缔约当事人,只有合同当事人才受合同拘束,任何第三人均无权请求合同当事人履行合同债务,法院也不保护这种请求。间接代理之中代理人以自己的名义进行活动,却可以不承担责任,这对信赖他的第三人是不公平的,同样冲破了合同相对性原则。

2. 实际运作中存在的问题

由于间接代理在理论上的不周延而导致其在法律实务中的众多不确定性。我们以实例的方式对间接代理与行纪制度之间的适用困难进行层层分析。假定 A 是外贸公司(既从事外贸代理又从事外贸自营业务),A 受 P 公司委托从事一项外贸代理,P 公司为此要支付 A 报酬。A 以自己的名义与国外的公司 T 订立出口贸易合同,假设 T 在订立合同当时并不知道 A 与 P 之间的代理关系,那么一旦发生纠纷,A、T、P 三者之间的关系在《民法典》中到底是适用行纪合同的有关规定,还是适用《民法典》第 926 条？我们不妨作一番分析:第一种情形,假设 T 在订立合同当时知道 A 是作为代理人与其订立合同的,实际上这种情形存在既可以适用《民法典》第 925 条也可以适用行纪制度的情形。T 虽然在订立合同当时知道 A 与 P 有代理关系,但 T 只想与实力雄厚的 A 公司建立合同关系,而不想和 P 公司直接建立合同关系,那么 T 公司完全可主张在订立合同之时不知道 A 与 P 之间存在代理关系。此时,到底适用行纪合同还是适用《民法典》第 925 条并是不由法官说了算,而完全由第三人根据自己的利益而定。第二种情形,T 公司在订立合同当时不知道代理关系的,由于不知是否出现委托人违约、第三人的违约等情况,则是否能适用第 403 条还不能过早下结论。在行纪合同与《民法典》第 926 条

① 参见江帆:《代理法律制度研究》,中国法制出版社 2000 年版,第 224 页。

的适用选择上起决定因素的就是是否由于第三人或委托人的原因导致受托人不能向另一方履行义务情况的出现。也就是说,在没有出现上述违约事实时可以适用行纪合同的规定,当某一方当事人依据自己对利弊权衡的结果想请求适用《民法典》第926条,则他会千方百计地制造违约情形,以满足《民法典》第926条的适用条件。违约与否能够决定适用不同的法条,从而产生不同的权利义务配置,这将在很大程度上被聪明的当事人利用,这恐怕是立法者在构建保护部门利益的规范之初所没有料到的。通过上述的实例分析,可以看出《民法典》第925条、第926条与行纪合同的适用范围之间存在重叠和界限的模糊不清。①

相关案例分析

【案情简介】

2012年6月7日,某实业发展公司与某棉纺织品公司签订《委托协议》,约定某实业发展公司委托某棉纺织品公司通过某银行向案外人某商贸公司发放贷款5000万元。该笔委托贷款后展期至2015年6月9日。某商贸公司在贷款期间所支付的利息,均已通过某棉纺织品公司支付给某实业发展公司。2015年6月2日,某商贸公司将5000万元本金归还某棉纺织品公司,但某棉纺织品公司未将该笔款项返还给某实业发展公司,形成本案诉讼。另,截至2015年12月31日,某实业发展公司欠某棉纺织品公司8296517.52元。某棉纺织品公司于2017年7月20日向某实业发展公司送达《债务抵销通知书》,提出以其对某实业发展公司享有的8296517.52元债权抵销案涉5000万元本金债务。某实业发展公司以某棉纺织品公司未及时归还所欠款项为由诉至法院,要求某棉纺织品公司归还本息。在本案一审期间,某棉纺织品公司又以抗辩的形式就该笔债权向一审法院提出抵销,并提起反诉,后主动撤回反诉。

【法院判决】

法院认为,某棉纺织品公司据以行使抵销权的债权不足以抵销其对某实业发展公司负有的全部债务,参照《最高人民法院关于适用〈中华人民共和国合同法〉若干问题的解释(二)》第二十一条的规定,应当按照实现债权的有关费用、利息、主债务的顺序进行抵销,即某棉纺织品公司对某实业发展公司享有的8296517.52

① 参见陈忠禹:《论间接代理——兼评我国〈合同法〉第402、403条》,载《石河子大学学报(哲学社会科学版)》2008年第8期。

元债权,先用于抵销其对某实业发展公司负有的5000万元债务中的利息,然后再用于抵销本金。某棉纺织品公司有关8296517.52元先用于抵销5000万元本金的再审申请缺乏事实和法律依据,故不予支持。

【法律分析】

《民法典合同编通则解释》第五十六条第二款　行使抵销权的一方享有的债权不足以抵销其负担的包括主债务、利息、实现债权的有关费用在内的全部债务,当事人因抵销的顺序发生争议的,人民法院可以参照民法典第五百六十一条的规定处理。

第十四章

行纪合同实践中的法律风险及其防范

第一节　行纪合同概述

一、行纪合同的界定

行纪合同，又称信托合同，是指一方根据他方的委托，以自己的名义为他方从事贸易活动，并收取报酬的合同。其中，以自己名义为他方办理业务的，为行纪人；由行纪人为之办理业务，并支付报酬的，为委托人。

在罗马法上，行纪制度是随着海上贸易的发展而发展起来的，并且随着商品经济的发展，行纪行为在中世纪的欧洲开始活跃，出现了一些商人专门接受他人委托，以自己的名义为委托人办理动产买卖或其他交易事务，并为此收取佣金。由此产生了以此种经营为业的行纪商。德国商法学家史密斯特在其《德国行纪行为史》中考证认为，在欧洲中世纪，当时的一些商事习惯法和商事成文法已对行纪的概念特征，行纪行为的规则及法律后果等，作了颇为详细的规定，这些规定成为现代商事行纪法律规范的基础和历史渊源。但与此同时发展起来的英美法系却并没有直接吸收这一概念。在英美法系的各国判例法中，从未出现过有关行纪制度的判例，而仅有关于“被代理人身份不公开的代理”的判例，但其判例的内容，与西欧国家中行纪制度的使用条件相类似。也就是说，英美法系并没有行纪制度这一概念，而仅有与之相应的“被代理人身份不公开的代理”的概念。而在大陆法系中，不管市民商分立或民商合一，一般都对行纪合同有明确的规定。

在我国早在汉朝就已经出现了“牙行”“货栈”等行纪组织，并且行纪这一制度也是在历史上非常活跃的，但一直以来，它和中介、经理人、代办商并没有严格的区别。到《清民律草案》和民国第二次《民法草案》也只是设了中介专节，并没有行纪的专章。直到 1929 年颁布《旧民国民法》时，行纪这一名称才正式出现。

中华人民共和国成立初期,由于实行高度集中统一的计划经济体制,行纪行业日趋衰退。《民法通则》只承认直接代理,对行纪未予涉及。后来出于外贸代理的现实需求,外经贸部于 1991 年颁布了《关于对外贸易代理制的暂行规定》,该规定首次明确了行纪方式在外贸代理中的合法地位。1999 年的《合同法》中更专设了行纪合同一章,《民法典》中延续了《合同法》的相关规定,这使我国的行纪制度趋于充实。

要界定行纪合同,就必须将其与相近的制度进行区分和对比。

(一)行纪合同与英美法上的信托制度

英美法上的信托制度,源于英国中世纪的用益物权制度。其所称信托实质上是一种管理财产的法律关系。在此项关系中,一人拥有财产所有权,同时负有为另一方利益使用该财产的义务,该财产称信托财产。成立信托有财产授予人(信托人)、受托人和信托受益人三方主体。行纪合同与英美法的信托制度的区别在于:

1. 前者为合同关系;后者为财产管理关系,类似于大陆法中的某些他物权制度。

2. 前者有行纪人与委托人双方当事人;后者有信托人、受托人和信托受益人三方当事人。

3. 前者中不以财产交付为成立要件,而且委托人的财产所得利益归委托人享有;后者以财产交付给受托人为成立要件,且取得财产所生利益的是受益人而非财产授予人。

4. 二者的法律责任不同。违反行纪合同,应承担违约责任;而在英美法的信托制度中则有完全不同于合同责任的信托责任。

(二)行纪合同与承揽合同

这两种合同都属于一方当事人为另一方当事人处理一定事务的合同。但在承揽合同中,承揽人只是完成一定工作并交付成果,承揽人完成一定工作的行为的性质是事实行为而不属于法律行为;而在行纪合同中,行纪行为则属于民事法律行为,并且是动产和有价证券买卖的商事行为。

(三)行纪合同与中介合同

行纪合同与中介合同主要有以下区别。

1. 办理事务的范围不同

在我国,行纪业务主要包括办理购销货物、寄售商品和有价证券的买卖等业务。中介的业务范围较广,除法律禁止交易的事项以及国家管理的未允许放开市场经营的重要生产资料和部分生活资料外,均可以进行中介服务。

2. 合同的标的不同

行纪合同的标的是行纪人为委托人进行一定的法律行为。中介合同的标的是中介人为委托人进行一定的事实行为,而行纪合同中行纪人受托的事务是法律行为,这正是行纪合同与中介合同本质上的区别。

3. 与第三人的关系不同

行纪人对合同直接享有权利和承担义务。中介合同中,无论是报告中介还是媒介中介,中介人并不参与委托人与第三人的合同关系,中介人没有将处理事务的后果移交给委托人和向委托人汇报所为行为的始末经过的义务。

4. "介人"不同

行纪人在一定条件下有介入权,中介人在特定情形下承担介入义务。《民法典》第 956 条规定了行纪人的介入权,即行纪人接受委托买卖有市场定价的商品时,除委托人有反对的意思表示外,行纪人自己可以作为出卖人或买受人的权利。在媒介中介中如果委托人一方或双方指定中介人不得将其姓名、商号、名称告知对方,中介人根据诚实信用原则有保密义务,由此中介人产生为委托人隐名的义务,这种中介称为隐名中介。在隐名中介这种情形下,对于委托人依据与相对人的合同应承担的义务,在一定条件下由中介人以履行辅助人的身份负履行义务,并领受对方当事人所为的给付。因此,只有在保护隐名委托人利益的前提下才有中介人的介入义务,而不存在中介人基于特定情形主张介入的权利。

5. 取得报酬的时间不同

《民法典》第 959 条、第 963 条分别规定了行纪人、中介人的报酬请求权。行纪合同中,行纪人与第三人订立了合同,该合同得到了履行,行纪人将第三人履行的标的物移交给委托人,行纪人有权要求委托人依合同约定或交易习惯给付报酬。中介合同中,中介人履行了中介义务,报告中介的情况下中介人有权向委托人主张报酬,媒介中介的情况下中介人的报酬应由订立合同的双方当事人负担。

6. 必要费用的负担不同

《民法典》第 952 条规定,行纪人处理委托事务支出的费用由行纪人负担。与此相反,《民法典》第 964 条规定:"中介人未促成合同成立的,不得请求支付报酬,但是,可以按照约定请求委托人支付从事中介活动支出的必要费用。”

(四)行纪合同与直接代理、间接代理

行纪与直接代理都是发生于三方当事人之间的关系,并且都为他人活动,这是两者的相似之处。但在行纪中,行纪人以自己名义活动,其与第三人订立的合同,直接对自己发生效力,委托并无直接权利、义务关系;而在直接代理中,代理人以被代理人名义活动,其与第三人订立的合同,由被代理人直接承受权利、义务关系,自己却不能承受。①

在《合同法》起草过程中,几个草案曾将间接代理与行纪合二为一,称为行纪,将间接代理规定为行纪中的外贸代理行纪。但我国《合同法》最终将间接代理规定在委托合同之中,而不是规定在行纪合同中,这主要是为了强调间接代理与行纪的区别。民法典中,仍然区分了间接代理与行纪。区别间接代理与行纪,对于正确适用《民法典》,解决有关间接代理与行纪的纠纷,具有十分重要的意义。

所谓间接代理,是指代理人以自己的名义从事法律行为,并符合《民法典》关于间接代理构成要件的规定的代理,它是与直接代理相对应的。在间接代理的情况下,由于代理人是以自己的名义对外行为的,在法律上仍然是代理人和第三人之间发生的合同关系,所以,只有以后因本人行使介入权和第三人行使选择权,才可能使被代理人承受代理行为的后果。

在间接代理中,由于代理人是以自己的名义对外行为的,所以按照传统的大陆法关于代理必须显名的要求,此种代理在性质上不属于真正的代理。对于间接代理,在大陆法传统上称为行纪,而不称为代理。所谓行纪,是指行纪人以自己的名义为委托人从事贸易活动,委托人支付报酬的合同。行纪涉及两个合同关系:一是委托人与行纪人之间的委托合同关系,如委托行纪人购买货物或出售货物;二是行纪人与第三人之间的买卖合同关系,如行纪人接受委托以后,以自己的名义向第三人购买货物或向第三人出售货物。行纪是由两个合同关系组成起来的,两者相互结合才构成了完整的行纪。从法律上看,行纪不是指上述任何一个合同,因为如果将行纪认为是行纪人与委托人之间的委托合同,则这种关系已经由委托合同调整,法律就没有规定行纪的必要。而如果将行纪认为是行纪人与第三

---

① 参见崔建远主编:《合同法》,法律出版社2003年版,第467页。

人之间的买卖关系，则这种关系应受买卖合同的调整，法律也没有单独规定行纪的必要。根据我国《民法典》第951条的规定，行纪是“行纪人以自己的名义为委托人从事贸易活动，委托人支付报酬”，这实际上是认为行纪是两种合同关系的结合。

二、行纪合同的特点

（一）行纪合同主体的限定性

在我国，行纪合同的委托人可以是自然人，也可以是法人或其他组织，并无太多限制。但行纪人只能是经批准经营行纪业务的自然人、法人或其他组织，未经法定手续批准或核准经营行纪业务的自然人、法人和其他组织不得经营行纪业务，不能成为行纪合同的行纪人，这表明行纪人的主体资格要受到限制。

（二）行纪人以自己的名义为委托人办理业务

行纪人在为委托人办理业务时，须以自己的名义。行纪人在与第三人实施法律行为时，自己即为权利义务主体，由法律行为所产生的权利义务均由行纪人自己享有或承担。

（三）行纪人为委托人的利益办理业务

行纪合同的行纪人虽与第三人直接发生法律关系，但因该关系所生的权利义务最终应归于委托人承受，因此，在行纪人与第三人为法律行为时，应充分考虑到委托人的利益，并将其结果归属于委托人。行纪人为委托人所购、售的物品或委托人交给行纪人的价款或行纪人出卖所得价金，虽在行纪人的支配之下，但其所有权归委托人。这些财产若非因行纪人原因而发生毁损、灭失的，风险也由委托人承担。

（四）行纪合同的标的是行纪人为委托人进行一定法律行为

行纪合同是由行纪人为委托人服务的，但行纪人所提供的服务不是一般的劳务，而是与第三人的法律行为。该法律行为的实施才是委托人与行纪人订立行纪合同的目的所在，该法律行为乃是行纪合同的标的。

（五）行纪合同是双务、有偿合同、诺成合同和不要式合同

行纪人负有为他方办理买卖或其他商事交易的义务，而委托人负有给付报酬

的义务，双方的义务相互对应；同时，行纪人完成事务须收取报酬，为有偿服务而不是无偿服务，双方的利益具有对价关系，故行纪合同为双务、有偿合同。行纪合同只需双方当事人之间的意思表示一致即告成立，无须一方当事人义务的实际履行，因而它是诺成合同，法律、行政法规并未要求行纪合同具备特别的形式，因而它是不要式合同。①

三、行纪合同的一般理论

（一）行纪合同的内容

行纪合同应具备以下条款。

1. 行纪合同的标的

行纪合同的标的，即行纪事务的种类，如寄售、代购代销、进出口代理、债权追索代理等，委托人究竟委托行纪人从事何类行纪活动，在合同中必须明确予以规定。

2. 行纪货物的价格或劳务、服务的价格

行纪事务为代销或寄售的，应当明确最低售价；行纪事务为代购的，应当明确最高收购价格；如果是代为劳务或其他服务的，则应当明确最低或最高的费用标准。

3. 行纪货物的要求或代办劳务、服务的要求

行纪人应当征求委托人的意见，并按委托人的指示进行行纪活动。比如，当行纪内容为购销货物时，应对货物的种类、品质、型号、规格、数量等有关事项作出明确规定，对于劳务的要求也须详细明确。

4. 报酬

行纪合同是有偿合同，行纪人提供行纪事务的最终目的是获得经济收益，所以，行纪合同中要明确行纪人应得的报酬数额、给付方式以及给付时间、给付地点。

5. 行纪人对行纪货物的保管责任

无论行纪合同属于什么性质，当行纪人履行合同中占有委托人交付或要求的货物时，行纪人负有妥善管理的责任。订立行纪合同时，要把这种管理责任写明。比如，行纪业务是购销货物时，应当明确其保管责任，寄售货物也是一样，须对所

---

① http://www.civillaw.com.cn/article/default.asp?id=12358，2009年4月6日访问。

寄售之物的种类、质量、数量、包装、瑕疵等情况做明确记载。

6. 违约责任

双方应就违反合同义务各自应该承担的责任以及责任方式等在合同中予以明确，以便产生纠纷时及时妥善处理。

（二）行纪合同的效力

行纪人的主要义务有以下几种。

1. 直接履行的义务

行纪与第三人订立合同，行纪人与第三人为该合同当事人。第三人向行纪人履行合同债务，先由行纪人承担法律行为之效果，然后再由行纪人将交易结果移转至委托人。如果第三人不履行合同债务，除行纪人与委托人另有约定或另有习惯外，应由行纪人直接向委托人履行合同债务。这是因为委托人并不知晓第三人为谁，更不知晓第三人的支付能力，使行纪人直接负责，可使委托人免受不测之损害。所以，如果第三人不履行义务致使委托人受到损害的，行纪人一般应当承担损害赔偿责任，除非当事人另有约定。

相关案例分析 1

【案情简介】

甲委托其好友乙将其一套三室一厅住房帮忙出售，双方约定：乙可以自己名义出售该房屋，价格 50 万元，报酬从所售房款中扣除。乙后经了解，发现该套住房市价为 51 万元，于是决定自己买下。在办理产权变更登记时，甲发现乙将房屋自己买下，觉得受骗，于是不同意产权变更，并要求乙退回所扣报酬。乙不同意，甲就诉至法院。

【法院判决】

经审理，E 法院最终判决驳回甲的诉讼请求。

【法律分析】

本案中，甲与乙之间是特殊的委托关系——行纪合同，涉及行纪人的介入权问题。乙享有介入权，可以自己购买该房屋。法院应驳回甲之诉讼请求。

【风险提示】

当事人在成立委托关系时应注意界定，此种关系是普通的委托关系还是属于行纪关系。如果是行纪关系，则涉及行纪人的介入权。《民法典》第 956 条规定：

"行纪人卖出或者买入具有市场定价的商品,除委托人有相反的意思表示的以外,行纪人自己可以作为买受人或者出卖人。"若委托人不认可行纪人与自己交易,必须事先明确表示反对,否则法院将不予支持。

相关案例分析2

【案情简介】

2001年4月,同村村民大海委托大忠以其自己的名义为大海收购生猪,每收购一头生猪,大海即向大忠支付10元报酬。接受委托后,大忠即与邻村的养猪专业户王二联系,要求购买王二饲养的100头生猪,经协商,王二将其所有的100头生猪以每斤3元的价格卖给了大忠,大忠为其出具的拉猪手续,但尚有10,000元生猪购买款没支付给王二,事后,大忠将其收购来的生猪交给了大海,大海接手生猪后即将生猪转卖,并携转卖款逃逸。2002年年初,大海被公安机关抓获,并被村所属县人民法院以诈骗罪判处有期徒刑5年,并责令大海退赔大忠50,000余元。王二得知此事,立即持大忠为其出具的拉猪手续向大忠追要生猪购买款,但大忠以其受雇于大海,大海并未退赔其生猪购买款为由拒付,由此产生纠纷,双方诉至法院。

【法院判决】

经审理,县人民法院最终判决大忠于判决书生效后10日内向王二支付生猪购买款10,000元。

【法律分析】

根据《民法典》第958条的规定,行纪人与第三人订立合同的,行纪人对该合同直接享有权利、承担义务。除行纪人与委托人另有约定的以外,第三人不履行义务致使委托人受到损害的,行纪人应当承担损害赔偿责任。

本案中,大海与大忠之间形成的是行纪合同法律关系。

【风险提示】

受托人根据委托人的委托代为进行贸易活动的,为行纪关系,受托人此时的身份依法变为行纪人。行纪人应明确其需自行承担与第三人之间的权利义务关系,若以委托关系为由要求第三人向委托人进行追索,则法律不予保护。故受托人接受委托时,应明确委托合同属于普通委托合同还是行纪合同。

2. 依委托人指示处理委托事务并忠实于委托人指定的买卖价格的义务

根据《民法典》第955条的规定,行纪人低于委托人指定的价格卖出或者高于委托人指定的价格买入的，应当经委托人同意。未经委托人同意，行纪人补偿其差额的，该买卖对委托人发生效力。行纪人高于委托人指定的价格卖出或者低于委托人指定的价格买入的，可以按照约定增加报酬。没有约定或者约定不明确，依照《民法典》第510条的规定仍不能确定的，该利益属于委托人。

相关案例分析3

【案情简介】

大成公司与华商公司签订了一份《代理进口合同》，大成公司委托华商公司以每吨3000元人民币的价格代理进口钢材10,000吨，代理费用为20万元人民币。华商公司随即与一外国公司甲订立了《购买协议》，协议约定华商公司以每吨3000元人民币的价格购买甲公司提供的钢材10,000吨。购买协议签订后，华商公司积极准备履行协议，但由于种种原因，华商公司与甲公司并未履行上述《购买协议》，并协商终止了协议。2个月后，华商公司重新与甲公司订立了《钢材购买合同》，但由于这期间钢材市场价格骤跌，于是，华商公司与甲公司约定的钢材价格为每吨2500元人民币，购买数量仍然为10,000吨。履行《钢材购买合同》后，华商公司向大成公司交货，大成公司发现华商公司的交易价格为每吨2500元，遂提出向华商公司支付的货款计算方式由原《代理进口合同》约定的每吨3000元改至每吨2500元。华商公司认为自己应当享受钢材降价带来的自己的成本的降低，大成公司认为自己应当享受成本降低的利益，双方僵持不下，诉至法院。

【法院判决】

经审理，E法院最终判决由大成公司享受钢材降价带来的成本降低利益，即按2500元核算大成公司应向华商公司支付的货款。

【法律分析】

根据《民法典》第955条的规定，行纪人高于委托人指定的价格卖出或者低于委托人指定的价格买入的，若原委托合同无特别约定，并且也不能事后达成补充协议，或不能按照原合同有关条款或交易习惯确定的，该利益属于委托人。

本案中，大成公司委托华商公司代理进口钢材，由大成公司支付报酬，华商公司以自己的名义与第三方甲公司签署购买合同，大成公司与华商公司所签署之《代理进口合同》的实质是行纪合同，其双方之间形成了行纪合同法律关系。大成公司是委托人，华商公司是行纪人。大成公司指定的钢材价格为每吨3000元，华商公司本应按照该价格处理委托事项，但由于钢材市价的骤跌，华商公司最终以每吨2500元的价格完成了委托事项，降低了委托事项的处理成本。但大成公司与华商公司在原行纪合同《代理进口合同》中并未对行纪人华商公司低于委托价格完成委托事项所产生的利益由谁享有作出约定，且双方事后也未达成补充协议，且无任何证据证明能够按照原行纪合同的有关条款或交易习惯确定。因此，根据上述规定，行纪人低于委托人指定的价格买入货物的，成本降低的利益应当由委托人，即大成公司享有。

【风险提示】

受托人与委托人订立行纪合同的，受托人如欲保护自身利益，应对合同标的价格变化作出约定，明确由受托方享有价格变化所带来的利益。若无明确约定，则受托人要求自己享有价格变化利益的请求将不受法律保护。

3.负担行纪费用的义务

行纪费用，是指行纪人在处理委托事务时所支出的费用。我国《民法典》第952条明确规定："行纪人处理委托事务支出的费用，由行纪人负担，但当事人另有约定的除外。"可见，在我国行纪费用以行纪人负担为原则，但当事人另有约定的除外。我国之所以规定以行纪人负担行纪费用为原则，是因为在行纪实践中，双方多把费用包含于报酬之内，因而不单独计算行纪费用。若需支出费用，由行纪人负担，这可以促使行纪人为自己的经济利益而小心支出，以最少的投入去达到与第三人交易的目的。对行纪费用的确定，有学者认为，仅限于必要费用，也有人认为不应该仅限于必要费用，还应包括有益费用。笔者同意后一种观点。

相关案例分析4

【案情简介】

乙公司是我国香港特别行政区的一家酒水销售商贸公司，为扩展业务，乙公司决定向我国内地销售其所代理的法国原产酒，于是，乙公司与我国内地A市的甲公司合作，由甲公司从乙公司进口法国产白兰地等原装进口酒共1000箱，由甲公司以自己的名义代乙公司在A市和B市两地销售，销售报酬按销售价的30%计取。乙公司为货物进关支付了进口关税、消费税、增值税，甲公司提领货物后，向有关部门申请办理了进口食品卫生合格证，并支付了首笔货款及相关检验费用。甲、乙双方合作期间，甲公司自向乙公司支付了首笔货款后就再未支付，乙公司催缴多次均无结果，无奈之下只好诉至法院，要求甲公司支付剩余货款，并支付乙公司为货物进关支付的进口关税、消费税和增值税。甲公司认为剩余货款应当支付，但由于其系乙公司销售产品，故其不应支付货物进口关税、消费税、增值税。

【法院判决】

经审理，受理法院判决甲公司支付剩余货款，并支付乙公司代付的货物进口关税、消费税及增值税。

【法律分析】

根据《民法典》第951条的规定，以自己的名义为委托人从事贸易活动，委托人支付相应报酬的系行纪合同法律关系，从事贸易活动的人称为行纪人，而除当事人另有约定外，行纪人在处理委托事务时支出的费用，由行纪人自行负担。

本案中，乙公司为开拓我国内地市场，与甲公司合作进行酒类贸易活动，甲公司以自己的名义为乙公司在A、B两市销售酒类产品，乙公司向甲公司支付销售报酬。甲公司与乙公司之间虽没有书面的合同或协议，但双方已形成事实上的行纪合同法律关系，甲公司为行纪人，乙公司为委托人。甲公司处理委托事务（代乙公司销售酒类产品）时发生的费用（如货物进口关税、消费税、增值税、检验费及其他与从事代销活动有关的费用）为行纪费用，若无其他约定，该笔费用应当由行纪人甲公司支付。而本案中，甲、乙双方并未对该笔行纪费用由谁支付作出事前约定，因此，行纪人甲公司应当承担行纪费用。法院要求甲公司承担行纪费用的判决符合法律规定。

【风险提示】

受托人与委托人订立行纪合同的，受托人如欲保护自身利益，应就费用支出要求双方作出明确约定。根据法律规定，无明确约定的，行纪人处理行纪事务支出的费用由其自身承担。受托人要求委托人承担费用支出的请求将不受法律支持。

4.妥善保管和处置委托物的义务

行纪人占有委托物的，应当妥善保管委托物。行纪合同为有偿合同，因而行纪人对物的保管应尽善良管理人的注意。当然，除非委托人另有指示，行纪人并无为保管的物品办理保险的义务。因此，对于物的意外灭失，只要行纪人已尽到善良管理人的注意，可不负责任。委托物交付给行纪人时有瑕疵或者容易腐烂、变质的，经委托人同意，行纪人可以处分该物；和委托人不能及时取得联系的，行纪人可以合理处分。行纪人违反对委托物的合理处分义务的，应承担违约责任，并赔偿给委托人造成的损害。

委托人的主要义务有如下几点。

1. 支付报酬的义务

行纪人完成或者部分完成委托事务的，得请求报酬，委托人有支付酬的义务。所谓报酬，系行纪人为行纪行为的对价，其数额应由双方当事人约定，无约定的，依习惯确定。习惯上行纪人的报酬，多以其所为交易的价额依一定的比率提取，这在证券交易中尤为常见。一般认为，行纪行为的实行，为行纪人行使报酬请求权的条件。行纪人仅仅与第三人订立了合同，是不能够请求报酬的。因为行纪人自己的过失致使不能向委托人交付委托卖出物的价金或买进的物品的，行纪人丧失报酬请求权。如果行纪人和第三人间订立的合同因有瑕疵或其他法定原因，如受欺诈、胁迫、乘人之危等，导致该合同被解除的，应相当于行纪人未履行行纪行为，自然不得请求报酬。但如果第三人对债务的不履行作出了损害赔偿，或者对方同意用其他物替代履行的，产生履行后果，行纪人可将行纪行为的结果转交委托人，并得以请求报酬。

因不可归责于行纪人的事由发生，致使行纪人不能完成行纪行为的，如果行纪人已做了部分履行，且该部分履行相对于全部委托事务来说可以独立存在，则行纪人有权就委托事务完成的部分请求委托人支付报酬。若虽然仅完成了部分委托事务，但委托人的经济目的已完全达到的，行纪人得请求全部报酬的支付。如果委托事务的不完成或不能全部完成，是委托人自己所造成的，行纪人仍得请求委托人支付报酬。行纪人和委托人对行纪报酬另有约定的，依其约定。行纪人全部完成或部分完成委托事务，委托人应当支付报酬却逾期不支付的，行纪人享有留置委托物，以及依照法律规定以委托物折价或从拍卖、变卖该财产所得的价款中优先受偿的权利。①

2. 受领或取回标的物的义务

行纪人按照行纪合同的约定为委托人买回委托物的，委托人应当及时受领。在经过行纪人催告，委托人无正当理由拒绝受领的，行纪人可以提存委托物。委托物不能卖出或者委托人撤回出卖时，委托人应该将委托出卖物取回或处分。若经行纪人催告后仍不取回或处分的，行纪人有权就该委托出卖物提存。

---

① 参见崔建远主编：《合同法》，法律出版社2003年版，第471页。

(三)行纪合同的法律适用

如前所述,行纪合同和委托合同有相同之处,也有区别。但与其他各种合同相比较,行纪合同在性质上与委托合同最为接近。它们都是为他人处理委托事务,即为他人提供服务的合同。行纪人和受托人的权利和义务都是基于委托人的委托而产生,都以委托人的信任为前提。因此,有的国家立法曾把行纪合同作为委托合同的一种而加以规定。考虑行纪合同和委托合同的诸多共同之处,我国《民法典》第960条明确规定:"本章没有规定的,适用委托合同的有关规定。"

第二节　行纪合同法律风险及其防范

一、行纪合同实践中法律风险的特点

(一)主体风险突出

行纪合同属于两个合同的模式,即委托人与行纪人的合同和行纪人与第三人的合同相对独立,行纪人直接对第三人承担权利义务。因委托人的违约行为致使行纪人不能履行对第三人的义务时,第三人不能直接对委托人主张损害赔偿责任,而只能向行纪人主张权利;行纪人也不得以自己没有过错为由而拒绝承担违约责任,行纪人只能先承担责任后,再向委托人行使追偿权。同样地,如果第三人违约,致使行纪人不能履行对委托人的义务的,委托人不能直接向第三人行使请求权,而只能向行纪人主张权利,行纪人此时也不能以自己无过错为由而拒绝承担自己的责任。行纪人承担责任后向委托人履行后,再行使向第三人的追偿权。行纪合同严守合同的相对性要求,故主体风险相对委托合同突出,缔约人应当认真审查其合同相对人的信用情况,选择适合的缔约主体。

(二)履行风险突出

行纪合同中,由于行纪人的特定性,其是以自己的名义与第三人履行合同,行纪人在合同履行中享有较大的自由裁量权,故存在较大的履行风险。行纪人可能违反委托人的指示;行纪人可能为了自身的利益而实施有损于委托人利益的行为;行纪人可能自行决定由他人代为处理行纪事务;行纪人可能对占有的委托物

未尽善意管理人的注意程度作出决定；行纪人可能未经委托人同意，由自己或第三人使用委托物等。行纪合同也是建立在一定的信任的基础上的，这种信任同时也伴随着风险。如何督促行纪人履行行纪合同的义务，不危害委托人的利益是委托人必须重视的。

（三）可预防性

行纪合同的风险是可以预防和控制的，只要充分认识到行纪合同可能存在的风险，并对症下药，积极采取相应的预防措施，那么完全可以做到防患于未然，故行纪合同的委托人、行纪人、第三人应当对风险的防范与控制产生足够的重视，避免由于自己的疏忽大意而导致不必要的损失。

二、行纪合同实践中风险规避的基本理念

（一）审慎缔约，预防风险

行纪合同为“诺成合同”，除法律有特别规定的外，只要当事人双方协商一致，合同即告成立。订立行纪合同，一般应采取书面形式，行纪合同因委托事项（标的）不同，其合同的内容也各有区别，但总体而言，订立行纪合同应具备以下主要条款。

1. 明确合同主体

签订行纪合同首先应明确合同主体，即委托人与行纪人的名称（姓名）以及单位、地址、职务（职业）、联系电话等。

2. 委托事务的种类（合同标的）

委托人委托行纪人要办的事项。如是寄售还是代购、代销，并提出具体要求。

3. 价格

主要是指所行纪的货物或劳务等价格。行纪事务为代销代售的，应明确最低或最高费用标准。

4. 行纪事务的具体要求

主要是指对行纪货物或劳务的要求。如行纪内容为购销货物时，应对货物的名称、种类、质量、规格、型号、数量等有关事项予以明确规定。如行纪内容是劳务的，其具体要求也应详细明确。总之，具体要求越细越好，防止在具体要求中用那些含糊不清、模棱两可、容易使人产生误解的词语，如一堆、一车、一捆之类的用语。

5. 酬金

在合同中应明确行纪人应得的酬金数额、给付的时间、地点、方式等。

6. 保管责任

在合同中应载明委托人要求行纪人在购销货物时的保管责任，特别是在寄售货物时，须对所寄售物品情况详细明确于合同条款中，除应明确名称、种类、质量、规格、型号、数量等外，还应对包装、瑕疵等情况予以明确规定。

7. 违约责任

行纪合同当事人双方对违反合同义务各自应承担的责任和方式应予以明确规定，以防止发生合同纠纷守约方、仲裁机构、人民法院处理时无所遵循。

8. 纠纷解决方式

当事人在合同中应约定，当发生合同纠纷，双方自行协商不成时，是选择到某仲裁机构仲裁，还是到法院起诉。

行纪合同的当事人应当在合同中对相应的事宜作尽量全面细致的规定，以防止由于合同约定不明而引发的纠纷。例如，委托人为了防止行纪人滥用介入权而有损委托人的利益，可以在合同中事先约定排除行纪人的介入权，这样的约定可以有效地减少介入权引发的纠纷。

（二）利用法律武器，维护合法权益

当事人在发生纠纷后，应当学会运用法律提供的制度武器进行维权，故在此之前应该有足够的法律知识储备，以防止由于对法律的无知而导致的损失。具体而言，可以在以下情况追究行纪人的违约责任。

1. 行纪人违反按照委托人指示从事委托事项的义务，须对因此给委托人造成的损失承担赔偿责任。

2. 行纪人对其占有的委托物未尽妥善保管义务，须对因此给委托人造成的损失承担赔偿责任。

3. 行纪人在未经委托人同意而处分委托物时，未采取合理处分措施，须对因此给委托人造成的损失承担赔偿责任。

4. 行纪人未将为委托人从事委托事项所取得的利益及时转交给委托人，因此给委托人造成损失，行纪人应当承担赔偿责任。如果行纪人未将该款项及时转交给委托人，行纪人应当向委托人交付该款项并偿付利息，因此给委托人造成损失，行纪人还应当承担赔偿责任。

而委托人的违约主要表现为不支付报酬，在行纪人完成或部分完成委托事务的，委托人未按时向其支付相应的报酬，行纪人可以向委托人请求支付报酬及其迟延利息。另外，行纪人在委托人不支付报酬时可以行使留置权，对其占有的委托物的财产行使优先受偿的权利。

另外，需要注意的是行纪人提存权的行使。行纪人按照约定买入委托物，委托人应当及时受领。经行纪人催告，委托人无正当理由拒绝受领的，行纪人依照《民法典》第570条的规定可以提存委托物。所谓提存，是指债权人无正当理由拒绝受领或者不能受领，或者债务人无过失而不能确知债权人的地址或者债权人丧失民事行为能力，或者债权人死亡但未确定监护人或继承人时，债务人将标的物提交给提存机关，以消灭债务的行为。提存是债务人消灭债务的一项特殊制度，该制度的基本功能是保护债权人的利益。

行纪人提存权的构成要件有以下几点。

1. 在买入行纪中，买入的物品必须是依照行纪合同约定的委托物，即符合合同约定的要求，行纪人才有权要求委托人受领该买入的物品；如果买入的物品不符合行纪合同中委托人的指示，该物品不能被视作委托物，行纪人也就无权要求委托人受领委托物，同时，委托人有权拒绝受领，而行纪人由于违反了行纪合同的约定，还应当承担违约责任。

2. 行纪人已催告委托人受领委托物。行纪人在对委托物行使提存权之前，应当催告委托人领取委托物，同时应当确定一个时间期限，如果在这一期限到来后委托人仍未领取委托物，行纪人才可以提存委托物。这个时间的确定，应当考虑到委托人受领委托物需要的合理时间。

3. 委托人拒绝受领委托物，是指委托人能够受领而不肯受领的事实，不包括不能受领。这种拒绝受领并无正当理由，即没有行纪人的过错行为和不可抗力的事件。

4. 如果委托物不适于提存或者提存费用过高，行纪人可以依法拍卖或者变卖委托物，将所得之款提存。行纪人在提存委托物后，应及时将提存事宜通知委托人，如果由于行纪人未及时通知委托人，造成委托人损失的，行纪人应当承担损害赔偿责任。此外，被提存的委托物的风险发生转移。在提存期间，如果不是由于可归责于提存机关的事由而致使委托物毁损、灭失的风险应当由委托人承担。

三、行纪合同的理论发展

(一)行纪制度的法律地位

1. 两大法系及国际公约中的代理与行纪制度

传统大陆法系民法中的代理制度以显名代理(又称直接代理)为原则。代理须显名,代理人必须以被代理人名义实施法律行为,由此产生的权利义务直接对被代理人发生效力。显名代理不仅与法律行为制度相衔接,而且简洁清晰,标准明确稳定,有利于交易安全,但却很难适应形式多变的商事交易要求。而行纪具有保持商业秘密,促进交易安全敏捷,利用行纪人信用资产及专业知识,降低获利成本等特点。[①] 因此,随着商事活动特别是国际商务的发展,行纪制度得到了大陆法系国家立法的承认。[②] 也就是说,大陆法系民商法以是否显名为标准,区分直接代理与行纪,在直接代理关系中代理的法律后果由被代理人承担;在行纪关系中委托人与第三人之间并无直接的法律关系,委托人只能向行纪人提出合同请求。[③]

与大陆法系不同,英美法系中的代理是一个非常广泛的概念,只要一方为他方活动,为他方与第三人设定权利义务关系均被称为代理。其关于代理的分类可分为显名代理、隐名的直接代理和不公开本人身份的代理。其中,前两种情况与大陆法的直接代理相同,而不公开本人身份的代理,则是指代理人在签订合同时,既不明示以被代理人名义,也不明示为被代理人利益,而以自己的名义与第三人为意思表示的代理。不公开本人身份的代理具有两重法律效果:一方面代理人为合同的当事人;另一方面除了一些例外与限制,不公开身份的本人享有介入权,第三人享有选择权。

在国际法领域,《国际货物销售代理公约》吸取了英美法的代理制度。例如,该公约第 12 条规定,代理人在授权范围内代表委托人行事,而且第三人知道或者应当知道该代理人是以代理身份活动时,代理人的行为直接对委托人与第三人产生拘束力。除非出现例外情形,如根据行纪合同的规定,代理人允诺仅对其本身具有拘束力。同时,该公约第 13 条第 2 款又规定,若代理人由于第三人不履约或其他原因,而未履行或无法履行他对委托人所应承担的义务,委托人可以对第三

---

① 参见史尚宽:《债法各论》,中国政法大学出版社 2000 年版,第 481 页。

② 参见鲍志容:《合同法中代理的思考》,载《河北法学》2003 年第 2 期。

③ 参见刘宏华:《从外贸代理制度看民事代理制度若干问题》,载《现代法学》1997 年第 5 期。

人行使代理人在代理中取得的权利,但应受到第三人对代理人提出的抗辩的限制;若由于代理人未履行或无法履行他对第三人所应承担的义务,第三人可以对委托人行使他从代理人代理中所取得的权利,但应受到代理人和委托人对第三人提出的抗辩的限制。

由此可见,英美法中的代理制度,操作灵活、适应性强,但其代理关系及责任的认定复杂多变。而大陆法系代理制度以显名为必要,简洁清晰,公示性强,同时通过行纪及商事代理制度克服了显名代理所固有的机械僵化等缺点。国际公约虽然融合了两大法系的代理制度,但并没有废弃行纪制度,相反承认行纪为一种相对独立的民事法律制度。

2. 我国合同法中的代理与行纪制度

我国接近大陆法系国家,《民法通则》沿袭了大陆法系的传统,以显名代理为原则。《民法通则》第 63 条第 2 款规定:"代理人在代理权限内,以被代理人的名义实施民事法律行为。被代理人对代理人的行为,承担民事责任。"我国民法学也深受大陆法系的影响,有关代理的理论研究一般也都是从民事法律行为的角度来揭示代理的本质。但是,《民法通则》对行纪制度则未予涉及。

在《合同法》起草过程中,对于是否应当借鉴间接代理制度,学界提出了各种设计方案。这些观点折射在立法技术层面上,就体现在行纪制度的存废之争上。学者的观点可以分为否定说和赞成说。否定说认为,代理是否以被代理人的名义进行,是大陆民法区别于英美法的根本所在,英美法不区分代理基础关系与代理关系,也不关注代理与相关法律行为或法律关系的差异,因而是不科学的。我国应尊重及维持大陆法的传统,如果不加分析地引进英美法的代理制度,将会破坏已有的法律体系结构。赞成说则认为,交易实际情况是复杂的,如果拘泥于代理必须以被代理人的名义为要件,往往会损害善意当事人的合法权益,妨碍经济活动的正常发展;而且在现实生活中,被代理人基于自身的财产或人身安全,往往不愿意暴露真正身份,在法律效果归属于何人对于第三人并无利害关系的场合,隐名与否毫无意义,代理的实质在于为被代理人计算,而不在乎以被代理人的名义。所以,我国应当采纳间接代理制度。在《合同法》起草过程中,先后也出现了两种方案:第一种方案,是将英美法上间接代理的实质内容移植到行纪制度中,认为间接代理实际上就是行纪。第二种方案,是保证行纪制度的独立性,除了规定行纪制度之外,设置间接代理制度。《合同法》最终采纳了第二种方案,在"委托合同"一章第 402 条、第 403 条规定间接代理的同时,专设"行纪合同"一章,明确了行纪制度相对独立的法律地位。可见,《合同法》突破《民法通则》遵循的显名代理原则,借鉴英美法及国际公约的经验设立了间接代理制度,但并没有废弃行纪制度,相反承认行纪为一种相对独立的民事法律制度。[①]《民法典》延续了《合同法》的有关规定。

(二)行纪人担保履行责任研究

在行纪实践中,一个常见问题是:行纪人因合同交易相对人即第三人不能依约履行合同而无法完成行纪事务时,委托方以行纪人违反行纪合同要求其实际履行或承担赔偿责任,行纪人是否应对委托人承担第三方违约的损害赔偿或直接履行责任。对这个问题的研究及立法选择将直接影响行纪合同当事人的利益和行纪立法的实施效果。

1. 大陆法系模式

大陆法系行纪制度中将行纪人因第三方不能履行而对委托人承担的履行责任称行纪人担保履行责任(《日本商法》第 553 条),亦有学者称为直接履行责任。[②] 行纪人担保履行责任最早产生于中世纪意大利的商业实践,其目的在于"使与第三人有直接接触并且比委托人更了解第三人的受托人向本人提供第三人清偿能力担保"。[③] 大陆法系国家的行纪立法对行纪人担保履行责任的规范持两种态度:

(1)约定主义。即只有委托人与行纪人特别约定或依当地商事交易习惯,行纪人方承担对第三人履行能力的担保责任,这种担保条款属行纪合同的特殊附加条款,并且行纪人有权获得特别佣金。德国、瑞士采用此类模式(《德国商法典》第 394 条第 1 款,《瑞士债务法》第 430 条)。

(2)法定主义。即法律直接规定行纪人对委托人承担担保履行责任,当事人另有约定或另有习惯者除外(我国台湾地区"民法"第 579 条,《日本商法典》第 553 条)。显然,法定主义较之约定主义加重了行纪人的责任,强化行纪人处理行纪事务、审慎选择第三人的自我约束,倾向保护委托人的根本利益。

2. 英美法系模式

英美法系无代理与行纪之分,类似的制度称为信用担保代理。根据英国的判

---

① 参见其木提:《论行纪合同委托人的取回权》,载《环球法律评论》2005 年第 1 期。

② 参见郑玉波:《民法债编各论》,台北,三民书局 1982 年版,第 503 页。

③ [英]施米托夫:《国际贸易法文选》,中国大百科全书出版社 1993 年版,第 417 ~418 页。

例，信用担保属本人与代理人的特别约定。最初，本人可在起诉第三人并获得违约救济之前先行要求代理人履行；后来的判例则认为代理人仅在本人已向第三人起诉而第三人无力履行时才负有清偿的责任。前者与大陆法系的连带保证相似，后者与一般保证相仿。信用担保代理制度在现代商业实践中的应用并不频繁，信贷保险和旨在承担合同履行义务的保付代理的出现是信用代理走下坡路的原因。

3. 我国立法选择及评析

我国《民法典》第 958 条第 2 款明确采用法定主义模式："第三人不履行义务致使委托人受到损害的，行纪人应当承担损害赔偿责任，但行纪人与委托人另有约定的除外。"

有学者认为，这一旨在保障委托人的最大利益，加重行纪人责任的立法模式与商事中介活动的发展趋势相逆，亦不符合行纪合同的根本性质，有悖合同法公平原则。第一，商事中介活动的发展日益呈现利益主体多元化的格局，中介商作为商事主体有其自身利益和价值目标。中介商作为委托人的附属和延伸的旧有观念应予革除，旨在规定委托人与行纪人在对外商事交易活动中的收益分配和风险承担的行纪制度必须建立在公平合理、安全维护双方当事人利益基础上。第二，委托人与行纪人的法律关系本质属于委托合同关系，行纪人只要在处理受托事务尽到必要的注意义务，则再无责任对第三人的违约行为及后果向委托人赔偿。这一原则与行纪人在行纪合同中权利义务的一致性、公平性相吻合，在《民法典》有关委托合同的条款中，亦有所体现（见《民法典》第 929 条）。第三，在委托人与行纪人的行纪合同及行纪人与第三人的交易合同中，当因其中一个合同中的他方当事人原因致使行纪人对另一个合同的对方当事人违约时，通过行纪人的披露义务履行及委托人的直接介入权、第三人选择权的行使，已经增设受损当事人获得救济的渠道。当委托人或第三人选择抛开行纪人彼此主张权利时，行纪人应当享有对任何一方当事人的违约责任的豁免，《民法典》第 926 条规定，第三人一旦作出选择不得变更选定相对人，即可印证上述原理。而采用行纪人对委托人担保履行的法定主义却为委托人网开一面，设定双保险，委托人可以在选择第三人行使权利的同时获得行纪人的法定担保。

这样规定本身就易于放纵委托人怠于行使直接介入权，将行纪人和第三人推至不公平地位，违背合同法的公平原则。因此，行纪人担保履行责任基于当事人明确约定和利益风险一致的自主安排而非法律设定，应是我国行纪合同立法进一步修订和完善的明智选择。①

(三)行纪人的介入权

根据《民法典》第956条的规定,行纪人卖出或者买入具有市场定价的商品,除委托人有相反的意思表示的外,行纪人自己可以作为买受人或出卖人。行纪人有上述规定的情形,仍然可以要求委托人支付报酬。行纪人接受委托买卖有市场定价的证券或其他商品时,除委托人有反对的意思外,行纪人自己具有出卖人或买受人的权利,这就是行纪人的介入权(也称为行纪人的自约权)。关于介入权的法律性质,学术界的观点不一,归纳起来有三种学说:(1)代理买卖契约说认为,行纪人是代理委托人与自己缔结买卖契约的;(2)直接买卖契约说认为,行纪人与委托人之间直接成立买卖契约;(3)形成说认为,行纪人的介入权是法律规定的结果,是一种形成权,而不是基于当事人的意思。行纪人行使介入权是一种单独行为,并不是合同的要约,只是在这种情况下,应运用买卖的有关规定。笔者认为,根据行纪合同的法律特征及《民法典》对它下的定义,形成说更为恰当一些。

既然法律规定介入权的存在,那么就涉及一个需要特别注意的问题,即介入权的法定条件。一般来说,行纪人要行使介入权必须符合四个法定条件。

1. 所受委托的物品须为有市场定价的证券或其他物品。这是判断行纪人是否为委托人利益介入的标准,还可以为行纪人的介入而给委托人造成的损失提供一种赔偿标准,以达到行纪人公平行使介入权的目的。物品的市场定价是指该物品在交易所买卖的,以交易所的交易价格为市场定价。无交易价格的,市场上的市价为市场定价。但我国各地的市场定价往往有所不同,所以,确定行纪人介入时,物品的市场定价以行纪人营业所所在地为地点标准较为合理。

2. 委托人没有相反的意思表示。如果委托人在行纪合同中就有行纪人不得介入买卖的有关约定,或者委托人在行纪人介入买卖之间就有禁止行纪人介入的明示,那么行纪人不得以自己的名义与委托人为买卖行为,否则应视为行纪人的违约。

3. 行纪人尚未与第三人为买卖行为。行纪人如果已经按照委托人的要求或行纪合同的规定,将委托物卖出或买进,在这种情况下,行纪人对于第三人所产生

---

① 参见王宇红、张晓玲:《行纪合同直接介入权制度与行纪人担保履行责任研究》,载《长安大学学报》2001年第6期。

的权利义务,自然应归属于委托人,行纪人就无介入的余地。因此,委托人所委托的事务悬而未决是行纪人行使介入权的又一法定条件。

4.行纪合同必须有效存在。如果委托人已将委托事务撤回,而且撤回通知在行纪人为买卖行为之前就已经送达行纪人,那么行纪人不得再行使介入权。行纪合同因为其他事由,例如,委托人破产、丧失行为能力、死亡等而终止的,行纪人也不得再为介入。从介入权的法定条件可以看出行纪人介入权的行使有较为严格的限制,这对保护委托人的权益及实现行纪合同的宗旨具有法律价值。关于行纪人行使介入权的范围,既可以是附条件的买卖,也可以是附期限的买卖。对于行纪人在介入时并没有委托的物品或资金的,也不影响其介入,而且行纪人对所介入的买卖合同的履行能力如何也可不问。行纪人介入权的法律意义,依行纪内容的种类不同而有所不同。行纪人就委托人欲出卖的目的,可能因投机目的而买入,也可能出于使用目的而买入;就委托人欲买进的商品,行纪人可能借此将自己的存储品卖出。行纪人介入的动机多种多样,但从结果上看,即使行纪人在收取行纪报酬的同时,也实现了自己的其他经济目标,使效益最优化,可谓合理法的一箭双雕。①

行纪人行使介入权,是其履行行纪合同的特殊方式。在实施介入的情况下,行纪人的身份则一分为二,既是行纪合同的受托人,又是买卖合同中的第三人。因行纪人的介入,一方面委托人与行纪人之间成立买卖合同,法律关于买卖合同的规定均可适用,如瑕疵担保责任、风险负担责任等;另一方面委托人与行纪人之间的行纪合同仍然有效存在,当行纪人如约履行行纪合同后,仍然可请求委托人支付报酬,同时,行纪人依行纪合同负担的义务并不因此减弱或免除,例如行纪人以善良管理人的注意保管委托物的义务、通知义务等。若未履行这些义务,仍应承担违约责任。

行纪制度的显著特征在于行纪人以自己名义为委托人利益从事活动。它是委托人克服自身局限,拓展自己的行为空间,降低获利成本的有效手段。行纪制度关注的是委托人的利益能否通过行纪人的行为得到最优的实现,同时也为行纪人实现自身经济目标提供了重要途径,双方利益具有内在的一致性。与行纪不同,代理制度中代理人是以被代理人名义为一定行为,双方利益相互分离的倾向更为明显。因此,民法理论中有自己代理禁止之规定,以防止代理人损人利己,而

---

① 参见冯璩:《行纪合同的有关法律问题初探》,载《昆明大学学报》2000年第1期。

置利己兼利他的可能情形于不顾。但行纪制度自外表察之，行纪人系为自己行为，为委托人谋利则隐藏于内部，一般不为第三人知晓。基于此，法律选择了利己兼利他的规定，赋予行纪人介入权。介入权之行使虽实质上构成了行纪人与委托人之间的直接交易，形式上却表现为行纪人与自己的交易，不涉及他方利益，不会直接产生损人利己的嫌疑。更为重要的是，行纪人介入权既能满足委托人的要求，也能实现行纪人获取行纪报酬以外的其他经济目标，从而简化交易环节，降低交易成本，最大限度地鼓励交易，繁荣市场，使社会资源得以迅速、合理地配置。可见，行纪人介入权是能实现利己兼利他的双赢的制度，是行纪人和委托人利益一致性的充分体现。

但是，基于法律规制领域中的人具有利己倾向的假设，行纪人与委托人利益的冲突客观存在，并且对于交易行为，行纪人与委托人之间存在信息的不对称性，行纪人对交易情况更为熟悉，占有信息优势。若行纪人利用这一优势损害委托人利益，势必引发双方之间的冲突。因此，法律有必要对行纪人行使介入权进行必要的限制，防止其损人利己，以期真正实现双赢局面，使行纪人介入权制度的积极效应得以充分发挥。

行纪人介入权的适用范围关系到委托人和行纪人的切身利益和此项制度积极效应的发挥。确定行纪人介入权的适用范围时，当然应考虑委托人与行纪人利益冲突的一面，但更多地应考虑到双方利益一致的一面，这样才有利于该制度积极效应的充分发挥。委托人与行纪人订立合同是基于对行纪人的信任，其中应当然包含对行纪人依诚实信用原则行使介入权的信任，即委托人相信行纪人行使介入权实现自己利益时，仍会尽善良管理人的注意义务完成受托事务，维护而不是损害委托人的利益。如果缺乏此种信任，则委托人完全可以作出禁止介入的意思表示，以排除行纪人的介入权。

遗憾的是，《民法典》有关行纪人介入权适用范围的规定并未充分关注委托人对行纪人的上述信任，而是从保护委托人利益的良好愿望出发，将此范围仅仅限定在卖出或买入具有市场定价的商品这一极其狭窄的领域。这与契约自由的合同法原则相矛盾。这一规定一定程度上是对委托人自由意志的伤害，也不一定能真正保护委托人的利益，甚至限制了委托人实现自己利益的渠道，显然抑制了行纪人介入权制度积极效应的发挥。因此，笔者认为，有必要适度扩大行纪人介入权的适用范围，除有市场定价的商品外，对虽无市场定价但委托人有指定价格的商品，若行纪人严守该指示，甚至以更优的价格实施介入，应予准许，除非委托人有禁止介入的特约条件。并且,行纪人在较指定价格不利时介入的,如果行纪人愿意负担差额,也应准许。另外,行纪人实施介入时虽违背市价或委托人定价,但委托人明确表示接受的,介入自然应属有效。[①]

---

① 参见李亮:《论行纪人的介入权》,载《法学研究》2001 年第 11 期。

第十五章 中介合同实践中的法律风险及其防范

第一节 中介合同概述

一、中介合同的界定

中介合同,是指双方当事人约定一方为他方报告订约机会或提供订合同的媒介服务,他方给付报酬的合同。报告订约机会之中介,称为报告中介;媒介合同之中介,称为媒介中介。在中介合同中,报告订约机会或提供交易媒介的一方为中介人,给付报酬的一方为委托人。中介合同的中介人是作为促进交易双方成交而从中取得报酬的中间人。

中介制度源于古希腊、古罗马帝国时期,当时的社会发展处于简单商品经济形态,任何人都可为中介活动。到了欧洲中世纪,中介活动受到了一定的限制,从自由经营主义转为干涉主义,国家对其行业进行了控制,使中介人带有公职人员的性质。如《法国商法典》把中介人分为两种:一种是特权中介人,此等中间人须经政府的任命,居于公务员的地位,具有特殊的权利及义务;而另一种是除第一种以外的中介人。英国的中介人须经地方官署许可才可以执业。《德国旧商法》规定,中介人是一种官吏。到了近代,随着社会的进步及商品生产与流通领域的飞速发展,中介活动又开始兴旺,很多国家都对中介活动采用了完全自由经营主义来调整中介法律关系。《德国民法典》首先把中介活动作为民事合同的一种作了规定。以后大多数国家的民商法典和民商法理论上都承认中介合同为一种独立的典型合同。中介业务根据中介人所受委托内容的不同,可分为指示中介和媒介中介。前者是指中介人仅为委托人报告订约机会的中介;后者是指中介人仅为委托人为订约媒介的中介。无论何种中介,中介人都只是居于交易双方当事人之间起介绍、协助作用的中间人。在大陆法国家的立法上,采民商分立的国家,一般以商法调整媒介中介,以民法调整指示中介;在采取民商合一的国家,则不作媒介中介与指示中介的区分。我国采取不作区分的立法体例。在我国古代,中介人被叫作“互郎”,是指促进双方成交而从中获取报酬的中间人。在古汉语中,“互”写作“乐”,后又讹传为“牙”。因此民间将中介人称作“牙行”或者“牙纪”。

关于中介合同的定义,不同国家和地区从不同的角度进行了阐述,综合起来主要有两种:一种是从契约的角度,也就是把中介活动视为一种合同关系,如我国台湾地区“民法”第565条规定:“称中介者,谓当事人约定,一方为他方报告订约之机会,或为订约之媒介,他方给付报酬之契约”;还有《瑞士债法典》第412条规定:“中介合同是指中介人为委托人提供订立合同的机会或者为订立合同之媒介,并取得佣金的协议”;都属于从合同关系的角度来定义。另一种是从主体的角度,即把中介人视为商主体的一种,例如,《意大利民法典》第1754条规定:“为缔约事宜将两个或两个以上的当事人联系在一起,同时又与当事人中的任何一方没有合作、隶属或代理关系的是中介人”;《日本商法典》第543条规定:“中介人,是指以充任他人之间商行为的媒介为业的人”。我国《民法典》上关于中介合同定义的规定属于第一种,即从契约的角度来进行阐述的。

这里我们着重介绍中介合同与委托合同、行纪合同的区别。这三种合同都是一方受他方委托为他方办理一定事务的合同,都属于提供服务的合同。但它们之间有着显著的区别。这些区别主要表现在以下几点。

1. 中介人仅为委托人报告订约机会,或为委托人提供订约媒介,并不参与委托人与第三人之间的关系;而在委托合同中,受托人以委托人的名义或自己的名义活动,代委托人与第三人订立合同,参与并可决定委托人与第三人之间的关系内容;在行纪合同中,行纪人以自己的名义为委托人与第三人完成交易事务,与第三人发生直接的权利义务关系。

2. 中介合同为有偿合同,但中介人只有在有中介结果时才得请求报酬,并且在为订约媒介中介时,可从委托人和其相对人双方取得报酬;而委托合同原则上是无偿合同;行纪合同虽为有偿合同,行纪人却仅从委托人一方取得报酬。

3. 中介人没有将处理事务的后果移交给委托人的义务;而在委托合同和行纪合同中都有委托人取得事务处理结果的问题。①

另外。在实践中,需要注意的是中介、中介人与经纪、经纪人的区别。

---

① http://www.civillaw.com.cn/article/default.asp? id = 12358,2009年4月6日访问。

在我国现在的受托人的体系中，最常听到和使用的词语是代理和经纪或者是代理人和经纪人，而对于中介和行纪等词语除在一些著作和教科书中可以见到外，在日常生活中和商事实践中很少有人使用，那么经纪人和中介人究竟是怎样的关系，二者是否可以通用呢？

从起源上看，中介是大陆法上的概念，而经纪则是英美法上的概念。我国在中介合同的立法上借鉴了大陆法系的体例，把中介作为合同的一种规定在《民法典》中而在经济生活领域也引入了经纪、经纪人的概念，并在一些部门法和部门规章中对某些行业的经纪人作出了规定。其实，中介人和经纪人都处于民商事法律关系的中介人地位，在很多场合，中介人和行纪人被通称，如保险中介合同中的保险中介人，传统上被称为保险经纪人。人们对中介人的概念较为陌生，而对经纪人的概念要熟悉得多，但在我国两者所表达的概念是不同的。中介是我国合同法上的概念，中介合同是我国合同法上的一种有名合同；而经纪是经济学上的概念，其外延较为广泛，并不属于我国合同法规制的范围。中介人和经纪人具有相同之处。中介人是指为委托人报告订约机会或提供订约媒介服务而接受报酬的人，而经纪人是一种通过中介活动获取佣金的商人。《中国经济大辞典》对经纪人的定义是：经纪人，旧时称掮客，处于独立地位，作为买卖双方的媒介，促成交易以赚取佣金的中间商人。可见，中介人和经纪人这两个概念的确很有相似之处，两者都是从事中介活动的经营主体，两者都可以为委托人报告订立合同的机会和提供订立合同的媒介服务，两者的业务活动都是有偿的。

中介人和经纪人又存在明显的区别。经纪人所从事的经营行为要比中介人的中介行为宽泛得多，中介人从事的行为仅限于报告订约机会和订约媒介服务，而经纪人从事的经营活动，依其具体行为的性质而定，可以分为委托代理、行纪、中介或者其他经纪人。因此，从经营范围上看中介人是经纪人的一种。而就业务限制而言，中介人除法律规定不得为私人进行中介者外，可以不受民事商事的限制，如介绍家庭教师或家庭清洁工。经纪人一般要受专业范围的限制，且应以商事为限。① 因此，在我国中介人和经纪人的概念是互有包含又不完全等同的。②

① 参见刘有东主编：《合同法精要与依据指引》，人民出版社 2005 年版，第 408 页。

② 参见曾庆俊：《居间合同研究》，山东大学 2007 年硕士学位论文。

二、中介合同的特点

（一）中介合同是独立有名合同

大多数国家的民商法理论上都承认中介合同是一种独立的典型合同。例如，《法国商法典》中设有中介人的法律规定；《德国民法典》中规定了中介人契约，德国商法中又设有商事中介人的法律规定。我国《民法典》亦采此主张。

（二）中介合同是一方当事人为另一方当事人报告订约机会或者提供订约媒介的合同

在中介合同中，中介人是为委托人提供服务的，但这种服务表现为报告订约的机会或者提供订约的媒介。这里所谓的“报告订约机会”，是指受委托人的委托，寻找和指示其或与委托人订立合同的相对人，从而为委托人订约提供机会。所谓“提供订约媒介”，是指介绍双方当事人订立合同，即斡旋交易双方当事人，从而促成双方当事人的交易成功。中介人虽然也是受委托人的委托为委托人促成交易服务的，但中介人在交易中仅是起到中介人的作用，既不是交易中双方当事人的一方或者其代理人，也不直接参与交易双方当事人的谈判、商洽活动，也不在交易中双方当事人的权利义务问题上表示中介人的意思。一言以蔽之，中介人仅起到中介作用而已。

（三）中介合同是有偿合同

中介合同中的委托人需向中介人给付报酬，作为对中介人的活动报酬。中介人从事中介活动的目的就在于向委托人收取报酬。因此，中介合同都是有偿性的。

（四）中介合同为诺成合同、不要式合同

中介合同为诺成合同，只要双方当事人意思表示一致，中介合同即告成立，并不以当事人的物的交付作为合同成立的要件。换句话说，只要当事人双方意思表示一致，中介人就负有依委托人的指示进行中介的义务，而一旦中介人的活动取得结果，委托人就应向中介人支付报酬。中介合同为不要式合同，当事人可以采用口头、书面形式。如果当事人约定不详细，就应按照有关惯例或者当事人以前合作时所形成的习惯。

(五)中介人在合同关系中处于介绍人的地位

中介合同的客体是中介人依照合同的约定实施中介服务的行为。无论何种中介,中介人都不是委托人的代理人或当事人一方,中介人只是按照委托人的指示,为委托人报告有关可以与委托人订立合同的第三人,给委托人提供订立合同的机会,或者在当事人之间充当“牵线搭桥”的媒介作用,并不参加委托人与第三人之间具体的订立合同的过程,他的角色只是一个中介服务人。只是在交易双方当事人之间起介绍、协助作用。①

(六)中介合同委托人一方的给付义务的履行有不确定性

在中介合同中,中介人的活动达到中介目的时,委托人才负给付报酬的义务。而中介人的活动能否达到目的,委托人与第三人之间能否交易成功,有不确定性,不能完全由中介人的意志所决定。因而,委托人是否付给中介人报酬,也是不确定的,附有一定条件。

(七)中介合同的主体具有特殊性

中介活动有着二重性,它既可以促进交易,繁荣市场,利于社会主义市场经济的发展。但如果处理不当,也可能会干扰正常经济秩序,造成社会经济秩序混乱,败坏社会风气。因而,法律应当对中介人的资格作出规定,只有具备从事中介活动条件的自然人、法人、其他组织才可以为中介人。对此,可以作如下规定:(1)中介人须具有相应的知识、能力和从业条件,从事商事中介的并须经工商登记;(2)规定机关法人、领导干部等有特殊职权的人不得从事中介活动,以避免他们利用手中权力和社会关系,从中牟取暴利,严重危害社会经济秩序。②

相关案例分析

【案情简介】

2004年5月初,A建筑公司项目经理方某经吕某介绍认识了清原市张某、马某,双方开始协商清原市热电厂投标招标事宜。7月14日,方某代表A建筑公司

① http://www.civillaw.com.cn/article/default.asp? id=12549,2009年4月6日访问。

② 参见崔建远主编:《合同法》,法律出版社2003年版,第475页。

与张某、马某签订了中介协议。双方约定的主要内容是:若张某、马某促成A建筑公司中标清原市热电厂,A建筑公司与热电厂签订建设工程合同后,支付张某、马某建设工程合同总额2%的劳务费用;首次支付20万元,余款按工程转款比例支付;违约方赔偿对方10万元损失。

8月31日,热电厂与A建筑公司签订了建设工程承包合同。张某、马某依据中介合同收到劳务费204,000元。后因A建筑公司没有支付约定的余款,张某、马某提起诉讼,要求支付余款74万余元及违约金10万元。

A建筑公司辩称,双方签订的中介合同违反了我国法律的强制性规定,属无效协议。但A建筑公司未提交任何证据。

【法院判决】

清原市人民法院判决:A建筑公司于判决生效后7日内支付张某、马某中介费372,375元,违约金6万元,合计432,375元。

【法律分析】

本案的主要争议在于本案中介协议是否具有法律效力。

我国法律没有禁止建设工程承包合同中介。招标公告虽然为公开事项,但并非公开的事项就众所周知。因此,公开招标的事项也存在向他人报告投标和订立合同机会的情形,投标人也可以将自己在投标活动中所办理的投标事项委托他人代理或者协助进行。招投标活动遵循公开、公正、公平和诚实信用原则,但并非招投标活动有中介行为就违反了招投标活动的原则,只是招投标活动中的中介事项与其他合同的中介事项有所差别。《建筑法》和《招标投标法》等有关法律规定的均是发包方与承包方之间不得以不正当手段签订建设工程承包合同。本案各方当事人没有提供发包方与承包方以及中介人之间有违反《建筑法》和《招标投标法》相应规定的行为的证据。因此,投标人A建筑公司提供投标所需的各种资料让张某、马某参与其投标事务并支付一定劳务费的约定,符合我国《民法典》第961条关于中介合同之规定,该行为属于有效民事法律行为。故法院认定本案中介合同有效,符合有关法律规定。

【风险提示】

中介合同的内容不得违反法律、行政法规的强制性规定,违反法律、行政法规的中介合同不具有法律效力。

三、中介合同的一般理论

（一）中介人的义务

1. 报告义务

此项义务是中介人的主要义务，中介人应忠实尽力地履行此项义务。在报告中介中，中介人对于订约事项，应就其所知，据实地报告给委托人。

在指示中介中，对于关于订约的有关事项，如相对人的信用状况，相对人将用于交易的标的物的存续状况等，中介人应就其所知如实向委托人报告。这里需要指出的是，中介人对于相对人，并不负有报告委托人有关情况的义务。在媒介中介中，中介人应将有关订约的事项向各方当事人如实报告，也就是说，不仅应将相对人的情况报告给委托人，而且也应将委托人的情况报告给相对人，无论是中介人是同时受相对人的委托，还是未受相对人的委托，中介人均负有向委托人和相对人双方报告的义务。基于此，媒介中介人的报酬原则上由交易双方当事人即委托人和相对人平均分摊。

订约的有关事项，包括相对人的资信状况、生产能力、产品质量以及履约能力等与订立合同有关事项。订立合同的有关事项根据不同的合同还有许多不同的事项。对中介人来说，不可能具体了解，只须就其所知道的情况如实报告委托人就可以。但作为中介人应当尽可能掌握更多的情况，提供给委托人，以供其选择。依德国的有关判例和学说，依照诚实信用原则，中介人就一般对于订约有影响的事项虽不负有积极的调查义务，然就所知事项负有报告于委托人的义务。此与我国《民法典》的规定是一致的。

2. 忠实义务和损害赔偿责任

中介合同的中介人就自己所为的中介活动，有忠实义务。中介人的忠实义务包括以下几方面的要求。

（1）中介人应将所知道的有关订约的情况或商业信息如实告知给委托人。

（2）不得对订立合同实施不利影响，影响合同的订立或者损害到委托人的利益。

（3）中介人对于所提供的信息、成交机会以及后来的订约情况，负有向其他人保密的义务。中介人在负有忠实义务的同时，还负有尽力义务。判断中介人是否有尽力义务及其范围如何，应就其合同依照诚实信用原则来解释。报告中介人的任务在于报告订约机会给委托人，媒介中介人的任务除向委托人报告订约信息外，应尽力促进将来可能订约的当事人双方达成合意，排除双方所持的不同意见，并依照约定准备合同，对于相对人与委托人之间所存障碍，加以说合和克服。①

中介人有如实报告的义务，如果中介人故意隐瞒与订立合同有关的重要事实或者提供虚假情况，损害委托人利益的，不得要求支付报酬并应当承担损害赔偿责任。中介人违反上述报告义务，故意提供虚假情况，损害委托人利益的，不但无权向委托人请求支付报酬，而且应当承担损害赔偿责任。这里既有违约责任，又有侵权责任。

相关案例分析

【基本案情】②

2000 年 2 月 26 日，陈某南下打工，但一个多月过去了，一直没有找到工作，陈某甚为着急。一日，陈某闲翻报纸，有两篇文章引起他的注意。一篇文章介绍 A 乡镇企业急需技术以提升自己产品的技术含量，另一篇文章介绍某高校教授王某虽有多项发明权但生活依然很清贫。陈某于是萌发了为两者作中介进行技术转让的念头。2000 年 5 月 5 日，陈某找到了 A 乡镇企业，表明自己可以为其提供签订技术引进合同的机会。A 乡镇企业很高兴，于是与陈某签订了委托陈某为自己提供签订技术引进合同机会的中介合同。陈某拿着合同书，找到王某，表明自己的中介人身份，询问王某是否愿意将技术转让给 A 乡镇企业。王某表示愿与 A 乡镇企业洽谈。2000 年 7 月 8 日，王某与 A 乡镇签订了技术转让合同，合同总标的为 50 万元。合同成立后，陈某要求 A 乡镇企业和王某支付自己中介费。A 乡镇企业认为中介合同中并未约定支付报酬，自己没有义务支付陈某中介费，但考虑陈某为签订合同提供了机会，支付了必要费用，只同意支付陈某所花的必要费用 1293 元。王某认为，企业获取他的技术可以赚得很大的利润，中介费应该由 A 乡镇企业支付，所以也不同意支付陈某中介费。陈某认为自己为王某和 A 乡镇企业提供中介促使双方签订合同成功，A 乡镇企业和王某应当支付自己劳务费。双方协商不成，于是在 2000 年 7 月 8 日，陈某向当地人民法院起诉，要求 A 乡镇企业和王某支付其中介费 5 万元，中介费用 1293 元。

---

① 参见崔建远主编：《合同法》，法律出版社 2003 年版，第 474 页。

② 参见周和敏：《合同法案例评析》，汉语大词典出版社 2002 年版，第 328 页。

【法院判决】

法院审理后认为,陈某、A乡镇企业和王某之间形成中介合同,并由于陈某的中介服务,促成了A乡镇企业和王某之间技术转让合同的成立。尽管合同没有约定中介费,但根据法律的规定,委托人仍应支付中介费。中介费根据中介人的劳务合理确定。因中介人提供订立合同的媒介服务促成合同成立的,由该合同的当事人平均负担支付给中介人的报酬。但中介活动的费用,由中介人负担。据此,法院根据当地的经济水平和技术合同转让支付报酬的惯例,判决A乡镇企业和王某向陈某支付合同标的额的2%,即1万元的中介费,由双方各负担一半。对于陈某1293元中介费用的主张,法院不予支付。

【法律分析】

本案是一起关于中介合同中中介费承担及中介费用承担问题的纠纷,《民法典》第963条规定:"中介人促成合同成立的,委托人应当按照约定支付报酬。对中介人的报酬没有约定或者约定不明确,依据本法第五百一十条的规定仍不能确定的,根据中介人的劳务合理确定。因中介人提供订立合同的媒介服务而促成合同成立的,由该合同的当事人平均负担中介人的报酬。中介人促成合同成立的,中介活动的费用,由中介人负担。"《民法典》第964条规定:"中介人未促成合同成立的,不得请求支付报酬;但是,可以按照约定请求委托人支付从事中介活动支出的必要费用。"由此,中介人中介费和中介费用的请求权问题可以分以下几种。

一、双方对中介费没有约定或约定不明确时中介人的报酬请求权问题

中介人的报酬是否给付以及给付多少应该由委托人和中介人约定,如果双方有约定的,则从其约定。问题是如果双方没有约定或约定不明确时中介人是否享有中介费请求权?德国民法和我国台湾地区"民法"规定,如果中介人不收报酬就不可能报告订约机会或为订约媒介时,推定双方已对报酬作出约定。中介人享有报酬请求权。我国《民法典》第963条对中介人的报酬请求权是采取中介合同有偿性的态度,即不管当事人有无约定,只要中介人促成合同成立的,中介人都享有报酬请求权。

二、中介人报酬请求权成立的条件问题

中介合同中中介人的目的就是为委托人提供订约机会或充当订约媒介,以促成委托人和第三人的合同成立,中介人报酬请求权的基础在于其劳务结果而非劳务的付出。因此,中介人报酬请求权成立的条件是中介人促成委托人合同成立,如果中介人实施中介行为后,委托人和第三人的合同未成立,或者虽成立但非中

介人报告或为媒介所致，则其中介行为实属无益之举，中介人无权请求报酬。此外，德国和我国台湾地区等的民事立法中也有相应的规定。从我国《民法典》的规定来看，中介人行使报酬请求权须符合以下条件：(1)委托人和第三人之间的合同成立。中介人行使报酬请求权以合同成立为要件，而无论合同是否履行。当然，如果合同的不履行是由于中介人的虚假介绍所致，则中介人不得行使报酬请求权。(2)委托人和第三人之间的合同有效。如果委托人和第三人成立的合同无效或被撤销，则合同视为自始不成立，因此，中介人也不能先行报酬请求权。(3)委托人和第三人成立的合同是委托人所委托的合同，如果委托人和第三人虽成立了合同，但并非是委托人所委托的合同，而是其他合同，则中介人不得行使报酬请求权。(4)委托人和第三人所成立的合同和中介人的中介行为有因果关系，即委托人和第三人所成立的合同是中介人中介行为的结果。

三、中介人中介必要费用请求权问题

一般而言，中介合同中中介人在中介成功时不享有中介费用的请求权，而只享有在中介不成时的必要费用返还请求权。因为在中介成功时，中介人享有报酬请求权，中介人和委托人约定中介报酬时实际上已将必要费用考虑进去了，即使没有约定或约定不成，中介报酬也是按照中介人的劳务合理确定，也就是已考虑中介人的费用支出，如果再支付中介人的活动费用，就相当于重复支付，有损委托人及相关人的经济利益。但中介人在中介不成时，享有中介必要费用的返还请求权。我国《民法典》第964条规定中介人未促成合同成立的，不得要求支付报酬，但可以要求委托人支付从事中介活动支付的必要费用。

本案争议的焦点问题主要有：(1)在中介合同没有约定的情况下的中介人中介费请求权问题；(2)中介人接受双方委托时对中介人中介费的负担问题；(3)中介人对中介必要费用的请求权问题。根据以上的法理分析，我们得知，在我国对中介人中介行为成功，委托人就必须支付中介费，只是在没有约定或约定不明时，只能根据中介人的劳务合理确定。从本案事实来看，A乡镇企业和王某的合同成立，所以陈某的中介行为成功，A乡镇企业和王某有给付中介费的义务。此时，陈某的中介费应根据中介人的劳务合理确定，法院根据当地经济生活水平和技术转让中介佣金的惯例进行确定，是符合法律这一规定的。由于陈某接受的是双方委托，双方都从此中介行为中获益，因此双方都有支付中介费的义务。王某认为A乡镇企业获益大，应该由它承担中介费的说法不能成立，根据我国《民法典》的有关规定，该中介费应当由双方当事人平均负担，所以，法院判决A乡镇企业和王某各承担5000元的判决是正确、合法的。由于中介行为成功,陈某已获得中介报酬,所以陈某请求中介费用的主张没有法律依据,对此,法院不会予以支持。

这个案例对市场主体也有很大的启示。作为市场主体,要学会充分利用中介制度为自己争取更多的商机。在具体从事中介行为时,双方最好进行明确的约定,特别是对于中介报酬。因为在现实生活中,很多中介行为是发生在朋友之间,有的介绍人是出于获取报酬的考虑,而有人则认为是朋友帮忙,约定不明,极易发生不愉快和纠纷。中介合同和其他合同很不一致的一点就在于,其他合同一般严格遵守当事人意思自治原则,而在中介合同中,即使双方对中介报酬没有约定,法律上也要求委托人承担支付报酬的义务,而且在报酬没有约定或约定不明的情况下,存在一个根据中介人的劳务合理确定的问题。所谓合理确定,具有较强的主观性,也极易发生矛盾和纠纷。因此,与其说等以后根据劳务合理确定,还不如事先进行明确的约定。还有一点值得注意的就是,如果中介成功后,中介人不能就中介必要费用主张请求权,中介必要费用只有在中介不成时才享有。

【风险提示】

中介人在签订中介合同时最好明确约定中介报酬,以免事后产生纠纷。若中介不成功,则中介人要求支付报酬的请求不受法律保护,但仍可以要求委托方支付合理费用。中介成功后,中介人有权请求报酬,但无权要求委托方再支付中介活动产生的必要费用。

3. 负担中介活动费用的义务

中介人促成合同成立的,中介合同的费用,由中介人负担。中介活动费用是中介人在促使合同成立的活动中支出的必要费用,与报酬不是一个概念。因此,有时中介人虽然为促成合同成立付出了劳务和费用,但合同未促成,仍不能请求支付报酬,只能请求委托人支付从事中介活动支出的必要费用。

(二)委托人的义务

1. 支付报酬的义务

《民法典》第963条规定:"中介人促成合同成立的,委托人应当按照约定支付报酬。对中介人的报酬没有约定或者约定不明确,依据本法第五百一十条的规定仍不能确定的,根据中介人的劳务合理确定。因中介人提供订立合同的媒介服务而促成合同成立的,由该合同的当事人平均负担中介人的报酬。中介人促成合同成立的，中介活动的费用，由中介人负担。”《民法典》第964条规定：“中介人未促成合同成立的，不得请求支付报酬；但是，可以按照约定请求委托人支付从事中介活动支出的必要费用。”

支付报酬以中介事务的不同而有不同的标准。报告中介，因中介人仅向委托人报告订约机会，而不与其相对人发生关系。因此，中介人的报酬，应当由委托人给付。在媒介中介合同中，中介人不仅向委托人提供报告订约机会，而且还要找第三人促成合同订立，由于有了中介人的中介活动，使得委托人与第三人双方发生了法律关系，委托人与第三人都因此而受益。因此，一般情况下，除合同另有约定或另有习惯外，中介人的报酬原则上应由因媒介中介而订立合同的委托人与第三人双方平均负担。

相关案例分析 1

【案情简介】

2008年6月底，王某、中介公司、卖方就买卖某房屋事宜签署了一份《房地产买卖中介协议》，约定在10日内再签订《房地产买卖合同》，并于签订买卖合同当日按照本协议约定价款的1%支付给中介公司作为佣金。7月底，王某与卖方签订了房屋买卖合同，该合同中也明确了该中介公司为中介介绍的房地产经纪公司。然而，王某的银行贷款手续一直办不下来。在中介公司的要求下，身处河南的王某不得不为此到苏州往返四次，前后历时5个月，产生了10,000元的差旅费损失。最后，还是卖方托了朋友才办成此事。王某因此认为中介公司未尽到义务，拒付佣金。而中介公司认为王某的差旅费损失是因为王某自身的资质问题产生的，不能归罪于公司，在几番催讨未果后，中介公司将王某告上了法庭。

【法院判决】

苏州市人民法院判决王某应在判决生效后10日内向中介公司支付佣金21,150元。

【法律分析】

本案中，王某与中介公司签订了《房地产买卖中介协议》，明确约定了中介公司的主要义务，是促成王某与卖方签订《房地产买卖合同》。而协议签订后，中介公司已按照《房地产买卖中介协议》的约定，促成了《房地产买卖合同》的签订，中介公司已履行了自己的主合同义务。《房地产买卖合同》签订后，中介公司也履行了通知、督促等附随义务，并未违约。

虽然王某在履行《房地产买卖合同》的过程中,出现了意料之外的差旅费损失,但该损失与中介公司的履约行为之间并无因果联系,因此,王某的抗辩理由不能成立,其差旅费损失应自行承担。根据《房地产买卖中介协议》的约定和《民法典》第963条第1款"中介人促成合同成立的,委托人应当按照约定支付报酬。"的规定,王某理应按照协议约定履行支付中介报酬的义务。

【风险提示】

委托人与中介人签订中介合同的,应注意中介人的权利和义务。根据法律规定,中介人只要促成了合同成立,即完成了主合同义务,可向委托人要求中介报酬。对除此之外的其他问题,中介人不承担责任。若委托人要求中介人承担主合同义务外的其他责任,将不受法律保护。

2. 支付必要中介费用的义务

中介人进行中介活动所支出的费用,为中介费用。中介费用一般包含于报酬之中。在中介成功时,即中介人促成合同成立的,中介费用未经约定不得请求委托人偿还,由中介人负担。在中介合同中只有中介人的中介活动达到目的,委托人才负有给付报酬的义务。报酬是中介人服务成果的对价,没有促成合同成立,则不得请求支付报酬。我国《民法典》第964条规定在中介人未促成合同成立的,可以要求委托人支付从事中介活动支出的必要费用。

相关案例分析2

【案情简介】

2008年8月26日,A房地产经纪公司(以下简称A公司)与陈先生签订了一份中介合同。合同约定,A公司为陈先生提供购房信息,陈先生按成交价的1%支付佣金;委托期限自2008年8月28日至2009年8月28日。该合同第3条写明:现场看房为某家园1区7号楼3单元501室,价款为25万元。双方签订合同后,A公司工作人员带陈先生看了两次房屋,但因卖方认为价格太低拒绝出卖此房,未能成交。陈先生遂按照中介合同约定,书面通知A公司解除中介合同。9月23日,陈先生通过B房地产经纪公司以26万元的价格购买了A公司业务员曾带其看过的房屋。A公司遂于2009年7月起诉至法院,要求确认中介合同并未解除,陈先生应给付佣金2500元和违约金1200元。

【法院判决】

法院判决驳回原告的诉讼请求。

【法律分析】

本案中,A 公司与陈先生签订的中介合同,是双方当事人真实意思表示。该合同明确了 A 公司所提供的房屋信息为某家园 1 区 7 号楼 3 单元 501 室,A 公司工作人员也带陈先生查看了前述房屋,但由于价格原因,未能成交,中介合同实际已无法继续履行。陈先生按照约定解除双方签订的中介合同,符合《民法典》第 562 条之规定。

由于陈先生与 A 公司签订的中介合同已经解除,陈先生另行通过另一房地产经纪公司购买该房屋,并不构成违约。同时,根据《民法典》第 964 条之规定,A 公司未能促成房屋成交,不能要求支付中介报酬。

【风险提示】

中介人与委托人订立中介合同的,应注意合同的成立与解除条款。若中介不成功,则中介合同的目的无法实现,根据《民法典》的规定,委托人有权解除合同。中介人要求法院确认中介合同未解除的请求将不受法院支持。

第二节　中介合同法律风险及其防范

一、中介合同实践中法律风险的特点

(一)委托人风险较大

这主要体现在以下几个方面。

1. 中介人往往利用公众认知度较高的媒体发布虚假信息,诱使委托人上当

一些中介机构利用大众熟知的媒体发布虚假的信息,如转让技术、寻求技术合作、加工承揽等,而事实上中介机构发布的只是一种广告,并不是合同,也不是合同的要约,只是一种要约的邀请。看到了广告的公众找到广告的发布者并与之商谈才能提出要约,直至承诺。因此,受欺诈方与中介方在刊登广告的条款或文字表达方面发生关于违约责任的争论时,受欺诈方往往很难取胜。

2. 中介人与第三人进行恶意串通,获得委托人的预付款、定金及服务费

中介合同欺诈多以无偿获得或不平等获得委托方的中介费为目的,所以中介

人提供的信息必然是虚假的,否则也就不构成合同欺诈。中介人惯用的手段就是与第三人恶意串通,共同设置陷阱,使受欺诈方甘心上当付出预付款及中介费。一旦第三人不履约或逃之夭夭,中介人也不会因提供中介服务而受到法律的追究。而受欺诈人要找中介人与第三人恶意串通的证据是非常困难的。

3. 中介人故意夸大第三人的履约能力,促成委托方与第三人签约以获取中介服务费

这种欺诈行为主要表现为中介人夸大第三人的履约能力,没有把与合同有关的真实情况告诉委托方,致使委托方与第三人订立的合同在履行了一部分后不得不终止,而委托方则因要求返还中介费没有合法依据而不得不承受损失中介费的后果。

4. 中介人和第三人串通在合同履行中以种种借口解除合同,使委托人承担"违约责任"

中介人和第三人串通,在委托人与第三人签订的合同履行中以种种借口解除合同,不但赚取了中介费,而且使委托人有苦说不出。多次进行这样的欺诈行为不但获得可观的中介费,而且完成了第三人的加工任务。这种欺诈往往在委托人与第三人签订的合同中就已经设下陷阱,多数表现为加工承揽合同。例如,中介人串通第三人虚报加工任务而中介费根据合同标的额的百分比提取,委托人与第三人签订高额加工承揽合同,按百分比给中介人提取了中介费,但在实际履行中第三人以种种借口解除合同,当委托人找中介人时中介人以合同的解除与自己无关为由拒绝退还中介费。此时委托人往往没有任何证据证明他们的串通,只能吃哑巴亏。①

5. 中介人主体风险

在中介活动中,由于主体身份的不适格,特别是中介机构、中介人员的合法身份问题导致的纠纷十分常见。许多机构组织没有营业执照,从事中介业务的工作人员有时没有经纪人资格证书,中介机构应当让有资格的经纪人员为上下家提供服务,并且是以中介机构的名义从事中介活动。如果是没有资格的业务员提供服务,委托人可能会以此为由主张中介合同无效,从而导致纠纷的发生。

6. 中介费用风险

中介合同收费名目繁多,有佣金、中介活动费、定金、押金、信息费、咨询费、劳务费等各种名目。各省市租房中介佣金比例有高有低,给实际操作留下漏洞和

---

① http://www.34law.com/userservice/zx/other/ShowSkill.asp? id = 112,2009 年 4 月 6 日访问。

隐患。

(二)履行风险突出

由于中介合同的特性,中介合同委托人一方的给付义务的履行有不确定性。在中介合同中,中介人是为委托人提供服务的,但这种服务表现为报告订约的机会或者提供订约的媒介。这里的"报告订约机会",是指受委托人的委托,寻找和指示其或与委托人订立合同的相对人,从而为委托人订约提供机会。提供订约媒介,是指介绍双方当事人订立合同,即斡旋在交易双方当事人之间,从而促成双方当事人的交易成功。中介人虽然也是受委托人的委托为委托人促成交易服务的,但中介人在交易中仅是起到中介人的作用,既不是交易中双方当事人的一方或者其代理人,也不直接参与交易双方当事人的谈判、商洽活动,也不在交易中双方当事人的权利义务问题上表示中介人的意思。一言以蔽之,中介人仅仅起到中介作用而已。故中介人与委托人在利益上有一定程度的分离,实践中,委托人往往难以有效地监督和控制中介人的履行行为,故中介合同的履行风险突出。

相关案例分析

【案情简介】

某服务厂(委托人)与某信息公司(中介人)签订了一份中介合同,合同约定:由中介人提供生产某产品的生产技术信息,委托人支付1万元中介报酬后,半个月内中介人负责联系订立技术转让合同。如果到期不能联系订立合同,则退还1万元中介报酬,只收500元管理费。中介合同签订后,委托人即向中介人支付1万元中介报酬。5日后,中介人即与某市工业公司取得联系,并向委托人言明,该工业公司的技术力量雄厚、转让的技术成果先进,委托人于是与该工业公司签订了技术转让合同,双方约定技术转让合同办理公证后生效。但某市面上公证处经审查,决定不予公证。为此,委托人要求中介人退还中介报酬。但中介人认为,委托人已经与工业公司签订了合同,至于公证处不予公证,与其无关。因此,拒绝返还中介报酬。双方于是发生纠纷,委托人向人民法院提起诉讼,要求中介人退还中介报酬。

【法院判决】

法院经审理查明:中介人某信息公司与委托人某服装厂签订的中介合同,双方主体资格合格,内容合法,属有效合同。公证处之所以对委托人与某工业公司所签订的技术转让合同不予公证,其理由是:该公司所转让的技术并不属于其所有,而是属于个人技术。该公司既无经济实力,又无技术力量,且不能提供技术来源证明。法院同时又查明,信息公司经理李某与工业公司经理王某是朋友关系,李某对工业公司的情况十分了解。此案经法院调解,双方达成如下协议:(1)信息公司返还中介报酬1万元;(2)双方终止合同关系。

【法律分析】

本案所涉及的虽然是中介报酬的支付,但其焦点却是中介人的报告义务问题,即中介人的违约问题。

在中介合同中,中介人负有如实报告义务,应当将自己所知道的有关订立合同的信息如实报告给委托人,不得隐瞒情况,更不得提供虚假情况。在本案中,作为中介人的信息公司,当然负有如实报告义务,即应当将工业公司的情况如实地向委托人说明,如工业公司的技术力量、技术成果的归属和质量等。那么,中介人在本案中是否尽到了如实告知的义务了呢?从案情来看,中介人对工业公司的情况十分熟悉,应当知道工业公司的技术力量和转让的技术成果的状况,但中介人却向委托人提供了工业公司技术力量雄厚、转让的技术成果先进等虚假信息。因此,中介人没有履行向委托人如实报告有关订立合同事项的义务。退一步讲,即使中介人对工业公司的情况不了解,中介人所提供的情况也与事实不符,也属于提供虚假情况。因此根据《合同法》(已失效)的规定,应当返还报酬并赔偿损失。

《民法典》第962条规定:"中介人应当就有关订立合同的事项向委托人如实报告。中介人故意隐瞒与订立合同有关的重要事实或者提供虚假情况,损害委托人利益的,不得请求支付报酬并应当承担赔偿责任。"这表明,中介人在从事中介活动时,对有关订立合同的事项,应就其所知,向委托人如实告知。这是中介人的一项主要义务。在中介活动中,对订约的有关事项,如相对人的订约能力和信用状况、相对人将用于交易的标的物的存续状态等,中介人应就其所知据实告知委托人。依德国有关判例和学说,中介人依诚实信用原则,就一般关于对订约有影响的事项虽不负积极调查的义务,然就其所知事项,负有报告委托人的义务。

从我国《民法典》的规定来看,中介人仅对委托人负有如实报告的义务。有一种观点认为,在指示中介合同中,中介人只对委托人负有如实报告的义务,而对于相对人,中介人则没有报告的义务;在媒介中介合同中,中介人无论是同时受相对人委托,还是未受相对人的委托,中介人都负有向双方如实报告的义务。对此,我国台湾地区"民法"第567条有明确规定:"中介人关于订约事项,应就其所知,据实报告于各方当事人”。笔者认为，上述观点虽然在《民法典》中无明确规定，但从理论上讲，是合理的。因为，在媒介中介的情况下，如果中介成功，则中介报酬是由当事人双方平均负担的。既然中介人从双方当事人平均取得报酬，自然应当对各方当事人负有如实报告的义务。

根据我国《民法典》的规定，如果中介人故意不履行如实告知义务或提供虚假情况，损害委托人利益的，中介人不仅不能请求支付报酬，而且要对委托人承担赔偿责任。对此，其他国家和地区立法也有所规定，如《德国民法典》第 654 条规定：“中介人违反合同的内容同时为有利于相对人的行为的，不得请求佣金和偿还费用。”我国台湾地区“民法”第 571 条规定：“中介人违反其对于委托人的义务，而为有利于委托人之行为相对人的行为，或违反诚实信用原则，由相对人收受利益者，不得向委托人请求报酬及偿还费用。”

在中介人违反了报告义务的情况下，无论中介人是否促成合同的成立，都不享有报酬请求权。

【风险提示】

中介合同中，中介人应该保证中介效果，即保证中介目的的达成。为了规避对于中介效果达成标准的争议，委托人和中介人应在合同中明确约定该达成标准。对于这种效果，一般以实质性达成为认定标准，若只讲究形式性的达成，这样不符合中介的商业活动所要达到的目的，也增加了委托人的风险。

《民法典》只规定了中介人的报告义务，而没有规定中介人的其他义务。那么，在中介合同中，中介人是否还负有其他义务呢？这是一个值得探讨的问题。我们认为，中介人除承担报告义务外，还应承担以下义务。

1. 尽力进行中介服务的义务

中介人是否负有尽力的义务，理论上有不同的看法。一种观点认为，中介人不负尽力的义务。因为中介人是以达到中介目的为取得报酬条件的，中介人不尽力，达不到中介目的，不过是不能取得报酬而已，不能再承担其他责任。另一种观点认为，中介人应负尽力的义务。因为中介人接受了委托，就应从维护委托人的利益出发，尽力促成交易，而不得随意地、消极地对待其接受的中介事务。我们认为，依据诚实信用原则，中介人应负尽力的义务，即尽力促成交易。至于尽力的标准，应依中介合同的内容和当事人的约定以及交易习惯确定。例如，为报告订约机会进行中介的，按委托人的指示寻找依其资格和倾向有希望与委托人订约的人,并向委托人指明该人,即为已尽力。

2. 隐名义务

在中介合同中,如果当事人一方或双方指定中介人不得将其姓名、商号、名称告知对方,中介人即负有隐名的义务。关于中介人的隐名义务,我国《民法典》没有明确规定,但其他一些国家和地区的法律则有明确规定。例如,《日本商法典》第548条规定:“当事人指示中介人不得向相对人表明姓名或商号时,中介人不得于缔约书上账簿的誊本上记载其姓名或商号。”当事人之所以指示中介人承担隐名义务,主要是出于保守交易秘密的需要。同时,当事人也有不公开自己的姓名或商号的权利。在中介人不公开委托人的姓名或商号、名称的,中介人应承担隐名当事人依据合同所应承担的义务,有学者称之为介入义务。对此,规定中介人隐名义务的国家和地区都有规定。例如,《日本商法典》第549条规定:“中介人不表明当事人一方的姓名或商号于他方时,则自负履行责任”;《意大利民法典》第1762条规定:“没有向一个缔约人说明另一缔约人的中介人承担履行合同的义务,且在履行合同时,取得隐名缔约人的权利。”我国台湾地区“民法”第575条也规定:“中介人不以当事人一方之姓名或商号告知相对人时,应就该当事人由合同所生的义务,自己负履行之责,并得为其受领给付。”

3. 保密义务

在中介合同中,中介人对在为委托人完成中介活动中获悉的委托人的有关商业秘密以及委托人提供的其他各种信息、成交机会等,应当依据合同的约定和法律的规定保守秘密。中介人违反保密义务,造成委托人损害的,中介人应承担赔偿责任。

(三)可预防性

中介合同的风险是可以预防和控制的,只要充分认识到中介合同可能存在的风险,并对症下药,积极采取相应的预防措施,那么完全可以做到防患于未然,故履行中介合同的委托人、中介人、第三人应当对风险的防范与控制产生足够的重视,避免由于自己的疏忽大意而导致不必要的损失。

二、中介合同实践中风险规避的基本理念

(一)谨慎缔约,预防风险

中介合同由于现实生活中需求的多样性,一般没有固定的形式,而且经常是

口头合同。主要应规定的内容为：

1. 中介人向委托人提供的服务内容；

2. 中介人提供订立合同的机会或提供媒介服务后委托人应支付的报酬；

3. 中介人从事中介活动支出的必须费用的负担；

4. 双方当事人认为应当规定的其他内容。

(二)认真履约，控制风险

在中介合同的履行过程，应当注意的有以下几点。

1. 对中介合同中提供的任务来源要作认真、科学的考察

中介合同欺诈行为中提供的任务经常都是虚假的，只要委托人能够进行认真、科学的考察一般是能够识破其骗局的。现实生活中上当受骗的受欺诈人都是相信中介人一面之词，没有自己进行认真的了解及考察，从而落入合同陷阱。

2. 接受中介人服务的一方，尤其要对所谓第三方的真实身份进行了解

在中介合同欺诈中，多数受欺诈人是因为相信中介人的真实性和可靠性，忽视了对第三方的严格考察，有的受欺诈人虽然进行了实地考察，但实际并不知道如何进行考察，往往为一些表面现象所蒙蔽。对第三方身份进行考察主要应从以下几个方面进行考察。

(1)要坚持看到营业执照的正本和副本，同时对正、副本的真实性进行验证，不能仅看到营业执照的复印件便轻易相信。

(2)将营业执照上的有关信息作一摘录，通过合法渠道到当地工商行政机关和税务机关进行了解，核实该单位是否真实，是否仍在合法经营，是否年检等，通过对这些机关的拜访便会基本查清。

(3)注意第三方要委托加工或进行其他经营活动是否超出其经营范围，如果超出范围应立即停止项目的进行，以免损失的扩大。

3. 对中介人提供的合同标的物要进行认真考察，了解其实施的要求是否真实、科学

由于在中介合同欺诈中，中介人提供的中介信息多为加工承揽信息，所以考察信息的真伪，预防欺诈后果的发生，主要在委托人对加工承揽合同中的标的物进行仔细考察。合同欺诈人惯用的伎俩是预付保证金、试制样品、样品验收合格后正式履约，而伏笔便设在样品试制上、验收上，根据对方提供的样品或图纸往往根本无法生产出合格的产品。被欺诈人不但损失了中介费、产品试制费而且背上

了违约责任。因此,接受中介服务的一方必须在对合同定作物的具体要求综合考察后,才能决定是否签订合同,是否支付中介费。

4. 接受中介服务的一方要注意中介服务广告和中介服务合同之间的联系,不让中介人利用广告与合同的不一致进行欺诈行为

由于中介人经常采用广告的形式发布有关信息,而受欺诈人经常误把广告上所刊登的内容理解为合同的内容,其实广告只是一种要约邀请,并不具有合同效力。因此接受中介服务的一方,即使面对的是一份规范的合同也要对自己受到吸引的广告语言是否明确写入合同进行认真检查、核对。如果没有写入合同,应当要求明确写入;如果中介人推托就不要轻易签约,否则受到欺诈的可能性便较大。

5. 接受中介服务的一方应当注意对支付中介服务费的限制,以便最大可能地防范合同欺诈的得逞

对于中介服务费用的支付,根据《民法典》的有关规定,应当在中介人促成合同的签订后支付,但这时支付很难对中介人加以控制防止欺诈的出现。因此接受中介服务一方完全可以根据协商原则,在中介合同中对费用支付约定限制性条款。例如,约定先签订中介合同,等交易双方有效签订交易合同时,再支付中介费用;还可以约定,如交易双方不能履约的原因是接受中介服务的一方受到所谓第三方的欺诈,则接受中介服务一方有权要求中介人退还已收取的中介费用。对中介人收取费用的限制性条款定得越细,中介人利用合同进行欺诈的可能性越小。①

(三)依法维权,减少损失

在纠纷发生后,当事人应当学会用法律的武器维护自己的应得权益,将实际发生的损失减到最小。这就要求中介合同的当事人对中介法律制度有充分的认识和了解,并在纠纷发生时学会用诉讼等手段来解决纠纷、维护权益。例如,中介人故意隐瞒与订立合同有关的重要事实或者提供虚假情况,损害委托人利益的,不得要求支付报酬并应当承担损害赔偿责任。委托人可以追究中介人的违约或侵权责任。再如,当中介人未促成合同成立的,不得要求支付报酬,但可以要求委托人支付从事中介活动支出的必要费用。总之,除合同当事人之间的意思自治即事先的安排和约定是避免纠纷的重要方法外,法律的安排和救济途径的提供也是

① 参见吴访非:《居间合同的法律特征及其欺诈行为的防范》,载《沈阳建筑工程学院学报(社会科学版)》2003 年第 11 期。

弥补当事人意思不足和解决纠纷的重要手段,用法律保障权利应当是法治社会下每一个公民的理念和行动。

三、中介合同的理论发展

(一)中介合同的报酬

1. 中介人报酬请求权的成立条件

关于报酬请求权的成立,各国都以中介达到目的为条件。例如,《德国民法典》第652条规定,为指示订约机会或为媒介合同约定中介报酬的人,只有在合同因中介人的指示或因其媒介而成立时,才有义务支付报酬。《日本商法典》第550条规定,中介人非于法律规定的中介手续终结后,不得请求报酬。我国台湾地区“民法”第568条规定中介人,以契约因其报告或媒介而成立者为限,得请求报酬。

我国《民法典》也是以中介人促成合同成立为请求支付报酬的条件。由于中介事务是以报告订约机会或提供订立合同的媒介服务为内容,所以中介人是否促成委托人与他人之间成立交易,就是委托人支付报酬与否的明确标准。可见中介人是就劳务的结果而非劳务的给付而享受报酬请求权。这是中介合同与其他劳务合同的不同之处。

然而,有学者认为,我国《民法典》上的报酬请求权的规定并不像《德国民法典》和我国台湾地区“民法”规定得那样严格。《德国民法典》规定,仅在合同因中介人的报告或媒介而成立的情况下,委托人才有支付报酬的义务。我国台湾地区“民法”第568条专门确立了报酬请求权的时间,即中介人以契约因其报告或媒介而成立者为限,得请求报酬。但是,我国《民法典》没有像德国法那样,认为报告中介也以促成合同的订立为中介报酬请求权的必要条件,大概是将报告中介作为纯粹的信息调查来对待。①

笔者对此观点并不赞同。首先,从我国《民法典》的规定来看,我国《民法典》对报酬请求权的规定并没有区分报告中介和媒介中介而有什么不同;其次,从现实生活实践来看,如中介人是提供就业信息的职业介绍所,通常求职者在登记时就要交纳一定的费用,而职业介绍所一般会承诺在一定期限内给予其就业信息,而且会承诺一直提供信息直到其与他人签订一份就业协议为止。在这种就业信息的报告中介合同中,中介人并不在委托人和第三人间进行媒介,显然属报告中

① 参见肖建华、肖建国:《委托、行纪、居间合同》,人民法院出版社2000年版,第364页。

介;最后,从双方的权利义务来看,求职者最先交纳的费用性质上显然是中介报酬,只不过是预先交纳而已,对此报酬的取得,中介人要付出的义务是提供信息直到委托人与第三人之间的合同成立。因此,这种预先交纳中介报酬的行为,只是中介合同履行上的一种特殊形式,而并不能说明报告中介中中介人报酬的取得不用以促成合同的成立为条件。因此,笔者认为在我国即使是报告中介,其报酬请求权的成立也是以促成合同成立为必要条件的。当然若当事人之间有特别约定的,依约定。中介人能否促成委托人和第三人间合同的成立是中介人能否取得报酬的必要条件,那么怎样才算是中介人促成了合同的成立呢?按照一般的法理,所谓中介人促成合同的成立是指经过中介人的努力,委托人和第三人达成合法有效的合同,须满足以下三个要件。

(1)委托人和第三人达成的合同应当是合法有效的。如果促成的合同是无效的或者是可撤销的合同,那么中介人不能取得报酬。比如,由于第三人具有欺诈行为,在签订合同时故意隐瞒真实情况,导致委托人后来撤销合同,那么此种情况下,中介人不能根据《民法典》主张报酬,即使在中介人已经取得报酬的情况下,委托人也可以主张追回。然而,也有学者主张这种情况下应该根据中介人是否有过错而区分对待,如果中介人在中介活动中没有过错,委托人与第三人之间的合同纠纷就与中介人没有关系。笔者认为,后一种观点偏离了中介的结果性特点,中介人中介活动中的过错存在与否并不是中介人报酬请求权的衡量标准,如果中介人本身存在欺诈行为的话,导致的不仅仅是中介报酬权的丧失,更重要的是,导致中介人的赔偿责任。由于委托人和第三人订立合同时存在合同无效或可撤销的情形,合同无效或被撤销之后,合同自始不成立,因此,中介人的报酬请求权不成立。当然,如果是合同成立后,由于一方不履行合同的行为,导致另一方解除合同的,则不影响中介人中介报酬请求权的成立。

(2)委托人和第三人达成的合同应当是源自中介人的努力。即中介合同的成立与中介人的努力存在因果关系。即在报告中介中,与委托人签订合同的第三人是中介人介绍的;而在媒介中介中,中介人参与了委托人和第三人签订合同的谈判和协商,也就是在双方的谈判中起到了一定的协调作用。关于此因果关系的判断,德国法院一向认为仅需除其他事件外,中介人之活动与有原因已足够,依评价的意思去理解,中介人之活动在某种程度上促成了契约的缔结,已足够成立此所谓因果关系。对此因果关系,应当由中介人证明。不过一般认为,只要中介人能证明其进行了合同订立之前的相应活动,就可认为有此因果关系。这里的因果关系和其他的因果关系一样,并不要求是构成契约成立的唯一原因。[①]

(3)中介人促成的契约须与中介合同中的约定具有同一性。中介人之报酬请求权之要件,除因果关系外,尚需所缔结之契约,必须亦符合在中介契约中所约定的同一性,即成立之契约,须与委托人所委托者,有同一性。对此同一性的界定,并不以完全相同为必要,如果成立的契约与所应媒介的契约不同,只要同样能达到委托人所期求的经济结果,一般也认定中介人有报酬请求权。在中介人促成合同成立的认定中还要注意以下特殊情形:由于委托人本身的不正当行为导致合同不能订立的,应认定为中介人已经促成合同成立。现实中可能存在这样一种情况,委托人为了逃避支付报酬的义务,故意拒绝与中介人介绍的相对人交易,而过后再与该相对人达成协议。对此,有学者主张应区分不同情况不同对待:如果委托人与第三人达成的合同在中介合同的有效期内,中介人仍有报酬请求权;如果委托人与第三人达成的合同超过了中介合同的有效期,则原则上中介人已丧失报酬请求权;如果中介合同没有订立合同有效期,那么应当确定一个合理的期间,而不应在任何时期都赋予中介人以报酬请求权,这一期间在当事人协商不成的情况下,只能由法官裁判决定。而也有学者认为,此种情况属于委托人为自己的利益不正当地阻止条件成就的行为,应视为条件已成就。委托人应当支付报酬,而不存在以中介合同的有效期或某段合理的期间为限来确定委托人是否承担支付报酬义务的问题。笔者赞同后一种观点,对于委托人为了逃避报酬的支付而故意不与第三人签订合同的行为,应认定为中介人已经促成合同的成立。因为,在此种情形下,委托人和第三人之间后合同的签订仍然得益于中介人的中介行为,而且考虑到中介人对于委托人的不当行为在取证上的困难性,只要中介人能够对此取证,法律就应当保护中介人的报酬请求权。而且,如果用合同有效期的长短来限制中介人的报酬请求权,还存在委托人故意规避此期间,等此期间经过后再与中介人介绍的原相对人订约的情形。因此,笔者认为,在由于委托人本身的不正当行为而导致合同不能成立时,应认定为中介人已促成合同的成立。

中介人促成的合同不包括委托人和第三人的后续合同。在实践中,尤其是在商业实践中,商家们之间的交易多数情况下不会是一锤子买卖,因此经常会出现这样一种情况,委托人因为中介人的一次中介行为而与某一相对人订立合同,之后两者形成了长期的合作关系,因而陆续签订了一系列的合同,这就是后续合同

---

① 参见史尚宽:《债法各论》,中国政法大学出版社2000年版,第475页。

的问题。中介人是否有权就第一笔合同之后的后续合同主张报酬请求权呢？法律上没有给出明文规定，因此可由当事人自由约定。在中介合同没有约定的情形下，中介人即无权取得后续合同的报酬。① 根据中介合同的特征，中介人的报酬请求权的成立源于其为该笔合同付出的努力，如果中介人对后续合同也有报酬请求权，那将会使中介行为成为一种一劳永逸的行为，这对委托人是不公平的。当然，如果是当事人双方进行了此种约定，法律也不禁止。

2. 报酬数额的确定

中介人报酬数额的确定有三大规则。

（1）报酬数额原则上由当事人约定。根据我国《民法典》的规定，中介人的报酬数额原则上是由当事人自主决定的，只要当事人有约定就依约定。中介人的报酬数依当事人自主约定，虽然符合合同自由原则，但是在有些情况下可能会导致显示公平的结果，因此，有大陆法系国家规定了报酬数额酌减制度。例如，《德国民法典》第655条和我国台湾地区"民法"第572条中都规定，在当事人约定的中介报酬过高的情况下，可以因报酬支付义务人的申请而酌减中介报酬的数额。但如果报酬已经给付的，不得要求返还。我国《民法典》没有在中介报酬数额中规定数额的酌减。

因此，在我国如果中介合同的当事人约定的中介报酬数额过高时，委托人可以依《民法典》的规定请求人民法院或仲裁机构来酌减。

（2）当事人对中介报酬没有事先约定或约定不明时，可依《民法典》补充协商确定。根据《民法典》第510条的规定，合同生效后，当事人就质量、价款或者报酬、履行地点等内容没有约定或约定不明确的，可以协议补充，不能达成补充协议的，按照合同有关条款或者交易习惯确定。根据此规定，中介合同如果没有对中介报酬作出明确规定的，双方当事人可以再通过补充协议或交易习惯来确定。如果依照《民法典》第510条仍然不能确定的，中介人的报酬数额应根据中介人的劳务合理确定。主要考虑以下几个因素，中介人为此提供的中介服务的质量和效果；委托人的受益程度；商业活动中，同类或相似中介行为的一般报酬水平。②

（3）当事人不能达成协议时，则诉诸法院或仲裁机构裁决。法院或仲裁机构

① 参见高富平、王连国：《委托合同·行纪合同·居间合同》，中国法制出版社1999年版，第195页。

② 参见高富平、王连国：《委托合同·行纪合同·居间合同》，中国法制出版社1999年版，第194页。

在裁决时，仍然是考虑行业习惯、交易习惯以及中介人所付出劳务的多少等因素，根据公平原则来确定。

3. 中介报酬权利人与义务人的确定

（1）中介报酬权利人的确定。中介人具有报酬请求权，然而，在数个中介人受同一人委托为同种委托事务时，各个中介人的报酬请求权又该怎样认定呢？对于报告中介，一般认为，最先向委托人报告订约信息并促成其成立合同的中介人，享受报酬请求权；而对于媒介中介而言，若契约的促成只可归功于一个中介人的活动，那么其他中介人当然无报酬请求权。若契约的促成是数个中介人共同协力而为的，不能确定谁的活动具有决定性作用时，应当区分不同的情况不同对待：若委托人是把数个中介人作为一个整体而共同为一项委托，只给予一次报酬，那么各个中介人平均分配该报酬即可；若数个中介人分别接受同一委托人的同一委托，并且各自独立地开展中介活动产生中介结果时，中介人各得其请求权；若数个中介人各自受同一委托人的委托为同一事项，但在中介行为时，各个中介人相互结合为共同的媒介，那么中介人只能共同地收一次报酬。当然，如果契约双方当事人各自委托自己的中介人，即使两个中介人在中介中共同协力促成契约的达成，双方委托人应分别对自己委托的中介人按约定给予报酬。

（2）中介报酬义务人的确定。在报告中介中，因为中介人仅向委托人报告订约机会，而并不与契约相对人发生关系，因此中介报酬由委托人单方支付是没有异议的。但在媒介中介中，由于中介人的中介行为会使契约双方当事人受益，因此我国《民法典》第 963 条作出了特别规定，因中介人提供订立合同的媒介服务而促成合同成立的，由该合同的当事人平均负担中介人的报酬。《日本商法典》和我国台湾地区的“民法”中也作出了媒介中介的报酬由契约双方当事人平均分担的规定。这实际上是法律为了平衡委托人和相对人的利益而强加给相对人的负担，除非是在相对人和中介人也存在委托关系即双方中介的情形下，否则对相对人的支付义务来说是没有充分的法理依据的。因此，有学者主张在媒介中介中应当允许中介合同的双方当事人在中介合同中约定由委托人一人支付报酬即排除法律规定效力，或约定报酬由委托人与相对人分担比例、由谁向相对人主张等，而且在要相对人支付报酬的情形下，在中介人从事中介活动时，应当告知相对人或由委托人通知相对人，以使其对所介入的交易的费用有所预期。只有在没有约定的情形下，中介人才可依法律规定直接向相对人主张另一半报酬。笔者同意此种观点，对于媒介中介中报酬是否由委托人和相对人平均负担，首先应尊重当事人的自由约定,因此,建议我国《民法典》可借鉴我国台湾地区“民法”中的规定,将第963条改为,因中介人提供订立合同的媒介服务而促成合同成立的,除契约另有规定或另有习惯外,由该合同的当事人平均负担中介人的报酬。

(二)中介合同的费用

中介费用,是指中介人从事中介活动支出的必要费用,关于中介费用的负担,传统民法理论并无定论。一种观点认为,无论是否缔约成功,中介费用均由委托人支付,但当事人另有约定或法律另有规定的除外;另一种观点认为,中介费用通常包括在报酬内,所以非经特别约定,不得请求偿还,只能由中介人自己负担。

对中介费用应由委托人承担还是由中介人承担,《德国民法典》第652条第2款规定,费用只有在有约定时,才向中介人偿还。即使合同不成立,仍适用此种规定。我国台湾地区“民法”也作出了类似的规定,我国台湾地区“民法”第569条规定中介人支出之费用,非经约定,不得请求偿还。上述规定,于中介人为报告或媒介而契约不成立者,适用之。由此可见,依德国和我国台湾地区“民法”的规定,不论中介人是否促成合同成立,中介费用的承担都依当事人自由约定,在没有约定的情况下,应由中介人承担,中介人不得要求委托人支付。而《意大利民法典》对费用的偿还规定为,除非有相反的约定或惯例,实施了他人委托事项的中介人,即使未完成该事项,也有费用偿还请求权。因此,在当事人对中介费用有约定或者存在惯例的情况下,各国地区都规定尊重当事人的约定或者惯例。而在当事人对此没有约定的情况下,各国地区采取的对待是不一样的,德国和我国台湾地区“民法”都认为中介费用此时应由中介人自己承担,而《意大利民法典》则规定对没有约定的中介费用应由委托人承担。

《民法典》对中介费用的负担另辟蹊径:中介人促成合同成立的,中介活动的费用由中介人负担;中介人未促成合同成立的,可以要求委托人支付从事中介活动支出的必要费用。上述规定的不足之处在于:

1. 中介费用是中介合同的条款之一,依合同自由原则,当事人有权自主约定,只有在当事人未约定时才适用法律规定。当事人关于中介费用的自主约定权并未得到《民法典》的明确认可。

2. 正如前文所述,我国《民法典》将中介报酬的支付条件系于中介人促成合同成立与否,这一做法并不足取;同理,将中介费用的负担与合同是否成立联系在一起也是没有根据的。

3. 在商事中介中，中介人从事中介活动是一种营业行为，这种营业行为不可避免存在一定的市场风险。按市场经济的基本法则，中介人理应承担这一风险，而《民法典》规定中介成功后中介人可获得中介报酬，中介不成功中介人可要求委托人支付中介费用，从而将中介人的风险降到最低限度，无形中却增加了委托人的风险，然是不公平的。

基于此，有学者认为，中介费用的负担原则上从当事人约定。当事人无约定时，应依民事中介或商事中介而不同：若为商事中介，中介费用由中介人负担；若为具有社会协助性质的民事中介，中介人可以要求委托人承担必要的中介费用，除非委托人已向中介人支付中介报酬。[①]

（三）婚姻中介合同

所谓婚姻中介合同，是指中介人为委托人报告缔结婚姻关系的机会或者是为他方提供订立婚姻关系的媒介服务，而依约定取得委托人支付报酬的合同。婚姻关系所具有的身份性和伦理道德性，对于婚姻中介存在的合理性一直存在争议。随着社会和时代的发展，婚姻中介行为已经不再被看作有违公序良俗的行为，而且现代社会中大量合法成立的职业婚姻介绍所的存在已经是不争的事实，因此法律有必要对婚姻中介行为的性质作出明确规定。

有学者认为婚姻介绍所与其服务对象之间的关系是民事合同关系，但是不是中介合同关系，应当属于委托合同关系。婚姻介绍所的介绍行为，不应属于中介活动，是因为婚姻关系不是一种合同法上的合同关系，因而婚姻介绍活动并不属于合同法上的中介活动。婚姻介绍所收取的费用和报酬，并不是以服务对象与被介绍人缔结婚姻为条件。婚姻介绍所与其服务对象之间的关系，应当属于委托合同关系。[②] 笔者认为，这一观点值得商榷。

还有一种观点，根据我国《民法典》第 961 条规定："中介合同是中介人向委托人报告订立合同的机会或者提供订立合同的媒介服务，委托人支付报酬的合同。"由此可见，中介合同的最本质的属性是为他人提供服务的合同，而我国法律上对提供的缔约机会的类型并没有作出限制，因此不能将中介人的缔约类型限定在《民法典》上规定的 15 种有名合同中。我国法律对中介人中介活动的范围并没有限制，因此只要是法律没有禁止的合同关系，中介人都可以进行中介活动。婚

---

① 参见段仁元：《论居间合同的报酬与费用》，载《人文杂志》2001 年第 2 期。

② 参见高富平、王连国：《委托合同 · 行纪合同 · 居间合同》，法律出版社 1999 年版，第 177 页。

姻中介合同是婚姻中介人向委托人报告缔结婚姻关系的机会或提供订立婚姻关系的媒介服务,依约定取得委托人支付报酬的合同。婚姻中介人的主要义务就是为委托人选择、推荐缔结婚姻关系的对象,或者是在委托人与第三人之间进行说合,促成其间婚姻关系的缔结,婚姻中介具有和普通中介合同相同的法律特征,所以,其属于中介合同的一个类型,应该由中介合同的法律规定进行调整。① 笔者赞同这一观点,认为婚姻中介从法律特征上来说跟中介合同是一致的,用中介合同来调整比用委托合同来调整更为合理,因为委托合同的宽泛性无法体现出婚姻中介行为的中介性质。笔者认为,我国采民商合一的立法例,中介合同的调整范围并不仅仅限于商事中介,对于大量存在的民事中介也是适用的。现实中大量存在的职业介绍所、婚姻介绍所等,仅仅依靠社会习惯去调整是不够的。《德国民法典》虽然对婚姻中介人的报酬请求权作出了特别的规定,但恰恰是其把婚姻中介作为中介合同的一种纳入中介立法的一个证明。我国台湾地区"民法"也在中介一节中对婚姻中介作出了特殊规定,我国台湾地区"民法"第 573 条规定,因婚姻中介而约定报酬者,就其报酬无请求权。可见,虽然对婚姻中介人的报酬请求权作出了特别的限定,但也把婚姻中介纳入了中介合同的立法中。

另外,有学者对婚姻中介合同提出了若干立法建议,其认为婚姻中介合同属于中介合同的一种,应适用我国《民法典》中的中介合同的有关规则。然而基于婚姻中介合同的特殊性,《民法典》应当对其作出特别规定。

首先,要明确合同法调整的婚姻中介合同关系的主体一方应是以婚姻中介为营业的婚姻中介人。至于婚姻中介人的从业资格因为属于主体法,不适合在《民法典》中规定,可以由其他法律、法规作出限定。

其次,婚姻中介人的报酬请求权的发生条件可由当事人约定,若当事人没有约定的以婚姻中介人促成委托人与相对人婚姻关系的缔结为条件。

最后,婚姻中介人的如实报告义务不仅限于其对已知信息的如实报告,还要求其具有必要的审查义务。婚姻中介人存在故意提供虚假信息或故意隐瞒重要信息的情形,给委托人造成损失的,丧失报酬请求权且应赔偿委托人的损失;婚姻中介人由于过失而致委托人损失的,除丧失报酬请求权外,还要按照过错程度承担赔偿责任。②

---

① 参见刘婕妤:《婚姻居间合同之特殊问题研究》,武汉大学 2005 年硕士学位论文。

② 参见曾庆俊:《居间合同研究》,山东大学 2007 年硕士学位论文。

第十六章
合伙合同实践中的法律风险及其防范

第一节　合伙合同概述

一、合伙合同的概念

根据《民法典》第967条的规定，“合伙合同是两个以上合伙人为了共同的事业目的，订立的共享利益、共担风险的协议”。《民法典》对于合伙合同的定义相较于原《民法通则》第30条有着一定的区别，原《民法通则》仅要求共同出资、经营和劳动，未提及关于利润共享以及风险共担的相关内容。《民法典》中对于合伙主体的要求放宽为两个以上合伙人，由此自然人、法人和非法人组织都可以成为合法的合伙主体。

基于我国现行有效法律的规定，合伙企业不具有法人主体资格，其权利义务并非由合伙企业自身承担，而是应当由合伙企业的合伙人承担，具体的安排根据不同的情况加以区分，如合伙企业的类型（主要是特殊的普通合伙、有限合伙、普通合伙以及个人合伙）等。①

二、合伙合同的特征

合伙合同，主要具有以下特征。

第一，合伙人（自然人）应当具备完全民事行为能力。根据我国的《合伙企业法》相关规定，合伙人应当具备完全民事行为能力。

第二，合伙合同的主要目的是经营共同营利性事业，获取利润，合伙合同和一

---

① 参见柳经纬：《民法典编纂中的法人制度重构——以法人责任为核心》，载《法学》2015年第5期。

般的合同最大的区别就是目的不同。合伙合同的当事人必须要具备共同的努力方向及经济目的,这样才能够建立起合伙的关系。合伙合同项下的经营事业应当包括了全体合伙人的共同利益,并且该事业只能是盈利性的,不能是公益性的。

第三,合伙合同为有偿合同、双务合同。在合伙合同之中,每一个合伙人都有出资的义务,且出资的比例和每个合伙人的义务之间有对应的关系,所以合伙合同是双务合同、有偿合同。

第四,合伙合同是诺成合同。合伙合同的当事人意思表示一致,合同即可生效成立,而合伙合同的生效要件并不包括当事人的实际出资,因此,合伙合同事实上属于诺成合同。

第五,合伙具有团体性。因合伙合同而形成的合伙企业有一定的权利义务主体地位,比如,合伙企业在和他人签订合同进行交易的过程中可以用自己的名义,而合伙财产事实上和合伙人个人的财产是相互独立的。

三、合伙合同的订立和内容

(一)合伙合同的订立

在订立合伙合同时,除了要遵循签订合同的一般原则,还有以下三点注意事项。

第一,合伙人的主体资格必须要符合法律的规定。

第二,合伙合同的形式必须是书面形式,不得是口头形式。

第三,合伙合同应当经由全体合伙人协商一致方能生效成立,这一点在《合伙企业法》第4条和第19条有着明确的规定,合伙协议应当由全体合伙人共同协商并签字盖章之后方能生效,如果其中任何一个合伙人不同意,那么合伙协议就不能成立。需要注意的是,合伙合同的成立和合伙企业的成立是两个不同的概念,合同成立生效并不代表着合伙成立,在《合伙企业法》中有着明确的规定,合伙企业的成立条件是在企业登记管理机关办理注册登记。因此,合伙合同签订时间在合伙成立之前。

(二)合伙合同的条款

根据《合伙企业法》的规定,合伙合同需要载明的事项如下所示。

1. 合伙企业的名称、经营场所。

2. 合伙目的、经营范围。

3. 合伙人的姓名及其住所。

4. 合伙人出资方式、出资数额、缴付出资的期限。

5. 利润分配方式、亏损承担办法。

6. 合伙企业事务的执行。

7. 入伙与退伙。

8. 合伙企业的解散与清算。

9. 争议解决办法。

10. 违约责任。

经全体合伙人协商一致，可以修改合伙协议或者针对协议内容进行补充。①

四、合伙事务决策、合伙人的权利义务

1. 原则上来说，为了做出合伙事务的决策，必须要保证全体合伙人的一致同意，在执行事务时，也应当涵盖全体合伙人。如果经由全体合伙人共同决定或者合伙合同有另行约定，合伙事务由某个合伙人执行，那么其他合伙人会享有监督合伙事务执行的权利。

2. 合伙人有出资的义务，且合同期间不得请求分割合伙财产。

《民法典》第 969 条第 1 款规定："合伙人的出资，因合伙事务依法取得的收益和其他财产，属于合伙财产"。与《民法通则》中对于合伙人出资义务的规定不同的是，《民法典》不再规定合伙人的出资属于合伙人，而是认为合伙人的出资属于合伙财产。故此，合伙企业具有自己的财产，并且以该财产来承担责任。与此同时，《民法典》第 969 条第 2 款规定："合伙合同终止前，合伙人不得请求分割合伙财产。"当合伙人以个人财产为合伙企业出资后，那么该财产就会转变成全体合伙人共有财产，这是由于合伙企业团体性的特征决定的，因此在合伙关系没有解除之前，合伙财产不得进行分割。

在合伙人的债权人不能够代位行使合伙人在合伙中享有的权利这一点中，同样体现出了上述不可分割性，但是合伙人享有的利益分配请求权除外（见《民法典》第 975 条）。虽然《民法典》关于"合伙合同"的章节中未规定禁止以合伙财产抵销债务，但根据合伙财产不可分割性的原理可知，如果某一个合伙人发生了和合伙企业无关的债务纠纷时，这个合伙人的债权人不能够将其债权抵销其对合伙

---

① 参见《合伙企业法》第 18 条、第 19 条。

企业的相关债务，对于合伙财产的抵销禁止这一点在《合伙企业法》第 41 条之中也有着明文规定。

3. 原则上来说，合伙人在执行合伙事务时，不能够得到相应的报酬，除非合伙合同中有明确的约定。如果在合伙合同中未进行约定，那么执行合伙事务的合伙人不能对支付报酬有所请求，考虑部分合伙人系以自身劳务出资，某些情况下其对合伙事务的执行是与其履行出资义务相重合的，所以，在决定是否应当付给执行合伙事务的合伙人报酬时，应当根据合伙合同中是否有关于执行合伙事务合伙人取得报酬的相关约定来进行判断。

4. 由于合伙企业不具备法人资格，所以合伙企业无法独立承担相应的民事责任，在《民法典》第 973 条有着明确的规定，普通合伙人应当对合伙债务承担无限连带责任。也就是说，合伙企业一旦发生债务纠纷，那么合伙企业的每一个普通合伙人都应当承担相应的责任，所有个人财产都在承担责任风险的范围之内。此外，合伙人不仅要对入伙之后发生的合伙债务承担连带责任，而且还需要承担入伙之前的合伙债务。即便合伙人退伙，其对参加合伙期间的全部债务仍负连带责任。

而且，按照现有法律规定，除普通合伙人自身要面对该合伙债务风险外，其配偶也有很大风险作为共同债务人承担该债务，因为该合伙债务并不当然属于司法解释所规定的应当从夫妻共同债务中排除的债务类别，故除非债权人认可该合伙债务属于普通合伙人的个人债务，配偶还是要作为共同债务人承担责任。在发生追债争议时，债权人为确保自己债权受到足额清偿，从意愿上通常不会认可此类合伙债务纯属合伙人个人债务而豁免其配偶，相反会尽一切努力让合伙人的配偶也承担责任。

为了对不同合伙类型中合伙人的不同责任进行区分，以列表方式归纳说明如表 1 所示。

表 1　合伙人责任划分

合伙类别	合伙人类别	对合伙债务的责任
个人合伙	全体合伙人	对合伙债务承担连带责任，无论出资多少以及是否负责日常经营。偿还合伙债务超过自己应当承担数额的合伙人，例如承担责任超出按照出资比例或者合伙协议约定自己应承担部分的，有权向其他合伙人追偿

续表

<table>
<tr><th colspan="2">合伙类别</th><th>合伙人类别</th><th>对合伙债务的责任</th></tr>
<tr><td rowspan="4">合伙企业</td><td>普通合伙企业</td><td>全体合伙人</td><td>合伙企业对其债务,应先以其全部财产进行清偿。合伙企业不能清偿到期债务的,合伙人承担无限连带责任。合伙人由于承担无限连带责任,清偿数额超过其按约定或者法定亏损分担比例的,有权向其他合伙人追偿</td></tr>
<tr><td rowspan="2">有限合伙企业</td><td>普通合伙人</td><td>对合伙企业债务承担无限连带责任</td></tr>
<tr><td>有限合伙人</td><td>以其认缴的出资额为限对合伙企业债务承担责任</td></tr>
<tr><td>特殊的普通合伙企业</td><td>全体合伙人</td><td>一个合伙人或者数个合伙人在执业活动中因故意或者重大过失造成合伙企业债务的,应当承担无限责任或者无限连带责任,其他合伙人以其在合伙企业中的财产份额为限承担责任
合伙人在执业活动中非因故意或者重大过失造成的合伙企业债务以及合伙企业的其他债务,由全体合伙人承担无限连带责任。合伙人执业活动中因故意或者重大过失造成的合伙企业债务,以合伙企业财产对外承担责任后,该合伙人应当按照合伙协议的约定对给合伙企业造成的损失承担赔偿责任</td></tr>
</table>

从表 1 可见,若采用个人合伙方式,即使登记为个体工商户,合伙人之间仍然有连带责任的承担义务,若投资者意图仅投资但不参与经营决策,也不希望承担对合伙债务的连带责任,则应选择有限合伙中的有限合伙人身份,这也是众多私募机构所采取的组织形态。而特殊的普通合伙仅适用于会计师事务所、律师事务所等专业机构,其他投资经营即使希望采用该合伙形式,通常也难以被准许登记。

相关案例分析

【案情简介】

原告刘×敏系哈尔滨市松北区兰天玻璃商店经营者,二被告郭×民与刘×原系合伙关系,共同经营玻璃商店。2012 年 9 月 21 日、24 日,原告出售给二被告合伙经营的玻璃商店两批玻璃,两笔价款均为 4791 元,刘×为原告出具了出库单两份。双方并没有提前约定好付款的时间,被告也没有支付上述应付的两笔货款。所以,原告将被告诉至法院,要求被告支付货款 9582 元,并且按照银行的贷款利率赔偿相应的利息,利息的赔偿时间范围是2012年9月24日至今。①

【法院判决】

一审认定郭×民与刘×系合伙关系,郭×民对合伙关系予以否认,称只是因为有亲属关系才出钱给刘×,自己并未参与经营,两人的抗辩理由并没有提供相应的证据支撑,所以法院并不认定该借贷关系。二审法院同样维持了一审判决结果。

【法律分析】

本案中,原告刘×敏出售玻璃给二被告合伙经营的玻璃商店,二被告应当支付原告价款并互负连带责任,在判决书中法院对原告主张二被告给付玻璃款9582元并互负连带责任的诉讼请求予以了支持。郭×民辩称的对两次买卖不知情及已将对合伙的应付款给付刘×,均属于合伙人内部经营管理与利益分配关系,与原告诉讼请求无关,不能对抗合伙外的债权人。假若被告偿还的合伙债务超出各自应当承担的数额,各被告有权向对方追偿。

【风险提示】

关于合伙企业的债务承担,应当在合伙协议中作出约束,各合伙人按照协议约定承担相应的清偿责任。合伙人对于合伙债务具有连带清偿责任,个人合伙连带责任不因为合伙人有内部的约定而转移消灭,合伙人内部约定,不能免除其连带清偿责任。

第二节　合伙合同相关法律风险及其防范

一、合伙合同的效力问题

(一)登记为个体工商户而非合伙企业的合伙效力

在现实中,有的生意实际上是数人投资合伙经营,但为登记方便,仅以其中一人特别是主持营业的合伙人的名义进行工商登记,登记为个体工商户而不是合伙。在生意亏损产生负债时,合伙人可能会主张只是提供借款给该个体工商户,并不是其合伙人,故不应当对其生意债务承担连带责任,且登记的个体工商户应

① 参见黑龙江省哈尔滨市中级人民法院(2014)哈开商终字第7号民事判决书。

当返还借款。因此，在个体工商户进行工商登记时，无论对登记为个体工商户的合伙人而言，还是对其他合伙人而言，都存在随经营结果不同而否认合伙人身份的风险。

实务中，为防控此类风险，合伙人之间应当订立清晰的书面合伙协议，对各合伙人的出资、盈亏负担、入伙退伙等事项作出书面约定。需要说明的是，在有明确合伙协议的情况下，合伙协议的约定足以对抗和推翻个体工商户登记，对合伙人权利义务的认定以合伙协议为准。清晰的书面合伙协议，无论对登记为个体工商户的合伙人还是其他合伙人而言，都是一颗定心丸。

合伙协议的约定之所以能够对抗和推翻个体工商户登记，是因为形式登记与实质证据发生冲突时，法院通常会以实质证据推翻形式登记，特别是合伙争议作为民事争议，判定合伙关系是否存在、合伙协议是否有效时，并不以登记为准。名义上是个体工商户，可是实际上是合伙经营的安排，这种行为并没有违反法律、行政法规的效力性强制性相关规定。故合伙协议和合伙关系并不因为登记为个体工商户而成为无效合同。①

（二）合伙协议中约定出资分红但合伙人不参与经营也不承担合伙债务的条款效力

在实践中，有的出资者虽然对个人合伙有实际出资，但并不参与合伙的日常经营管理，只根据合伙协议约定参与盈余分配且不承担出资之外的合伙债务，该个人合伙的交易对方包括客户、供应商等都不知道此人是合伙人，称为隐名合伙人。合伙的债权人在知晓该隐名合伙人后，是否有权要求该隐名合伙人和其他合伙人一样承担连带清偿责任？或者其他合伙人在承担清偿责任后，是否有权向该隐名合伙人追偿？

这项问题的实质是，如果合伙协议中约定隐名合伙人只参与利润分配，但在合伙的过程中不承担相应的合伙债务，在这种情况下，该约定是否有效？能否对抗外部债权人？对内是否能够对抗其他的合伙人？

在隐名合伙的关系之中，显名合伙人将会负责经营管理，并且承担无限连带责任，而隐名合伙人并不参与实际管理，其主要的任务是出资故其责任仅以出资为限，显名合伙人与隐名合伙人二者事实上形成出一种互补的合作关系，同时，在

---

① 参见熊小琼、曾立坚：《浅析实务中名为个体户实为合伙的法律问题》，载《法制与社会》2017年第36期。

合伙企业产生风险时，承担连带责任的是显名合伙人，可以弥补和平衡隐名合伙人不参加合伙业务经营管理的权利不平衡，形成对显名合伙人的合理制约。

虽然大多数大陆法系国家的立法认可隐名合伙，我国民法理论中也有隐名合伙的论述，很多学者与司法实务工作者也呼吁在立法中认可及鼓励隐名合伙，但我国现行有效的立法及司法解释并未承认个人合伙中的隐名合伙，而仅在有限合伙企业中承认有限合伙人。在《民法典》第973条中有着明确的规定：全体合伙人对合伙债务承担连带责任。故实质上我国现行法律并不承认个人合伙中的隐名合伙人，而仅承认有限合伙企业中的有限合伙人。

在司法实践中，即使有合伙人主张是隐名合伙，但是法院并不会按照前述隐名合伙理论予以认可或保护。对于主张隐名合伙的，若全体合伙人均知情认可，则认定存在个人合伙，那么隐名合伙人与显名合伙人皆应当对合伙债务承担无限连带责任；如果过程中存在合伙人不知情，或者不认可的，则否认隐名合伙人的身份，而是认为隐名合伙人与显名合伙人之间存在保底的民间借贷关系，否认隐名合伙人可以主张参加合伙利润分配。即使合伙协议清晰约定了隐名合伙人身份，但因隐名合伙缺乏现行法律依据，隐名合伙人仍将面临合伙人身份被否定的风险，或者将会面临对合伙债务承担无限连带责任的风险。因此，假如投资人希望在合伙时仅以出资为限对合伙债务承担有限责任，在参与利润分配的同时不参与经营管理，为了得到充分的法律保护，在加入个人合伙时应避免以隐名合伙人的方式，而应当签署明确的有限合伙协议。①

（三）合伙人仅以劳务出资参与合伙的效力

在个人合伙中，有的合伙人会以其特定专长的技术性劳务作为出资，而不提供现金或者实物出资，例如合伙开办面包店，烘焙师以其烘焙技术性劳务出资参与分红，但同时又领取工资。在此情况下，若没有清晰的书面约定，在合伙盈利较多且有其他烘焙师可以取代时，以现金出资的合伙人可能想否定烘焙师的合伙人资格，即仅支付工资而不再分红；而在合伙产生亏损与债务时，可能烘焙师会主张自己仅是领取工资的员工而否认自己的合伙人身份，以避免承担合伙债务。

实务中为避免后续发生此类争议，对存在技术性劳务出资的合伙，无论劳务出资者本人还是其他合伙人，都要有意识在合伙协议中就此作出明确约定，清晰

---

① 参见刘洋：《合同条款在私法法源中的优先地位及其实现——以隐名合伙的商事实践为例》，载《法学》2021年第4期。

区分劳务出资的分红与工资。可以使用下面的示范条款，在合伙人出资条款中予以界定：

各合伙人一致确认，合伙人乙以其糕点烘焙技术性劳务作为合伙出资，确保厨房糕点烘焙的质量和产量满足日常客流需要，该烘焙技术性劳务出资占合伙总出资的30%，合伙人乙按此30%出资比例分享合伙经营盈余并分担亏损与债务。明确起见，合伙人乙同时有权每月从合伙经营中领取工资人民币6000元，该工资不影响合伙人乙按照30%的出资比例分享合伙经营盈余并承担亏损与债务。

二、合伙人的身份问题

合伙人是外籍身份或持有海外绿卡，签订合伙合同时的潜在风险

随着海外移民的增多，在合伙企业中取得外国护照或者海外永久居留权的合伙人数量也在增加，而这也带来了潜在的风险。例如，甲、乙是某合伙的普通合伙人，甲取得了外国护照且已经举家外迁，而乙是中国公民，在合伙业务失败产生巨额债务的同时，从法律上讲甲和乙都应承担无限连带责任。但在实践中，因为甲具有外国身份，又举家外迁，中国的判决通常很难在国外得到承认和执行，实际上真正可执行的责任人只有合伙人乙。

按照《民法典》及相关司法解释，在乙方对账务进行偿还之后，如超出了其应当承担的份额，那么可以向甲方追偿，但是实践中依然存在风险。通常来说，如果合伙协议没有就争议解决作出约定，则由法院管辖，包括合伙人间的债务追偿。即使法院支持了乙的追偿请求，判决甲应向乙清偿其应承担的债务份额，但因国内判决很难在国外得到承认和执行，故乙即使在国内法院追偿胜诉，也很难通过在海外的执行真正实现权利。

目前，世界上150多个国家包括中国已经加入《承认和执行外国仲裁裁决公约》，相对于法院判决来说，仲裁裁决的特点是更容易得到他国法院的承认，执行起来更加有保障。基于此点考虑，在实践中，若合伙企业的合伙人已经取得外国身份，包括护照及永久居留权，则建议在合伙协议中使用仲裁争议解决条款，并且选择声誉较高的国际性仲裁机构。因此，在通过仲裁程序行使追偿权后，可以持胜诉的仲裁裁决在对方所在的地区或国家申请执行以及对仲裁的承认。

如果此前合伙协议中并没有约定相应的仲裁条款，且追偿事项已在法院审理中，可以考虑申请法院采取边控措施，阻止有海外身份的合伙人出境，向其施加压力。

相关案例分析

【案件背景】

下面的案例经过三级法院审理，非常具有代表性。该案中，刘×香、赵×岗作为青山区环境治理厂的实际经营者，与韩×平、李×杰签署的是投资协议而非借款协议，且韩×平、李×杰有实际资金投入行为。虽然刘×香、赵×岗主张是隐名合伙关系而拒绝退款，但因为约定了保底分成，且刘×香、赵×岗对韩×平、李×杰提供了以保障资金安全为目的的担保，故不符合共担风险的个人合伙特征，一审、二审和再审法院均否定了刘×香、赵×岗所主张的合伙关系，认定该投资属于民间借贷，最终判决刘×香、赵×岗偿还借款，而非合伙退伙。该案例是名为合伙实为借贷如何处理的典型应用。

倘若本案中投资协议不存在保底分成条款，且刘×香、赵×岗能证明出资人韩×平、李×杰实际参与了青山区环境治理厂的经营，则四人之间的关系将被认定为合伙关系而非民间借贷关系，案件的处理结果也将会大有不同。

【案情简介】

李×杰、韩×平于2009年11月1日与赵×刚、刘×香签订了一份投资协议，约定李×杰、韩×平有50万元投资到赵×刚开办的包鑫球团厂作为流动资金，该资金由李×杰、韩×平指定专人即刘×香进行担保并专款专用，用于购买铁粉等原材料；双方的合作期限为6个月，自2009年11月1日至2010年4月30日；每周结算一次，给李×杰、韩×平分成款10,000元，并打入李×杰、韩×平账户。同日，韩×平又单独与赵×刚、刘×香签订了一份提成协议，约定因韩×平为赵×刚的包鑫球团厂的生产经营提供了包括资金周转等多方支持，所以赵×刚开办的包鑫球团厂为韩×平每吨提成5元，每周结算一次，与李×杰同时分配，金额为6250元。同日，赵×刚、刘×香、环境治理厂向李×杰、韩×平出具了担保证明，载明用赵×刚(包鑫球团厂)的所有厂房、资产设备和刘×香的资产共同担保，并加盖了包鑫球团厂、环境治理厂的公章，且有赵×刚、刘×香的签名。又查明，包鑫球团厂系赵×刚个人经营的铁粉加工、销售的企业，执照有效期自2009年4月21日至2013年4月21日，系个体工商户营业执照。环境治理厂系集体企业，由刘×香担任法定代表人，1999年5月5日申请的企业法人营业执照存在一定的问题，由于没有经过年检而被吊销。再查明，刘×香分五次给韩×平打在卡上分成款50,000元，即每周10,000元，共5周。刘×香分四次给韩×平打在卡上提成款25,000元，即每周6250元，共4周。刘×香于2010年2月9日给李×杰退还了

30,000 元本金,赵×刚于 2010 年 4 月 24 日给韩×平退还了 19,000 元本金,共计退还本金 49,000 元。

李×杰、韩×平诉请判令与赵×刚解除《投资协议》,并返还投资款 50 万元及分成款 266,000 元,由刘×香和环境治理厂承担连带赔偿责任。

【法院判决】

一审法院认为,立案时李×杰、韩×平提供了投资协议,而且在诉状中也要求与赵×刚解除《投资协议》,所以确定案由为合伙纠纷。但是在审理过程中却发现,双方并没有约定共同投入资金,同时协议中也没有共同经营、共同盈利、共担风险的条款,而且李×杰、韩×平没有参与企业经营,赵×刚提供的申请召开会议报告并不能证明韩×平参与企业的生产经营,赵×刚、刘×香向李×杰、韩×平分两次退还了 49,000 元本金,而不是股金,不符合合伙纠纷的要件。因此该案名为合伙,实为借贷,确定案由为民间借贷关系更为合适,判决赵×刚、刘×香返还李×杰、韩×平借款本金 451,000 元,环境治理厂对以上贷款的本金和利息承担连带担保责任,对债权人进行偿还。

二审法院认为,案件中的当事人负有举证责任。二审中赵×刚和刘×香提出的上诉请求没有足够的证据支持,其上诉请求不能成立。二审法院判决驳回上诉,维持一审判决。①

【法律分析】

内蒙古自治区高级人民法院再审②认为,刘×香、赵×刚在该案中主张双方属于合伙经营,两者之间并不是民间借贷的法律关系,但其提供的投资协议中只约定了投资数额、每周分成、专人(刘×香)担保,以及合作期限。对于合伙中的共同投资、共同经营、共担风险、共享收益等必要内容均没有进行约定。而且,双方还签订了担保协议,以赵×刚的厂房和机器以及刘×香的资产作为李×杰投入资金的担保,该担保行为也不符合合伙共担风险的性质。因此,该投资协议性质为民间借贷协议,其所约定的每周分成实际上是高额利息,判决维持原审判决。

【风险提示】

一般来讲,投资是指一个特定的主体为了获得期望利益而把其资产转变成资本的过程。主要特点是:由投资人出钱进行投资,之后对企业进行经营,投资人需

---

① 参见包头市中级人民法院(2011)包民一终字第 151 号民事判决书。

② 参见内蒙古自治区高级人民法院(2013)内民提一字第 142 号再审判决书。

要分担经营风险,同时也会针对企业收益进行分享。而民间借贷则是指出借方向借款方提供资金借款,在借款合同期满时,借款人必须偿还借款并按照确定的利率支付利息的法律关系。

在实际情况当中,许多当事人都无法区分投资和借贷这两个概念的差别。在签署合同时,尽管双方在名义上签署了一份投资合同,但合同约定了一方不会承担任何投资和经营的风险,并且每个月都会收取固定的回报,这种协议形式依据当事人各自的权利义务内容分析,显然与民间借贷的特点相吻合,即投资款实际上就是贷款的本金,在该合同中,约定的固定收入就是贷款利息。在这种情况下,双方的法律关系应该属于民间借贷,如果发生了争议,则应该以民间借贷纠纷的方式来认定。为了对上述两者进行正确的区分,应重点从以下几个方面加以区别:首先,通过判断投资主体能否获得固定收益,进而对其进行区分。如果在投资合同中约定了当投资者获得固定的回报或利益时不承担任何经营风险,那么,这种情况不符合投资的风险共担、收益共享的特征,应将其定性为借贷法律关系。其次,在被投资项目实施过程中,通过判断出资方是否参与了公司的经营管理,进而对其进行区分。出资人在出资后,依法拥有对于公司经营的决策权,享有公司知情权,同时对于公司的经营管理具备监督权等相关权利,如出资人不参与被投资公司的经营管理,通常应当认为是借贷关系。最后,通过判断出资人是否按法定程序出资,进而对其进行区分。出资人在出资后,应当按照法律规定对其股东或合伙人的身份进行登记和公示。如依法办理了工商注册登记手续,则通常应视为投资关系,若出资人以投资名义出资,但未办理工商注册登记,则很可能被视为民间借贷。

第三节　投资合伙企业实务相关法律风险及其防范

合伙企业与个人合伙的区别在于,个人合伙无须进行登记,个人合伙的合伙人对合伙债务相互负有连带责任,而合伙企业的普通合伙人则对合伙企业的债务负担无限连带责任,有限合伙人则仅以其持有合伙份额为限承担有限责任。

国家对个人合伙的规范散见于《民法典》及相关司法解释,而对合伙企业则于 1997 年颁布了专门的《合伙企业法》(2006 年修订);个人合伙适合于自然人间合伙经营小型项目,合伙企业则更适合于投资金额较高、持续时间更长、日常管理更为规范的业务形态，甚至专业的创投机构及很多公司对员工的股权激励也选择使用合伙企业中的有限合伙形式。

之所以选择合伙企业组织形式，是因为相较于有限公司，合伙企业更能节税。同时，有限合伙企业这一组织形式有助于协调投资者和经营者在经营中的经营风险和管理责任。有限合伙企业中具有经营管理权且出资比例不高的普通合伙人承担无限连带责任，而无经营管理权的有限合伙人，则仅以其所缴之出资款项为限，负有限责任。

根据《合伙企业法》的规定，合伙企业有下述类型：普通合伙企业、有限合伙企业以及特殊的普通合伙企业。不同的合伙人身份在该三类合伙企业中的权利义务及风险各不相同，主要体现在对内的合伙人之间的权利义务关系，以及对外的合伙人对于合伙企业债务的承担。

一、以非货币财产出资的财产转移手续

由于合伙人对合伙企业债务具有无限连带责任，即使合伙人用于出资的财产未经工商变更登记仍然在该出资合伙人名下，债权人仍然有权要求该合伙人承担无限连带责任，那么该非货币财产还一定要办理财产转移手续吗？例如，合伙协议约定合伙人张三以其拥有的某号牌的奥迪汽车作为出资，且该车辆也已实际放在合伙企业使用，还需要将该车辆过户登记到合伙企业名下吗？

虽然合伙企业不具备独立法人资格，但其会计核算和财务处理都是独立的，并且在财产方面也是独立的，合伙人出资的资金属于合伙企业的财产。因此合伙人用于出资的财产应当通过办理工商变更登记过户至合伙企业名下；而若不过户，面临的风险是，如果该合伙人有其他私人债务，而因财产在其名下，如果被强制执行则合伙企业和其他合伙人的权益将会受损。从这一角度来看，若没有过户，即使实物已经交付使用，亦可能面临其他合伙人对其是否完成出资乃至是否有权参与分红的质疑，故完成财产转移手续也有利于确认其出资到位。

所以，对于合伙人向合伙企业出资的非货币资产，应办理有关手续。例如，以车辆所有权出资的，应当过户登记至合伙企业名下；对于以商标一定期限内的使用权为出资的，应当签署商标使用许可合同并在商标局进行备案；对于以土地、房屋使用权出资的，应当签署土地使用权转让合同或者租赁合同，并在房地产管理部门备案。对于未办理过户登记手续的实物投资财产，如设备、材料等，要做好实

物移交的书面记录,并由合伙人与合伙企业进行存档保存。①

二、合伙人个人负债涉及的合伙企业财产执行

尽管合伙企业没有独立的法人主体地位,但是在财产上与合伙人存在相对的独立性。

在有限公司中,股东对外负有债务,债权人无权请求法院直接执行有限公司的财产,而只能提取股东的分红收益或者变卖其股权以清偿债务。类似于有限公司,在合伙人对外负有债务的情况下,债权人没有权利要求法院对合伙企业的财产直接强制执行,而是可以对合伙人从合伙企业分取的利益提出要求,或者对该合伙人的合伙财产份额进行强制执行。当涉及对合伙人的财产份额进行强制执行时,必须注意,其他合伙人享有优先购买权,若其他合伙人没有购买或不愿将该财产份额转让予他人时,则须为该被执行合伙人办理退伙手续,或办理减少合伙人的对应财产份额的清算,这样实质上产生了减资的后果。与有限公司的股份转让不一样的是,股份转让是在有限公司股东把股份转让给非股东时,若持异议的股东不愿接受所转让之股份,则视为其同意转让,因此,不存在由于其他股东不同意转让而导致的股份退股减资的情况。

例如,某合伙企业的合伙人甲拥有合伙企业30%的份额,同时甲对乙负有50万元个人债务,该合伙企业拥有300万元的银行存款及车辆,在甲无力清偿所欠乙的债务时,只有从合伙企业中获得与甲相对应的财产份额的合伙收入,或变卖其所拥有的30%的财产份额,变卖不成的则以甲退伙减资所得收益清偿乙的债务,但不能直接执行合伙企业名下的银行存款、车辆等财产。

若甲对乙所负的债务系因执行合伙事务而产生,则合伙企业与甲及其他合伙人应承担无限连带责任,此情形下,因合伙企业同时是债务人,则可直接执行合伙企业名下的银行存款及车辆等财产。

相关案例分析

【案情简介】

2007年11月,为了建设抱石公园的景观塔,张胜华与赣能公司签订《合作协

① 参见朱丹丹:《浅析我国公司与合伙的区别——以财产关系为视角》,载《知识经济》2016年第3期。

议书》,并将项目承包给立天唐人公司。在本项目中,张胜华要制作项目的整体规划,完成各种资料的提交,经常与政府之间协调,调查该项目是否有政府给予的补贴、优惠等。当项目完工之后,关于净利润的分配,张胜华的分配权是40%。

2012年8月13日,长山公司一纸诉状,将赣能公司、王华平等告上法庭,该案件为借款纠纷案,牵扯到的财产数额为705.81万元,南昌中院裁定冻结了立天唐人公司应支付给赣能公司的工程款。在后续的调查工作中发现,南昌中院划扣的实际工程款数额为1398.82万元,上述款项用于支付其他执行案件后,又支付给长山公司76万元,最终的剩余款项为829万元。

到了2014年的12月,南昌中院作出如下判决:赣能公司应该支付工程承包建设利润款749.12万元给张胜华。2015年1月28日,张胜华向南昌中院提出执行异议申请,认为张胜华与赣能公司是合伙关系,所以双方共享合伙财产,冻结财产也属于合伙财产,并要求法院立即解冻,南昌中院裁定驳回了张胜华的异议申请。

张胜华向南昌中院提起执行异议之诉,张胜华的诉求是在749.12万元的范围中,不应该包含强制执行的款项,南昌中院作出的一审判决判处张胜华胜诉。

但长山公司对这一诉讼结果并不满意,向江西高院提起诉讼。经过江西高院立案调查,作出的审判结果是立天唐人公司拥有剩余款项,改判张胜华仅可在829万元40%的范围内排除强制执行,即张胜华的排除强制执行款项为331.6万元。①

长山公司仍不服,向最高人民法院提起再审申请,最高人民法院裁定驳回其再审申请。②

【法院判决】

本案历时10年,过程较为漫长,也引起了社会的广泛关注。争议的焦点问题是:仅凭双方签订的合作协议书,张胜华是否有排除强制执行的权利。如果有权利的话,那该怎样计算排除强制执行的范围呢。

将上述问题分成两个问题,三级法院的观点是,另案判决已认定张胜华与赣能公司是合伙关系,确认张胜华享有排除强制执行的权利。最高人民法院也给出了解释,在《民法通则》第32条第2款明确规定,合伙经营积累的财产归合伙人共有。因张胜华是合伙人之一,故为未执行完毕款项的共有权人。赣能公司对长山公司的债务属于两者间的债务,不应该由合伙人共同承担该债务,应该由赣能公司以其自身资产偿还。长山公司仅能在赣能公司享有合伙财产的范围内,执行赣

---

① 参见江西省高级人民法院(2016)赣民终608号民事判决书。

② 参见最高人民法院(2017)最高法民申4499号民事裁定书。

能公司的合伙财产,所以对于剩余部分,张胜华有排除强制执行的权利。

但关于第二个问题,最高人民法院却未发表意见,没有给出答案。南昌中院最终的判决结果是根据另案生效判决,张胜华在749.12万元范围内有排除强制执行的权利。但是江西高院却给出了不同的判决结果,认为这749.12万元目前属于立天唐人公司所有,所以张胜华排除强制执行的权利仅能在40%的范围内,即331.6万元内实行。

【法律分析】

笔者认为,张胜华有排除强制执行的权利,但金额确定另有其因。根据《最高人民法院关于人民法院办理执行异议和复议案件若干问题的规定》第6条第2款规定:“案外人依照民事诉讼法第二百二十七条规定提出异议的,应当在异议指向的执行标的执行终结之前提出”。在本案中,经过执行,最终剩余的钱款为829万元,在这时张胜华才提出异议,但因为提出的时间较晚,法律上来说提出异议部分只能是未执行完毕的部分。由此可知,最高人民法院认为张胜华排除强制执行的权利在829万元的40%范围内,符合司法解释的规定,较为公允。

【风险提示】

合伙人在其合伙份额范围内,有权排除其他合伙人的债权人对合伙财产的执行。《最高人民法院关于人民法院民事执行中查封、扣押、冻结财产的规定》第12条第1款规定:“对被执行人与其他人共有的财产,人民法院可以查封、扣押、冻结,并及时通知共有人。”因此,对于有其他共有人的被执行人的财产,执行法院可采取执行措施,共有人也无权要求排除共有财产的执行。在司法实践中,为了保障共有人的权益,一般采用直接预留份对应份额的方式,当共有人不满意执行份额时,有权申请中止执行,在共有人提起诉讼确定具体执行份额后,再行执行。本案最终认定张胜华享有排除331.6万元款项强制执行的权利,主要有两个原因:一是合约签订方之间明确约定了份额,没有异议;二是执行标的均为金钱,不需要分割变现。综上所述,三级法院认定张胜华有权排除对应份额的强制执行。

一般来讲,案外人想要提出异议,最迟要在执行标的执行终结前根据《民事诉讼法》第227条规定提出。《最高人民法院关于人民法院办理执行异议和复议案件若干问题的规定》第6条第2款规定:“案外人依照民事诉讼法第二百二十七条规定提出异议的,应当在异议指向的执行标的执行终结之前提出;执行标的由当事人受让的,应当在执行程序终结之前提出。”所谓执行标的执行终结,是指执行标的已经通过司法程序变价完成,具体是指拍卖、变卖或以物抵债裁定已经作出并送达。这样规定的原因在于,一方面是考虑执行程序的安定性,另一方面也是为了保护交易安全。本案张胜华没有在规定的时间内提出异议,故张胜华虽然享有排除强制执行的权利,但是对之前已经执行变价的财产部分并没有相应的权利,这是张胜华最终只能够在331.6万元的范围内排除执行的根本原因。

三、合伙人以其合伙财产份额出质用作融资担保

财产权利通常可用作融资的担保,如商标权、股权、基金份额等都可以进行质押,进而提供债务担保,如果债务人在债务到期之后无法偿还,债权人有权主张对质押财产优先受偿。那么,作为财产权利的一种,合伙人在合伙企业的财产份额可否出质用作担保呢?

从我国的现行法律来看,法律并未禁止合伙人通过出质合伙财产份额的方式来担保债务,但是在办理相关出质手续和流程之前,必须经合伙企业中其他合伙人的一致同意即债权人就该合伙企业财产份额并无优先受偿权,应当由合伙人在其出质的财产份额内对债权人承担赔偿责任。如果该合伙人无法清偿其全部债务时,就需要对其出质行为的效力作出认定:如果合伙企业全体合伙人对出质行为表示同意,则质权人有权就此出质的合伙财产份额享有优先受偿权,其他债权人只有在质权人受偿后仍有剩余的方可参与受偿;若出质无效,尽管我国法律明确规定,出质人应该承担相应的赔偿责任,但该赔偿已经属于普通债权,无法获得优先受偿权的保障,差别巨大。

因此,在以合伙财产份额进行出质的担保中,债权人需要获得其他合伙人的一致同意,并以书面方式确认,以确保出质的有效性。

还需要指出的是,基于禁止流质的法律原理,债权人的债权到期之前,如与出质人之间就合伙企业财产份额出质做出了约定,如果债务人未能履行相应的偿还责任,债务人的相关出质财产份额归债权人所有,则该约定不受法律保护。而基于合伙企业人合属性,即使当债务到期之后,以合伙企业的财产份额抵债,从法律的角度来看,也应获得其他合伙人的一致同意方为有效;为了避免合伙企业合伙人发生反悔的行为,建议债权人在取得出质同意的同时,取得其他合伙人就以财产份额抵债安排的事先同意。①

---

① 参见简颖慧、丁银莲:《探析合伙企业财产担保权若干问题》,载《科技经济市场》2015年第6期。

四、合伙人的强制退伙

如前所述,人合属性是合伙企业的根本特征之一,合伙人之间若丧失信任,则将导致合伙事业丧失人合基础。在实践中,通过一段时间的合伙运营,合伙人之间相互深化了解和认识,不排除会出现大部分合伙人看不惯某个合伙人而强制其退伙的情况。

由于强制退伙涉及每个合伙人的权益,作为合伙企业对内部成员最终的处分必须慎重,《合伙企业法》从实体和程序两方面做了限制。对合伙人的强制退伙,必须同时满足实体和程序两方面的要件,方为有效。

在实体方面,《合伙企业法》第 49 条规定了四种情形,包括:(1)未履行出资义务;(2)因故意或者重大过失给合伙企业造成损失;(3)执行合伙事务时有不正当行为;(4)发生合伙协议约定的事由。其中,前三种的情形并没有明确的量化规定,为避免在执行中产生争议,合伙协议可以通过约定予以细化。

即使在实体方面满足上述四种情形之一,也并不意味着一定会产生强制退伙的后果,如果其他合伙人对强制退伙提议表示一致同意,则该决议方为有效。也就是说,若有十个合伙人,对合伙企业其中一个合伙人进行强制除名,即使有八个合伙人同意,那也是无效的,必须获得其余九个合伙人的一致同意,才能保证相关决议的有效性。

尽管《合伙企业法》中并没有对强制除名退伙的程序进行明确规定,但是,合伙协议依然需要遵守《合伙企业法》关于强制除名退伙的程序性强制规定,即必须要经过其他合伙人一致同意方可作出强制退伙决议这一门槛,此点无法通过合伙协议条款取消或者降低。例如,某合伙企业有六个合伙人,即使合伙协议条款约定经合伙人 2/3 以上多数同意即可强制退伙,若有四个合伙人依据该条款作出决议将合伙人甲强制退伙,该决议也属无效决议。究其原因,是该合伙协议条款违反了《合伙企业法》中强制退伙必须一致同意的强制性法律规定,属于无效条款,故依据该无效条款所做的除名决议也归于无效。

如果合伙人被合伙企业强制除名退伙,可以通过向法院起诉请求确认除名决议的效力。为维护合伙关系的稳定性,避免该问题的处理久拖不决而使合伙关系处于长期不稳定的状态,法律规定被除名的合伙人起诉的期限为 30 日,自接到除名通知之日起计算。若超过 30 日仍未起诉的,则该通过起诉提出异议的权利灭失。该 30 日的起诉期限,在法律上属于除斥期间的概念,无法中断和延长,时间届满权利即失效或者灭失。若被除名的合伙人在30日内仅通过发函或者其他方式抗议该除名决议,但并未采取起诉动作,该30日并不因为其有过异议的动作而予以延长,该权利仍然在30日期满即灭失。①

相关案例分析

【案情简介】

杨某是五舟公司的员工,担任销售经理。2015年4月初,杨某作为有限合伙人之一与普通合伙人宋晓兰、刘兰及案外30名有限合伙人经协商签署了《鑫而行企业合伙协议》,该合伙协议的内容对限制同业竞争、保守商业秘密及退伙事项做了规定。全体33名合伙人包括杨某在内签署了该合伙协议。2015年4月中旬,33名合伙人又共同签订《鑫而行企业合伙协议之补充协议》,该补充协议对退伙时的具体事项又进行了约定。2015年5月8日,鑫而行合伙企业成立,合伙人共33人,其中包括杨某。

2016年3月9日,五舟公司向杨某发送解除劳动合同通知,载明因杨某工作业绩长期达不到公司要求,五舟公司决定于2016年3月10日起正式与杨某解除劳动合同关系。后双方经仲裁解除了劳动关系。

2016年8月11日,鑫而行完成合伙人会议决议,内容为包括杨某在内的4人从五舟公司离职,属于合伙协议及其补充协议所规定的应当退伙的情形。但是杨某等对合伙人会议决议并未表示认可,不配合鑫而行企业办理合伙人退伙手续,给企业造成了很大的损失,在其他合伙人一致同意的基础上,杨某等人被合伙企业除名。除名人应在收到本通知之日起10日内协助鑫而行企业办理退伙的工商变更手续。会议到会合伙人27人均签名确认。鑫而行于同日向杨某邮寄了除名通知书。

因杨某拒不办理退伙手续,鑫而行企业向法院诉求:(1)确认杨某于2016年8月20日在鑫而行企业退伙;(2)杨某协助鑫而行企业办理退伙工商变更手续。②

【法院判决】

该案为退伙纠纷。争议焦点为:杨某退伙的条件是否已成就。一审法院从以下三个方面进行分析。

---

① 参见王梦依:《规范合伙人除名制度的法律思考与建议——以〈合伙企业法〉第四十九条为核心的研究》,载《北方经贸》2016年第12期。

② 参见广州市黄埔区人民法院(2019)粤0112民初1453号民事判决书。

一、杨某是否符合法定退伙事由

鑫而行企业主张杨某存在《合伙企业法》第49条第1款第2项情形，一审法院认为，鑫而行企业的举证不足以证明杨某存在违反涉案合伙协议中约定的竞业禁止情形，未能证明杨某存在因故意或者重大过失给企业造成损失的行为，因此，应由负有举证责任的鑫而行企业承担不利后果，鑫而行企业主张适用该条法律规定的理由依据不足，一审法院不予支持。另外，鑫而行企业根据《合伙企业法》第45条要求合伙人杨某退伙，但是一审法院认为《合伙企业法》第45条属于对合伙人主动申请退伙行为的规定，不适用于本案情形。

二、杨某是否符合约定的退伙事由

案件相关合伙协议以及补充协议约定，有限合伙人在被投资公司或其子公司任职自协议签署之日起至批准离职日未满2年的，有限合伙人应转让其持有的鑫而行企业的所有股份。上述协议条款对有限合伙人提出主动离职的情形进行了约定，但是在本案中，杨某并没有因为个人原因主动提出离职，所以不适用该协议约定。

三、除名决议对杨某是否具有法律效力

如上所述，杨某并不具有法定或约定的退伙事由，不属于在《合伙企业法》第49条中明确规定可以决议除名的情形，所以不能以此为基础，对其进行除名，故涉案除名决议对杨某并不具有法律约束力。

综上所述，法院一审判决结果如下：驳回鑫而行企业的全部诉讼请求。

二审法院意见：

在二审阶段，二审法院归纳案件的主要争议焦点为：杨某是否已于2017年9月17日完成退伙。

尽管各合伙人在企业成立之初签订的《鑫而行企业合伙协议》《鑫而行企业合伙协议之补充协议》等协议，均未对合伙人被鑫而行企业投资公司或其子公司辞退的情形下的具体权益进行明确规定，但是结合协议约定的内容来看，鑫而行企业是对员工实施股权激励计划而设立的持股平台，杨某在与五舟公司解除劳动合同之后，就已经不是鑫而行企业投资公司或其子公司的员工了，这也就意味着鑫而行企业股权激励计划不再包括杨某个人，杨某应从鑫而行企业退伙。且鑫而行企业在2016年8月11日召开合伙人会议，对杨某进行除名。但该除名通知书直到一审法院于2017年9月17日送达给杨某才实现有效送达，因此，杨某应当在2017年9月17日退伙，此后，杨某应当协助鑫而行企业办理相关工商变更登记手续,完成退伙登记。

二审法院判决:鑫而行企业的上诉请求成立。撤销原审判决,确认被上诉人杨某退伙;被上诉人杨某配合鑫而行企业办理退伙的工商变更登记。

【法律分析】

一审案件之所以判决驳回了鑫而行企业的诉求,主要原因还是合伙协议中对退伙事项规定得不全面,对员工被开除的退伙事项未进行明确约定。导致一审法院认为结合案件事实,没有法定或约定依据强制刘某退伙。大前提不存在,当然也没有法律三段论逻辑推理的适用之地。鑫而行企业的合伙协议可能依据范本制作,所以没有对退伙事项进行个性化规定。但一审法院的判决也相对机械,主要原因是合伙企业为“人合性”的企业,合伙的基础在于人合。如果没有了人合基础,还在一起合什么伙呢?在主动离职都应退伙的情况下,除名则退伙也应是退伙的当然理由。二审法院从合伙的实质目的这一角度出发,认为合伙企业作为股权激励平台是以公司的股权激励为核心设置的平台,合伙人因同为公司的员工而合伙。相关合伙协议虽然并没有对辞退合伙人情形下合伙人是否应退伙进行明确约定,但是,从持股平台的设计角度来看,合伙企业是对员工实施股权激励计划而设立的持股平台,由于杨某已经被解除了与五舟公司之间的劳动关系,无论是辞职还是辞退,股权激励计划无法与杨某产生直接关联,继续合伙人身份已无基础和意义。

另外,根据合伙企业法来看,合伙企业的事务需要由普通合伙人进行执行,有限合伙人并不执行相关事务。杨某在企业内部的合伙人身份属于有限合伙人,在与公司解除劳动关系后,继续保持合伙人身份不符合鑫而行企业设立的目的,也不会给杨某带来任何收益。既然合伙的基础不存在了,杨某继续保持合伙人身份只能给双方带来无意义的纷争,二审法院的判决使双方不稳定的合伙关系得以解除,判决退伙对社会的稳定也具有积极意义。

【风险提示】

考虑公司法对于有限责任公司股东人数存在限制,通常来说企业会设立合伙企业持股平台,对企业员工进行股权激励,这就意味着,由激励对象成为合伙企业的合伙人,之后可以通过持股平台持有公司股权,与公司的长期发展相联系。在这样的情况之下,股权激励对象除了具备员工身份之外,还具备合伙人双重身份。

尽管以合伙形式进行股权激励的情况越来越普遍,但我国尚没有任何对“股权激励型合伙退伙事由”的特殊规定，合伙人的身份也就不能成为退伙的法定事由。因此，合伙人身份并不一定要以员工身份为前提。

但是，既然股权激励有着特定的价值追求，离职后的员工显然不适宜再享有相关福利。基于法律的弹性，有关公司在建立股权激励制度的时候，可以充分利用《合伙企业法》第49条第1款第4项，在相关协议中将合伙人必须持有员工身份作为强制退伙的缘由之一，并且在协议中明确表明合伙企业是为了激励员工而设立。

由此以来，员工离职后，既可以直接根据合伙协议，根据《合伙企业法》第49条第1款第4项对其进行强制退伙。也可以同本案一样，根据第45条第1款第3项、第48条第1款第4项进行裁定，要求有关人员退伙。

五、合伙协议约定由部分合伙人承担全部亏损的保底条款效力

在实践中，会出现合伙人之间资源、能力不均的情况，在合伙协议中约定由部分合伙人承担企业经营过程中的全部亏损的保底条款，即使各合伙人同意并且签订了合伙协议，该保底条款的效力如何？

如前所述，普通合伙人和合伙企业之间具有密切的联系，二者之间的债务责任属于无限连带责任，无论合伙企业的盈亏状况如何，合伙人之间都存在连带责任。换言之，即使在合伙企业有盈利时，就某单笔债务被债权人起诉，合伙人仍然还是要承担无限连带责任。也就是说，即便合伙协议中约定了部分合伙人承担企业全部亏损，该内部约定也不足以对抗合伙企业的债权人，并无对外的效力。

虽然这样的约定对外无效，但若这是合伙人之间内部的真实意思，而且是其他合伙人投资的前提，若没有这样的保底其他合伙人就不会投资，此类约定在合伙人内部之间是否有效？

根据《合伙企业法》来看，合伙协议约定由部分合伙人承担全部亏损的条款并不具备法律效力。究其立法本意，还是基于合伙企业人合加资合的属性，要求合伙人在投资之前充分接受无限连带责任且投资不能保底的风险。若投资人决定以入伙的方式投资合伙企业，那么根据现行法律，合伙人就应当承担无限连带责任且不能保底的风险。

因此，在合伙企业投资中，即使发起人承诺保底，由其承担合伙企业的全部亏损，该承诺写入合伙协议也不必然受到法律保护。投资时的测算，还是要以没有投资本金保底为前提。基于同样的原因，如果合伙协议约定将合伙企业全部利润

分配给部分合伙人，那么该约定同样不受法律保护。

由于合伙协议中约定将全部利润或者全部亏损归属于部分合伙人的条款被法律所禁止，而现行法律法规并未否定其他机制，故还可以约定其他合理机制。例如，若合伙企业有三个合伙人，其中甲占实缴出资的50%，乙占实缴出资的30%，丙占实缴出资的20%，可以约定不根据实缴出资额进行利润分配。

本合伙企业根据各方实缴资金比例进行利润分配，即甲合伙人具有的利润分配额度为50%，乙合伙人能够分配到的利润额度为30%，丙为20%。本合伙企业在经营过程中产生的亏损，也应该按照相应比例进行分担，考虑甲在发起合伙企业时对其他合伙人许诺盈利前景，故甲承诺：企业在经营过程中产生亏损之后，甲合伙人需要承担的亏损额度为50%，剩余的50%再由甲、乙、丙根据实际的出资比例进行分配，即甲需要承担的比例为75%，乙需要承担15%，丙需要承担10%。

需要注意的是，根据《合伙企业法》来看，企业不能够将全部利润或亏损归属于部分合伙人，但是这并不等同于由合伙人对合伙企业债务承担无限连带责任，因为其指向的对象不同，前者是指内部的亏损或盈利分配，后者指的是企业在经营过程中产生的外部债务；涉及的关系也不同，前者指合伙人间的内部关系，后者指与外部债权人的关系。因此在合伙企业中，尽管在企业债务关系中，有限合伙人并不承担对外的无限连带责任，但是根据现行法律来看，将全部亏损归属于部分合伙人的协议约定仍然不受法律的保护。

参 考 文 献

一、书籍类

1.［美］波斯纳:《法律的经济分析》(上),蒋兆康译,中国大百科全书出版社 2003 年版。

2. 崔建远:《合同责任研究》,吉林大学出版社 1992 年版。

3. 崔建远主编:《合同法》,法律出版社 2003 年版。

4. 陈自强:《民法讲义 Ⅰ——契约之成立与生效》,法律出版社 2002 年版。

5. 陈自强:《民法讲义》(Ⅱ),法律出版社 2002 年版。

6. 陈祥健、孟旭:《借贷合同的基本原理与风险防范》,中国政法大学出版社 2001 年版。

7. 曹建明、陈治东主编:《国际经济法专论》(第 2 卷),法律出版社 2000 年版。

8. 程卫东:《国际融资租赁法律问题研究》,法律出版社 2002 年版。

9. 段波:《合同法》,武汉理工大学出版社 2002 年版。

10. 高富平、王连国:《委托合同 · 行纪合同 · 居间合同》,中国法制出版社 1999 年版。

11. 郭明瑞、房绍坤:《新合同法原理》,中国人民大学出版社 2000 年版。

12. 郭明瑞、王轶:《合同法新论 · 分则》,中国政法大学出版社 1997 年版。

13. 郭明瑞主编:《民法学》,高等教育出版社 2003 年版。

14. 何宝玉:《英国合同法》,中国政法大学出版社 1999 年版。

15. 洪彬、李少璧主编:《常用合同法律风险分析与防范》,暨南大学出版社 2004 年版。

16. 何伯洲主编:《建设工程合同事务指南》,知识产权出版社 2002 年版。

17. 韩世远:《合同法总论》,法律出版社 2004 年版。

18. 黄立主编:《民法债编各论》(上),中国政法大学出版社 2003 年版。

19. 黄晓林编著:《商法总论》,齐鲁书社 2004 年版。

20. 黄金华编著:《企业签约的法律风险及防范》,中国法制出版社 2007 年版。

21. 江平主编:《中华人民共和国合同法精解》,中国政法大学出版社 1999 年版。

22. 江帆:《代理法律制度研究》,中国法制出版社 2000 年版。

23. 蒋焱兰主编:《企业合同制作手册》,经济科学出版社 2004 年版。

24.［德］卡尔 · 拉伦茨:《德国民法通论》,王晓晔等译,法律出版社 2003 年版。

25. 谢怀栻:《合同法原理》,法律出版社 2000 年版。
26. 柯凌汉:《中华债法论纲》(下),商务印书馆 2001 年版。
27. 梁慧星主编:《中国民法典草案建议稿》,法律出版社 2003 年版。
28. 梁慧星:《民法学说判例与立法研究》,中国政法大学出版社 1993 年版。
29. 李旭东、赵云芬主编:《合同法》,重庆大学出版社 2003 年版。
30. 李永军:《合同法》,法律出版社 2004 年版。
31. 李永军:《合同法原理》,中国人民公安大学出版社 1999 年版。
32. 刘有东主编:《合同法精要与依据指引》,人民出版社 2005 年版。
33. 刘淑强:《买卖合同》,人民法院出版社 2001 年版。
34. 刘言浩:《不动产租赁法律制度研究》,载蔡耀忠主编:《中国房地产法研究》(第 1 卷),法律出版社 2001 年版。
35. 李延荣:《土地租赁法律制度研究》,中国人民大学出版社 2004 年版。
36. 刘敬东:《国际融资租赁交易中的法律问题》,中国人民公安大学出版社 2002 年版。
37. [德]罗伯特·霍恩、[德]海因·科茨、[德]汉斯·G. 莱塞:《德国民商法导论》,楚建译,中国大百科全书出版社 1996 年版。
38. 马俊驹、余延满:《民法原论》,法律出版社 2005 年版。
39. 马俊驹、余延满:《民法原论》(下),法律出版社 1998 年版。
40. 余延满:《货物所有权的转移与风险负担的比较法研究》,武汉大学出版社 2002 年版。
41. 邱聪智:《新订债法各论》(中),台北,元照出版有限公司 2003 年版。
42. 史尚宽:《债法各论》,作者自刊 1981 年版。
43. 史尚宽:《债法各论》,中国政法大学出版社 2000 年版。
44. 孙美兰:《论国际货物买卖中货物损失风险的转移》,载梁慧星主编:《民商法论丛》(第 8 卷),法律出版社 1997 年版。
45. [英]施米托夫:《国际贸易法文选》,中国大百科全书出版社 1993 年版。
46. 孙宪忠:《德国当代物权法》,法律出版社 1997 年版。
47. 王泽鉴:《民法学说与判例研究》(第 1 册),中国政法大学出版社 1998 年版。
48. 王泽鉴:《民法学说与判例研究》(第 1 册),中国政法大学出版社 2005 年版。
49. 王泽鉴:《民法学说与判例研究》(第 3 册),中国政法大学出版社 1998 年版。
50. 王泽鉴:《民法学说与判例研究》(第 6 册),中国政法大学出版社 1998 年版。
51. 王泽鉴:《民法概要》,中国政法大学出版社 2003 年版。
52. 王利明:《违约责任论》,中国政法大学出版社 2000 年版。
53. 王利明:《论违约责任》,载《民商法研究》(第 4 辑),法律出版社 2001 年版。
54. 王利明:《合同法研究》(第 2 卷),中国人民大学出版社 2003 年版。

55. 王利明:《物权法研究》,中国人民大学出版社 2002 年版。
56. 王建平主编:《合同法实施中的陷阱与风险防范》,四川人民出版社 1999 年版。
57. 王全兴、刘建强、洪彬主编:《新合同法原理与案例评析》,暨南大学出版社 1999 年版。
58. 王信芳主编:《民商事合同案例精选》,上海人民出版社 2004 年版。
59. 王建东:《建设工程合同法律制度研究》,中国法制出版社 2004 年版。
60. 王红亮:《承揽合同 · 建设工程合同》,中国法制出版社 2000 年版。
61. 吴启宾:《租赁法论》,台北,五南图书出版股份有限公司 1998 年版。
62. 魏振瀛主编:《民法》,北京大学出版社、高等教育出版社 2007 年版。
63. 肖建华、肖建国:《委托、行纪、居间合同》,人民法院出版社 2000 年版。
64. 徐炳:《买卖法》,经济日报出版社 1991 年版。
65. 徐爱国:《名案中的法律智慧》,北京大学出版社 2005 年版。
66. 杨立新:《侵权法论》(上册),吉林人民出版社 2000 年版。
67. 杨立新:《共有权研究》,高等教育出版社 2003 年版。
68. 叶林:《违约责任及其比较研究》,中国人民大学出版社 1987 年版。
69. 易军、宁红丽:《合同法分则制度研究》,人民法院出版社 2003 年版。
70. 尹田:《法国物权法》,法律出版社 1998 年版。
71. 郑玉波:《民法债编总论》(修订 2 版),中国政法大学出版社 2004 年版。
72. 郑玉波:《民法债编各论》,台北,三民书局 1982 年版。
73. 周和敏编著:《合同法案例评析》,汉语大词典出版社 2002 年版。
74. 郑云端:《民法物权论》,法律出版社 2005 年版。
75. 张乃根:《经济学分析法学:评介及其比较》,上海三联书店 1995 年版。
76. 张明皓、郭晓红、张冰:《借款合同法律研究》,黑龙江人民出版社 2006 年版。
77. 张世海:《对"买卖不破租赁"及租赁权性质之思考》,载孟勤国、黄莹主编:《中国物权法的理论探索》,武汉大学出版社 2004 年版。
78. 张民安主编:《合同法》,中山大学出版社 2007 年版。
79. 王利明等:《民法学》,法律出版社 2020 年版。
80. 高圣平:《担保法论》,法律出版社 2009 年版。
81. 王利明:《合同法研究》(第 4 卷),中国人民大学出版社 2018 版。
82. 邱聪智:《新订债法各论》(下册),中国人民大学出版社 2006 年版。
83. 程啸:《保证合同研究》,法律出版社 2006 年版。
84. 贺小荣主编:《最高人民法院民事审判第二庭法官会议纪要:追寻裁判背后的法理》,人民法院出版社 2018 年版。

二、期刊

1. 鲍志容:《合同法中代理的思考——简析〈合同法〉第402、403条》,载《河北法学》2003年第2期。
2. 陈何嵩:《与技术合同有关的风险防范》,载《安徽科技》2008年第4期。
3. 崔建远:《合同解除的疑问与释答》,载《法学》2005年第9期。
4. 崔建远:《土地上的权利群论纲——我国物权立法应重视土地上权利群的配置与协调》,载《中国法学》1998年第2期。
5. 陈忠禹:《论间接代理——兼评我国〈合同法〉第402、403条》,载《石河子大学学报(哲学社会科学学版)》2008年第4期。
6. 蔡庆辉:《试论融资租赁合同》,载《民商法学》1999年第8期。
7. 段仁元:《论居间合同的报酬与费用》,载《人文杂志》2001年第2期。
8. 戴孟勇:《房屋承租人如何行使优先购买权——以〈合同法〉第230条为中心的解释论》,载《清华大学学报(哲学社会科学版)》2004年第4期。
9. 房绍坤:《仓单若干问题探讨》,载《求是学刊》2002年第1期。
10. 樊涛:《我国商事合同制度的解析与重构》,载《民主与法制》2008年第6期。
11. 冯璩:《行纪合同的有关法律问题初探》,载《昆明大学学报》2000年第1期。
12. 郭洁:《承揽合同若干法律问题研究》,载《政法论坛》2000年第6期。
13. 光辉、陈秋红:《谈防范加工承揽合同中的陷阱》,载《金融理论与教学》2001年第2期。
14. 韩世远:《出卖人的物的瑕疵担保责任与我国合同法》,载《中国法学》2007年第3期。
15. 胡裕璞:《如何加强建设工程合同的风险防范》,载《中国高新技术企业》2008年第4期。
16. 黄武双:《试论定作物的所有权、留置权和风险责任》,载《华东政法学院学报》1999年第4期。
17. 花祝春:《信息不对称视角下的工程建设领域腐败问题治理研究》,同济大学2008年硕士学位论文。
18. 刘保玉、秦伟:《物权与债权的区分及其相对性问题论纲》,载《法学论坛》2002年第5期。
19. 刘宏华:《从外贸代理制度看民事代理制度若干问题》,载《现代法学》1997年第5期。
20. 刘浩宇:《效率违约的价值评析——对我国合同法第110条的再思考》,载《河北法学》2000年第2期。
21. 刘志鹏:《丢车责任应由谁承担?》,载《法制与经济》2001年第3期。
22. 刘兴树:《停车场法律责任研析》,载《湖南师范大学社会科学学报》2001年第6期。
23. 刘红梅:《我国融资租赁存在的问题与对策》,载《长沙航空职业技术学院学报》2004年第 4 期。
24. 李云波、林全玲:《合同法对仓储合同规定的几处缺漏及纠补》,载《山东公安专科学校学报》2002 年第 1 期。
25. 李亮:《论行纪人的介入权》,载《求实》2001 年 S1 期。
26. 李小华、丁玫:《合同法中买卖合同标的物风险负担规则初探》,载《企业经济》2004 年第 7 期。
27. 李玉基:《不动产租赁权性质初探》,载《西北师大学报(社会科学版)》2004 年第 3 期。
28. 李景丽:《中国用益物权制度的重新构筑》,载《现代法学》1999 年第 2 期。
29. 李庆峰:《浅谈建设工程合同索赔问题》,载《今日科苑》2008 年第 14 期。
30. 吕来明、郝春峥:《商事合同制度适用初探——兼谈"商事通则"中商行为一般规则的建立》,载《中国商法年刊》2007 年。
31. 吕巧珍:《委托合同中任意解除权的限制》,载《法学》2006 年第 9 期。
32. 梁慧星:《〈合同法〉第 286 条的权利性质及其适用》,载《人民法院报》2000 年 12 月 1 日。
33. 龙翼飞、杨建文:《企业间借贷合同的效力认定及责任承担》,载《现代法学》2008 年第 2 期。
34. 其木提:《论行纪合同委托人的取回权》,载《环球法律评论》2005 年第 1 期。
35. 任昊丽、王利敏:《融资租赁合同中索赔权的法律分析》,载《山西省政法管理干部学院学报》2006 年第 4 期。
36. 孙良国:《效率违约理论研究》,载《法制与社会发展》2006 年第 5 期。
37. 孙志远:《承揽合同在实践中经常遇到的问题》,载《山东审判》2005 年第 3 期。
38. 唐文娟:《论效率违约制度对我国合同法的借鉴》,载《西南民族大学学报(人文社科版)》2008 年第 10 期。
39. 吴访非:《居间合同的法律特征及其欺诈行为的防范》,载《沈阳建筑工程学院学报(社会科学版)》2003 年第 2 期。
40. 吴志忠:《论出卖人的权利瑕疵担保责任》,载《中南财经政法大学学报》2006 年第 3 期。
41. 吴志忠:《试论国际货物买卖中的风险转移》,载《中南财经政法大学学报》2002 年第 6 期。
42. 王宇红、张晓玲:《行纪合同直接介入权制度与行纪人担保履行责任研究》,载《长安大学学报(社会科学版)》2001 年第 1 期。
43. 王利明:《中德买卖合同制度的比较》,载《比较法研究》2001 年第 1 期。
44. 王利明:《合同法的目标与鼓励交易》,载《法学研究》1996 年第 3 期。

45. 王艳丽、戴枫:《效率违约理论述评——拿来、批判或是选择性吸收?》,载《学海》2008年第3期。
46. 夏雨:《雇佣合同和承揽合同的甄别》,载《承德职业学院学报》2006年第1期。
47. 徐晓荣:《借款合同担保的理论与诉讼实践》,载《中共银川市委党校学报》2008年第5期。
48. 张鹏飞:《论我国外贸代理制度》,载《兰州工业高等专科学校学报》2005年第3期。
49. 张旭东、刘秀玲:《论融资租赁合同与类似合同的关系》,载《前沿》2003年第9期。
50. 张秋:《略论定作合同》,载《重庆广播电视大学学报》2008年第2期。
51. 周金坤:《收条、借条、欠条的含义及其法律性质》,载《法制与经济(下半月)》2008年第4期。
52. 周洪明:《审理借款合同纠纷案件的有关问题》,载《人民司法》1998年第3期。
53. 赵许明:《建设工程款优先受偿权与抵押权冲突研究》,载《华侨大学学报(人文社会科学)》2001年第4期。
54.《承揽合同欺诈案件的主要特点》,载《工商行政管理》2003年第5期。
55. 袁征:《初探〈民法典〉之客运合同——以第815、819条为例》,载《法制与社会》2020年第31期。
56. 林桂平:《加强铁路运输企业法律风险管理的几点思考》,载《现代妇女(下旬)》2014年第6期。
57. 顾全、牛晨光:《国际货物多式联运合同纠纷的法律适用》,载《人民司法》2021年第23期。
58. 孟宝森:《论运输合同的法律性质及其特征》,载《北京交通管理干部学院学报》1997年第2期。
59. 郜亚燕:《客运合同的法律研究》,载《河北企业》2017年第5期。
60. 赵三保:《〈民法典〉合同编中的合同订立重要发展和创新》,载《法制博览》2022年第11期。
61. 王利明:《我国〈民法典〉侵权责任编损害赔偿制度的亮点——以损害赔偿为中心的侵权责任形式》,载《政法论丛》2021年第5期。
62. 郑永宽:《过失相抵与无过错责任》,载《现代法学》2019年第1期。
63. 关正义、严凌成:《论航次承租人海事赔偿责任限制权利问题——兼谈〈中华人民共和国海商法〉第204条的修改》,载《中国海商法研究》2021年第4期。
64. 沈哲铭:《情事变更原则中再交涉义务之否定》,载《东南大学学报(哲学社会科学版)》2018年S2期。
65. 王利明:《我国〈民法典〉保证合同新规则释评及适用要旨》,载《政治与法律》2020年第

12 期。
66. 高圣平:《民法典担保从属性规则的适用及其限度》,载《法学》2020 年第 7 期。
67. 杨永清:《〈新担保司法解释〉中有关保证合同的几个问题》,载《法律适用》2021 年第 2 期。
68. 耿林:《论除斥期间》,载《中外法学》2016 年第 3 期。
69. 王轶:《民法典之“变”》,载《东方法学》2020 年第 4 期。
70. 冯珏:《或有期间概念之质疑》,载《法商研究》2017 年第 3 期。
71. 包晓丽、司伟:《民法典保证期间规定理解适用中的几个问题》,载《法律适用》2021 年第 1 期。
72. 熊小琼、曾立坚:《浅析实务中名为个体户实为合伙的法律问题》,载《法制与社会》2017 年第 36 期。
73. 刘洋:《合同条款在私法法源中的优先地位及其实现——以隐名合伙的商事实践为例》,载《法学》2021 年第 4 期。
74. 朱丹丹:《浅析我国公司与合伙的区别——以财产关系为视角》,载《知识经济》2016 年第 3 期。
75. 简颖慧、丁银莲:《探析合伙企业财产担保权若干问题》,载《科技经济市场》2015 年第 6 期。
76. 王梦依:《规范合伙人除名制度的法律思考与建议——以〈合伙企业法〉第四十九条为核心的研究》,载《北方经贸》2016 年第 12 期。

三、论文

1. 恽群:《融资租赁合同研究》,华东政法学院 2006 年硕士学位论文。
2. 林江:《保险经纪人法律制度研究》,大连海事大学 2007 年硕士学位论文。
3. 李婷婷:《仓储法律制度研究》,湖南大学 2006 年硕士学位论文。
4. 李刚:《建设工程合同若干问题研究》,湖南大学 2006 年硕士学位论文。
5. 刘婕妤:《婚姻居间合同之特殊问题研究》,武汉大学 2005 年硕士学位论文。
6. 刘丽娜:《建设工程中承包方不平等地位的研究与对策》,同济大学 2006 年硕士学位论文。
7. 卢庆威:《仓储合同研究》,吉林大学 2007 年硕士学位论文。
8. 孟宵冰:《建设工程合同风险控制方法的研究》,沈阳工业大学 2006 年硕士学位论文。
9. 王洁:《专利实施许可合同中核心条款的探究》,上海交通大学 2007 年硕士学位论文。
10. 闻永刚:《民间借款合同的法律调整》,延边大学 2007 年硕士学位论文。
11. 余向阳:《保管合同制度研究》,中南财经政法大学 2005 年硕士学位论文。
12. 曾庆俊:《居间合同研究》,山东大学 2007 年硕士学位论文。

13. 王智泓:《货物运输合同履行障碍研究》,大连海事大学 2019 年博士学位论文。
14. 陈星宇:《论快递服务合同之典型化》,广西师范大学 2021 年硕士学位论文。
15. 刘晓梅:《货运合同纠纷中与有过失规则的适用》,上海交通大学 2019 年硕士学位论文。
16. 王智泓:《货物运输合同履行障碍研究》,大连海事大学 2019 年博士学位论文。
17. 赵爽:《道路交通事故侵权责任归责原则研究》,安徽财经大学 2020 年硕士学位论文。

后　记

《商事合同风险及其防范:以案说法》这本书于 2013 年 1 月出版后,得到了法律同人们和广大读者的好评与反馈,一度登上了 2013 年度合同类法律书籍销售的榜首。非常感谢大家对这本书的喜爱。自该书出版以来,《合同法》进行了修订,并先后出台了相关的司法解释,2020 年《民法典》的颁布对《合同法》进行了大的革新,而后又出台了《最高人民法院关于适用〈中华人民共和国民法典〉合同编通则若干问题的解释》《最高人民法院关于适用〈中华人民共和国民法典〉有关担保制度的解释》《最高人民法院关于审理买卖合同纠纷案件适用法律问题的解释》《最高人民法院关于审理建设工程施工合同纠纷案件适用法律问题的解释(一)》等相关司法解释。这些法律法规的颁布和实施,都对原有的《合同法》做出了丰富的修改和完善。因此,开始着手对本书进行修订和完善,并将书名修改为《商事合同审查与风险防范》。本书修订之后一共十六章内容,在原书的基础上根据《民法典》增加了:保证合同实践中的法律风险及其防范、运输合同实践中的法律风险及其防范、中介合同实践中的法律风险及其防范、合伙合同实践中的法律风险及其防范四章内容,充分论述和探讨了《民法典》对于合同法内容的修订与完善。

本次修订工作历时半年多,精心甄别和遴选了与修订内容相对应的真实案例,对于合同法的理论特别是合同法的实践具有较高的参考和应用价值。本次修订工作得到了多位法律同人的帮助,在此,对杨晓波、单文敬、陈雯雯、刘丰德、郭凯淇、张晓菁、王瑞岩、张媛、孔祥时、陆婕渝、李衎、陆宇轩等在内的所有对本书修订工作有过帮助的人士表示衷心的感谢!

希望本书对大家起草、签署、履行商事合同以及防范合同风险有所帮助,也请广大读者在发现本书有任何不足之处时给予包涵,并不吝赐教。

刘晓明

2023 年 12 月 12 日于北京

声　　明

本书中的案例部分来源于下列数据库,特此表示感谢:

北大法宝、北大法意网、万方数据库、万律(westlaw)法律数据库等数据库。

本文部分引用因出处无法查清,并未在上述参考文献中全部列出,疏漏之处望原作者予以谅解。